Special Thanks to

세상이 아무리 바쁘게 돌아가더라도
책까지 아무렇게나 빨리 만들 수는 없습니다.

길벗은 독자 여러분이
가장 쉽게, 가장 빨리 배울 수 있는 책을
한 권 한 권 정성을 다해 만들겠습니다.

독자의 1초를 아껴주는 정성을
만나보세요.

운영체제 컴퓨터 운영체제는 윈도우를 기준으로 서술하였습니다.
맥 사용자는 윈도우의 Ctrl 을 맥의 command 로, Alt 를 option 으로 사용하시기 바랍니다.

예제 및 완성 파일 다운로드

이 책에 사용된 예제 파일과 완성 파일은 길벗출판사 홈페이지(www.gilbut.co.kr)에서 다운로드할 수 있습니다.

- 예제 및 완성 파일 : 예제를 따라하면서 꼭 필요한 예제 파일과 완성 파일을 파트별로 담았습니다.

1단계	프리미어 프로 CC 무작정 따라하기 검색	에 찾고자 하는 책 이름을 입력하세요.
2단계	검색한 도서로 이동한 다음 (자료실) 탭을 선택하세요.	
3단계	예제 및 완성 파일 등 다양한 실습 자료를 다운로드하세요.	

이 책이 필요한 독자
PREMIERE PRO CC 2022

크리에이터 유튜버
1인 방송 분야의 성장으로 인해 영상은 더 이상 전공자나 전문가들만의 표현 방법이 아닌 누구나 쉽게 접하고 제작할 수 있는 분야가 되었습니다. 유튜브에 채널을 개설하고 1인 크리에이터가 되기 위해서는 프리미어 프로의 학습은 필수입니다. 프리미어 프로를 이용하여 자막부터 이펙트까지 주제별 기능들을 찾아서 편집해 보세요.

영상 편집 디자이너, 모션 그래픽 디자이너
최근 많은 흥미와 관심을 끌고 있는 VR(가상현실) 콘텐츠 제작 기법과 편집 기술을 담은 프리미어 프로는 현실의 미디어 기술을 발 빠르게 소프트웨어에 반영하며 영상 편집 툴로서의 큰 역할과 기능을 담당하고 있습니다. 이 책을 통해 프리미어 프로의 단순한 예제들 위주로 학습하여 감각적이고 재미있는 결과물에 한 걸음 더 가까이 다가갈 수 있을 것입니다.

영상에 관심 있는 일반인
이제 누구든 영상으로 자신만의 생각을 표현하고 영상 제작에 쉽게 접근할 수 있는 시대입니다. 프리미어 프로의 쉽고 편리한 기능을 이용하여 머릿속 아이디어를 영상 편집 및 모션 그래픽이라는 방법으로 다양하게 표현할 수 있게 되었습니다. 프리미어 프로를 익히면서 영상이라는 분야에 관심과 흥미를 느끼는 계기가 되고, 일상을 영상으로 기록하는 취미가 가능하게 됩니다.

프리미어 프로
CC 무작정 따라하기

이현석 · 배진희 지음

길벗

프리미어 프로 CC 무작정 따라하기
The Cakewalk Series - Premiere Pro CC

초판 발행 · 2022년 3월 25일
초판 2쇄 발행 · 2023년 10월 10일

지은이 · 이현석, 배진희
발행인 · 이종원
발행처 · (주)도서출판 길벗
출판사 등록일 · 1990년 12월 24일
주소 · 서울시 마포구 월드컵로 10길 56(서교동)
대표전화 · 02)332-0931 | **팩스** · 02)323-0586
홈페이지 · www.gilbut.co.kr | **이메일** · gilbut@gilbut.co.kr

기획 및 책임 편집 · 최근혜(kookoo1223@gilbut.co.kr)
표지 및 본문 디자인 · 장기춘 | **제작** · 이준호, 손일순, 이진혁, 김우식
영업 마케팅 · 전선하, 차명환, 박민영 | **영업관리** · 김명자 | **독자지원** · 윤정아, 전희수
편집 진행 · 앤미디어 | **전산 편집** · 앤미디어
CTP 출력 및 인쇄 · 교보피앤비 | **제본** · 경문제책

- 잘못된 책은 구입한 서점에서 바꿔 드립니다.
- 이 책은 저작권법에 따라 보호받는 저작물이므로 무단전재와 무단복제를 금합니다.
  이 책 내용의 전부 또는 일부를 이용하려면 반드시 저작권자와 (주)도서출판 길벗의 서면 동의를 받아야 합니다.

ⓒ 이현석, 배진희, 2022

ISBN 979-11-6521-854-6 03000
(길벗 도서번호 007133)

정가 24,000원

독자의 1초까지 아껴주는 정성 길벗출판사

길벗 IT교육서, IT단행본, 경제경영서, 어학&실용서, 인문교양서, 자녀교육서 ▶ www.gilbut.co.kr
길벗스쿨 국어학습, 수학학습, 어린이교양, 주니어 어학학습, 학습단행본 ▶ www.gilbutschool.co.kr

페이스북 www.facebook.com/gilbutzigy
네이버 포스트 post.naver.com/gilbutzigy

스마트한 영상 편집,
어도비 인공지능으로 완성한 프리미어 프로 CC 2022

빠르게 발전하는 영상 분야의 강력한 해결사, 프리미어 프로

최근 몇 년간 1인 미디어가 빠르게 발전하면서 개인이 만든 영상과 전문가가 만든 영상의 차이가 점점 줄어들고 있습니다. 이 말은 영상 제작은 꾸준히 공부하고 발전시킨다면 개인도 충분히 전문가만큼 탁월한 작품을 만들 수 있다는 뜻입니다. 프리미어 프로는 영상 편집 외에도 영상 디자인, 특수 효과, 타이틀 제작 등 고품질의 영상을 제작할 수 있는 종합 미디어 소프트웨어로서 최근에는 AI 기술까지 더해져 더욱더 쉽고 빠르게 작업할 수 있는 다양한 기능을 제공합니다. 또한, 사용자의 요구와 새로운 미디어 환경에 맞춰 계속해서 발전하고 있기 때문에 새롭게 영상 편집을 시작하는 분과 발전된 영상 편집을 원하는 분들께 강력하게 추천해 드립니다.

영상 전문가가 알려주는 영상 편집 노하우

고품질의 영상을 제작하기 위해서는 개인적인 역량과 감각을 발전시켜야 합니다. 그러기 위해서는 최대한 다양하고 많은 작품을 보며 영감을 얻고 그 영감을 실현하기 위해 계속해서 훈련해야 합니다. 이 책은 여러분이 가지고 있는 영감을 실현하기 위한 기초를 다질 수 있는 실무 입문서로 기본적인 인터페이스 설명부터 전문가들이 현업에서 사용하고 있는 응용 기술, 트렌디한 디자인 연출법까지 다양한 예제들이 담겨 있습니다. 한 권의 책으로 유튜버와 같은 1인 크리에이터부터 방송, 영화와 같은 미디어 전문가까지 다양한 분야에서 활용할 수 있는 영상 편집 해결책을 경험하시기 바랍니다.

영상 편집의 시작을 함께하는 든든한 서포터, 무작정 따라하기

초보자라면 책에서 추천하는 단계별 학습법대로 공부하는 것을 추천하며, 어느 정도 기초 실력이 다져진 숙련자라면 중요도 위주로 원하는 예제를 골라 학습하며 영상 편집의 흥미를 잃지 않고 성장해 나갈 수 있기를 추천합니다. 또한, 책을 통해 배운 예제들을 합치고 변형하여 '나만의 개성이 담긴 작품'을 만들어 보시길 바랍니다. 그 과정을 통해 충분한 인내심을 가지고 결과물이 완성된다면 그야말로 표현하지 못할 큰 만족감을 느낄 것입니다. 여러분들이 영상 편집을 마스터하는 길에 이 책이 든든한 서포터가 되길 진심으로 바랍니다.

이 책을 위해 도움을 주신 많은 분들에게 감사합니다. 책이 기획되고 나오기까지 신경 써 주신 길벗출판사 정미정 팀장님과 기획, 진행, 편집 디자인을 담당한 앤미디어 박기은 님, 이송이 님, 이미자 님, 최소영 님에게 진심으로 고마움을 전합니다.

체계적인 구성을 따라 쉽고 빠르게 공부하세요!

필수기능 & 실습예제

프리미어 프로 기능을 쉽게 배울 수 있도록 필수 기능과 실습 예제를 담았습니다. 직접 따라하면서 프리미어 프로를 익히세요.

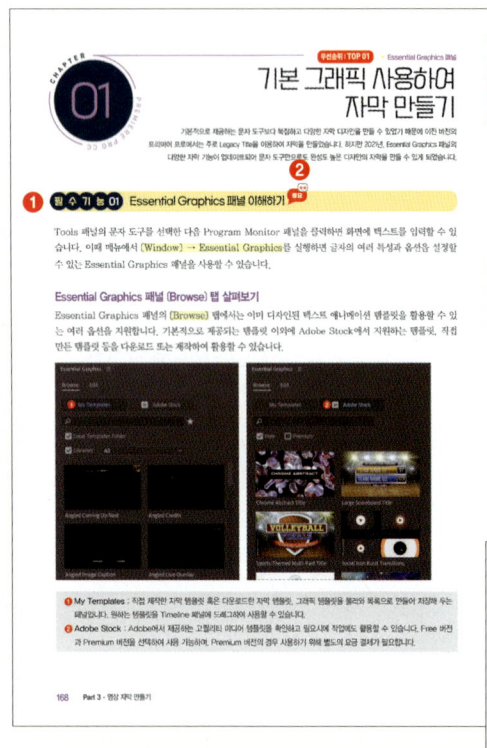

❶ **필수 기능** : 프리미어 프로를 다루기 위해 꼭 알아야 할 필수 기능을 다양한 예시와 함께 설명합니다.

❷ **중요도 / 신기능 표시** : 중요 표시와 신기능 표시를 통해 중요도와 프리미어 프로 CC 2022 버전의 새로운 기능을 확인할 수 있습니다.

❸ **탭** : 기능별 탭을 이용하여 원하는 기능을 빠르게 찾을 수 있습니다.

❹ **실습 예제** : 학습 내용을 직접 따라할 수 있도록 감각적인 실습 예제로 구성했습니다. 눈으로만 읽지 말고 꼭 직접 따라해 보세요.

❺ **QR 코드** : 스마트폰으로 QR 코드를 촬영하여 완성 파일을 영상으로 확인할 수 있습니다.

❻ **왜** : 프리미어 프로의 활용 폭을 넓히기 위해 예제에서 사용한 기능을 '왜?' 사용했는지를 친절하게 설명합니다.

❼ **TIP** : 예제에 관한 기본 팁을 제공합니다. 개념에 대한 부연 설명, 관련 정보, 주의할 점은 무엇인지 등을 설명해 놓았습니다.

혼자 해 보기

파트가 끝날 때마다 실력을 체크해 보는 예제를 제공합니다. 힌트를 보고 혼자 해 보고, 해설 동영상을 QR 코드로 확인하세요.

혼자 해 보기 : 학습을 마무리할 때마다 혼자 해 보는 코너를 통해 자신의 프리미어 프로 실력을 체크해 보세요.

QR 코드 : 스마트폰으로 QR 코드를 촬영하여 예제 제작 과정을 동영상으로 확인할 수 있습니다.

힌트 : 혼자 해 보기의 과정을 간략하게 소개합니다.

별책부록

새로운 기능 중 알아두면 좋은 기능들을 따로 모아 별책에 담았습니다. 기존 기능에 익숙하거나 새로운 기능이 궁금하다면 별책에서 소개하는 새로운 기능만 따로 뽑아 익히세요.

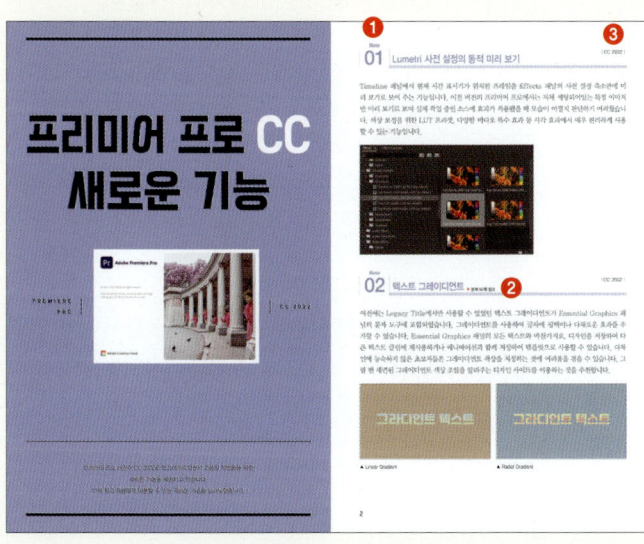

① **새로운 기능** : CC 버전 이상에서 나온 주요 새로운 기능들을 간략하게 소개합니다.

② **참고 페이지** : 본문에서의 관련 페이지를 표시하였습니다.

③ **버전** : 해당 기능이 나온 버전입니다.

독자들이 원하는 책을 만들기 위해 먼저 따라 해 봤습니다!

책을 출간하기 전에 부족한 점이 없는지 베타테스터가 꼼꼼하게 확인해 보았습니다. 베타테스터가 따라 하면서 어려웠던 부분과 따라 해도 안 되는 부분을 모두 수정하고 보완했기 때문에 독자 여러분은 이 책을 '무작정 따라하기'만 하면 됩니다.

영상 편집에 대한 자신감이 생겨요.

자세하고 보기 쉬운 설명으로 프리미어 프로의 다양한 기능과 예제를 한눈에 볼 수 있어 꼼꼼하고 확실하게 학습할 수 있었습니다. 몰랐던 기능들을 살펴보고 예제를 따라 하면서 처음 시작하는 영상 편집에 대한 두려움이 자신감으로 변하였습니다.

직장인 최연희

새로운 기능을 한눈에 알 수 있어요.

신기능 표시가 표시되어 있어 2022년도 신기능을 한눈에 알아보고 쉽게 사용할 수 있었습니다. 신기능 예제를 통해 어떤 방법으로 활용할 수 있는지 확인하여 기존 프리미어 프로 사용자들도 쉽게 응용할 수 있었습니다.

개발자 반가영

다양한 예제로 학습할 수 있어요.

영상을 처음 시작할 때 어떤 자료가 필요한지, 또 어떻게 만들지 막막한 경우가 많았습니다. 하지만 사용할 기능에 맞게 들어가 있는 예제 파일들과 함께 예제를 진행해 보니 기능의 다양한 활용법을 알 수 있었습니다.

학생 최호진

예제를 통해 시간을 단축할 수 있어요.

영상 편집의 기초부터 실무 사용자들도 응용할 수 있는 다양한 효과와 예제들을 차근차근 순서대로 따라 할 수 있어 좋았습니다. 다양한 예제를 계속해서 반복 작업하다 보면 자연스레 기능을 습득해 작업 속도가 좀 더 향상할 수 있었습니다.

교육자 강다미

길벗출판사 홈페이지를 적극 활용하세요!

길벗출판사에서 운영하는 홈페이지(www.gilbut.co.kr)에서는 출간한 도서에 대한 정보뿐 아니라 예제 파일 및 완성 파일, 최신 기능 업로드 등 학습에 필요한 자료도 제공합니다. 또한 책을 읽다 모르는 내용이 있다면 언제든지 홈페이지의 도서 게시판에 문의해 주세요. 저자와 길벗 독자지원센터에서 신속하고 친절하게 답해 드립니다.

활용 01 무엇이든 물어보세요!

길벗출판사 홈페이지에 접속한 후 ❶ 검색(🔍) 창에 『프리미어 프로 CC 무작정 따라하기』를 입력해 해당 도서 페이지로 이동하세요. 홈페이지 화면의 오른쪽에 보이는 퀵 메뉴를 이용하면 ❷ 도서 문의를 빠르게 할 수 있습니다.

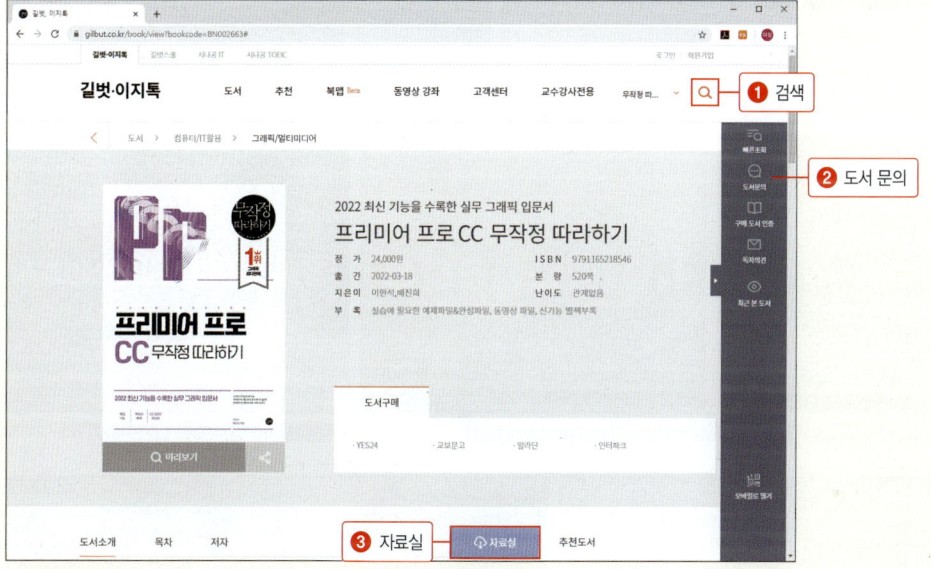

활용 02 실습 자료 다운로드

이 책에 사용된 모든 예제 파일 및 완성 파일은 자료실에서 다운로드할 수 있습니다. 해당 도서 페이지 아래쪽의 ❸ [자료실]을 클릭해 실습 파일을 다운로드하세요. 홈페이지 회원으로 가입하지 않아도 누구나 자료를 다운로드할 수 있습니다.

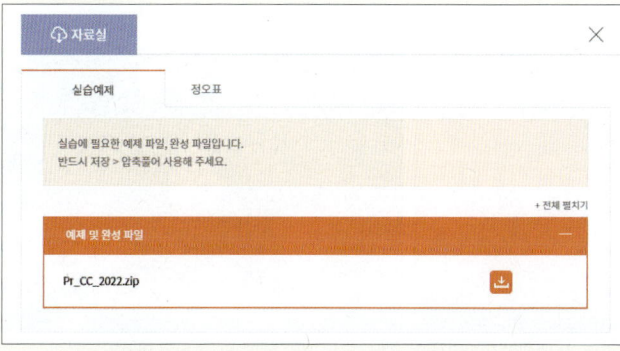

작업 디자인 미리보기

프리미어 프로를 활용하여 작업한 디자인을 미리 확인해 보세요.

P.96 속도 조절 도구로 클립 속도 제어하기

P.99 Speed&Duration으로 클립 속도 제어하기

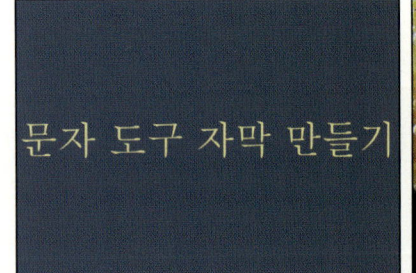
P.169 문자 도구 자막 만들기

P.171 알록달록 자막 디자인하기

P.176 테두리 있는 자막 디자인하기

P.180 테두리만 있는 투명한 자막 디자인하기

P.184 그림자 있는 자막 디자인하기

P.186 반응형 배경 자막 디자인하기

P.190 그레이디언트 색상 자막 디자인하기

P.193 모든 자막 한꺼번에 스타일 바꾸기

P.204 도형을 이용한 타이틀 디자인하기

P.216 스크롤 자막 만들기

P.226 음성 인식으로 자동 자막 만들기

P.234 SRT 파일 출력하기

P.272 Auto Color로 색상과 명암 자동 보정하기

P.275 Levels로 명암 조절하기

P.277 흑백 영상 만들기

P.279 하나의 색상만 변경하기

P.282 세피아 톤 영상 만들기

P.287 기본적인 색감 보정하기

P.290 필름 카메라 느낌의 색감 보정하기

P.295 자연의 색을 살리는 색감 보정하기

P.316 자막 페이드 인 아웃 효과 만들기

P.323 움직이는 자막 만들기

P.332 Cross Dissolve로 장면 전환 적용하기

P.337 Push로 장면 전환 적용하기

P.340 원형 마스크로 두 이미지 합성하기

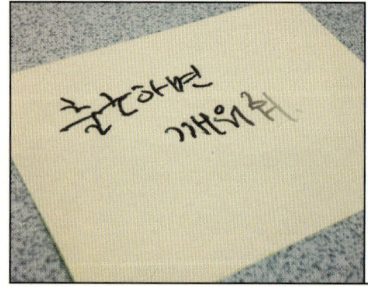
P.343 글자가 나타나는 애니메이션 만들기

P.358 Screen 모드로 빛망울 합성하기

P.360 Darken으로 이미지 합성하기

P.363 화면 자르기

P.368 거울 효과 화면 만들기

P.370 화면에 타임코드와 클립 이름 표시하기

P.378 크로마키 영상 합성하기

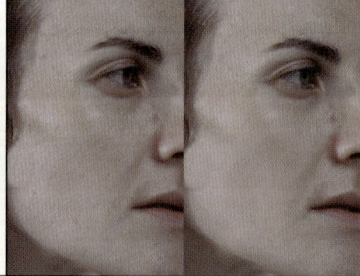
P.381 가우시안 블러 활용하여 피부 보정하기

P.383 사람을 따라다니는 모자이크 효과 만들기

P.388 화면 속에 다른 화면 넣기

P.394 만화 화면 효과 만들기

P.408 흐렸다가 선명해지는 타이틀 효과 만들기

P.412 노래방 자막 만들기

P.418 고정되어 따라다니는 자막 만들기

P.423 자막 길이에 반응하는 자막 만들기

P.428 울렁거리는 자막 만들기

P.432 점점 채워지는 자막 만들기

P.437 네온사인 켜지는 자막 만들기

P.446 모션 블러 이용한 부드러운 움직임 만들기

P.453 한 글자씩 나타나는 타자기 효과 만들기

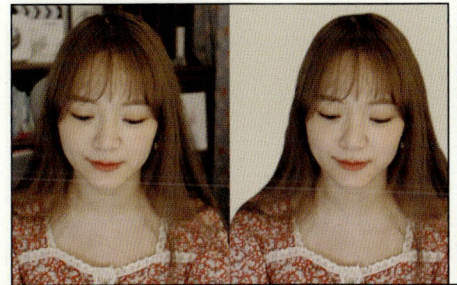
P.457 로토 브러시 사용하여 배경 지우기

P.463 원 모양으로 회전하는 자막 만들기

P.479 VR 효과 적용하기

11

프리미어 프로 학습 계획을 세워 보세요!

본격적으로 공부를 시작하기 전에 **자신에게 맞는 학습 계획**을 세워 보세요. 의지가 부족해 매번 중간에 포기했다면 여기서 안내하는 계획표 대로 따라 해 보세요. 한두 달 안에 프리미어 프로를 마스터할 수 있습니다.

학습계획 A 프리미어 프로를 사용한 적이 있으신가요?

중급 과정 학습 플랜 | 기본 기능을 어느 정도 알고 있다면 각 파트의 '실습 예제'를 중심으로 여러 가지 기능들을 학습해 보세요. 예제를 따라하다가 막히는 경우에는 '필수 기능'을 찾아서 확인합니다.

일	학습 날짜		파트	챕터	쪽수	학습 목표
1일 차	월	일	Part 1	3-4	49-66	작업 환경 설정, 상황별 시퀀스 만들기
2일 차	월	일	Part 2	1	96-108	속도 조절 도구, Speed & Duration, Time Remapping 기능, 고속 촬영 효과, 다양한 미디어 파일로 출력하기
3일 차	월	일		1	172-199	색, 테두리, 그림자, 배경색, 그라디언트 자막 디자인, 자막 스타일 저장 및 변경
4일 차	월	일	Part 3	2	204-222	레거시 타이틀 디자인, 스크롤 자막
5일 차	월	일		3	226-236	음성 인식 자동 자막, SRT 파일 출력
6일 차	월	일	Part 4	2	244-260	사운드 효과 적용, 녹음하기
7일 차	월	일	Part 5	1	272-283	Adjustment Layer, 명도 & 대비 조정, 하나만 색상 변경, 세피아 톤 적용
8일 차	월	일		2	284-298	Lumetri Color, 필름 카메라 느낌 색상 조정, 생동감 있는 색상 조정
9일 차	월	일		2	316-331	자막 페이드 인/아웃 적용, 자막 움직임 적용
10일 차	월	일	Part 6	3	332-338	디졸브 장면 전환 효과, 페이드 인/아웃 장면 전환, 밀어내는 장면 전환
11일 차	월	일		4-5	340-362	원형 마스크 합성, 나타나는 마스크 애니메이션 적용, 블렌딩 모드 사용, 이미지 합성
12일 차	월	일		6	363-374	화면 자르기, 화면 뒤집기, 거울 효과, 타임코드 적용, 효과 제거하기
13일 차	월	일	Part 7	1	378-407	크로마키 합성, 모자이크 적용, 화면 속 다른 화면 합성, 만화 효과, 스톱모션 효과
14일 차	월	일		2	418-427	고정된 자막, 반응형 자막, 자막 애니메이션, 특수 자막 디자인
15일 차	월	일	Part 8	1	446-468	모션 블러, 타자기 효과, 로토 브러시 작업, 원모양 회전 자막 애니메이션
16일 차	월	일	Part 9	2	476-483	VR 영상 편집, VR 영상 출력

학습계획 B 프리미어 프로를 처음 시작하시나요?

초급 과정 학습 플랜 | 책을 차례대로 따라 해 보세요. 앞부분을 참고하여 프로그램을 설치하고 '필수 기능'과 '실습 예제'를 차근 차근 따라하면서 프리미어 프로 기본기를 단단히 다질 수 있습니다.

일	학습 날짜	파트	챕터	쪽수	학습 목표
1일 차	월 일	Part 0	1–3	24-41	프리미어 프로 설치, 오류 해결하기, 미리 알아두기
2일 차	월 일		1–3	44-55	프리미어 프로 인터페이스, 프리미어 프로 실행, 작업 환경 설정
3일 차	월 일		4	56-69	시퀀스 만들기, Project 패널 기능, New Sequence 대화상자
4일 차	월 일	Part 1	5	70-75	영상 불러오기, 필요한 부분만 불러오기
5일 차	월 일		6	76-81	자르기, 붙이기, 클립 삭제/복사/붙여넣기/복제, 클립 길이 조절
6일 차	월 일		7	82-92	Tools 패널 기능, 편집 도구 사용
7일 차	월 일		1–2	96-112	속도 조절 도구, Speed&Duration, Time Remapping 기능, 고속 촬영 효과, 클립&그룹 속성 활용
8일 차	월 일		3	113-123	Timeline 패널 기능, 타임라인 트랙 활용
9일 차	월 일		3	124-133	마커 활용, Work Area Bar 지정, 재생 속도 조절, 반복 재생, Reveal 탐색 기능
10일 차	월 일	Part 2	4	134-142	Program Monitor 패널 기능, 모니터 설정, Program Monitor 패널 아이콘 기능
11일 차	월 일		4	142-146	Source Monitor 패널 기능, Reference Monitor 패널 기능, Monitor 패널 추가 기능
12일 차	월 일		5	147-162	출력 설정, 워터마크 적용, 미디어 인코더 변환, 백업 설정
13일 차	월 일		1	168-185	Essential Graphics 패널 기능, 기본 그래픽 자막 디자인, 테두리 있는 자막, 그림자 있는 자막
14일 차	월 일	Part 3	1	186-199	반응형 배경 자막, 그레이디언트 색상 자막, 자막 스타일 한 번에 변경
15일 차	월 일		2	200-222	Legacy Title 기능, 도형을 이용한 타이틀 디자인, 스크롤 자막
16일 차	월 일		3	223-236	Text 패널 기능, 음성 인식 자동 자막, SRT 파일 출력
17일 차	월 일	Part 4	1–3	240-266	클립 볼륨 조절, 트랙 볼륨 조절, 사운드 효과 적용, Essential Sound 패널 사용, 녹음하기, 사운드 설정, 사운드 파일 형식 변경
18일 차	월 일		1	270-283	Adjustment Layer 이해, 기본 효과로 색상 조정
19일 차	월 일	Part 5	2	284-298	Lumetri Color 패널 기능, 기본 색상 조정, 필름 카메라 느낌 색상 조정, 생동감 있는 색상 조정
20일 차	월 일		1	302-315	이동 조절, 크기 조절, 회전 조절, 투명도 조절
21일 차	월 일		2	316-331	자막 페이드 인/아웃 적용, 자막 움직임 적용
22일 차	월 일		3	332-338	투명도 장면 전환, 장면 전환 페이드 인/아웃 적용, 밀어내는 장면 전환
23일 차	월 일	Part 6	4	339-348	마스크 기능, 원형 마스크 합성, 나타나는 마스크 애니메이션 적용
24일 차	월 일		5	349-362	블렌딩 모드 이해, 블렌딩 모드 사용, 이미지 합성
25일 차	월 일		6	363-374	화면 자르기, 화면 뒤집기, 거울 효과, 타임코드 적용, 효과 제거하기
26일 차	월 일		1	378-407	크로마키 합성, 흐림 효과, 모자이크 적용, 화면 속 다른 화면 합성, 만화 효과, 스톱모션 효과
27일 차	월 일	Part 7	2	408-427	Blur 자막 효과, 노래방 자막 효과, 고정&반응형 말자막
28일 차	월 일		2	428-442	울렁이는 효과 자막, 채워지는 자막 효과, 네온사인 자막
29일 차	월 일	Part 8	1	446-468	애프터 이펙트 연동 효과 적용
30일 차	월 일	Part 9	1–3	472-483	VR 이해, VR 영상 편집, VR 영상 출력

프리미어 프로 『우선순위 TOP 20』을 통해 핵심 기능을 익히세요!

프리미어 프로 사용자들이 네이버 지식iN, 실무 카페 및 블로그, 웹 문서 등에서 **가장 많이 검색하고 찾아본 키워드를 토대로 우선순위 TOP 20**을 선정했습니다. 우선순위 TOP 20을 통해 핵심 기능을 확인할 수 있습니다.

순위	키워드	간단하게 살펴보기	빠른 쪽 찾기
1 ▲	자막 만들기	기본 그래픽 사용하여 자막 만들기	166
2 ▲	음성 인식	음성 인식으로 자동 자막 만들기	226
3 ▲	유튜브 타이틀 편집	반응형 배경 자막 디자인하기, 노래방 자막 효과 만들기	186, 412
4 ▲	화면 비율	시퀀스 설정하기	36
5 ▲	애프터 이펙트	애프터 이펙트 효과 활용하기	446
6 ▲	사운드 편집	오디오 볼륨 조절, 오디오 출력하기, 사운드 효과 적용하기	40, 153, 244
7 ▲	타이틀 인트로 영상	만화 화면 만들기	394
8 ▲	마스크 타이틀	원형 마스크로 두 이미지 합성하기, 글자가 나타나는 마스크 애니메이션 만들기	340, 343
9 ▲	움직이는 효과	움직이는 영상 만들기, 크기가 변하는 영상 만들기, 회전하는 영상 만들기	302, 309, 311
10 ▲	투명 효과	투명해지는 영상 만들기	313
11 ▲	유튜브 영상 출력	유튜브 영상 출력하기	147
12 ▲	이미지 출력	비디오 한장면을 이미지로 출력하기, 스틸 이미지 출력하기, 이미지 시퀀스 출력하기	138, 151, 155
13 ▲	속도 조절	속도 조절 도구로 클립 속도 제어하기, 클립 속도 제어하기	96, 99
14 ▲	프로젝트 시작	프리미어 프로 시작하기	47
15 ▲	색상 보정	Lumetri Color 활용해서 이미지 보정하기	284
16 ▲	화면 크기 조절	화면 자르기, 화면 속에 다른 화면 넣기	363, 388
17 ▲	타임라인에 영상 추가	영상 맞춤 시퀀스 만들기	56
18 ▲	프로젝트 백업	프로젝트 백업하기	39, 162
19 ▲	크로마키	크로마키 영상 합성하기	378
20 ▲	프리미어 프로 설치	프리미어 프로 설치하기	24

『신기능 표시』와 『중요 표시』를 활용해 효율적으로 공부하세요!

신기능 표시를 통해 프리미어 프로 CC 2022 버전에 새롭게 추가된 기능을 확인할 수 있고, 중요 표시를 통해 중요도를 살펴볼 수 있습니다. 언제, 어디서나 원하는 기능을 쉽게 찾아 바로 적용해 보세요!

버전	키워드	CC 2022 기능 살펴보기	빠른 쪽 찾기
CC 2022	텍스트 그레이디언트	그레이디언트 색상 자막 디자인하기	190
CC 2022	Caption	Cation 기능으로 자막 만들기	223
CC 2022	Transcribe sequence	음성 인식으로 자동 자막 만들기	226
CC 2022	여러 그림자 추가	그림자 있는 자막 디자인하기	184
CC 2022	모서리가 둥근 배경	반응형 배경 자막 디자인하기	186

중요도	키워드	중요 기능 살펴보기	빠른 쪽 찾기
★★	Link Media	원본 소스 파일 찾아 새로운 경로 지정하기 – Link Med	39
★★★	Workspaces	프리미어 프로 작업 화면 살펴보기 – Workspaces	46
★★★	Match Seauence	영상 맞춤 시퀀스 만들기	56
★★	해상도	해상도가 다른 시퀀스 만들기	61
★★★	Sequence	New Sequence 대화상자 살펴보기	63
★	Tools 패널	편집 도구 알아보기	82
★★	Stretch	속도 조절 도구로 클립 속도 제어하기	96
★★	Unlink	클립 링크 해제하기 – Unlink	109
★★	Nest	여러 클립을 하나의 시퀀스로 중첩하기 – Nest	110
★★★	트랙 추가	트랙 추가 및 삭제하기	117
★★★	유튜브 영상 출력	유튜브 영상 출력하기	147
★★★	이미지 출력	스틸 이미지 출력하기	151
★	오디오 출력	오디오 출력하기	153
★★	백업	프로젝트 백업하기	162
★★★	기본 자막	문자 도구로 기본 자막 만들기	169
★★★	테두리 있는 자막	테두리 있는 자막 디자인하기	176
★★★	볼륨 조절	사운드 레벨 조절하기	240
★	명암조절	Levels로 명암 조절하기	275
★	Lumetri Color	Lumetri Color 살펴보기	284
★★★	Position	모션 효과 적용하기	302
★★	Transition	Cross Dissolve로 장면 전환하기	332
★★	Crop	화면 자르기 – Crop	363
★	뒤집기	화면 뒤집기 – Horizontal Flip	367
★	효과 제거	클립에 적용된 효과 제거하기 – Remove Attributes	374
★	크로마키	크로마키 영상 합성하기 – Ultra Key	378
★	모자이크	따라다니는 모자이크 만들기 – Mosaic	383

목차

머리말	003
이 책의 구성	004
베타테스터의 말	006
길벗출판사 홈페이지 소개	007
작업 디자인 미리보기	008
학습 계획	012
우선순위 TOP 20	014
신기능 표시와 중요 표시	015

PART 00 준비하기

01 프리미어 프로 설치하기 `우선순위 TOP 20` ……… 024
- 1 프리미어 프로 추천 이유 … 024
- 2 프리미어 프로 최소 사양 … 025
- 3 프리미어 프로 최신 버전(CC 2022) 설치하기 `중요` … 026
- 4 프리미어 프로 최신 버전으로 업데이트 하기 … 030
- 5 무료 체험판 설치 후 자동 카드 결제 취소하기 … 031

02 프리미어 프로 설치 Q&A ……… 034
- 1 프리미어 프로 버전 문제 `중요` … 034
- 2 프리미어 프로 설치 전 문제 … 035
- 3 프리미어 프로 설치 중 문제 … 035

03 프리미어 프로를 학습하기 전에 미리 알아두기 ……… 036
- 1 어떤 작업 방법을 선택할까? – 빠른 편집과 정교한 편집 `중요` … 036
- 2 원하는 포맷의 시퀀스로 변경할 수 있을까? – 시퀀스 설정 `우선순위 TOP 04` … 036
- 3 카메라 두 대로 찍은 영상의 싱크 맞추기 – Synchronize … 037
- 4 흔들린 영상을 안정화하기 – Warp Stabilizer … 037
- 5 무거운 고해상도 영상을 저사양 컴퓨터에서 편집하기 – Proxy … 038
- 6 원본 소스 파일 찾아 새로운 경로 지정하기 – Link Media `중요` … 039
- 7 프로젝트 백업하기 – Project Manager `우선순위 TOP 18` … 039
- 8 오디오 볼륨 레벨 조절하기 – 다양한 오디오 편집 `우선순위 TOP 06` `중요` … 040
- 9 가속도를 조절하는 방법 익히기 – Time Remapping `중요` … 041
- 10 프리미어 프로에서 내레이션을 녹음하기 – Voice – over Record … 041

`중요` 핵심 기능에 따라 ★~★★★ 표시

`신기능` 프리미어 프로 2022 새로운 기능

`우선순위 TOP` 실무 중요도에 따라 TOP 01~20까지 표시

`기능` 꼭 알아야 할 필수 기능

`혼자 해 보기` 실력 체크, 해설 동영상 제공

PART 01 프리미어 프로 CC 2022 시작하기

01 프리미어 프로는 어떻게 생겼을까? → 작업 화면 ……… 044
- `기능` 1 프리미어 프로 시작 화면 살펴보기 … 044
- `기능` 2 프리미어 프로 작업 화면 살펴보기 – Workspaces `중요` … 046

02 프리미어 프로 시작하기 → Start · New Project `우선순위 TOP 14` ……… 047
- `기능` 1 프로젝트 파일 만들기 – New Project … 047
- `기능` 2 프로젝트 파일 불러오기 – Open Project … 048

03 프리미어 프로 시작 전 환경 설정하기 → Preferences ……… 049
- `기능` 1 캐시 저장 경로 설정하기 – Media Cache … 049

기능	2 RAM 환경 설정하기 – Memory	051
기능	3 자동 저장 설정하기 – Auto Save	052
	4 내게 맞는 작업 환경 설정하기	053

04 | 상황별 시퀀스 만들기 → New Sequence — 056
기능	1 영상 맞춤 시퀀스 만들기 `우선순위 TOP 17` `중요`	056
	2 해상도가 다른 시퀀스 만들기 `중요`	061
기능	3 New Sequence 대화상자 살펴보기 `중요`	063
	4 자동으로 시퀀스 크기 변경하기 – Auto Reframe Sequence	067

05 | 타임라인에 영상 소스 불러오기 → 타임라인 — 070
| 기능 | 1 영상 소스 그대로 불러오기 | 070 |
| | 2 Source Monitor 패널에서 필요한 부분만 불러오기 | 071 |

06 | 컷 편집하기 → Clip — 076
	1 자르기와 붙이기	076
	2 클립 삭제하기	077
	3 클립 복사하고 붙여넣기	078
	4 클립 복제하기	080
	5 클립 길이 줄이기와 늘리기	080

07 | 편집 도구 알아보기 → 도구·Tools 패널 — 082
기능	1 편집 도구 살펴보기 – Tools 패널 `중요`	082
기능	2 선택 도구 익히기	083
기능	3 트랙 선택 도구 익히기	086
기능	4 속도 조절 도구 익히기 `중요`	087
기능	5 자르기 도구 익히기	088
기능	6 펜 도구 익히기	089
기능	7 문자 도구 익히기 `중요`	091
▶혼자 해 보기	정방형 시퀀스 만들고 비디오 클립 복제하기	093

PART 02 편집 다듬기

01 | 영상 속도 조절하기 → 속도 조절 기능 — 096
	1 속도 조절 도구로 클립 속도 제어하기 `우선순위 TOP 13` `중요`	096
	2 Speed&Duration으로 클립 속도 제어하기 `우선순위 TOP 13`	099
	3 고속 촬영 효과 설정하기	103
	4 Time Remapping으로 클립 속도 제어하기	106

02 | 클립/그룹 속성 활용하기 → Clip 메뉴 — 109
기능	1 클립 링크 해제하기 – Unlink `중요`	109
기능	2 여러 클립을 하나의 그룹으로 만들기 – Group	110
기능	3 여러 클립을 하나의 시퀀스로 중첩하기 – Nest `중요`	110
기능	4 클립 이름 변경하기 – Rename	111
기능	5 클립 레이블 색상 변경하기 – Label	112

03 | 타임라인/트랙 기능 활용하기 → Timeline 패널 — 113
기능	1 Timeline 패널 살펴보기 `중요`	113
기능	2 타임라인의 작업 영역 확대 및 축소하기 `중요`	114
기능	3 트랙 확대 및 축소하기	116

기능	4	트랙 추가 및 삭제하기 중요	117
기능	5	트랙 잠그기와 숨기기	120
기능	6	타임코드 변경 및 활용하기	122
기능	7	Snap 기능 활용하기	123
기능	8	타임라인 마커 기능 활용하기	124
기능	9	클립 마커 활용하기	127
기능	10	Work Area Bar 지정하기	128
기능	11	타임라인 재생 속도 조절하기	129
기능	12	반복 재생하기	131
기능	13	Reveal 탐색 기능으로 소스 위치 확인하기	133

04 | 모니터 기능 활용하기 → Monitor 패널　　134

기능	1	Program Monitor 패널 살펴보기	134
기능	2	모니터 출력 크기 설정하기 – Select Zoom Level	136
기능	3	모니터 재생 해상도 설정하기 – Select Playback Resolution	137
기능	4	비디오의 한 장면을 이미지로 출력하기 – Export Frame 우선순위 TOP 12	138
기능	5	안전 작업 영역 설정하기 – Safe Margins	139
기능	6	눈금자와 안내선 활용하기 – Rulers & Guides	140
기능	7	불필요한 장면 들어내기 – Lift 중요	141
기능	8	불필요한 장면 추출하기 – Extract 중요	142
기능	9	Reference Monitor 패널 활용하기	142
기능	10	Source Monitor 패널 활용하기	143
기능	11	Monitor 패널 추가 기능 알아보기	144

05 | 다양한 미디어 파일로 출력하기 → 출력 기능　　147

기능	1	유튜브 영상 출력하기 우선순위 TOP 11 중요	147
기능	2	스틸 이미지 출력하기 우선순위 TOP 12 중요	151
기능	3	무압축 고화질 영상 출력하기	152
기능	4	오디오 출력하기 우선순위 TOP 06 중요	153
기능	5	이미지 시퀀스 출력하기 우선순위 TOP 12	155
기능	6	워터마크 적용하여 출력하기	156
기능	7	미디어 인코더로 여러 개 영상 한 번에 변환하기	158
기능	8	프로젝트 백업하기 우선순위 TOP 18 중요	162

혼자 해 보기　클립 재생 속도 변경하고 여러 클립을 Nest로 묶기　　163

PART 03 영상 자막 만들기

01 | 기본 그래픽 사용하여 자막 만들기 우선순위 TOP 01 → Essential Graphics 패널　　166

기능	1	Essential Graphics 패널 이해하기 중요	166
	2	문자 도구로 기본 자막 만들기 중요	169
	3	알록달록 자막 디자인하기	171
	4	테두리 있는 자막 디자인하기 중요	176
	5	테두리만 있는 투명한 자막 디자인하기	180
	6	그림자 있는 자막 디자인하기 신기능	184
	7	반응형 배경 자막 디자인하기 우선순위 TOP 03 신기능	186
	8	그레이디언트 색상 자막 디자인하기 신기능	190
	9	자막 스타일 저장하고 모든 자막 한꺼번에 스타일 바꾸기	193

02	레거시 타이틀로 자막 스타일 만들기 → Legacy Title	200
기능 1	레거시 타이틀 이해하기	200
2	도형을 이용한 타이틀 디자인하기	204
3	스크롤 자막 만들기	216

03	Caption 기능으로 자막 만들기 → Text 패널	223
기능 1	Text 패널 살펴보기 `신기능`	223
2	음성 인식으로 자동 자막 만들기 `우선순위 TOP 02` `신기능`	226
3	SRT 파일 출력하기	234

▶ 혼자 해 보기   문자 도구로 기본 자막과 테두리만 있는 투명 자막 만들기   237

PART 04 사운드 편집하기

01	사운드 레벨 조절하기 → Volume	240
기능 1	클립 볼륨 조절하기 `중요`	240
기능 2	트랙 볼륨 조절하기	243

02	사운드 효과 적용하기 → Audio Effects `우선순위 TOP 06`	244
1	오디오 페이드 인/아웃 효과 만들기	244
2	좌우 볼륨이 다른 스테레오 사운드 만들기 – Audio Panner	249
3	리버브 효과 적용하기 – Studio Reverb	251
4	음성 변조하기 – Pitch Shifter	253
5	라디오 음성 만들기 – From the Radio	255
6	사운드 노이즈 제거하기 – DeNoise	257
기능 7	프리미어 프로에서 녹음하기	259

03	사운드 설정 이해하기 → 5.1 채널 · Audio Meters · Mono/Streo	261
기능 1	5.1 채널 오디오 설정하기	261
2	모노 사운드 스테레오 사운드로 변경하기	265

▶ 혼자 해 보기   사운드 볼륨 낮추고 피치(Pitch) 조절하기   267

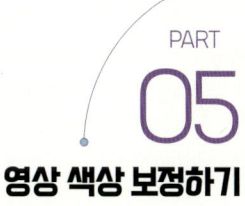

PART 05 영상 색상 보정하기

01	기본 효과로 색상 보정하기 → Adjustment Layer · Color Effects	270
기능 1	Adjustment Layer 이해하기	270
2	Auto Color로 색상과 명암 자동 보정하기	272
기능 3	Levles Settings 자세히 알아보기	274
4	Levels로 명암 조절하기 `중요`	275
5	Black&White로 흑백 영상 만들기	277
6	Change to Color로 하나의 색상만 변경하기	279
7	Tint로 세피아 톤 영상 만들기	282

02	Lumetri Color 활용해서 이미지 보정하기 `우선순위 TOP 15` → Lumetri Color 패널	284
기능 1	Lumetri Color 살펴보기 `중요`	284
2	기본적인 색감 보정하기	287
3	필름 카메라 느낌의 색감 보정하기	290
4	자연의 색을 살리는 색감 보정하기	295

▶ 혼자 해 보기   Adjustment Layer 만들고 흑백 영상으로 변경하기   299

19

PART 06 영상 효과 적용하기

01 ❘ 모션 효과 적용하기 → Motion ... 302
   1 움직이는 동영상 만들기 - Position `우선순위 TOP 09` `중요` ... 302
   2 크기가 변하는 동영상 만들기 - Scale `우선순위 TOP 09` ... 309
   3 회전하는 동영상 만들기 - Rotation `우선순위 TOP 09` ... 311
   4 투명해지는 동영상 만들기 - Opacity `우선순위 TOP 10` ... 313

02 ❘ 자막에 기본 효과 적용하기 → Text Motion ... 316
   1 자막 페이드 인/아웃 효과 만들기 ... 316
   2 움직이는 자막 만들기 ... 323

03 ❘ 장면 전환 효과 적용하기 → Transition ... 332
   1 Cross Dissolve로 장면 전환하기 `중요` ... 332
   2 Fade In/Out으로 장면 전환하기 `중요` ... 335
   3 Push로 장면 전환하기 ... 337

04 ❘ 마스크 효과 활용하기 ... 339
   `기능` 1 마스크 기능 살펴보기 ... 339
   2 원형 마스크로 두 이미지 합성하기 `우선순위 TOP 08` ... 340
   3 글자가 나타나는 마스크 애니메이션 만들기 `우선순위 TOP 08` ... 343

05 ❘ 블렌드 모드 활용하기 → Blend Mode ... 349
   `기능` 1 블렌드 모드 이해하기 ... 349
   2 Linear Dodge(Add)로 번쩍이는 장면 전환 만들기 ... 353
   3 Screen 모드로 빛망울 합성하기 ... 358
   4 Darken으로 이미지 합성하기 ... 360

06 ❘ 비디오 이펙트 활용하기 → Video Effect ... 363
   1 화면 자르기 - Crop `우선순위 TOP 16` `중요` ... 363
   2 화면 뒤집기 - Horizontal Flip `중요` ... 367
   3 거울 효과 화면 만들기 - Mirror ... 368
   4 화면에 타임코드와 클립 이름 표시하기 - Timecode ... 370
   5 한 번에 여러 클립에 적용된 효과 제거하기 - Remove Attributes `중요` ... 374
   ▶혼자 해 보기 크기가 작아지는 화면과 타원형 마스크 만들기 ... 375

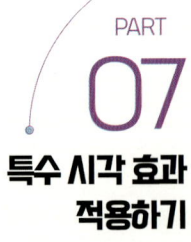

PART 07 특수 시각 효과 적용하기

01 ❘ 영상 특수 효과 적용하기 → Effects ... 378
   1 크로마키 영상 합성하기 - Ultra Key `우선순위 TOP 19` `중요` ... 378
   2 피부 보정하기 - Gaussian Blur `중요` ... 381
   3 따라다니는 모자이크 만들기 - Mosaic `중요` ... 383
   4 화면 속에 다른 화면 넣기 - Corner Pin `우선순위 TOP 16` ... 388
   5 만화 화면 만들기 - Brush Strokes `우선순위 TOP 07` ... 394
   6 스톱모션 적용하기 - Posterize Time ... 406

02 ❘ 자막 특수 효과 적용하기 → Text Effects ... 408
   1 흐렸다가 선명해지는 타이틀 효과 만들기 - Fast Blur ... 408
   2 노래방 자막 효과 만들기 - Crop `우선순위 TOP 03` ... 412
   3 말 자막에 고정되어 따라다니는 자막 만들기 ... 418
   4 자막 길이 따라 반응하는 이미지 자막 배경 만들기 ... 423
   5 울렁이는 자막 만들기 - Turbulent Displace ... 428

	6 점점 채워지는 자막 만들기	432
	7 네온사인 켜지는 자막 만들기	437
	▶혼자 해 보기 크로마키 합성하고 자막에 웨이브 효과 적용하기	443

PART 08 애프터 이펙트 연동하기

01	애프터 이펙트 효과 활용하기 → After Effects 우선순위 TOP 05	446
	1 부드러운 움직임 만들기 – Motion Blur	446
	2 타자기 효과 만들기 – Typewriter	453
	3 로토 브러시로 배경 지우기 – Roto Brush	457
	4 원 모양으로 회전하는 자막 만들기	463
	▶혼자 해 보기 자막을 만들고 애프터 이펙트로 모션 블러와 타자기 효과 적용하기	469

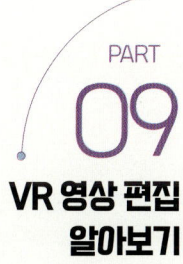

PART 09 VR 영상 편집 알아보기

01	VR과 VR 카메라 알아보기 → VR · VR 카메라	472
기능	1 VR (Virtual Reality)란 무엇인가?	472
기능	2 VR 카메라 종류 알아보기	474
02	VR 영상 편집하기 → VR 편집	476
	1 VR 편집 환경 설정하기	476
	2 VR 효과 적용하기	479
기능	3 VR 영상 출력하기	483
	▶혼자 해 보기 VR 시퀀스 만들고 VR 효과 적용하기	484

찾아보기	485

다운로드 예제 및 완성 파일

이 책에 사용된 예제 파일과 완성 파일은 길벗 홈페이지(http://www.gilbut.co.kr/)에서 다운로드할 수 있습니다. 홈페이지에 접속 후 검색란에 "프리미어 프로 CC 무작정 따라하기"를 입력하고 〈검색〉 버튼을 클릭합니다. 도서가 표시되면 [자료실] 탭을 선택합니다. 자료실 항목에서 실습 자료를 다운로드한 다음 압축을 풀어 사용합니다.

예제 및 완성 파일
예제를 따라하면서 꼭 필요한 이미지 파일과 완성 파일들을 파트별로 담았습니다. 작업한 내용을 저장하려면 실습하기 전에 반드시 하드 디스크에 폴더째 복사해 두고 사용하는 것이 좋습니다.

동영상 파일
각 파트의 마지막 부분에 나오는 '혼자 해 보기'의 해설 동영상을 제공합니다.

프리미어 프로 작업을 시작하기 전에 알아야 할 기본 이론에 대해서 익히면 프리미어 프로 작업을 할 때 어떤 명령을 선택할지에 대한 기준을 세울 수 있습니다. 버전에 따른 프리미어 프로 설치 방법과 설치할 때 생길 수 있는 궁금증을 알아봅니다.

PART 0.

준비하기

01 | 프리미어 프로 설치하기
02 | 프리미어 프로 설치 Q&A
03 | 프리미어 프로를 학습하기 전에 미리 알아두기

우선순위 | TOP 20

프리미어 프로 설치하기

프리미어 프로는 CC 버전 이후부터 Create Cloud 시스템을 이용해 구매 혹은 체험 버전을 설치할 수 있습니다. 빠르게 변하는 미디어 환경에 맞춰 지속적으로 업데이트되는 프리미어 프로를 설치하고, 유용하고 새로운 기능들을 알아 두기 바랍니다.

알아두기 01 프리미어 프로 추천 이유

많고 많은 편집 프로그램 중에서 왜 '프리미어 프로'로 영상 편집을 해야 하는 걸까요? 프리미어 프로를 추천하는 이유를 정리해 보았습니다.

Windows와 macOS 모두 사용할 수 있는 프로그램

영상 편집을 위한 다양한 프로그램이 있지만, 일부의 프로그램은 특정 OS에서만 가동이 되어 해당 장비가 없는 사용자는 이용할 수 없습니다. 그러나 프리미어 프로는 모든 OS에서 이용할 수 있어 접근성이 좋고 다양한 환경에서 사용할 수 있습니다. 만약 협업하는 작업자가 각각 macOS 장비와 Windows 장비를 사용하고 있더라도 프리미어 프로를 사용한다면 문제없이 호환하여 공동 작업이 가능합니다.

어도비의 다른 프로그램과 쉬운 연동

프리미어 프로만 사용하더라도 훌륭한 완성도의 영상을 만들 수 있지만, 모션 그래픽, 정밀한 사운드 & 이미지 편집 등에는 한계가 있어서 해당 편집에 특화된 프로그램을 사용하는 것이 효율적입니다. 이때 편집 프로그램과 다른 프로그램이 연동되지 않는다면 매번 영상을 무압축 고화질로 출력하여 작업해야 하기 때문에 곤란한 상황이 발생하게 됩니다. 하지만 프리미어 프로는 어도비의 다른 프로그램들과 아주 쉽게 연동할 수 있어 이런 문제점을 해결할 수 있습니다.

자동 자막 기능

유튜브 등 개인 미디어가 발달하면서 리뷰 콘텐츠나 지식 콘텐츠 영상들이 많아졌습니다. 이러한 영상들은 시청자들의 정확한 이해를 돕기 위해 상시로 음성 자막을 띄워 놓기도 하는데, 이 음성 타이핑 작업은 어렵지 않은 일이지만 영상 길이가 길수록 많은 시간이 소요되는 일이기도 합니다. 프리미어 프로 CC 2021부터 새롭게 업데이트된 자동 자막 기능은 영상 작업자들에게 '혁신'의 기능이라며 많은 찬사를 받았습니다. 자동 자막 기능은 본문 226~233쪽을 참고하면 더욱 자세히 살펴볼 수 있습니다.

Creative Cloud 서비스

프리미어 프로 크리에이티브 클라우드 서비스를 구독하면 데스크톱, 모바일, 태블릿 등 소유한 기기 간 파일을 공유할 수 있는 클라우드와 라이브러리를 이용할 수 있고, 좋은 화질의 무료 스톡 소스(이미지, 비디오, 일러스트 등)를 다운할 수 있는 어도비 스톡, 그리고 여러 나라의 다양한 폰트를 사용할 수 있는 어도비 폰트 등 작업 시에 유용하게 사용할 수 있는 서비스들을 이용할 수 있습니다.

영상 편집 초급자부터 상급자까지 다양한 사람들이 이용하는 프로그램

프리미어 프로는 간단한 컷 편집부터 다양한 효과를 다루는 상업 영상 등 영상 제작을 위한 모든 기능을 가지고 있는 프로그램으로 프리미어 프로 하나로 대부분의 영상을 제작할 수 있습니다. 또한, 최근에는 대형 업데이트 주기가 짧아져서 빠른 속도로 편의성이 좋아지고 있는 편집 프로그램입니다.

알아두기 02 프리미어 프로 최소 사양

Windows와 macOS에서 프리미어 프로 CC 2022를 실행하기 위한 최소 사양을 알아봅니다.

Windows

	HD 비디오 워크플로우 최소 사양	HD, 4K 이상 작업 권장 사양
프로세서	Intel® 6세대 이상 CPU 또는 AMD Ryzen™ 1000 시리즈 이상 CPU	Intel® 7세대 이상 CPU 또는 AMD Ryzen™ 3000 시리즈 이상 CPU
운영 체제	Microsoft Windows 10(64비트) 버전 1909 이상	Microsoft Windows 10(64비트) 버전 1909 이상
RAM	8GB RAM	듀얼 채널 메모리 : RAM 16GB(HD 미디어) / 32GB 이상(4K 이상)
GPU	GPU 메모리 2GB	GPU 메모리 4GB(HD 및 일부 4K 미디어) / 6GB 이상(4K 이상)
스토리지	• 설치를 위한 8GB의 하드 디스크 여유 공간, 설치 중 추가 공간 필요(이동식 플래시 스토리지에는 설치되지 않음) • 미디어용 추가 고속 드라이브	• 앱 설치 및 캐시용 고속 내장 SSD • 미디어용 추가 고속 드라이브
디스플레이	1920×1080	• 1920×1080 이상 • HDR 400(HDR 워크플로우)
사운드 카드	ASIO 호환 또는 Microsoft Windows 드라이버 모델	ASIO 호환 또는 Microsoft Windows 드라이버 모델
네트워크 스토리지 연결	1기가비트 이더넷(HD만 해당)	10기가비트 이더넷(4K 공유 네트워크 워크플로우)

macOS

	최소 사양	권장 사양
프로세서	Intel® 6세대 이상 CPU	Intel® 6세대 이상 CPU 또는 Apple silicon M1 이상
운영 체제	macOS v10.15(Catalina) 이상	macOS v10.15(Catalina) 이상
RAM	8GB RAM	Apple silicon : 통합 메모리 16GB Intel : 16GB RAM(HD 미디어용) / 32GB(4K 미디어용)
GPU	Apple Silicon : 통합 메모리 8GB 이상 Intel : GPU 메모리 2GB	Apple silicon : 통합 메모리 16GB Intel : GPU 메모리 4GB(HD 및 일부 4K 워크플로우) / 6GB 이상(해상도 4K 이상 워크플로우)
스토리지	• 설치를 위한 8GB의 하드 디스크 여유 공간, 설치 중 추가 공간 필요(이동식 플래시 스토리지에는 설치되지 않음) • 미디어용 추가 고속 드라이브	• 앱 설치 및 캐시용 고속 내장 SSD • 미디어용 추가 고속 드라이브
디스플레이	• 1920×1080	• 1920×1080 이상 • HDR 400(HDR 워크플로우)
네트워크 스토리지 연결	1기가비트 이더넷(HD만 해당)	10기가비트 이더넷(4K 공유 네트워크 워크플로우)

설치하기 03 프리미어 프로 최신 버전(CC 2022) 설치하기

프리미어 프로 최신 버전을 설치하는 방법을 알아보겠습니다. 어도비 홈페이지에 로그인해 프로미어 프로 체험판 버전을 다운로드하여 7일 동안 무료로 사용할 수 있습니다. 이전 버전의 프리미어 프로가 설치되어 있다면 새로운 버전을 설치하지 않고 Creative Cloud 앱의 '업데이트'에서 프리미어 프로를 업데이트할 수 있습니다.

01 ❶ 어도비 홈페이지(www.adobe.com/kr)에 접속하고 ❷ '로그인'을 클릭합니다.

02 로그인 화면이 표시되면 자신의 계정에 로그인합니다. 만일 Adobe 계정이 없다면 '계정 만들기'를 클릭해 신규 계정을 만들고 로그인합니다.

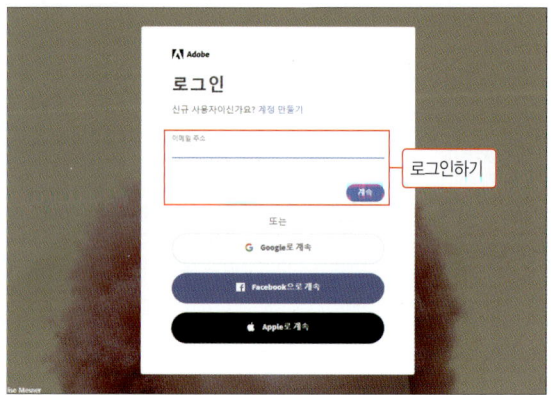

03 왼쪽 상단의 ❶ '메뉴' 아이콘(≡)을 클릭한 다음 ❷ '도움말 및 지원'을 클릭하고 ❸ 〈다운로드 및 설치〉 버튼을 클릭해 실행합니다.

 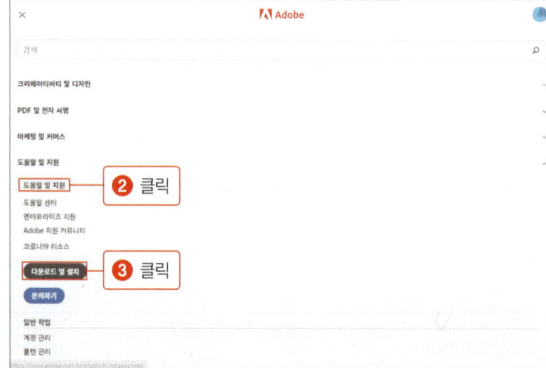

04 'Premiere Pro'를 7일간 무료로 체험하기 위해 〈무료 체험판〉 버튼을 클릭합니다.

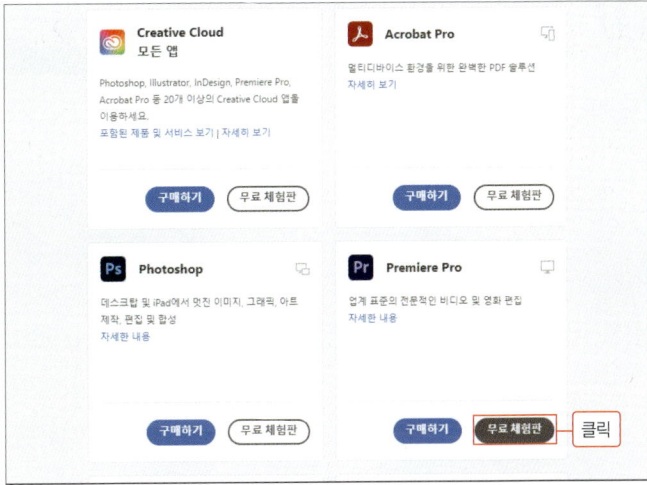

05 '개인', '기업', '학생 및 교사' 항목 중 원하는 ❶ 옵션을 선택하고 ❷ 〈무료로 체험하기〉 버튼을 클릭합니다.

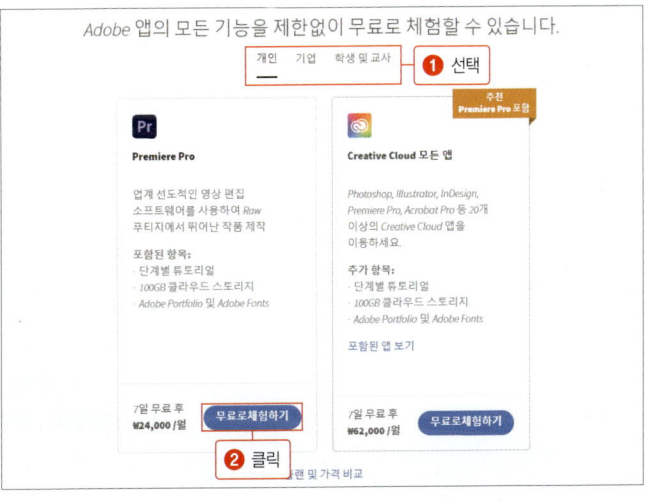

> **TIP**
> 학생과 교사의 경우 유료 구매 시 할인을 적용 받아 어도비 크리에이티브 클라우드에서 제공하는 모든 프로그램을 월 23,100원에 사용 가능하며, 프리미어 프로만 사용할 경우 24,000원 구입할 수 있습니다.

06 결제 방법을 추가하기 위해 ❶ 본인의 신용카드 정보와 이름, 국가, 회사명을 입력하고 ❷ 〈무료 체험기간 시작〉 버튼을 클릭합니다.

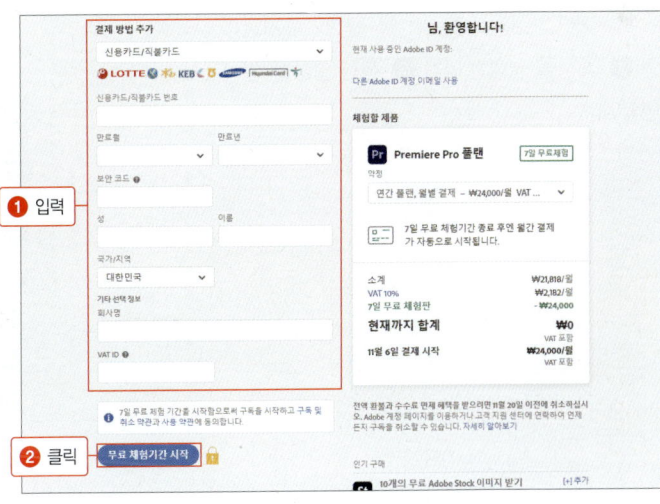

> **TIP**
> '무료 체험판' 버전 이용 시 7일 동안의 무료 체험 기간이 끝나면 자동으로 선택된 플랜의 약정에 따라 매월 자동 결제됩니다. 만일 무료 체험 기간 이후에 자동 결제를 원하지 않는다면 무료 체험 기간 마감 이전에 **계정 보기 → 플랜 관리 → 플랜 취소**를 실행하여 자동 카드 결제를 반드시 취소하시기 바랍니다.

Chapter 01 • 프리미어 프로 설치하기

07 시험 버전을 시작하기 위해 〈시작하기〉 버튼을 클릭합니다.

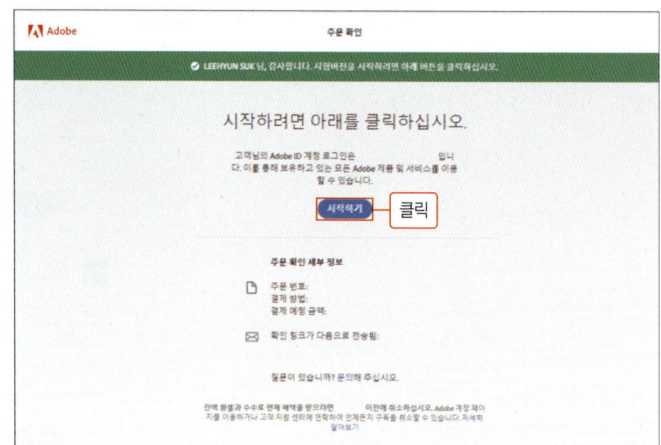

08 Creative Cloud 앱을 열기 위해 〈Creative Cloud Desktop App 열기〉 버튼을 클릭합니다.

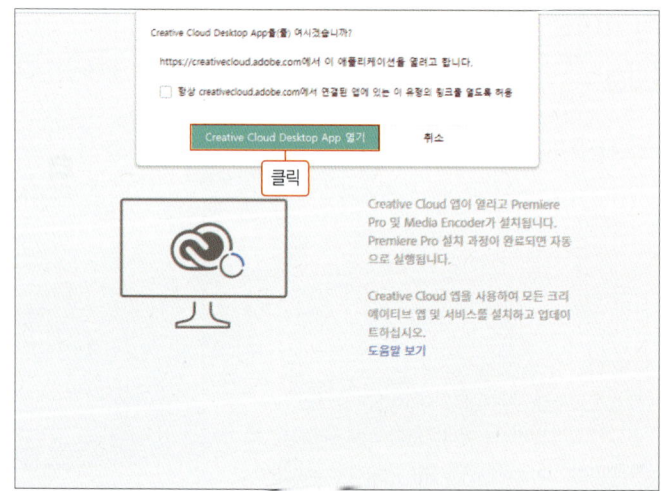

09 영문 버전 프리미어 프로를 설치하기 위해 Creative Cloud 앱 화면이 표시되면 ❶ '계정'을 클릭한 다음 ❷ '환경 설정'을 실행합니다.

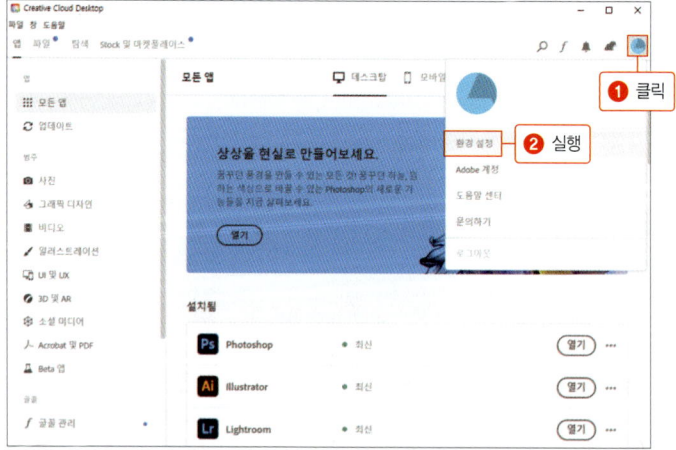

10 ❶ '앱' 항목을 선택하고 기본 설치 언어를 ❷ 'English(International)'로 지정한 다음 ❸ 〈완료〉 버튼을 클릭합니다.

TIP
기본 설치 언어를 선택하지 않으면 자동으로 한글 프리미어 프로가 설치됩니다.

11 '모든 앱' 항목에서 ❶ Premiere Pro의 〈설치〉 버튼을 클릭합니다. 설치가 완료되면 ❷ 〈열기〉 버튼을 클릭합니다.

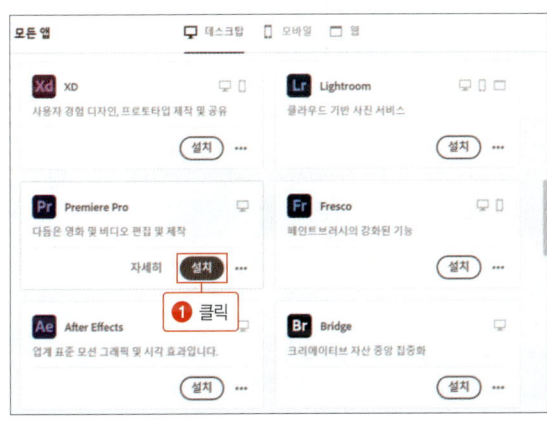 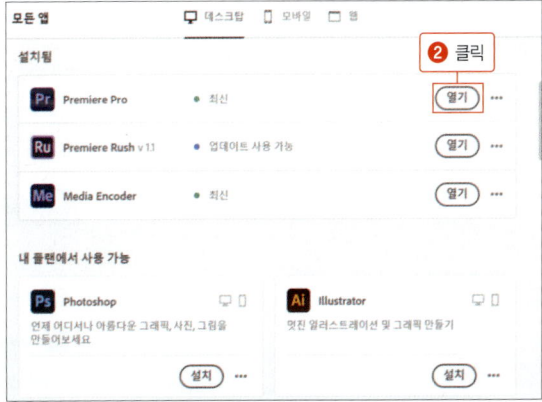

12 로딩 화면이 표시된 다음에 프리미어 프로가 실행됩니다.

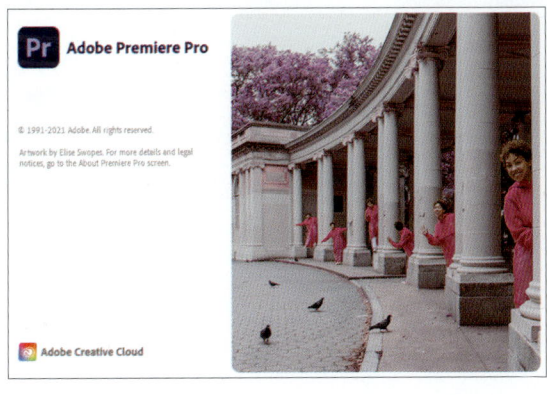 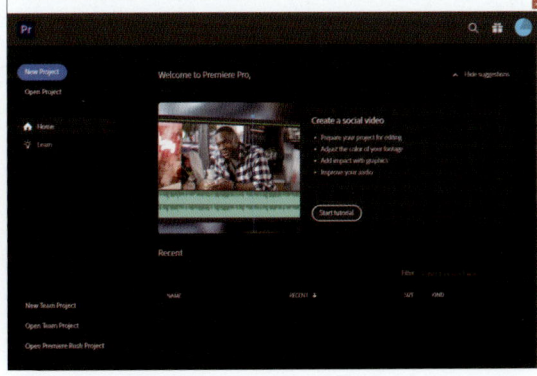

설치하기 04 프리미어 프로 최신 버전으로 업데이트 하기

01 이전 버전 사용자가 프리미어 프로 최신 버전으로 업그레이드 하기 위해서는 먼저 Adobe Creative Cloud 앱을 실행합니다.

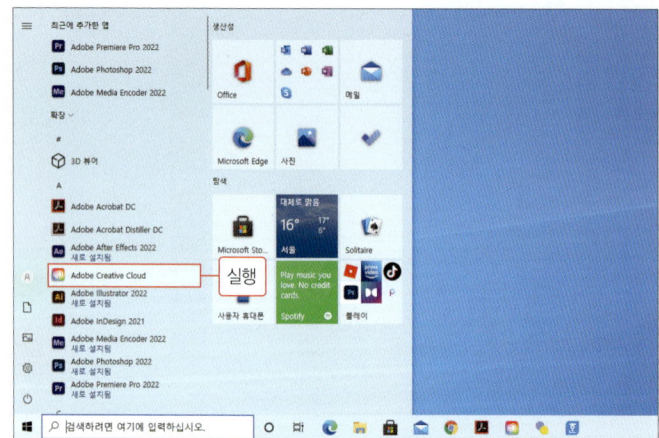

02 Creative Cloud Desktop 앱 화면이 표시되면 Premiere Pro의 '업데이트 사용 가능'을 클릭합니다.

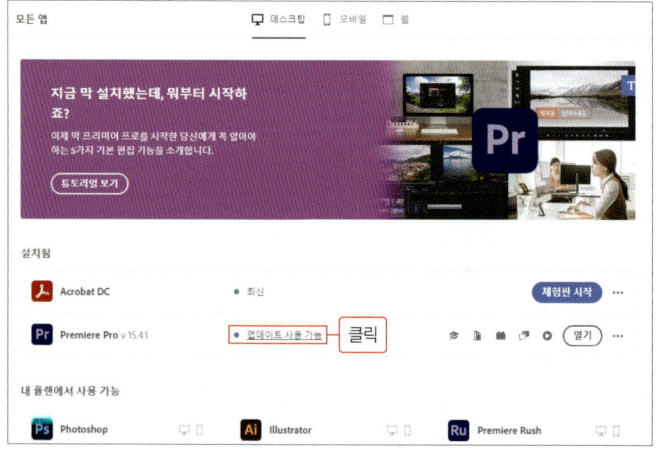

03 신규 업데이트에서 Premiere Pro의 〈업데이트〉 버튼을 클릭합니다.

04 기본 옵션에 대한 선택 사항이 표시되면 ❶ '이전 버전 제거'에 체크 표시한 다음 ❷ 〈계속〉 버튼을 클릭합니다.

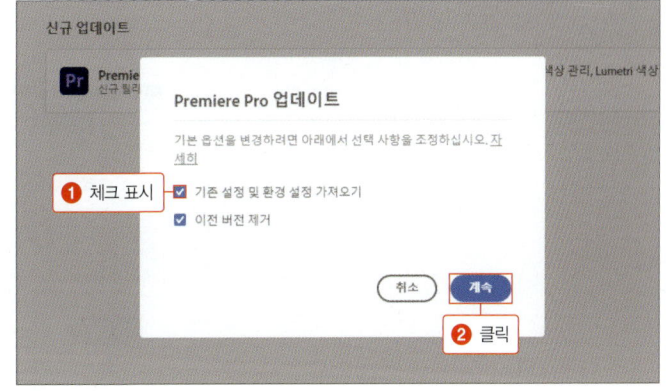

TIP
'이전 버전 제거'를 체크 표시하면 이전 버전은 삭제되면서 프리미어 프로 최신 버전이 설치됩니다. 만약 PC에서 이전 버전과 최신 버전을 같이 사용하려면 '이전 버전 제거' 체크 표시를 해제합니다.

05 프리미어 프로가 최신 버전으로 업데이트 됩니다.

설치하기 05 무료 체험판 설치 후 자동 카드 결제 취소하기

01 무료 체험판 설치 후 자동 결제를 방지하기 위해 ❶ 어도비 홈페이지(http://adobe.co./kr)에 로그인한 다음 ❷ '계정'을 클릭해 ❸ '계정 보기'를 클릭합니다.

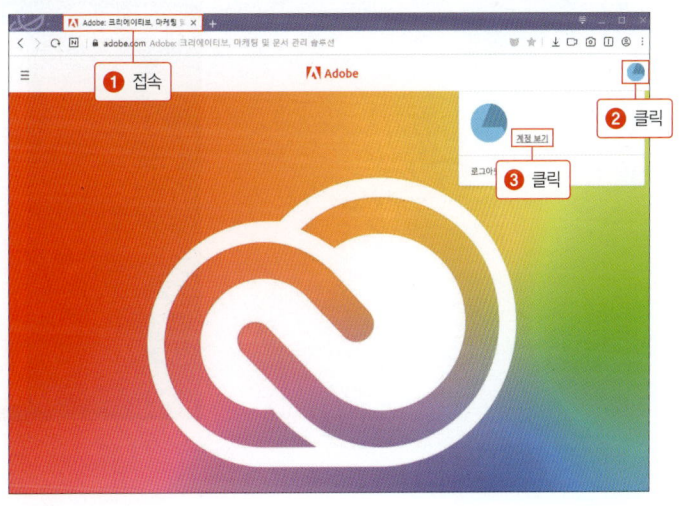

02 내 플랜에서 무료 체험판 이후 결제 플랜을 관리하기 위해 〈플랜 관리〉 버튼을 클릭합니다.

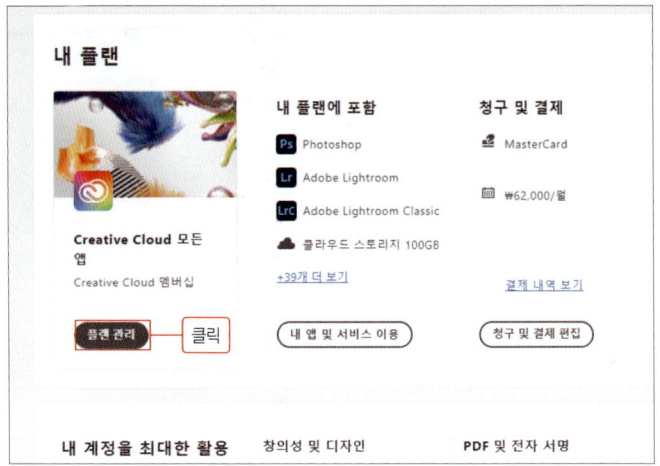

03 플랜 관리 대화상자가 표시되면 〈플랜 취소〉 버튼을 클릭합니다.

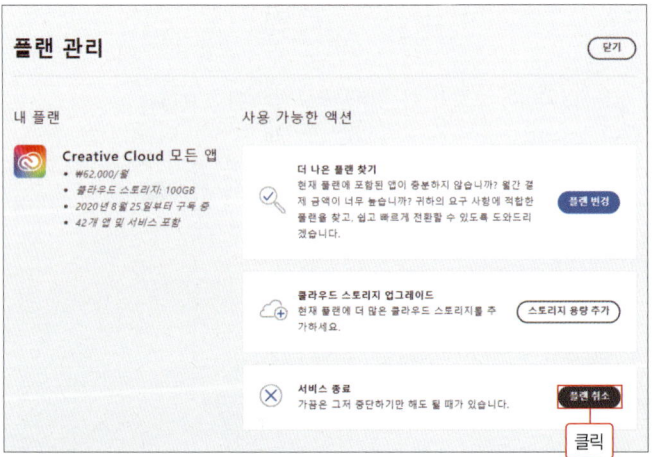

04 ❶ 어도비 ID 암호를 입력한 다음 ❷ 〈계속〉 버튼을 클릭합니다.

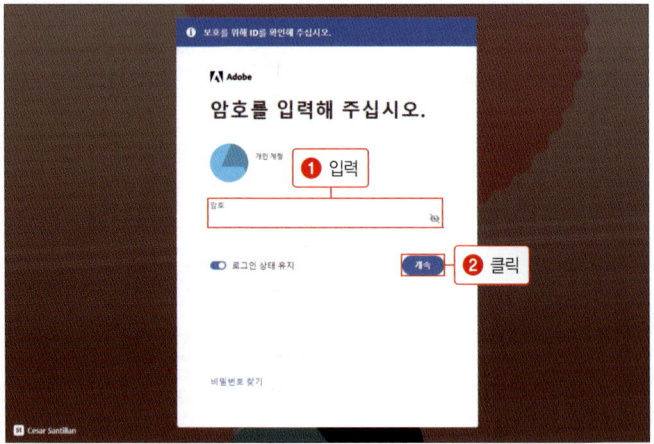

05 취소하려는 이유 항목이 표시되면 해당 ❶ 항목을 체크 표시하고 ❷ 〈계속〉 버튼을 클릭합니다.

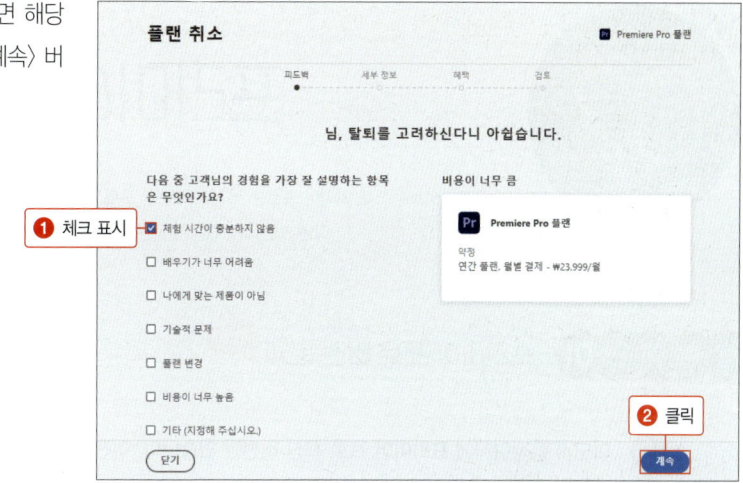

06 플랜 취소 세부 정보가 표시되면 ❶ 〈계속〉 버튼을 클릭합니다. 혜택 관련 항목을 확인한 다음 ❷ 〈아니요〉 버튼을 클릭합니다.

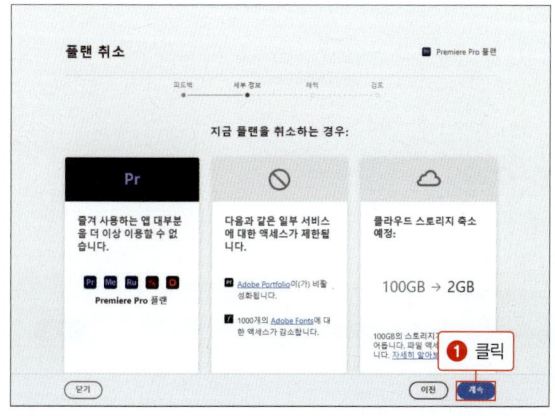
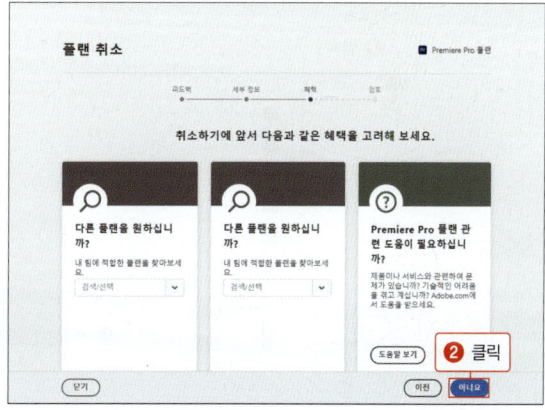

07 최종 플랜 취소 세부 정보를 확인한 다음 ❶ 〈확인〉 버튼을 클릭합니다. 플랜 취소 메시지를 확인하고 ❷ 〈완료〉 버튼을 클릭합니다.

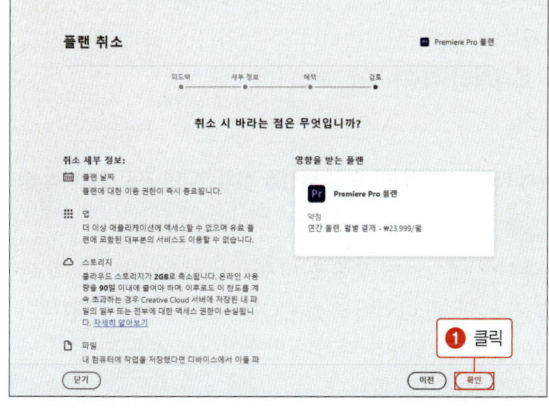

프리미어 프로 설치 Q&A

프리미어 프로는 무겁고 복잡한 프로그램으로 설치 과정 중 다양한 돌발 상황이 발생할 수 있습니다. 이번 시간에는 그동안 많은 독자 문의를 보내주셨던 설치 중 오류를 해결해 보도록 하겠습니다.

설치에러 01 프리미어 프로 버전 문제 (중요)

Q 어도비 홈페이지에 프리미어 프로 최신 버전만 있습니다. 이전 버전의 프리미어 프로를 다운로드 받고 싶어요.

A 프리미어 프로 최신 버전을 다운로드하여 사용하거나 Creative Cloud에서 ❶ '모든 앱'을 클릭한 다음 '설치됨' 항목이나 '내 플랜에서 사용 가능' 항목의 ❷ '목록' 아이콘(⋯)을 클릭합니다. 하위 메뉴에서 ❸ '기타 버전'을 실행하고 원하는 버전의 프리미어 프로의 ❹ 〈설치〉 버튼을 클릭하여 설치합니다.

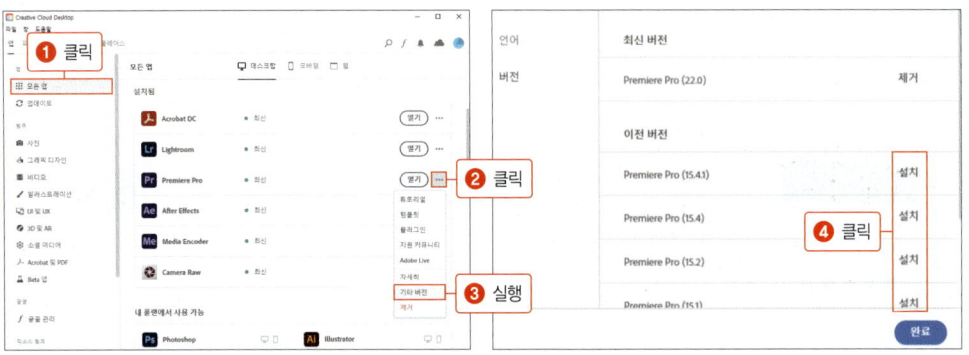

Q 프리미어 프로 CC가 아닌 다른 프리미어 프로가 이미 컴퓨터에 설치되어 있습니다. 책 내용대로 보고 배우려면 책과 같은 버전을 설치해야 하나요?

A 프리미어 프로 하위 버전의 경우 본문의 예제가 호환되지 않습니다. 프리미어 프로 CC 2019 이후 대형 업데이트가 많이 진행되어 기능이 누락된 경우가 많고, 예제 소스 파일과 함께 첨부 드리는 완성본의 프로젝트 파일도 하위 버전에서는 실행되지 않을 수 있습니다. 가능하다면 책에 실린 프리미어 프로와 같은 버전을 사용하는 것이 더욱 효과적인 학습이 될 것입니다.

Q 다른 버전의 프리미어 프로가 설치되어 있는데 책에서 다루는 프리미어 프로 버전을 설치한다면 프로그램끼리 충돌하지 않을까요?

A 프리미어 프로는 서로 다른 버전을 하나의 컴퓨터에 설치하면 충돌을 일으키거나 작업을 느리게 만들 수 있어 하나의 버전만 사용하는 것이 좋습니다. 단, 프리미어 프로 CC를 사용 중 새로운 업데이트가 진행되었다면 업데이트 초반에는 프리미어 프로의 오류가 잦거나 안정적이지 않을 수 있어 만약을 위해 이전 버전을 남겨 두고 새로운 버전을 설치하기도 합니다.

설치 에러 02 프리미어 프로 설치 전 문제

Q 정식 프로그램을 사용하지 않는 것은 불법인데, 어도비에서 제공하는 프리미어 프로 체험판을 설치해도 되나요?

A 체험판은 어도비 자체에서 정식으로 무료 배포되는 것으로 불법이 아닙니다. 하지만 어도비 정식 사이트에서 체험판을 다운로드해도 불법 프로그램을 이용하여 정품 인증하는 것은 불법입니다.

Q 'Dependencies'가 만족스럽지 않다는 오류 메시지가 뜨면서 설치 파일이 실행되지 않습니다.

A 제어판에서 방화벽 설정을 해제하고 설치 폴더를 로컬 디스크로 이동하여 재설치합니다.

설치 에러 03 프리미어 프로 설치 중 문제

Q 설치가 완료되지 않고 중간부터 설치되지 않습니다. 이유가 무엇인가요?

A 프리미어 프로가 설치되지 않는 이유는 주로 네 가지 원인으로 구분할 수 있습니다.
① 윈도우 운영체제가 프로그램과 맞지 않는 경우 → 설치하는 프리미어 프로에 맞는 운영체제를 사용하거나 운영체제에 맞는 버전의 프리미어 프로를 설치합니다.
② 이전에 프리미어 프로를 설치한 적이 있는 경우 → 체험판은 7일간 사용할 수 있으며 7일이 지난 이후에는 프리미어 프로를 지우고 다시 설치해도 사용할 수 없습니다. 계속 프리미어 프로를 이용하고자 한다면 정품을 사용하세요.
③ 메모리나 시스템 사양이 낮은 경우 → 시스템 사양을 프리미어 프로 설치 사양에 맞추어 업그레이드합니다.
④ 설치 프로그램 이외에 응용 프로그램이 실행 중인 경우 → 프리미어 프로 설치 프로그램 이외에 응용 프로그램과 인터넷은 종료해 주세요.

Q 이전 설치를 마친 후 다시 설치하라고 합니다.

A 프리미어 프로 외에 다른 프로그램을 설치하고 있을 때 표시되는 내용입니다. 여러 프로그램을 동시에 설치하면 레지스트리가 충돌할 수 있으므로 프로그램을 설치할 때는 설치를 마치고 다른 설치를 시작하는 것이 좋습니다.

Q 'Installation cannot continue until the following applications are closed...' 메시지가 표시되며 설치되지 않습니다.

A 설치할 때는 다른 프로그램들은 모두 종료한 다음 설치합니다. 만약 〈Ignore〉 버튼이 표시된다면 버튼을 클릭합니다. 그래도 설치가 되지 않는다면 열려 있는 응용 프로그램을 모두 닫고 설치를 시도하세요. 다시 설치를 시도할 때 같은 메시지가 표시된다면 컴퓨터를 재부팅한 다음 설치해 보길 바랍니다.

Q 설치 중 에러가 나서 종료한 이후 다시 설치할 수 없습니다.

A '프로그램 추가 제거'에 어도비 프리미어 프로가 설치되어 있다면 제거합니다. 그 이후에도 설치할 수 없다면 말끔하게 레지스트리까지 정리합니다.

Chapter 02 • 프리미어 프로 설치 Q&A

프리미어 프로를 학습하기 전에 미리 알아두기

기본 편집 스타일을 선택하는 방법과 시퀀스 설정을 변경하는 방법, 프로젝트 관리와 소스 활용, 자주 사용하는 유용한 기능까지 필수로 알아야 할 내용을 정리했습니다.

알아두기 01 어떤 작업 방법을 선택할까? - 빠른 편집과 정교한 편집 ★★중요

편집 작업 분량과 소스 양에 따라 빠르고 간편한 편집을 진행할 수 있으며, 시간이 오래 걸리더라도 정교하게 편집하는 방법도 있습니다.

간편하고 빠른 편집 방법은 하나의 시퀀스에 소스 데이터를 나열한 뒤 앞에서부터 재생하며 OK 장면을 고르면서 필요 없는 장면을 삭제해 나가는 직렬적인 방법입니다. 그렇게 처음부터 끝까지 정리하고 다시 한번 재생하면서 편집을 다듬어 나가면 빠르게 정리할 수 있습니다.

정교한 편집 방법은 각 장면 또는 시퀀스별로 데이터를 정리하고 컷 순서를 배열한 다음 모든 컷을 재생하며 OK 컷과 Keep 컷을 구분합니다. 다음으로 새로운 시퀀스를 만들고 정리된 OK, Keep 컷을 다시 한번 보면서 정밀하게 편집합니다. 원하는 결과물을 얻을 때까지 정밀 편집을 여러 번 반복합니다. 편집이 끝나면 OK 컷을 따로 보관하거나 편집 데이터를 반드시 백업해야 합니다.

알아두기 02 원하는 포맷의 시퀀스로 변경할 수 있을까? - 시퀀스 설정 우선순위 | TOP 04

시퀀스 설정은 편집 작업 환경을 결정하기도 하지만 기본 출력 설정을 도와줍니다. 따라서 동영상 소스 정보를 정확히 알고 알맞게 설정해야 편집도 원활히 이루어지며 출력할 때도 같은 포맷의 결과물을 얻기 편리합니다.

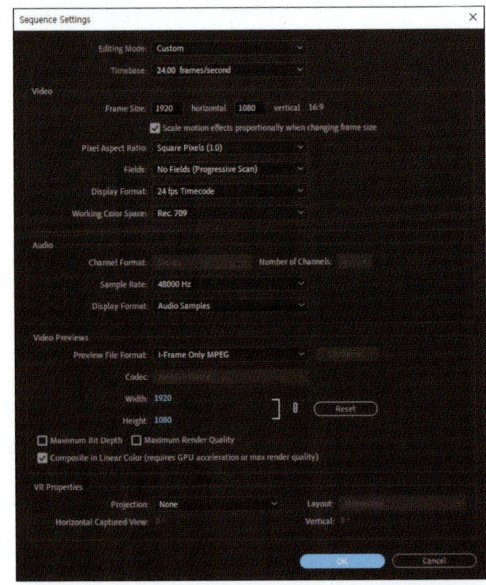

동영상 소스와 같은 형식의 시퀀스를 빠르고 쉽게 만들려면 Project 패널에서 소스 파일을 선택하고 메뉴에서 [File] → New → Sequence From Clip을 실행하거나 마우스 오른쪽 버튼을 클릭하고 Sequence From Clip을 실행합니다. 또한, Project 패널에서 소스 파일을 'New Item' 아이콘()으로 드래그하면 더 쉽고 빠르게 같은 포맷의 시퀀스를 만들 수 있습니다.

시퀀스 설정은 초기 설정 이후에 메뉴에서 [Sequence] → Sequence Settings를 실행해 원하는 포맷으로 새롭게 변경할 수 있습니다. Sequence Settings 대화상자에서는 비디오와 오디오 포맷, 프리뷰, VR 속성 설정을 변경할 수 있습니다.

알아두기 03   카메라 두 대로 찍은 영상의 싱크 맞추기 - Synchronize

카메라 두 대 이상으로 찍은 영상을 교차 편집하기 위해서는 영상의 싱크를 맞추는 것이 중요합니다. 두 개 이상의 영상의 싱크를 맞추기 위해선 두 영상 모두 오디오가 녹음되어야 합니다. Timeline 패널을 확대하면 보이는 오디오 파형의 모양으로 싱크를 맞출 수 있기 때문입니다. 오디오 싱크를 쉽고 빠르게 맞추기 위해 주로 여러 대의 카메라를 사용할 경우 카메라의 녹화 버튼이 모두 눌린 상태로 '슬레이트' 혹은 '박수' 등 짧고 큰 소리를 내서 편집 점을 잡습니다. 프리미어 프로에서는 슬레이트나 박수 없이도 오디오 파형을 분석해 자동으로 싱크를 맞춰 주는 Synchronize가 있습니다.

Synchronize는 Timeline 패널에서 싱크를 맞추고자 하는 영상, 오디오 클립을 모두 선택한 다음 마우스 오른쪽 버튼을 클릭하여 Synchronize를 실행하면 사용할 수 있습니다. Synchronize는 오디오의 파형이 일치하는 부분이 많아야 제대로 실행됩니다. 예를 들어 첫 번째 카메라는 마이크를 사용하여 잡음 없이 깔끔하게 녹음되고, 두 번째 카메라는 카메라 내장 마이크를 사용한 상태로 모든 현장음이 들어가 두 영상 오디오의 파형이 매우 다를 경우 기능이 작동하지 않을 수 있습니다.

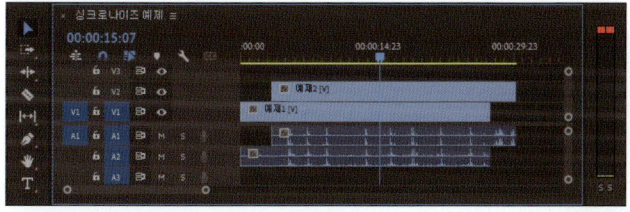

▲ 두 클립의 오디오 파형이 완벽하게 일치하는 모습

알아두기 04   흔들린 영상을 안정화하기 - Warp Stabilizer

손 떨림 방지 기능이 없는 렌즈, 카메라를 사용하거나 걸으면서 촬영하는 등 삼각대 없이 촬영할 경우 촬영본이 흔들려 활용하지 못하는 상황이 종종 발생합니다. 이럴 때 Warp Stabilizer를 이용하여 어느 정도 흔들림을 보정할 수 있습니다. 심하게 흔들린 영상의 경우는 부자연스럽게 안정화되는 경우도 많지만, 흔들림의 정도가 심하지 않거나 부드럽게 흔들린 경우 만족스러운 결과물이 나올 수 있는 기능입니다.

Effects 패널에서 'Warp Stabilizer' 이펙트를 검색하고 Timeline 패널의 안정화를 원하는 클립에 드래그하여 적용할 수 있습니다. Effect Controls 패널의 Smoothness 항목에서 부드러움의 강도를 설정할 수 있으며, Method 항목에서 위치 이동, 회전, 크기 변화, 왜곡 등을 지정합니다. Framing 항목에서는 영상의 크기 변화와 자르기 등을 지정할 수 있습니다.

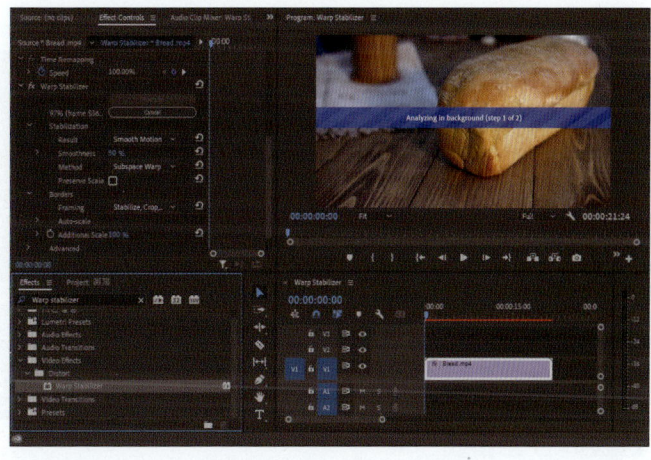

알아두기 05 무거운 고해상도 영상을 저사양 컴퓨터에서 편집하기 - Proxy

기술이 점점 발전되면서 4K, 8K 등 고해상도의 영상을 녹화할 수 있는 카메라들이 점점 많아지고 있습니다. 이러한 고해상도 영상들은 작업 PC 성능이 좋지 않다면 실시간 재생이 어려워 편집 작업이 힘든 경우가 많습니다. 이때 고해상도 영상을 일일이 렌더링하여 작업할 수도 있지만, 작업 시간이 몇 배는 더 소요되기에 비효율적입니다. 무거운 고해상도 영상을 저사양 컴퓨터에서 작업하는 가장 좋은 방법은 영상을 데이터 용량과 해상도를 낮춘 프록시 파일로 변환하는 것입니다. 프록시 파일로 변환하여 작업하면 끊김 없이 영상 재생이 가능하고, 작업을 마친 후에는 별도의 작업 없이 원하는 설정대로 출력하면 자동으로 고해상도 결과물을 얻을 수 있습니다.

Project 패널에서 프록시 파일로 변환하고자 하는 아이템을 선택하고 마우스 오른쪽 버튼을 클릭하여 Proxy → Create Proxies를 실행합니다. Create Proxies 대화상자가 표시되면 원하는 포맷과 해상도를 지정하고 파일이 저장될 위치를 설정한 다음 〈OK〉 버튼을 클릭하면 Adobe Media Encoder가 자동으로 실행되어 고해상도 데이터를 가벼운 데이터로 변환하여 프록시 파일을 만듭니다.

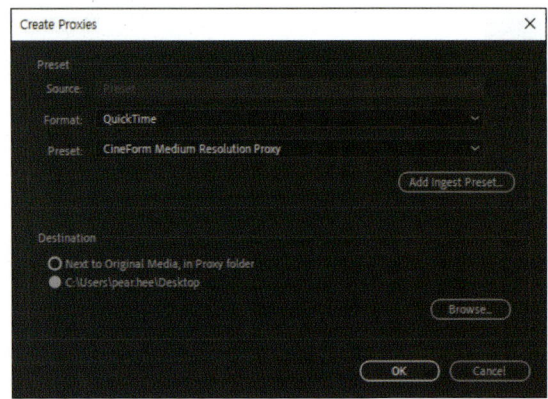

파일이 모두 변환되면 Attach Proxies를 실행하고 Attach Proxies 대화상자에서 프록시 파일을 적용할 파일을 선택한 다음 〈Attach〉 버튼을 클릭합니다. Attach Proxies 대화상자에서 만들어진 저해상도 프록시 파일을 찾아 선택한 다음 〈OK〉 버튼을 클릭하면 프록시 파일이 적용됩니다. Timeline 패널에서 프록시로 변경된 파일을 선택하면 Info 패널에서 프록시 비디오 정보를 확인할 수 있습니다.

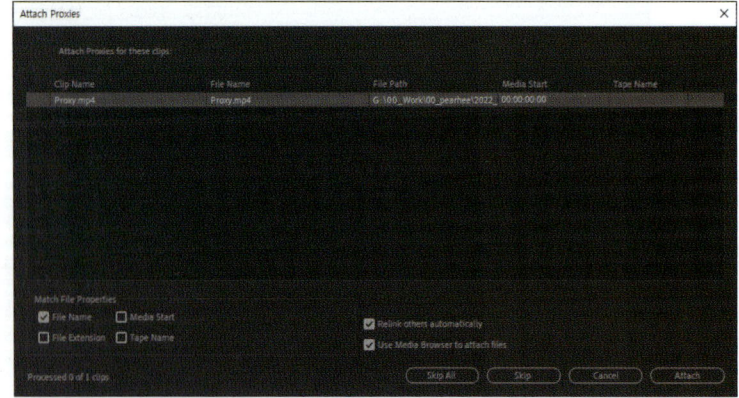

▲ Attach Proxies 대화상자   ▲ Info 패널

알아두기 06 원본 소스 파일 찾아 새로운 경로 지정하기 - Link Media

이전에 만든 프로젝트 파일을 열었을 때 Link Media 대화상자가 표시되고, Project 패널과 Timeline 패널에 붉은색의 오프라인 파일(Offline File)이 표시되는 경우가 종종 발생합니다. 처음 불러왔던 소스의 파일명이 바뀌거나, 이전 위치에 없거나, 파일 자체가 삭제되었을 경우 발생합니다. 이럴 때는 원본 소스 파일을 찾아 새로운 경로를 지정해야 원활한 작업을 진행할 수 있습니다.

원본 소스 파일을 찾아 경로를 지정하기 위해선 프로젝트 파일을 처음 실행할 때 표시되는 Link Media 대화상자나 Timeline 패널에서 오프라인 클립을 마우스 오른쪽 버튼으로 클릭하여 Link Media를 직접 실행합니다. Link Media 대화상자가 표시되면 〈Locate〉 버튼을 클릭해 Locate File 대화상자를 표시합니다. Locate File 대화상자에서 잃어버린 소스 파일의 경로를 찾아 지정하고 〈OK〉 버튼을 클릭합니다. 이때 'Display only Exact Name Matches'에 체크 표시하면 같은 이름의 파일만 보이도록 설정할 수 있습니다.

〈Search〉 버튼을 클릭하면 자동으로 하드 디스크를 탐색하여 소스 파일을 찾아 줍니다. 이때 소스 파일의 이름이 변경된 경우 앞선 두 가지 방법은 사용 불가능하며, 직접 경로를 찾아 지정해야 합니다. 'Image Sequence'는 이미지 시퀀스 형태로 된 파일을 하나의 동영상 파일로 인식하도록 합니다.

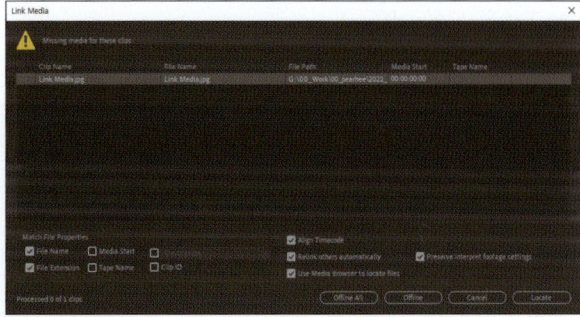
▲ Link Media 대화상자

알아두기 07 프로젝트 백업하기 - Project Manager 우선순위 | TOP 18

영상 작업에서 백업은 필수이며, 프로젝트가 완료된 후에는 반드시 백업을 해야 합니다. 백업은 원본 데이터를 모두 저장하는 방법과 프로젝트에 사용된 소스만 백업하는 방법으로 나눌 수 있습니다.

프리미어 프로에서는 Project Manager 기능을 활용해 편리하게 백업할 수 있습니다. Project Manager는 메뉴에서 (File) → Project Manager를 실행하여 표시할 수 있습니다. ▶162쪽 참고

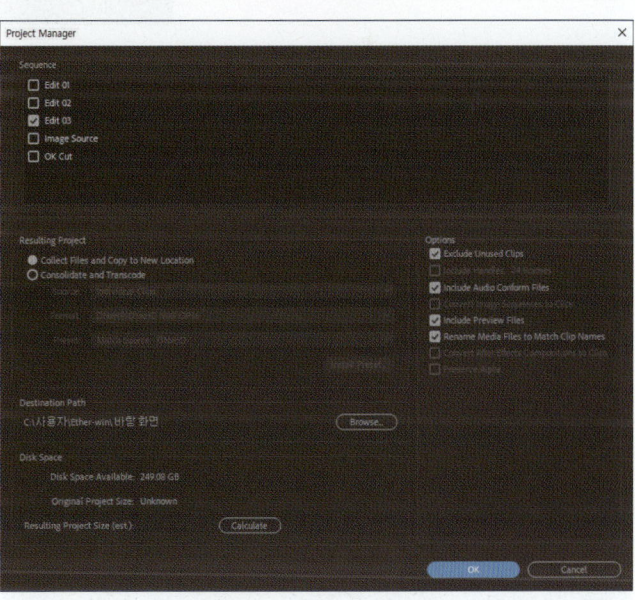

알아두기 08 | 오디오 볼륨 레벨 조절하기 - 다양한 오디오 편집 우선순위 TOP 06

오디오는 영상 작업에서 필수 요소로, 효과와 배경 음악, 대사, 현장음 등 다양한 역할로 작품의 품질을 책임지기도 합니다. 물론 정밀한 사운드 디자인을 프리미어 프로와 같은 편집 툴에서 작업할 수는 없으나 약간의 효과를 적용하거나 정리하는 등 기본적인 오디오 편집 작업은 진행할 수 있습니다. 오디오 편집의 가장 기본은 볼륨 조절이며 볼륨을 조절하는 방법에는 여러 가지가 있습니다.

첫 번째는 Audio Gain을 활용하는 방법으로, 메뉴에서 [Clip] → Audio Options → Audio Gain(G)을 실행하거나 오디오 클립에서 마우스 오른쪽 버튼을 클릭하여 실행할 수 있습니다.

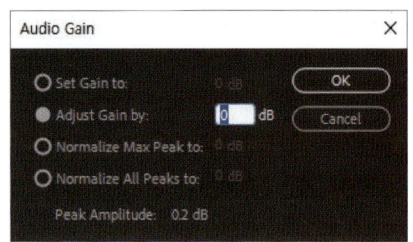

Audio Gain 대화상자에서는 다양한 볼륨 조절 옵션을 제공합니다. Audio Gain은 여러 클립을 선택했을 경우 선택한 클립 전체에 설정 값이 적용됩니다. ▶ 240쪽 참고

두 번째는 Effect Controls 패널을 이용하는 방법입니다. Timeline 패널에서 오디오 클립을 선택하면 Effect Controls 패널에서 볼륨, 채널 볼륨, 좌우 팬 효과 등을 제어할 수 있습니다. 또한, 키프레임을 설정하여 페이드 인/아웃, 채널 이동과 같은 오디오 애니메이션을 만들 수 있습니다.

▶ 241쪽 참고

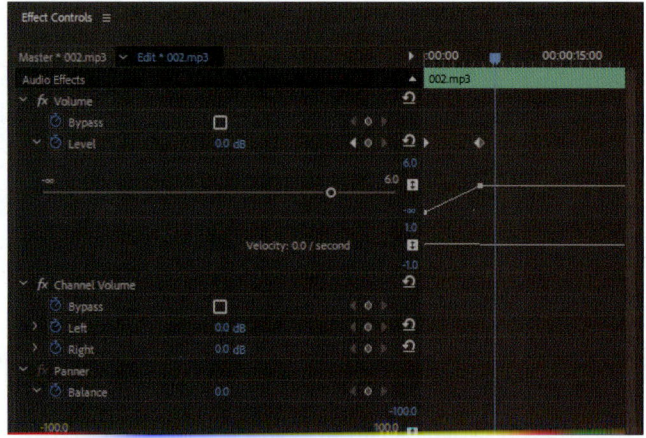

▲ 오디오 옵션을 조절할 수 있는 Effect Controls 패널

세 번째는 Timeline 패널의 오디오 연결선(Connector Line)을 활용하는 방법입니다. 오디오 연결선은 오디오 트랙의 높이를 확장하면 나타나는데 연결선을 위, 아래로 드래그해 볼륨 옵션을 조절할 수 있으며, Ctrl을 누른 상태로 연결선을 클릭하면 키프레임을 만들 수 있고 위, 아래로 조절해 오디오 애니메이션을 만들 수도 있습니다.

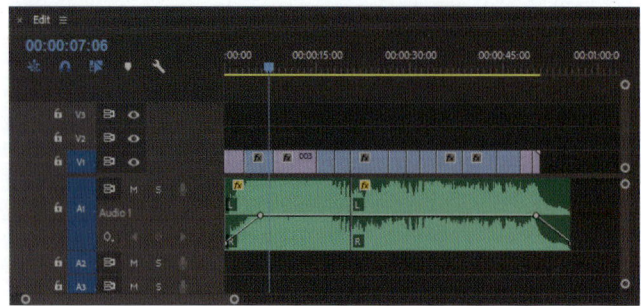

알아두기 09 가속도를 조절하는 방법 익히기 - Time Remapping 중요

프리미어 프로에서 영상의 속도를 조절하는 방법은 여러 가지가 있습니다. 그중 가장 손쉬운 방법으로 첫 번째는 속도 조절 도구(■, R)를 활용하여 임의로 적당한 속도를 맞추는 방법입니다. 이 방법은 빠르고 쉽게 적절한 속도를 조절할 수 있지만 정확한 배율로 조절하기 어려울 수 있으며 가속도를 표현할 수 없습니다.

두 번째는 클립의 Speed&Duration(Ctrl+R) 명령을 활용하는 방법입니다. 속도를 조절하려는 클립을 선택하고 [Clip] 탭 또는 마우스 오른쪽 버튼을 클릭한 다음 Speed&Duration을 실행할 수 있습니다.

Speed&Duration은 정확한 배율의 속도와 길이를 여러 클립에 동시 설정할 수 있고, 빠르게 역재생 클립을 만들 수 있는 장점이 있지만, 가속도 표현과 정지 장면을 만들 수 없습니다.

세 번째로 Time Remapping을 활용하는 방법입니다. 이 방법은 속도를 미세하게 조절하기 어렵지만 점점 빨라지거나 느려지는 가속도를 표현할 수 있고, 정지 화면을 만들 수도 있습니다. ▶ 106쪽 참고

알아두기 10 프리미어 프로에서 내레이션을 녹음하기 - Voice-over Record

외부 프로그램을 이용해서 내레이션을 녹음할 수 있지만, 녹음 파일을 따로 저장해서 불러오는 번거로움이 있습니다. Voice-over Record를 사용하면 프리미어 프로 내에서도 쉽게 내레이션 녹음이 가능합니다.

Timeline 패널에서 내레이션 클립이 위치할 트랙의 'Voice-over Record' 아이콘(🎤)을 클릭합니다. 화면에 3초간의 카운트다운이 표시된 다음 바로 녹음이 시작됩니다. 녹음을 완료했다면 Spacebar를 눌러 녹음을 멈출 수 있습니다. Timeline 패널에서 내레이션이 시작되었으면 하는 위치에 현재 시간 표시기를 이동하며 계속해서 다음 녹음을 진행합니다. ▶ 259쪽 참고

편집에서 가장 기본이 되는 것은 필요 없는 장면을 잘라내고 필요한 곳에 붙여 넣는 것입니다. 이러한 방법을 영상에서 컷(Cut) 편집이라고 하며, 완성도 높은 영상을 위해 중요한 과정입니다. 센스 있는 영상을 만들기 위해선 많은 효과를 넣는 것보다 정확하고 감각적인 컷 편집이 더 중요합니다. 편집 작업을 위해 가장 기초적이면서 중요한 컷 편집 스킬을 익혀 자신만의 감각적인 스타일의 작품을 완성해 봅니다.

PART 1.

프리미어 프로
CC 2022 시작하기

01 | 프리미어 프로는 어떻게 생겼을까?
02 | 프리미어 프로 시작하기
03 | 프리미어 프로 시작 전 환경 설정하기
04 | 상황별 시퀀스 만들기
05 | 타임라인에 영상 소스 불러오기
06 | 컷 편집하기
07 | 편집 도구 알아보기

• 작업 화면

프리미어 프로는 어떻게 생겼을까?

프리미어 프로 CC 2022를 실행하면 이미지 파일을 열거나 새로운 캔버스를 프리미어 프로에서 제공하는 프리셋에 맞게 만들 수 있는 홈 화면이 표시됩니다. 이제 메뉴를 실행하지 않아도 한 번의 클릭으로 상황에 알맞은 프리미어 프로 작업을 시작해 보세요.

필수기능 01 프리미어 프로 시작 화면 살펴보기

❶ **Home** : 프리미어 프로를 처음 시작하면 Home이 표시됩니다. Home에서는 새로운 프로젝트를 만들거나 기존의 프로젝트를 불러올 수 있습니다.

❷ **프리미어 프로 작업 화면** : 다양한 도구와 명령을 이용하여 실제 프리미어 프로를 작업하는 화면입니다.

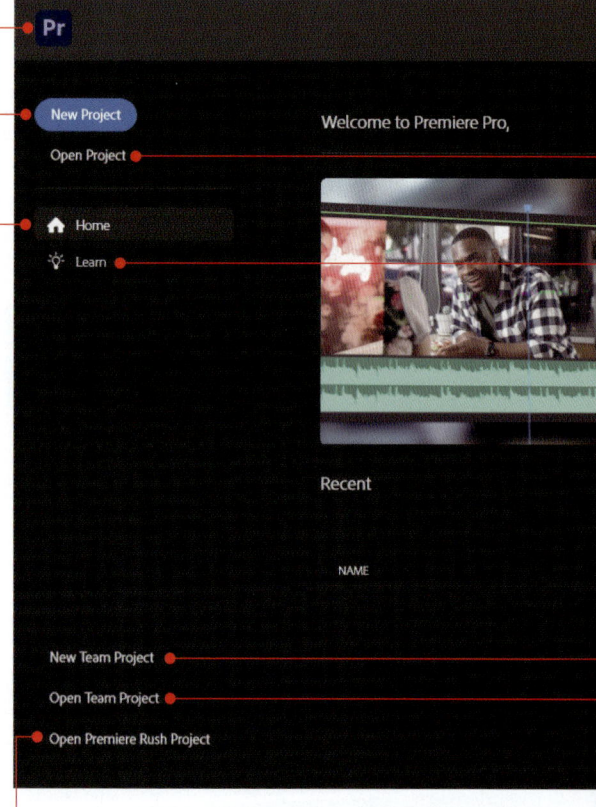

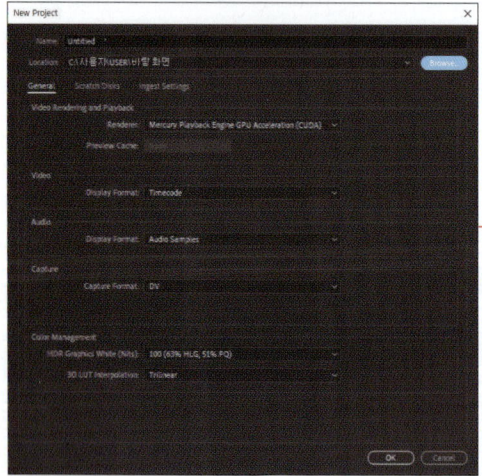

❸ **New Project** : 새로운 프로젝트를 만듭니다.

❹ **Open Premiere Rush Project** : 모바일 어플리케이션 Premiere Pro Rush에서 작업한 프로젝트를 불러옵니다.

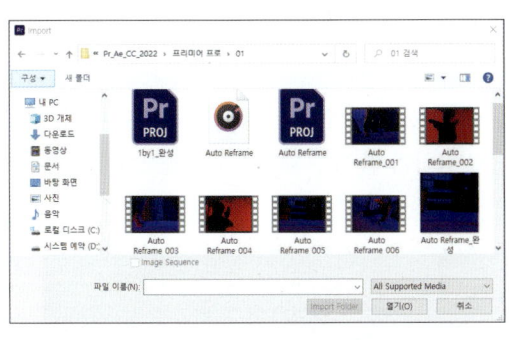
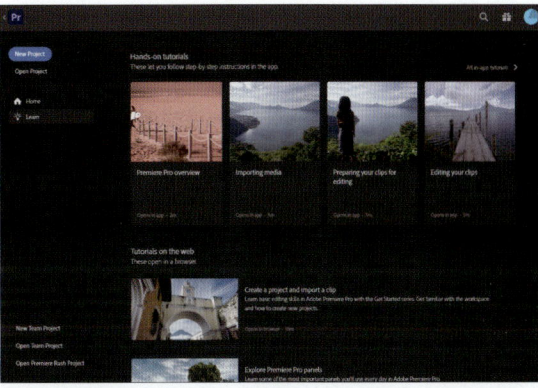

❺ **Open Project** : 다른 프로젝트를 불러옵니다.

❻ **Hide Suggestions** : 프리미어 프로에서 추천하는 튜토리얼 창을 비활성화합니다.

❼ **Learn** : 프리미어 프로에서 제공하는 다양한 기능에 대한 튜토리얼을 학습할 수 있습니다.

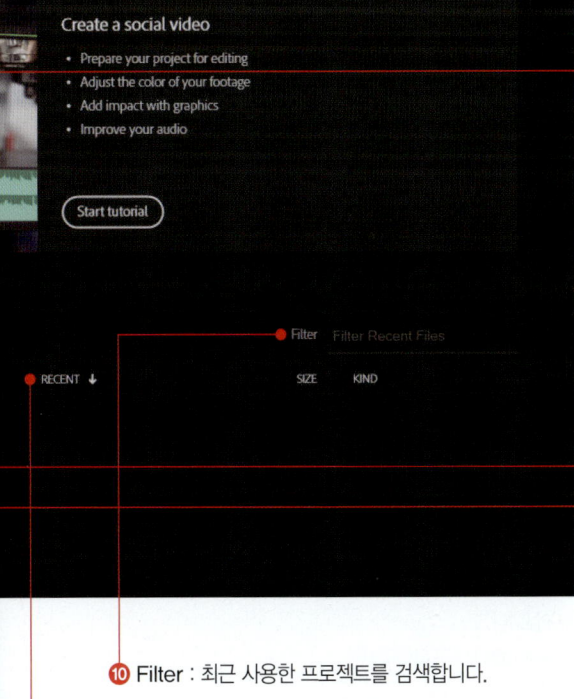

❽ **New Team Project** : 새로운 공동 작업 프로젝트를 만듭니다.

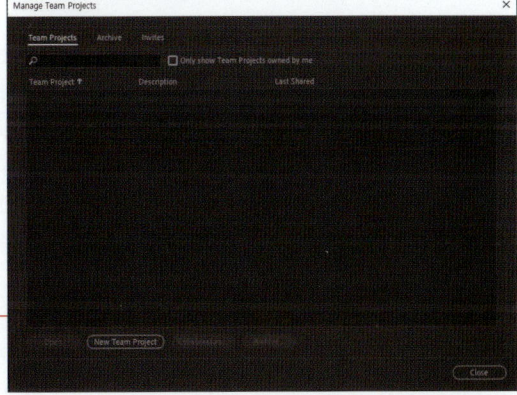

❾ **Open Team Project** : Mange Team Projects 대화상자가 표시되며 다른 공동 작업 프로젝트를 불러옵니다.

❿ **Filter** : 최근 사용한 프로젝트를 검색합니다.

⓫ **Recent** : 가장 최근에 열었던 프로젝트의 이름과 시간 정보를 알려 줍니다. 해당 프로젝트를 클릭하면 바로 프로젝트를 불러올 수 있습니다.

필수기능 02 프리미어 프로 작업 화면 살펴보기 - Workspaces ★★★ 중요

프리미어 프로의 작업 화면은 프로젝트 소스 관리, 영상 및 오디오 편집, 비디오 모니터링, 효과 작업 등을 위해 20개가 넘는 다양한 패널이 존재합니다. 본격적인 편집 작업을 시작하기 전 필수 패널의 정보를 알아봅니다.

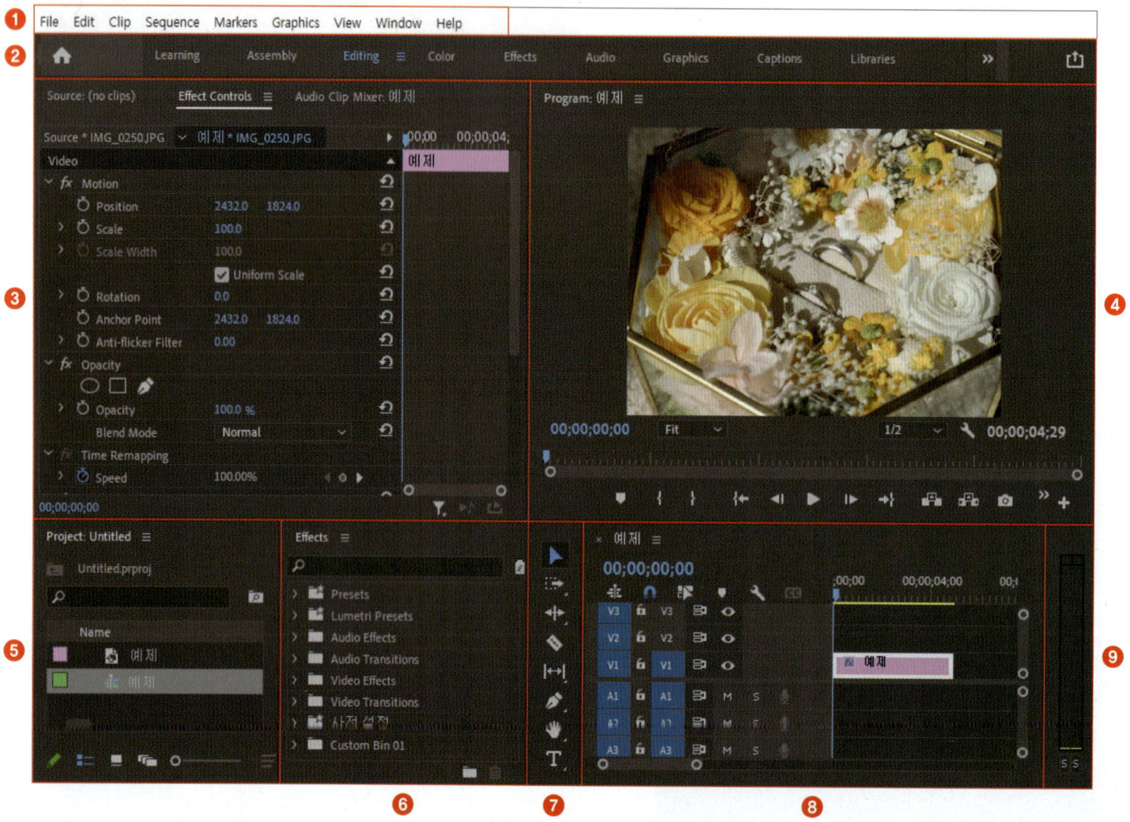

❶ **메뉴** : 프리미어 프로에서 실행할 수 있는 명령들이 9개의 메뉴로 구성되어 있습니다.

❷ **Workspaces 패널** : 영상 편집(Editing), 컬러 보정(Color), 효과(Effects), 오디오 편집(Audio) 등 사용자 편의에 맞는 작업 환경을 자동으로 설정하는 패널입니다. 또한, '홈' 아이콘()을 클릭하여 시작 화면을 표시할 수 있습니다.

❸ **Effect Controls 패널(Shift+5)** : 비디오 클립의 모션(Motion), 불투명도(Opacity), 이펙트와 오디오 클립의 볼륨(Volume) 이 펙트 등을 한눈에 보면서 제어할 수 있으며, 키프레임을 만들고 제어하여 애니메이션을 만듭니다.

❹ **Program Monitor 패널** : 현재 시간 표시기가 이동하는 장면을 보여 주며, 실제 편집되는 최종 결과를 나타냅니다. 또한, 편집에 도움이 되는 여러 가지 기능을 제어합니다.

❺ **Project 패널(Shift+1)** : 영상 편집에 사용하는 소스와 아이템 등을 관리하며 정보를 보여 줍니다.

❻ **Effects 패널** : 비디오 또는 오디오 작업에 필요한 특수 효과들이 모여 있습니다.

❼ **Tools 패널** : 클립을 선택하거나 잘라내는 등의 편집 도구와 Timeline 패널을 이동하거나 확대하는 등의 제어 도구들이 있습니다.

❽ **Timeline 패널** : 영상을 시간으로 탐색 및 제어하는 영상 편집 작업이 이루어집니다.

❾ **Audio Meters 패널** : 재생되는 오디오의 전체 음량을 최고 0dB에서 최하 −∞dB까지 표시합니다.

> **TIP**
> 처음 프리미어 프로를 시작하면 버전과 작업 환경에 따라 다른 인터페이스 구성을 가질 수 있습니다.

우선순위 | TOP 14　　Start • New Project

프리미어 프로 시작하기

우선 프리미어 프로를 시작하고 편집 작업에서 가장 기본이 되는 컷 편집을 시작합니다.
컷 편집을 시작하기 위해 프로젝트를 만드는 방법과 작업했던 프로젝트를 불러오는 방법에 대해 알아봅니다.

필수기능 01 프로젝트 파일 만들기 - New Project

프리미어 프로에서 편집 작업을 시작하기 위해 가장 먼저 해야 할 일은 프로젝트를 만들고 작업을 위한 소스를 설정하는 일입니다. 처음 프리미어 프로를 시작하고 파일을 불러오는 과정과 프로젝트를 저장하는 과정을 통해 편집 프로그램에 대해 배웁니다.

홈 화면에서 새로운 프로젝트 만들기

프리미어 프로를 시작합니다. 시작 화면으로 Home이 표시되면 새로운 프로젝트를 만들기 위해 〈New Project〉 버튼을 클릭하여 실행합니다.

New Project 대화상자 설정하기

New Project 대화상자가 표시되면 Name에 새로운 프로젝트의 이름을 입력하고 〈Browse〉 버튼을 클릭하여 프로젝트를 저장할 위치를 지정합니다. 설정이 완료되면 〈OK〉 버튼을 클릭합니다.

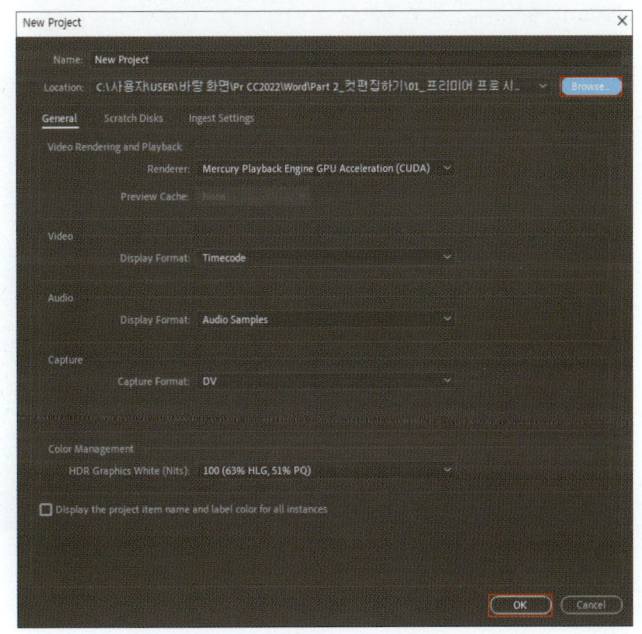

Chapter 02 • 프리미어 프로 시작하기　47

필수기능 02 프로젝트 파일 불러오기 - Open Project

프리미어 프로에서 작업했던 프로젝트를 불러오는 방법에 대해 알아봅니다. 홈 화면과 메뉴에서 명령을 실행하여 작업했던 프로젝트를 불러올 수 있습니다.

Home에서 프로젝트 불러오기

Home에서 〈Open Project〉 버튼을 클릭하여 Open Project 대화상자가 표시되면 불러올 프로젝트를 선택하고 〈열기〉 버튼을 클릭하여 실행합니다. (Recent) 탭에서 최근 작업한 프로젝트를 검색해 클릭하면 최근 프로젝트를 불러올 수 있습니다.

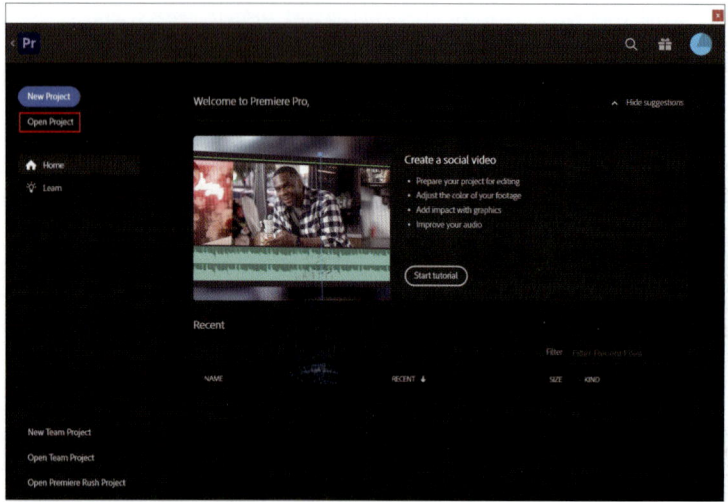

File 메뉴에서 프로젝트 파일 불러오기

메뉴에서 (File) → Open Project ((Ctrl) + (O))를 실행해 프리미어 프로젝트를 찾아 불러올 수 있습니다. Open Recent에서 최근 프로젝트를 불러올 수도 있습니다.

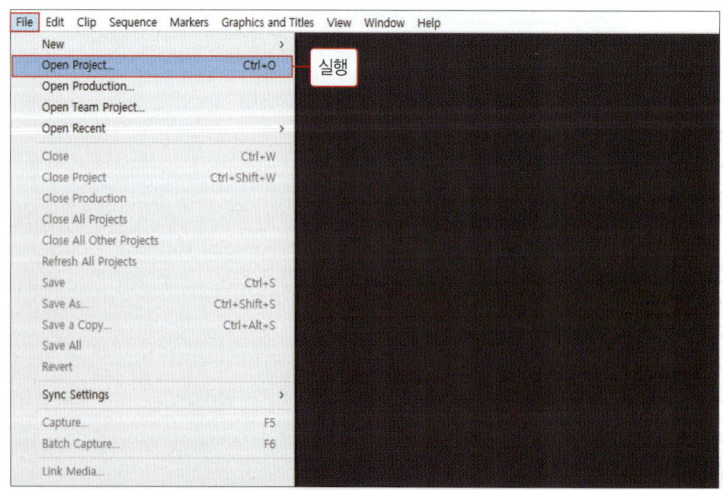

• Preferences

프리미어 프로 시작 전 환경 설정하기

프리미어 프로는 동영상 편집 작업을 하기 위한 프로그램으로 기본적으로 고사양의 컴퓨터를 사용하는 것이 좋습니다. 쾌적한 편집 환경을 설정하기 위해 사용자의 환경에 맞춰 소프트웨어 프로그램 환경과 인터페이스 환경을 설정합니다.

필수기능 01 캐시 저장 경로 설정하기 - Media Cache

프리미어 프로의 미디어 캐시(Media Cache)는 고속 기억 장치에 편집 과정에서 생긴 렌더링 데이터를 저장하여 그 데이터를 활용해 실시간으로 타임라인을 재생할 수 있도록 하기 위한 임시 데이터입니다. 많은 프로젝트를 여러 차례 반복하면 이 미디어 캐시들이 컴퓨터 하드 디스크에 쌓여 용량이 부족하고 데이터 처리를 느리게 하는 원인이 될 수 있어 업무용 편집 환경에서는 미디어 캐시를 별도로 분리된 내장 하드 디스크로 설정하는 것이 좋습니다.

미디어 캐시 환경 설정

프리미어 프로의 캐시 저장 경로를 변경하기 위해 프리미어 프로를 실행하고 메뉴에서 (Edit) → Preferences → Media Cache를 실행하여 Preferences 대화상자를 표시합니다.

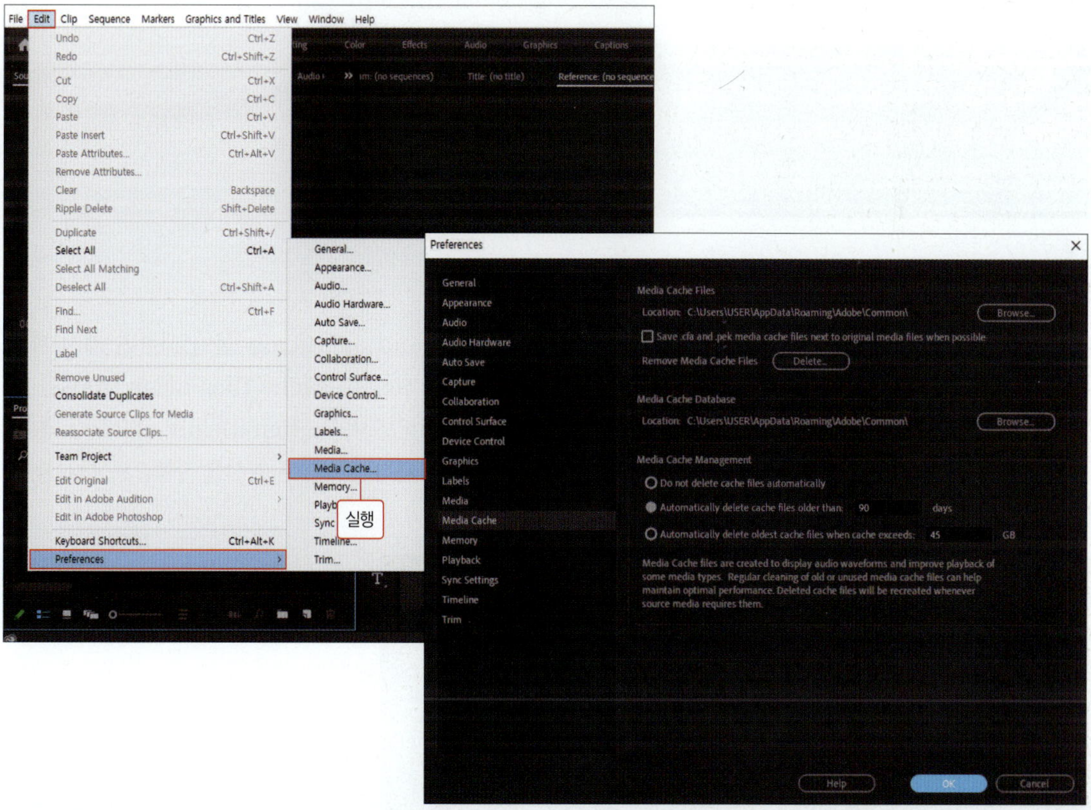

▲ Preferences의 미디어 캐시 환경 설정

Chapter 03 • 프리미어 프로 시작 전 환경 설정하기

미디어 캐시 저장 경로 설정하기

Media Cache Files의 〈Browse〉 버튼을 클릭해 새로운 미디어 캐시 파일이 저장되는 경로를 설정할 수 있으며 Media Cache Database의 〈Browse〉 버튼을 클릭해 미디어 캐시 데이터가 저장되는 경로를 변경할 수 있습니다.

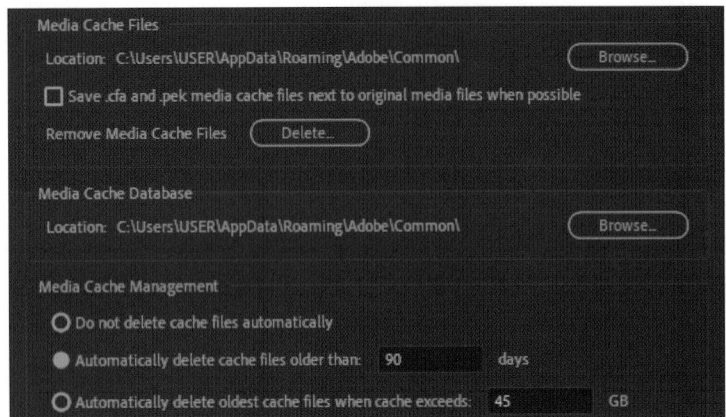

미디어 캐시 파일 삭제하기

Remove Media Cache Files의 〈Delete〉 버튼을 클릭해 현재까지 저장된 미디어 캐시 파일을 제거할 수 있습니다.

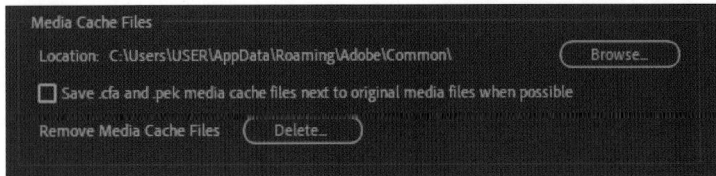

캐시 파일 저장 기간과 용량 설정하기

Media Cache Management의 'Do not delete Cache files automatically'를 선택하면 캐시 파일이 자동으로 삭제되는 것을 해제할 수 있습니다. 'Automatically delete cache files older than'을 선택하면 저장된 미디어 캐시를 자동으로 삭제되는 기간을 설정할 수 있으며 'Automatically delete oldest cache files when cache exceeds'를 선택하면 설정된 용량을 초과하면 오래된 캐시를 자동으로 삭제할 수 있도록 합니다.

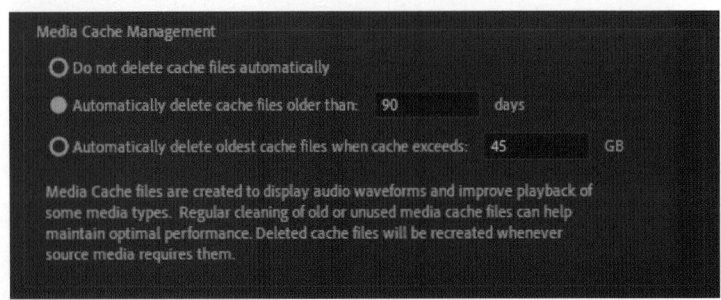

필수기능 02 RAM 환경 설정하기 - Memory

개인의 컴퓨터 성능에 따라 프리미어 프로를 운영하는 어려움이 있을 수 있습니다. 이때 메모리 환경 설정을 통해 조금 더 최적화된 환경에서 원활하게 편집 작업을 진행할 수 있습니다.

메모리 환경 설정

프리미어 프로의 메모리 환경을 설정하기 위해 프리미어 프로를 실행하고 메뉴에서 (Edit) → Preferences → Memory를 실행하여 Preferences 대화상자를 표시합니다.

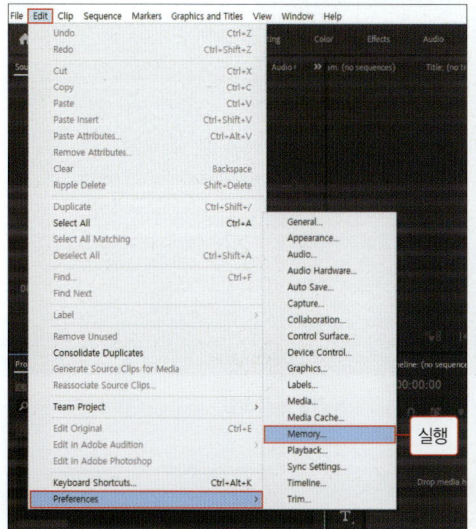
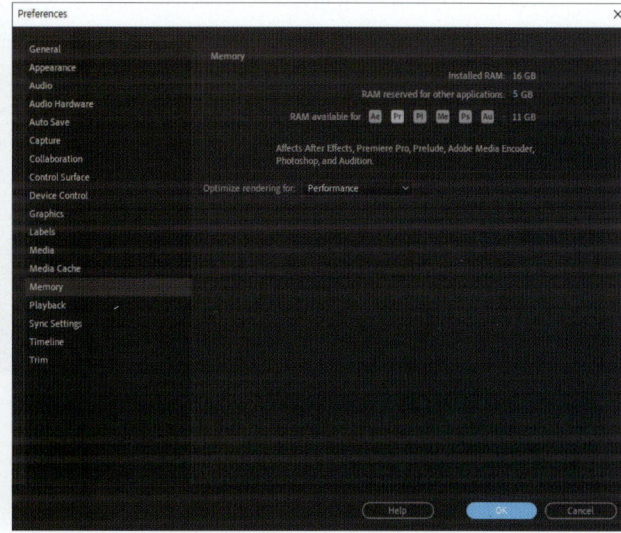

▲ Preferences의 메모리 환경 설정

프리미어 RAM 환경 설정하기

(Memory) 탭의 Installed RAM 항목에서는 현재 사용자의 PC에 설치된 전체 메모리 용량을 표시해 줍니다. RAM reserved for other applications에서 프리미어 프로 이외의 다른 응용 프로그램에서 사용할 메모리 용량을 설정할 수 있습니다. 이 설정 값에 따라 RAM available for 항목에서는 프리미어 프로를 포함한 Adobe 제품군에 공유되는 RAM 용량이 자동으로 설정됩니다.

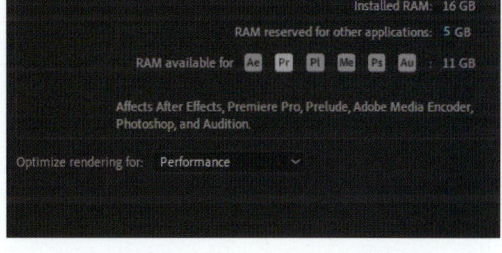

렌더링 최적화 설정하기

Optimize rendering for 항목에서는 PC의 Performance 또는 Memory를 지정해 사용자의 PC 환경에 맞는 렌더링 최적화 옵션을 설정할 수 있습니다.

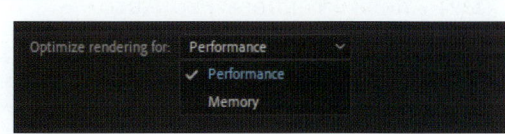

필수기능 03 자동 저장 설정하기 - Auto Save

컴퓨터로 동영상을 편집하는 과정은 매우 오래 걸리는 작업으로 중간에 프로그램이 갑자기 종료되어 난감한 상황이 발생하지 않도록 자주 프로젝트를 저장해 주는 것이 좋습니다. 프리미어 프로는 자동으로 프로젝트를 저장해 주는 기능이 있어 이를 이용하면 매우 편리하게 원하는 타이밍에 프로젝트를 자동 저장할 수 있습니다.

자동 저장 환경 설정

프리미어 프로의 자동 저장을 설정하기 위해 프리미어 프로를 실행하고 메뉴에서 [Edit] → Preferences → Auto Save를 실행하여 Preferences 대화상자를 표시합니다.

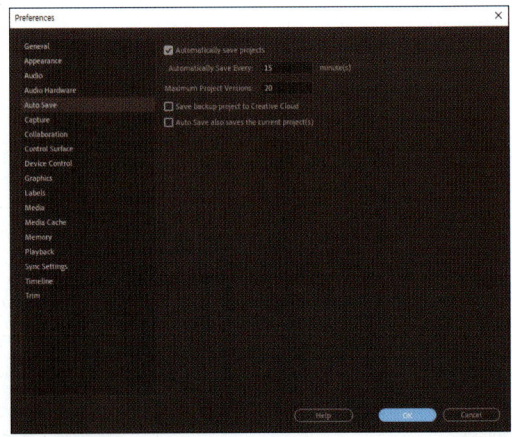

▲ Preferences의 자동 저장 환경 설정

프로젝트 자동 저장 설정하기

Auto Save에서 'Automatically save Projects'를 체크 표시하면 일정 시간 간격으로 프로젝트를 자동 저장할 수 있습니다. Automatically Save Every에서는 자동 저장되는 시간 간격을 '분' 단위로 설정할 수 있으며 Maximum Project Versions에서 최대 저장되는 프로젝트 버전을 설정할 수 있습니다. 'Save backup project to Creative Cloud'를 체크 표시하면 Adobe에서 프로그램 설치 시 제공되는 Creative Cloud에 프로젝트를 백업할 수 있습니다. 'Auto Save also saves the current project(s)'를 체크 표시하면 자동 저장을 실행할 때 현재 프로젝트도 저장되도록 할 수 있습니다.

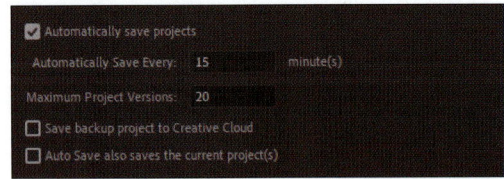

Auto Save 프로젝트 파일 확인하기

프리미어 프로의 프로젝트 파일이 저장된 경로에 Adobe Premiere Pro Auto-Save 폴더를 들어가면 자동으로 저장된 프로젝트 파일을 확인할 수 있습니다.

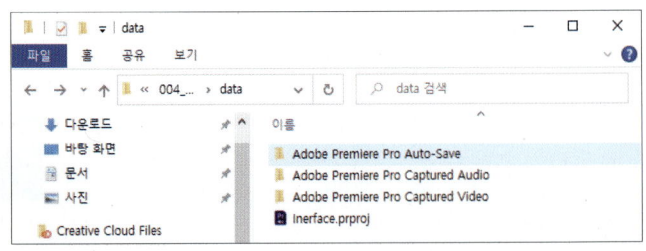

실습예제 04 내게 맞는 작업 환경 설정하기

프리미어 프로는 기본 영상 편집 이외에 오디오, 자막, 컬러 컬렉션 등의 작업을 진행할 수 있습니다. 이때마다 작업자가 편리하도록 작업 환경을 조절할 수 있습니다. 또한, 패널의 크기와 위치를 작업자가 원하는 대로 조절하고 이동하여 빠르고 편리한 작업을 진행할 수 있습니다.

01 프리미어 프로를 실행하고 ❶ 메뉴에서 (File) → New → Project를 실행하여 새로운 프로젝트를 만듭니다. ❷ 메뉴에서 (File) → New → Sequence를 실행합니다.

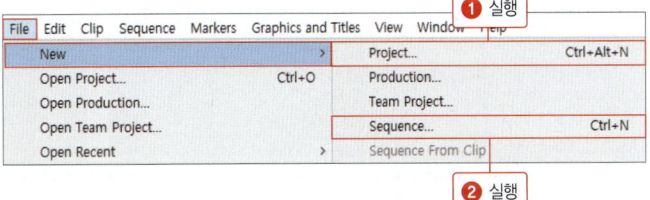

02 New Sequence 대화상자가 표시되면 ❶ 'DV-NTSC'를 선택하고 ❷ 'Widescreen 48kHz'를 선택한 다음 ❸ 〈OK〉 버튼을 클릭하면 새로운 시퀀스가 만들어집니다.

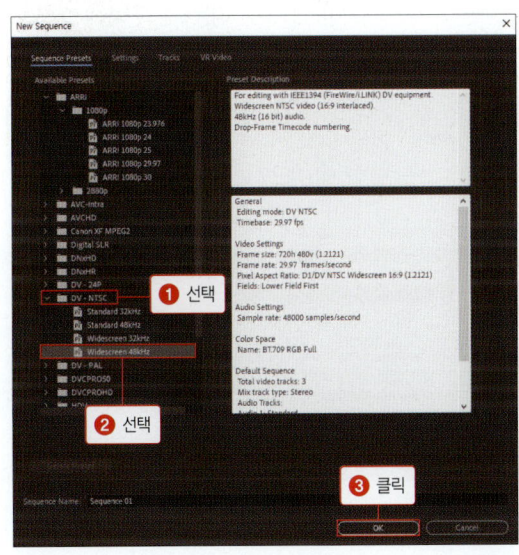

TIP
프리미어 프로의 Workspaces 패널은 기본 Editing 모드로 설정되어 있습니다.

03 메뉴에서 (Window) → Workspaces의 하위 메뉴에서 용도에 맞게 미리 설정되어 있는 다양한 기본 세팅을 확인할 수 있습니다.

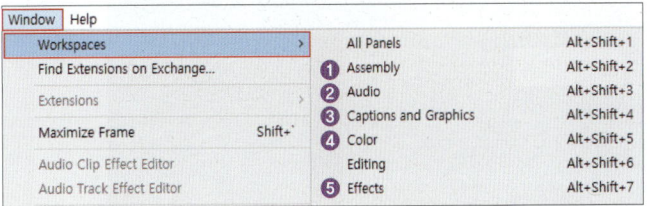

TIP
❶ Assembly : 소스를 탐색하며 순서대로 또는 편집 순서에 맞게 배열하기 편리하도록 Project 패널을 크게 보여 줍니다.
❷ Audio : 오디오의 특수 효과를 넣거나 세부적으로 오디오 편집을 할 수 있도록 Essential Sound 패널을 확장합니다.
❸ Captions and Graphics : 자막 작업을 할 수 있는 Text 패널을 확장합니다.
❹ Color : 소스 색상을 보정하거나 작업자가 원하는 Look으로 설정하기 편하도록 Lumetri Color 패널을 확장하고 Lumetri Scopes 패널을 표시합니다.
❺ Effects : 타임라인의 소스 클립에 이펙트를 적용하고 효과를 조절하기 편리한 Effects 패널과 Effect Controls 패널을 확장합니다.

04 패널과 패널 사이에 마우스 포인터를 위치시키면 마우스 포인터 모양이 바뀝니다. 이때 수평 또는 수직으로 드래그하면 패널을 확장할 수 있습니다.

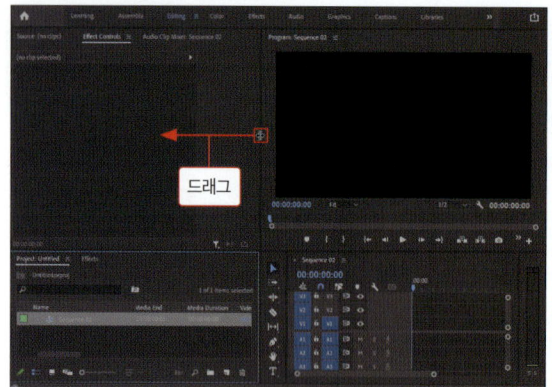 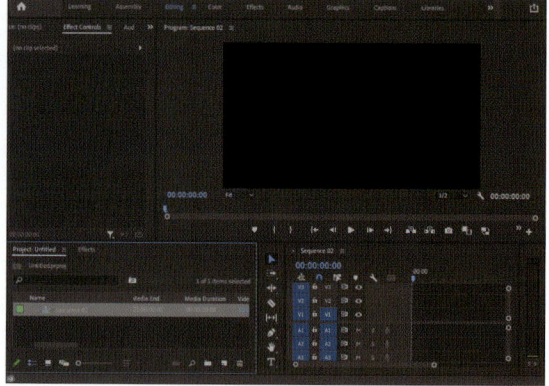

▲ Program Monitor 패널이 확장된 모습

05 ❶ 이동하려는 패널의 이름을 선택하고 ❷ 드래그하여 다른 패널의 가운데로 이동합니다. 이동하는 위치에 따라 파란색 가이드가 나타나며 이동한 다음 ❸ 패널 크기를 알맞게 조절합니다.

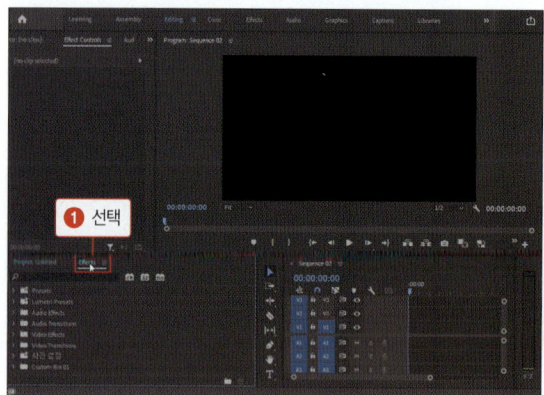 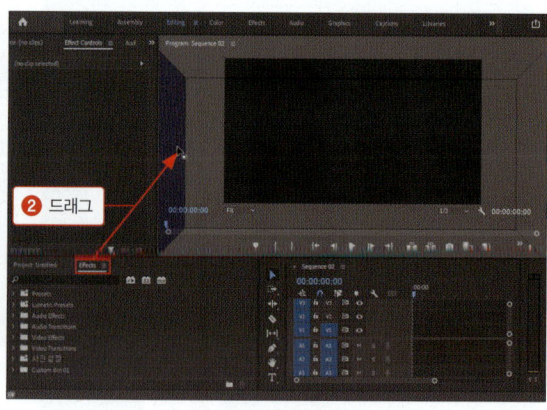

▲ 1단계 : 이동하고자 하는 패널 이름을 선택합니다.　　▲ 2단계 : 이동하고자 하는 위치로 드래그합니다.

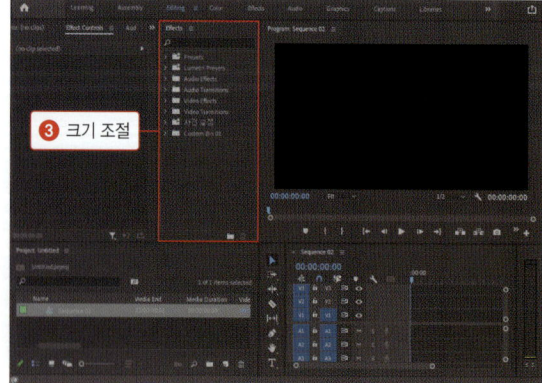

▲ 3단계 : 이동한 패널 크기를 알맞게 조절합니다.

06 메뉴에서 (Window) → Workspaces → Save as New Workspace를 실행합니다.

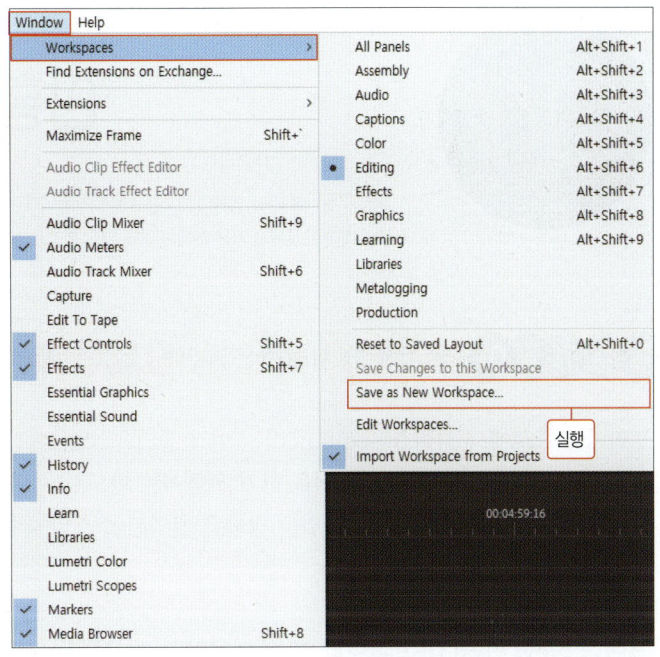

07 New Workspaces 대화상자가 표시되면 Name에 ❶ '맞춤 작업 영역'을 입력한 다음 ❷ 〈OK〉 버튼을 클릭합니다.

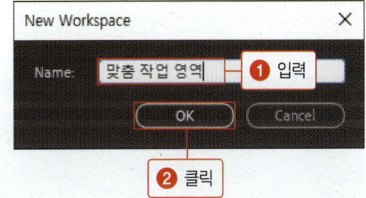

08 메뉴에서 (Window) → Workspaces 하위 메뉴에 새로 만든 '맞춤 작업 영역'이 있는지 확인합니다.

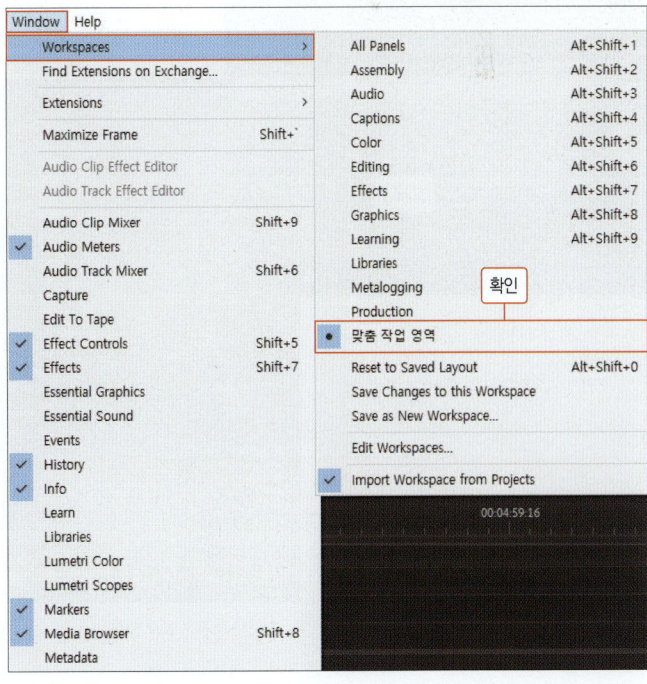

• New Sequence

상황별 시퀀스 만들기

촬영된 소스에 따라 영상의 크기는 각양각색입니다. 또한 사용 목적에 따라 영상의 화면 크기도 변경될 수 있습니다. 프리미어 프로에서 사용 목적에 맞게 편집 환경을 설정할 수 있는 다양한 시퀀스를 만드는 방법에 대해 알아봅니다.

필수기능 01 영상 맞춤 시퀀스 만들기 우선순위 | TOP 17 중요 ★★★

프리미어 프로에서 시퀀스(Sequence)는 여러 장면을 모아 편집할 수 있는 단위로 하나 이상의 장면(Scene)을 모아 놓는 것을 말합니다. 편집을 하기 위해서는 반드시 시퀀스를 만들어야 합니다. 프리미어 프로에서 빠르고 편리하게 시퀀스를 만들 수 있는 방법은 촬영된 소스의 클립 속성에 맞춰 같은 속성의 맞춤 시퀀스를 만드는 것입니다.

클립을 New Item 아이콘으로 드래그하여 맞춤 시퀀스 만들기

Project 패널에서 동영상 또는 다른 클립을 'New Item' 아이콘(■)으로 드래그하면 해당 클립과 같은 포맷(해상도, fps 등)의 새로운 시퀀스를 만듭니다.

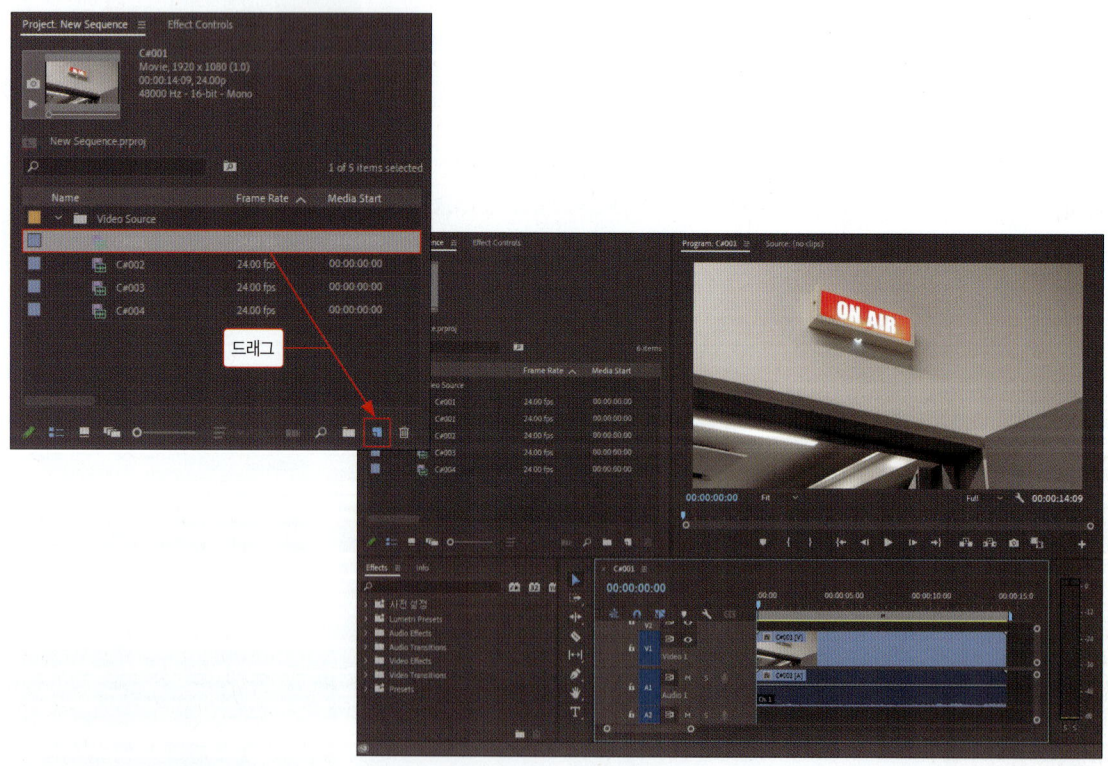

▲ 동영상 클립과 같은 포맷의 시퀀스가 만들어진 모습

Bin을 New Item 아이콘으로 드래그하여 맞춤 시퀀스 만들기

Project 패널에서 여러 개의 클립이 들어 있는 Bin을 'New Item' 아이콘( )으로 드래그하면 한 번에 여러 클립이 배치된 시퀀스를 만들 수 있습니다. 이때 Bin 안에 여러 포맷의 클립이 들어 있다면 첫 번째 대표 클립 기준의 포맷으로 시퀀스가 설정됩니다.

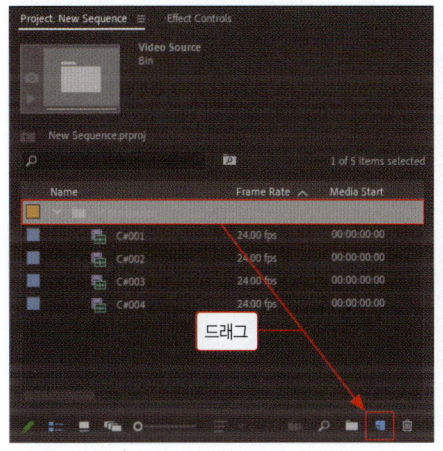
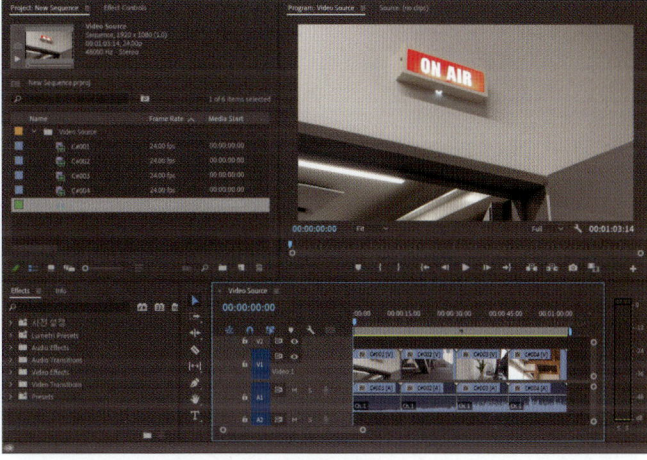

▲ Bin 속의 모든 아이템으로 만들어진 시퀀스 모습

TIP
꼭 Bin이 아니더라도 여러 클립을 동시에 선택한 다음 'New Item' 아이콘( )으로 드래그하면 한 번에 여러 클립이 배치된 시퀀스를 편리하게 만들 수 있습니다.

확장 메뉴에서 맞춤 시퀀스 만들기

Project 패널에서 하나 또는 여러 클립을 선택하고 마우스 오른쪽 버튼을 클릭한 다음 New Sequence From Clip을 실행하면 클립과 같은 속성의 시퀀스가 만들어집니다.

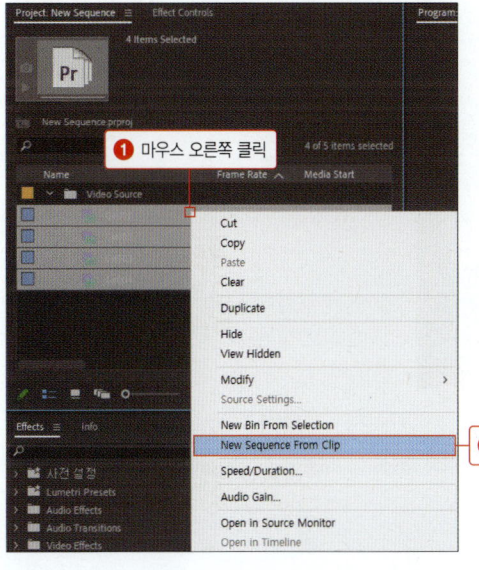

메뉴에서 맞춤 시퀀스 만들기

Project 패널에서 소스 클립을 선택하고 메뉴에서 (File) → New → Sequence From Clip을 실행하면 선택된 클립과 같은 포맷의 시퀀스가 만들어집니다.

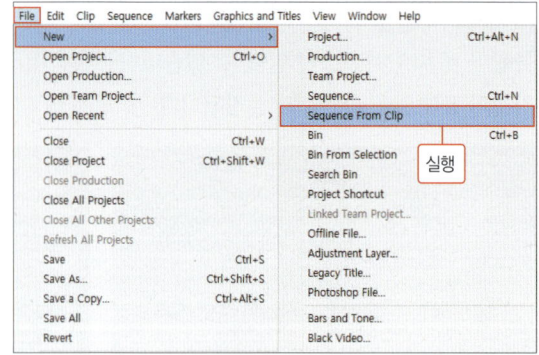

Project 패널 살펴보기

Project 패널은 프리미어 프로에서 사용되는 소스 클립과 아이템 등을 관리하며 각종 정보를 보여 주는 브라우저 역할을 합니다. 또한, Bin, Color Matte, Adjustment Layer, Black Video 등과 같은 특수 아이템을 만듭니다. 그 밖에 아이템 정보를 변경하거나 작업에 필요한 프로젝트와 시퀀스 설정을 사용자의 환경에 맞게 재설정할 수도 있습니다.

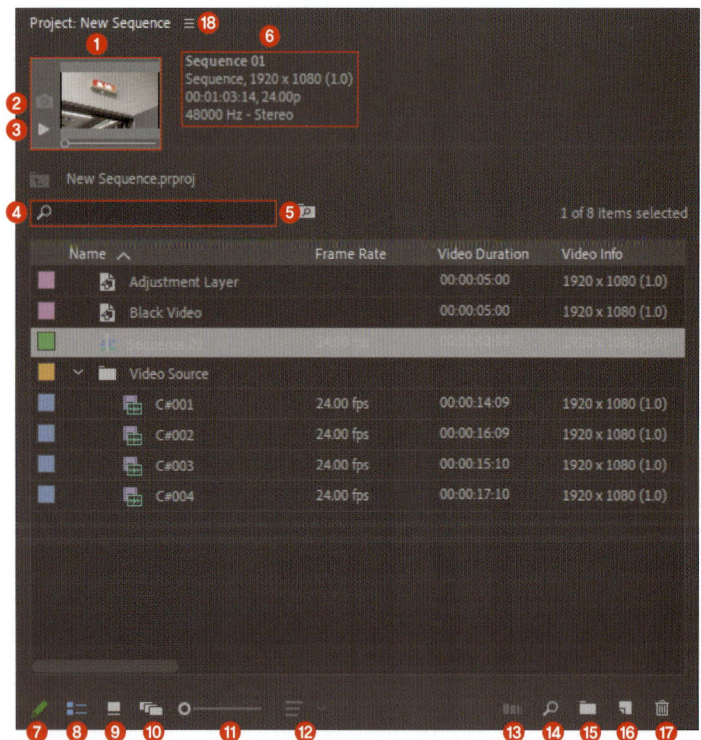

❶ Preview Thumbnail : 선택된 아이템을 아이콘 또는 대표 화면으로 표시하며 재생하여 미리 볼 수 있습니다.
❷ Poster Frame : 미리 보면서 장면을 저장하여 대표 장면으로 설정합니다.
❸ Play-Stop Toggle(Spacebar) : 미리 보기를 재생 또는 정지합니다.

❹ **Filter Bin Content** : Bin 또는 아이템을 탐색해서 보여 줍니다.
❺ **Create New Search Bin** : 메타데이터를 통해 검색할 수 있는 새로운 형태의 Query Bin을 만듭니다.
❻ **Item Description** : 선택된 아이템의 기본적인 중요 정보를 보여 줍니다.
❼ **The Project is Writable** : Project 패널의 내용을 변경할 수 있는 상태 또는 변경할 수 없도록 잠금 모드 상태로 전환합니다.
❽ **List View** : Bin 또는 아이템을 리스트 형태로 보여 줍니다.
❾ **Icon View** : Bin 또는 아이템을 아이콘 형태로 보여 줍니다.
❿ **Freeform View** : 아이템 아이콘의 크기를 슬라이더를 통해 자유롭게 조절할 수 있습니다.
⓫ **Adjust the size of icons and thumbnails** : 드래그하여 리스트 또는 아이콘의 크기를 조절합니다.
⓬ **Sort Icons** : Icon View 설정 시 정렬되는 분류를 선택합니다.
⓭ **Automate to Sequence** : 선택한 여러 아이템을 자동으로 연결하여 시퀀스 형태로 만듭니다. 이때 옵션에 따라 비디오 또는 오디오에 Default Transition을 적용하여 활용할 수 있습니다.

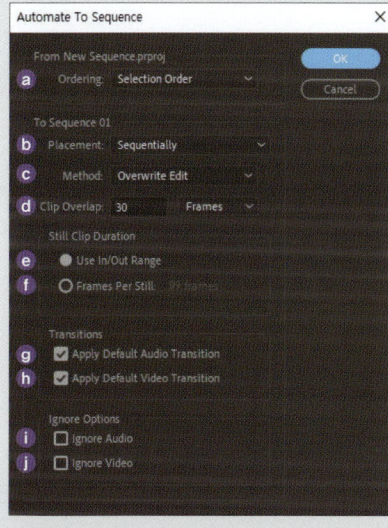

◀ Automate to Sequence 대화상자

ⓐ **Ordering** : Project 패널에서 선택된 아이템을 Timeline 패널에 정렬할 때 순서를 지정합니다. 'Sort Order'로 지정하면 Project 패널에 정렬된 순서대로, 'Selection Order'로 지정하면 아이템을 선택한 순서대로 정렬합니다.
ⓑ **Placement** : 클립들의 정렬 위치를 결정하는 옵션으로, 'Sequentially'로 지정하면 편집 기준선이 있는 위치부터 정렬되고 'At Unnumbered Markers'로 지정하면 타임라인에서 지정된 마커의 위치부터 정렬됩니다.
ⓒ **Method** : 클립이 타임라인에 삽입되는 편집 방법을 선택하는 옵션으로 'Overwrite Edit'과 'Insert Edit' 방식이 있습니다.
ⓓ **Clip Overlap** : 트랜지션을 삽입할 시 클립과 트랜지션이 겹쳐지는 부분의 지속 시간을 결정합니다.
ⓔ **Use In/Out Range** : 스틸 이미지의 시간 길이를 미리 설정된 만큼 사용합니다.
ⓕ **Frames Per Still** : 스틸 이미지의 시간 길이를 1~99프레임까지 임의로 설정합니다.
ⓖ **Apply Default Audio Transition** : 오디오 트랜지션을 적용할 것인지를 결정합니다.
ⓗ **Apply Default Video Transition** : 비디오 트랜지션을 적용할 것인지를 결정합니다.
ⓘ **Ignore Audio** : 오디오 클립을 제외하고 삽입할 것인지를 결정합니다.
ⓙ **Ignore Video** : 비디오 클립을 제외하고 삽입할 것인지를 결정합니다.

⓮ **Find**(Ctrl + F) : Project 패널에 삽입된 Bin 또는 아이템 중 Column 및 Operator 등의 정밀한 속성을 활용하여 탐색합니다.
⓯ **New Bin** : 새로운 Bin을 만듭니다.

⓰ **New Item** : 작업에 필요한 여러 가지 새로운 아이템을 만듭니다.

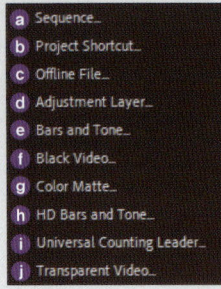

◀ 'New Item' 항목에서 만들 수 있는 아이템들

ⓐ **Sequence** : 새로운 시퀀스를 만듭니다.
ⓑ **Project Shortcut** : 바로 이동할 수 있는 별도의 공유 프로젝트를 만듭니다.
ⓒ **Offline File** : 새로운 오프라인 파일을 만듭니다.
ⓓ **Adjustment Layer** : 하위 트랙에 일괄적으로 효과를 적용할 수 있는 조정 레이어를 만듭니다.
ⓔ **Bars and Tone** : 영상 표준 컬러 바와 오디오 표준 톤을 가진 클립을 만듭니다.
ⓕ **Black Video** : 검은색 비디오 아이템을 만듭니다.
ⓖ **Color Matte** : 원하는 색상의 비디오 컬러 매트를 만듭니다.
ⓗ **HD Bars and Tone** : 16:9 화면 비율의 HD 영상 표준 컬러 바와 오디오 표준 톤을 가진 아이템을 만듭니다.
ⓘ **Universal Counting Leader** : 유니버설 표준 카운팅 리더를 만듭니다.
ⓙ **Transparent Video** : 투명한 비디오 아이템을 만듭니다.

⓱ **Clear**(Backspace) : Project 패널에서 선택된 아이템 또는 Bin을 삭제합니다.
⓲ **패널 메뉴** : Project 패널의 세부 옵션을 설정합니다.

실습예제 02 해상도가 다른 시퀀스 만들기 ★★중요

사용 용도에 따라 별도의 화면 해상도를 가진 시퀀스를 만들어 편집할 경우가 있습니다. 프리미어 프로는 시퀀스 설정을 통해 해상도, 프레임 레이트, Field 옵션 등 별도로 원하는 시퀀스를 설정할 수 있습니다. 예제를 통해 가로와 세로 화면 비율이 같은 정방형 시퀀스를 만들어 봅니다.

01 메뉴에서 (File) → New → Sequence ((Ctrl) + (N))를 실행합니다.

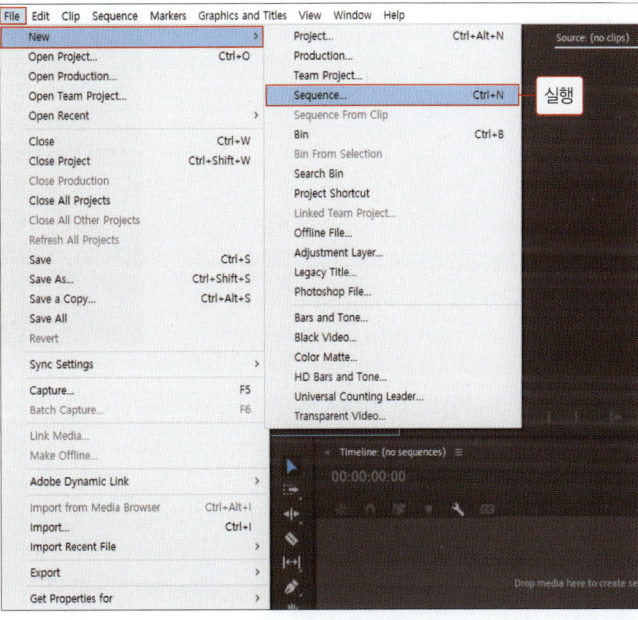

02 New Sequence 대화상자가 표시되면 ❶ (Settings) 탭을 클릭하고 ❷ Editing Mode 를 'Custom'으로 지정합니다.

TIP
(Sequence Presets) 탭에서는 각종 카메라와 비디오 표준에 맞는 시퀀스 옵션을 선택하여 시퀀스를 만들 수 있습니다.

Chapter 04 · 상황별 시퀀스 만들기

03
❶ Timebase를 '29.97 Frame/Second'로 지정하고 ❷ Video 항목의 Frame Size에서 Horizontal과 Vertical을 '1080'으로 설정하여 화면 비율이 1:1이 되도록 합니다. ❸ Fields를 'No Fields(Progressive Scan)'로 지정한 다음 ❹ 〈OK〉 버튼을 클릭합니다.

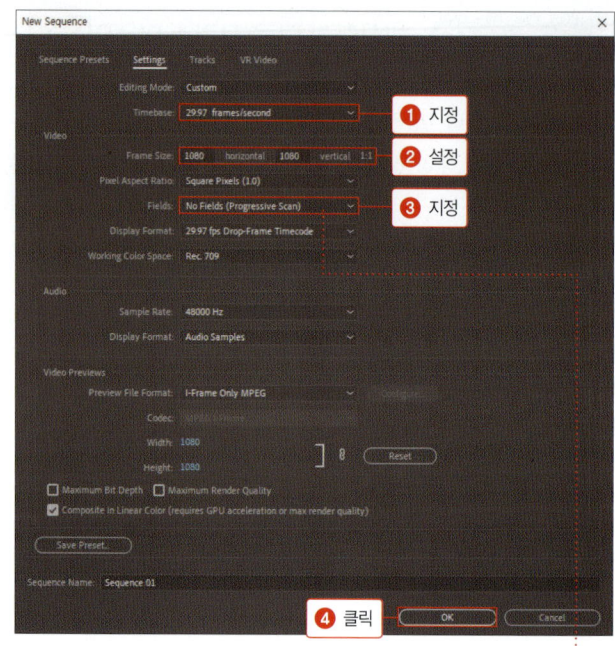

Progressive Scan 방식으로 설정하는 이유는 무엇일까요?

영상의 주사(Scan) 방식은 크게 Progressive Scan(순차 주사)과 Interlace Scan(격행(비월) 주사)로 나뉩니다. Progressive Scan 방식은 신호를 위에서부터 아래로 건너뜀이 없이 차례로 주사되는 방식이며, Interlace Scan은 신호가 차례로 주사되는 것이 아니라 한 칸씩 건너뛰면서 홀수 또는 짝수 신호부터 주사합니다. 곧 1개의 프레임에 2개의 필드(Field)를 구성하는 방식입니다. 이때 홀수 또는 짝수가 먼저 주사되는 방식에 따라 Upper Field First, Lower Field First로 나뉘게 됩니다. 이러한 특성에 따라 Progressive Scan 방식은 영화, PC 또는 모바일용 디지털 미디어에서 주로 사용하게 되며 Interlace Scan 방식은 예전부터 TV와 같이 전파 신호를 통해 송출되는 미디어에 사용하게 됩니다. 여기서는 SNS 콘텐츠로 사용되는 미디어 시퀀스를 만들기 때문에 Progressive Scan 방식을 선택합니다.

04
Program Monitor 패널에서 정사각형의 화면을 확인합니다.

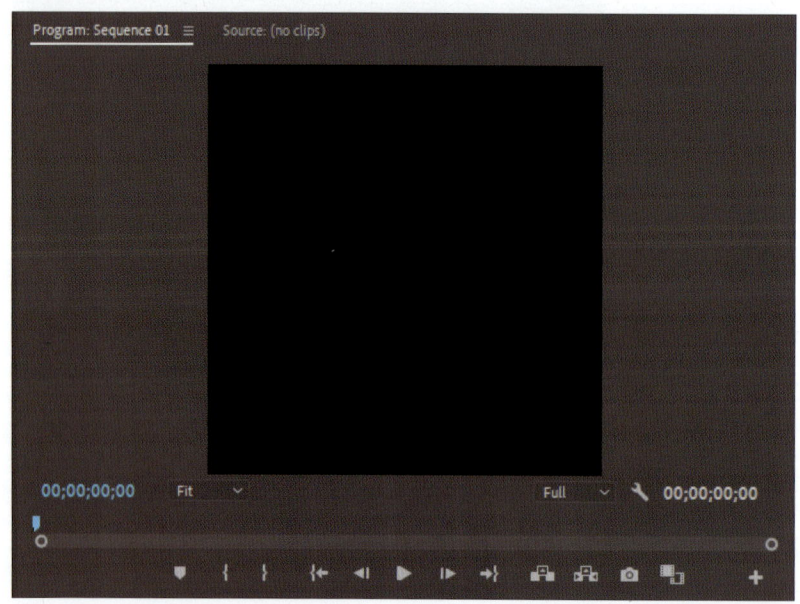

필수기능 03 New Sequence 대화상자 살펴보기 ★★★

New Sequence 대화상자에서는 시퀀스의 비디오 및 사운드 옵션을 설정할 수 있는 여러 항목을 제시합니다. 각 항목의 옵션 내용을 정확히 이해하고 영상의 사용 목적에 따라 시퀀스 설정을 올바르게 해야 합니다.

(Sequence Presets) 탭

(Sequence Presets) 탭에서는 각종 카메라와 비디오 표준에 맞는 맞춤형 시퀀스를 제시합니다. SD 미디어 포맷부터 4K 이상의 미디어 포맷까지 각 환경에 맞춰 표준화된 미디어 포맷을 선택할 수 있습니다.

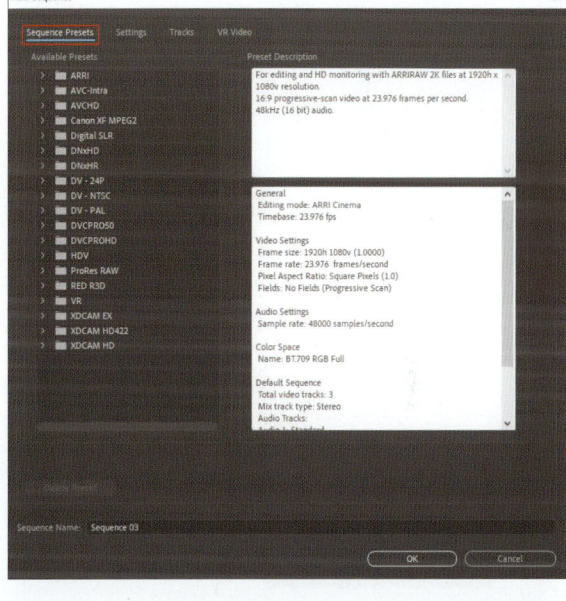

(Settings) 탭

(Settings) 탭에서는 사용자가 원하는 별도의 비디오 옵션을 설정할 수 있는 세부 항목들을 제공합니다. 각 옵션의 특징과 목적을 정확히 이해한 다음 시퀀스를 설정하여 원하는 결과물을 완성합니다.

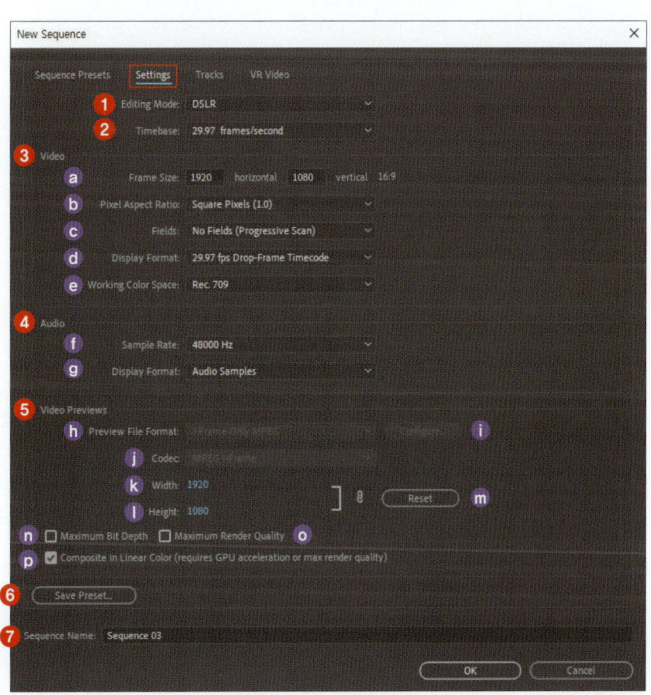

❶ **Editing Mode** : 카메라 또는 비디오 표준에 따라 미리 설정된 시퀀스 포맷을 지정합니다. 사용자가 원하는 포맷을 설정하려면 'Custom'으로 지정합니다.
❷ **Timebase** : 초당 프레임 전송률(fps)을 설정합니다.
❸ **Video** : 시퀀스의 다양한 비디오 형식을 설정합니다.
  ⓐ **Frame Size** : 영상의 가로 : 세로 해상도를 Pixel 단위로 설정합니다.
  ⓑ **Pixel Aspect Ratio** : 픽셀의 사각형 비율을 설정합니다. 픽셀의 가로와 세로 비율에 따라 영상의 화면비가 달라질 수 있으므로 정확한 옵션을 선택합니다.

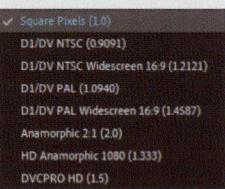

> **TIP**
> **Pixel Aspect Ratio란?**
> 영상의 해상도는 픽셀의 수로 결정되며, 픽셀이 많으면 많을수록 화질도 좋아집니다. 하지만 픽셀의 수와 화면비는 일치하지 않습니다. 그 이유는 픽셀은 정사각형으로 흔히들 생각하지만 그렇지 않은 경우도 많기 때문입니다. 예를 들면, NTSC DV 포맷과 NTSC DV Widescreen 포맷은 720×480으로 픽셀 수는 같지만 화면비는 각각 4:3, 16:9로 큰 차이를 보입니다. 'Pixel Aspect Ratio'는 픽셀 하나가 갖는 가로와 세로의 비율을 말합니다. NTSC DV는 Pixel Aspect Ratio가 0.9:1이지만 NTSC DV Widescreen은 Pixel Aspect Ratio 1.21:1입니다. 그러므로 같은 픽셀 수를 가지고 있는 포맷이라도 화면비가 달라집니다.

  ⓒ **Fields** : NTSC 방식의 영상 표준 규격에서 필드 스캔 방식을 설정합니다.

> **TIP**
> 영상의 주사(Scan) 방식은 크게 Progressive Scan(순차 주사)과 Interlace Scan(격행(비월) 주사)로 나뉩니다. 순차 주사 방식은 신호를 위에서부터 아래로 건너뜀 없이 차례로 주사되는 방식이며, 격행 주사는 신호가 차례로 주사되는 것이 아니라 한 칸씩 건너뛰면서 홀수 또는 짝수 신호부터 주사합니다. 곧 한 개의 프레임에 두 개의 필드를 구성하는 방식입니다. 이때 홀수 또는 짝수가 먼저 주사되는 방식에 따라 Upper Field First, Lower Field First로 나뉩니다.

  ⓓ **Display Format** : 영상의 시간 표시 단위를 설정합니다.

> **TIP**
> **Drop Frame과 Non Drop Frame**
> NTSC 방식에서는 초당 약 29.97개의 격행 주사(Interlaced Scanning)로 프레임이 구성되기 때문에 정확히 30프레임을 기준으로 타임코드(Timecode)를 설정하는 후반 작업에서는 중간에 누락되는 프레임이 생깁니다. 다시 말해 후반 작업의 타임코드는 초당 30 프레임 기준이기 때문에 1초당 0.03프레임의 오차가 생깁니다. 이때 누락되는 타임코드를 보정하는 방법이 Drop Frame이고 보정 없이 그대로 사용하는 것은 Non-Drop Frame 방식입니다. 다만, Drop Frame 방식에서 실제로 그림을 제거하면서 보정하는 것이 아닌 타임코드에서 숫자를 건너뛰며 오차를 보정하는 방식입니다.

ⓔ **Working Color Space** : 편집 과정에서 사용할 색상 표준을 선택합니다.

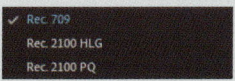

❹ **Audio** : 시퀀스의 오디오를 설정합니다.
　ⓕ **Sample Rate** : 오디오 샘플링 비율을 설정합니다.
　ⓖ **Display Format** : 오디오 표시 형식을 지정합니다.

❺ **Video Previews** : Video Previews는 프리뷰 비디오의 해상도와 코덱 옵션을 설정하는 과정으로 Timeline 패널에서 작업한 영상을 Render Effect in Work Area(Enter)를 실행하면 Program Monitor 패널에 표시되는 영상의 화질을 결정합니다. 미리 보기 하는 과정에서 렌더링 시간을 단축하여 결과물을 확인하기 위함으로 현재 시퀀스의 설정보다 낮은 해상도로만 설정할 수 있습니다.
　ⓗ **Preview File Format** : 프리뷰 영상의 동영상 포맷을 지정합니다.
　ⓘ **Configure** : 비디오 포맷 및 코덱 설정에 따른 비디오 품질을 지정합니다.
　ⓙ **Codec** : 비디오 코덱을 지정합니다.
　ⓚ **Width** : 프리뷰 영상의 가로 크기(Pixel)를 설정합니다.
　ⓛ **Height** : 프리뷰 영상의 세로 크기(Pixel)를 설정합니다.
　ⓜ **Reset** : 가로, 세로 크기를 미리 설정된 포맷으로 되돌립니다.
　ⓝ **Maximum Bit Depth** : 비트레이트의 심도를 최상으로 설정합니다.
　ⓞ **Maximum Render Quality** : 렌더링 되는 화질을 최상으로 설정합니다.
　ⓟ **Composite in Linear Color** : GPU 가속 엔진 또는 고화질 렌더 활용 여부를 결정합니다.

❻ **Save Preset** : 설정한 Sequence Setting을 다시 불러올 수 있는 Preset으로 저장합니다.
❼ **Sequence Name** : 만들 시퀀스 이름을 설정합니다.

(Tracks) 탭

비디오, 오디오 트랙 수와 채널 등 오디오 속성을 설정합니다.

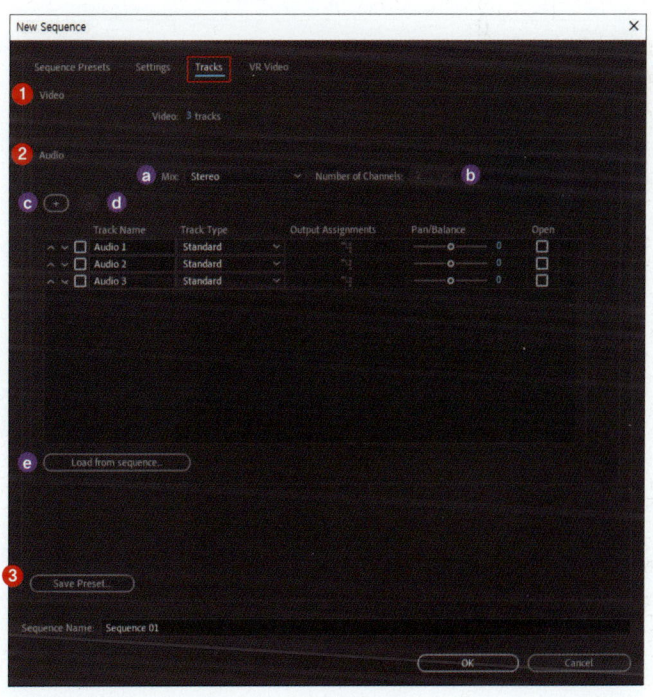

❶ **Video** : 새로운 시퀀스를 실행했을 때 비디오 트랙 수를 설정합니다.

❷ **Audio** : 새로운 시퀀스를 실행했을 때 오디오 트랙 수와 속성을 설정합니다.

   ⓐ **Mix** : Timeline 패널에 기본으로 설정되는 마스터 트랙의 채널 속성을 지정합니다.

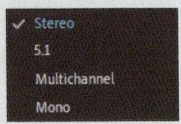

- **Stereo** : 스테레오 채널의 트랙 수를 설정합니다.
- **5.1** : 5.1 채널의 트랙 수를 설정합니다.

> **TIP**
> 5.1 Channel Audio(5.1 채널 음향)는 청취자를 중심으로 전방에 왼쪽(Front Left), 중앙(Center), 오른쪽(Front Right) 3개의 오디오와 후방에 왼쪽(Rear Left), 오른쪽(Rear Right)의 2개의 오디오가 합쳐져 5.0의 입체적인 소리를 만들며 여기에 저음을 보강하기 위한 초저음 사운드(Sub Woofer) 0.1을 합쳐 5.1로 구성되어 있습니다.

- **Multichannel** : 주요 트랙 하단에 각 채널에 해당하는 보조 트랙의 수를 설정합니다.
- **Mono** : 단일 사운드 채널을 가진 모노 채널의 트랙 수를 설정합니다.

   ⓑ **Number of Channels** : Mix Audio의 채널 수를 설정합니다.

   ⓒ **Add a Track** : 오디오 트랙을 추가하고 트랙의 이름, 타입, 팬/밸런스 등을 설정합니다.

   ⓓ **Delete selected tracks** : 선택한 채널을 삭제합니다.

   ⓔ **Load from sequence** : 다른 시퀀스 설정의 옵션을 불러옵니다.

❸ **Save Preset** : 설정한 비디오, 오디오 트랙의 속성을 다시 불러올 수 있도록 저장합니다.

[VR Video] 탭

VR(Virtual Reality) 영상의 편집 환경을 설정합니다.

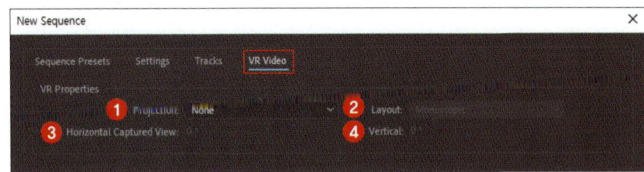

❶ **Projection** : 'Equirectangular'로 지정해 VR 프로젝트 환경을 설정할 수 있습니다.

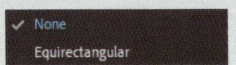

❷ **Layout** : VR 출력 레이아웃을 지정합니다. 360° 평면 형식 'Monoscopic'과 360° 입체 형식인 'Stereoscopic' 옵션을 선택할 수 있습니다. 입체 영상은 상하 방식(Over/Under)과 좌우 방식(Side by Side)으로 지정할 수 있습니다.

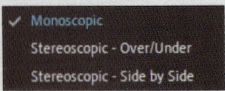

❸ **Horizontal Captured View** : Monitor 패널에서 출력되는 가로 각도를 설정합니다.

❹ **Vertical** : Monitor 패널에서 출력되는 세로 각도를 설정합니다.

실습예제 04 자동으로 시퀀스 크기 변경하기 - Auto Reframe Sequence

Auto Reframe Sequence는 시퀀스의 크기를 변경했을 때 시퀀스 크기에 맞춰 동영상 클립의 크기와 위치를 자동으로 설정해 주는 편리한 기능입니다. 특히 SNS 환경에서 미디어 포맷은 다양한 크기와 화면 비율을 사용하기 때문에 같은 내용을 여러 화면 비율로 출력하여 유용하게 사용할 수 있습니다. 예제를 통해 16:9 화면 비율의 시퀀스를 정방형 1:1 화면 비율의 시퀀스로 자동 변환하는 방법을 알아봅니다.

● **예제파일** : 01\Auto Reframe_001~006.mp4, Auto Reframe.mp3   ● **완성파일** : 01\Auto Reframe_완성.mp4, Auto Reframe_완성.prproj

01 프리미어 프로를 실행한 다음 새로운 프로젝트를 만듭니다. ❶ 메뉴에서 (File) → Import(Ctrl + I)를 실행합니다. Import 대화상자가 표시되면 ❷ 01 폴더에서 ❸ 'Auto Reframe.mp3' 오디오 파일과 'Auto Reframe_001~006.mp4' 동영상 파일을 모두 선택한 다음 ❹ 〈열기〉 버튼을 클릭하여 불러옵니다.

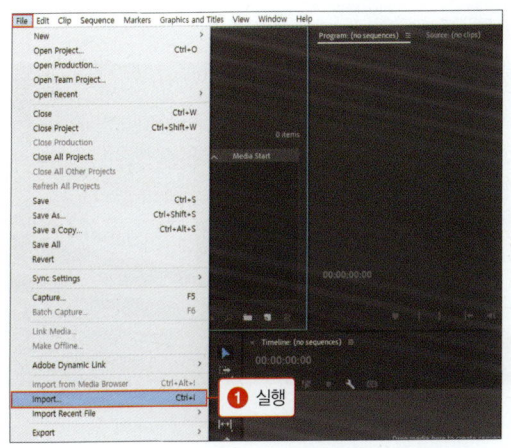
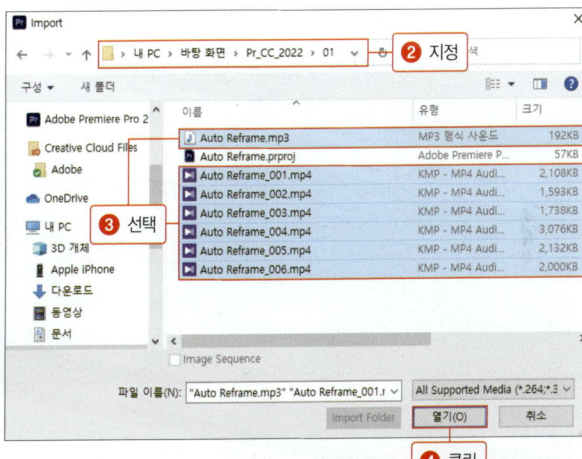

02 기본 시퀀스를 만들기 위해 ❶ Project 패널에 불러온 6개의 아이템을 모두 선택한 다음 ❷ 'New Item' 아이콘(■)으로 드래그합니다. 영상 클립과 같은 포맷의 시퀀스가 자동으로 만들어집니다.

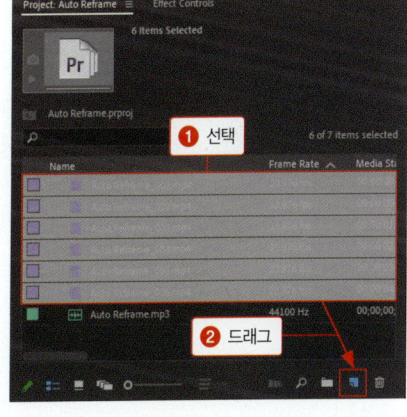

> **TIP**
> Project 패널에서 동시에 여러 개의 소스를 선택하기 위해서는 Ctrl을 누른 상태로 원하는 소스를 연속하여 클릭하면 추가적으로 선택할 수 있습니다. 또한, 첫 번째 소스를 선택하고 Shift를 누른 상태로 마지막 소스를 클릭하면 중간의 소스들이 자동으로 선택됩니다.

Chapter 04 · 상황별 시퀀스 만들기   **67**

03 Project 패널의 'Auto Reframe.mp3' 아이템을 Timeline 패널의 A1 트랙으로 드래그합니다.

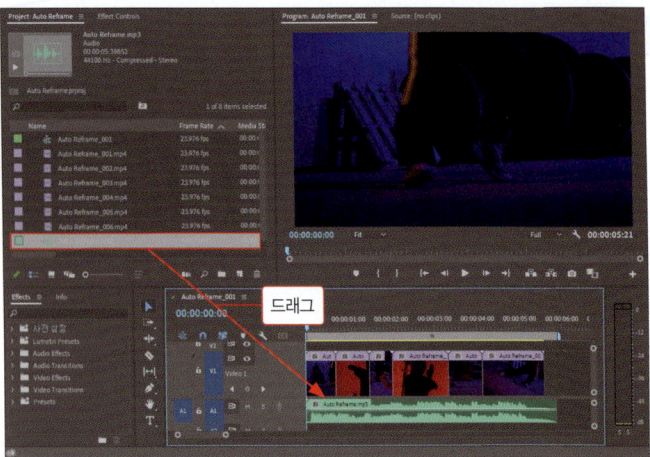

04 클립의 순서가 왼쪽부터 'Auto Reframe_001.mp4 ~ Auto Reframe_006.mp4'까지 순서대로 정렬되어 있는지 확인합니다. 순서대로 정렬되어 있지 않으면 클립을 이동하여 순서대로 정리합니다.

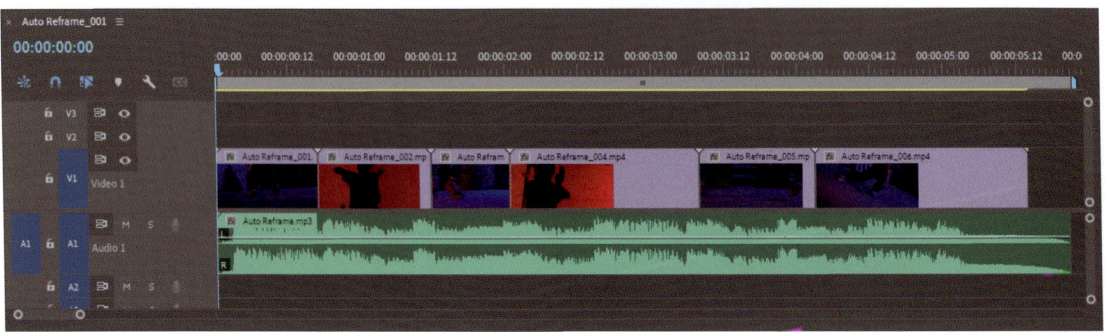

> **TIP**
> Auto Reframe Sequence는 기본형 화면 비율로 편집을 먼저 끝내고 추가로 원하는 영상의 비율로 변경하는 기능으로, Auto Reframe Sequence를 실행하기 전에 모든 편집을 먼저 완료하는 것이 좋습니다.

05 ❶ Project 패널에서 'Auto Reframe_001' 아이템을 선택하고 ❷ 마우스 오른쪽 버튼을 클릭한 다음 ❸ **Auto Reframe Sequence**를 실행합니다.

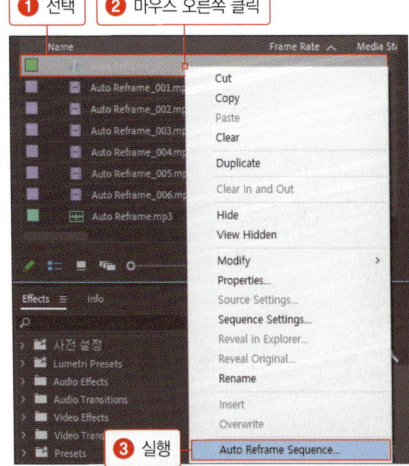

> **TIP**
> Auto Reframe Sequence는 메뉴에서 (**Sequence**) → **Auto Reframe Sequence**를 실행하여 진행할 수도 있습니다.

06 Auto Reframe Sequence 대화상자가 표시되면 ❶ Sequence Name에 '1x1 instagram'을 입력하고 ❷ Target Aspect Ratio를 'Square 1:1'로 지정한 다음 ❸ 〈Create〉 버튼을 클릭합니다.

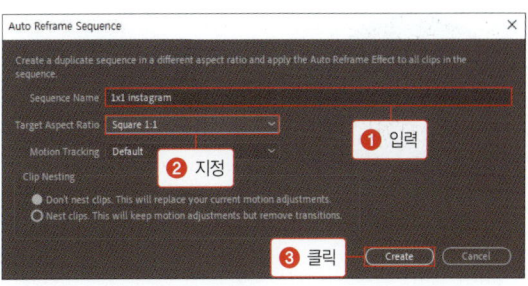

TIP
Target Aspect Ratio를 'Custom'으로 지정하면 가로와 세로의 화면비를 원하는 값으로 직접 설정할 수 있습니다. Motion Tracking은 클립의 움직임 속도를 변경합니다.

07 Project 패널에서 '1x1 instagram' 아이템을 더블클릭합니다. Program Monitor 패널에 정방형으로 만들어진 시퀀스를 확인합니다.

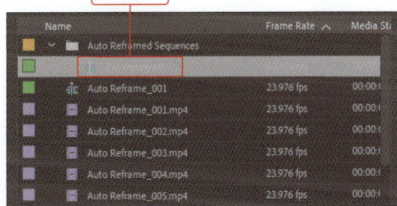

▲ Auto Reframe Sequence 실행 전   ▲ Auto Reframe Sequence 실행 후

08 새롭게 만들어진 '1x1 instagram' 영상을 재생하여 변경된 내용을 확인합니다. 이때 화면 밖으로 많이 벗어난 피사체가 있다면 Effect Controls 패널의 Auto Reframe 항목에서 Reframe Offset을 조절해 보완합니다. 여기서는 'Auto Reframe_001.mp4' 클립에서 피사체가 오른쪽으로 치우친 것을 중앙으로 이동하기 위해 Reframe Offset을 '-322'로 설정해 화면의 구도를 안정적으로 만듭니다.

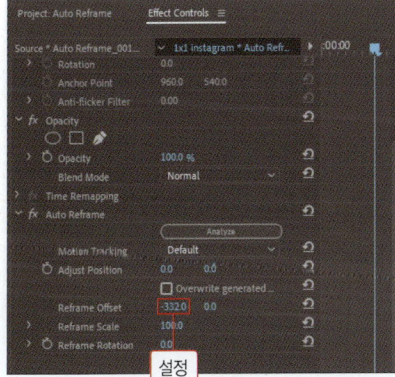

▲ Reframe Offset 보정 전 화면   ▲ Reframe Offset 보정 후 화면

• 타임라인

타임라인에 영상 소스 불러오기

Timeline 패널은 실질적인 영상 편집이 이루어지는 작업 공간으로 비디오 또는 오디오와 같은 미디어 소스를 불러들여 작업을 진행할 수 있습니다. 소스 파일을 Timeline 패널로 가져오는 여러 가지 방법을 알아봅니다.

필수기능 01 영상 소스 그대로 불러오기

편집이 이루어지는 Timeline 패널에 영상 소스를 가져오는 방법은 크게 두 가지가 있습니다. Project 패널에서 소스 아이템을 가져오는 방법과 Source Monitor 패널을 이용해 필요한 부분을 불러오는 방법입니다. 먼저 영상 소스 전체를 그대로 가져오는 방법을 알아보도록 합니다.

Project 패널에서 Timeline 패널로 불러오기

Project 패널에서 미리 만들어진 아이템을 Timeline 패널로 드래그합니다. 이때 여러 개의 소스를 선택하면 한 번에 가져올 수 있습니다.

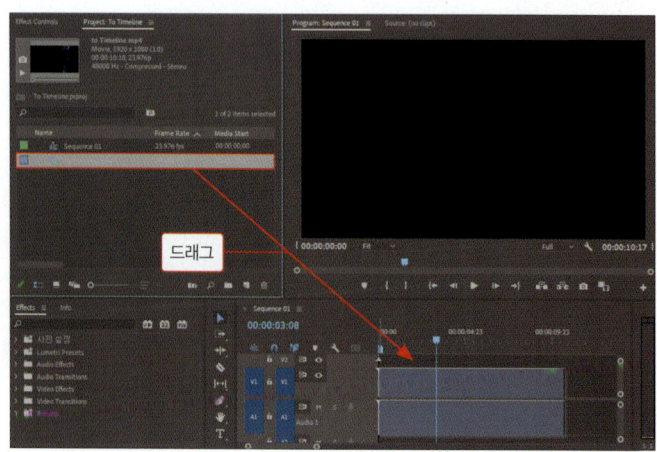

Source Monitor 패널에서 Timeline 패널로 불러오기

Project 패널에서 Timeline 패널로 가져올 아이템을 더블클릭해 Source Monitor 패널에 표시합니다. Source Monitor 패널 화면을 클릭한 다음 Timeline 패널로 드래그하면 미디어 소스를 그대로 가져올 수 있습니다.

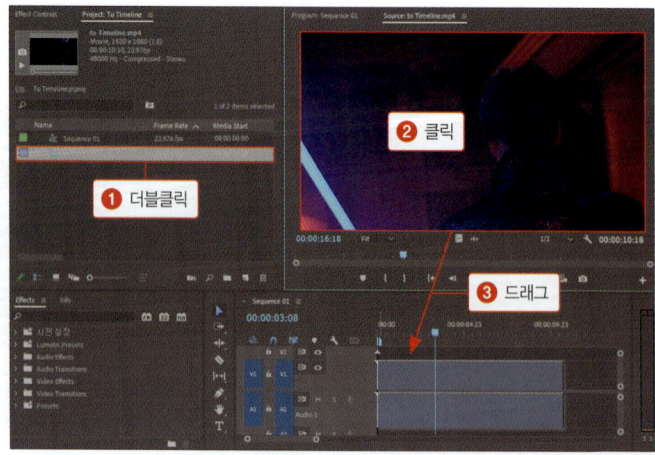

실습예제 02 Source Monitor 패널에서 필요한 부분만 불러오기

Source Monitor 패널은 소스 클립을 탐색하기 위한 패널로 탐색한 자료 중 비디오와 사운드를 분리하여 Timeline 패널로 가져오거나 필요한 부분의 소스만 Timeline 패널로 가져올 수 있는 편리한 패널입니다.

● **예제파일** : 01\To Timeline_01.mp4, To Timeline_02.mp4   ● **완성파일** : 01\To Timeline_완성.mp4, To Timeline_완성.prproj

01 파일을 프리미어 프로로 불러오기 위해 ❶ Project 패널의 빈 공간을 더블클릭합니다. Import 대화상자가 표시되면 ❷ 01 폴더에서 ❸ 'To Timeline_01.mp4', 'To Timeline_02.mp4' 파일을 선택하고 ❹ 〈열기〉 버튼을 클릭합니다.

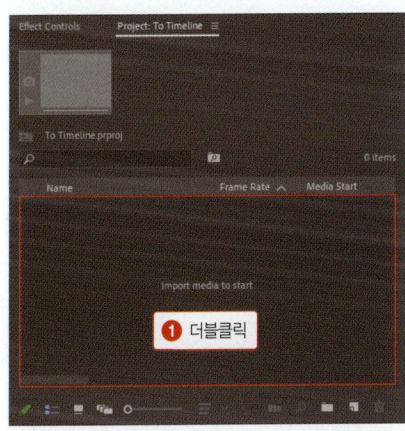
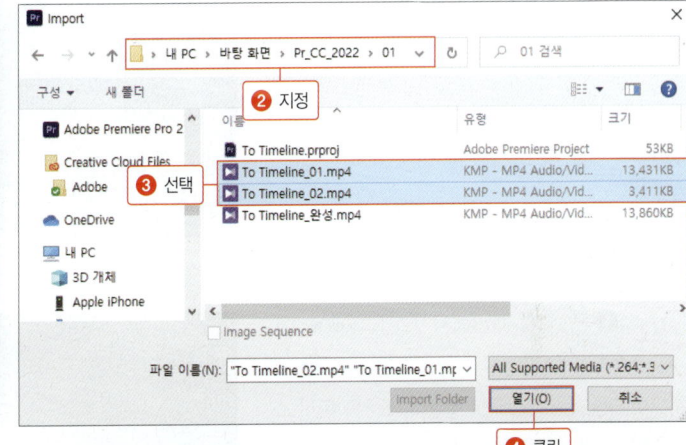

02 새로운 시퀀스를 만들기 위해 ❶ Project 패널의 'New Item' 아이콘(📄)을 클릭한 다음 ❷ Sequence를 실행합니다.

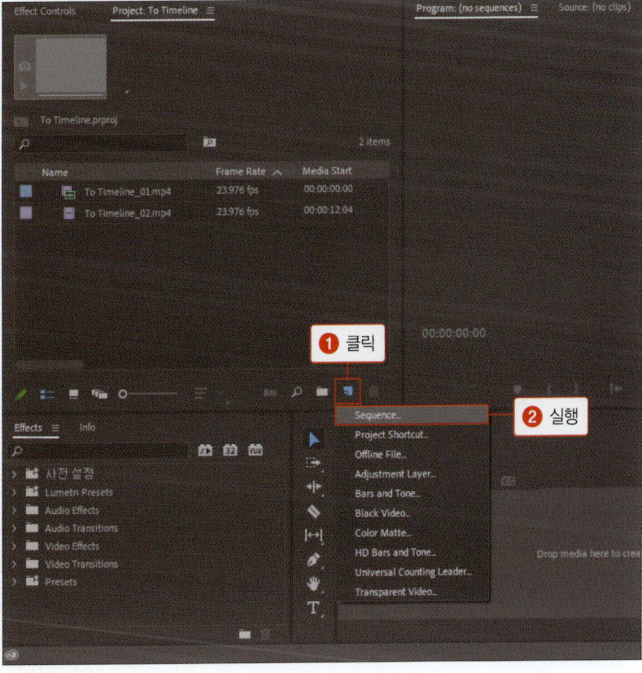

Chapter 05 • 타임라인에 영상 소스 불러오기   **71**

03 New Sequence 대화상자가 표시되면 ❶ (Settings) 탭을 클릭한 다음 ❷ Editing Mode를 'Custom', Timebase를 '23.976 frames/second'로 지정하고 ❸ Frame Size를 '1920×1080'으로 설정합니다. 그 밖에 설정도 그림과 같이 설정한 다음 ❹ 〈OK〉 버튼을 클릭합니다.

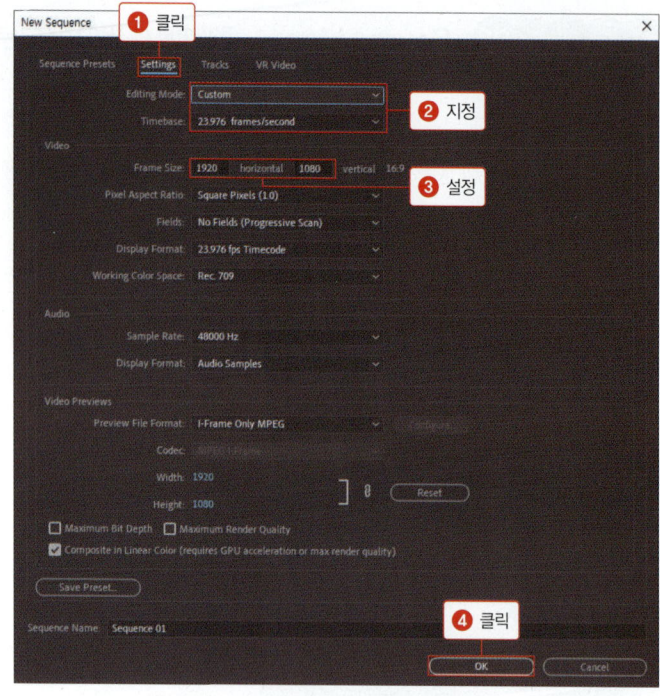

04 ❶ Project 패널에서 'To Timeline_01.mp4' 아이템을 더블클릭합니다. ❷ 자동으로 Source Monitor 패널이 표시되어 소스 파일이 나타난 것을 확인합니다.

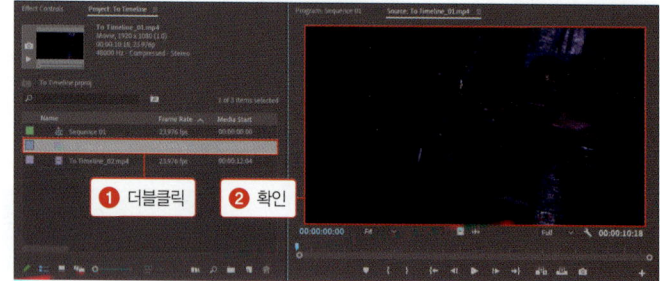

05 Source Monitor 패널에서 'Drag Video Only' 아이콘(▣)을 Timeline 패널의 V1 트랙으로 드래그합니다.

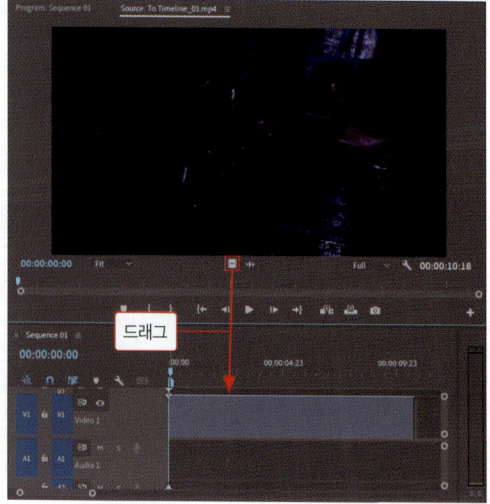

06
❶ Source Monitor 패널에서 'Drag Audio Only' 아이콘( )을 클릭하면 오디오 파형(Wave Form)이 표시되어 오디오를 탐색할 수 있습니다. 오디오 소스만 Timeline 패널로 가져오기 위해 ❷ 'Drag Audio Only' 아이콘( )을 A1 트랙으로 드래그합니다.

TIP

Source Monitor 패널의 화면을 Timeline 패널로 드래그하면 비디오와 오디오가 함께 연결된 영상을 Timeline 패널로 가져올 수 있습니다. 또한, 오디오 파형이 보이는 상태에서 'Drag Video Only' 아이콘( )을 클릭하면 다시 비디오 소스 화면이 보입니다.

07
❶ Timeline 패널에서 현재 시간 표시기를 '00:00:07:04'로 이동합니다. ❷ Project 패널에서 'To Timeline_02.mp4' 아이템을 더블클릭하여 Source Monitor 패널에 적용합니다.

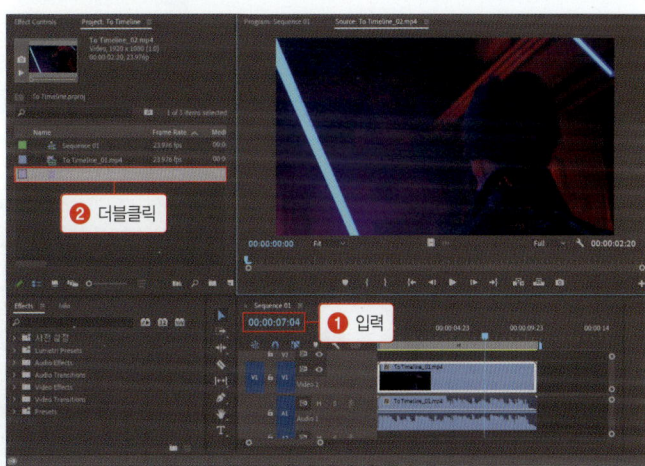

08
❶ Source Monitor 패널에서 현재 시간 표시기를 '00:00:01:06'으로 이동한 다음 ❷ 'Mark In' 아이콘(, ㅣ)을 클릭하면 영상의 편집 점이 만들어집니다.

왜 그럴까?

여기서 Mark In(ㅣ)으로 편집의 시작만 표시하는 이유는 편집의 끝 점은 클립의 마지막으로 자동 설정되기 때문입니다. 클립의 중간만 편집 점으로 설정한다면 Mark In과 Mark Out 모두를 설정해 시작 점과 끝 점을 설정합니다.

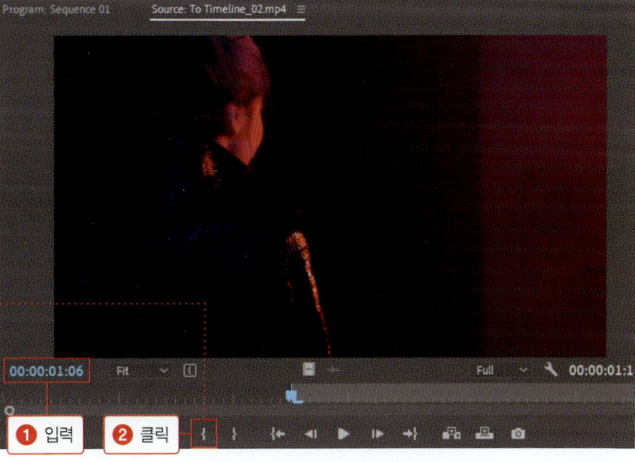

09 Source Monitor 패널에서 'Overwrite' 아이콘(,)을 클릭하여 편집 점에 덮어쓰기합니다. 현재 시간 표시기가 있는 곳에 비디오 클립이 덮어집니다.

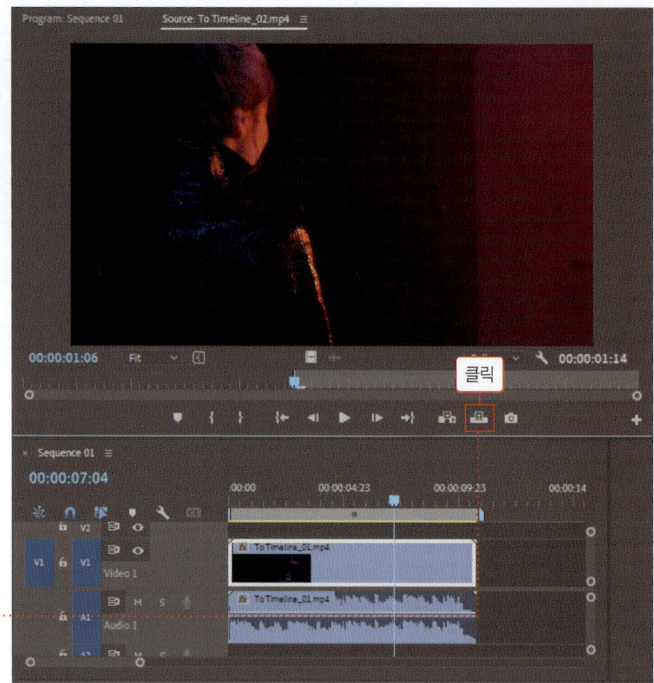

> **왜 그럴까?** Overwrite( )는 Mark로 설정된 소스 클립의 편집 점을 Timeline 패널에 덮어쓰는 기능으로 기존에 있던 클립의 내용은 삭제됩니다.

10 ❶ Timeline 패널의 현재 시간 표시기를 V1 트랙 두 번째 편집 점 시작점 '00:00:02:03'으로 이동합니다. ❷ Source Monitor 패널을 선택한 다음 ❸ Source Monitor 패널의 현재 시간 표시기를 '00:00:01:05'로 이동합니다. ❹ 'Mark Out' 아이콘(, O)을 클릭하여 편집 점을 수정합니다.

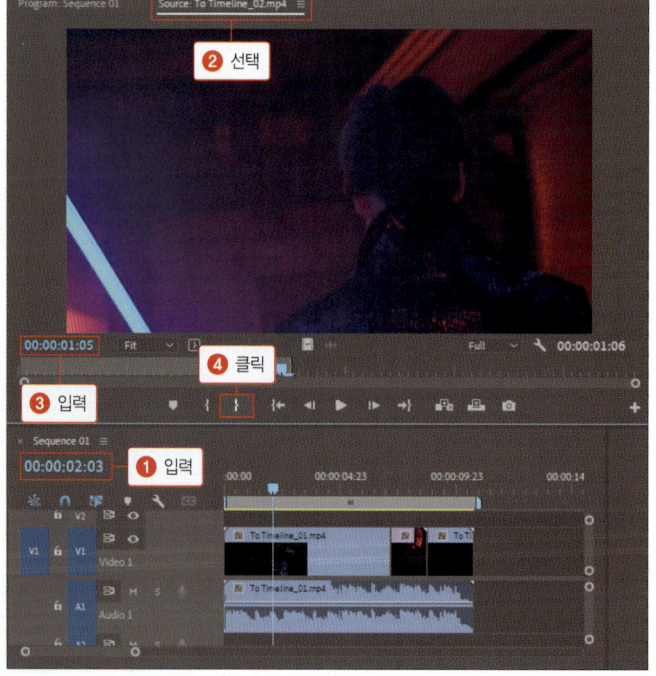

74 Part 1 · 프리미어 프로 CC 2022 시작하기

11 Source Monitor 패널에서 'Insert' 아이콘(,)을 클릭하여 설정된 클립을 편집 점에 삽입합니다.

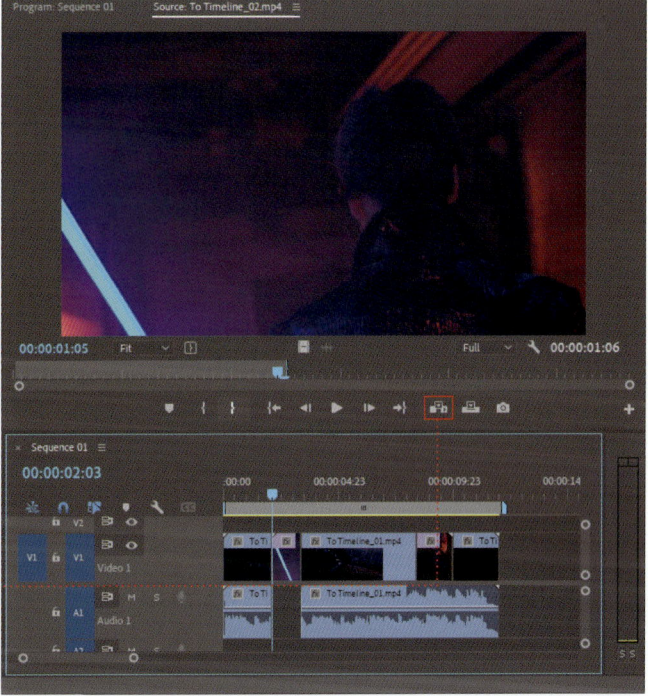

> Insert(,)는 Mark로 설정된 소스 클립의 편집 점을 Timeline 패널에 삽입하는 기능으로 편집된 위치 다음에 있는 클립들은 모두 뒤로 밀리게 됩니다.

12 Insert로 비디오 클립과 오디오 클립의 간격이 늘어난 것을 수정하기 위해 A1 트랙 두 번째 오디오 클립을 왼쪽으로 드래그하여 붙입니다.

13 Spacebar 를 눌러 Insert와 Overwrite 기능으로 편집된 영상을 확인합니다.

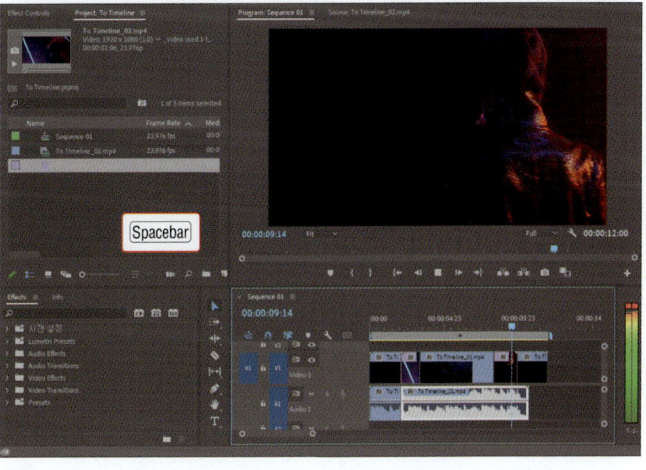

Chapter 05 • 타임라인에 영상 소스 불러오기　75

• Clip

컷 편집하기

영상 편집에서 컷 편집은 기본적이고 중요한 역할을 합니다. 컷 편집에 따라 영상의 흐름과 스타일이 달라지며 내용 또한 컷 편집을 통해 완전히 바꿀 수 있습니다. 컷 편집을 하기 위해 프리미어 프로에서 알아야 할 기본적인 것을 배워 자르고 붙이는 기능부터 복사, 붙여넣기 등 다양한 기능을 정확히 이해하고 필요에 따라 적절히 활용합니다.

실습예제 01 자르기와 붙이기

프리미어 프로에서 실질적인 편집은 Timeline 패널에서 이루어집니다. 그리고 Tools 패널에서는 필요에 따라 여러 도구를 사용하게 됩니다. 편집의 가장 기본이 되는 영상 클립을 자르고 원하는 위치로 이동하는 기능을 알아봅니다.

⦁ 예제파일 : 01\Edit_001.mp4, Edit_002.mp4   ⦁ 완성파일 : 01\Edit_완성.mp4, Edit_완성.prproj

01 새 프로젝트를 만든 다음 파일을 불러오기 위해 Ctrl + I 를 누릅니다. Import 대화상자가 표시되면 ① 01 폴더에서 ② 'Edit_001.mp4'와 'Edit_002.mp4' 파일을 선택한 다음 ③ 〈열기〉 버튼을 클릭합니다.

> **TIP**
> 해당 예제는 실습 예제 01부터 05까지 이어서 하는 작업입니다.

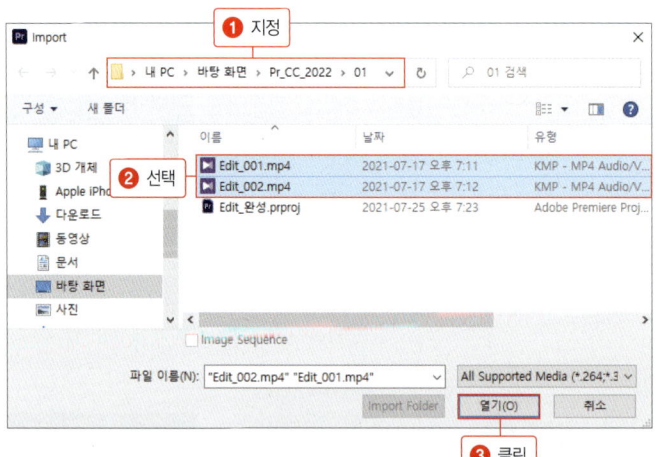

02 소스 클립과 같은 포맷의 시퀀스를 만들기 위해 Project 패널에서 ① 'Edit_001.mp4'와 'Edit_002.mp4' 아이템을 모두 선택한 다음 ② 'New Item' 아이콘()으로 드래그하여 소스 파일과 같은 시퀀스를 만듭니다.

> **TIP**
> Project 패널에서 두 개의 아이템을 모두 선택할 때 'Edit_001.mp4' 아이템을 먼저 선택하고 Ctrl 을 누르며 'Edit_002.mp4'를 선택합니다.

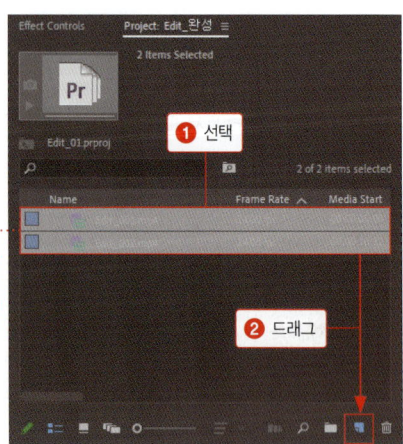

> **왜 그럴까?**
> 'New Item' 아이콘()을 이용해 맞춤 시퀀스를 만들 때 먼저 선택한 클립이 Timeline 패널의 앞에 배치됩니다. 만일 'Edit_002.mp4' 클립을 먼저 선택하고 'Edit_001.mp4' 클립을 나중에 선택하여 시퀀스를 만들면 'Edit_002.mp4' 클립이 Timeline의 앞에 배치됩니다.

76 Part 1 • 프리미어 프로 CC 2022 시작하기

03 Timeline 패널에서 ❶ 현재 시간 표시기를 '00:00:06:00'으로 이동합니다. Tools 패널에서 ❷ 자르기 도구(　)를 선택한 다음 Timeline 패널의 ❸ 'Edit_001.mp4' 클립을 클릭하여 자릅니다. 'Edit_001.mp4' 클립이 두 개로 나눠집니다.

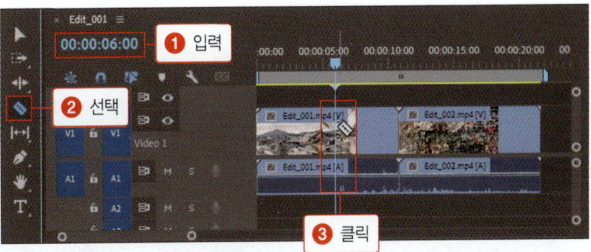

04 Tools 패널에서 ❶ 선택 도구(　)를 선택한 다음 ❷ 'Edit_002.mp4' 클립을 현재 시간 표시기가 있는 왼쪽으로 드래그하여 잘린 클립 뒤로 붙입니다.

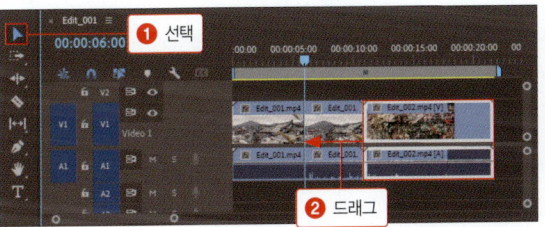 

▲ 클립을 붙이기 전 모습　　　　　　　　　　　　▲ 클립을 붙인 후 모습

실습예제 02 클립 삭제하기

필요 없는 장면을 잘라내려면 당연히 잘라낼 장면을 삭제해야 합니다. 장면이 삭제된 곳은 빈 공간으로 남기 때문에 앞뒤 장면을 연결해야 합니다. 프리미어 프로에서 장면을 삭제하고 두 장면을 연결하는 방법을 알아봅니다.

01 Timeline 패널에서 클립을 자르기 위해 ❶ 현재 시간 표시기를 '00:00:12:00'으로 이동합니다. Tools 패널에서 ❷ 자르기 도구(　)를 선택한 다음 ❸ 'Edit_002.mp4' 클립을 클릭하여 자릅니다.

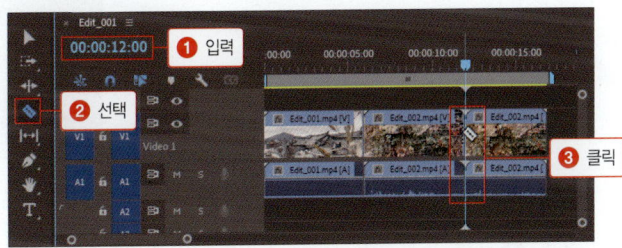

02 Tools 패널에서 ❶ 선택 도구(　)를 선택한 다음 ❷ 클립을 선택합니다. ❸ ← 또는 Delete를 눌러 클립을 삭제합니다.

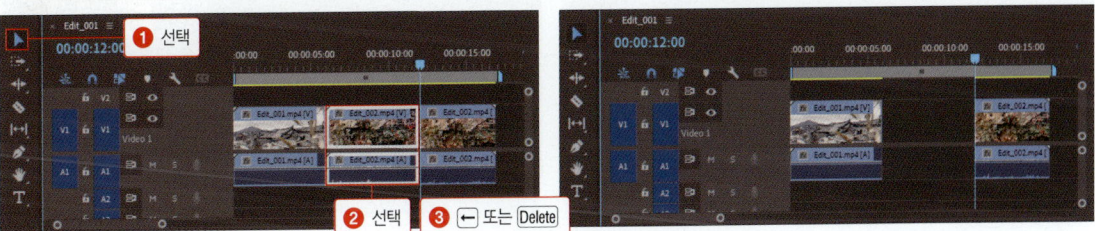

▲ 클립 삭제 전 모습　　　　　　　　　　　　▲ 클립 삭제 후 모습

Chapter 06 · 컷 편집하기　77

03 Timeline 패널의 클립과 클립 사이에 빈 공간이 만들어졌습니다. ❶ 두 클립 사이의 빈 공간에서 마우스 오른쪽 버튼을 클릭한 다음 ❷ Ripple Delete를 실행해 두 클립을 붙입니다.

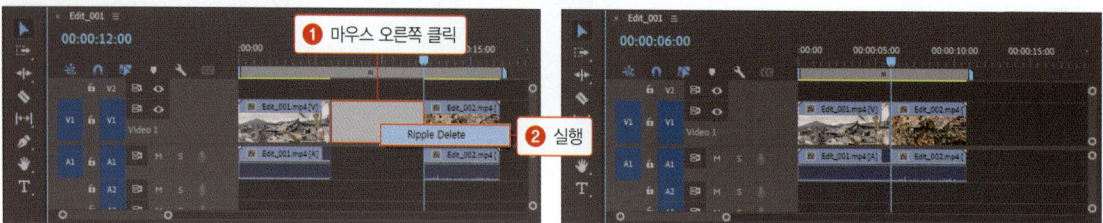

▲ Ripple Delete 실행 전 모습   ▲ Ripple Delete 실행 후 모습

> **TIP**
> Ripple Delete는 Timeline 패널의 뒤에 있는 모든 클립과 여러 트랙에 동시에 영향을 줍니다. 따라서 Ripple Delete와 겹치는 시간에 다른 트랙 클립이 있다면 실행이 불가능합니다. 이러한 Ripple Delete 기능은 빈 영역을 클릭하고 Backspace 또는 Delete 를 눌러 실행할 수도 있습니다.

실습예제 03 클립 복사하고 붙여넣기

편집을 하면서 같은 장면을 여러 번 사용할 때가 종종 있습니다. 이때 사용할 수 있는 클립 복사와 붙여넣기 기능을 알아봅니다. 또한 여러 트랙을 활용하여 다른 트랙을 지정하여 붙여 넣는 방법도 함께 알아봅니다.

01 Tools 패널에서 ❶ 선택 도구(▶)를 선택한 다음 Timeline 패널에서 ❷ 'Edit_001.mp4' 클립을 선택하고 ❸ Ctrl + C 를 눌러 클립을 복사합니다.

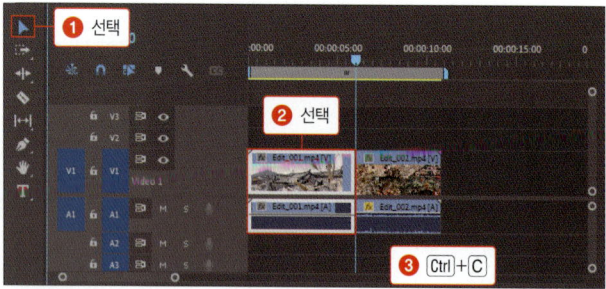

02 ❶ ↓ 를 눌러 현재 시간 표시기를 타임라인의 끝으로 이동합니다. ❷ Ctrl + V 를 눌러 복사한 클립을 붙여 넣습니다.

 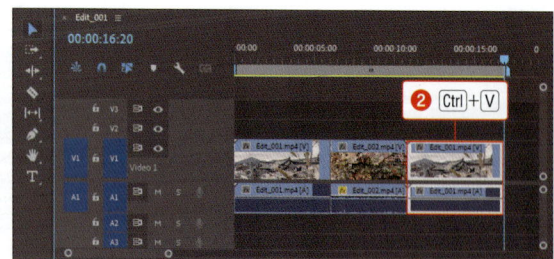

▲ 붙여넣기 실행 전 모습   ▲ 붙여넣기 실행 후 모습

03 Timeline 패널에서 ① 드래그하여 앞 두 개의 클립을 선택한 다음 ② Ctrl + C를 눌러 복사합니다.

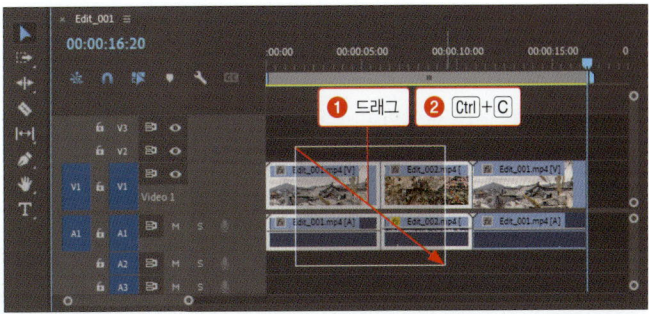

04 Tilmeline 패널에서 ① V1 트랙의 'Track Targeting' 아이콘(V1)을 클릭해 해제하고 ② V2 트랙의 'Track Targeting' 아이콘(V2)을 클릭해 활성화합니다. ③ A1 트랙의 'Track Targeting' 아이콘(A1)을 클릭해 해제합니다.

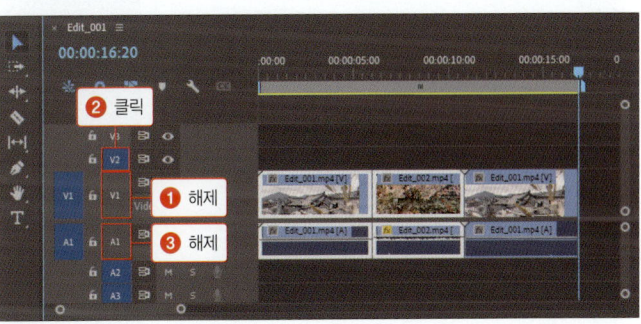

05 ① 현재 시간 표시기를 Timeline 패널의 시작 점으로 이동한 다음 ② Ctrl + V를 눌러 V2 트랙에 앞서 복사한 두 개의 클립을 붙여 넣습니다.

 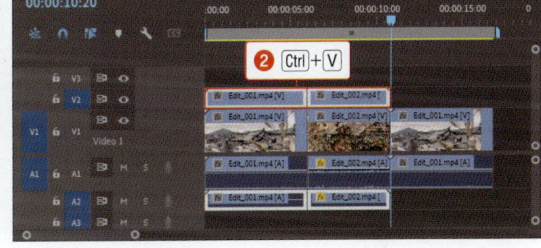

▲ 붙여넣기 실행 전 모습   ▲ 붙여넣기 실행 후 모습

> **TIP**
> 키보드의 방향키를 이용하면 빠르고 편리하게 현재 시간 표시기를 이동할 수 있습니다. ↑와 ↓는 클립 단위로 이동할 때, ←와 →는 프레임 단위로 이동할 때 사용합니다. 또한, Shift + ←, Shift + →는 5프레임 단위로 현재 시간 표시기를 이동합니다. 단, ↑와 ↓는 Track Target이 설정된 클립만 적용됩니다.

> **TIP**
> 해당 이미지는 프리미어 프로 CC 2022 버전의 이미지로, 최신 버전에서는 단축키 Ctrl + V를 통해 복사된 클립을 '붙여넣기'할 경우 소스 클립이 원래 배치되어있는 트랙과 같은 트랙에 '붙여넣기' 됩니다. 이때 예제와 같은 결과를 얻기 위해서는 Ctrl + V 단축키가 아닌 Edit 메뉴의 〈Paste〉를 실행하여 'Track Targeting' 예제를 학습할 수 있습니다. 영구적으로 Track Targeting' 기능을 활용하기 위해서는 Edit 메뉴의 'Keyboard Shortcuts' Ctrl + Alt + K를 실행 후 〈Paste〉 단축키 설정에서 'Paste To Same Track' 항목을 삭제하면 됩니다.

실습예제 04 클립 복제하기

클립 복제는 클립을 복사하고 붙여 넣는 방법을 한 번에 해결할 수 있는 기능입니다. 키보드와 마우스를 동시에 활용하여 빠르고 편리하게 클립을 복제하는 방법과 Link로 연결된 비디오와 오디오 소스를 분리하여 선택하는 방법을 배워봅니다.

01 Alt를 누른 상태로 V1 트랙의 두 번째 클립을 선택합니다.

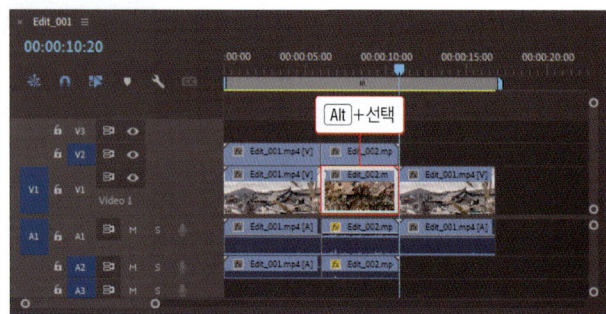

02 Alt를 누른 상태로 선택한 두 번째 클립을 오른쪽으로 드래그하여 V1 트랙의 가장 끝에 복제합니다.

> **왜 그럴까?** 기본적으로 영상 클립은 비디오와 오디오가 연결되어 있습니다. 이때 두 개 미디어를 분리시켜 편집하려면 Alt를 눌러 따로 편집할 수 있으며, 마우스 오른쪽 버튼을 클릭하여 Unlink를 실행하면 완전히 미디어 소스를 분리할 수 있습니다.

실습예제 05 클립 길이 줄이기와 늘리기

클립의 시작 또는 끝을 줄이는 과정은 앞뒤의 필요 없는 장면을 잘라내는 과정과 똑같은 역할을 합니다. 한 번 줄인 클립의 길이를 다시 늘릴 수도 있습니다. 이러한 편집 방법은 여러 트랙에 놓인 클립에 동시 적용할 수 있습니다.

01 편집 점을 구분하기 위해 ❶ 현재 시간 표시기를 '00:00:18:15'로 이동합니다. ❷ 마지막 클립의 오른쪽 끝 점을 현재 시간 표시기가 있는 위치까지 드래그하여 클립의 길이를 줄입니다.

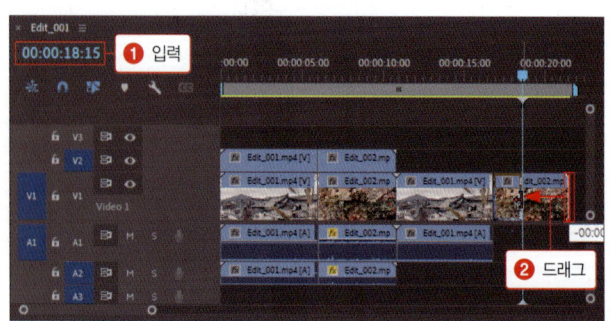

02 ❶ 현재 시간 표시기를 '00:00:03:00'으로 이동합니다. 가장 앞에 있는 V1, V2 트랙의 클립을 ❷ 드래그하여 모두 선택합니다.

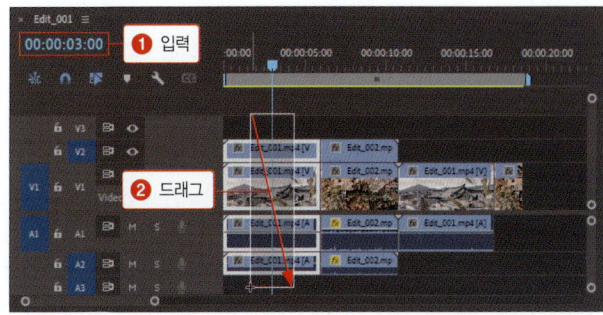

03 선택된 클립의 끝 점을 현재 시간 표시기가 있는 곳으로 드래그하여 두 개의 클립 길이를 한 번에 줄입니다.

▲ 클립 길이를 줄이기 전 모습

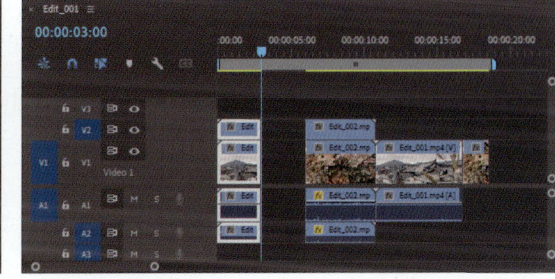

▲ 클립 길이를 줄인 후 모습

TIP

Alt 를 누른 상태로 클립의 길이를 줄이거나 늘리면 비디오와 오디오 소스를 분리된 형태로 적용할 수 있습니다.

04 V1 트랙의 두 번째 클립의 시작 점을 왼쪽으로 드래그하여 첫 번째 클립의 끝에 붙입니다.

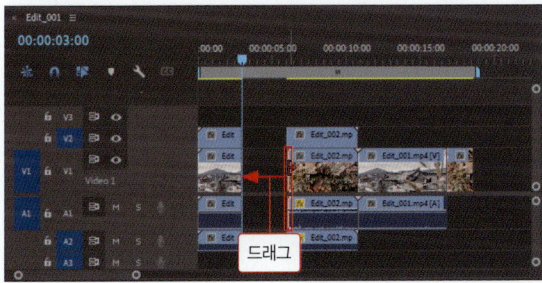

▲ 클립 길이를 늘리기 전 모습

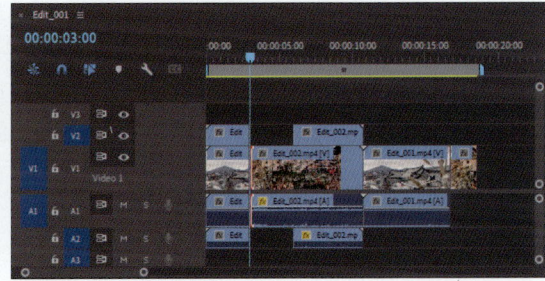

▲ 클립 길이를 늘린 후 모습

도구 • Tools 패널

편집 도구 알아보기

프리미어 프로에서 편집 시 10개 내외의 적은 도구를 사용하게 됩니다. 도구들은 숨겨진 기능이 있어 빠르고 정확한 편집을 위해 모든 기능을 알아 두어야 합니다. 도구 사용에 필요한 단축키, 숨겨진 기능 등 도구 사용법을 알아봅니다.

필수기능 01 편집 도구 살펴보기 - Tools 패널

프리미어 프로의 Tools 패널에는 총 8개의 아이콘이 표시되어 있습니다. 하지만 확장 메뉴를 통해 16개의 도구를 활용할 수 있으며 옵션 키를 조합하면 기능은 더 많이 확장됩니다. 숨겨진 기능들을 사용하지 않으면 작업 속도가 느려지고 세밀한 편집 작업을 할 수 없기 때문에 반드시 기능들을 알아 둡니다.

프리미어 프로에서 기본적으로 표시된 도구는 총 8개입니다. 확장 메뉴를 통해 더 많은 도구를 활용할 수 있습니다.

◀ 프리미어 프로 CC 2022 버전 Tools 패널

❶ **선택 도구(Selection Tool `V`)** : Timeline 패널에서 클립을 선택하는 도구입니다. `Ctrl`, `Alt`, `Shift`를 조합하여 다양한 방법으로 클립을 선택할 수 있습니다.

❷ **트랙 선택 도구(Track Select Forward Tool `A`)** : 클릭한 지점 앞의 모든 트랙의 클립들을 선택합니다. `Shift`를 누르면 하나의 트랙에 놓인 클립들을 선택할 수 있습니다. 도구 아이콘을 길게 클릭하여 뒤로 트랙 선택 도구(Track Select Backward Tool)를 선택할 수 있습니다.

ⓐ **뒤로 트랙 선택 도구(Track Select Backward Tool `Shift`+`A`)** : 클릭한 지점 뒤의 모든 트랙의 클립들을 선택합니다.

❸ **잔물결 편집 도구(Ripple Edit Tool `B`)** : 빈 공간 없이 클립의 길이를 조절하는 도구입니다. 클립의 끝을 드래그하며 뒤쪽의 클립이 함께 뒤로 밀려나가거나 따라옵니다. `Alt`를 눌러 비디오와 오디오 연결을 해제해 사용할 수 있습니다. 도구 아이콘을 길게 클릭하여 롤링 편집 도구(Rolling Edit Tool)와 속도 조절 도구(Rate Stretch Tool)를 선택할 수 있습니다.

ⓑ **롤링 편집 도구(Rolling Edit Tool `N`)** : 시퀀스의 재생 시간에 변동 없이 이어진 클립들의 길이를 조절합니다.

ⓒ **속도 조절 도구(Rate Stretch Tool `R`)** : 클립의 길이를 자유자재로 조정하여 재생 속도를 조절합니다.

❹ **자르기 도구(Razor Tool `C`)** : 클립의 원하는 부분을 클릭하여 자릅니다. `Shift`를 누른 상태에서 클립을 클릭하면 모든 트랙의 클립들을 한 번에 자를 수 있습니다.

❺ **밀어 넣기 도구(Slip Tool `Y`)** : 클립 길이를 유지한 상태로 영상의 시작 위치를 변경합니다. 도구 아이콘을 길게 클릭하여 밀기 도구(Slide Tool)를 선택할 수 있습니다.

ⓓ **밀기 도구(Slid Tool U)** : 선택된 클립의 In Point와 Out Point를 고정한 상태로 클립의 위치를 조절합니다. 이때 전 클립과 후 클립의 길이가 함께 조절됩니다.

❻ **펜 도구(Pen Tool P)** : Program Monitor 패널에 원하는 모양의 도형 패스를 만듭니다. 적용된 패스는 Effect Controls 패널에서 색과 모양을 조절할 수 있습니다. 또한, Video 트랙의 Opacity Handle과 오디오 트랙의 Volume Handle을 제어합니다. 도구 아이콘을 길게 클릭하여 사각형 도구(Rectangle Tool)와 원형 도구(Ellipse Tool)를 선택할 수 있습니다.

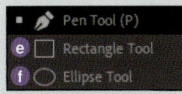

ⓔ **사각형 도구(Rectangle Tool)** : Program Monitor 패널에 사각형 모양의 패스를 만듭니다. Shift를 누르고 드래그하면 정사각형 패스를 만들 수 있습니다.

ⓕ **원형 도구(Ellipse Tool)** : Program Monitor 패널에 원형 모양의 패스를 만듭니다. Shift를 누르고 드래그하면 정원형 패스를 만들 수 있습니다.

❼ **손 도구(Hand Tool H)** : Timeline 패널의 작업 화면을 좌우로 제어하며 이동합니다. 도구 아이콘을 길게 클릭하여 확대/축소 도구(Zoom Tool)을 선택할 수 있습니다.

ⓖ **확대/축소 도구(Zoom Tool Z)** : Timeline 패널의 작업 화면을 확대(클릭) 또는 축소(Alt+클릭)합니다.

❽ **문자 도구(Type Tool T)** : Program Monitor 패널을 클릭해 글자를 입력할 수 있습니다. Effect Controls 패널에서 색과 폰트, 크기 등을 조절할 수 있습니다. 도구 아이콘을 길게 클릭하여 세로 문자 도구(Vertical Type Tool)를 선택할 수 있습니다.

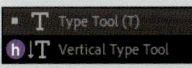

ⓗ **세로 문자 도구(Vertical Type Tool)** : Program Monitor 패널을 클릭해 세로형 글자를 입력할 수 있습니다. Effect Controls 패널에서 색과 폰트, 크기 등을 조절할 수 있습니다.

필수기능 02 선택 도구 익히기

선택 도구(▶)는 Timeline 패널에서 클립을 선택하는 도구로 편집 시 가장 많이 사용되는 도구입니다. Alt, Shift, Ctrl의 조합으로 숨겨진 기능들을 다양하고 편리하게 이용할 수 있습니다. 선택, 이동, 복제, 클립 길이 조절 등의 기능을 가지는 도구로, 가장 많이 활용하면서도 가장 많은 숨겨진 기능을 가지는 도구입니다. 빠르고 정확한 편집을 위해 다양한 기능을 알아봅니다.

클립 선택하기

클릭하여 원하는 클립을 선택할 수 있고, 선택한 클립은 테두리가 회색으로 표시됩니다.

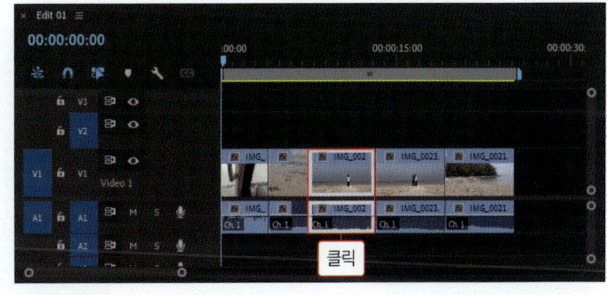

붙어 있는 여러 클립 선택하기

타임라인을 드래그하면 여러 개의 클립을 선택할 수 있습니다.

떨어져 있는 여러 클립 선택하기

Shift를 누른 상태로 여러 클립을 선택하면 서로 떨어져 있는 여러 개의 클립을 선택할 수 있습니다.

비디오 또는 오디오 클립만 따로 선택하기

Alt를 누른 상태로 연결된 클립을 선택하면 비디오 또는 오디오 클립을 독립적으로 선택할 수 있습니다.

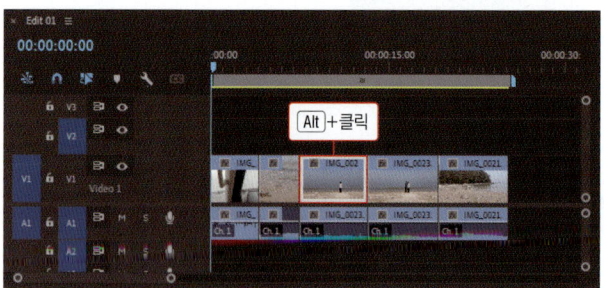

> **TIP**
> 비디오와 오디오가 함께 묶여 있는 클립을 프리미어 프로에서는 연결(Link) 클립이라고 표현합니다. Alt를 누르면 연결된 클립이라도 독립적으로 비디오나 오디오 클립을 선택할 수 있습니다. 또한 Link를 해제하기 위해서는 연결된 클립을 선택하고 메뉴에서 (Clip) → Unlink(Ctrl + L)를 실행합니다.

여러 비디오 또는 오디오 클립 따로 선택하기

Shift + Alt를 누른 상태로 클립을 선택하면 연결된 클립이라도 연결이 해제된 상태로 여러 개의 클립을 따로 선택할 수 있습니다.

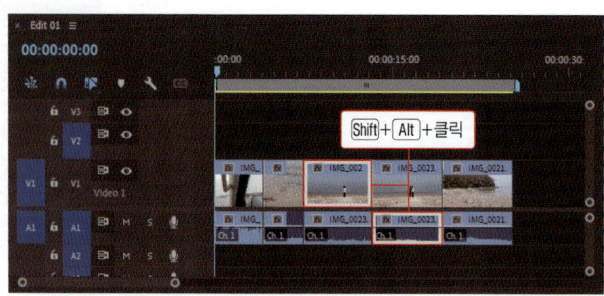

클립 길이 조절하기

클립의 끝 점을 클릭하고 오른쪽 또는 왼쪽으로 드래그하면 클립의 길이를 조절할 수 있습니다.

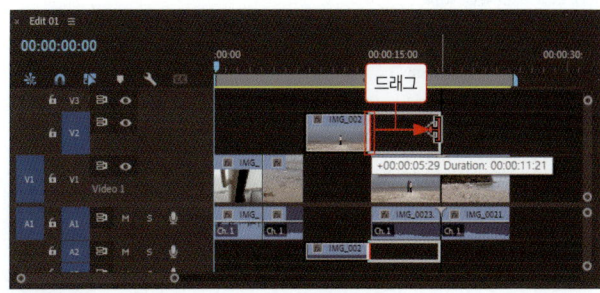

> **TIP**
> 클립의 길이를 조절하면 Timeline 패널의 흰색 상자에 변화된 클립의 길이와 전체 Duration(지속 시간)이 표시됩니다.

클립 위치 이동하기

선택된 클립들을 드래그하면 원하는 위치로 이동시킬 수 있습니다.

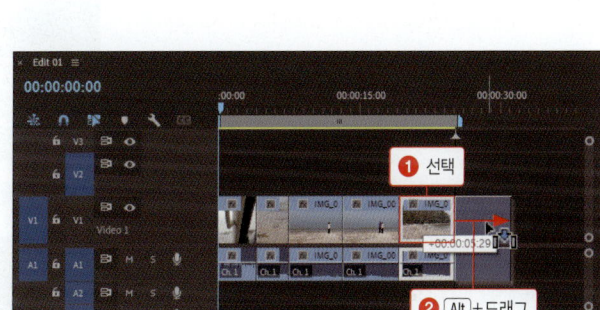

> **TIP**
> 클립을 이동시키면 Timeline 패널의 흰색 상자에 이동된 만큼의 시간이 표시됩니다.

선택된 클립 복제하기

선택된 클립을 Alt를 누른 상태로 드래그하면 선택된 클립을 복제할 수 있습니다.

비디오 또는 오디오 클립만 복제하기

아무것도 선택하지 않은 상태에서 Alt를 누른 상태로 원하는 비디오 또는 오디오 클립을 드래그하면 연결이 해제된 상태로 클립을 복제할 수 있습니다.

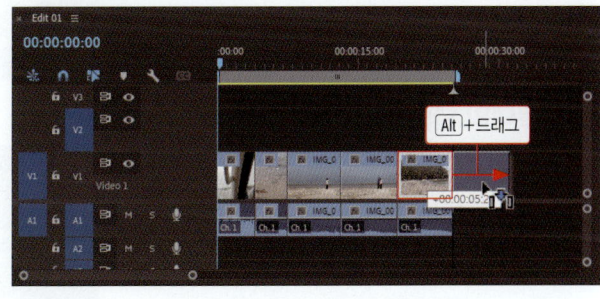

필수기능 03 트랙 선택 도구 익히기

트랙 선택 도구(■)는 한 개 트랙 또는 여러 트랙의 클립들을 모두 선택할 수 있는 도구이며 편집 작업을 할 때 많이 활용되는 도구입니다. Shift 와의 조합으로 숨겨진 기능까지 알아 두도록 합니다. 거꾸로 트랙 선택 도구(■)도 역방향으로 같은 기능을 가지고 있습니다.

모든 트랙의 클립 선택하기

선택을 원하는 위치의 클립을 클릭하면 타임라인상 앞쪽(오른쪽)의 클립들이 모두 선택됩니다.

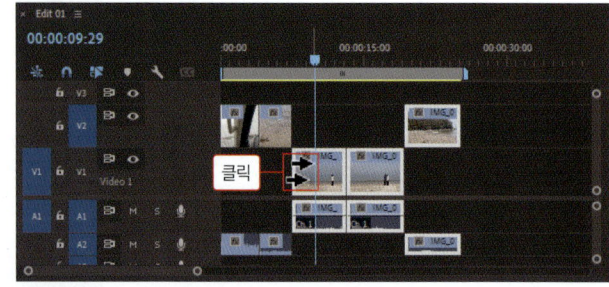

한 트랙의 클립 선택하기

Shift 를 누른 상태로 클립을 클릭하면 원하는 트랙의 앞쪽 클립들이 모두 선택됩니다.

한 트랙의 비디오 또는 오디오 클립 선택하기

Shift + Alt 를 누른 상태로 클립을 클릭하면 연결이 해제된 상태로 한 개 트랙의 비디오 또는 오디오 클립들이 선택됩니다.

모든 트랙의 클립 이동하기

트랙 선택 도구로 선택된 클립들을 드래그하면 원하는 위치 또는 트랙으로 이동할 수 있습니다.

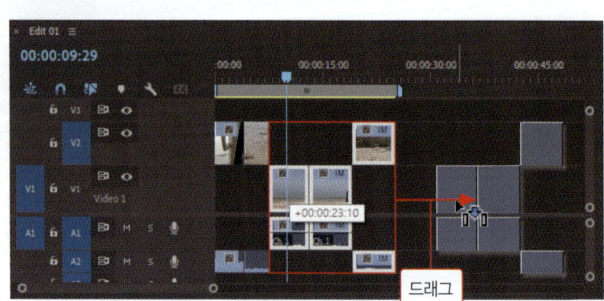

모든 트랙의 클립 복제하기

Alt 를 누른 상태로 원하는 클립을 드래그하면 선택된 모든 클립을 복제할 수 있습니다.

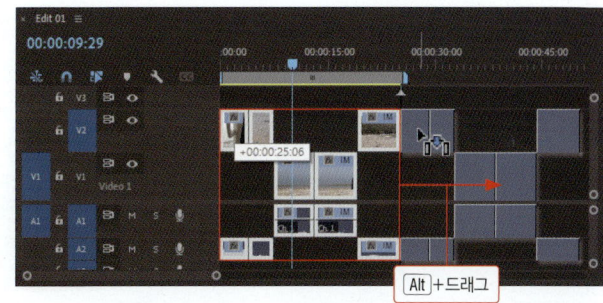

거꾸로 트랙 선택 도구 선택하기

① 트랙 선택 도구(▶)를 길게 클릭하여 표시되는 ② 거꾸로 트랙 선택 도구(◀), Shift + A 를 선택할 수 있습니다. 사용 방법은 트랙 선택 도구와 같습니다.

필수기능 04 속도 조절 도구 익히기

프리미어 프로에서 클립의 속도를 조절하는 방법은 여러 가지가 있지만, 그중 속도 조절 도구(▦)를 이용하면 매우 빠르고 편리하게 적용할 수 있습니다. Alt 를 활용한 Unlink 속도 조절 방법도 함께 알아보겠습니다.

속도 조절 도구 선택하기

① Tools 패널에서 잔물결 편집 도구(⇔)를 길게 클릭하여 표시되는 ② 속도 조절 도구(▦)를 선택할 수 있습니다. 빠른 편집 작업을 위해 단축키 R 을 이용하면 더 편리합니다.

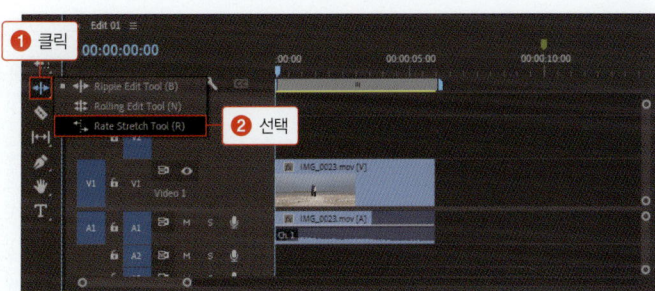

영상 속도 느리게 하기

클립의 끝 점을 오른쪽으로 드래그하면 재생 속도를 느리게 할 수 있습니다. 이때 클립의 길이는 늘어납니다.

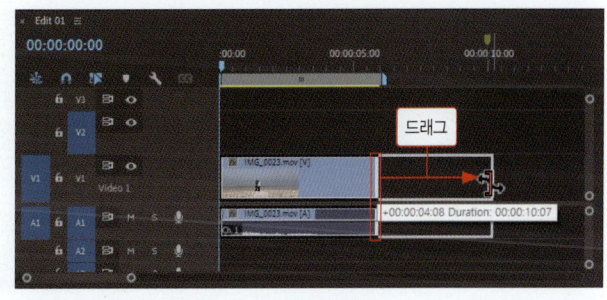

영상 속도 빠르게 하기

클립의 끝 점을 왼쪽으로 드래그하면 재생 속도를 빠르게 조절할 수 있습니다.

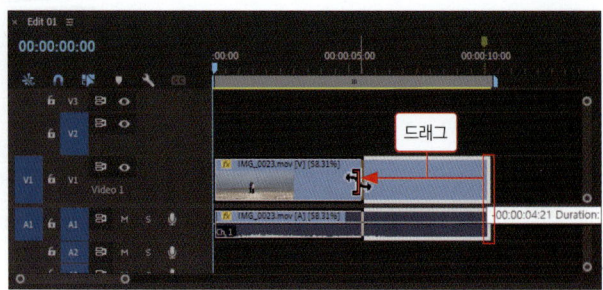

비디오 속도만 빠르게 하기

Alt 를 누른 상태로 클립의 끝 점을 드래그하면 연결이 해제된 상태에서 비디오 또는 오디오 클립의 재생 속도를 각각 조절할 수 있습니다.

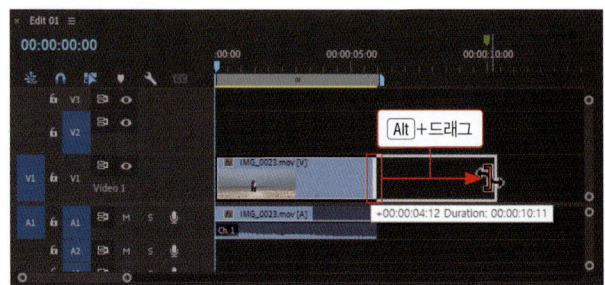

필수기능 05 자르기 도구 익히기

자르기 도구(✂) 또한 선택 도구에 이어 편집 작업에서 가장 많이 활용되는 도구로 클립을 잘라 편집할 수 있는 도구입니다. Shift 와 Alt 를 활용한 숨겨진 기능으로 작업 속도를 높일 수 있습니다.

클립 자르기

클립을 클릭하면 두 개의 클립으로 나뉩니다.

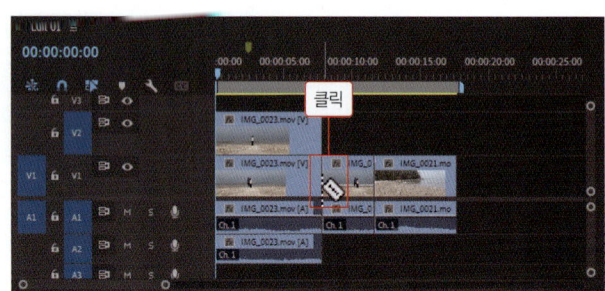

모든 트랙 클립 자르기

Shift 를 누른 상태로 클립을 클릭하면 모든 트랙의 클립들이 잘립니다.

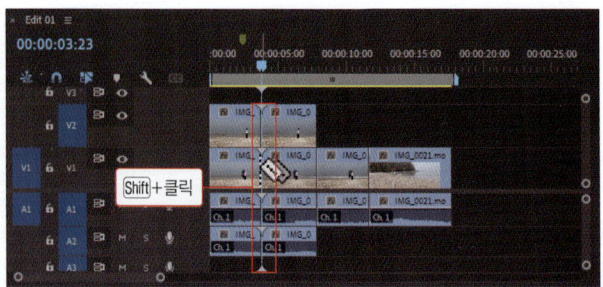

비디오 또는 오디오 클립만 자르기

Alt 를 누른 상태로 클립을 클릭하면 연결이 해제된 상태로 클립을 자를 수 있습니다.

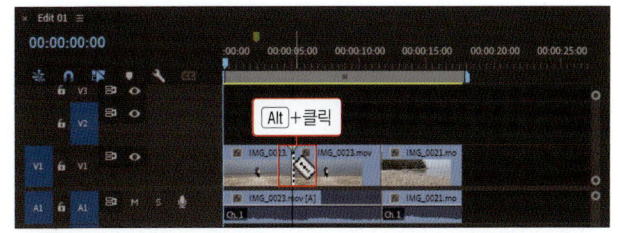

필수기능 06 펜 도구 익히기

펜 도구(✒)의 기능은 Program Monitor 패널에 원하는 모양의 도형을 만들거나 Timeline 패널에서 비디오와 오디오의 제어 라인을 조절할 때 사용합니다. 여기서는 Program Monitor 패널에 원하는 모양의 도형을 만드는 방법을 알아봅니다. 그 밖에 사각형 도구(■), 원형 도구(●)를 이용하면 사각형과 원 모양의 도형도 쉽게 만들 수 있습니다.

다각형 모양의 도형 만들기

Tools 패널에서 펜 도구(✒)를 선택하고 Program Monitor 패널을 클릭하여 처음 위치까지 돌아가면 다각형의 도형을 그릴 수 있습니다. 완성된 도형은 포인트를 드래그하여 수정할 수 있습니다.

곡선 모양의 도형 만들기

Program Monitor 패널에서 직선으로 완성된 도형의 포인트를 Alt 를 누른 상태로 드래그하면 베지어 곡선(Bezier Curves)이 만들어져 곡선 모양의 도형을 만들 수 있습니다. 또한, 처음부터 포인트를 만들 때 드래그하면 자동으로 곡선이 만들어집니다.

완성된 도형 다듬기

도형이 완성된 후에 패스의 점(Path Point)을 클릭하여 점의 위치를 이동하거나 Alt 를 누른 상태로 베지어 곡선을 조절하여 정교하게 도형의 모양을 다듬을 수 있습니다.

패스 포인트 추가/삭제하기

완성된 도형의 라인에 마우스 포인터를 가져가면 +펜 도구로 변하게 됩니다. 이때 Program Monitor 패널을 클릭하면 점을 추가할 수 있으며 이미 만들어진 점은 Shift + Alt 를 누른 상태로 클릭하여 삭제할 수 있습니다.

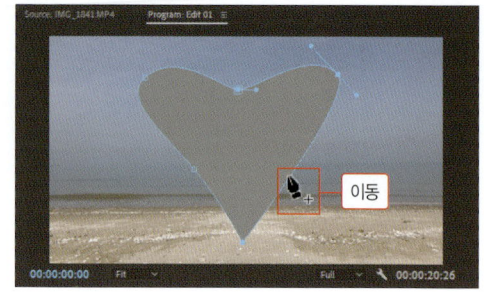

도형의 색 바꾸기

Effect Controls 패널에서 Shape 항목 왼쪽의 >를 클릭하여 속성을 표시한 다음 Appearance에서 Fill의 색상 상자를 클릭하여 도형의 색상을 지정할 수 있습니다. '스포이트' 아이콘(✎)을 클릭하면 화면 속의 색을 추출하여 도형에 적용할 수 있습니다.

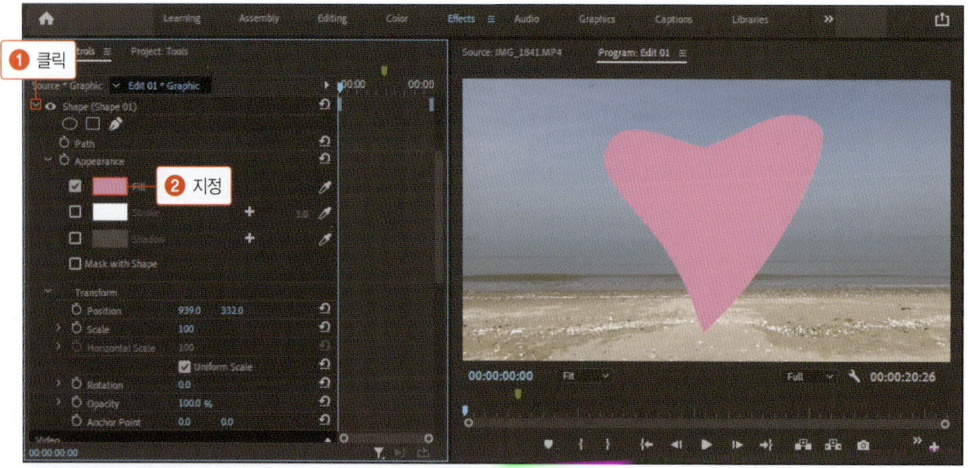

도형 디자인 다듬기

'Stroke', 'Shadow'를 체크 표시하여 활성화하면 색상 및 옵션을 변경해 도형을 디자인할 수 있습니다.

필수기능 07 문자 도구 익히기 중요

문자 도구(T)는 문자 내용을 Program Monitor 패널에 바로 입력하여 사용할 수 있는 편리한 도구입니다. 만들어진 문자는 색, 크기, 위치 등 디자인과 형태를 변경할 수 있으며 애니메이션을 적용해 매력적인 스타일의 자막 디자인을 적용할 수 있습니다.

화면에 글자 넣기

❶ Tools 패널에서 문자 도구(T)를 선택한 다음 ❷ Program Monitor 패널을 클릭하면 ❸ 글자를 입력할 수 있습니다.

폰트와 글자 색 바꾸기

❶ 먼저 Tools 패널에서 선택 도구(▶)를 선택합니다. ❷ Effect Controls 패널에서 Text 항목 왼쪽의 >를 클릭하여 속성을 표시한 다음 Source Text와 Fill 등 다양한 옵션을 변경하면 글꼴과 색상을 변경할 수 있습니다.

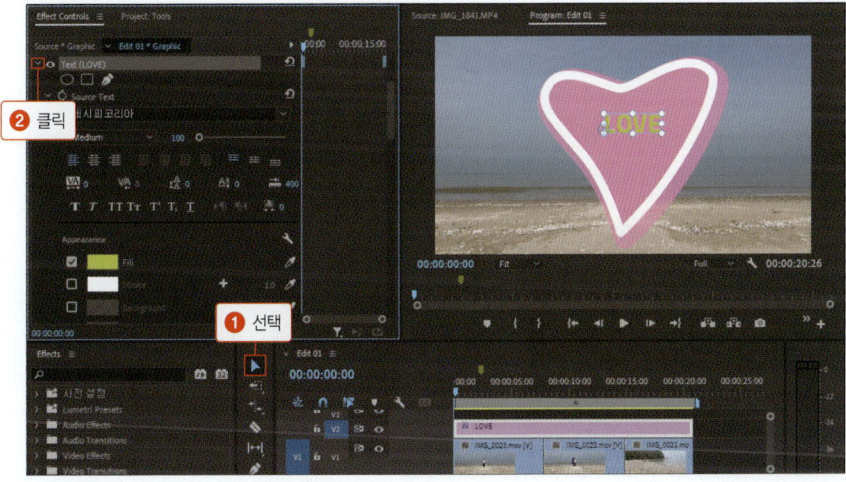

글자 크기와 위치 변경하기

Text 항목의 Transform에서 Position, Scale, Opacity 등을 설정하여 글자의 위치, 크기, 불투명도를 설정할 수 있습니다. 또한, 키프레임을 만들어 애니메이션도 적용할 수 있습니다.

글자 디자인 변경하기

Text 항목의 Source Text와 Appearance의 다양한 옵션을 수정해 색상, 글자의 테두리, 배경색, 그림자를 설정하여 글자 디자인을 완성할 수 있습니다.

> **TIP**
> 문자를 활용한 다양한 디자인과 애니메이션 스킬은 Part 3 자막 만들기 내용을 확인해 주세요.

세로 문자 만들기

❶ Tools 패널의 문자 도구(T)를 길게 클릭하여 표시되는 ❷ 세로 문자 도구(IT)를 선택하면 Program Monitor 패널에 세로형의 문자를 입력할 수 있습니다.

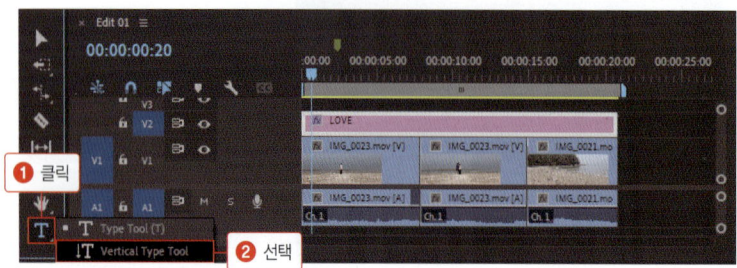

정방형 시퀀스 만들고 비디오 클릭 복제하기

1080 × 1080Pixels 해상도의 24fps, 1:1 화면비 시퀀스를 만들어 보세요.

완성파일 01\1by1_완성.prproj
해설 동영상 01\1-1.mp4

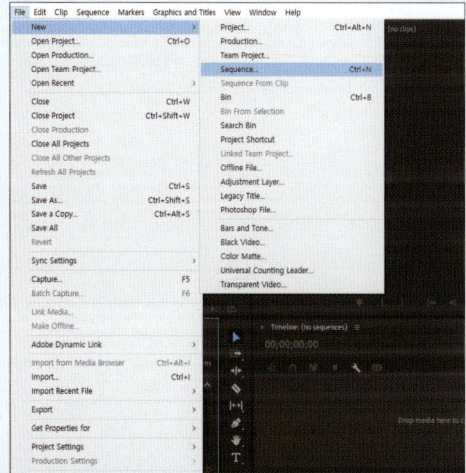
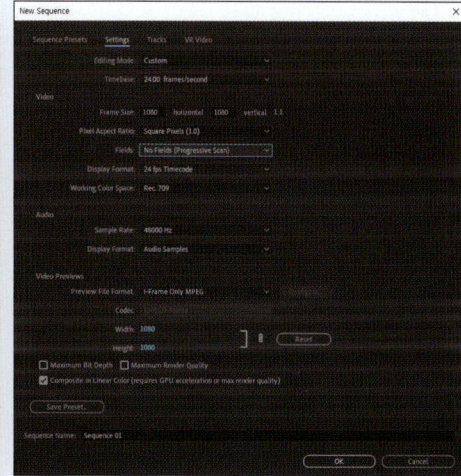

Hint Sequence 명령 실행하기 → Editing Mode를 'Custom'으로 지정하기 → Timebase, Frame Rate, Pixel Aspect Ratio 등 비디오 포맷 설정하기

링크된 클립 중 비디오 클립을 V2 트랙에 복제해 보세요.

예제파일 01\Clip Duplication.mp4, Clip Duplication.prproj   완성파일 01\Clip Duplication_완성.prproj
해설 동영상 01\1-2.mp4

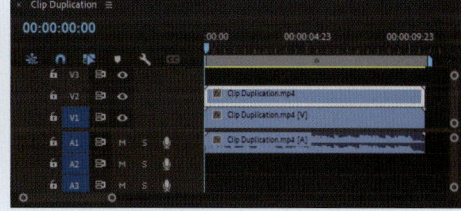

Hint 소스 클립과 같은 포맷의 시퀀스 만들기 → Alt 를 눌러 비디오 클립만 선택하기 → Alt 를 누른 상태로 V2 트랙으로 드래그하기

1차적으로 컷 편집이 완성된 시퀀스는 세밀한 기술을 적용해 다듬기 작업에 들어갑니다. 다듬기 작업을 진행한 영상은 그렇지 않은 영상과 큰 차이를 가지게 됩니다. 프리미어 프로에서 지원하는 편집 다듬기를 위한 다양한 기능과 클립, 시퀀스, 타임라인의 속성을 이해하여 한 끗 차이로 달라지는 영상 편집의 센스를 발휘해 보세요.

PART 2.

편집 기술 완성하기

01 | 영상 속도 조절하기
02 | 클립/그룹 속성 활용하기
03 | 타임라인/트랙 기능 활용하기
04 | 모니터 기능 활용하기
05 | 다양한 미디어 파일로 출력하기

• 속도 조절 기능

영상 속도 조절하기

촬영한 영상의 속도를 세밀하게 조절하면 지루하고 불필요한 장면을 빠르게 재생하여 지루하지 않게 하고, 오래 보여 주어야 할 장면을 느리게 편집하는 등 다양하게 연출 할 수 있습니다. 프리미어 프로에서 지원하는 속도 조절 기능을 이용하여 영상의 속도를 조절해 봅니다.

실습예제 01 속도 조절 도구로 클립 속도 제어하기

클립의 속도를 조절하는 여러 방법 중 가장 빠르고 편리하게 조절하는 방법은 Tools 패널의 속도 조절 도구를 이용하는 것입니다. 속도 조절 도구는 클립의 길이를 자유자재로 조절하며 영상의 속도를 자유롭게 조절해 연출적인 영상 편집 효과를 얻을 수 있습니다.

● **예제파일** : 02\Speed_A.mp4   ● **완성파일** : 02\Speed_A_완성.mp4, Speed_A_완성.prproj

01 프리미어 프로의 프로젝트를 실행한 다음 Ctrl + I 를 누릅니다. Import 대화상자가 표시되면 ❶ 02 폴더에서 ❷ 'Speed_A.mp4' 파일을 선택하고 ❸ 〈열기〉 버튼을 클릭합니다.

02 Project 패널에서 'Speed_A.mp4' 아이템을 'New Item' 아이콘(■)으로 드래그하여 소스 파일과 같은 시퀀스를 만듭니다.

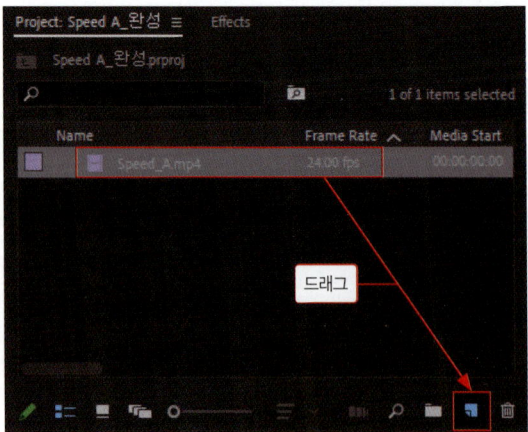

03 영상에서 카메라가 이동하는 구간을 빠르게 조절하기 위해 ❶ 현재 시간 표시기를 '00:00:01:13'으로 이동합니다. ❷ Tools 패널에서 자르기 도구(🔖)를 선택한 다음 ❸ 'Spped_A.mp4' 클립을 클릭하여 자릅니다.

04 이어 카메라 이동 구간의 끝 부분에 ❶ 현재 시간 표시기를 '00:00:11:17'로 이동한 다음 ❷ 두 번째 클립을 클릭하여 자릅니다.

05 영상에서 카메라가 이동하는 구간을 빠르게 편집하기 위해 속도 조절 구간의 끝 점으로 ❶ 현재 시간 표시기를 '00:00:02:02'로 이동합니다. ❷ Tools 패널에서 속도 조절 도구(🔖)를 선택하고 ❸ 가운데 클립의 끝 점을 현재 시간 표시기가 있는 곳까지 왼쪽으로 드래그하여 클립의 길이를 줄입니다.

> **TIP**
> Tools 패널에 속도 조절 도구가 보이지 않을 때는 잔물결 편집 도구(🔖)나 롤링 편집 도구(🔖)를 길게 클릭하여 표시되는 속도 조절 도구(🔖)를 선택합니다. 단축키 **R**을 이용하면 빠르게 속도 조절 도구를 선택할 수 있습니다.

06 ① 두 번째 클립과 세 번째 클립 사이의 빈 공간에서 마우스 오른쪽 버튼을 클릭한 다음 ② Ripple Delete를 실행하여 클립 사이의 공백을 삭제합니다.

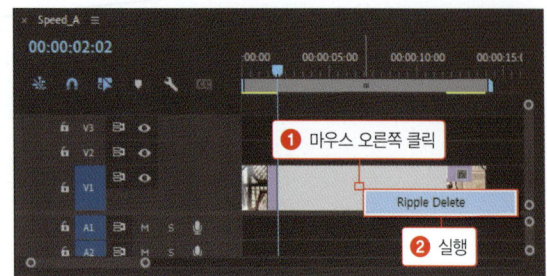

07 마지막 클립의 재생 속도를 느리게 조절하기 위해 ① 현재 시간 표시기를 '00:00:07:00'으로 이동합니다. ② 마지막 클립의 끝 점을 오른쪽으로 드래그하여 클립의 길이를 늘립니다.

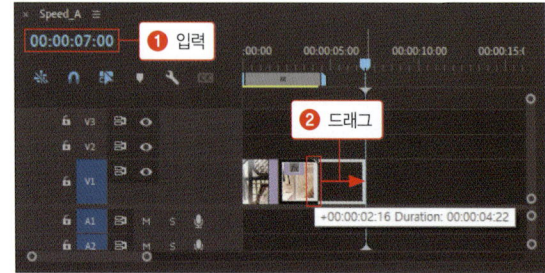

08 영상을 재생해 일반 속도 → 빠른 속도 → 느린 속도로 변하는 편집 영상을 확인합니다.

실습예제 02 Speed&Duration으로 클립 속도 제어하기 우선순위 | TOP 13

영상의 속도를 조절하는 두 번째 방법은 Speed/Duration 기능을 이용하는 것입니다. Speed/Duration은 % 단위 또는 프레임 단위로 클립의 길이를 정확하게 조절할 수 있는 큰 장점이 있으며, 영상을 역재생하거나 변화된 클립의 길이에 맞춰 자동으로 후행 클립의 편집 점을 변경해 주는 등의 부가 기능을 가지고 있어 편리하게 재생 속도를 조절할 수 있습니다.

● 예제파일 : 02\Speed_B.mp4   ● 완성파일 : 02\Speed_B_완성.mp4, Speed_B_완성.prproj

01 프리미어 프로의 프로젝트를 실행한 다음 Ctrl + I를 누릅니다. Import 대화상자가 표시되면 ❶ 02 폴더에서 ❷ 'Speed_B.mp4' 파일을 선택하고 ❸ 〈열기〉 버튼을 클릭합니다.

02 Project 패널에서 'Speed_B.mp4' 아이템을 'New Item' 아이콘(■)으로 드래그하여 소스 파일과 같은 시퀀스를 만듭니다.

03 영상에서 전광판이 지나가는 구간의 속도를 편집하기 위해 ❶ 현재 시간 표시기를 '00:00:06:10'으로 이동합니다. ❷ Tools 패널에서 자르기 도구(■)를 선택하고 ❸ 속도 조절 구간의 시작 점을 클릭하여 클립을 자릅니다.

04 ❶ 현재 시간 표시기를 '00:00:08:10'으로 이동하고 ❷ 속도 편집 구간의 끝 점을 클릭해 자릅니다.

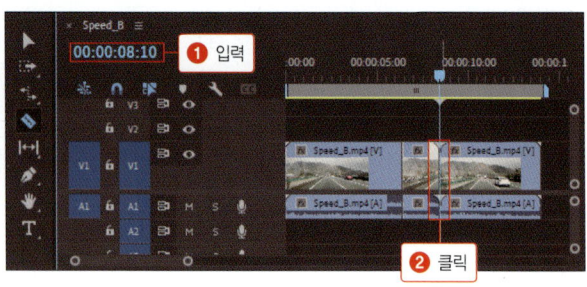

05 ❶ Tools 패널에서 선택 도구(▶)를 선택한 다음 ❷ 앞서 자른 두 번째 클립을 선택합니다. ❸ Ctrl + C 를 눌러 클립을 복사합니다.

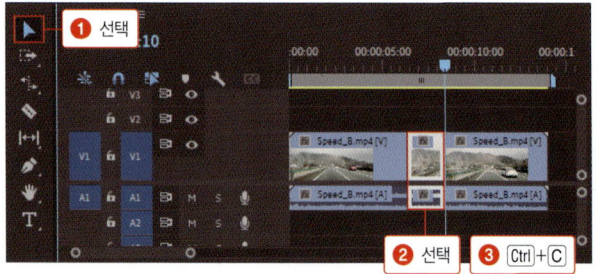

06 Ctrl + Shift + V 를 두 번 눌러 앞서 복사한 클립을 클립 중간에 두 개 붙여 넣습니다.

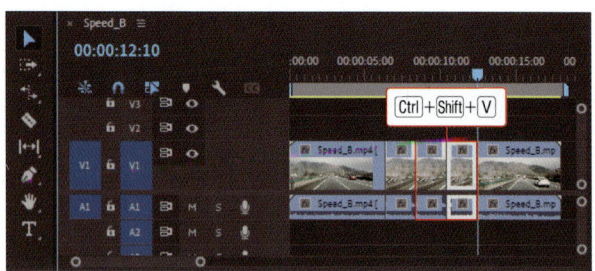

07 ❶ Timeline 패널의 첫 번째 클립을 선택하고 ❷ 메뉴에서 (Clip) → Speed/Duration(Ctrl + R)을 실행합니다.

08 Clip Speed/Duration 대화상자가 표시되면 ❶ Speed를 '500%'로 설정하여 영상 재생 속도를 5배 빠르게 합니다. 이어 ❷ 'Maintain Audio Pitch'와 'Ripple Edit, Shifting Trailing Clips'를 체크 표시하고 ❸ 〈OK〉 버튼을 클릭합니다. 첫 번째 클립의 영상 재생 속도가 5배 빨라지고 이어 후행 클립들이 자동으로 당겨진 것을 확인합니다.

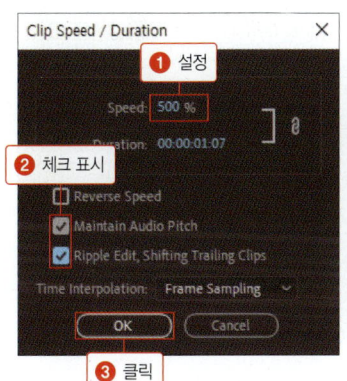
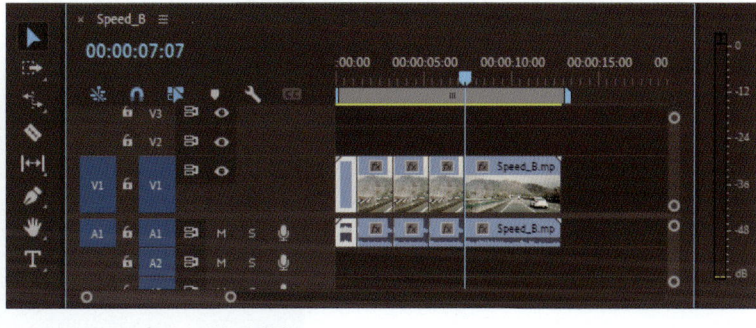

▲ 5배 짧아진 클립 길이와 편집 점 확인

09 ❶ Timeline 패널에서 세 번째 클립을 선택한 다음 ❷ 메뉴에서 (Clip) → Speed/Duration(Ctrl+R)을 실행합니다.

10 Clip Speed/Duration 대화상자가 표시되면 ❶ Speed를 '200%'로 설정하여 영상 재생 속도를 2배 빠르게 합니다. 이어 ❷ 'Reverse Speed'를 체크 표시하고 ❸ 〈OK〉 버튼을 클릭합니다. 세 번째 클립의 영상이 거꾸로 두 배 빠르게 재생되는 것을 확인합니다.

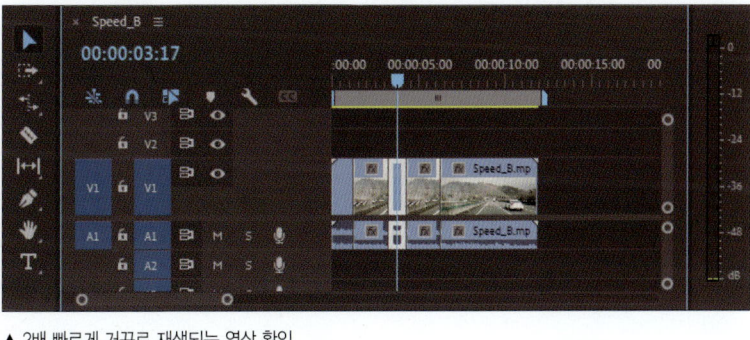

▲ 2배 빠르게 거꾸로 재생되는 영상 확인

11 ❶ Timeline 패널에서 네 번째 클립을 선택한 다음 ❷ 메뉴에서 (Clip) → Speed/Duration(Ctrl+R)을 실행합니다.

12 Clip Speed/Duration 대화상자를 표시되면 ❶ Speed를 '50%'로 설정해 재생 속도를 반으로 느리게 설정하고 ❷ 〈OK〉 버튼을 클릭합니다.

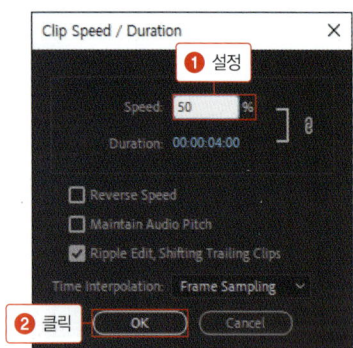

▲ 2배 느려진 재생 속도 확인

> **TIP**
> Clip Speed/Duration 대화상자에서 Duration을 변경하면 프레임 또는 시간 단위로 클립의 길이를 변경해 재생 속도를 제어할 수 있습니다. 이때 'Link' 아이콘(🔗)을 클릭해 연결 해제하면 Speed와 Duration을 따로 설정할 수 있습니다.

13 여러 영상의 클립 속도 조절이 완성되어 빠르게 지나친 전광판을 되돌려서 다시 느리게 보도록 연출한 영상을 확인합니다.

실습예제 03 고속 촬영 효과 설정하기

고속 촬영은 초당 24~30프레임을 촬영하는 일반 영상에 비해 초당 48~60프레임 이상을 촬영하는 기법입니다. 이렇게 촬영된 영상을 24~30fps로 재생하면 매우 부드러운 슬로우 모션 영상이 됩니다. 하지만 프리미어 프로에서 24~30fps와 같은 일반 촬영으로 촬영된 영상을 길게 늘린 다음 광학적으로 중간 프레임을 보간하여 부드러운 고속 촬영 효과를 연출할 수 있습니다.

◉ **예제파일** : 02\Speed_B.mp4   ◉ **완성파일** : 02\Super Slow_완성.mp4

01 프리미어 프로의 프로젝트를 실행한 다음 Ctrl + I 를 누릅니다. Import 대화상자가 표시되면 ❶ 02 폴더에서 ❷ 'Speed_B.mp4' 파일을 선택하고 ❸ 〈열기〉 버튼을 클릭합니다.

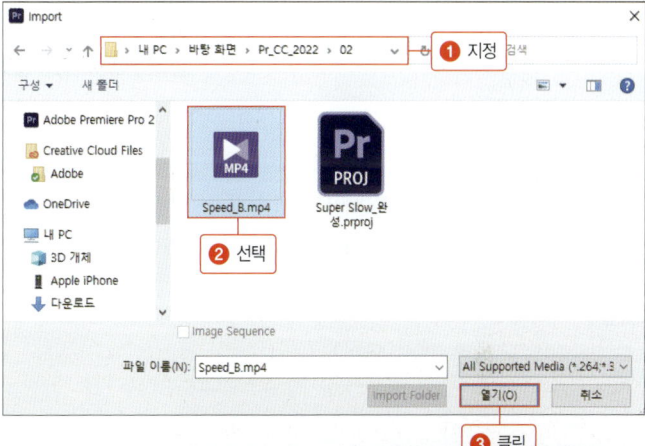

02 Project 패널에서 'Speed_B.mp4' 아이템을 'New Item' 아이콘(▣)으로 드래그하여 소스 파일과 같은 시퀀스를 만듭니다.

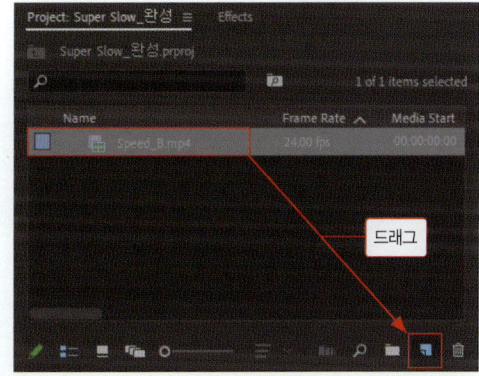

03 ❶ 현재 시간 표시기를 '00:00:06:00'으로 이동한 다음 ❷ Tools 패널의 자르기 도구(◈)를 선택하고 ❸ 'Speed_B.mp4' 클립을 클릭하여 자릅니다.

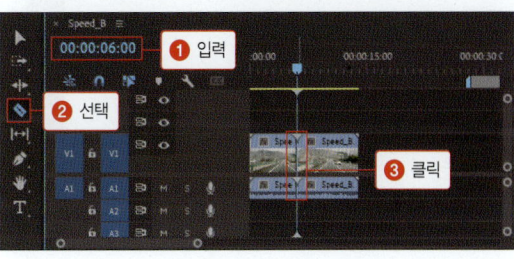

> **TIP**
> 이번 예제에서는 두 클립 모두 50% 느린 슬로우 모션 영상으로 만든 다음 뒤쪽의 클립에만 Optical Flow 기능을 적용해 두 클립을 비교해 볼 수 있도록 연출합니다.

04 ① Tools 패널에서 선택 도구(▶)를 선택하고 Timeline 패널에서 ② V1 트랙의 첫 번째 클립을 선택합니다. ③ 메뉴에서 (Clip) → Speed/Duration([Ctrl]+[R])을 실행합니다.

05 Clip Speed/Duration 대화상자가 표시되면 ① Speed를 '50%'로 설정하여 영상 재생 속도를 2배 느리게 합니다. 이어 ② 'Ripple Edit, Shifting Trailing Clips'를 체크 표시하고 ③ 〈OK〉 버튼을 클릭합니다.

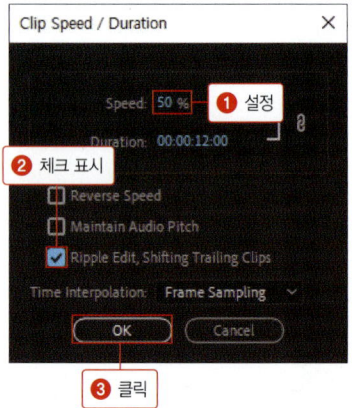

TIP

Clip Speed/Duration 대화상자에서 'Maintain Audio Pitch'를 체크 표시하면 오디오 피치를 재생 속도에 관계 없이 일정하게 유지할 수 있습니다. 'Ripple Edit, Shifting Trailing Clips'를 체크 표시하면 속도가 조절되면서 발생한 편집 공간을 자동으로 당겨 주거나 밀어 줍니다. 만약 속도가 빠르게 조절되면 변화된 시간만큼 후행 클립들을 앞으로 당겨 주며 속도가 느리게 조절되면 변화된 시간만큼 후행 클립의 위치를 뒤로 밀어 줍니다.

06 ① Timeline 패널에서 두 번째 클립을 선택합니다. ② 메뉴에서 (Clip) → Speed/Duration([Ctrl]+[R])을 실행합니다.

07 Clip Speed/Duration 대화상자가 표시되면 ❶ Speed를 '50%'로 설정하여 앞의 클립과 똑같이 영상 재생 속도를 2배 느리게 합니다. 이어 ❷ Time Interpolation을 'Optical Flow'로 지정하고 ❸ 〈OK〉 버튼을 클릭합니다.

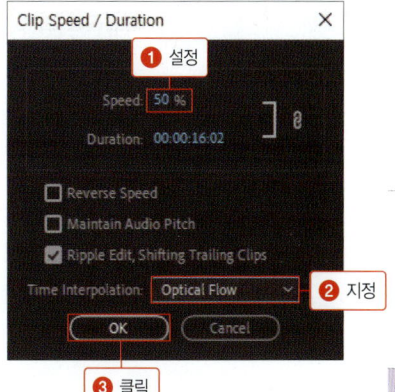

TIP

Clip Speed/Duration 대화상자의 Time Interpolation을 'Frame Blending'으로 지정하면 앞뒤 프레임을 중첩하여 중간 프레임을 보간합니다. 또한, 'Optical Flow'로 지정하면 앞뒤 프레임을 분석하여 중간 프레임을 광학적으로 합성하여 보간합니다. 이 두 기능은 효과가 적용된 영역을 반드시 렌더링해야만 확인할 수 있습니다.

08 메뉴에서 (Squence) → Render Effects in to Out(Enter)을 실행하여 효과가 적용된 영역에 렌더링을 진행합니다.

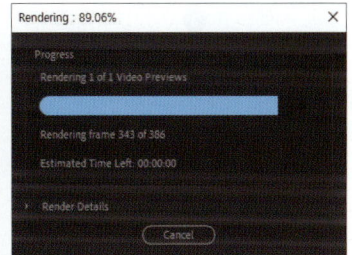

▲ 효과 렌더링이 진행되는 과정

TIP

Timeline 패널의 Work Area Bar가 활성화된 상태에서 Render Effects in to Out(Enter) 기능은 Render Effects in Work Area(Enter)로 표기되며 Work Area Bar가 적용된 영역만 렌더링을 진행합니다. Work Area Bar는 Timeline 패널 메뉴에서 활성화 또는 비활성화할 수 있습니다.

09 영상을 재생해 똑같은 '50%' 슬로우 모션이지만, 두 번째 클립이 고속 촬영된 영상을 재생하는 것처럼 훨씬 부드럽게 재생되는 것을 확인합니다.

실습예제 04 | Time Remapping으로 클립 속도 제어하기

Time Remapping의 Speed는 일정한 비율로 속도를 조절할 수 있는 다른 속도 조절 기능과 달리 프리미어 프로에서 유일하게 가속도를 적용할 수 있는 기능입니다. '점점 빠르게', '점점 느리게' 그리고 정지 화면까지 만들 수 있는 Time Remapping으로 섬세한 속도 조절 편집 기법을 활용해 봅니다.

◉ 예제파일 : 02\Speed_B.mp4　　◉ 완성파일 : 02\Time Remapping_완성.mp4

01 프리미어 프로의 프로젝트를 실행한 다음 Ctrl + I 를 누릅니다. Import 대화상자가 표시되면 ❶ 02 폴더에서 ❷ 'Speed_B.mp4' 파일을 선택하고 ❸ 〈열기〉 버튼을 클릭합니다.

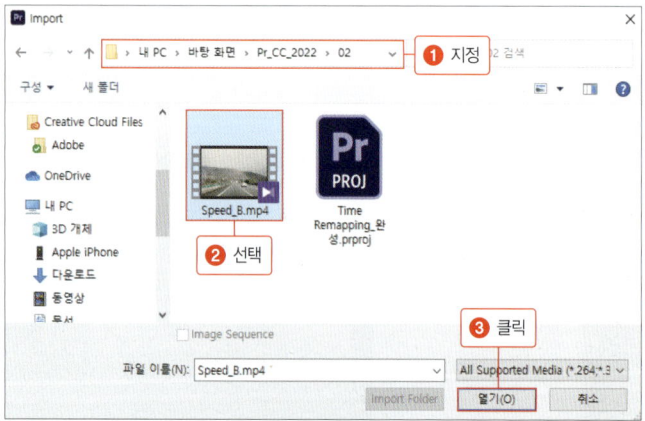

02 Project 패널에서 'Speed_B.mp4' 아이템을 'New Item' 아이콘( )으로 드래그하여 소스 파일과 같은 시퀀스를 만듭니다.

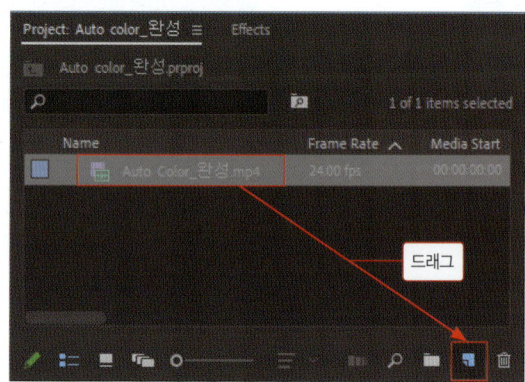

03 Time Remapping 작업이 편리하도록 Timeline 패널 V1 '눈' 아이콘( )의 오른쪽 빈 영역을 더블클릭하여 Connecter Line이 보이도록 트랙 영역을 확장합니다.

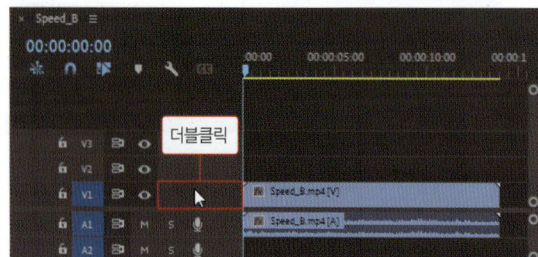
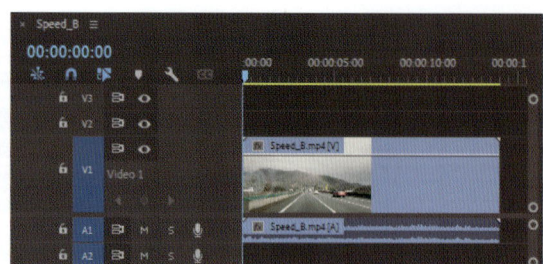

▲ 트랙 영역이 확장된 모습

04 ❶ 비디오 클립의 'fx' 아이콘(fx)에서 마우스 오른쪽 버튼을 클릭한 다음 ❷ Time Remapping → Speed를 실행합니다.

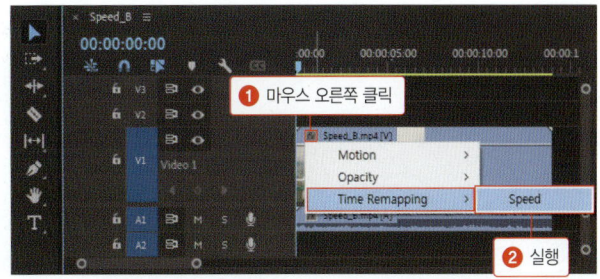

05 ❶ 현재 시간 표시기를 '00:00:02:00'으로 이동한 다음 ❷ Ctrl을 누른 상태로 'Speed_B.mp4' 클립의 Connector Line을 클릭해 가속도 구간 키프레임을 활성화합니다.

06 ❶ 현재 시간 표시기를 '00:00:07:09'로 이동한 다음 ❷ Ctrl을 누른 상태로 'Speed_B.mp4' 클립의 Connector Line을 클릭해 정지 구간 키프레임을 활성화합니다.

07 첫 번째 키프레임의 오른쪽 포인터를 오른쪽으로 드래그하여 그림과 같이 '00:00:06:00'까지 구간을 설정합니다.

TIP
Time Remapping의 키프레임을 구간을 설정할 수 있도록 In Point와 Out Point 두 개로 나뉩니다. 이는 속도를 변경하려 하는 구간의 시작 점과 끝 점을 설정합니다.

08 벌어진 두 번째 키프레임과 '00:00:07:09' 위치의 정지 구간 키프레임 사이 Connector Line을 위로 드래그하여 약 '700%'의 속도로 설정될 때까지 드래그합니다.

 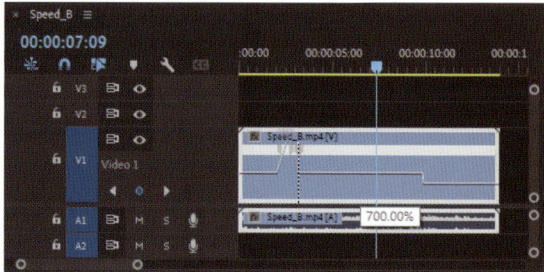

▲ 700% 속도록 위로 드래그한 모습

09 앞서 '00:00:07:09' 위치에 활성화했던 정지 구간 키프레임을 Ctrl + Alt 를 누른 상태로 오른쪽으로 약 '00:00:07:00'까지 드래그합니다.

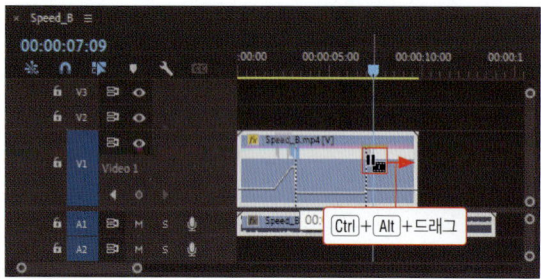 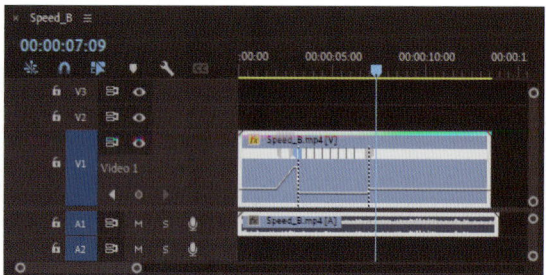

▲ 7초까지 정지 구간을 설정한 모습

10 영상을 재생해 빠르게 가속되었다가 전광판 화면에서 잠시 멈춘 다음 다시 표준 속도로 재생되는 영상을 확인합니다.

• Clip 메뉴

클립/그룹 속성 활용하기

편집 과정에서 소스가 많아져 타임라인이 복잡해질 때가 있습니다. 이럴 때 클립의 속성을 변경하거나 새로운 그룹을 만들어 편집을 다듬어 가면 훨씬 수월하게 작업할 수 있습니다. 클립은 비디오와 오디오가 하나의 링크(Link)로 연결되어 있고 이러한 클립의 이름, 레이블 색, 그룹 등을 변경하여 원하는 장면과 그룹을 구분하여 활용할 수 있습니다.

필수기능 01 클립 링크 해제하기 - Unlink ★★중요

일반적으로 촬영된 영상은 비디오와 오디오 데이터가 하나로 연결되어 있습니다. 이를 프리미어 프로에서는 링크(Link)라고 표현합니다. 하지만 두 데이터의 싱크를 수정하거나 하나의 데이터를 삭제할 경우 이 링크를 해제해야 합니다.

링크 해제는 설정을 변경하려는 하나 또는 여러 클립을 선택한 다음 메뉴에서 (Clip) → Unlink(Ctrl + L)를 실행합니다. 반대로 떨어져 있는 비디오와 오디오 데이터를 하나로 연결하려면 Link를 실행합니다. Unlink/Link 기능은 단축키(Ctrl + L)을 이용하거나, Timeline 패널에서 선택된 클립 위에서 마우스 오른쪽 버튼을 클릭하여 실행할 수도 있습니다.

▲ Unlink 기능 실행 모습

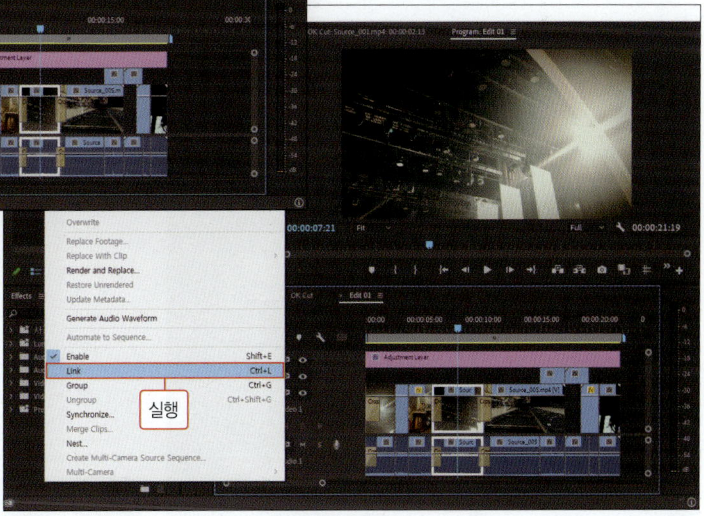

▲ Link 기능 실행 모습

Chapter 02 • 클립/그룹 속성 활용하기

필수기능 02 여러 클립을 하나의 그룹으로 만들기 - Group

프리미어 프로에서는 같은 장면 또는 같은 분류의 여러 클립을 하나의 개체로 인식하도록 그룹으로 지정할 수 있습니다. 이렇게 설정된 그룹은 여러 클립을 한 번에 선택하여 이동하거나 편집할 수 있습니다.

여러 클립의 그룹 지정은 Timeline 패널에서 그룹으로 지정하려는 클립을 모두 선택한 다음 메뉴에서 (Clip) → Group(Ctrl+G)을 실행합니다. Group은 단축키 Ctrl+G를 누르거나, Timeline 패널에서 선택된 클립들 위에서 마우스 오른쪽 버튼을 클릭하여 실행할 수도 있습니다.

Group 기능으로 묶인 클립들은 메뉴에서 (Clip) → Ungroup(Ctrl+Shift+G)을 실행해 해제할 수 있습니다.

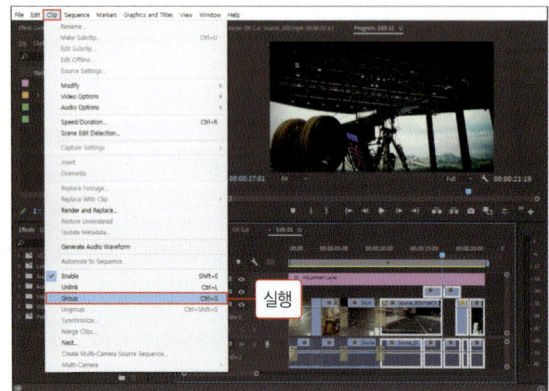
▲ Group 기능 실행 모습

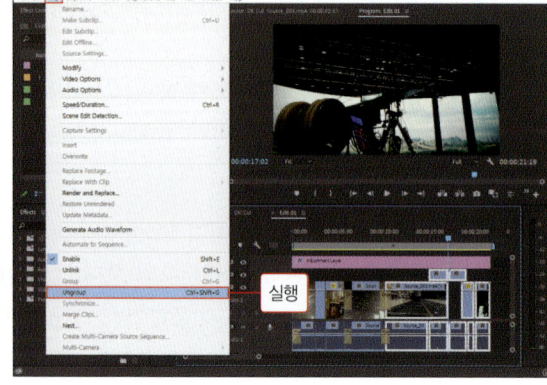
▲ Ungroup 기능 실행 모습

필수기능 03 여러 클립을 하나의 시퀀스로 중첩하기 - Nest 중요 ★★

프리미어 프로에서는 Nest를 통해 Timeline 패널의 여러 클립을 시퀀스로 중첩하여 하나의 클립으로 설정할 수 있습니다. 이는 Group 기능과 달리 시퀀스로 인식되어 시퀀스 안의 클립을 수정할 수 있으며 하나의 클립으로 인식되어 편집이 적용된 데이터에 또 다른 효과와 편집을 적용할 수 있는 장점이 있습니다.

Nest 기능은 하나의 시퀀스로 중첩할 클립들을 선택한 다음 메뉴에서 (Clip) → Nest를 실행합니다. Nested Sequence Name 대화상자가 표시되면 Name에 시퀀스 클립으로 설정할 이름을 입력하고 〈OK〉 버튼을 클릭합니다. Nest는 Timeline 패널에서 선택된 클립들 위에서 마우스 오른쪽 버튼을 클릭하여 실행할 수도 있습니다.

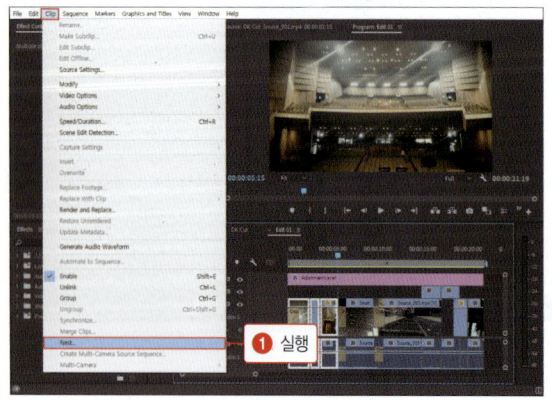

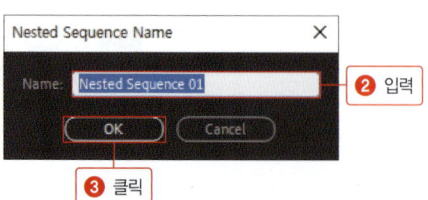

설정된 Nest 클립은 Project 패널에 자동으로 만들어지며 Timeline 패널에 하나의 클립 형태로 중첩된 것을 확인할 수 있습니다. 이렇게 만들어진 Nest 클립은 더블클릭하여 소스 클립을 재편집할 수 있으며 Nest 클립에 또 다른 효과 또는 편집 기능을 적용할 수 있습니다.

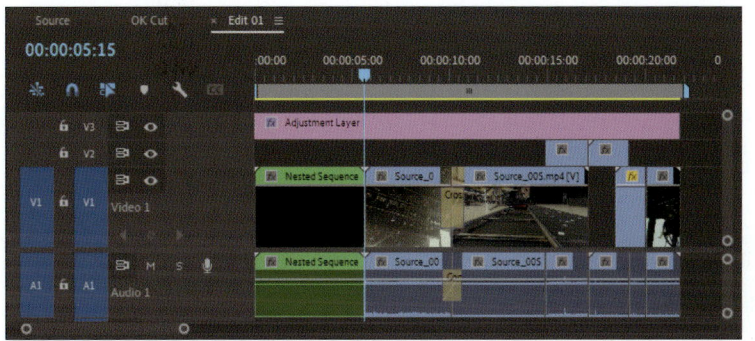

필수기능 04 클립 이름 변경하기 - Rename

편집 과정에서 클립의 이름이 복잡하거나 구분을 위해 특정 이름으로 변경할 경우가 있습니다. Timeline 패널에서 클립을 선택한 다음 메뉴에서 (Clip) → Rename을 실행해 Rename Clip 대화상자가 표시되면 Name을 입력하고 〈OK〉 버튼을 클릭하면 됩니다. Rename은 마우스 오른쪽 버튼을 클릭하여 활성화된 메뉴에서도 실행 가능하며, 이렇게 변경된 클립의 이름은 Project 패널의 같은 아이템에 영향을 주지 않습니다.

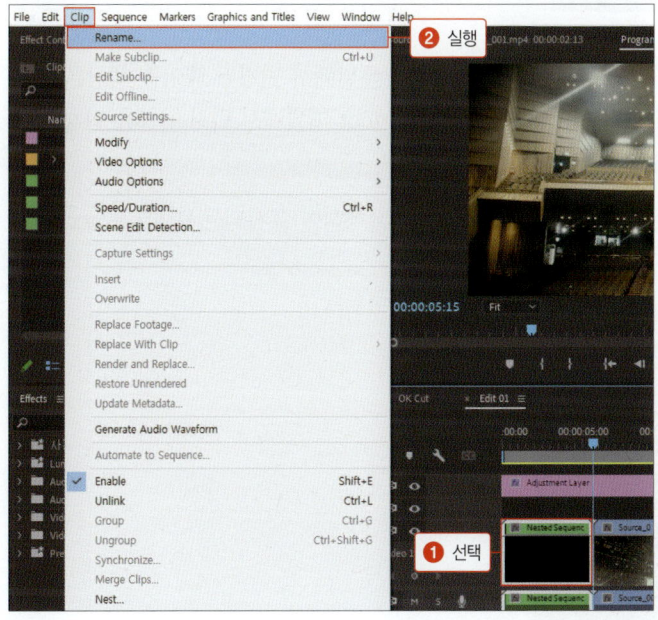
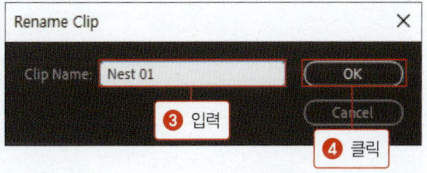

클립 이름 바꾸기는 Project 패널에서도 실행 가능합니다. 다만 이미 Timeline 패널에 적용된 클립의 경우 Project 패널에서 이름을 변경해도 Timeline 패널의 클립에 영향을 주지 않으므로 필요에 따라 Project 패널에서 먼저 이름을 변경한 다음에 Timeline 패널에 배치하는 것이 좋습니다.

필수기능 05 클립 레이블 색상 변경하기 - Label

같은 포맷의 클립들은 같은 색상의 레이블을 가지고 있습니다. 편집할 때 장면 또는 데이터 버전의 구분 등을 위해 클립의 레이블 색상을 변경하면 작업이 수월해집니다.

클립 레이블 색상 변경은 메뉴에서 [Edit] → Label 항목 중 원하는 색을 선택해 실행하면 됩니다. 클립 레이블 색상은 Timeline 패널에서 마우스 오른쪽 버튼을 클릭해 메뉴에서 실행할 수도 있습니다.

Timeline 패널에서 변경된 레이블 색상은 Project 패널의 원본 아이템에 영향을 주지 않습니다.

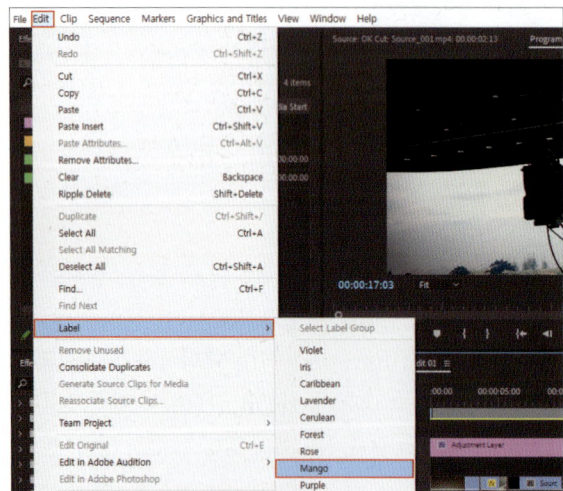

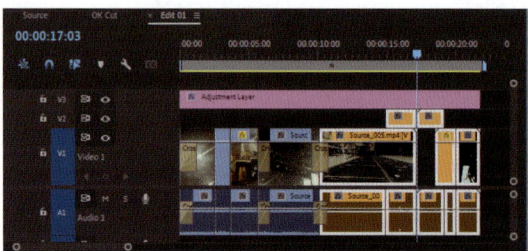

▲ 클립 레이블 컬러가 변경된 모습

레이블 색상은 Project 패널에서도 실행할 수 있습니다. 다만 Project 패널에서 변경된 레이블 색상은 이미 Timeline 패널에 배치된 클립에 영향을 주지 않으므로 필요에 따라 Project 패널에서 먼저 이름을 변경한 다음에 Timeline 패널에 배치하는 것이 좋습니다.

레이블의 이름과 색은 메뉴에서 [Edit] → Preference → Labels를 실행하여 표시되는 Preference 대화상자에서 변경할 수 있습니다.

▲ 레이블 색상과 이름 설정 대화상자 - Preference Labels

• Timeline 패널

타임라인 / 트랙 기능 활용하기

Timeline 패널은 실질적인 영상 편집이 이뤄지는 공간입니다. 클립과 키프레임, 효과와 이동을 제어하는 것 이외에도 많은 기능을 가진 Timeline 패널의 숨겨진 기능들을 잘 이해해야 효율적이고 빠른 작업을 진행할 수 있습니다.

필수기능 01 Timeline 패널 살펴보기

Timeline 패널은 영상 편집이 이루어지는 탐색 및 컨트롤 패널로 프리미어 프로에서 가장 중요한 역할을 합니다. 작업의 편리성과 작업 속도를 높이기 위해서 주요 기능과 용어들을 알아둡니다.

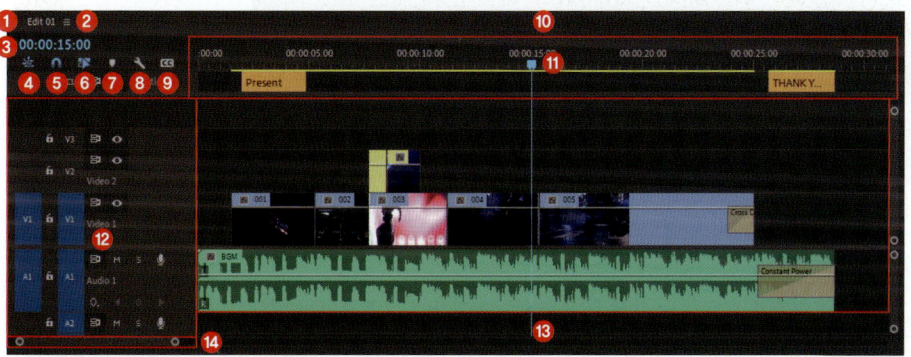

❶ **Sequence Name** : 현재 작업 중인 시퀀스의 이름을 표시합니다.

❷ **패널 메뉴(Panel Menu)** : Timeline Display Settings 이외에 Timeline 패널의 다양한 기능을 제어할 수 있는 옵션 메뉴를 노출합니다.

❸ **현재 시간(Current Time)** : 현재 시간 표시기가 위치한 시간을 표시합니다. 클릭하여 데이터를 입력하면 원하는 시간으로 편집 기준선을 이동할 수 있습니다.

❹ **Insert and Overwrite Sequences** : Nest Sequence 클립을 Timeline 패널에 삽입 또는 덮어쓸 때 옵션을 설정합니다. 활성화하면 Nest Sequence로 붙여지고 비활성화할 경우 Nest Sequence 안의 독립적인 클립들로 붙여집니다.

❺ **Snap(S)** : 클립을 이동하여 다른 클립 또는 편집 기준선에 붙일 때 자석의 힘에 이끌리듯 경계선이 쉽게 붙도록 해 줍니다.

❻ **Linked Selection** : 연결된 클립의 선택 옵션을 설정합니다. 비활성화하면 연결된 클립도 독립적으로 선택할 수 있습니다.

❼ **Add Marker(M)** : 작업 기준선이 놓인 현재 시간 표시기에 마커를 삽입(클릭 또는 M)하거나 정보를 입력할 수 있습니다(더블클릭 또는 M+M).

❽ **Timeline Display Settings** : Timeline 패널에서 표시되는 UI의 디스플레이를 설정합니다.

❾ **Caption track options** : 캡션 자막이 적용되었을 때 트랙에 노출되는 옵션을 제어합니다.

❿ **시간 표시기(Time Ruler)** : 표시 형식(Display Format)에 따라 Timeline 패널의 시간과 프레임을 표시합니다.

⓫ **현재 시간 표시기(Current Time Indicator)** : 슬라이더를 좌우로 드래그하여 영상을 탐색하거나 편집의 기준점을 만듭니다.

⓬ **트랙 컨트롤 영역** : 트랙의 이름, 노출, 잠금, 특성 등을 제어할 수 있는 옵션을 제공합니다.

⓭ **타임라인 영역(Timeline Area)** : Timeline 패널의 작업 창 전체 Duration 중 화면에 보이는 부분의 길이를 표시합니다. +, - 단축키를 활용해 화면에 노출되는 범위를 확대, 축소할 수 있습니다.

⓮ **작업 영역 확대/축소 슬라이더** : 막대 컨트롤러를 이동, 길이 조정하여 Timeline 패널의 영역에 노출되는 범위를 확대, 축소, 탐색할 수 있습니다.

필수기능 02 타임라인의 작업 영역 확대 및 축소하기 (중요)

Timeline 패널에서 작업 영역을 확대 또는 축소하는 방법은 여러 가지가 있습니다. 자신에게 편리한 방법을 손에 익혀 활용하면 작업 속도를 높일 수 있습니다.

슬라이더로 작업 영역 확대 및 축소하기

Timeline 패널 하단의 슬라이더 왼쪽 또는 오른쪽 끝을 드래그해 작업 영역을 확장하거나 축소할 수 있습니다. 슬라이더의 중앙을 드래그하면 작업 영역을 좌우로 이동할 수 있습니다.

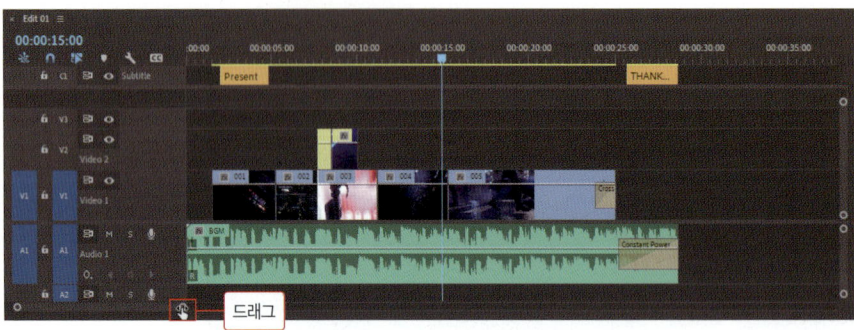

작업 영역 가득 채우기

W를 누르면 Timeline 패널에 모든 클립들이 배치된 꽉 찬 작업 영역을 설정할 수 있습니다.

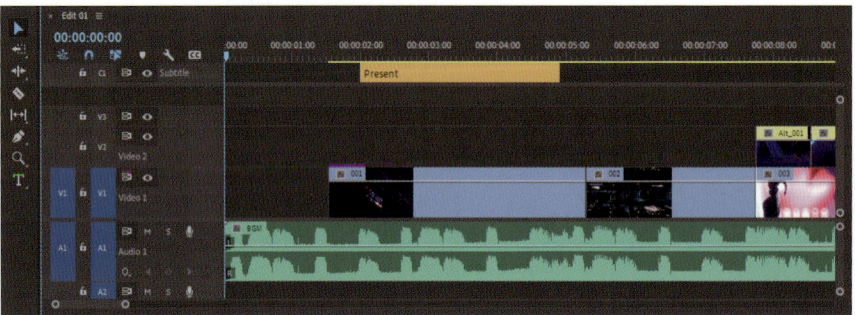

▲ W를 누르기 전

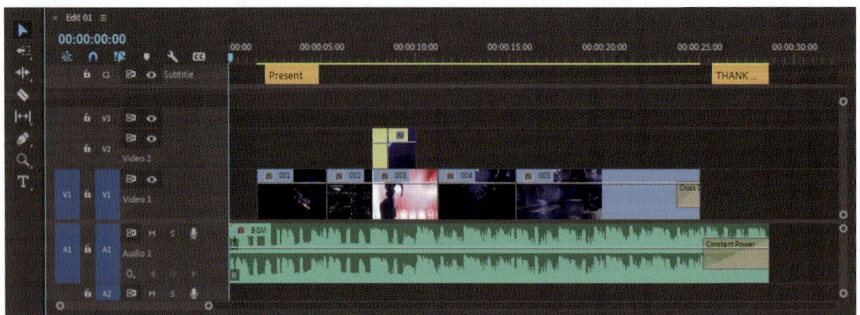

▲ W를 누른 후

단축키로 작업 영역 확대 및 축소하기

⊟를 누르면 작업 영역이 축소되고, ⊞를 누르면 작업 영역이 확대됩니다.

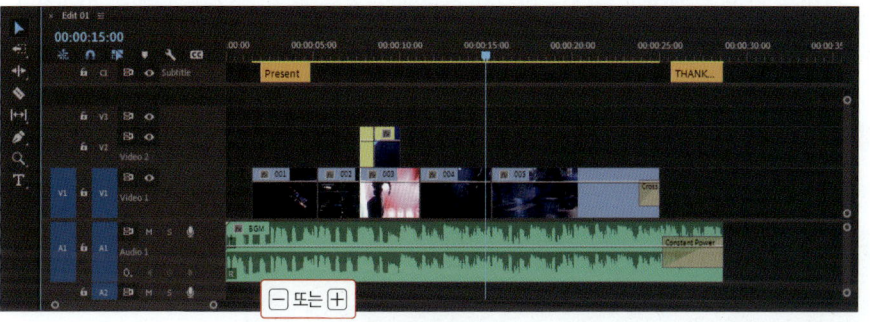

돋보기 도구로 작업 영역 확대 및 축소하기

Tools 패널에서 돋보기 도구(🔍)를 선택하고 확대할 타임라인 영역을 클릭하면 작업 영역이 확대됩니다. 또한, Alt를 누른 상태로 Timeline 패널의 원하는 위치를 클릭하면 작업 영역이 축소됩니다.

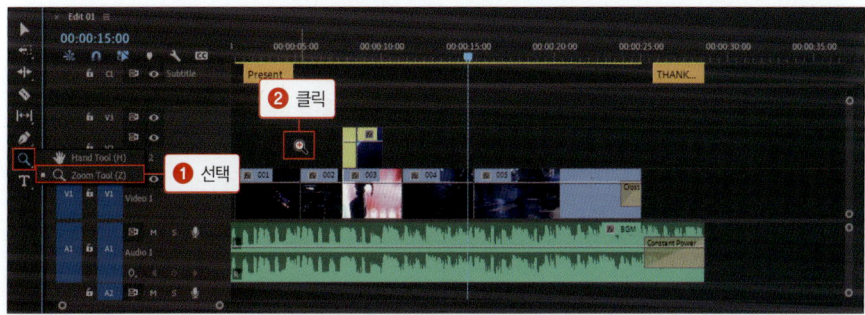

▲ 마우스 포인터가 확대 모드로 설정된 모습

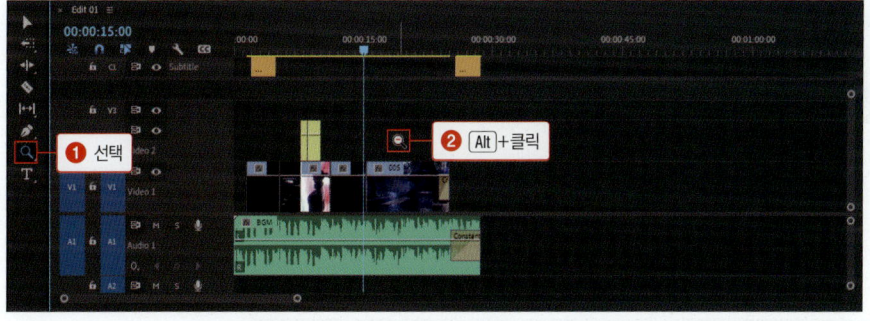

▲ 마우스 포인터가 축소 모드로 설정된 모습

> **TIP**
> 돋보기 도구()는 단축키 Z를 이용하거나 손 도구(✋)를 길게 클릭해 표시된 메뉴에서 선택할 수 있습니다.

필수기능 03 트랙 확대 및 축소하기

모니터 환경 또는 작업 스타일에 따라 트랙의 노출되는 넓이를 다르게 설정할 수 있습니다. 트랙의 영역을 넓히거나 축소하는 과정은 비디오 트랙과 오디오 트랙이 모두 같습니다.

더블클릭으로 트랙 넓이 확대 및 축소하기

Timeline 패널의 트랙 컨트롤 영역을 더블클릭하면 트랙 넓이를 확대 및 축소할 수 있습니다.

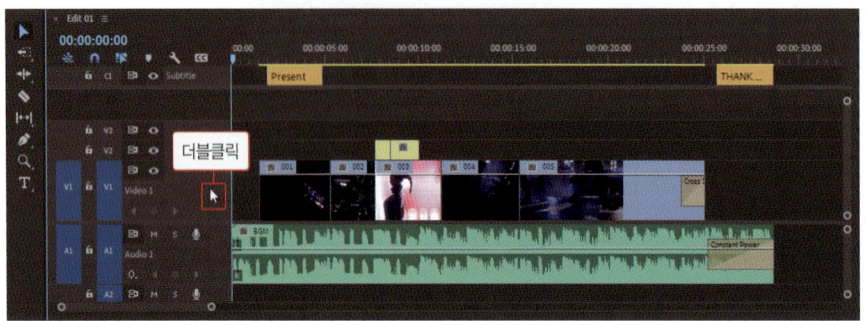

트랙 경계선으로 트랙 넓이 확대 및 축소하기

Timeline 패널의 트랙 컨트롤 영역의 트랙 경계선을 위 또는 아래로 드래그해 트랙 넓이를 확대 및 축소할 수 있습니다.

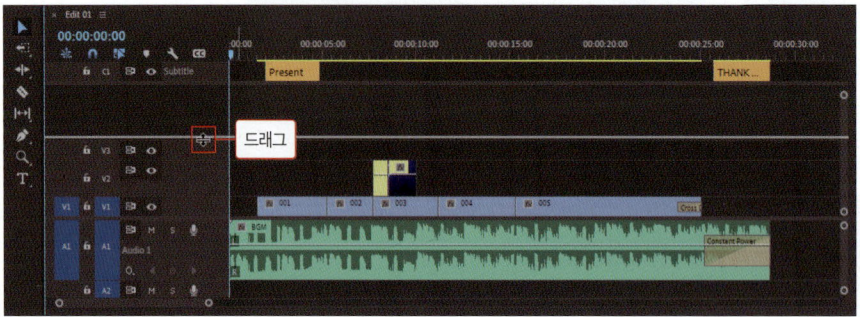

마우스 휠로 트랙 넓이 확대 및 축소하기

Timeline 패널의 트랙 컨트롤 영역의 빈 공간에서 Alt 를 누른 상태로 마우스 휠을 위아래로 돌려 트랙 넓이를 확대 및 축소할 수 있습니다.

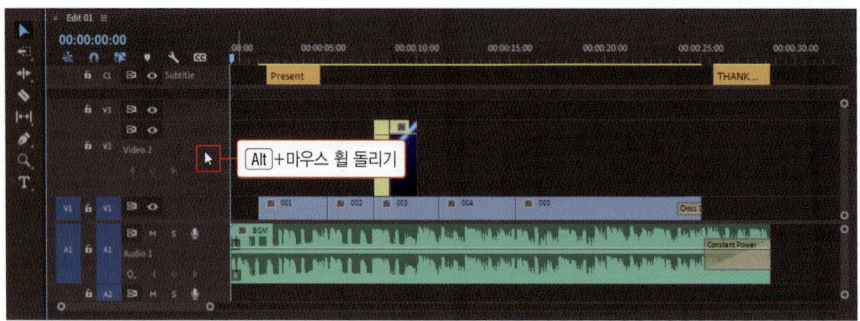

비디오 및 오디오 트랙 경계 범위 변경하기

Timeline 패널의 트랙 컨트롤 영역 중 비디오와 오디오 트랙의 경계선을 위 아래로 드래그하여 범위를 변경할 수 있습니다.

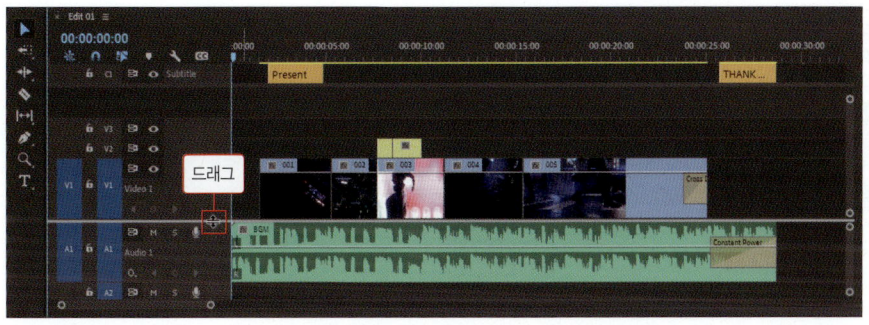

필수기능 04 트랙 추가 및 삭제하기

편집 과정과 소스의 양에 따라 비디오 또는 오디오 트랙의 수를 알맞게 설정할 수 있습니다. 지나치게 많은 트랙의 추가는 오히려 편집 작업을 방해하는 요소가 될 수 있으니 적절한 트랙 수를 유지하는 것이 좋습니다.

클립의 이동으로 추가 트랙 만들기

비디오 또는 오디오 클립을 트랙 영역의 맨 상단 빈 곳으로 드래그하면 트랙을 추가할 수 있습니다. 트랙 추가는 반복해서 적용할 수 있습니다.

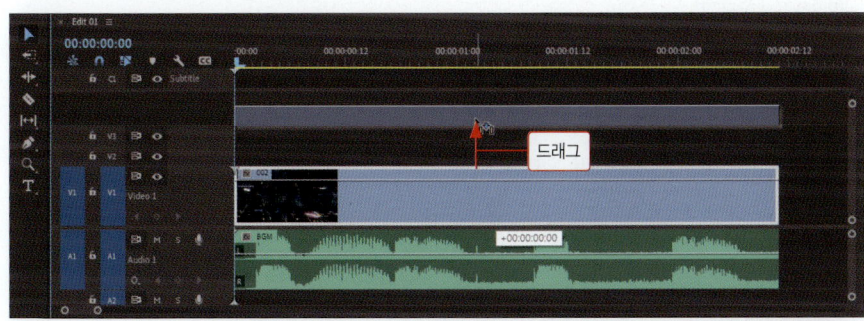

▲ 기존에 없던 V4 트랙이 추가된 모습

> **TIP**
> 비디오 트랙은 트랙 영역의 위, 오디오 트랙은 트랙 영역의 아래에 빈 공간이 설정되어 있습니다.

메뉴를 통해 1개 트랙 삭제하기

❶ Timeline 패널의 트랙 컨트롤 영역의 빈 공간에서 마우스 오른쪽 버튼을 클릭하고 ❷ Delete Track을 실행하면 간단히 트랙을 추가하거나 삭제할 수 있습니다.

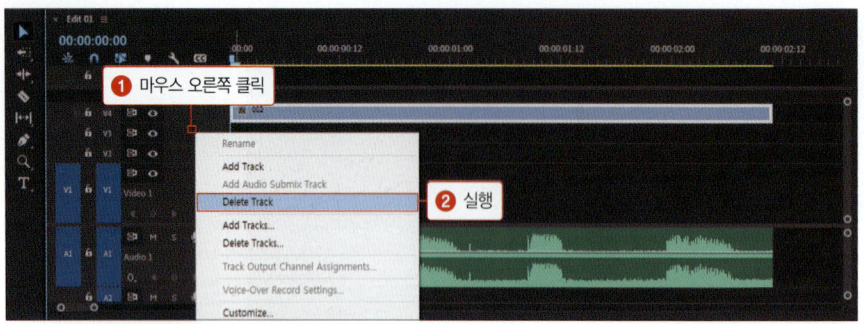

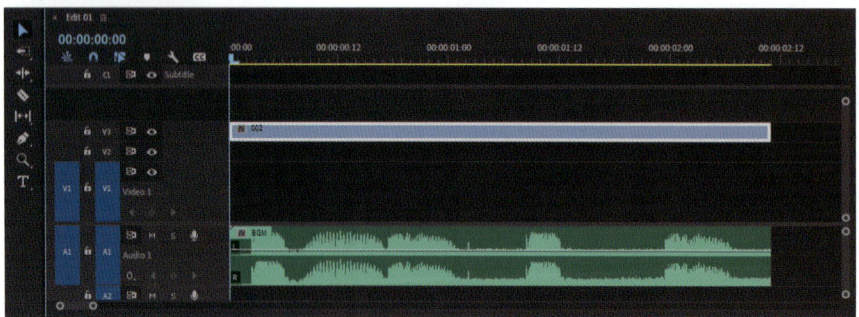

▲ 1개 트랙이 삭제된 모습

> **TIP**
> 팝업 메뉴에서 **Add Track**을 실행하면 트랙을 추가할 수 있으며, 오디오 트랙에서도 같은 방식으로 작용합니다.

비어 있는 모든 트랙 삭제하기

Delete Tracks 기능을 이용하면 사용하지 않는 여러 오디오 또는 비디오 트랙을 한 번에 삭제할 수 있습니다. 먼저 ❶ 트랙 컨트롤 영역의 빈 공간에서 마우스 오른쪽 버튼을 클릭하고 ❷ Delete Tracks를 실행합니다.

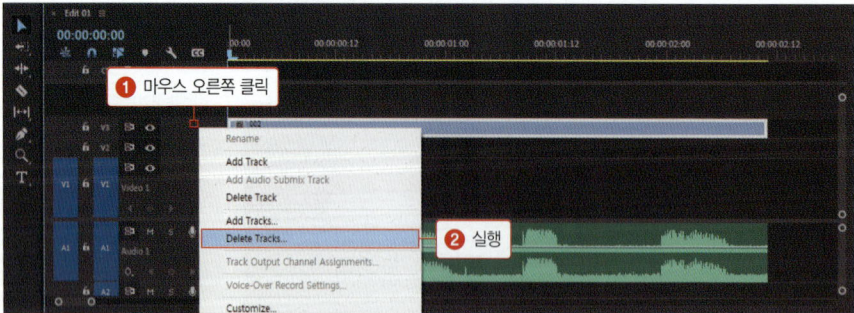

Delete Tracks 대화상자에서 ① 'Delete Video Tracks', 'Delete Audio Tracks'를 체크 표시하고 ② 〈OK〉 버튼을 클릭하면 비어 있는 모든 트랙이 삭제됩니다.

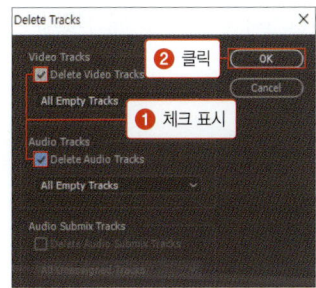 

▲ 비어 있는 모든 트랙이 삭제된 모습

TIP
All Empty Tracks를 원하는 트랙 번호로 변경하면 해당 트랙만 삭제됩니다.

여러 개의 트랙을 한 번에 추가하기

Add Tracks를 이용하면 원하는 수 만큼의 비디오 또는 오디오 트랙을 한 번에 만들 수 있습니다. ① 트랙 컨트롤 영역의 빈 공간에서 마우스 오른쪽 버튼을 클릭하고 ② Add Tracks를 실행합니다.

TIP
Add Tracks와 Delete Tracks는 (Sequence) 메뉴를 이용해 실행할 수도 있습니다.

Add Tracks 대화상자에서 ① Video Tracks, Audio Tracks 항목의 Add를 원하는 트랙 수로 설정한 다음 ② 〈OK〉 버튼을 클릭합니다.

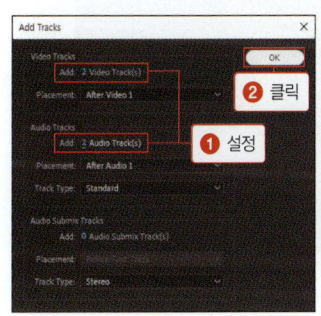 

▲ 설정 값 트랙 수 만큼 추가된 모습

TIP
Placement를 'Before First Track'으로 지정하면 현재 사용 중인 트랙의 앞쪽에 추가 트랙이 만들어집니다.

필수기능 05 트랙 잠그기와 숨기기

여러 개의 트랙을 활용해 편집 작업을 하다 보면 작업의 편리를 위해 트랙을 잠그거나 숨겨야 할 때가 있습니다. 이럴 때 사용하는 기능이 트랙 잠그기 또는 숨기기로 활용법을 알아두도록 합니다.

트랙 잠그기

원하는 트랙의 '트랙 잠그기' 아이콘(🔒)을 클릭하면 빗금이 나타나며 트랙이 잠깁니다. 이때 해당 트랙의 클립은 이동과 편집 등 어떤 기능도 제어되지 않습니다.

잠긴 트랙의 '트랙 잠그기' 버튼(🔒)을 클릭해 다시 편집할 수 있는 상태로 복구할 수 있으며 이 기능은 오디오 트랙에서도 똑같이 적용됩니다.

트랙 숨기기

Timeline 패널의 트랙 컨트롤 영역에서 '트랙 숨기기' 아이콘(👁)을 클릭하면 원하는 트랙의 출력을 끌 수 있습니다. 다시 '트랙 숨기기' 아이콘(👁)을 클릭하면 원래대로 화면이 출력됩니다.

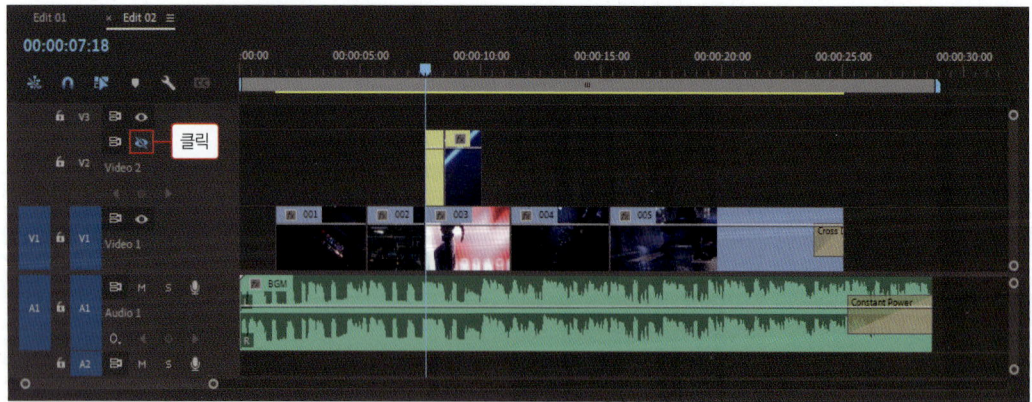

오디오 트랙 음소거하기

Timeline 패널의 트랙 컨트롤 영역에서 오디오 '트랙 음소거' 아이콘(M)을 클릭해 원하는 트랙의 오디오 출력을 끌 수 있습니다. 다시 '트랙 음소거' 아이콘(M)을 클릭하면 원래대로 출력을 활성화할 수 있습니다.

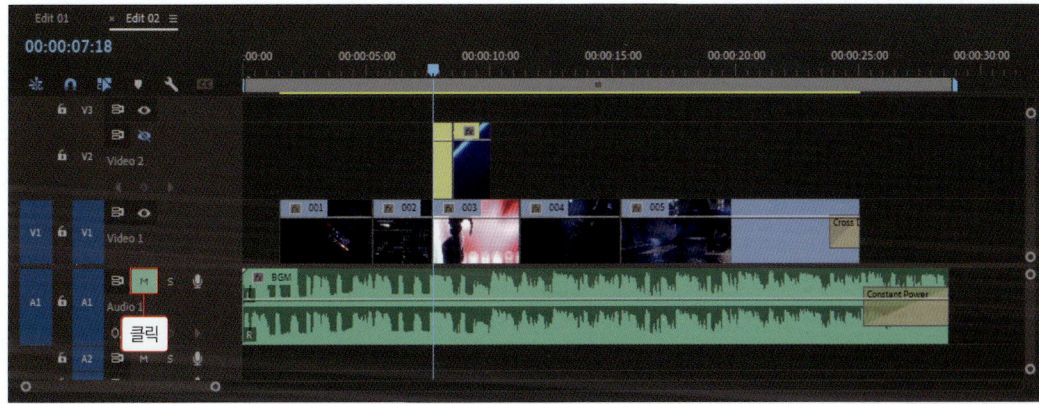

한 개 트랙의 오디오만 출력하기

Timeline 패널의 트랙 컨트롤 영역에서 '솔로 트랙' 아이콘(S)을 클릭해 원하는 한 개 트랙의 오디오만 출력을 설정할 수 있습니다. 다시 한번 '솔로 트랙' 아이콘(S)을 클릭해 모든 트랙의 오디오를 출력할 수 있습니다. 여러 개의 트랙에 솔로 트랙 기능을 적용하면 솔로 트랙이 활성화된 트랙의 오디오만 출력됩니다.

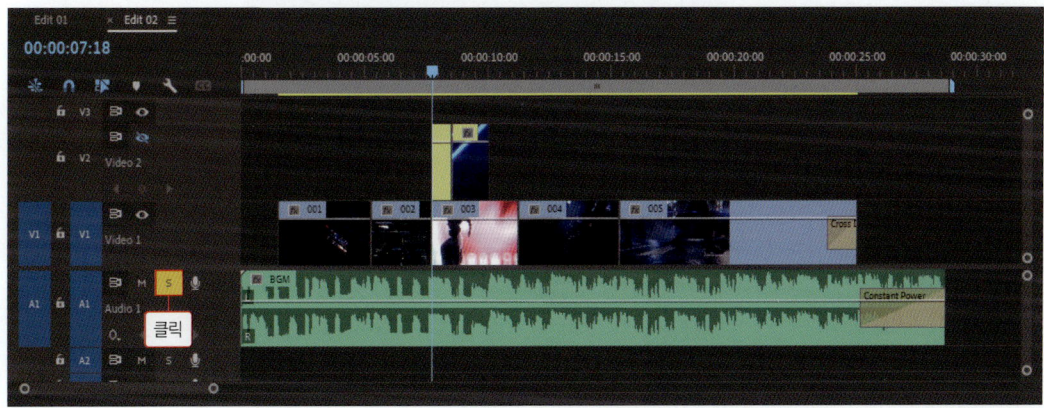

> **TIP**
> 트랙 잠그기와 숨기기 기능은 여러 트랙에 동시 적용할 수 있습니다. 또한, 트랙 전체 클립 외에 개별적인 비디오 또는 오디오 클립을 숨기거나 음소거 시키기 위해서는 해당 클립을 선택한 다음 메뉴에서 (Clip) → Enable(Shift+E)을 실행합니다. 다시 원상 복구하기 위해서는 해당 명령을 한 번 더 실행합니다. Enable 명령은 선택된 클립에서 마우스 오른쪽 버튼을 클릭하여 실행할 수도 있습니다.

필수기능 06 타임코드 변경 및 활용하기

타임코드는 편집의 프레임 또는 시간의 단위를 숫자로 표현한 개념입니다. 편집 작업에서 매우 중요한 단위로 필요에 따라 원하는 옵션으로 변경할 수 있습니다.

타임코드 이해하기

타임코드는 시간:분:초:프레임(hh:mm:ss:ff) 단위로 시퀀스의 fps(Frame Per Second) 환경에 맞춰 표기되며 Timeline 패널, Program Monitor 패널, Effect Controls 패널의 파란색 글씨는 현재 시간 표시기가 위치한 시간을 나타냅니다.

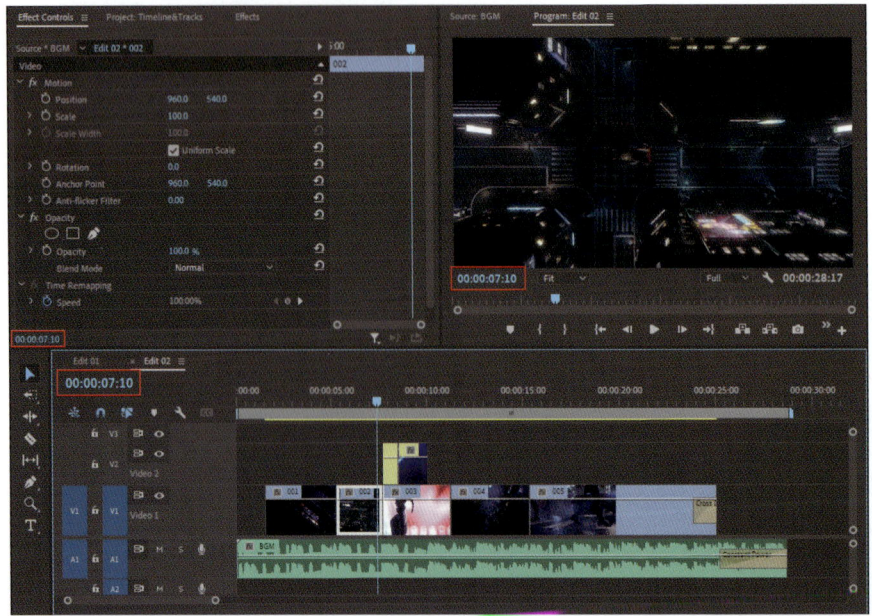

원하는 시간으로 이동하기

Timeline 패널의 타임코드를 클릭해 숫자를 입력하면 원하는 시간상의 위치로 현재 시간 표시기를 이동할 수 있습니다. 예를 들어, 1초 15프레임으로 이동하고자 할 때 타임코드를 클릭하고 '115'를 입력하면 '1초 15프레임'으로 이동합니다.

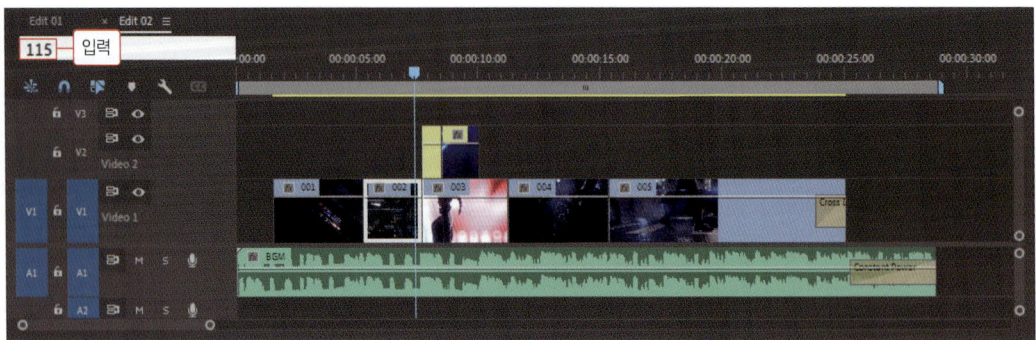

타임코드 단위 설정하기

타임코드가 표기된 패널에서 마우스 오른쪽 버튼을 클릭하여 표시되는 팝업 메뉴에서 시간, Feet, 프레임 단위 등 원하는 방식의 타임코드 단위로 설정할 수 있습니다.

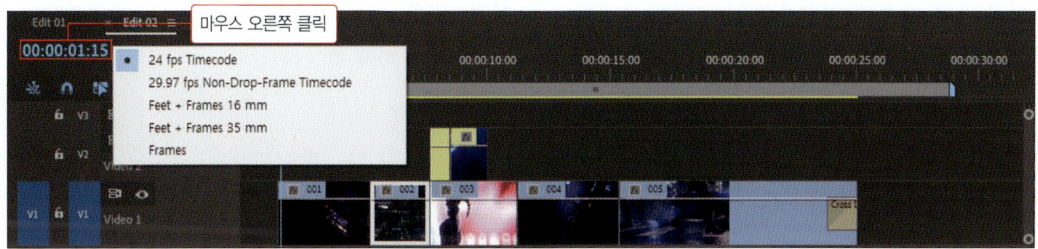

필수기능 07 Snap 기능 활용하기

Timeline 패널에서 편집 작업의 편리성을 높여주는 기능은 여러 가지가 있습니다. 그중 Snap 기능은 자석과 같이 클립과 현재 시간 표시기가 편집 점을 찾아 작업을 편하게 진행할 수 있도록 클립의 이동을 돕습니다.

Snap 기능 이해하기

Snap 기능은 클립의 이동, 자르기 등 편집 작업 진행 시 편집 점을 정확하게 활용할 수 있도록 자석과 같은 역할을 합니다. 예를 들면, 클립을 이동해 편집 점 뒤로 붙일 경우 착 달라붙게 하거나, 자르기 도구로 클립을 자를 때 편집 점을 유도합니다. 이외에 속도 조절 도구와 리플 편집 도구 등으로 편집할 때도 자석처럼 자연스럽게 편집 점을 찾습니다.

Snap 기능 활성화 및 비활성화 시키기

Snap 기능은 Timeline 패널의 'Snap' 아이콘(■)를 클릭하거나, 단축키(S)를 눌러 활성화 또는 비활성화할 수 있습니다. 또한, 메뉴에서 (Sequence) → Snap in Timeline을 실행하거나 취소해 적용 및 해제할 수 있습니다.

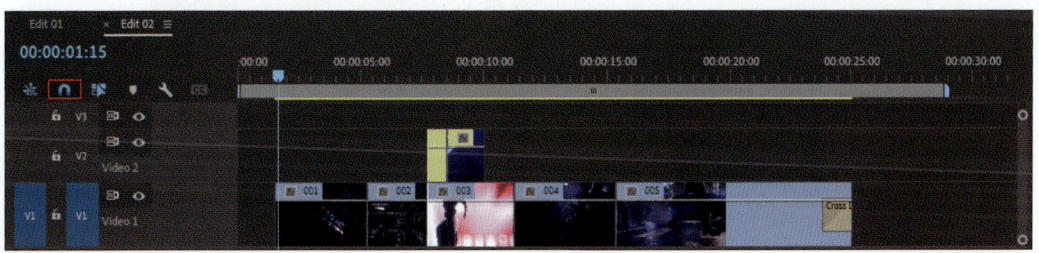

필수기능 08 타임라인 마커 기능 활용하기

마커 기능은 편집 시퀀스의 특정 위치를 타임라인에 표시하는 기능으로, 특정 지점으로 이동하거나 편집 내용을 메모할 수 있으며 출력 설정과 편집 작업에 편리합니다. 시퀀스를 출력했을 때 메타데이터에 저장되는 데이터로, 특성에 따른 여러 가지 마커의 기능을 이해하여 필요에 따라 유용하게 활용해 봅니다.

타임라인에 마커 만들기

메뉴에서 (Markers) → Add Marker(M)를 실행하면 현재 시간 표시기가 있는 시간 표시 영역에 마커를 만들어 위치를 표시할 수 있습니다. 이때 마커를 만들기 위해서는 반드시 Timeline 패널에서 클립이 선택되지 않는 상태여야 합니다. 만일 클립이 선택된 상태에서 실행하면 클립에 마커가 만들어집니다.

마커 기능은 특정 편집 지점을 체크 표시하기 위해 주로 사용되므로 M을 눌러 이용하면 여러 개의 마커를 빠르게 만들 수 있어 작업의 효율성을 높일 수 있습니다.

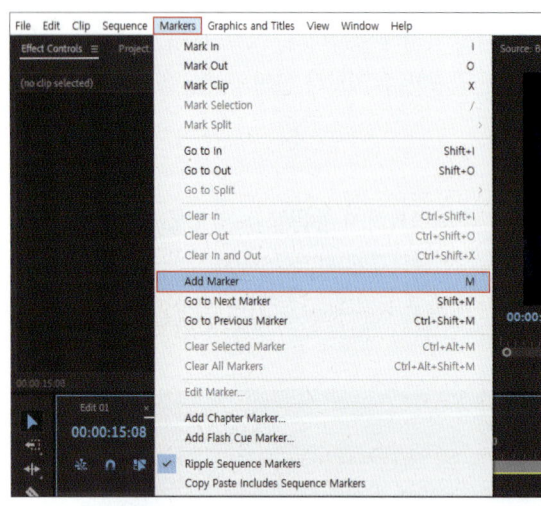

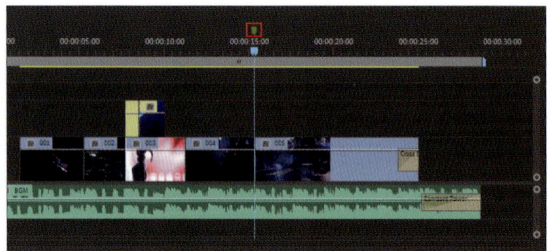

▲ 현재 시간 표시기 위치에 표시된 타임라인 마커

시간 표시 영역에서 마우스 오른쪽 버튼을 클릭해 Add Marker를 실행해도 현재 시간 표시기가 있는 위치에 마커가 만들어집니다. 마찬가지로 타임라인 마커를 만들기 위해서는 클립이 선택되지 않은 상태여야 합니다.

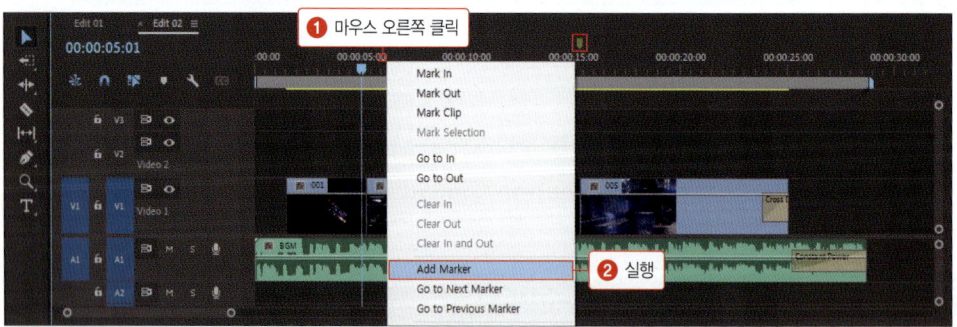

TIP
마커는 Timeline 패널만이 아니라 Program Monitor 패널에서도 함께 표시됩니다.

챕터 마커 만들기

챕터 마커는 시간 표시 영역에 특정 마커를 표시하여 장을 구분하고 코멘트를 적용할 수 있는 기능입니다. 챕터 마커는 메뉴에서 (Markers) → Add Chapter Marker를 실행하여 적용할 수 있습니다.

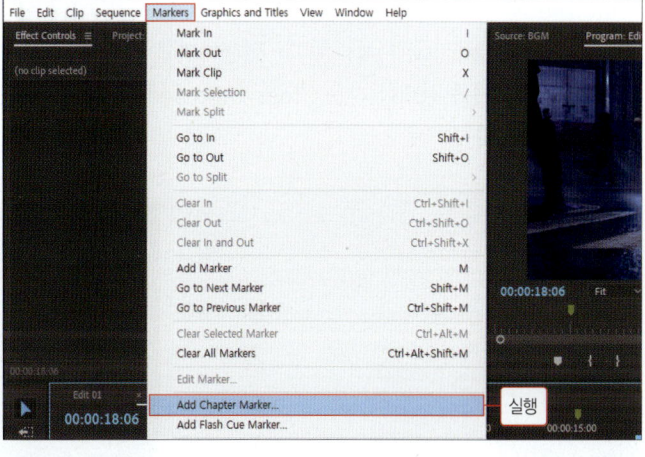

Add Chapter Marker를 실행해 Marker 대화상자가 표시되면 마커의 이름, 내용, 색 등을 설정할 수 있습니다.

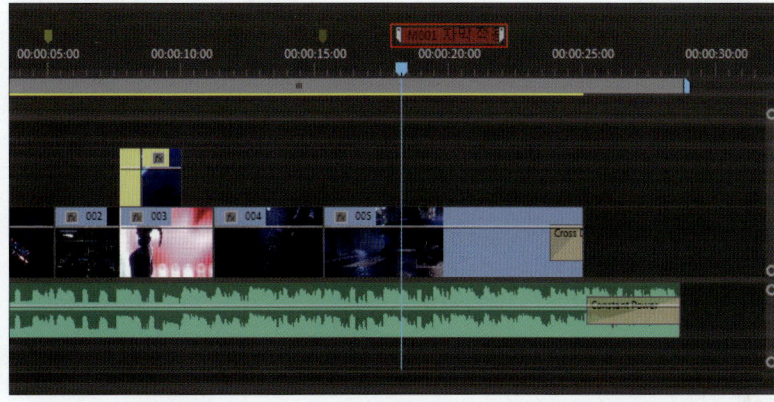

▲ 챕터 마커가 적용된 모습

마커 편집하기

Timeline 패널의 시간 표시 영역에 이미 만들어진 마커를 더블클릭해 Marker 대화상자가 표시되면 마커의 이름, 코멘트, 색, 타이밍 등 다양한 옵션을 변경할 수 있습니다.

> **TIP**
> 마커가 있는 위치로 빠르게 이동하기 위해서는 메뉴에서 (Markers) → Go to Next Marker(Shift+M) 또는 Go to Previous Marker(Ctrl+Shift+M)를 실행합니다. 또한, 시간 표시 영역에 만들어진 마커를 클릭해 원하는 마커 위치로 바로 이동할 수 있습니다.

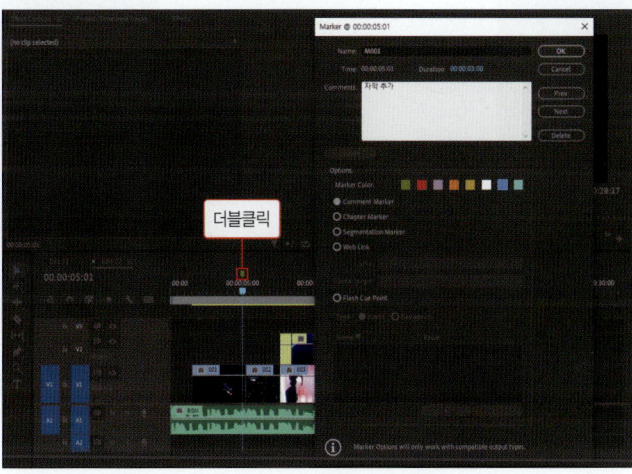

한 개의 마커 삭제하기

Timeline 패널의 시간 표시 영역에서 ① 마커를 클릭하여 선택한 다음 ② 메뉴에서 (Markers) → Clear Selected Marker(Ctrl+Alt+M)를 실행하면 선택된 한 개의 마커를 삭제할 수 있습니다. 또한, Shift를 누른 상태로 여러 마커를 선택한 다음 Clear Selected Marker(Ctrl+Alt+M)를 실행하면 선택된 모든 마커를 삭제할 수 있습니다.

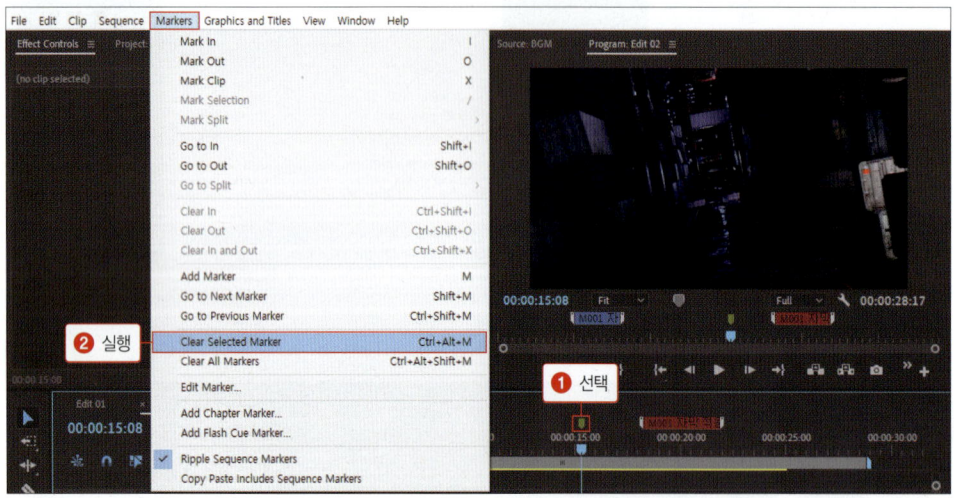

> **TIP**
> Clear Selected Marker는 시간 표시 영역에서 마우스 오른쪽 버튼을 클릭하여 실행할 수도 있습니다.

모든 마커 삭제하기

시간 표시 영역에 활성화되어 있는 모든 마커를 삭제하려면 메뉴에서 (Markers) → Clear All Markers(Ctrl+Alt+Shift+M)를 실행합니다.

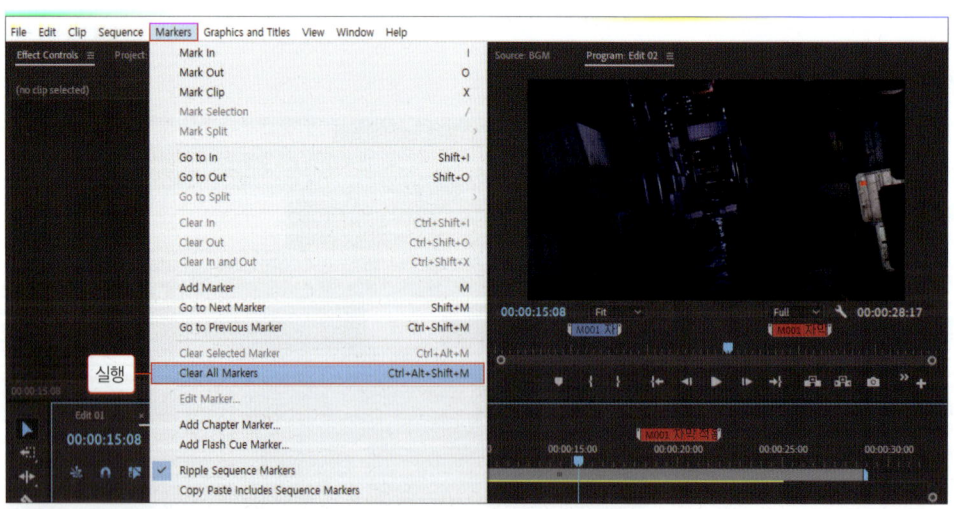

> **TIP**
> Clear All Markers는 시간 표시 영역에서 마우스 오른쪽 버튼을 클릭하여 실행할 수도 있습니다.

필수기능 09 클립 마커 활용하기

클립 마커는 편집에 사용된 클립의 특정 위치에 마커를 표시하여 필요한 메모와 표시를 남기는 기능으로 다양한 정보를 적용할 수 있어 매우 유용하게 사용됩니다. 타임라인 마커는 Timeline 패널의 시간 표시 영역에 표시되면 클립 마커는 클립에 직접 표시됩니다. 클립 마커는 타임라인 마커와 실행 방법이 똑같지만, Timeline 패널에서 클립을 선택해야만 클립 마커를 만들 수 있습니다. 만일 클립을 선택하지 않았을 경우 현재 시간 표시기 영역에 타임라인 마커가 만들어집니다.

클립 마커 만들기

클립 마커를 만들 클립을 선택하고 원하는 위치에 현재 시간 표시기를 이동합니다. 메뉴에서 (Markers) → Add Marker(M)를 실행하여 클립 마커를 만듭니다.

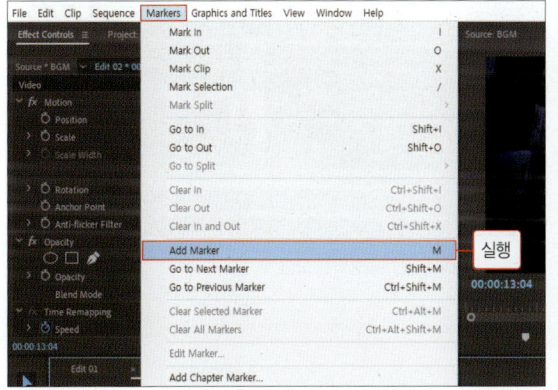
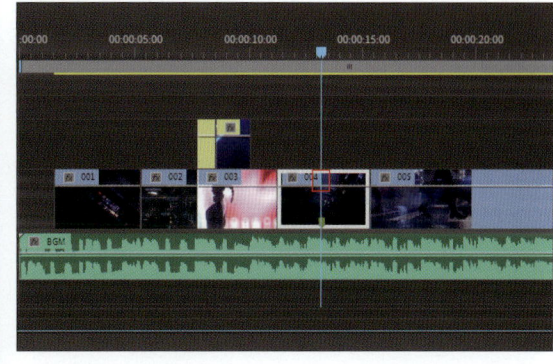

▲ 클립 마커가 만들어진 모습

> **TIP**
> Add Marker는 선택된 클립에서 마우스 오른쪽 버튼을 클릭하여 실행할 수도 있습니다.

클립 마커 옵션 변경하기

클립 마커가 적용된 클립을 Timeline 패널에서 더블클릭하여 Source Monitor 패널을 활성화한 다음 Source Monitor 패널의 마커를 다시 더블클릭하면 Marker 대화상자가 표시됩니다. Marker 대화상자에서는 기존의 마커 정보를 수정하여 옵션을 변경할 수 있습니다.

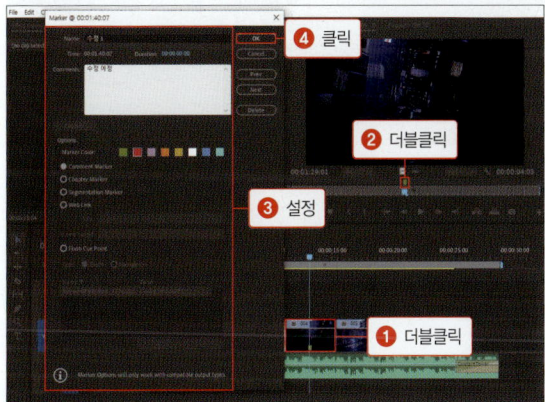
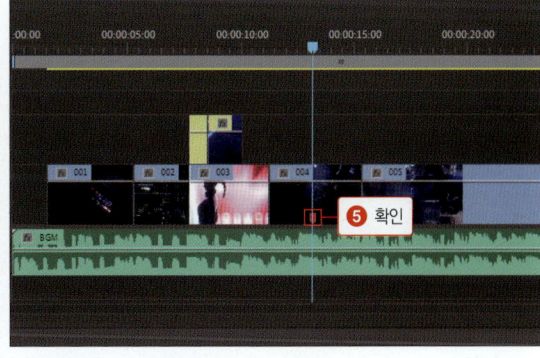

▲ 클립 마커가 수정된 모습

필수기능 10 Work Area Bar 지정하기

Work Area Bar는 작업 영역을 지정하는 기능으로, 출력 및 렌더링 범위를 지정할 수 있습니다. 비슷한 기능인 Sequence Mark In/Out이 있지만, Timeline 패널의 작업 영역을 가리지 않기 때문에 유용하게 사용할 수 있습니다.

Work Area Bar 보이기와 숨기기

Timeline 패널에서 '패널 메뉴' 아이콘(≡)을 클릭하고 Work Area Bar를 실행하면 Timeline 패널 상단 시간 표시 영역 아래에 Work Area Bar가 활성화됩니다.

 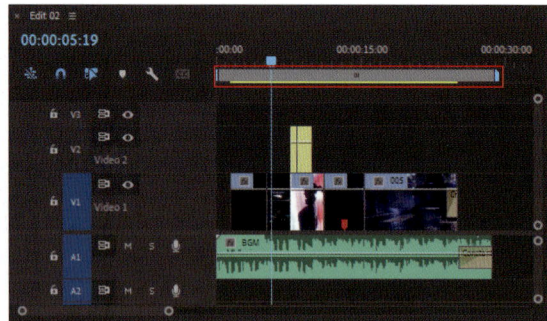

▲ Work Area Bar가 활성화된 모습

> **TIP**
> 다시 비활성화하려면 패널 메뉴에서 **Work Area Bar**를 실행합니다.

Work Area Bar 시작 점과 끝 점 지정하기

Work Area Bar의 왼쪽 끝을 드래그하여 시작 점을 지정할 수 있으며, 오른쪽 끝을 드래그해 끝 점을 지정할 수 있습니다.

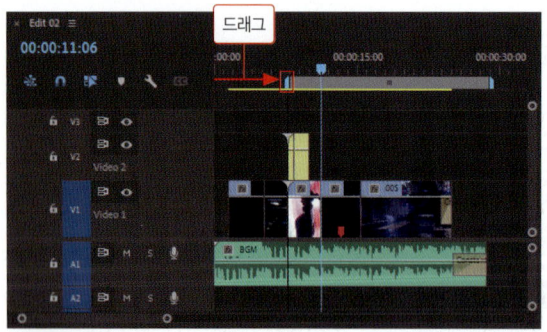 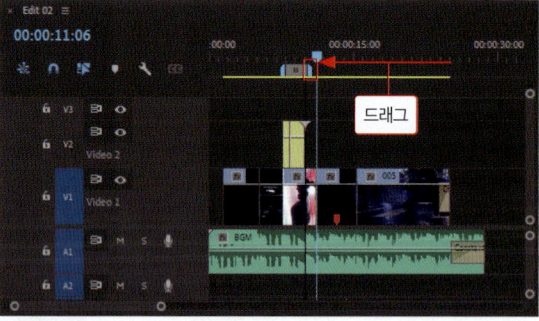

또한, Alt + [을 눌러 현재 시간 표시기가 있는 곳에 Work Area Bar의 시작 점을 지정할 수 있으며, Alt +] 을 눌러 현재 시간 표시기가 있는 위치에 Work Area Bar의 끝 점을 지정할 수 있습니다.

Work Area Bar 이동하기

Timeline 패널의 Work Area Bar 가운데로 마우스 포인터를 이동하면 손 모양을 나타냅니다. 이때 좌우로 드래그하여 원하는 위치로 Work Area Bar를 이동할 수 있습니다.

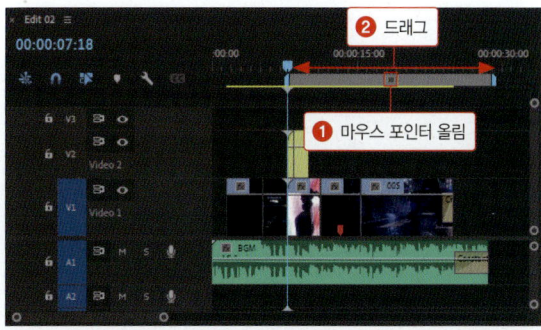

시퀀스 전체 영역에 Work Area Bar 지정하기

Work Area Bar 위로 마우스 포인터를 이동한 다음 더블클릭하면 현재 작업 중인 타임라인 영역 전체에 자동으로 막대가 확장됩니다.

▲ 타임라인 전체 작업 영역에 Work Area Bar가 확장된 모습

필수기능 11 | 타임라인 재생 속도 조절하기

편집 시 타임라인을 재생하고 멈추는 방법은 Spacebar를 누르는 것으로 매우 간단하지만, 빠르게 재생하거나 느리게 재생하는 방법은 메뉴나 아이콘이 없어 모르는 경우가 많습니다. 단축키를 이용해 재생 속도를 원하는 대로 조절하여 타임라인을 재생하는 방법을 알아봅니다.

일반적인 재생 및 정지하기

보통 타임라인을 재생하거나 멈출 때는 Program Monitor 패널에서 '재생' 아이콘(▶), '정지' 아이콘(■)을 클릭하거나 Spacebar를 누릅니다.

Chapter 03 • 타임라인/트랙 기능 활용하기 129

셔틀 재생 방법 알아보기

단축키를 이용하면 여러 가지 속도와 재생 방향을 변경하여 타임라인 재생을 제어할 수 있습니다.

❶ 정속 재생 제어하기
- 재생하기(Shuttle Right) : [L]
- 정지하기(Shuttle Stop) : [K]
- 역재생하기(Shuttle Left) : [J]

❷ 빠르게 재생하기
- 2배속 재생하기(Shuttle Double Fast Right) : [L]+[L]
- 4배속 재생하기(Shuttle Quadruple Fast Right) : [L]+[L]+[L]
- 8배속 재생하기(Shuttle Octuple Fast Right) : [L]+[L]+[L]+[L]
- 2배속 역재생 하기(Shuttle Double Fast Left) : [J]+[J]
- 4배속 역재생 하기(Shuttle Quadruple Fast Left) : [J]+[J]+[J]
- 8배속 역재생 하기(Shuttle Octuple Fast Left) : [J]+[J]+[J]+[J]

❸ 느리게 재생하기
- 느리게 재생하기(Shuttle Slow Right) : [Shift]+[L]
- 느리게 역재생하기(Shuttle Slow Left) : [Shift]+[J]

❹ 클립 단위로 이동하기
- 한 클립 앞으로 이동하기 : [↑]
- 한 클립 뒤로 이동하기 : [↓]

❺ 프레임 단위로 이동하기
- 한 프레임 앞으로 이동하기 : [→]
- 한 프레임 뒤로 이동하기 : [←]
- 5프레임 앞으로 이동하기 : [Shift]+[→]
- 5프레임 뒤로 이동하기 : [Shift]+[←]

> **TIP**
> 키보드의 단축키는 메뉴에서 (Edit) → Keyboard Shortcuts([Ctrl]+[Alt]+[K])를 실행하여 확인할 수 있습니다. 표시되는 대화상자의 Command 항목에서 사용자가 원하는 단축키 옵션을 변경한 다음 〈Save As〉 버튼을 클릭하여 변경된 단축키 옵션의 Preset을 저장할 수 있습니다.

필수기능 12 반복 재생하기

편집할 때 원하는 장면이나 오디오를 반복해서 보고 들으며 작업할 때가 있습니다. 이때 매번 재생 아이콘을 눌러 반복하기보다는 간단한 옵션 변경을 통해 반복 재생 기능을 활용하면 편리합니다.

Program Monitor 패널에 Loop Playback 아이콘 등록하기

Loop Playback을 등록하기 위해 ❶ Program Monitor 패널 하단의 'Button Editor' 버튼(➕)을 클릭합니다. Button Editor 창이 표시되면 ❷ 'Loop Playback' 아이콘(↻)을 오른쪽 여백으로 드래그하고 ❸ 〈OK〉 버튼을 클릭합니다.

❶ Program Monitor 패널에서 'Loop Playback' 아이콘(↻)을 클릭해 활성화하고 ❷ '재생' 아이콘(▶)을 클릭하면 시퀀스 전체가 반복해서 재생되는 것을 확인할 수 있습니다.

특정 구간 반복 재생하기

먼저 특정 구간을 지정하기 위해 ❶ 현재 시간 표시기를 반복 재생 구간의 시작 점에 이동한 다음 ❷ Program Monitor 패널의 'Mark In' 아이콘(, [I])을 클릭해 시작 점 마커를 활성화합니다. 이어 ❸ 현재 시간 표시기를 반복 재생 구간의 끝 점에 이동한 다음 ❹ 'Mark Out' 아이콘(, [O])을 클릭해 끝 점 마커를 활성화합니

> **TIP**
> 활성화된 마커는 포인터를 드래그하여 위치를 변경할 수 있습니다. 마커를 삭제하려면 마우스 오른쪽 버튼을 클릭해 **Clear In**([Ctrl]+[Shift]+[I]) 또는 **Clear Out**([Ctrl]+[Shift]+[O])을 실행하거나 메뉴에서 (**Markers**) → **Clear In** 또는 **Clear Out**을 실행합니다. Marker In과 Marker Out 을 동시에 삭제하려면 **Clear In and Out**([Ctrl]+[Shift]+[X])를 실행합니다.

❶ Program Monitor 패널에서 'Loop Playback' 아이콘( )을 클릭해 활성화한 상태로 ❷ [Spacebar]를 누르면 선택된 구간이 반복하여 재생됩니다.

> **TIP**
> Mark In/Out 기능은 메뉴에서 (**Markers**)를 이용하거나 Timeline 패널의 타임룰러 영역에서 마우스 오른쪽 버튼을 클릭해 실행할 수도 있습니다. 단축키 [I]와 [O]를 활용해 Mark In과 Mark Out 만들면 더 편리합니다. 한 번 만들어진 마커는 포인터를 드래그하여 이동할 수 있습니다.

필수기능 13 Reveal 탐색 기능으로 소스 위치 확인하기

프리미어 프로에서 작업 중 현재 사용되고 있는 소스가 컴퓨터 또는 Project 패널의 어느 위치에 있는지 확인해야 할 때가 있습니다. 이때 소스의 위치를 바로 찾을 수 있도록 도와주는 기능이 Reveal 탐색 기능입니다.

Project 패널 안의 클립 위치 확인하기 – Reveal in Project

Timeline 패널에서 ① 위치를 탐색할 클립 위에서 마우스 오른쪽 버튼을 클릭해 ② Reveal in Project를 실행하면 Project 패널 안에서 선택된 클립의 위치를 찾을 수 있습니다.

Explorer 탐색 창 안의 클립 위치 확인하기 – Reveal in Explorer

Timeline 패널에서 ① 위치를 탐색할 클립 위에서 마우스 오른쪽 버튼을 클릭해 ② Reveal in Explorer를 실행하면 Explorer 탐색 창 안에서 선택된 클립의 데이터 위치를 확인할 수 있습니다.

• Monitor 패널

모니터 기능 활용하기

Program Monitor 패널의 가장 큰 역할은 재생 또는 조절하는 화면을 보여 주는 것이지만, 단순히 출력 화면 확인을 넘어 편집, 마커 설정, 이미지 출력, 보조 화면 출력, Scope와 Parade, Edit Control Unit 등 여러 가지 기능을 담당합니다. 모니터 기능을 이용해 다듬기 편집에 활용합니다.

필수기능 01 Program Monitor 패널 살펴보기

Program Monitor 패널은 Timeline 패널과 함께 편집 작업에서 가장 중요한 역할을 합니다. 필요에 따라 출력의 해상도와 화면 크기, 출력 및 편집 옵션 등을 설정할 수 있으며 Button Editor에서 여러 기능을 추가해 편집 작업에 필요한 보조 기능을 추가할 수 있습니다.

Program Monitor 패널은 Timeline 패널에서 현재 시간 표시기가 이동하는 장면을 보여주며 실질적으로 편집되는 최종 결과를 나타냅니다. 또한, 편집에 도움이 되는 마커 설정, 재생 컨트롤, 이미지 출력, 안전 영역 설정 등 여러 가지 기능들을 제어합니다.

▲ Program Monitor 패널

❶ **Sequence Name** : 현재 선택된 시퀀스의 이름을 표시합니다.
❷ **Playhead Position** : 현재 시간 표시기가 있는 현재 시간을 표시합니다. 클릭하여 이동하고자 하는 시간을 입력할 수 있습니다.

134 Part 2 • 편집 기술 완성하기

❸ **Select Zoom Level** : Program Monitor 패널에 나타나는 화면의 크기를 설정합니다. 'Fit'로 지정하면 패널의 크기에 맞춰 자동 설정됩니다.
❹ **Select Playback Resolution** : 영상을 실시간으로 재생할 때 화면에 나타나는 해상도를 설정합니다. 소스 클립의 크기(HD, 3K, 4K 등)에 따라 각 해상도가 활성화됩니다.
❺ **Settings** : 모니터 화면에 출력되는 옵션을 설정할 수 있는 메뉴를 표시합니다.
❻ **In/Out Duration** : 시작 점과 끝 점으로 설정된 구간의 총 재생 시간을 표시합니다.
❼ **Current Time Indicator** : 현재 시간 표시기로 Timeline 패널과 연동되며 편집과 화면 출력의 기준이 되는 선입니다. 좌우로 드래그하며 영상을 탐색할 수 있습니다.
❽ **Timeline Area** : Timeline 패널의 작업 창 전체 Duration 중 화면에 보이는 부분의 길이를 표시합니다. Body 또는 끝 점을 드래그하여 영역을 이동 또는 확대, 축소할 수 있습니다.
❾ **Add Marker(M)** : 현재 시간 표시기가 놓여있는 시간에 마커를 삽입합니다. 만든 마커를 더블클릭하여 정보를 입력 또는 수정할 수 있습니다.
❿ **Mark In(I)** : 클릭하여 편집의 시작 점을 지정합니다.
⓫ **Mark Out(O)** : 클릭하여 편집의 끝 점을 지정합니다.

> **TIP**
> 시작 점과 끝 점을 삭제하려면 마우스 오른쪽 클릭을 하여 **Clear In**(Ctrl+Shift+I), **Clear Out**(Ctrl+Shift+O) 또는 메뉴에서 (Markers) → **Clear In** 및 **Clear Out**을 실행합니다. Marker In과 Marker Out을 동시에 삭제하려면 **Clear In and Out**(Ctrl+Shift+X)을 실행합니다.

⓬ **Go to In**(Shift+I) : 시작 점으로 이동합니다.
⓭ **Step Back 1 Frame**(←) : 1프레임 뒤로 이동합니다.
⓮ **Play-Stop Toggle**(Backspace) : 타임라인을 재생시키거나 정지시킵니다.
⓯ **Step Forward 1 Frame**(→) : 1프레임 앞으로 이동합니다.
⓰ **Go to Out**(Shift+O) : 끝 점으로 이동합니다.
⓱ **Lift**(;) : 시작 점과 끝 점 사이 클립 전체 재생 시간을 유지한 채 들어냅니다.

> **TIP**
> Lift 명령은 선택된 트랙에만 해당하며, 트랙을 선택 또는 해제하려면 Timeline 패널에서 트랙 이름을 클릭합니다.

⓲ **Extract(')** : 시작 점과 끝 점 사이 클립들의 편집 점을 삭제하고 뒤쪽 클립을 앞으로 당깁니다.
⓳ **Export Frame**(Ctrl+Shift+E) : 현재 시간 표시기가 위치한 프레임을 이미지로 출력합니다.
⓴ **Comparison View** : 시퀀스 안에서 원하는 지점의 장면과 비교하며 볼 수 있는 화면 모드를 실행합니다. 왼쪽 화면 아래에 있는 파란색 슬라이더를 움직여 원하는 장면을 선택할 수 있습니다.
㉑ **Button Editor** : Program Monitor 패널의 하단의 제어 아이콘을 편집합니다.

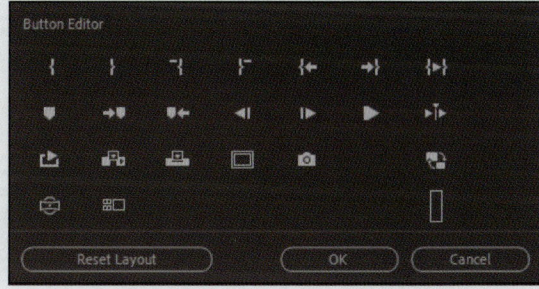

필수기능 02 | 모니터 출력 크기 설정하기 - Select Zoom Level

모니터 출력은 Select Zoom Level 기능을 통해 영상이나 이미지의 해상도에 관계없이 필요에 따라 최소 10%에서 최대 400%까지 축소하거나 확대해서 볼 수 있습니다.

패널 크기에 맞춰 모니터 출력 설정하기

Program Monitor 패널에서 Select Zoom Level을 'Fit'으로 지정하면 패널 크기에 맞춰 출력 화면의 크기가 설정됩니다.

모니터 출력 크기 축소하기

Program Monitor 패널에서 Select Zoom Level을 '100%' 이하로 지정하면 출력 화면의 크기가 시퀀스 해상도보다 축소되어 표시됩니다.

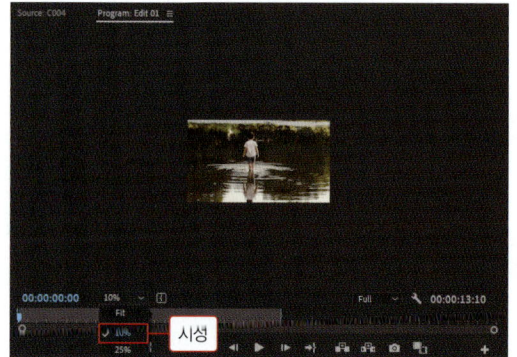

모니터 출력 크기 확대하기

Program Monitor 패널에서 Select Zoom Level을 '100%' 이상으로 지정하면 출력 화면의 크기가 시퀀스 해상도 보다 확대되어 표시됩니다.

필수기능 03 모니터 재생 해상도 설정하기 - Select Playback Resolution

모니터 출력 해상도는 소스가 무겁거나 클 경우 재생하면서 끊기는 현상을 방지할 수 있습니다. PC의 성능이 낮거나 4K 이상의 고화질 소스를 재생할 경우 모니터 출력 해상도를 낮추면 재생이 원활해집니다.

최고화질의 재생 해상도 설정하기

Program Monitor 패널에서 Select Playback Resolution을 'Full'로 지정하면 재생 출력 해상도가 최대로 설정됩니다.

저화질의 재생 해상도 설정하기

Program Monitor 패널에서 Select Playback Resolution을 1/2 이하로 지정하면 재생 출력 해상도를 저화질로 낮춰 재생 환경을 원활하게 설정할 수 있습니다. 다만 Select Playback Resolution을 저화질로 설정할수록 재생 화면에 노이즈가 생기게 되며, 이는 최종 출력 소스와는 상관없습니다. 1/8과 1/16 옵션은 4K 이상의 고화질 영상에서 활성화됩니다.

> **TIP**
> 저화질 재생 출력 해상도는 멈춰있는 때는 원래 해상도로 보이며 영상을 재생했을 경우만 적용됩니다.

필수기능 04 비디오의 한 장면을 이미지로 출력하기 - Export Frame 우선순위 TOP 12

영상 편집 과정에서 비디오의 한 장면을 추출하여 편집 요소로 활용해야 하는 경우가 있습니다. 이때 Program Monitor 패널의 Export Frame 기능을 이용하면 빠르고 편리하게 스틸 화면을 출력할 수 있습니다.

Export Frame 실행하기

Source Monitor 패널 또는 Program Monitor 패널에서 출력할 장면을 탐색한 다음 현재 시간 표시기를 이동합니다. 이어 'Export Frame' 아이콘(📷, Ctrl + Shift + E)을 클릭해 Export Frame 대화상자를 표시합니다.

이미지 내보내기 옵션 설정하기

Export Frame 대화상자에서 이름, 포맷, 경로 등을 설정한 다음 〈OK〉 버튼을 클릭하여 이미지를 출력합니다.

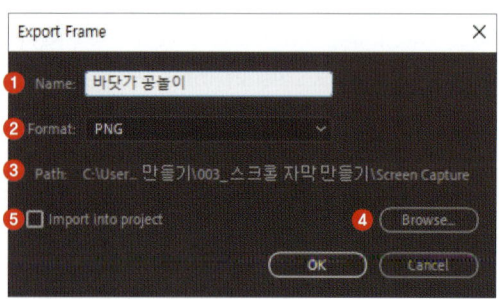

❶ **Name** : 저장될 이미지 파일의 이름을 설정합니다.
❷ **Format** : 8개의 다양한 이미지 포맷 중 저장될 이미지 파일 포맷을 지정합니다.

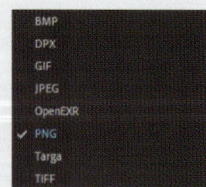

❸ **Path** : 저장될 이미지의 경로를 표시합니다.
❹ **Browse** : 클릭하여 이미지가 저장될 경로를 지정합니다.
❺ **Import into project** : 체크 표시하면 출력한 이미지를 자동으로 프리미어 프로의 Project 패널에 불러옵니다.

필수기능 05 안전 작업 영역 설정하기 - Safe Margins

영상 편집 시 피사체 또는 자막 등이 화면의 바깥쪽에 위치하면 모니터 환경에 따라 화면이 잘려 보이거나 안정적이지 않은 레이아웃이 될 수 있습니다. Safe Margins 기능을 활용하면 안정적인 구도를 완성할 수 있습니다.

Safe Margins 기능 이해하기

Safe Margins는 영상을 TV나 기타 모니터로 출력할 때 패널의 테두리로 인해 잘리는 부분의 안정 영역을 표시하는 Safe Action Margin과 자막 작업 시 레이아웃의 안정 영역을 표기하는 Safe Title Margin으로 나뉩니다. 두 선 중 안쪽에 있는 것이 Safe Title Margin에 해당하며, 바깥쪽에 있는 것이 Safe Action Margin에 해당합니다.

Safe Margins 기능 등록하기

Program Monitor 패널 또는 Source Monitor 패널에서 'Button Editor' 아이콘(➕)을 클릭합니다. 'Safe Margins' 아이콘(▣)을 Program Monitor 패널 오른쪽 하단 여백으로 드래그하여 등록한 다음 〈OK〉 버튼을 클릭합니다. 'Safe Margins' 아이콘(▣)을 클릭해 활성화한 다음 Program Monitor 패널에 안전 영역을 표시합니다.

> **TIP**
> - 등록된 아이콘은 설정된 창에서 밖으로 드래그하여 삭제할 수 있습니다.
> - Button Editor를 이용하면 Safe Margins 외에 여러 가지 옵션의 다양한 기능을 활용할 수 있도록 아이콘을 등록하거나 삭제할 수 있습니다.

필수기능 06 눈금자와 안내선 활용하기 - Rulers & Guides

눈금자와 안내선은 화면의 구도와 수평을 맞출 때 매우 편리합니다. 눈대중으로 가늠하는 것보다 정확한 비율로 안내선을 설정하여 편집 작업에 활용하면 정확한 다듬기를 완성할 수 있습니다.

눈금자와 안내선 등록하기

Program Monitor 패널 또는 Source Monitor 패널에서 'Button Editor' 아이콘(　)을 클릭합니다. 'Show Rulers' 아이콘(　)과 'Show Guides' 아이콘(　)을 차례로 Program Monitor 패널 오른쪽 하단 여백으로 드래그하여 등록한 다음 〈OK〉 버튼을 클릭합니다.

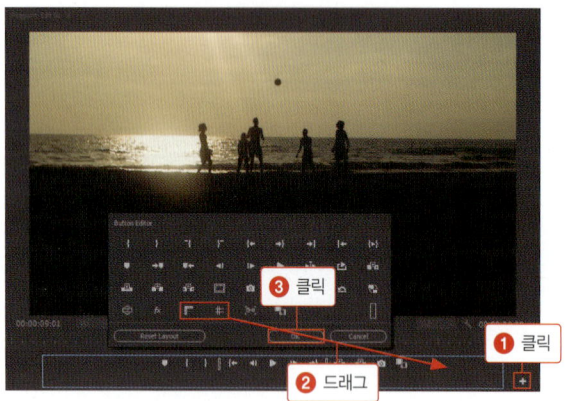

눈금자와 안내선 활용하기

컨트롤 창에 등록된 'Show Rulers' 아이콘(　)을 클릭하면 Program Monitor 패널 테두리에 눈금자가 표시됩니다.

상단 또는 왼쪽의 눈금자에서 화면 안쪽으로 드래그하면 안내선이 만들어집니다. 눈금자와 안내선을 이용해 원하는 구도 또는 영상의 수평 작업에 활용하여 세밀한 편집 작업을 진행합니다.

필수기능 07 불필요한 장면 들어내기 - Lift ★★중요

Program Monitor 패널에서는 마커를 만들고 재생을 제어하는 기능 이외에 출력 방식에 따라 여러 가지 기능을 제어할 수 있습니다. 또한, 간단한 편집 작업도 할 수 있는데 그중 Lift 기능을 이용하면 마커가 만들어진 위치를 들어낼 수 있습니다.

편집 영역 만들기

현재 시간 표시기를 편집의 시작 점으로 이동한 다음 Program Monitor 패널에서 'Mark In' 아이콘(　, I)을 클릭해 편집 점의 시작 점을 설정합니다. 이어 현재 시간 표시기를 편집의 끝 점으로 이동한 다음 Program Monitor 패널에서 'Mark Out' 아이콘(　, O)을 클릭해 편집 점의 끝 점을 설정해 편집 영역을 만듭니다.

> **TIP**
> Mark In/Out 기능은 메뉴에서 (Markers)를 이용하거나 Timeline 패널의 타임룰러 영역에서 마우스 오른쪽 버튼을 클릭해 실행할 수도 있습니다. I 와 O 를 눌러 Mark In과 Mark Out 활성화하면 더 편리합니다.

편집 영역 들어내기

Program Monitor 패널에서 'Lift' 아이콘(　, ;)을 클릭해 시작 점과 끝 점 사이를 들어냅니다. Timeline 패널에서 중간 클립이 삭제된 것을 확인합니다.

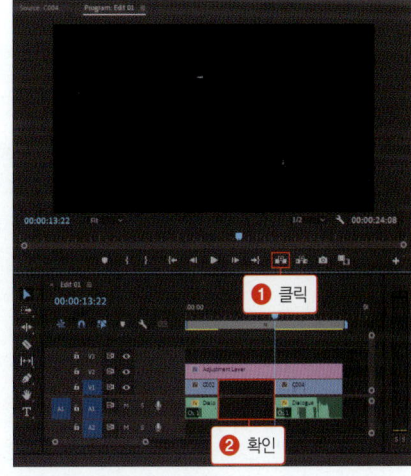

▲ 설정된 편집 영역이 삭제된 모습

> **TIP**
> 마커는 포인터를 드래그하여 위치를 변경할 수 있습니다. 마커를 삭제하려면 마우스 오른쪽 버튼을 클릭하여 Clear In(Ctrl + Shift + I), Clear Out(Ctrl + Shift + O) 또는 메뉴에서 (Markers) → Clear In 및 Clear Out을 실행합니다. Marker In과 Marker Out을 동시에 삭제하려면 Clear In and Out(Ctrl + Shift + X)를 실행합니다.

필수기능 08 불필요한 장면 추출하기 - Extract 중요

Extract는 설정된 편집 점을 추출하는 방식의 편집 기술로, Program Monitor 패널과 Timeline 패널에서 실행할 수 있습니다. 마커로 설정된 편집 영역을 Extract로 추출하는 방법을 알아보고, Lift와 차별점을 이해합니다.

편집 영역 추출하기

먼저 시작 점과 끝 점으로 추출하고자 하는 편집 영역을 설정합니다. Program Monitor 패널에서 'Extract' 아이콘(,)을 클릭하면 Timeline 패널에서 시작 점과 끝 점 사이 편집 영역이 추출된 것을 확인할 수 있습니다.

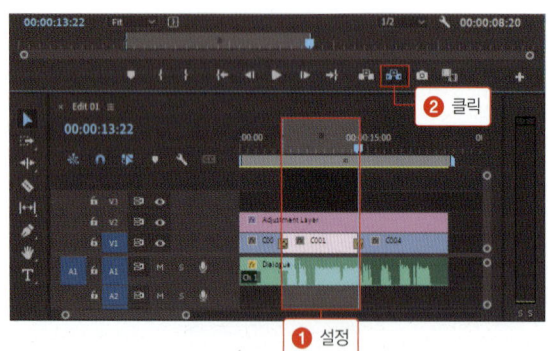

필수기능 09 Reference Monitor 패널 활용하기

Source Monitor 패널과 다른 용도로 Reference Monitor 패널이 있으며 여러 개의 모니터 또는 소스 모니터를 활용할 때 유용하게 사용할 수 있습니다.

Reference Monitor 패널은 메뉴에서 (Window) → Reference Monitor를 실행해 활성화할 수 있습니다. Reference Monitor 패널은 Timeline 패널에 나타나는 장면과 다른 장면을 비교하면서 편집할 수 있는 보조 역할을 합니다. 'Gang to Program Monitor' 아이콘( )을 클릭해 활성화하면 Program Monitor 패널에 출력되는 현재 시간 표시기의 화면 정보를 동기화하여 똑같이 표시합니다. 하지만 재생할 때는 Program Monitor 패널에만 출력 정보가 나타납니다.

▲ Reference Monitor 패널로 Timeline 패널의 다른 장면을 탐색해 활용하는 모습

필수기능 10 Source Monitor 패널 활용하기

Program Monitor 패널은 편집이 진행되는 타임라인의 작업 화면을 출력하는 반면 Source Monitor 패널은 Project 패널 아이템 또는 타임라인 클립을 별도로 재생, 탐색, 정보 확인, 편집할 수 있습니다. Source Monitor 패널을 활용하는 방법과 기능을 알아봅니다.

Source Monitor 패널은 Project 패널의 아이템 또는 Timeline 패널의 클립을 더블클릭해 실행할 수 있습니다. Source Monitor 패널에 여러 개의 아이템을 등록해 탐색할 수 있지만, Timeline 패널에서 현재 시간 표시기를 이동하면 자동으로 Program Monitor 패널이 다시 나타납니다.

❶ **Source Name** : Source Monitor 패널에 나타나는 소스의 이름을 표시하며, 패널 메뉴를 클릭해 활성화된 소스를 선택하거나 패널을 닫을 수 있습니다.
❷ **Drag Video Only** : 비디오가 출력되고 있음을 표시하며, Timeline 패널로 드래그하여 마커로 지정한 영역을 삽입할 수 있습니다.
❸ **Drag Audio Only** : 오디오가 출력되고 있음을 표시하며, Timeline 패널로 드래그하여 마커로 지정한 영역을 삽입할 수 있습니다.

Source Monitor 활용법은 기본적으로 Program Monitor 패널과 유사하지만, 시작 점과 끝 점이 설정된 편집 영역을 드래그 인 드롭으로 Timeline 패널에 드래그하여 편집을 진행할 수 있습니다.

모니터의 화면을 Timeline 패널로 드래그하면 비디오와 오디오를 함께 편집 라인에 가져올 수 있으며 'Drag Video Only' 아이콘(■)을 Timeline 패널에 드래그하면 비디오 소스만 가져올 수 있습니다. 반면 'Drag Audio Only' 아이콘(■)을 Timeline 패널에 드래그하면 오디오 소스만 가져올 수 있습니다.

필수기능 11 Monitor 패널 추가 기능 알아보기

Monitor 패널을 단순히 재생 화면을 보여 주는 것 외에도 색과 편집 작업에 유용한 다양한 기능을 가지고 있습니다. Program Monitor 패널의 Settings 옵션을 활용한 여러 가지 기능을 알아봅니다.

Program Monitor 패널에서는 일반 편집 외에 VR, 멀티 카메라와 같은 특수 편집 그리고 색 보정, 애니메이션 작업 시 유용하게 활용되는 다양한 기능과 재생 옵션에 관련된 편리한 기능이 있습니다.

Program Monitor 패널에서 'Settings' 아이콘(🔧)을 클릭하면 다음과 같은 메뉴가 표시됩니다.

❶ **Gang to Reference Monitor** : Timeline 패널의 현재 시간 표시기가 탐색하는 정보를 동기화하여 Reference Monitor 패널에 표시합니다. 하지만 재생할 때 Reference Monitor 패널에는 동시 출력되지 않습니다.

❷ **Gang Source and Program** : Source Monitor 패널에서의 조절기와 Timeline 패널의 현재 시간 표시기 움직임을 Program Monitor 패널과 동기화합니다. 하지만 현재 시간 표시기의 움직임은 재생할 때 동시에 출력되지 않습니다.

❸ **Composite Video** : Timeline 패널에서 모든 이펙트와 트랙이 합성된 결과를 보여 주는 기본 모니터 환경을 나타냅니다.

❹ **Alpha** : 알파 채널을 표시합니다.

❺ **Multi-Camera** : Multi-Camera 클립의 모든 소스들을 나타내며 클릭하여 직접 편집할 수 있는 환경을 만듭니다.

▲ Multi-Camera로 설정한 화면

TIP
Multi-Camera 모드를 실행하기 위해서는 Timeline 패널에 싱크를 맞춘 비디오 소스를 트랙별로 배치한 다음 Nest로 중첩합니다. 이후 'Nest' 클립을 선택하고 메뉴에서 (Clip) → **Multi-Camera**를 실행합니다.

❻ **Comparison View** : 타임라인 상의 다른 장면과 비교할 수 있는 화면 모드를 확장합니다. 나란히 두 화면을 보여 주는 'Side by Side 모드(🔲)', '수직 분할 화면(Vertical Split) 모드(🔲)', '수평 분할 화면(Horizontal Split) 모드(🔲)'를 선택해 표시하여 색 보정 작업에 유용합니다.

❼ **VR Video** : VR 영상을 편집할 수 있는 360° 보기 옵션을 설정합니다. VR Video 항목을 실행하려면 소스 파일과 Sequence Settings의 VR Properties 설정이 완료되어야 합니다.

◀ VR Video로 설정한 화면

❽ **Adobe Immersive Environment** : VR Headsets를 연결할 수 있는 환경을 지원합니다.
❾ **Monitor Ambisonics** : VR 편집 시 360° 비디오에 나타나는 위치 인식 오디오 기능을 설정합니다.
❿ **Display First Field** : 한 개의 프레임 중 첫 번째 필드를 화면에 나타냅니다.

> **TIP**
> Field는 비월 주사 방식(영상 신호에서 한 프레임을 홀수, 짝수 두 개의 가로줄 필드로 나누어 번갈아 가며 표시하는 방식)에서 한 개의 가로 신호를 말합니다.

⓫ **Display Second Field** : 한 개의 프레임 중 두 번째 필드를 화면에 나타냅니다.
⓬ **Display Both Field** : 한 개의 프레임 중 두 개의 필드 모두를 화면에 나타냅니다.
⓭ **Playback Resolution** : 영상을 실시간으로 재생할 때 화면에 보이는 해상도를 설정합니다.
⓮ **Paused Resolution** : 재생을 멈추었을 때 화면에 보이는 해상도를 설정합니다.
⓯ **High Quality Playback** : 재생 화면의 품질을 고화질로 설정합니다.
⓰ **Timecode Overlay During Edit** : Timeline 패널에서 클립의 길이를 조절하며 편집을 진행할 때 Monitor 패널에 타임코드를 보이도록 설정합니다.
⓱ **Enable Transmit** : 보조 모니터로의 송출을 제어합니다. 보조 모니터에 대한 Playback 설정은 메뉴에서 (Edit) → Preferences → Playback을 실행하여 설정할 수 있습니다.
⓲ **Loop** : 렌더링(Enter)을 실행했을 때, 시작 점과 끝 점 사이를 반복해서 재생합니다.
⓳ **Show Transport Controls** : Monitor 패널 하단의 조절 아이콘을 보이도록 설정합니다.
⓴ **Show Audio Time Units** : 타임코드를 오디오 시간 단위로 보이도록 설정합니다.
㉑ **Show Markers** : 마커가 보이도록 설정합니다.
㉒ **Show Dropped Frame Indicator** : 재생 시 Dropped된 프레임의 수를 표시합니다.
㉓ **Time Ruler Numbers** : 현재 시간 표시기에 단위 시간을 표시합니다.
㉔ **Safe Margins** : Action Safe Margins, Title Safe Margins를 표시합니다.

> **TIP**
> Safe Margins는 영상을 TV 모니터로 출력했을 때 테두리가 잘리는 부분을 표시하여 작업을 도와 주는 가이드라인으로 크게 피사체의 움직임을 정해 주는 Action Safe Margins와 텍스트의 위치를 정해 주는 Title Safe Margins가 있습니다.

㉕ **Transparency Grid** : 투명한 영역에 체크 무늬 그리드를 만듭니다.

◀ 투명한 영역에 Transparency Grid가 설정된 화면

㉖ **Show Rulers** : 화면 테두리에 눈금자를 표시합니다.
㉗ **Show Guides** : 화면에 가이드라인을 표시합니다. 가이드라인은 화면 상단 또는 왼쪽의 눈금자에서 화면 안쪽으로 드래그하여 만들 수 있습니다.
㉘ **Clear Guides** : 표시된 가이드라인을 모두 삭제합니다.
㉙ **Snap in Program Monitor** : 화면 안에서 오브젝트를 이동 또는 변형할 때 스냅과 가이드라인이 적용됩니다.
㉚ **Multi-Camera Audio Follows Video** : 멀티 카메라 편집 시 오디오 신호가 비디오 편집을 따라가도록 설정합니다.
㉛ **Multi-Camera Selection Top Down** : 멀티 카메라 편집 시 위, 아래로 선택할 수 있도록 설정합니다.
㉜ **Show Multi-Camera Preview Monitor** : 멀티 카메라 편집 시 미리 보기 화면을 Program Monitor 패널에 함께 표시합니다.
㉝ **Auto-Adjust Multi-Camera Playback Quality** : 멀티 카메라 화면 재생 시 자동으로 재생 화질을 설정합니다.
㉞ **Transmit Multi-Camera View** : 멀티 카메라 화면 재생 시 외부 출력 모니터에 PGM 소스가 아닌 멀티 화면 영상이 함께 보이도록 설정합니다.

> **TIP**
> 외부 출력 모니터 출력은 메뉴에서 (Edit) → **Preferences** → **Playback**을 실행한 다음 Video Device에서 설정할 수 있습니다.

㉟ **Edit Cameras** : 멀티 카메라를 편집할 때 설정된 카메라를 활성화 또는 비활성화할 수 있는 편집 창을 표시합니다.
㊱ **Overlays** : 비디오와 오디오 트랙의 Duration 정보를 화면에 중첩시켜 표시합니다.

◀ 모니터 패널에 Overlays가 설정된 모습

㊲ **Overlay Settings** : Overlay 화면에 표시될 데이터의 옵션을 설정할 수 있으며, **Custom Overlay**를 실행하면 자세한 Monitor Overlay를 설정해 Preset으로 저장할 수 있습니다.

• 출력 기능

다양한 미디어 파일로 출력하기

미디어 파일 출력은 작업한 결과물의 마스터 영상을 출력하는 과정으로 용도에 따라 알맞게 출력해야 합니다. 다양한 매체와 미디어 특성에 맞춰 미디어 파일 출력 과정을 잘 이해하도록 합니다.

필수기능 01 유튜브 영상 출력하기 우선순위 | TOP 11 ★★★ 중요

유튜브 영상은 온라인 미디어 플랫폼의 대표 형식으로 다양한 비디오 포맷을 업로드할 수 있지만, 최적화된 비디오 형식을 사용하는 것이 좋습니다. 프리미어 프로에서는 유튜브 업로드를 위한 최적화된 코덱과 비디오 옵션을 제공합니다.

Export 실행하기

프리미어 프로에서 편집이 완료되면 출력을 원하는 Project 패널의 아이템 또는 Timeline 패널을 선택해 메뉴에서 (File) → Export → Media(Ctrl + M)를 실행하며 미디어 옵션을 설정할 수 있는 Export Settings 대화상자를 표시할 수 있습니다.

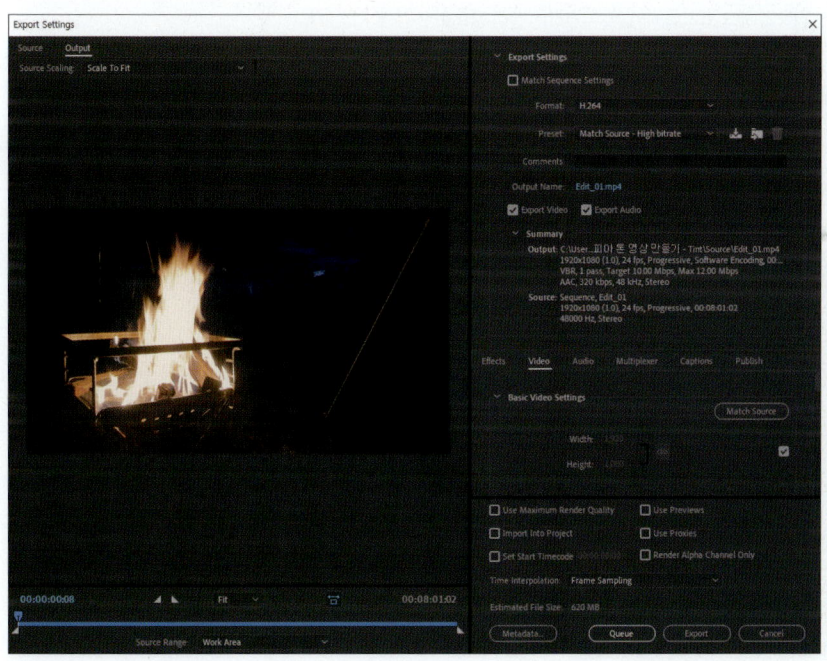

▲ Export Settings 대화상자

> **TIP**
> 해당 이미지는 프리미어 프로 CC 2022 버전의 Export Settings 패널 이미지로, 최신 버전의 Export Settings 화면과 다를 수 있습니다. 학습하는 과정에 Export Settings 설정 화면이 위 그림과 다른 것은 프로그램이 업데이트되면서 인터페이스 디자인이 변경되었습니다.

Export 설정하기

Export Settings 항목의 Format을 'H.264'로 지정하고 Output Name에서 출력 경로와 파일명을 설정합니다. (Video) 탭의 〈Match Source〉 버튼을 클릭해 시퀀스 속성과 일치하는 미디어 형식을 자동으로 설정합니다.

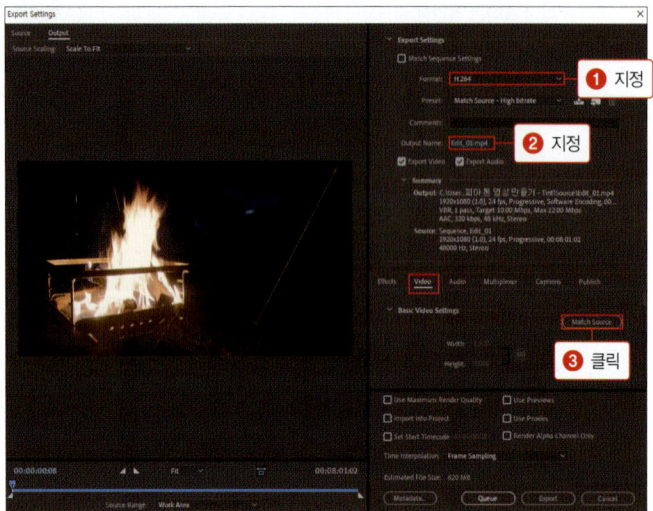

> **TIP**
> Match Source는 편집 작업이 완료된 시퀀스의 해상도, 프레임 레이트, 필드 옵션 등의 미디어 속성을 출력에 그대로 적용해 주는 기능입니다. 미디어의 속성을 변경할 경우 각 옵션 항목의 체크 표시를 해제한 후 원하는 설정 값으로 변경해야 합니다.

(Video) 탭의 오른쪽 슬라이더를 드래그해 Bitrate Settings 항목의 Bitrate Encording을 'CBR'로 지정한 다음 Target Bitrate[Mbps]를 '16'으로 설정합니다. 〈Export〉 버튼을 클릭하면 렌더링이 진행되고 완료되면 설정한 경로에 출력된 영상 파일을 확인할 수 있습니다.

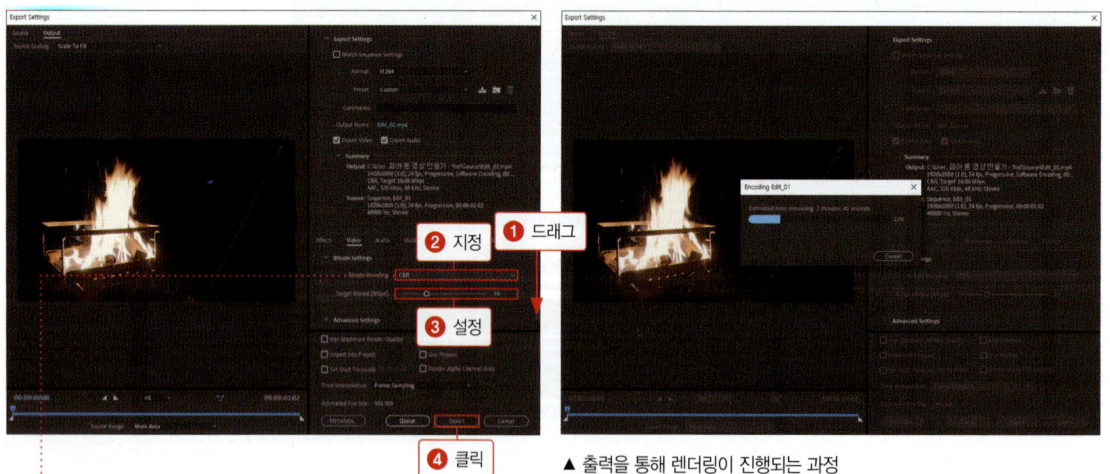

▲ 출력을 통해 렌더링이 진행되는 과정

> **왜 그럴까?**
> CBR(Contstant Bitrate)은 '고정 비트레이트'라고 말하며 동영상 또는 오디오를 인코딩할 때 처음부터 끝까지 같은 타겟의 비트레이트로 샘플링하는 방식을 말합니다. VBR(Variable Bitrate)은 '가변 비트레이트'라고 말하며 동영상 또는 오디오를 인코딩할 때 최저, 최고 샘플링 타겟을 정해 정보의 양에 따라 비트레이트를 변화시키며 샘플링하는 방식입니다. 카메라와 피사체의 움직임이 많고 역동적인 장면의 경우 CBR을 지정하는 것이 화질 개선에 유리하며 반대의 경우 VBR을 지정해 데이터를 더 가볍게 할 수 있는 장점이 있습니다.

유튜브 업로드 영상 권장 옵션 알아보기

유튜브에는 여러 형식의 동영상을 업로드할 수 있지만, 최적화된 포맷을 권장합니다. 코덱과 프레임 속도, 비트 전송률 등 업로드용 파일의 권장 포맷을 알아봅니다.

❶ 동영상 코덱(컨테이너)
H.264, mp4 형식의 동영상 파일을 권장합니다. 프로그레시브 스캔(Progressive Scan) 방식의 인터레이스(Interlace) 없음 방식을 권장합니다.

> **TIP**
> • 프로그레시브 스캔(Progressive Scan) 방식
> 한 화면을 필드로 나누지 않고 전체 수평주사선을 사용하여 한 장의 그림을 한 번에 보여 주는 방식으로 '순차 주사'라고도 표현합니다. 유튜브나 일반 모니터 환경에서 주로 사용합니다.
>
> • 인터레이스(Interlaced) 방식
> 화면 해상도에 따라 720p, 1080i 등의 용어들을 발견할 수 있는데, 여기에서 'i'가 의미하는 것이 비월 주사라고 불리는 인터레이스(Interlaced)입니다. 인터레이스 방식은 1초에 홀수, 짝수로 나뉜 60개의 주사선(Field)을 통해 한 장의 프레임을 구성하는 방식으로 주로 TV 방송용으로 사용됩니다.

❷ 오디오 코덱 및 비트 전송률
AAC-LC 형식의 오디오 코덱을 권장하며 스테레오 또는 5.1 채널을 지원합니다. 48000Hz 샘플링 비율과 196~512kbps 비트레이트를 권장합니다.

❸ 프레임 속도(fps)
24, 25, 30, 60fps 등 다양한 프레임 속도를 지원하며 촬영된 소스와 동일한 프레임 속도로 인코딩 및 업로드하는 것을 권장합니다.

> **TIP**
> 인터레이스(Interlace) 방식으로 촬영된 영상은 출력 시 프로그레시브 스캔 방식으로 변환합니다.

❹ 비트 전송률(bps)
해상도와 다이나믹 레인지에 따라 다양한 적정 비트 전송률을 설정합니다. 표준 다이나믹 레인지 영상의 경우 아래 옵션에 맞춰 설정하길 권장합니다.

- 720p(1280 x 720) : 5~7.5Mbps
- 1080p(1920 x 1080) : 8~12Mbps
- 2160p(3840 x 2160) : 35~68Mbps

❺ 화면 비율
데스크톱에서 유튜브 영상의 표준 화면 비율은 16 : 9입니다. 다른 비율(세로형, 정사각형 등)의 동영상을 업로드하면 동영상 크기에 맞게 플레이어가 자동으로 조정됩니다.

그 밖에 출력 설정 화면 알아보기

Export Settings는 프리미어 프로에서 이미지, 동영상, 오디오 등의 파일을 출력을 위한 여러 가지 옵션을 지원합니다.

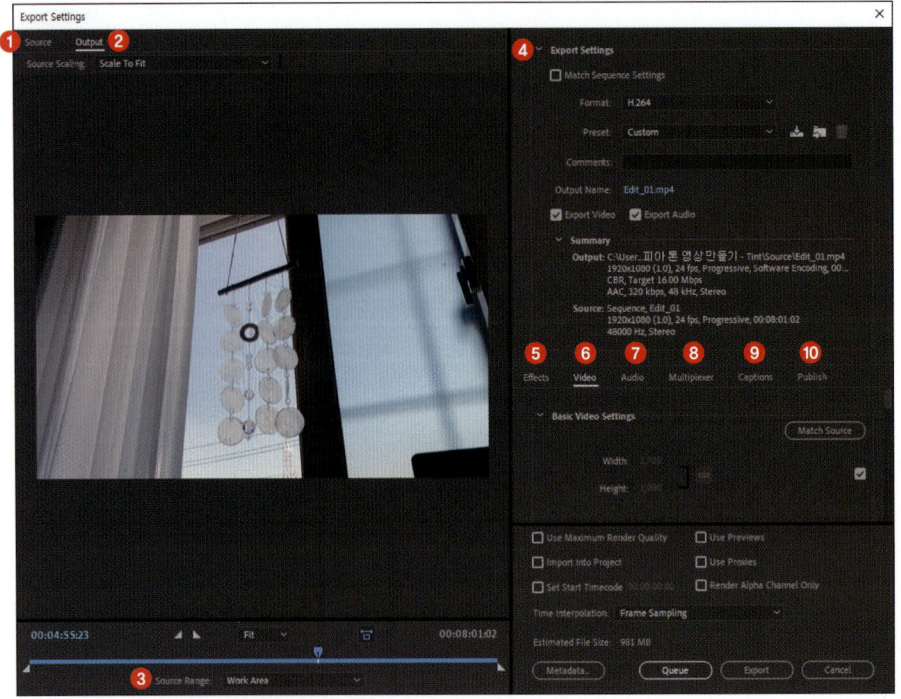

❶ **Source** : 출력하게 될 소스의 시퀀스 화면을 보여 주며 크기를 조절할 수 있습니다.
❷ **Output** : 출력되는 화면의 비율과 크기를 보여 주며 설정할 수 있습니다.
❸ **Source Range** : 출력하는 화면 범위를 설정합니다. 시퀀스, Work Area Bar, In/Out Marker, 임의 설정 환경에 맞춰 지정할 수 있습니다.
❹ **Export Settings** : 원하는 출력 포맷을 설정하고 사용자 정의 프리셋을 만들거나 불러옵니다. 또한, 출력 설정의 비디오, 오디오 포맷의 정보를 보여 줍니다.
❺ **Effects** : 비디오 또는 이미지 시퀀스 출력할 때 출력되는 영상 전체에 필요한 효과를 지원합니다. 컬러, 이미지 워터마크, 텍스트 중첩, 타임코드 효과 등을 지원합니다.
❻ **Video** : 비디오 출력 크기, 프레임 레이트, 비트레이트 등 비디오 형식의 자세한 설정을 지원합니다.
❼ **Audio** : 오디오 포맷, 샘플링 비율, 샘플링 크기, 채널 등 오디오 형식의 자세한 설정을 지원합니다.
❽ **Multiplexer** : 모바일 환경에 맞는 기기 및 호환 옵션을 설정합니다.
❾ **Captions** : 자막 형식과 프레임 레이트 등 자세한 설정을 지원합니다.
❿ **Publish** : Adobe Creative Cloud, Adobe Stock, Behance, Facebook, YouTube 등 온라인 플랫폼에 바로 업로드할 수 있는 퍼블리싱 작업을 설정합니다.

> **TIP**
> 해당 이미지는 프리미어 프로 CC 2022 버전의 Export Settings 패널 이미지로, 최신 버전의 Export Settings 화면과 다를 수 있습니다. Export Settings 설정 화면이 위 그림과 다른 것은 프로그램이 업데이트되면서 인터페이스 디자인이 변경되었습니다.

필수기능 02 스틸 이미지 출력하기 우선순위 TOP 12 중요

영상 클립의 한 장면에 대한 이미지를 Still Image라고 합니다. 프리미어 프로에서 Monitor 패널을 통해 빠르게 스틸 이미지를 출력하는 방법을 알아봅니다.

Export Frame으로 스틸 이미지 출력하기

먼저 Timeline 패널에서 출력할 장면을 탐색에 현재 시간 표시기를 이동합니다. Program Monitor 패널 하단의 'Export Frame' 아이콘(📷)을 클릭하면 영상의 한 장면을 스틸 이미지로 출력할 수 있는 대화상자가 표시됩니다.

Export Frame 버튼 활성화하기

만일 Export Frame 아이콘(📷)이 표시되지 않으면 'Button Editor' 아이콘(➕)를 클릭해 'Export Frame' 아이콘(📷)을 모니터 패널 하단의 빈 공간으로 드래그합니다. 또한, 표시된 버튼을 Button Editor 창으로 다시 드래그하면 버튼 영역에서 삭제할 수 있습니다.

Export Frame 대화상자 살펴보기

Export Frame 대화상자에서 출력될 이미지의 Name, Format, Path 등을 설정할 수 있습니다.

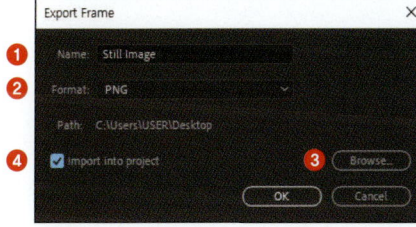 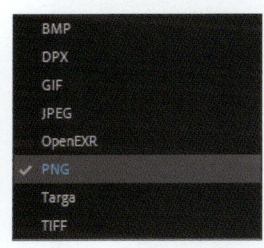

◀ Format에서 지원하는 확장자

❶ **Name** : 출력할 이미지 파일의 이름을 설정합니다.
❷ **Format** : 출력할 이미지의 확장자를 지정합니다.
❸ **Browse** : 출력될 이미지의 저장 경로를 지정합니다.
❹ **Import into project** : 체크 표시하면 출력된 이미지가 자동으로 프리미어 프로의 Project 패널로 Import 됩니다.

필수기능 03 무압축 고화질 영상 출력하기

영상 작업을 마무리하면 완성된 영상을 고화질로 출력하여 백업용으로 보관하는 것이 좋습니다. 이때 QuickTime을 이용하면 다양한 형식의 영상 코덱을 지원하여 사용 방법에 따라 원하는 코덱을 선택할 수 있습니다. 그중 무손실 영상 포맷(None(Uncompressed RGB 8-bit))은 원본의 화질을 지원하나 용량이 매우 크다는 단점이 있습니다. 백업용으로 적당한 Apple ProRess 422 HQ 코덱을 활용하면 무손실 영상에 가까운 화질에 비교적 적은 용량의 파일로 출력할 수 있습니다.

먼저 ❶ 작업이 완료된 시퀀스를 선택하고 ❷ 메뉴에서 [File] → Export → Media([Ctrl]+[M])를 실행해 Export Settings 대화상자를 표시합니다.

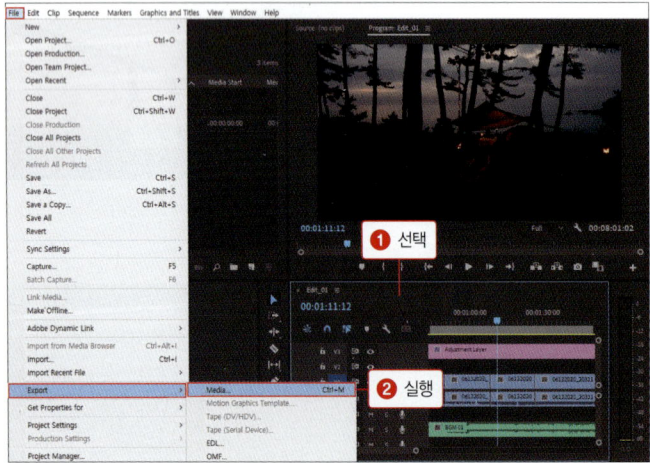

❶ Format 항목에서 'QuickTime'을 지정한 다음 ❷ [Video] 탭에서 Video Codec 항목을 'Apple ProRes 422 HQ'로 지정하고 ❸ 〈Match Source〉 버튼을 클릭합니다. ❹ 〈Export〉 버튼을 클릭해 영상을 출력하면 원본 화질에 가까운 백업용 동영상을 출력할 수 있습니다. 무손실의 mov 영상을 출력할 경우 [Video] 탭에서 Video Codec 항목을 'None (Uncompressed RGB 8-bit)'로 지정합니다.

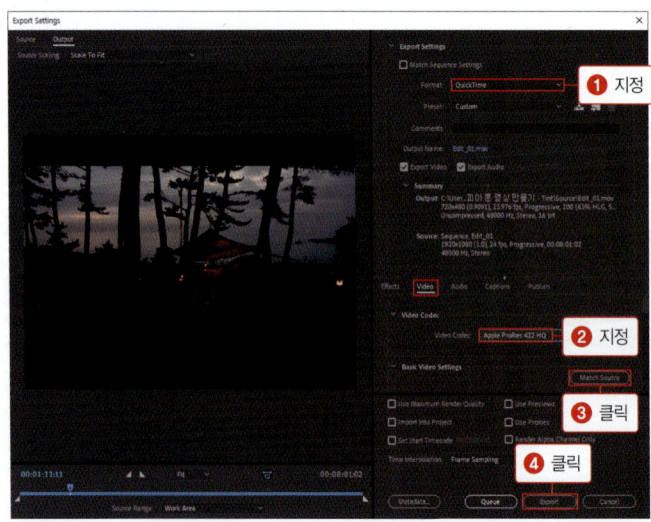

필수기능 04 오디오 출력하기 우선순위 | TOP 06 중요

때때로 영상 편집 작업에서 별도의 오디오 소스를 출력해 사용하는 경우가 있습니다. 이때 프리미어 프로에서는 Wav, MP3와 같은 일반 오디오 파일과 OMF, AAF와 같은 사운드 스튜디오에서 후반 작업을 위한 오디오 파일을 출력할 수 있습니다.

일반 포맷 오디오 출력하기 - MP3, WAV

프리미어 프로 Export에서 지원하는 오디오 포맷은 여러 가지가 있습니다. 그중 Wav(Waveform Audio)와 MP3는 Windows OS에서 주로 사용되는 범용적인 음원 포맷입니다.

Wav의 경우 무손실 음원을 출력할 수 있는 포맷이며, MP3는 원하는 샘플링 옵션으로 경량화시켜 출력할 수 있는 범용 오디오 포맷입니다.

먼저 작업이 완료된 시퀀스를 선택하고 메뉴에서 [File] → Export → Media(Ctrl+M)를 실행해 Export Settings 대화상자를 표시합니다.

① Format 항목에서 'MP3' 또는 'Waveform Audio'를 지정하여 원하는 오디오 포맷을 설정합니다.
② [Audio] 탭에서 출력 샘플 비율(Sample Rate), 채널(Channels), 샘플 크기(Sample Size)를 지정하고
③ 〈Export〉 버튼을 클릭해 오디오 소스를 출력할 수 있습니다.

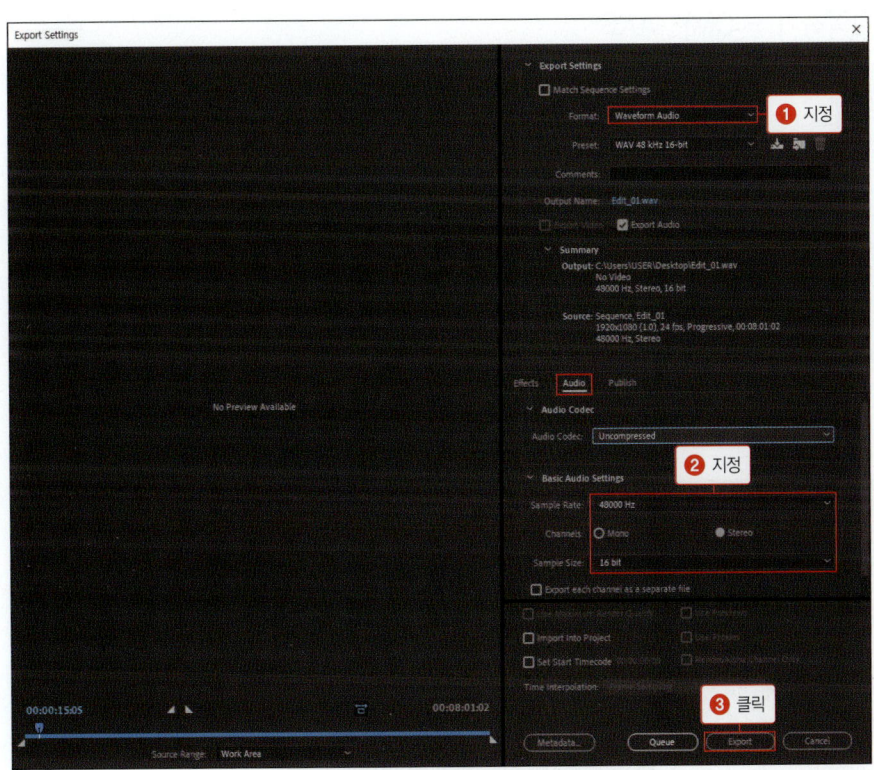

TIP
오디오에서 원본 음원 데이터를 코덱의 기준에 맞춰 압축하고 가공하는 과정을 샘플링(Sampling)이라고 합니다.

전문가 포맷 오디오 출력하기 - AAC, AIFF

AAC, AIFF는 Mac OS에서 주로 사용하는 음원 포맷으로 대부분의 사운드 툴이 Mac OS 기반으로 작업되어 사운드 부분의 전문가들이 많이 사용하는 오디오 형식입니다. AAC는 MP3를 개발한 회사에서 조금 더 개선된 음질의 샘플률로 개발한 경량 오디오 포맷이며, AIFF는 무손실 데이터 음원 포맷입니다.

AAC와 AIFF는 Export Settings 대화상자의 ❶ Format 항목에서 'AAC Audio' 또는 'AIFF'를 지정한 다음 ❷ (Audio) 탭에서 출력 샘플 비율(Sample Rate), 채널(Channels), 샘플 크기(Sample Size)를 지정하고 ❸ 〈Export〉 버튼을 클릭해 오디오 소스를 출력합니다.

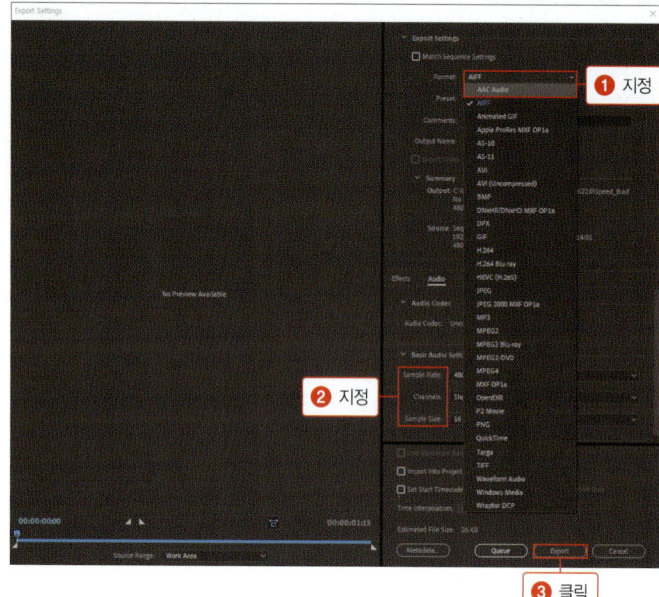

후반 작업용 오디오 출력하기 - OMF, AAF

영화나 드라마 같이 많은 오디오 정보를 포함하고 있거나 별도의 사운드 작업이 필요한 경우 전문 사운드 툴을 사용해 작업해야 합니다. 이때 Length, Handles, Volume data 등의 오디오 편집 정보가 담긴 OMF 또는 AAF는 파일을 사운드 스튜디오에 전달해 후반 작업이 쉽습니다. 이때 후반 작업용 오디오 소스는 영상 편집이 완료된 상태에서 출력하는 것이 바람직하며 별도의 이펙트 없이 전달해야 사운드 스튜디오에서 작업하기 쉽습니다.

후반 작업용 오디오 소스를 출력하려면 작업이 완료된 시퀀스를 선택하고 (File) → Export → OMF 또는 AAF를 실행합니다.

대화상자가 표시되면 오디오 출력 옵션을 지정한 다음 〈OK〉 버튼을 클릭하면 오디오 소스와 로그(Log) 데이터 파일이 출력됩니다.

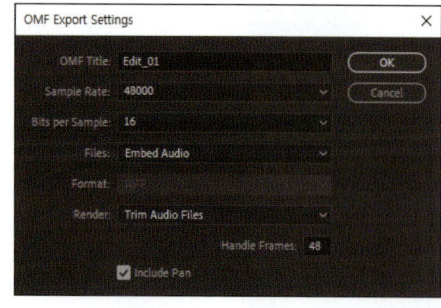

▲ OMF 출력 설정 창

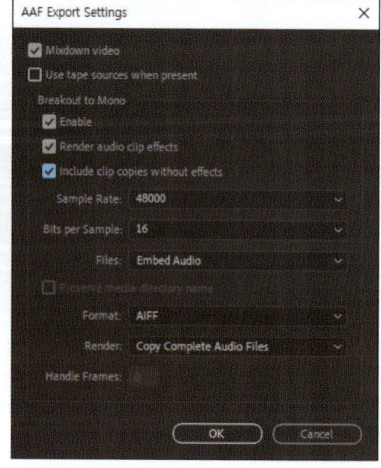

AAF 출력 설정 창 ▶

필수기능 05 이미지 시퀀스 출력하기 우선순위 | TOP 12

프리미어 프로에서 출력할 수 있는 이미지 시퀀스는 여러 형태가 있습니다. 이미지 시퀀스는 파일의 형식별로 성능과 옵션이 각기 다르지만 동영상 파일보다 프레임에 대한 확실한 정보를 저장하고 있어 별도의 VFX(시각효과) 작업 단계에서 많이 활용됩니다.

전문가용 이미지 시퀀스 출력하기

이미지 시퀀스(Image Sequence)는 동영상의 각 프레임을 이미지 형태로 나눠 저장한 연속되는 이미지 파일을 말합니다. 보통의 동영상은 하나의 파일에 이미지 정보가 기록되어 있지만, 이미지 시퀀스는 여러 개의 연속되는 이미지 파일로 나눠 모든 프레임을 저장한 것입니다. 따라서 이미지 시퀀스는 오디오 데이터를 가지고 있지 않으며 여러 개의 파일로 나눠 저장된다는 큰 특징을 가지고 있습니다.

프리미어 프로에서는 지원하는 이미지 시퀀스 포맷은 BMP, DPX, GIF, JPEG, OpenEXR, PNG, Targa, TIFF가 있습니다. 각 포맷에 따라 화질과 용량의 차이가 크고 채널 형식, Bit 등 옵션과 형식이 다름으로 사용 목적에 따라 특성을 고려하여 원하는 이미지 형식을 지정합니다.

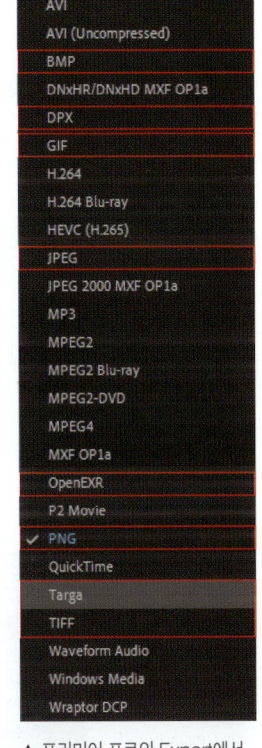

▲ 프리미어 프로의 Export에서 지원되는 이미지 시퀀스 코덱

> **TIP**
> Animated GIF는 하나의 GIF 파일에 여러 개의 이미지 시퀀스가 들어있는 비디오 형식의 이미지 파일로 일반 GIF 이미지 시퀀스 파일과 형식이 다릅니다.

동영상을 이미지 시퀀스로 출력하기 위해 작업이 완료된 시퀀스를 선택하고 메뉴에서 [File] → Export → Media(Ctrl+M)를 실행합니다.

Export Settings 대화상자가 표시되면 ① Format 항목에서 이미지 시퀀스 형식 'BMP', 'DPX', 'GIF', 'JPEG', 'OpenEXR', 'PNG', 'Targa', 'TIFF' 중 원하는 포맷 하나를 지정합니다. ② [Video] 탭에서 해상도와 프레임 레이트(fps) 등 원하는 이미지 옵션을 설정하고 ③ 'Export As Sequence'를 체크 표시합니다. ④ ⟨Export⟩ 버튼을 클릭해 이미지 시퀀스를 출력합니다.

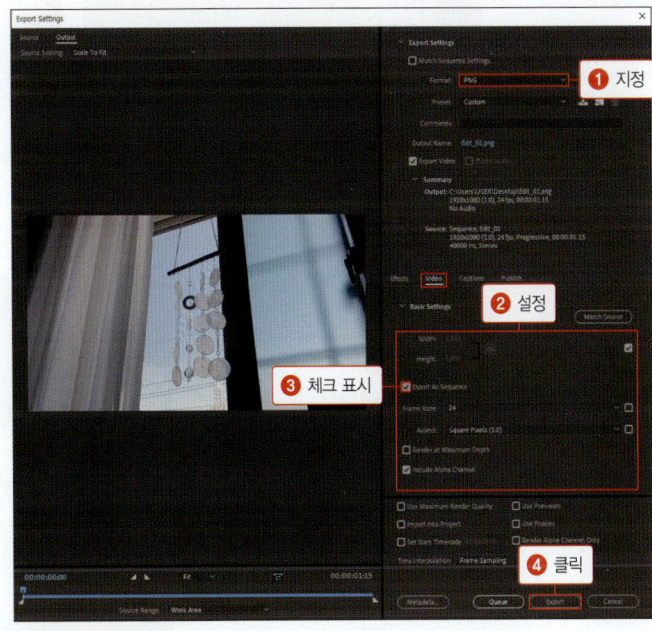

> **TIP**
> 이미지에 투명한 채널을 사용하기 위해서는 'Include Alpha Channel'을 체크 표시해 알파 채널을 포함해야 합니다.

필수기능 06 워터마크 적용하여 출력하기

워터마크(Warermark)는 비디오, 오디오, 이미지와 같은 원본 데이터에 시그니처(Signature) 또는 심볼(Symbol)과 같은 고유의 마크(Mark)를 삽입하여 소유주를 알리는 역할을 합니다. 이는 데이터의 지적 재산권을 표기하여 불법 복제를 예방하는 역할과 정체성을 확보하는 기능을 합니다.

Export 실행하기

프리미어 프로에서는 편집단계가 아닌 출력 단계에서 이미지 워터마크를 손쉽게 적용해 미디어를 출력할 수 있도록 기능을 지원합니다. 워터마크는 비디오의 형태로 적용할 수 있지만, Export에서는 이미지를 활용해 적용할 수 있습니다. 이때 워터마크 이미지는 사각형이 아닌 경우 알파 채널(Alpha Channel)을 포함한 PNG, TGA, TIFF와 같은 이미지를 추천합니다.

❶ 작업이 완료된 시퀀스를 선택하고 ❷ 메뉴의 [File] → Export → Media(Ctrl+M)를 실행합니다. Export Settings 대화상자가 표시되면 ❸ 출력할 미디어의 Fomat을 지정하고 ❹ [Video] 탭의 옵션을 설정합니다.

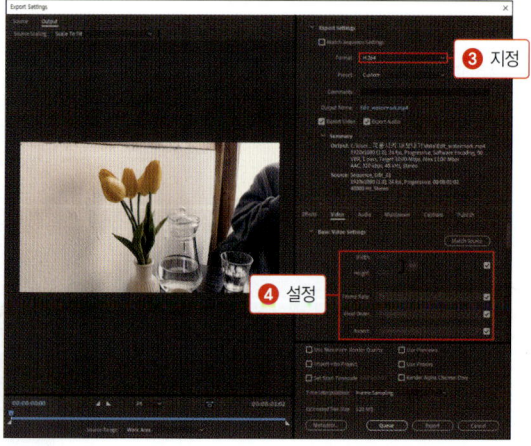

워터마크 적용 시키기

❶ [Effects] 탭을 선택한 다음 ❷ 오른쪽 슬라이더를 아래로 드래그하여 ❸ 'Image Overlay'를 체크 표시하면 워터마크를 적용할 수 있는 설정이 활성화됩니다.

❶ Applied를 'Choose'로 지정합니다. Select an Image 대화상자가 표시되면 ❷ 워터마크로 적용할 이미지를 선택한 다음 ❸ 〈열기〉 버튼을 클릭합니다. Export 미리 보기 화면에 선택한 이미지가 적용됩니다.

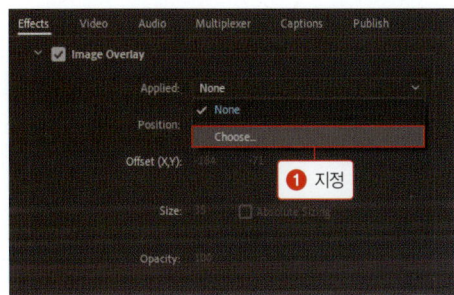

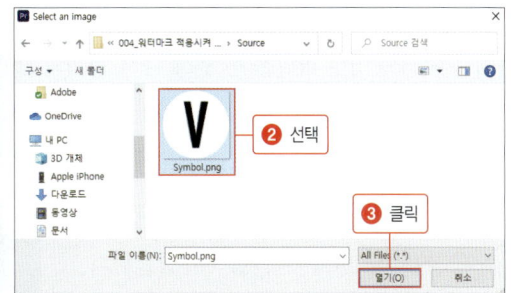

워터마크 위치 및 크기 설정하기

[Effects] 탭의 Position을 지정하여 워터마크가 삽입될 위치를 설정합니다. 왼쪽 위부터 오른쪽 아래까지 총 9개의 옵션을 중 하나를 지정할 수 있습니다.

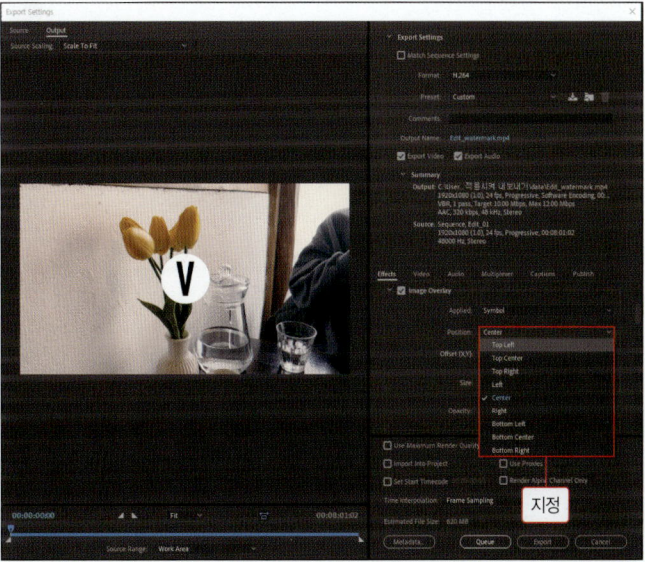

❶ Size에서 워터마크의 크기를, Offset (X,Y)에서 워터마크의 위치를, Opacity에서 투명도를 설정하여 출력 설정을 마무리합니다. ❷ 〈Export〉 버튼을 클릭해 영상에 워터마크를 적용해 출력합니다.

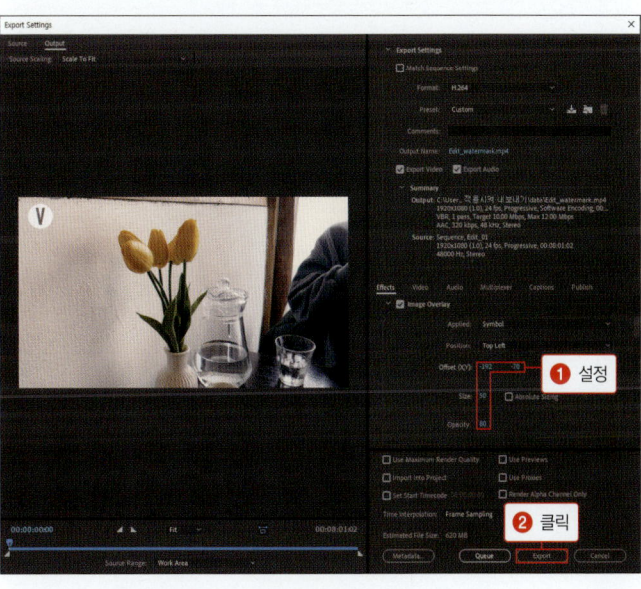

필수기능 03 미디어 인코더로 여러 개 영상 한 번에 변환하기

미디어 인코더(Media Encoder)는 프리미어 프로와 연계된 프로그램으로 프리미어 프로에서 여러 시퀀스를 한 번에 출력하거나 여러 동영상 파일을 한 번에 다른 형식의 코덱으로 변환할 때 유용한 프로그램입니다.

프리미어 프로와 연동하여 여러 파일 변환하기

미디어 인코더를 이용하면 프리미어 프로에 불러온 여러 개의 소스 동영상을 한 번에 변환할 수 있습니다. Project 패널에서 ❶ 변환을 원하는 영상 파일을 모두 선택한 다음 ❷ 마우스 오른쪽 버튼을 클릭해 ❸ Export Media를 실행합니다.

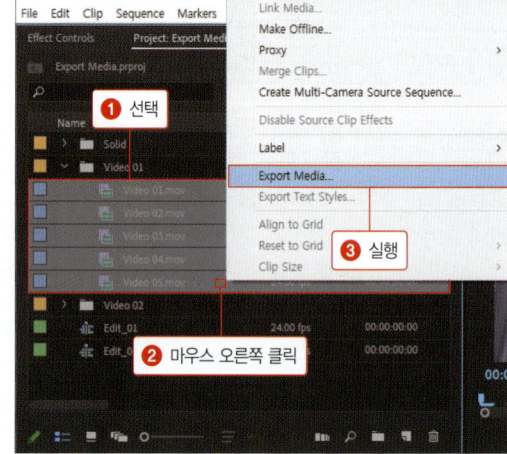

> **TIP**
> 프리미어 프로에서 미디어 인코더를 통해 렌더링할 때 같은 버전의 프로그램이 설치되어 있어야 합니다.

Export Settings 대화상자가 표시되면 ❶ 변환할 동영상 Format을 지정하고 ❷ 원하는 옵션으로 설정한 다음 ❸ 〈Queue〉 버튼을 클릭합니다.

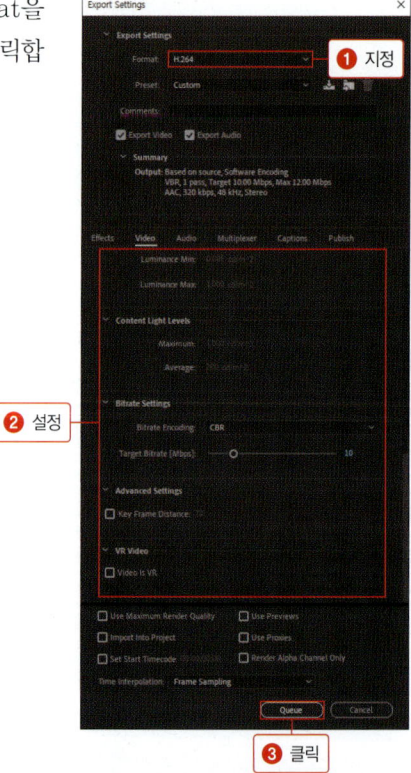

Adobe Media Encoder가 실행되면 Queue 패널에 자동으로 변환할 리스트가 만들어집니다. ① Shift를 누르고 첫 번째 비디오와 마지막 비디오를 차례로 클릭해 모든 대기열의 모든 소스 파일을 선택합니다. ② Output File에서 파란색 글씨를 클릭해 변환하여 저장할 위치를 설정합니다. ③ 'Start Queue' 아이콘(▶)을 클릭해 리스트의 모든 동영상을 원하는 포맷으로 한 번에 변환합니다.

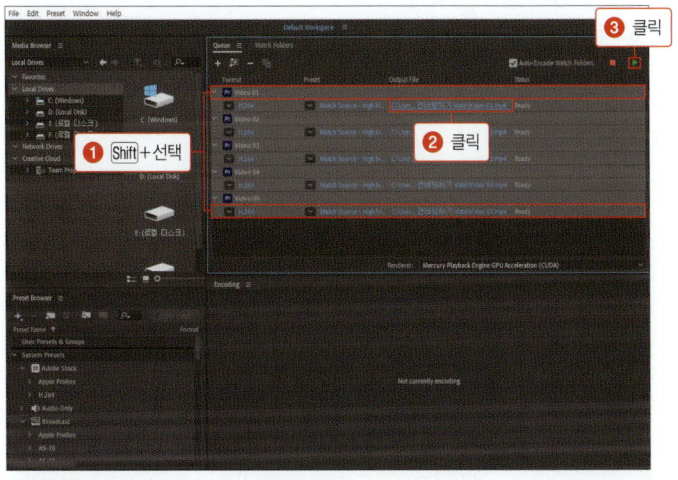

TIP

Queue 패널의 'Add Source' 아이콘(➕)을 클릭하면 추가로 변환할 소스 파일을 가져오며, 'Add Out' 아이콘(🎛)을 클릭해 변환하고자 하는 코덱을 추가로 설정할 수 있습니다. 또한 'Remove' 아이콘(➖)을 클릭하면 선택한 소스를 삭제, 'Duplicate' 아이콘(🗐)을 클릭해 선택한 소스 리스트를 복제할 수 있습니다.

변환 도중 'Stop Queue' 아이콘(■)을 클릭하면 변환을 종료, 'Pause Queue' 아이콘(❙❙)을 클릭해 변환을 일시 정지할 수 있습니다.

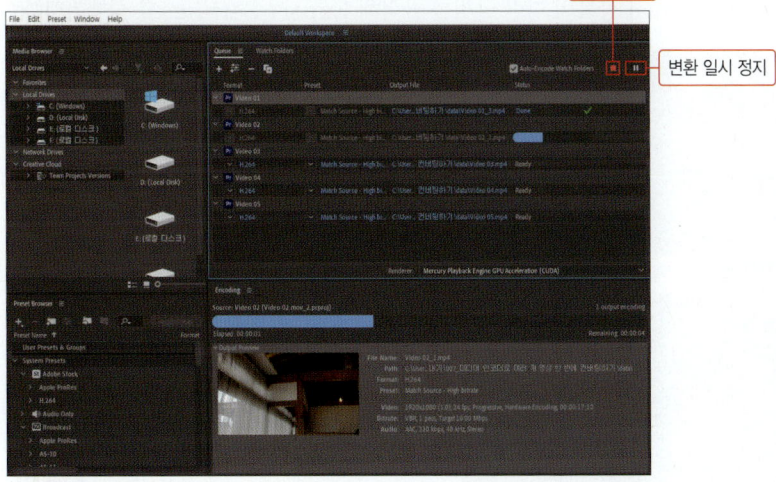

TIP

Queue 리스트의 소스 파일에서 Format 항목의 파란 글씨를 클릭해 다른 동영상 포맷을 설정하거나 Preset 항목의 파란 글씨를 클릭해 다른 프리셋으로 변경할 수 있습니다.

미디어 인코더에서 여러 파일 변환하기

미디어 인코더는 프리미어 프로와 연동하여 사용하는 것 외에 별도의 인코딩 프로그램으로 활용할 수 있습니다. 미디어 인코더를 실행하고 컴퓨터에 저장된 동영상 파일을 Queue 패널의 대기열에 드래그합니다.

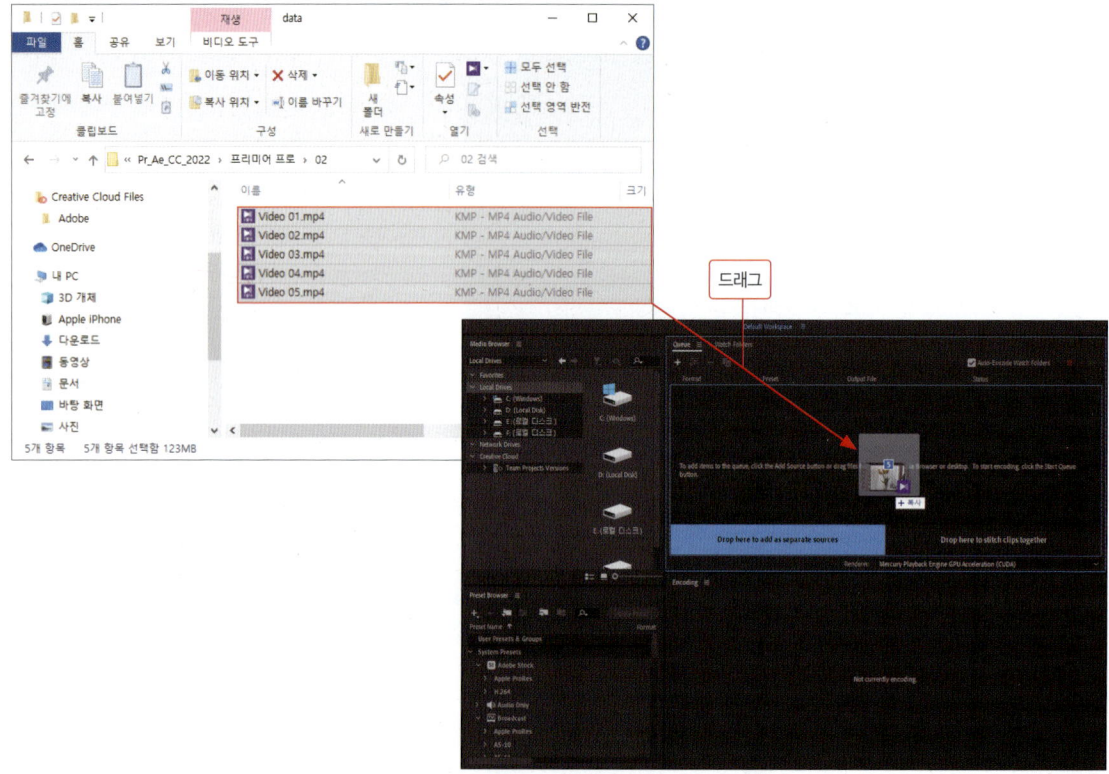

❶ 대기열의 모든 목록을 선택한 다음 ❷ Format 항목의 파란 글씨를 클릭해 Export Settings를 실행합니다.

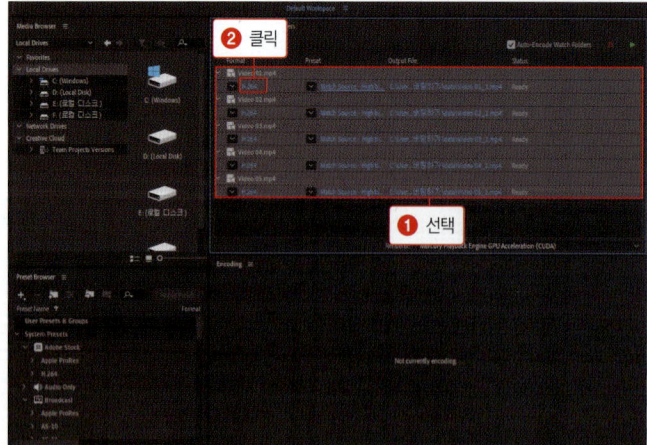

Export Settings 대화상자가 표시되면 ❶ 비디오의 Format, 파일 저장 위치, Output Name, Video/Audio 옵션 등을 설정하고 ❷ 〈OK〉 버튼을 클릭합니다.

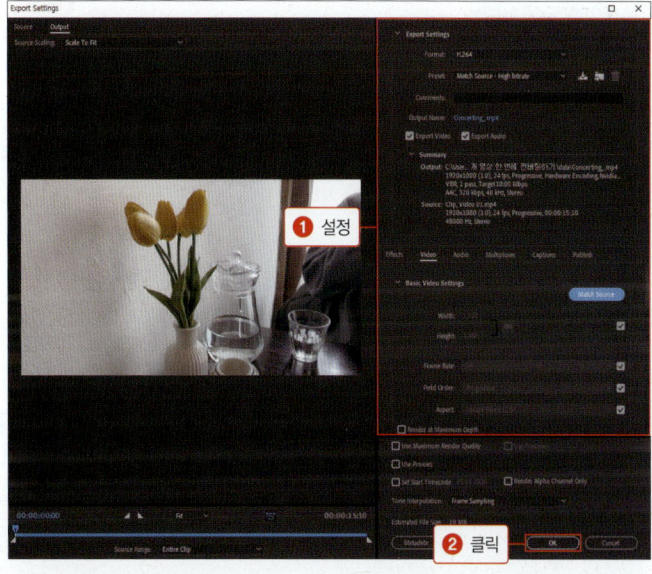

대기열의 선택된 소스들의 변환 옵션이 모두 설정됩니다. 미디어 인코더의 Queue에서 'Start Queue' 아이콘(▶)을 클릭해 렌더링을 시작합니다.

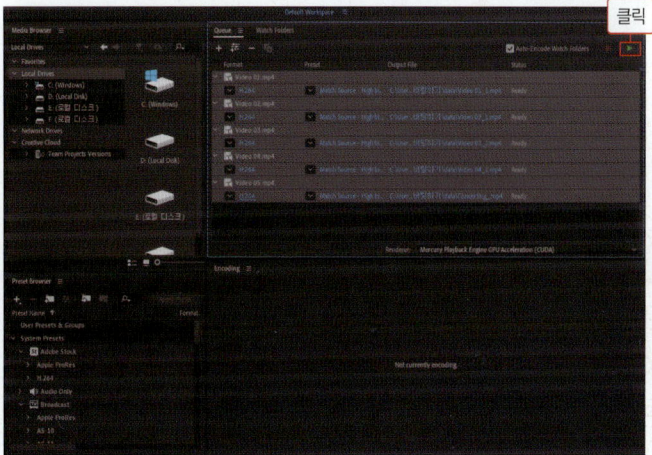

대기열의 모든 동영상이 설정된 포맷과 옵션으로 차례대로 변환되는 것을 확인합니다.

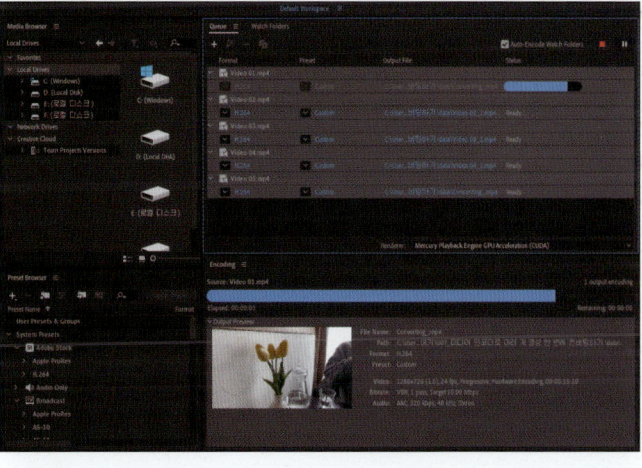

필수기능 08 프로젝트 백업하기 우선순위 TOP 18 중요

프리미어 프로를 통해 편집 작업을 완료하면 여러 가지 방법으로 데이터를 백업해 추후 수정과 관리에 수월합니다. 또한, 백업은 편집에 활용된 소스와 시퀀스를 선택하여 프로젝트 파일과 함께 별도로 한 폴더에 다른 파트에 소스와 프로젝트를 전달하기에 쉽습니다.

프로젝트 백업 설정하기

프리미어 프로의 프로젝트 백업 명령은 Project Manager로 메뉴에서 (File) → Project Manager를 실행해 설정합니다. Project Manager 대화상자가 표시되면 원하는 백업 옵션을 설정하고 〈OK〉 버튼을 클릭해 선택된 시퀀스에 포함된 소스 파일과 함께 프로젝트를 별도로 지정한 위치에 저장합니다.

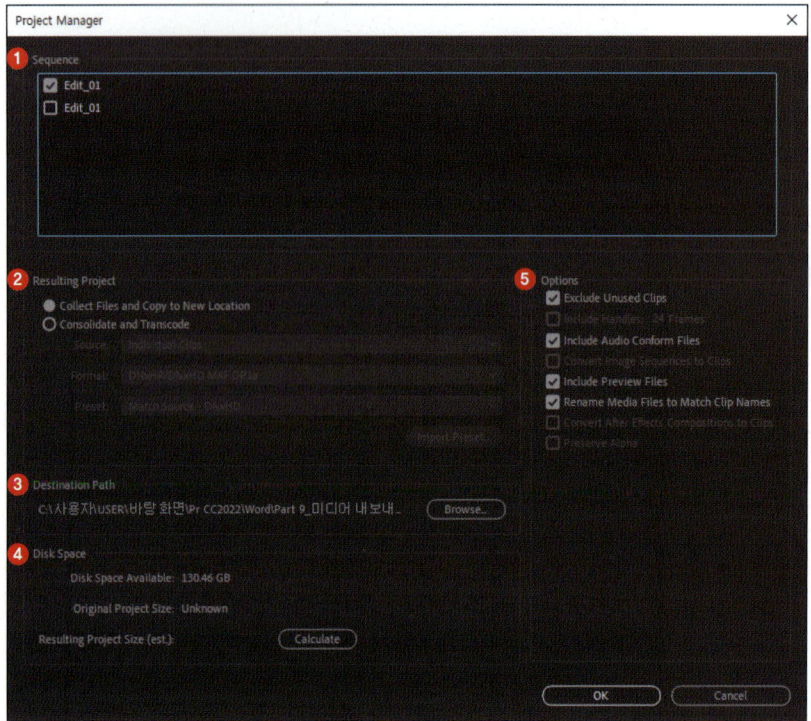

❶ **Sequence** : 백업을 원하는 시퀀스를 선택할 수 있으며 동시에 여러 시퀀스를 선택할 수 있습니다.
❷ **Resulting Project** : 백업 소스의 복사 또는 트랜스 코딩 옵션을 선택합니다. Collect Files and Copy to New Location 옵션으로 원본 소스를 새로운 위치에 복사하는 것을 추천하며 원본 소스의 데이터가 크면 Consolidate and Transcode 옵션을 선택해 통합적으로 코드를 변환하여 백업할 수 있습니다.
❸ **Destination Path** : 백업 파일이 저장될 위치를 〈Browse_〉 버튼을 클릭해 설정할 수 있습니다.
❹ **Disk Space** : 선택된 저장 장치의 용량을 확인할 수 있으며 〈Calculate〉 버튼을 클릭해 백업하려는 소스의 크기를 확인할 수 있습니다.
❺ **Options** : 복사 또는 트랜스 코딩되는 소스 파일의 사용 유무, 프리뷰 파일, 이름 설정 등을 결정합니다. 'Exclude Unused Clips'를 체크 표시하면 선택된 시퀀스에 포함되지 않은 소스 파일도 함께 백업됩니다. 'Include Audio Conform Files'와 'Include Preview Files'는 용량을 많이 차지하므로 가급적 체크 표시 해제하고 백업을 진행하는 것이 좋습니다.

혼자 해 보기

클립 재생 속도 변경하고 여러 클립을 Nest로 묶기

1 99쪽 참고

Speed&Duration 기능을 이용해 재생 속도를 5배 빠르게 설정해 보세요.

예제파일 02\Speed&Duration.mp4 **완성파일** 02\Speed&Duration_완성.prproj
해설 동영상 02\2-1.mp4

Hint 소스 클립과 같은 포맷의 시퀀스 만들기 → 비디오 클립 선택하고 Speed/Duration 명령 실행하기 → Speed를 '500%'로 설정하기

---

2 110쪽 참고

3개의 소스 클립을 하나의 Nest 클립으로 만들어 보세요.

예제파일 02\Nest_A.mp4, Nest_B.mp4, Nest_C.mp4 **완성파일** 02\Nest_완성.prproj
해설 동영상 02\2-2.mp4

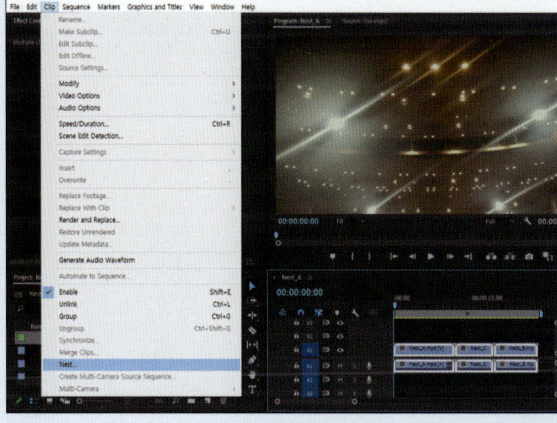

Hint 소스 클립과 같은 포맷의 시퀀스 만들기 → 모든 클립 선택하고 Nest 명령 실행하기 → Nested Sequence Name 입력하고 클립 확인하기

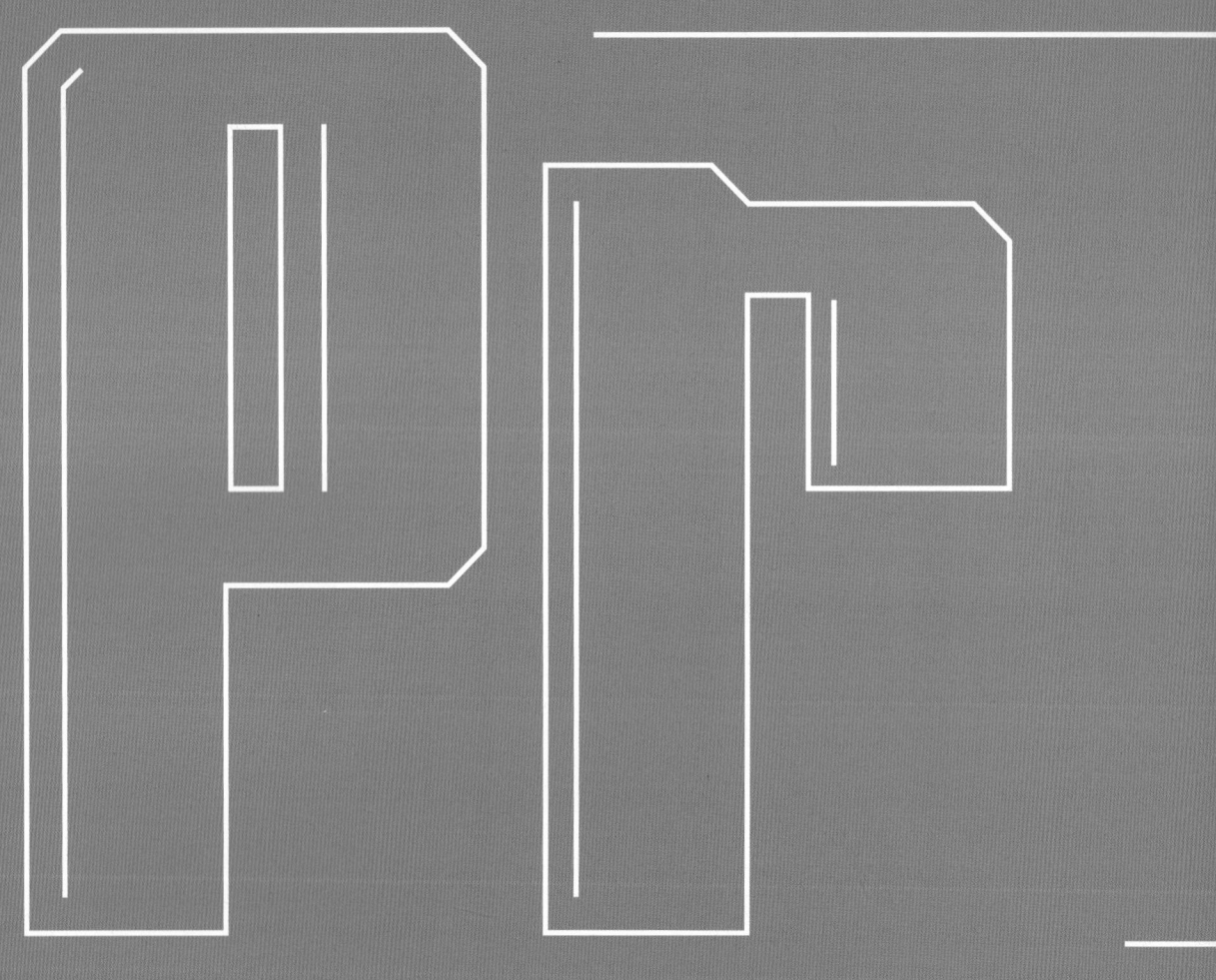

영상 편집에서 자막은 꼭 필요한 요소는 아니지만 잘 활용한다면 영상의 완성도를 확실히 올려줄 뿐만 아니라, 용도에 따라 시청자들이 영상을 이해하기 쉽게 돕는 역할도 합니다. 이번 파트에는 프리미어 프로의 기본적인 자막 메뉴들로 완성도 높은 자막을 디자인하는 방법을 배워보도록 합니다.

PART 3.

영상 자막 만들기

01 | 기본 그래픽 사용하여 자막 만들기
02 | 레거시 타이틀로 자막 스타일 만들기
03 | Caption 기능으로 자막 만들기

CHAPTER 01 · PREMIERE PRO CC

우선순위 | TOP 01 · Essential Graphics 패널

기본 그래픽 사용하여 자막 만들기

이전 버전의 프리미어 프로에서는 기본적으로 제공하는 문자 도구보다 복잡하고 다양한 자막 디자인을 만들 수 있었기 때문에 주로 Legacy Title을 이용하여 자막을 만들었습니다. 하지만 2021년, Essential Graphics 패널의 다양한 자막 기능이 업데이트되어 문자 도구만으로도 완성도 높은 디자인의 자막을 만들 수 있게 되었습니다.

필수기능 01 Essential Graphics 패널 이해하기 ★★중요

Tools 패널의 문자 도구를 선택한 다음 Program Monitor 패널을 클릭하면 화면에 텍스트를 입력할 수 있습니다. 이때 메뉴에서 [Window] → Essential Graphics를 실행하면 글자의 여러 특성과 옵션을 설정할 수 있는 Essential Graphics 패널이 나타납니다.

Essential Graphics 패널의 (Browse) 탭 살펴보기

Essential Graphics 패널의 [Browse] 탭에서는 이미 디자인된 텍스트 애니메이션 템플릿을 활용할 수 있는 여러 옵션을 지원합니다. 기본적으로 제공되는 템플릿 이외에 Adobe Stock에서 지원하는 템플릿, 직접 만든 템플릿 등을 다운로드 또는 제작하여 활용할 수 있습니다.

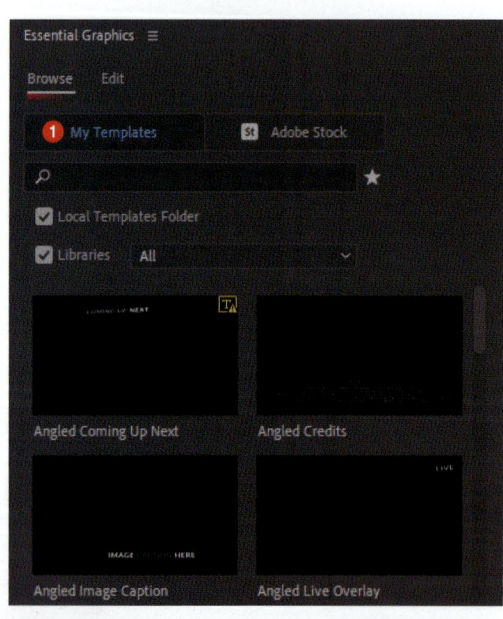
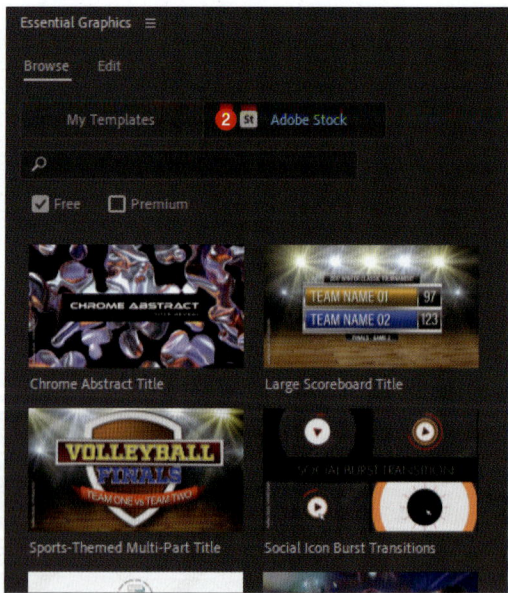

❶ **My Templates** : 직접 제작한 자막 템플릿 혹은 다운로드한 자막 템플릿, 그래픽 템플릿을 불러와 목록으로 만들어 저장해 두는 패널입니다. 원하는 템플릿을 Timeline 패널에 드래그하여 사용할 수 있습니다.

❷ **Adobe Stock** : Adobe에서 제공하는 고퀄리티 미디어 템플릿을 확인하고 필요시에 작업에도 활용할 수 있습니다. Free 버전과 Premium 버전을 선택하여 사용 가능하며, Premium 버전의 경우 사용하기 위해 별도의 요금 결제가 필요합니다.

Essential Graphics 패널의 (Edit) 탭 살펴보기

Essential Graphics 패널의 (Edit) 탭에서는 문자 도구를 활용해 적용된 글꼴의 스타일과 디자인, 레이아웃 등을 설정할 수 있는 각종 옵션을 제공합니다. 자주 사용되는 기능이므로 각 옵션의 특성을 꼭 알아둡니다.

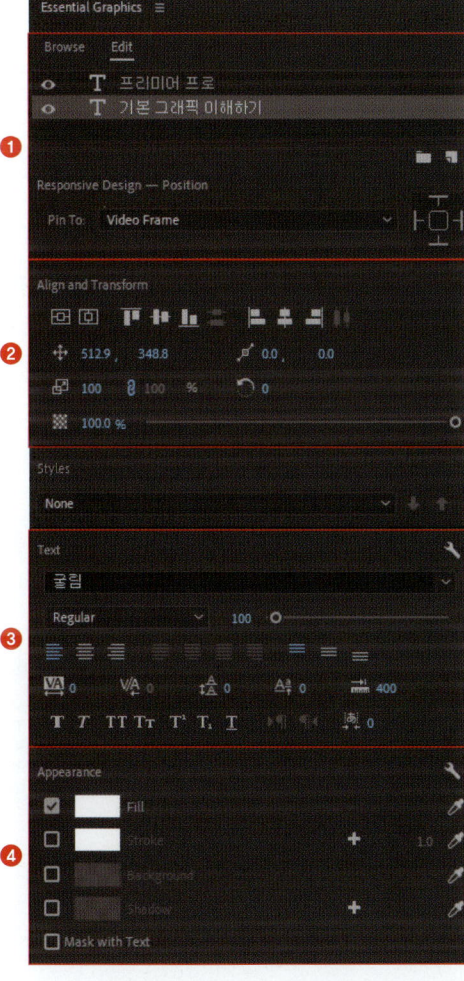

① **Source Text** : 여러 텍스트 레이어를 선택하거나 그룹으로 지정합니다. 새로운 레이어를 만들거나 상위 레이어에 고정하는 Pin To 기능을 지원합니다.

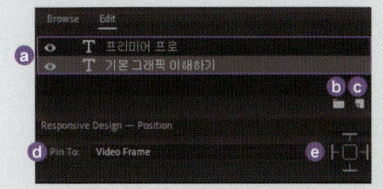

ⓐ **Text Layer** : 문자 클립에 적용된 이미지, 도형, 텍스트 등 각종 레이어를 선택할 수 있습니다. 선택된 레이어는 하위 항목에서 글꼴, 디자인, 스타일, 레이아웃 등을 변경할 수 있습니다. '눈' 아이콘(👁)을 클릭하여 레이어를 숨길 수 있습니다.

ⓑ **Create Group** : 여러 텍스트 레이어를 선택한 다음 그룹으로 만듭니다.

ⓒ **New Layer** : 새로운 텍스트, 도형 등의 레이어를 추가합니다.

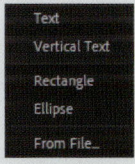

ⓓ **Pin To** : 2개 이상의 오브젝트가 있을 때 A 오브젝트에 B 오브젝트를 고정시켜 높이, 너비, 위치에 따라 반응하는 자막을 만들 수 있습니다.

ⓔ **Edges of the Parent Layer** : Pin To 항목에서 결정된 상위 레이어에서 고정될 위치를 선택합니다.

② **Align and Transform** : 문자의 위치, 크기, 회전, 정렬, 불투명도 등을 설정할 수 있는 옵션을 제공합니다.

ⓐ **Vertical Center**(▣) : 선택한 오브젝트를 세로축의 정중앙으로 이동합니다.

ⓑ **Horizontal Center**(▣) : 선택한 오브젝트를 가로축의 정중앙으로 이동합니다.

ⓒ **Align Top**(▣) : 여러 개 선택된 오브젝트 중 가장 위쪽에 있는 오브젝트 위치로 모든 오브젝트를 정렬합니다.

ⓓ **Align Vertically**(▣) : 여러 개 선택된 오브젝트들의 위치 값을 기준으로 모든 오브젝트를 세로축 중앙으로 정렬합니다.

ⓔ **Align Bottom**(　) : 여러 개 선택된 오브젝트 중 가장 아래쪽에 있는 오브젝트 위치로 모든 오브젝트를 정렬합니다.
ⓕ **Distribute Vertically**(　) : 3개 이상의 오브젝트가 선택됐을 때 활성화됩니다. 분포된 오브젝트들의 세로 간격을 일정하게 정렬합니다.
ⓖ **Align Left**(　) : 여러 개 선택된 오브젝트 중 가장 왼쪽에 있는 오브젝트 위치로 모든 오브젝트를 정렬합니다.
ⓗ **Align Horizontally**(　) : 여러 개 선택된 오브젝트들의 위치 값을 기준으로 모든 오브젝트를 가로축 중앙으로 정렬합니다.
ⓘ **Align Right**(　) : 여러 개 선택된 오브젝트 중 가장 오른쪽에 있는 오브젝트 위치로 모든 오브젝트를 이동합니다.
ⓙ **Distribute Horizontally**(　) : 분포된 오브젝트들의 가로 간격을 일정하게 정렬합니다.
ⓚ **Toggle Animation** : 각 아이콘을 활성화하여 Effect Controls 패널에 Toggle을 만듭니다. 오브젝트 자체에 위치, 불투명도, 크기 등의 변화를 주는 애니메이션을 만들 수 있습니다.

❸ **Text** : 문자의 글꼴, 스타일, 크기 등을 설정할 수 있는 옵션을 제공합니다.

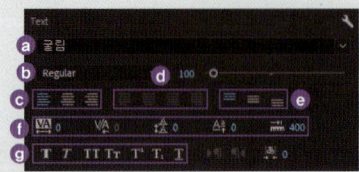

ⓐ **Font** : 자막의 글꼴을 바꿀 때 사용합니다. 현재 컴퓨터에 설치된 모든 글꼴을 볼 수 있습니다.
ⓑ **Font Style** : 각 글꼴에서 지원하는 스타일을 선택할 수 있습니다. 글꼴마다 스타일이 한 개일 수도, 여러 개일 수도 있습니다.
ⓒ **Align Text** : 선택된 자막의 정렬을 왼쪽(Left), 가운데(Center), 오른쪽(Right)으로 설정합니다.
ⓓ **Justify Text** : 자막을 양쪽 정렬한 다음 마지막 줄을 왼쪽(Left), 가운데(Center), 오른쪽(Right)으로 정렬합니다.
ⓔ **Leading Text** : 자막을 Anchor Point 기준으로 위, 중앙, 아래에 정렬합니다.
ⓕ **Font Basic Properties** : 자막의 자간(Tracking), 커닝(Kerning), 행간(Leading), 기준선(Baseline)을 설정합니다.
ⓖ **Font Basic Pattern** : 자막의 진하기(Faux Bold), 기울기(Faux Italic), 소문자를 대문자로 변경(All Caps), 대문자를 소문자로 변경 (Small Caps), 위 첨자 만들기(Superscript), 아래 첨자 만들기(Subscript), 밑줄 만들기(Underline)를 설정합니다.

❹ **Appearance** : 문자의 색, 테두리, 그림자, 배경색 등을 설정할 수 있는 옵션을 제공합니다.

▲ Background 확장 화면　　　▲ Shadow 확장 화면

ⓐ **Fill** : 자막의 색을 지정합니다.
ⓑ **Stroke** : 자막의 테두리를 만들고 굵기를 설정합니다. 'Add' 아이콘(　)을 클릭하여 굵기를 각각 다르게 설정하면 하나의 자막에 여러 겹의 테두리를 만들 수 있습니다.
ⓒ **Background** : 자막의 뒷부분에 배경을 만들고 불투명도(Opacity), 크기(Size), 모서리 둥글기(Corner Radius)를 지정합니다.
ⓓ **Shadow** : 자막의 그림자를 만들고 불투명도(Opacity), 각도(Angle), 거리(Distance), 크기(Size), 흐리기(Blur)를 설정합니다. 'Add' 아이콘(　)을 클릭하면 하나의 자막에 여러 겹의 그림자를 만들 수 있습니다.
ⓔ **Mask with Text** : 자막의 배경을 지정한 다음 활성화하면 배경은 그대로 남고 텍스트 부분이 투명하게 되어 투명 자막을 만들 수 있습니다.

> **TIP**
> 해당 이미지는 프리미어 프로 CC 2022 버전의 Essential Graphics 패널 이미지로, 최신 버전의 Essential Graphics 화면과 다를 수 있습니다. Essential Graphics 설정 화면이 위 그림과 다른 것은 프로그램이 업데이트되면서 인터페이스 디자인이 변경되었습니다.

실습예제 02 문자 도구로 기본 자막 만들기 ★중요

프리미어 프로에서 자막을 만드는 가장 기본적인 도구는 '문자 도구'입니다. 따로 패널을 만들 필요 없이 Program Monitor 패널에 직접적으로 자막을 만들어 간편하게 자막을 제작할 수 있습니다. 문자 도구를 활용하여 자막을 만든 다음 색상을 바꿔봅니다.

◉ 완성파일 : 03\Type Tool_완성.prproj

01 프리미어 프로의 프로젝트를 실행한 다음 Project 패널에서 ❶ 'New Item' 아이콘(🔳)을 클릭하고 ❷ Color Matte를 실행합니다.

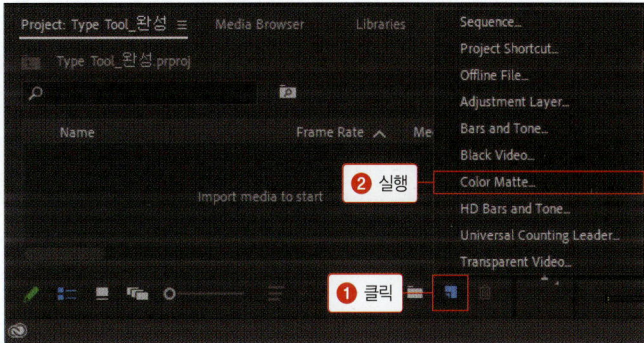

02 New Color Matte 대화상자가 표시되면 ❶ Video Settings 항목에서 Width를 '1280', Height를 '720'으로 설정하고 ❷ Timebase를 '30.00fps', Pixel Aspect Ratio를 'Square Pixels (1.0)'로 지정한 다음 ❸ 〈OK〉 버튼을 클릭합니다.

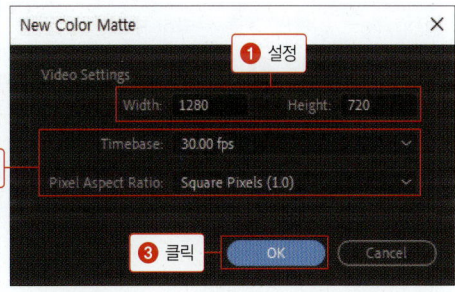

03 Color Picker 대화상자가 표시되면 ❶ '녹청색(#415C5B)'으로 지정한 다음 ❷ 〈OK〉 버튼을 클릭합니다. Choose Name 대화상자가 표시되면 ❸ '배경'을 입력한 다음 ❹ 〈OK〉 버튼을 클릭합니다.

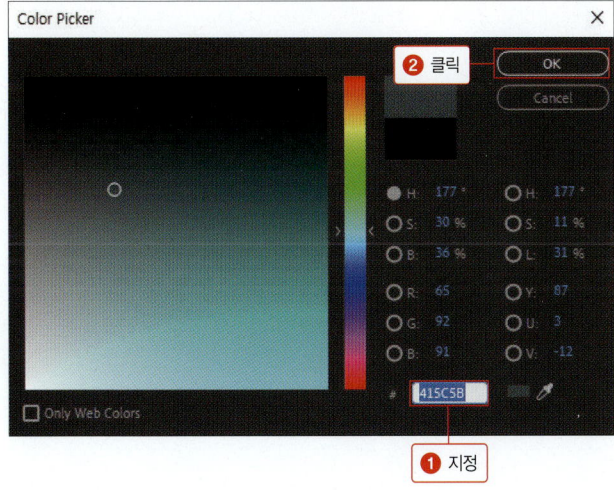
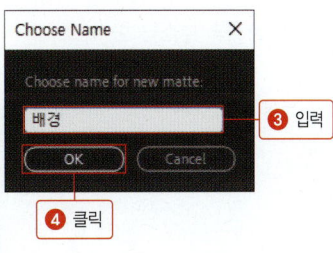

04 Project 패널의 '배경' 아이템을 'New Item' 아이콘( )으로 드래그하여 소스 파일과 같은 시퀀스를 만듭니다.

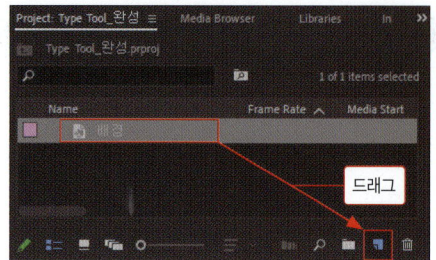

05 ❶ Tools 패널에서 문자 도구( )를 선택한 다음 ❷ Program Monitor 패널의 중앙을 클릭하여 ❸ '문자 도구 자막 만들기'를 입력합니다.

> **TIP**
> Effect Controls 패널의 Text의 Appearance에서는 문자의 컬러, 그림자, 테두리 등을 설정할 수 있습니다.

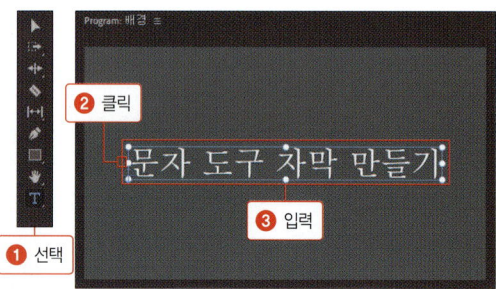

06 ❶ Timeline 패널에서 V2 트랙의 자막 클립을 선택하고 ❷ Effect Controls 패널의 Text 왼쪽의 >를 클릭하여 모든 하위 속성을 표시한 다음 ❸ Appearance에서 Fill의 색상 상자를 클릭해 '밝은 노란색(#FFEE63)'으로 지정합니다.

> **TIP**
> 해당 이미지는 프리미어 프로 CC 2022 버전의 Appearance 항목 이미지로, 최신 버전의 Appearance 항목과 아이콘 위치가 차이가 있을 수 있습니다.

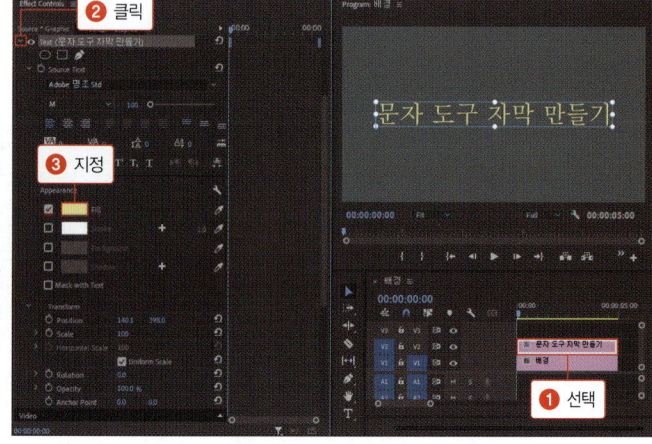

07 자막의 색상이 변경된 모습을 확인합니다.

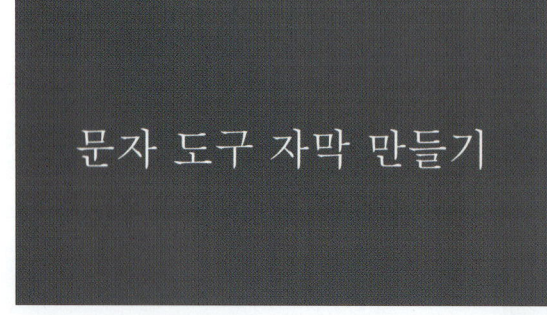
▲ 변경 전

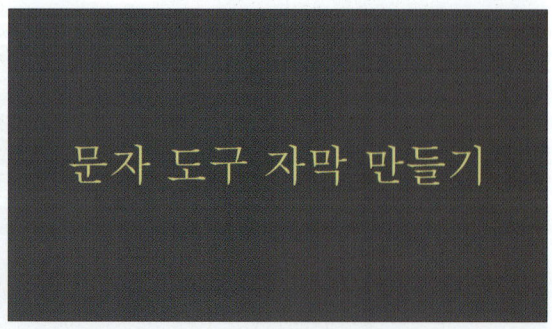
▲ 변경 후

실습예제 03 알록달록 자막 디자인하기

감각적인 디자인이 필요한 패션, 뷰티, 광고 영상 등에서 자주 볼 수 있는 알록달록 자막을 프리미어 프로의 기본 기능을 이용하여 만들 수 있습니다. 정적인 느낌보다는 생동감을 주기 때문에 주로 밝은 분위기의 영상에서 많이 사용하는 디자인입니다.

⦁ 예제파일 : 03\Fill Title.mp4   ⦁ 완성파일 : 03\Fill Title_완성.mp4, Fill Title_완성.prproj

01 새 프로젝트를 만들고 메뉴에서 **(File)** → **Import**(Ctrl + I)를 실행합니다. Import 대화상자가 표시되면 ❶ 03 폴더에서 ❷ 'Fill Title.mp4' 파일을 선택하고 ❸ 〈열기〉 버튼을 클릭합니다.

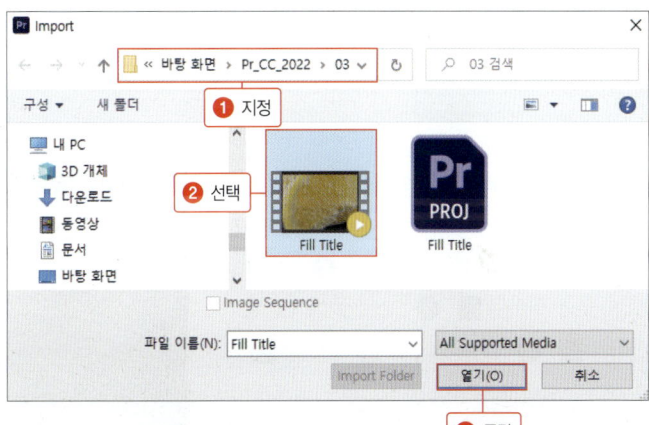

02 Project 패널의 'Fill Title.mp4' 아이템을 'New Item' 아이콘(▦)으로 드래그하여 소스 파일과 같은 시퀀스를 만듭니다.

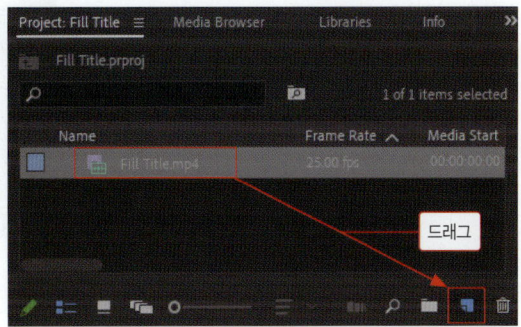

03 ❶ Tools 패널의 문자 도구(T)를 선택하고 ❷ Program Monitor 패널을 클릭한 다음 ❸ 'Lemonade'를 입력하여 자막을 만듭니다.

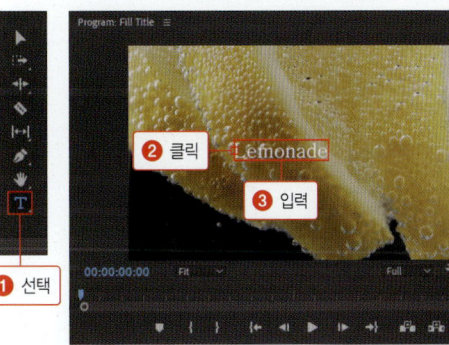

Chapter 01 · 기본 그래픽 사용하여 자막 만들기 171

04 메뉴에서 (Window) → Essential Graphics를 실행합니다.

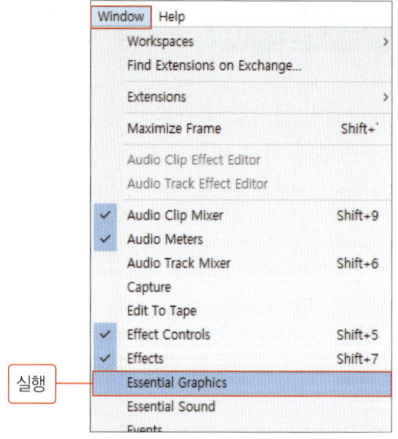

실행

05 ❶ Program Monitor 패널에서 텍스트 자막을 선택합니다. Essential Graphics 패널의 (Edit) 탭에서 ❷ 'Center align text' 아이콘(▤), ❸ 'Horizontal Center' 아이콘(▣), ❹ 'Vertical Center' 아이콘(▣)을 순서대로 클릭하여 영상 소스 정중앙에 자막이 위치하도록 정렬합니다.

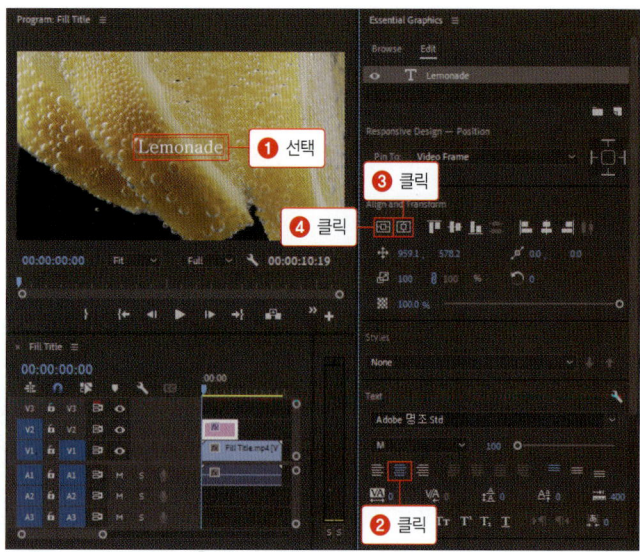

06 Program Monitor 패널에서 'Lemonade' 자막을 더블클릭해 자막을 전체 선택합니다.

172 Part 3 · 영상 자막 만들기

07 ❶ Essential Graphics 패널의 Text 항목에서 굵은 굵기의 글꼴을 찾아 지정하고 ❷ 글꼴 크기를 '200', ❸ 자간을 '60'으로 설정합니다. 앞의 과정으로 중앙 정렬이 흐트러졌다면 ❹ 'Horizontal Center' 아이콘(), ❺ 'Vertical Center' 아이콘()을 순서대로 클릭하여 영상 소스 정중앙에 자막이 위치하도록 정렬합니다.

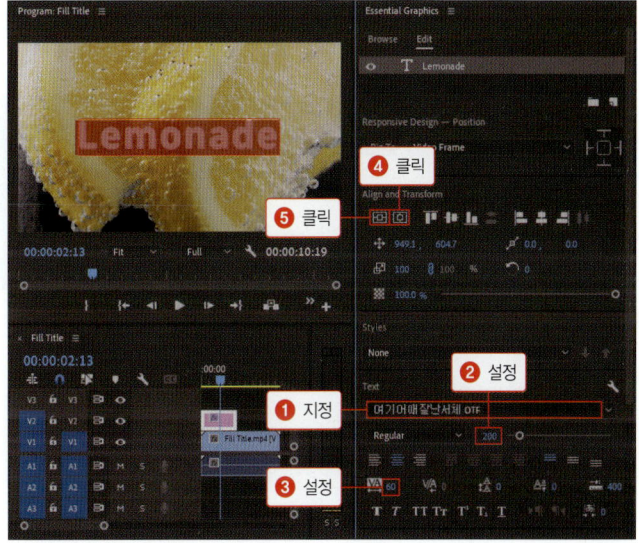

TIP
자막의 디자인만으로도 영상의 완성도와 분위기가 크게 달라집니다. 글꼴마다 사용 범위에 대한 라이선스가 따로 지정되어 있으며, 상업적으로 사용 불가능한 글꼴을 이용할 경우 사용이 제한될 수 있습니다. 예제에서는 '여기어때잘난서체' 라는 상업적으로 사용 가능한 무료 글꼴을 사용했습니다.

08 Appearance 항목에서 Fill의 색상 상자를 클릭하고 '민트색(#C5FFC1)'으로 지정합니다.

TIP
해당 이미지는 프리미어 프로 CC 2022 버전의 Appearance 항목 이미지로, 최신 버전의 Appearance 항목과 아이콘 위치가 차이가 있을 수 있습니다.

09 Program Monitor 패널에서 'Lemonade' 자막의 'L'만 드래그하여 선택합니다.

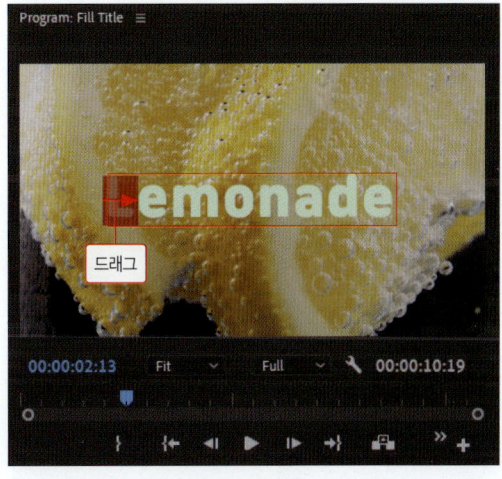

Chapter 01 • 기본 그래픽 사용하여 자막 만들기

10 Essential Graphics 패널 (Edit) 탭의 Appearance 항목에서 Fill의 색상 상자를 클릭하고 '연한 분홍색(#FFD3C1)'으로 지정합니다.

11 Program Monitor 패널에서 'Lemonade' 자막의 'm'만 드래그하여 선택합니다.

12 Essential Graphics 패널 (Edit) 탭의 Appearance 항목에서 Fill의 색상 상자를 클릭하고 '하늘색(#C1E1FF)'으로 지정합니다.

13 Program Monitor 패널에서 'Lemonade' 자막의 'ade' 글자만 드래그하여 선택합니다.

14 Essential Graphics 패널 (Edit) 탭의 Appearance 항목에서 Fill의 색상 상자를 클릭하고 '연한 노랑색(#FFFBC1)'으로 지정합니다.

15 Timeline 패널에서 V2 트랙의 자막 클립의 오른쪽 끝 점을 선택한 다음 오른쪽으로 드래그하여 'Fill Title.mp4' 클립의 길이와 같게 설정합니다.

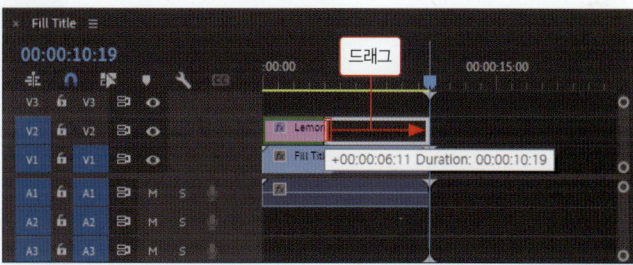

16 영상을 재생하여 영상 전체에 알록달록 자막이 만들어진 것을 확인합니다.

Chapter 01 • 기본 그래픽 사용하여 자막 만들기   175

실습예제 04 테두리 있는 자막 디자인하기

자막의 색과 배경이 되는 영상의 색이 비슷하거나 시청자의 이목을 확 끌어야 하는 경우 테두리가 있는 자막을 주로 사용합니다. 이전의 프리미어 프로에서는 하나의 테두리만을 만들 수 있었지만, CC 2019 버전 이후 여러 겹의 테두리를 만들어 디자인적으로 완성도 있는 테두리를 만들 수 있게 되었습니다.

- 예제파일 : 03\Stroke Title.mp4
- 완성파일 : 03\Stroke Title_완성.mp4, Stroke Title_완성.prproj

01 새 프로젝트를 만들고 메뉴에서 (File) → Import(Ctrl + I)를 실행합니다. Import 대화상자가 표시되면 ❶ 03 폴더에서 ❷ 'Stroke Title.mp4' 파일을 선택하고 ❸ 〈열기〉 버튼을 클릭합니다.

02 Project 패널의 'Stroke Title.mp4' 아이템을 'New Item' 아이콘(■)으로 드래그하여 소스 파일과 같은 시퀀스를 만듭니다.

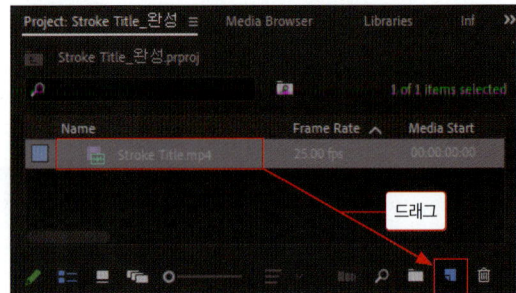

03 ❶ Tools 패널의 문자 도구(T)를 선택하고 ❷ Program Monitor 패널 중앙 영역을 클릭한 다음 ❸ '우리 아이가 태어났어요!'를 입력하여 자막을 만듭니다.

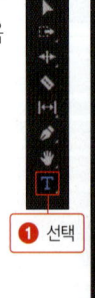
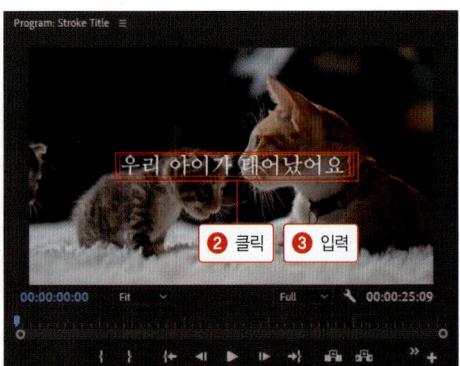

04 메뉴에서 (Window) → Essential Graphics를 실행합니다.

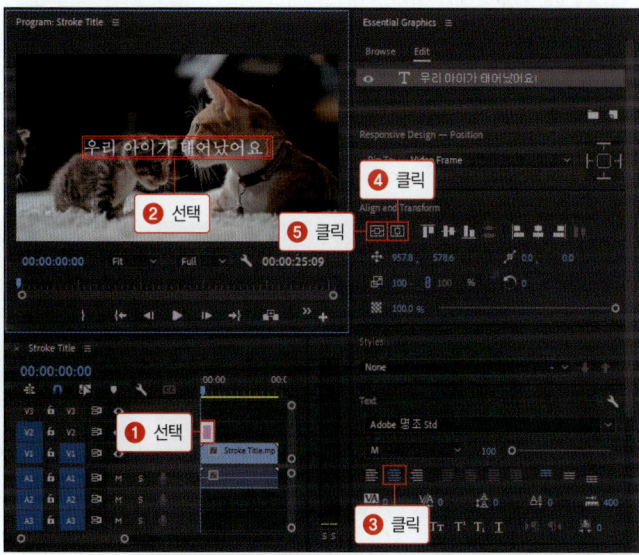

05 ❶ Timeline 패널에서 V2 트랙의 자막 클립을 선택한 다음 ❷ Program Monitor 패널에서 '우리 아이가 태어났어요' 자막을 선택합니다. Essential Graphics 패널의 (Edit) 탭에서 ❸ 'Center align text' 아이콘(￭), ❹ 'Horizontal Center' 아이콘(￭), ❺ 'Vertical Center' 아이콘(￭)을 순서대로 클릭하여 영상 소스 정중앙에 자막이 위치하도록 정렬합니다.

06 Program Monitor 패널에서 '우리 아이가 태어났어요!' 자막을 더블클릭해 자막을 전체 선택합니다.

07 ❶ Essential Graphics의 패널의 Text 항목에서 원하는 글꼴을 찾아 지정합니다. ❷ Font Size를 '120', 앞의 과정으로 중앙 정렬이 흐트러졌다면 ❸ 'Horizontal Center' 아이콘(🔲), ❹ 'Vertical Center' 아이콘(🔲)을 순서대로 클릭하여 영상 소스 정중앙에 자막이 위치하도록 정렬합니다.

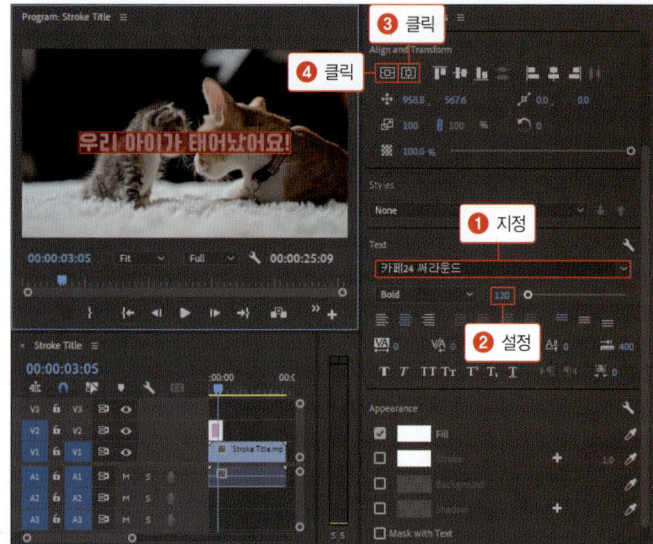

> **TIP**
> 예제에서는 '카페24 써라운드' 라는 상업적으로 사용 가능한 무료 글꼴을 사용했습니다.

08 ❶ Appearance 항목에서 Fill의 색상 상자를 클릭하여 '짙은 갈색(#4B4540)'으로 지정하고 ❷ 'Stroke'를 체크 표시합니다.

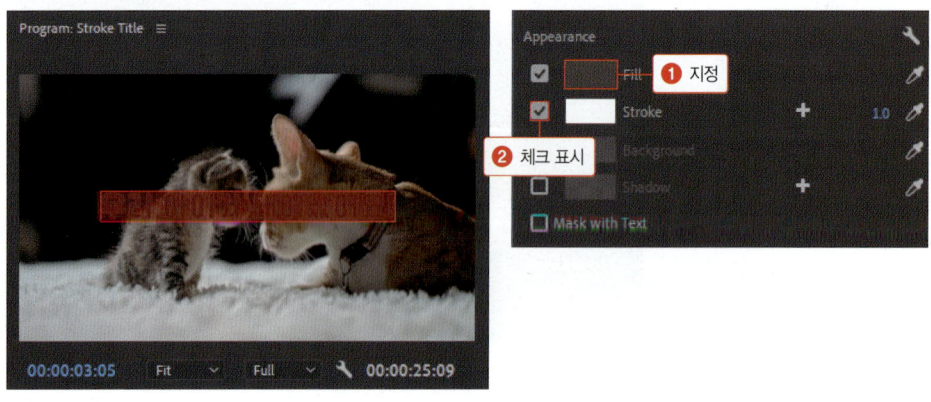

09 ❶ Stroke의 색상 상자를 클릭하여 '연한 핑크색(#FFD5D5)'을 입력하여 색상을 지정한 다음 ❷ Stroke를 '18'으로 설정합니다.

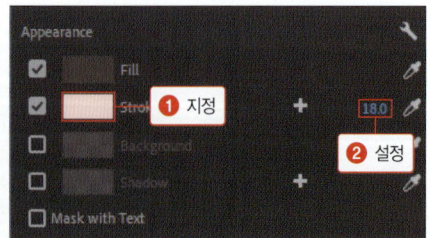

10 Stroke의 'Add a stroke to this layer' 아이콘(+)을 클릭합니다.

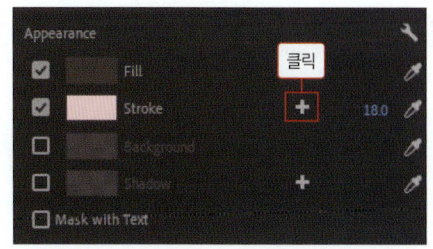

11 ❶ 새로 만들어진 Stroke를 '27'로 설정합니다. ❷ Stroke의 '스포이트' 아이콘(🖉)을 클릭한 다음 ❸ 마우스 포인터가 스포이트 모양으로 변한 상태로 Fill의 색상 상자를 클릭합니다.

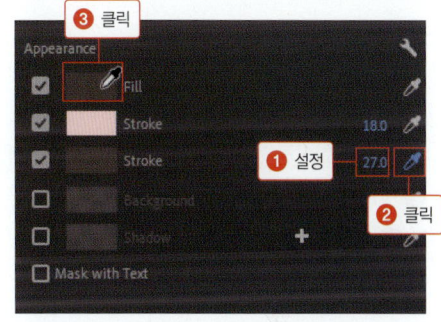

12 Timeline 패널에서 V2 트랙의 자막 클립의 오른쪽 끝 점을 드래그하여 'Stroke Title.mp4' 클립과 길이를 같게 만듭니다.

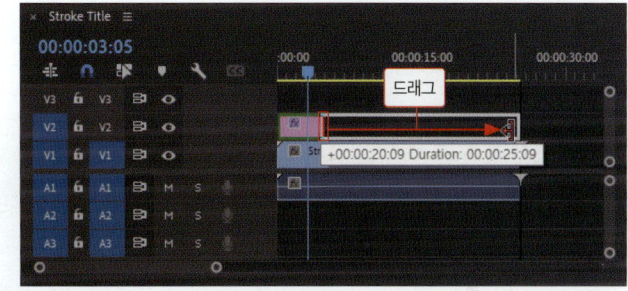

13 영상을 재생하여 영상 전체에 테두리 자막이 만들어진 것을 확인합니다.

실습예제 05 테두리만 있는 투명한 자막 디자인하기

최근 유튜브 등을 통해 테두리만 남아있는 투명 자막 디자인을 자주 볼 수 있습니다. 주로 디자인적 요소로 사용되는 자막이지만 종종 영상의 주요 내용을 강조하기 위해 사용되기도 합니다. 굵기가 가는 글꼴보다는 어느 정도 굵은 글꼴을 사용해야 보기 좋은 디자인을 완성할 수 있습니다.

● 예제파일 : 03\Transparency Title.mp4   ● 완성파일 : 03\Transparency Title_완성.mp4, Transparency Title_완성.prproj

01 새 프로젝트를 만들고 메뉴에서 (File) → Import(Ctrl+I)를 실행합니다. Import 대화상자가 표시되면 ❶ 03 폴더에서 ❷ 'Transparency Title.mp4' 파일을 선택하고 ❸ 〈열기〉 버튼을 클릭합니다.

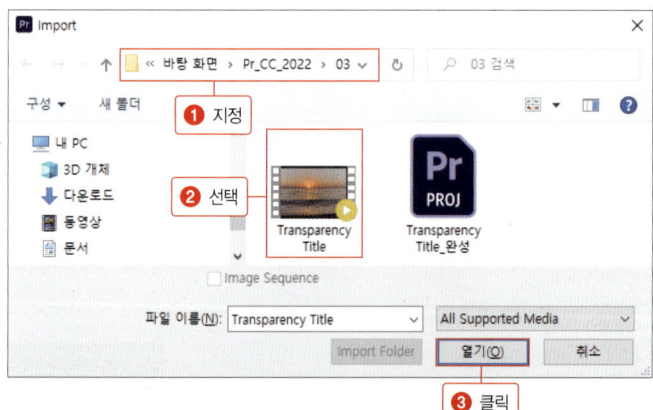

02 Project 패널의 'Transparency Title.mp4' 아이템을 'New Item' 아이콘(■)에 드래그하여 소스 파일과 같은 시퀀스를 만듭니다.

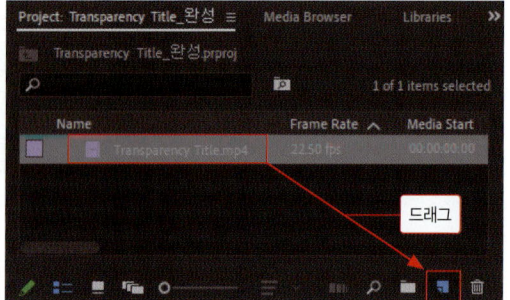

03 ❶ Tools 패널의 문자 도구(T)를 선택합니다. ❷ Program Monitor 패널의 중앙 영역을 클릭한 다음 ❸ 'Happy new year'를 입력하여 자막을 만듭니다.

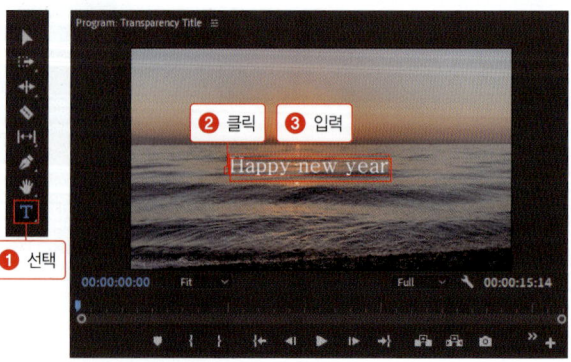

04 메뉴에서 (Window) → Essential Graphics를 실행합니다.

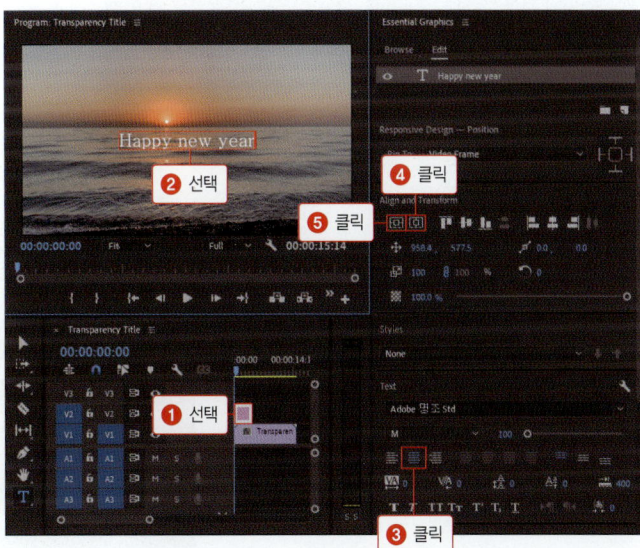

05 ❶ Timeline 패널에서 V2 트랙의 자막 클립을 선택한 다음 ❷ Program Monitor 패널의 'Happy new year' 자막을 선택합니다. Essential Graphics 패널의 (Edit) 탭에서 ❸ 'Center align text' 아이콘(), ❹ 'Horizontal Center' 아이콘(), ❺ 'Vertical Center' 아이콘()을 순서대로 클릭하여 Program Monitor 패널의 정중앙에 자막이 위치하도록 정렬합니다.

06 Program Monitor 패널에서 'Happy new year' 자막을 더블클릭해 자막을 전체 선택합니다.

07

❶ Essential Graphics 패널의 Text 항목에서 굵은 굵기의 글꼴을 찾아 지정하고 ❷ 'All Caps' 아이콘(TT)과 'Faux Italic' 아이콘(T)을 클릭합니다. ❸ Font Size를 화면 가득히 크게 설정합니다.

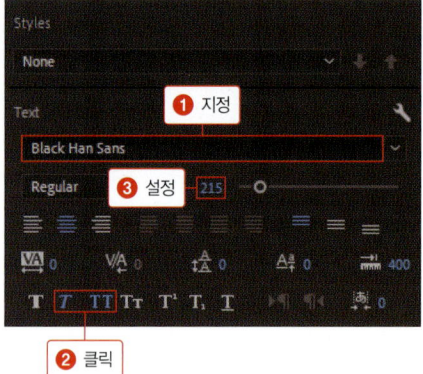

> **TIP**
> 예제에서는 'Black Han Sans'라는 상업적으로 사용 가능한 무료 글꼴로 지정하고, Font Size를 '215'로 설정했습니다.

08

07번의 과정으로 중앙 정렬이 흐트러졌다면 ❶ 'Horizontal Center' 아이콘(▣), ❷ 'Vertical Center' 아이콘(▣)을 순서대로 클릭하여 영상 소스 정중앙에 자막이 위치하도록 정렬합니다.

09

❶ Appearance 항목에서 'Fill'을 체크 표시 해제한 다음 ❷ 'Stroke'를 체크 표시합니다.

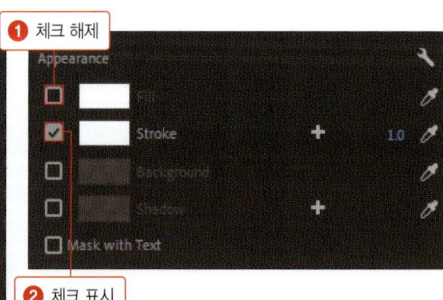

> **TIP**
> 위 이미지는 프리미어 프로 CC 2022 버전의 Appearance 항목 이미지로, 최신 버전의 Appearance 항목과 아이콘 위치가 차이가 있을 수 있습니다.

10 ❶ Stroke의 색상 상자를 클릭한 다음 '연한 노랑색(#FFF99A)'으로 지정하고 ❷ Stroke를 '3'으로 설정합니다.

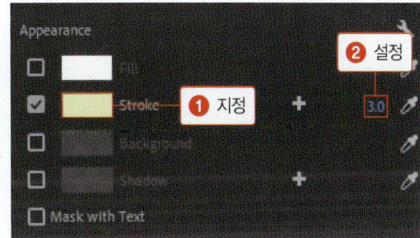

11 Timeline 패널에서 V2 트랙의 자막 클립의 오른쪽 끝 점을 드래그하여 'Transparency Title.mp4' 클립의 길이와 같게 만듭니다.

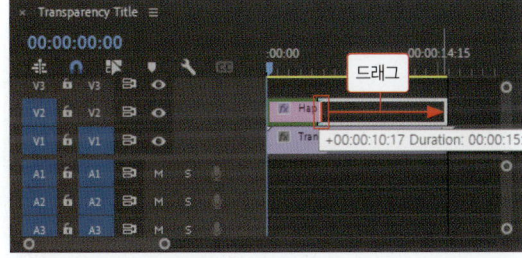

12 영상을 재생해 영상 전체에 테두리만 있는 투명한 자막이 만들어진 것을 확인합니다.

▲ 적용 전

▲ 적용 후

실습예제 06 그림자 있는 자막 디자인하기 (2022 신기능)

자막에 그림자를 넣는 디자인은 입체적인 느낌을 더해줄 뿐 아니라 배경과 분리되는 느낌을 주어 가독성을 더해주는 효과가 있습니다. 이번 예제에서는 프리미어 프로의 Essential Graphics 패널을 이용하여 자막에 그림자를 추가하는 디자인을 만들어 봅니다.

● 예제파일 : 03\Shadow Title.mp4 ● 완성파일 : 03\Shadow Title_완성.mp4, Shadow Title_완성.prproj

01 새 프로젝트를 만들고 Ctrl + I 를 눌러 ❶ 03 폴더에서 ❷ 'Shadow Title.mp4' 파일을 선택하고 ❸〈열기〉 버튼을 클릭합니다. ❹ Project 패널의 'Shadow Title.mp4' 아이템을 'New Item' 아이콘(🗐)으로 드래그하여 소스 파일과 같은 시퀀스를 만듭니다.

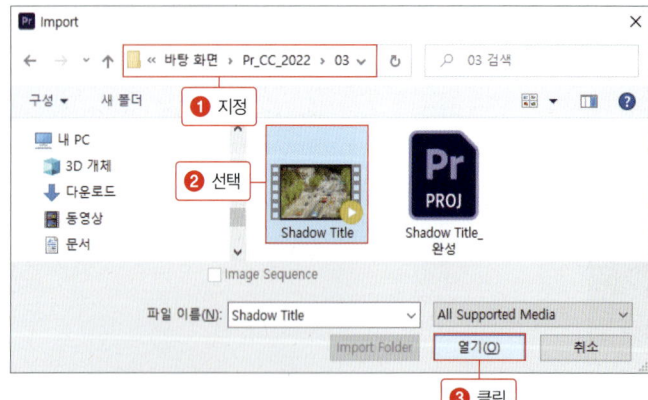
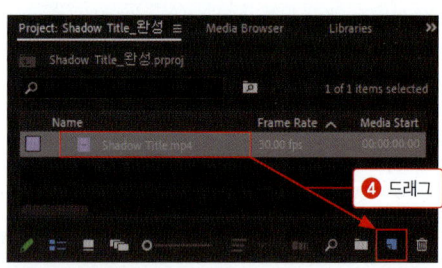

02 ❶ Tools 패널에서 문자 도구(T)를 선택합니다. ❷ Program Monitor 패널의 중앙 하단 영역을 클릭한 다음 ❸ '오늘도 서울은 바쁩니다'를 입력하여 자막을 만듭니다. ❹ 메뉴에서 (Window) → Essential Graphics를 실행합니다.

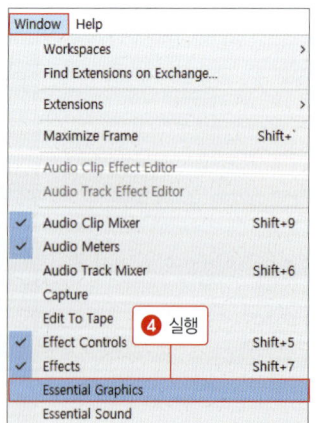

03 ❶ Timeline 패널에서 V2 트랙의 자막 클립을 선택한 다음 ❷ Program Monitor 패널에서 '오늘도 서울은 바쁩니다' 자막을 선택합니다. Essential Graphics 패널의 (Edit) 탭에서 ❸ 'Center align text' 아이콘(■), ❹ 'Horizontal Center' 아이콘(回)을 순서대로 클릭하여 영상 소스 하단 정중앙에 자막이 위치하도록 정렬합니다.

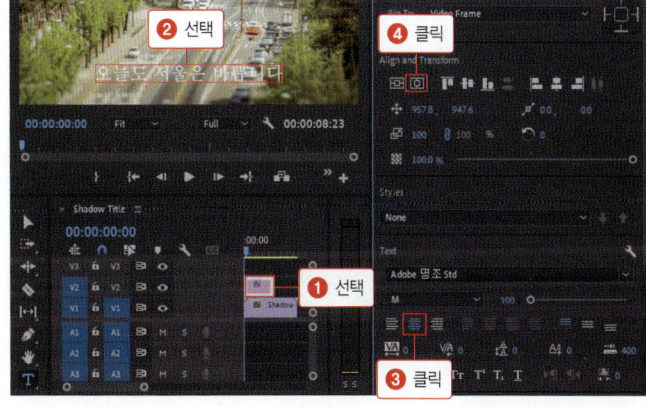

04 ❶ Program Monitor 패널에서 '오늘도 서울은 바쁩니다' 자막을 더블클릭해 전체 자막을 선택합니다. ❷ Essential Graphics 패널의 Text 항목에서 굵은 굵기의 글꼴을 찾아 지정하고 ❸ Font Size를 적절한 크기로 설정합니다. 앞의 과정으로 중앙 정렬이 흐트러졌다면 ❹ 'Horizontal Center' 아이콘(回)을 클릭하여 영상 소스 하단 중앙에 자막을 정렬합니다.

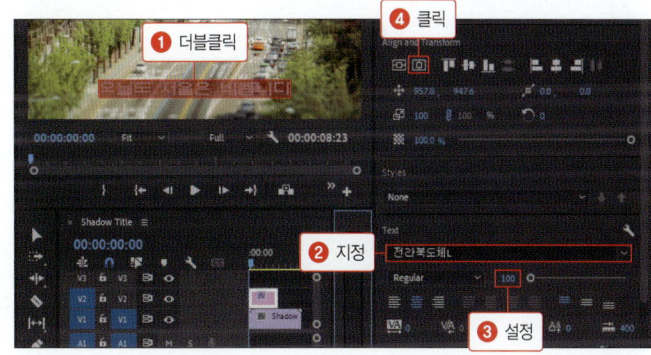

> **TIP**
> 예제에서는 '전라북도체L'이라는 상업적으로 사용 가능한 무료 글꼴로 지정하고, Font Size를 '100'으로 설정하였습니다.

05 ❶ Appearance 항목에서 'Shadow'의 체크 표시를 활성화한 다음 ❷ Shadow의 Size를 '8'로 설정합니다. ❸ Timeline 패널에서 V2 트랙의 자막 클립의 오른쪽 끝 점을 선택한 다음 드래그하여 'Shadow Title.mp4' 클립과 길이를 같게 만듭니다.

06 영상을 재생해 영상 전체에 그림자가 있는 자막이 만들어진 것을 확인합니다.

실습예제 07 반응형 배경 자막 디자인하기 우선순위 | TOP 03 2022 신기능

자막의 가독성을 좋게 만드는 가장 효과적인 방법은 자막에 배경을 넣는 것입니다. 이전 버전의 프리미어 프로에서는 자막의 길이에 비례하여 배경이 길어지거나 줄어드는 자막을 만들기 위해 일일이 수작업으로 길이를 조절하는 방법밖에 없었습니다. 하지만 CC 2019 버전 이후 자막 배경 기능이 생겨 클릭 한 번으로 반응형 자막을 만들 수 있게 되어 작업의 효율성이 극대화되었습니다. 이번 예제에서는 Essential Graphics 패널로 반응형 자막을 디자인하는 방법을 알아봅니다.

● 예제파일 : 03\Responsive Title.mp4   ● 완성파일 : 03\Responsive Title_완성.mp4, Responsive Title_완성.prproj

01 프리미어 프로의 프로젝트를 실행한 다음 Ctrl + I 를 눌러 ❶ 03 폴더에서 ❷ 'Responsive Title.mp4' 파일을 선택하고 ❸ 〈열기〉 버튼을 클릭합니다.

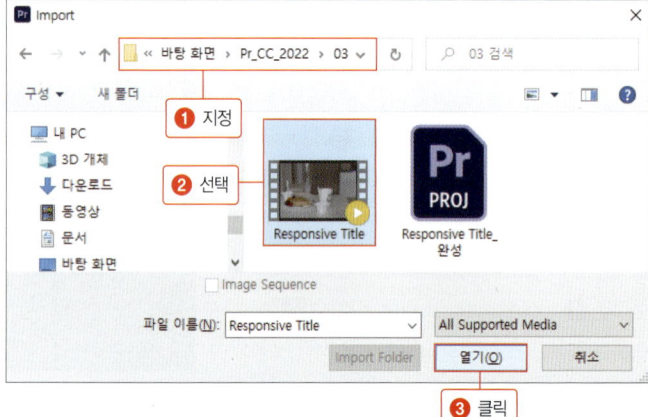

02 Project 패널의 'Responsive Title.mp4' 아이템을 'New Item' 아이콘( )으로 드래그하여 소스 파일과 같은 시퀀스를 만듭니다.

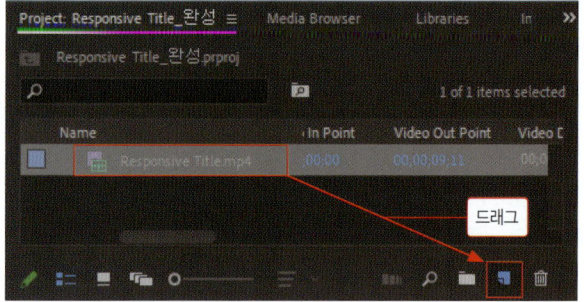

03 ❶ Tools 패널의 문자 도구(T)를 선택합니다. ❷ Program Monitor 패널의 하단을 클릭한 다음 ❸ '늦은 오후 핫케이크를 만들어 먹습니다'를 입력하여 자막을 만듭니다.

04 ① Timeline 패널에서 V2 트랙의 자막 클립을 선택한 다음 ② Program Monitor 패널에서 '늦은 오후 핫케이크를 만들어 먹습니다' 자막을 선택합니다. Essential Graphics 패널의 (Edit) 탭에서 ③ 'Center align text' 아이콘(■), ④ 'Horizontal Center' 아이콘(回)을 순서대로 클릭하여 영상 소스 하단 정중앙에 자막이 위치하도록 정렬합니다.

> **TIP**
> Essential Graphics 패널이 표시되지 않는다면 메뉴에서 (Window) → Essential Graphics를 실행합니다.

05 Program Monitor 패널에서 '늦은 오후 핫케이크를 만들어 먹습니다' 자막을 더블클릭해 전체 자막을 선택합니다.

06 ① Essential Graphics 패널 Text 항목에서 원하는 글꼴을 찾아 지정하고 ② Font Size를 그림과 같이 적당한 크기로 설정합니다. 앞의 과정으로 중앙 정렬이 흐트러졌다면 ③ 'Horizontal Center' 아이콘(回)을 클릭하여 영상 소스 하단 정중앙에 자막이 위치하도록 정렬합니다.

> **TIP**
> 예제에서는 '나눔손글씨 성실체' 라는 상업적으로 사용 가능한 무료 글꼴로 지정하고, Font Size를 '100' 으로 설정했습니다.

07 ❶ Appearance 항목에서 'Background'를 체크 표시하고 ❷ Background의 Opacity를 '100%', Size를 '15', Corner Radius를 '10'으로 설정한 다음 ❸ 색상 상자를 클릭하여 '나뭇잎 색 (#686C53)'으로 지정합니다.

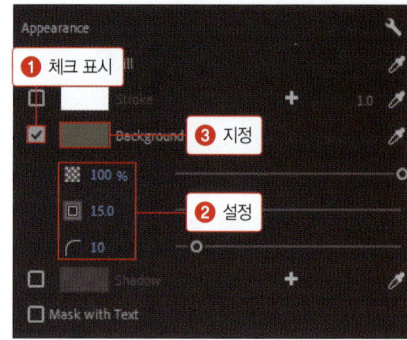

> **TIP**
> 해당 이미지는 프리미어 프로 CC 2022 버전의 Appearance 항목 이미지로, 최신 버전의 Appearance 항목과 아이콘 위치가 차이가 있을 수 있습니다.

08 Timeline 패널에서 V2 트랙의 자막 클립의 오른쪽 끝 점을 드래그하여 'Responsive Title.mp4' 클립과 길이를 같게 만듭니다.

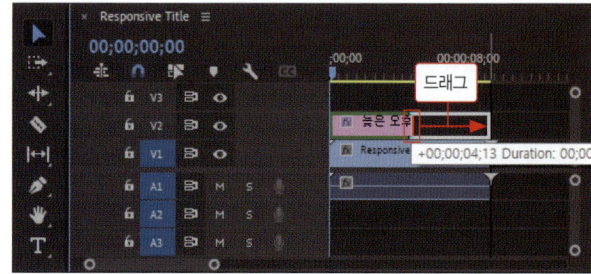

09 ❶ Timeline 패널에서 현재 시간 표시기를 '00:00:02:12'로 이동합니다. ❷ Tools 패널에서 자르기 도구()를 선택하고 ❸ V2 트랙의 현재 시간 표시기가 위치한 곳의 자막 클립을 클릭하여 자릅니다.

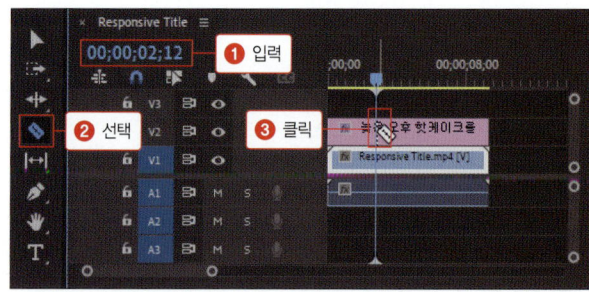

10 ❶ Timeline 패널에서 현재 시간 표시기를 '00:00:05:22'로 이동합니다. ❷ Tools 패널에서 자르기 도구( )를 선택하고 ❸ V2 트랙의 현재 시간 표시기가 위치한 곳의 자막 클립을 클릭하여 자릅니다.

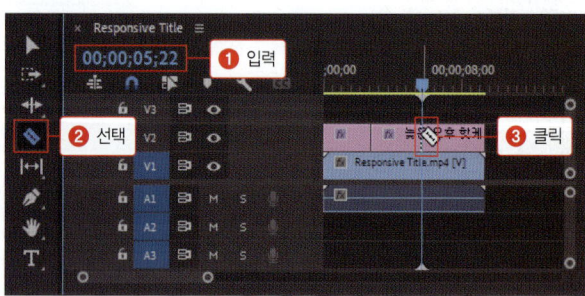

11 ❶ 현재 시간 표시기를 '00:00:04:11'로 이동합니다.
❷ Program Monitor 패널에서 '늦은 오후 핫케이크를 만들어 먹습니다' 자막을 더블클릭한 다음 ❸ '바쁜 일상 속에서도 여유를 가져야 합니다'를 입력합니다.

12 ❶ 현재 시간 표시기를 '00:00:07:10'으로 이동합니다.
❷ Program Monitor 패널에서 '늦은 오후 핫케이크를 만들어 먹습니다' 자막을 더블클릭한 다음 ❸ '커피와 달달한 디저트!'를 입력합니다.

13 영상을 재생해 영상 전체에 반응형 배경 자막이 적용된 것을 확인합니다.

▲ 문장의 길이에 따라 자막의 배경이 반응하는 모습

실습예제 08 그레이디언트 색상 자막 디자인하기

이전 버전의 프리미어 프로에서 그레이디언트 색상의 자막을 디자인하기 위해 레거시 타이틀(Legacy Title)을 사용해야 했습니다. 하지만 최근 업데이트를 통해 Essential Graphics에서도 작업이 가능해 아주 쉽게 그레이디언트 디자인을 선보일 수 있게 되었습니다. 이번 예제에서는 Essential Graphics 패널을 활용해 그레이디언트 디자인 자막을 만드는 방법을 알아보도록 하겠습니다.

● 예제파일 : 03\Gradient Title.mp4   ● 완성파일 : 03\Gradient Title_완성.mp4, Gradient Title_완성.prproj

01 프리미어 프로의 프로젝트를 실행한 다음 Ctrl + I 를 눌러 ❶ 03 폴더에서 ❷ 'Gradient Title.mp4' 파일을 선택하고 ❸ 〈열기〉 버튼을 클릭합니다. ❹ Project 패널의 'Gradient Title.mp4' 아이템을 'New Item' 아이콘(📄)으로 드래그하여 소스 파일과 같은 시퀀스를 만듭니다.

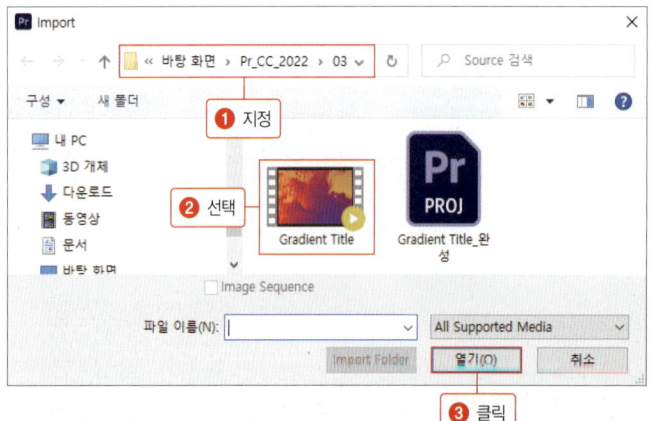

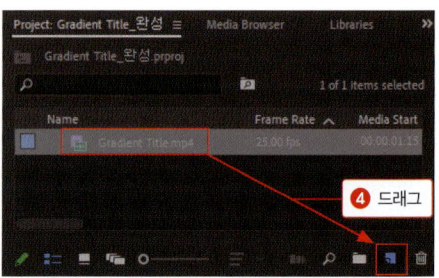

02 ❶ Tools 패널의 문자 도구(T)를 선택합니다. ❷ Program Monitor 패널 중앙 영역을 클릭한 다음 ❸ '내 마음에 번지다'를 입력하여 자막을 만듭니다. ❹ 메뉴에서 (Window) → Essential Graphics를 실행합니다.

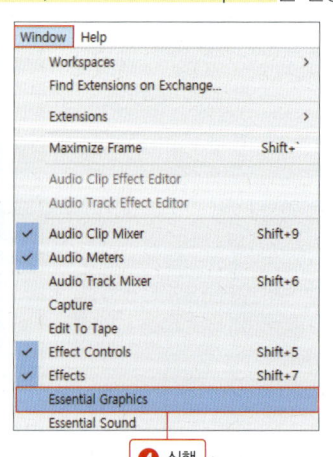

03 ① Timeline 패널에서 V2 트랙의 자막 클립을 선택한 다음 ② Program Monitor 패널에서 '내 마음에 번지다' 자막을 선택합니다. Essential Graphics 패널의 (Edit) 탭에서 ③ 'Center align text' 아이콘(≡), ④ 'Horizontal Center' 아이콘(▣), ⑤ 'Vertical Center' 아이콘(▣)을 순서대로 클릭하여 영상 소스 정중앙에 자막이 위치하도록 정렬합니다.

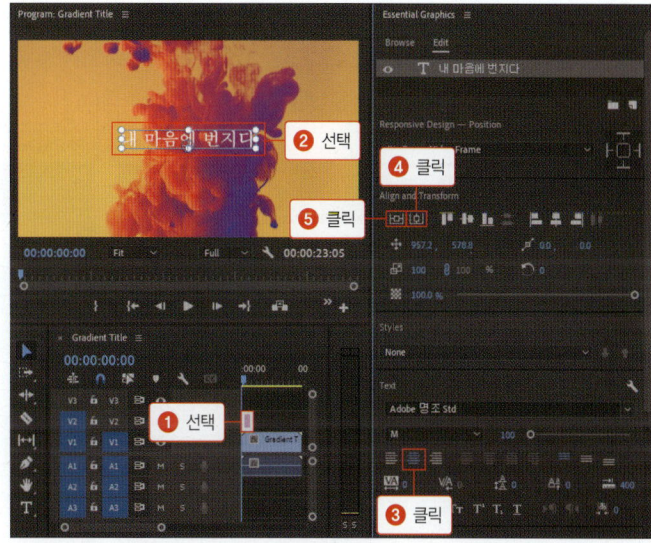

04 ① Program Monitor 패널에서 '내 마음에 번지다' 자막을 더블클릭해 자막을 전체 선택합니다. ② Essential Graphics 패널 Text 항목에서 굵은 굵기의 글꼴을 찾아 지정하고 ③ Font Size를 그림과 같은 크기로 설정합니다. ④ 'Horizontal center' 아이콘(▣), ⑤ 'Vertical center' 아이콘(▣)을 순서대로 클릭하여 영상 소스 정중앙에 자막이 위치하도록 정렬합니다.

> **TIP**
> 예제에서는 '카페24 아네모네'라는 상업적으로 사용 가능한 무료 글꼴로 지정하고, Font Size를 '170'으로 설정하였습니다.

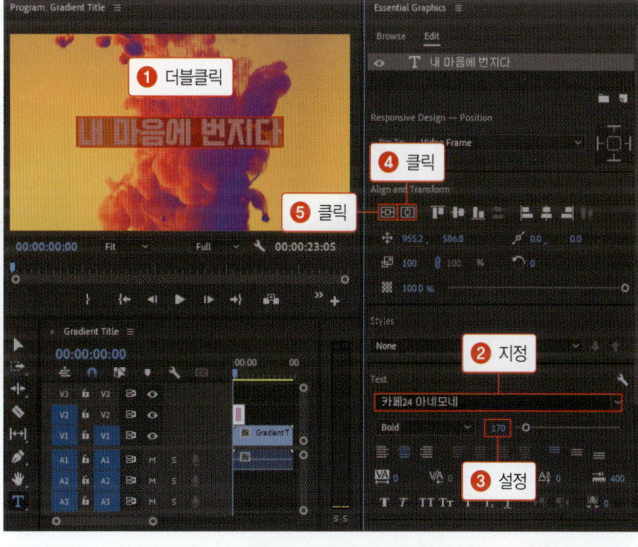

05 Appearance 항목에서 Fill의 색상 상자를 클릭합니다.

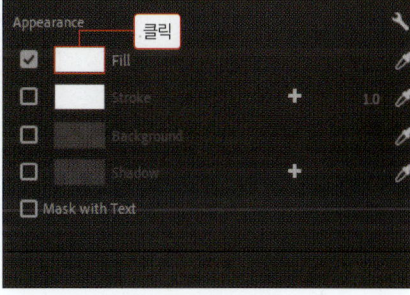

> **TIP**
> 해당 이미지는 프리미어 프로 CC 2022 버전의 Appearance 항목 이미지로, 최신 버전의 Appearance 항목과 아이콘 위치가 차이가 있을 수 있습니다.

06 Color Picker 대화상자가 표시되면 'Solid'를 클릭하고 ❶ 'Linear Gradient'로 지정합니다. ❷ 왼쪽 'Color Stop' 아이콘(▲)을 선택한 다음 ❸ '노란색(#FEC623)'으로 지정합니다. ❹ 오른쪽 'Color Stop' 아이콘(▲)을 선택한 다음 ❺ '붉은색(#E82137)'으로 지정하고 ❻ 〈OK〉 버튼을 클릭합니다.

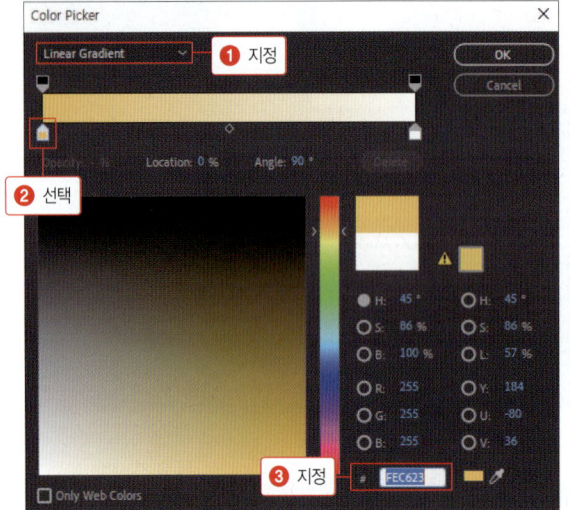
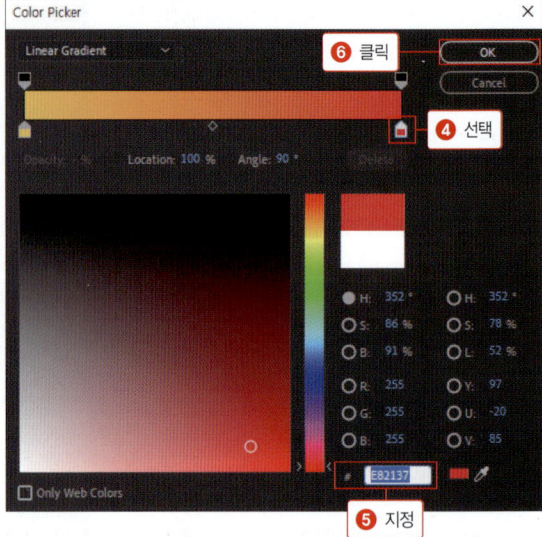

07 Timeline 패널에서 V2 트랙의 자막 클립의 오른쪽 끝 점을 드래그하여 'Gradient Title.mp4' 클립과 길이를 같게 만듭니다.

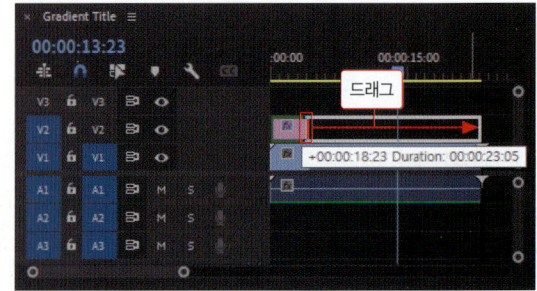

08 영상을 재생하여 영상 전체에 그레이디언트 색상 자막이 적용된 것을 확인합니다.

실습예제 09 자막 스타일 저장하고 모든 자막 한꺼번에 스타일 바꾸기

자막 작업을 하다 보면 여러 가지 이유로 작업 중간에 디자인을 변경해야 하는 상황이 발생합니다. 예제처럼 자막의 수가 적을 때는 일일이 바꿔주기도 하지만, 자막의 개수가 많을 때 하나씩 바꾸면 효율성이 매우 떨어집니다. 이런 경우 새로 만든 디자인을 스타일(Style)로 저장하여 전체 자막에 쉽고 빠르게 적용할 수 있습니다. 이번 예제에서는 프리미어 프로에서 모든 자막 디자인을 한꺼번에 바꾸는 방법을 알아봅니다.

◉ 예제파일 : 03\Changing Title.mp4　　◉ 완성파일 : 03\Changing Title_완성.mp4, Changing Title_완성.prproj

01 프리미어 프로의 프로젝트를 실행한 다음 Ctrl + I 를 눌러 ❶ 03 폴더에서 ❷ 'Changing Title.mp4' 파일을 선택하고 ❸ 〈열기〉 버튼을 클릭합니다.

02 Project 패널의 'Changing Title.mp4' 아이템을 'New Item' 아이콘(📄)으로 드래그하여 소스 파일과 같은 시퀀스를 만듭니다.

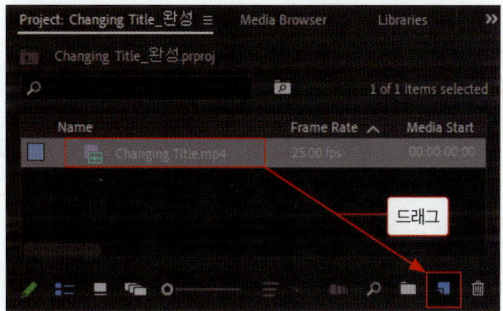

03 ❶ Tools 패널의 문자 도구(T)를 선택합니다. ❷ Program Monitor 패널 하단 영역을 클릭하고 ❸ '날이 정말 좋아서 공원 산책을 나왔어요!'를 입력하여 자막을 만듭니다.

04 Timeline 패널에서 V2 트랙의 자막 클립의 오른쪽 끝 점을 드래그하여 'Changing Title. mp4' 클립과 길이를 같게 만듭니다.

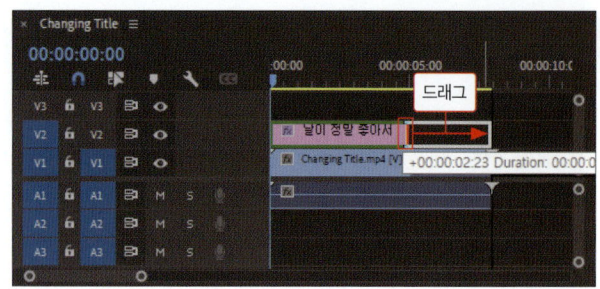

05 메뉴에서 (Window) → Essential Graphics를 실행합니다.

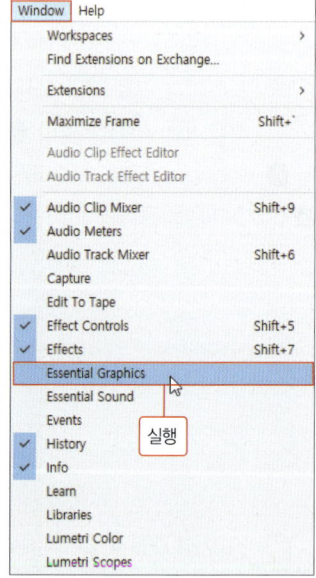

06 ❶ Essential Graphics 패널의 (Edit) 탭에서 'Center align text' 아이콘(▤), ❷ 'Horizontal Center' 아이콘(▣)을 순서대로 클릭하여 영상 소스 하단 정중앙에 자막이 위치하도록 정렬합니다.

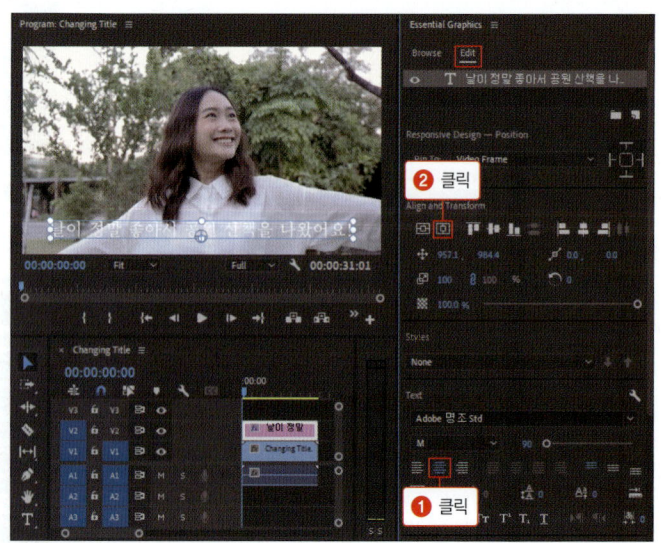

07 ① Timeline 패널에서 현재 시간 표시기를 '00:00:02:22'로 이동합니다. ② Tools 패널에서 자르기 도구( )를 선택하고 ③ Timeline 패널 V2 트랙의 현재 시간 표시기가 위치한 곳의 자막 클립을 클릭하여 자릅니다.

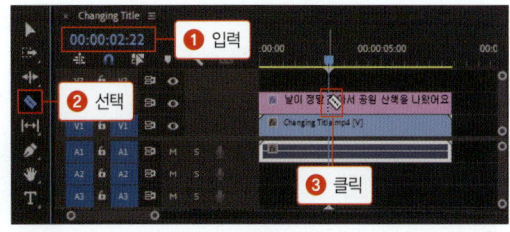

08 ① Timeline 패널에서 현재 시간 표시기를 '00:00:05:00'으로 이동합니다. ② Tools 패널에서 자르기 도구( )를 선택하고 ③ Timeline 패널 V2 트랙의 현재 시간 표시기가 위치한 곳의 자막 클립을 클릭하여 자릅니다.

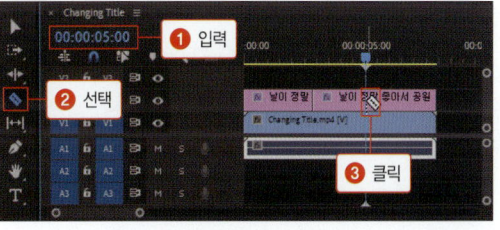

09 ① 현재 시간 표시기를 '00:00:00:00'으로 이동한 다음 ② Tools 패널에서 선택 도구( )를 선택합니다. ③ Timeline 패널에서 V2 트랙의 첫 번째 클립을 선택한 다음 ④ Program Monitor 패널의 '날이 정말 좋아서 공원 산책을 나왔어요.' 자막을 선택합니다.

10 Program Monitor 패널에서 '날이 정말 좋아서 공원 산책을 나왔어요!' 자막을 더블클릭해 전체 자막을 선택합니다.

11 ❶ Essential Graphics 패널의 Text 항목에서 원하는 글꼴을 찾아 지정하고 ❷ Font Size를 '90'으로 설정합니다. 앞의 과정으로 중앙 정렬이 흐트러졌다면 ❸ 'Horizontal Center' 아이콘(□)을 클릭하여 영상 소스 정중앙에 자막이 위치하도록 정렬합니다.

TIP
예제에서는 '카페24 써라운드 에어'라는 상업적으로 사용 가능한 무료 글꼴로 지정했습니다.

12 ❶ Appearance 항목에서 Fill의 색상 상자를 클릭하여 '밝은 노란색(#FFFBB7)'으로 지정한 다음 ❷ 'Background'를 체크 표시합니다.

TIP
해당 이미지는 프리미어 프로 CC 2022 버전의 Appearance 항목 이미지로, 최신 버전의 Appearance 항목과 아이콘 위치가 차이가 있을 수 있습니다.

13 ❶ Background의 Opacity를 '100%', Size를 '20'으로 설정하고 ❷ 색상 상자를 클릭하여 '짙은 분홍색(#BF6C7D)'으로 지정한 다음 ❸ 'Shadow'를 체크 표시합니다.

14 ❶ Shadow의 Opacity를 '80%', Distance를 '5', Blur를 '0'으로 설정한 다음 ❷ 색상 상자를 클릭해 '짙은 붉은색(#781A1A)'으로 지정합니다.

15 ❶ Styles 항목에서 'None'을 클릭하여 ❷ 'Create Style'을 지정합니다.

16 New Text Style 대화상자가 표시되면 ❶ Name에 '설명자막'을 입력하고 ❷ 〈OK〉 버튼을 클릭합니다.

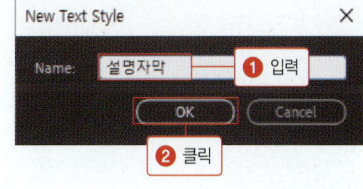

17 현재 시간 표시기를 '00:00:04:00'으로 이동합니다.

18 Timeline 패널에서 Shift를 누른 상태로 V2 트랙에 있는 모든 자막 클립을 클릭합니다.

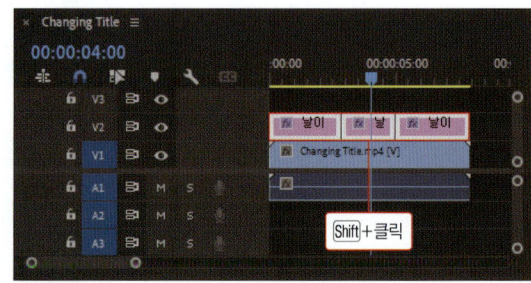

> **TIP**
> Shift를 누른 상태로 여러 클립을 클릭하면 동시에 여러 개의 클립을 선택할 수 있습니다.

19 Project 패널에서 '설명자막' 아이템을 Timeline 패널의 V2 트랙 자막 클립에 드래그합니다.

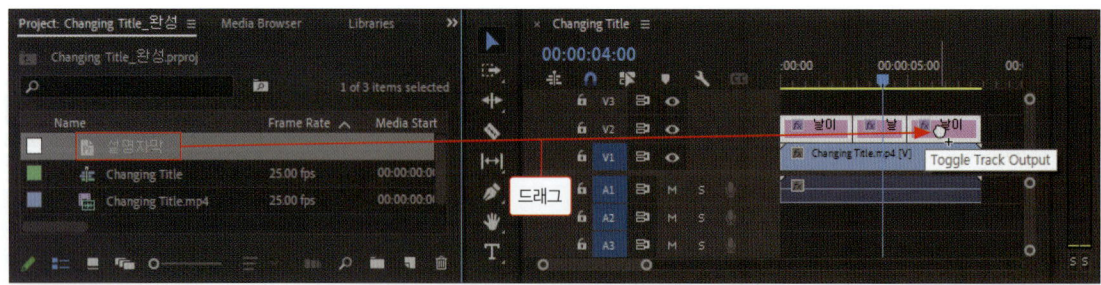

20 ❶ Timeline 패널에서 현재 시간 표시기를 '00:00:03:00'으로 이동합니다. ❷ Program Monitor 패널에서 '날이 정말 좋아서 공원 산책을 나왔어요!' 텍스트를 더블클릭한 다음 ❸ '진짜 봄이 왔나 봐요!'를 입력합니다.

21 ❶ Timeline 패널에서 현재 시간 표시기를 '00:00:05:20'으로 이동합니다. ❷ Program Monitor 패널에서 '날이 정말 좋아서 공원 산책을 나왔어요!' 텍스트를 더블클릭한 다음 ❸ '여름 전까지 부지런히 산책 나와야겠어요'를 입력합니다.

22 영상을 재생하여 영상 전체에 '설명자막' 스타일의 자막이 적용된 것을 확인합니다.

▲ 전체 자막이 '설명자막' 스타일로 바뀐 모습

• Legacy Title

레거시 타이틀로 자막 스타일 만들기

레거시 타이틀은 과거 문자 도구와 캡션 기능이 없었을 때 유일하게 텍스트 작업을 할 수 있는 기능으로 도형과 글자를 이용해 자막과 텍스트 디자인을 할 수 있는 다양한 옵션을 제공합니다. 현재는 문자 도구와 도형 도구를 이용해 쉽게 디자인을 할 수 있지만, 더 섬세하고 높은 기술을 요구하는 이색적인 자막 디자인은 레거시 타이틀을 통해 완성할 수 있습니다.

필수기능 01 레거시 타이틀 이해하기

프리미어 프로에서는 영상 편집 이외에 사운드, 애니메이션, 효과, 컬러 작업 등 다양한 영상 디자인 작업을 진행합니다. 그리고 여기에 영상에서 매우 큰 역할을 하는 자막 작업 또한 영상 디자인 과정의 하나입니다. 빠르고 쉽게 만들 수 있는 문자 도구를 이용하는 방법 이외에 도형, 타이틀 디자인, 움직이는 스크롤 자막까지 이색적인 스타일의 자막을 만들 수 있는 레거시 타이틀(Legacy Title) 제작 방법을 알아봅니다.

레거시 타이틀 실행하기

메뉴에서 (File) → New → Legacy Title을 실행한 다음 New Title 대화상자에 작업 타이틀의 이름 입력하고 〈OK〉 버튼을 클릭해 저장하면 Legacy Title 창을 표시해 다양한 타이틀 작업을 진행할 수 있습니다.

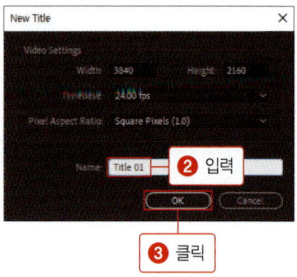

레거시 타이틀 작업이 완료되면 Project 패널에 만들어진 레거시 타이틀 아이템을 Timeline 패널에 적용해 활용할 수 있습니다. 또한, Project 패널의 레거시 타이틀 아이템을 더블클릭하면 앞서 작업한 레거시 타이틀을 수정할 수 있도록 다시 Legacy Title 창이 실행됩니다.

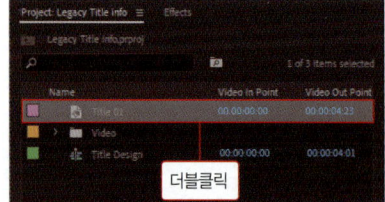

> **TIP**
>
> **'레거시 타이틀' 기능 서비스 만료 예정 안내**
>
> '레거시 타이틀'은 프리미어 프로에서 매우 오래 전부터 자막 작업을 위해 활용되었던 기능입니다. 하지만 최근 새롭고 편리한 기능들이 더해진 기본 그래픽(Essential Graphics) 패널의 활용도가 높아져 대부분의 타이틀 작업은 레거시 타이틀 기능을 활용하지 않게 되었습니다.
> 또한, 레거시 타이틀에서 특수하게 활용할 수 있는 기능들도 곧 Essential Graphics 패널로 이동하여 레거시 타이틀은 곧 프리미어 프로에서 서비스가 만료되어 삭제될 예정입니다.
> 따라서 이 책을 공부하는 과정에 혹시 프리미어 프로의 레거시 타이틀 기능이 실행되지 않는다면 2022년 책 출간 이후 프로그램이 업데이트되면서 서비스가 만료된 것으로 이해해 주시기 바랍니다.

Legacy Title 창 이해하기

Legacy Title 창에서는 영상에 삽입할 자막을 심도 있게 디자인하거나 다양한 도형을 활용해 화면을 꾸밀 수 있습니다. 레거시 타이틀의 각 패널의 여러 가지 기능과 속성들을 파악하여 심플한 자막 이외에 완성도 높은 다양한 스타일의 타이틀 디자인 작업에 활용할 수 있도록 합니다.

▲ 레거시 타이틀 대화상자

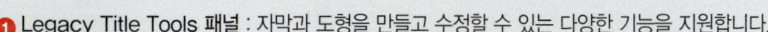

❶ **Legacy Title Tools 패널** : 자막과 도형을 만들고 수정할 수 있는 다양한 기능을 지원합니다.

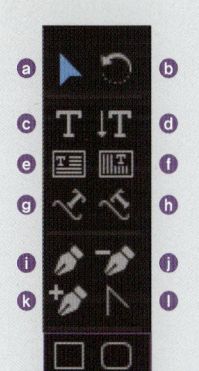

ⓐ **선택 도구(V)** : 각각의 오브젝트를 선택합니다.
ⓑ **회전 도구(O)** : 오브젝트를 회전합니다.
ⓒ **문자 도구(T)** : 문자를 입력합니다.
ⓓ **세로 문자 도구(C)** : 문자를 세로로 입력합니다.
ⓔ **영역 문자 도구** : 문자가 입력되는 영역을 지정할 때 사용하며, 지정된 영역을 벗어난 문자들은 화면에서 보이지 않습니다.
ⓕ **세로 영역 문자 도구** : 세로 문자가 입력되는 영역을 지정합니다.
ⓖ **패스 문자 도구(P)** : 그려진 패스에 문자를 입력합니다.
ⓗ **세로 패스 문자 도구** : 그려진 패스에 세로 문자를 입력합니다.
ⓘ **펜 도구** : 패스를 삽입하고 제어합니다.
ⓙ **앵커 포인터 삭제 도구** : 패스의 앵커 포인터를 삭제합니다.
ⓚ **앵커 포인터 추가 도구** : 패스에 앵커 포인터를 추가합니다.
ⓛ **앵커 포인터 변환 도구** : 패스 선을 곡선화하여 부드럽게 합니다.
ⓜ **도형 도구** : 사각형, 타원, 삼각형 등 여러 가지 도형이나 선을 그릴 때 사용합니다.

❷ **Legacy Title Align 패널** : 문자나 도형의 간격과 배치를 오브젝트 간 또는 화면 안에서 가지런하게 정렬할 수 있는 여러 기능을 지원합니다.

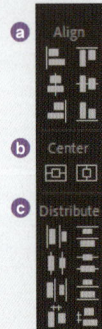

ⓐ Align : 문자나 도형, 선들을 일렬로 정렬합니다.
ⓑ Center Position : 오브젝트를 화면 가운데로 배치합니다.
ⓒ Distribute : 오브젝트 간격을 지정하여 배치합니다.

❸ **Legacy Title Design 패널** : 실질적인 타이틀 작업 창으로 배열과 기능 등에 관한 옵션을 설정합니다.

ⓐ New Title Based on Current Title : 현재 타이틀과 같은 형식의 새로운 타이틀을 만듭니다.
ⓑ Roll/Crawl Options : 위나 옆으로 흐르는 타이틀을 만듭니다.
ⓒ Font Family : 문자의 글꼴을 바꿀 때 사용하며, 현재 컴퓨터에 설치된 글꼴을 보여 줍니다.
ⓓ Font Style : Medium, Regular, Italic, Bold 등 각 글꼴에서 지원되는 스타일을 나타내며, 선택할 수 있습니다.
ⓔ Font Basic Pattern : 문자의 진하기(Bold), 기울기(Italic), 밑줄(Underline)을 지정합니다.
ⓕ Font Basic Properties : 문자의 크기(Size), 자간(Kerning), 행간(Leading)을 지정합니다.
ⓖ Type Alignment : 문자의 정렬을 왼쪽(Left), 가운데(Center), 오른쪽(Right)을 지정합니다.
ⓗ Tab Stops(Ctrl + Shift + T) : 탭 마커(Tab Marker)를 설정한 다음 Tab 을 눌렀을 때 문자를 탭 마커 위치까지 이동하도록 설정합니다.
ⓘ Show Background Video : 아이콘이 활성화될 때 Title 창에 타임코드에 위치한 배경 화면 이미지가 표시됩니다.
ⓙ Main Work Area : 주 작업 영업으로, 이곳에서 문자 및 도형을 만들고 모양 및 스타일 등을 디자인합니다.
ⓚ Panel Menu : 패널 설정을 도와주며, Sale Margin/Text Baseline 등 작업에 도움을 주는 가이드 옵션을 설정합니다.

❹ **Legacy Title Properties 패널** : 타이틀 또는 오브젝트의 전체 속성을 설정합니다.

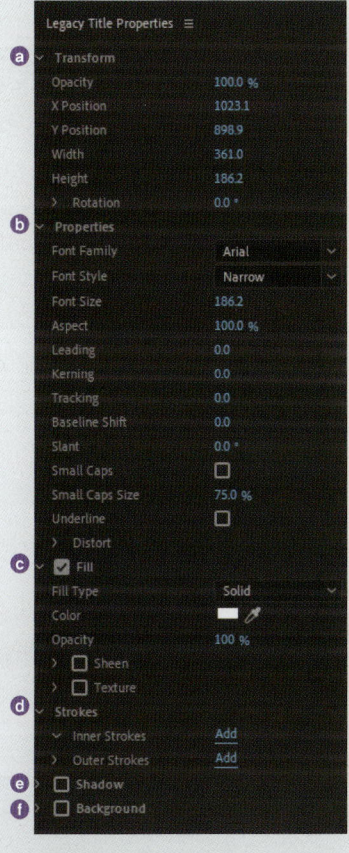

ⓐ **Transform** : 오브젝트의 불투명도(Opacity), 위치(Position), 크기(Scale), 회전(Rotation) 값을 설정합니다.

ⓑ **Properties** : 글꼴(Font), 행간(Leading), 자간(Kerning), 기울기(Slant)등 문자의 스타일과 속성을 설정합니다.

ⓒ **Fill** : 오브젝트 색상(Color)을 지정합니다. 단색, 그러디언트, 베벨 등의 효과를 활용할 수 있습니다.

ⓓ **Strokes** : 오브젝트의 테두리를 만들고 스타일 및 색상을 설정합니다.

ⓔ **Shadow** : 오브젝트의 그림자를 만들고 색과 불투명도, 기울기 등을 설정합니다.

ⓕ **Background** : 배경 색상에 관한 옵션을 설정합니다.

❺ **Legacy Title Style 패널** : 자주 사용하는 문자나 도형 스타일을 모아 놓은 라이브러리로, 패널 메뉴에서 New Style을 실행해 원하는 임의의 스타일을 저장하여 사용할 수 있습니다.

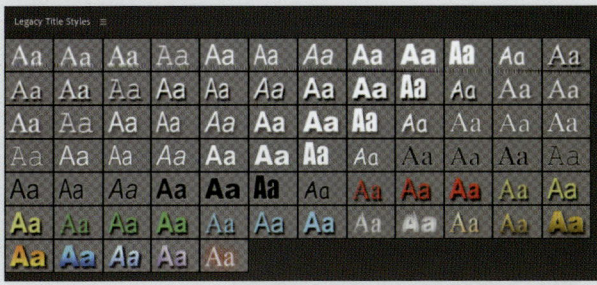

실습예제 02 도형을 이용한 타이틀 디자인하기

화면을 디자인할 때 다양한 도형을 활용하면 스타일리시한 장면 또는 타이틀을 연출할 수 있습니다. 도형과 자막을 한 번에 디자인할 수 있는 레거시 타이틀 기능을 활용해 이색적이고 창의적인 타이틀 화면을 연출해 봅니다.

● **예제파일** : 03\Street.mp4   ● **완성파일** : 03\Legacy Title Design_완성.mp4, Legacy Title Design_완성.prproj

01 프리미어 프로의 프로젝트를 실행한 다음 Ctrl + I 를 눌러 ❶ 03 폴더에서 ❷ 'Street.mp4' 파일을 선택하고 ❸ 〈열기〉 버튼을 클릭합니다.

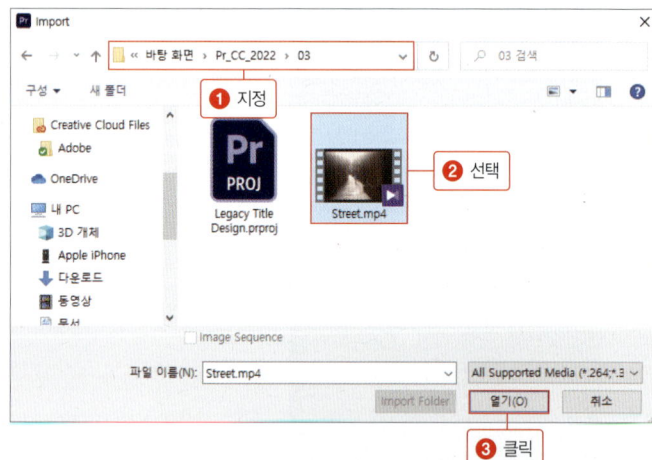

02 Project 패널에서 'Street.mp4' 아이템을 'New Item' 아이콘(■)으로 드래그하여 소스 파일과 같은 시퀀스를 만듭니다.

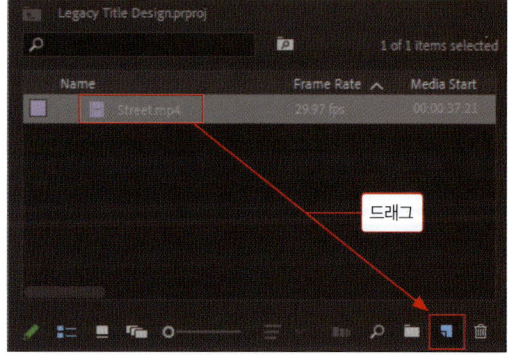

03 ❶ 메뉴에서 (File) → Legacy Title을 실행해 New Title 대화상자가 표시되면 ❷ Name에 'Background'를 입력하고 ❸ 〈OK〉 버튼을 클릭합니다.

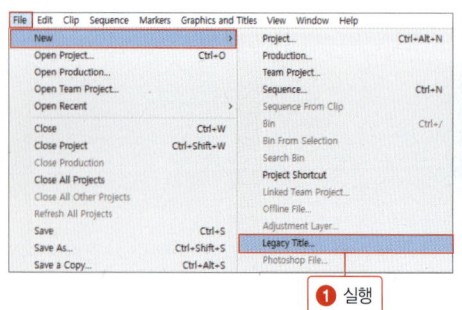
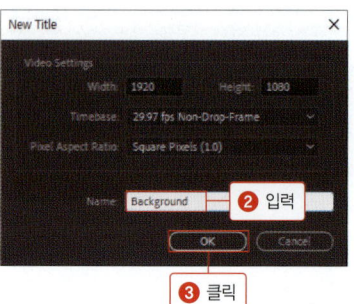

204 Part 3 • 영상 자막 만들기

04 Title 창이 표시되면 ❶ Title Tools 패널에서 사각형 도구(▢)를 선택하고 ❷ Legacy Title Design 패널에 대각선으로 드래그하여 사각형 도형을 만듭니다.

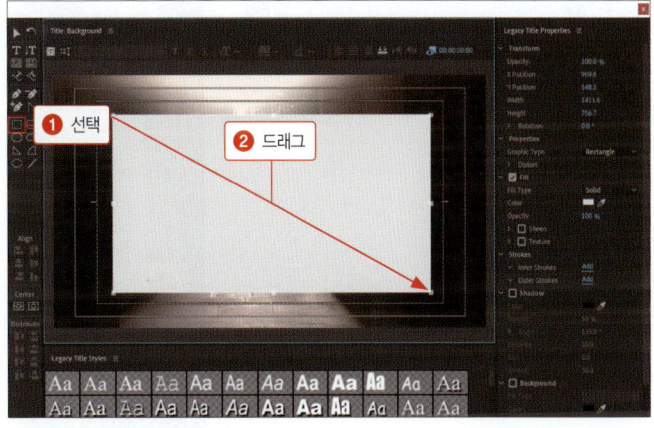

05 ❶ Legacy Title Properties 패널에서 Width를 '1920', Height를 '1080'으로 설정한 다음 ❷ Align 패널의 Center 항목에서 'Vertical Center' 아이콘(▦)과 'Horizontal Center' 아이콘(▦)을 차례로 클릭하여 사각형이 화면 중앙에 꽉 차도록 배치합니다.

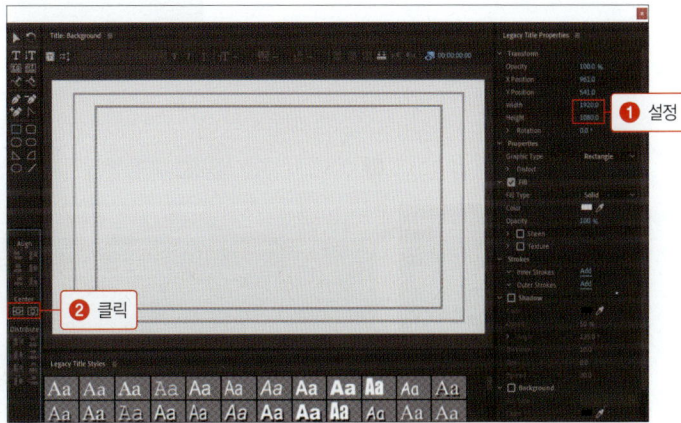

06 ❶ Legacy Title Properties 패널에서 Color의 색상 상자를 클릭해 Color Picker 대화상자가 표시되면 ❷ #에 'E8E1DB'를 입력하고 ❸ 〈OK〉 버튼을 클릭합니다.

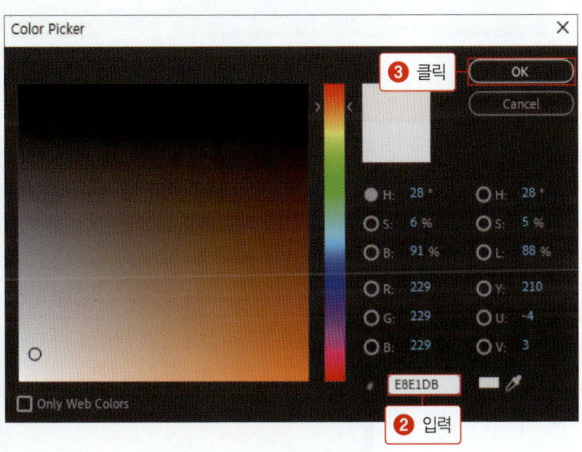

Chapter 02 • 레거시 타이틀로 자막 스타일 만들기 205

07 ① Title Tools 패널에서 선택 도구(▶)를 선택하고 ② Legacy Title Design 패널에서 Alt 를 누른 상태로 오브젝트를 오른쪽으로 드래그하여 복제합니다.

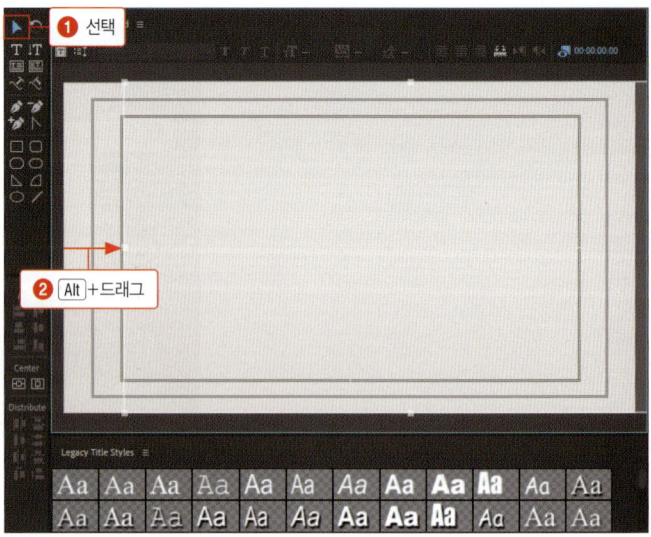

08 ① Legacy Title Properties 패널에서 Color의 색상 상자를 클릭해 Color Picker 대화상자가 표시되면 ② #에 'AF8A70'를 입력하고 ③ 〈OK〉 버튼을 클릭합니다. 복제된 사각형의 색상이 변경됩니다.

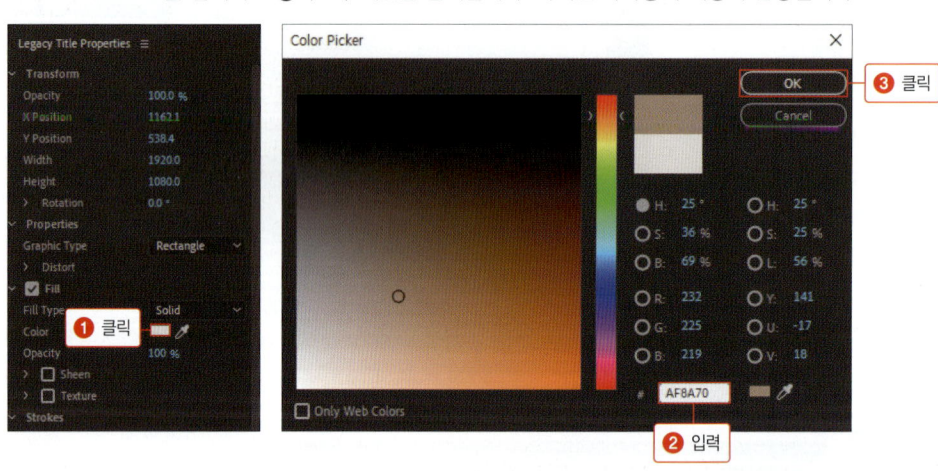

09 Legacy Title Properties 패널에서 X Position을 '1250', Y Position을 '540'으로 설정하여 복제된 사각형의 배치를 그림과 같이 설정합니다.

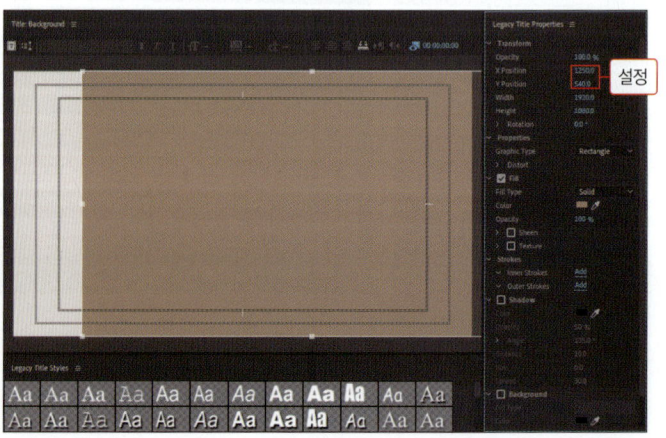

10 ① Title Tools 패널에서 문자 도구(T)를 선택하고 ② Legacy Title Design 패널을 클릭해 ③ 'FASHION'을 입력합니다.

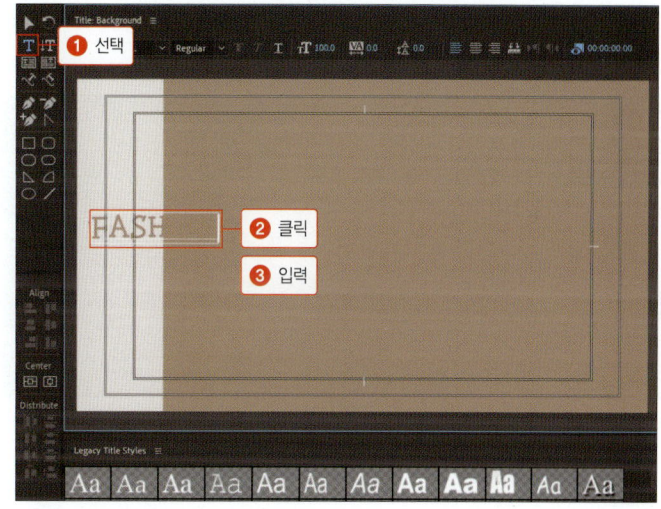

> **TIP**
> 글꼴과 배경이 같은 색상으로 지정되어 완성된 글자가 보이지 않을 수 있습니다.

11 ① Legacy Title Properties 패널에서 Rotation을 '270°'로 설정하고 ② 적절한 Font Family 지정하고 ③ Font Size를 설정합니다. 이어 ④ X Position, Y Position을 그림과 같이 밝은 부분에 글자가 세로로 위치하도록 적절히 설정합니다. ⑤ '닫기' 아이콘(×)을 클릭해 배경 이미지를 완성합니다.

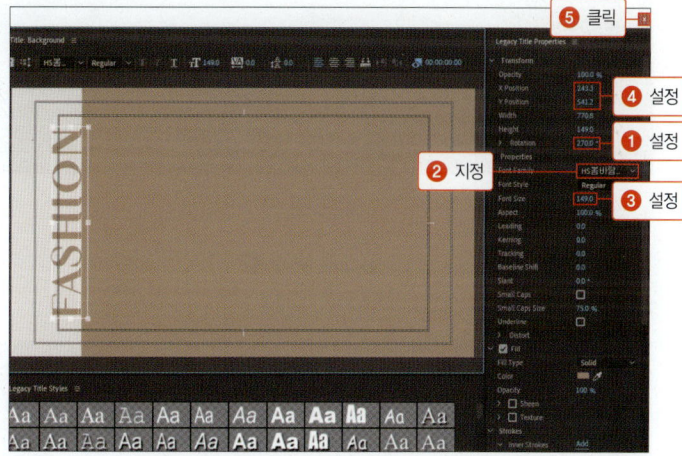

12 Timeline 패널에서 V1 트랙에 있는 'Street.mp4' 클립을 V2 트랙으로 드래그하여 이동합니다.

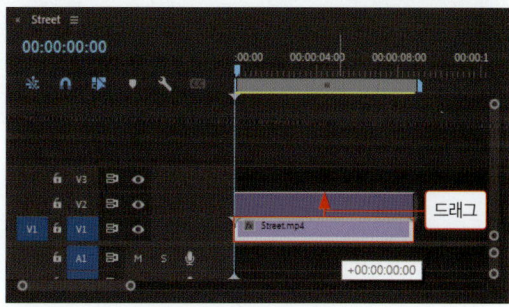

Chapter 02 • 레거시 타이틀로 자막 스타일 만들기   **207**

13 Project 패널에서 Title 창에서 작업한 'Background' 아이템을 Timeline 패널 V1 트랙으로 드래그하여 이동합니다.

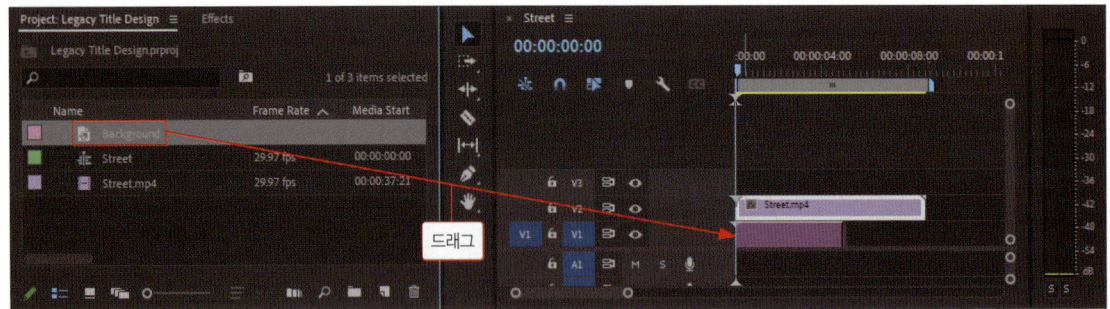

14 Timeline 패널에서 'Background' 클립의 끝 점을 오른쪽으로 드래그하여 V2 트랙의 'Street.mp4' 클립과 길이를 같게 만듭니다.

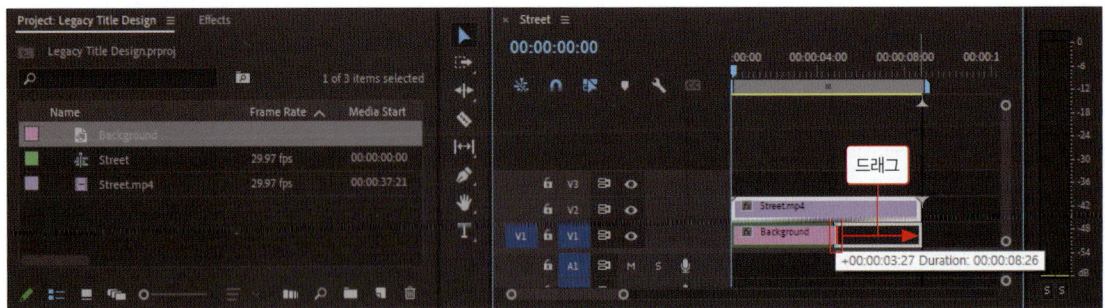

15 화면을 적당한 크기로 자르기 위해 ❶ Effects 패널에서 'Crop' 이펙트를 검색하고 ❷ Timeline 패널의 'Street.mp4' 클립에 드래그합니다.

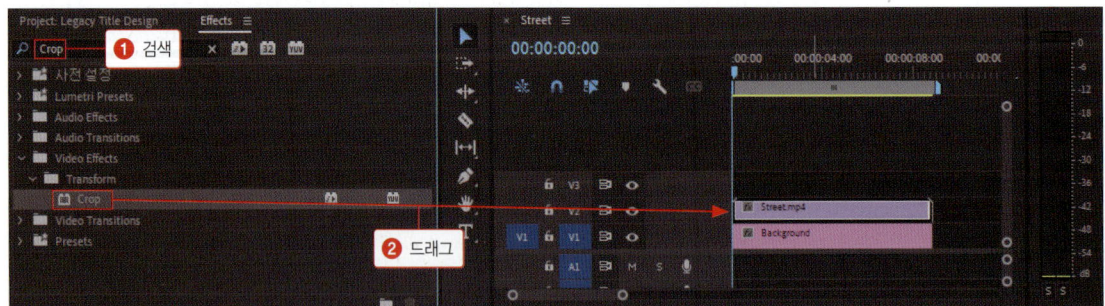

16 ❶ Effect Controls 패널의 Crop 항목에서 Left를 '35%', Top을 '23%', Right를 '35%', Bottom을 '23%'로 설정합니다. 이어 ❷ Motion 항목의 Position을 '1140/540'으로 설정해 그림과 같이 레이아웃을 완성합니다.

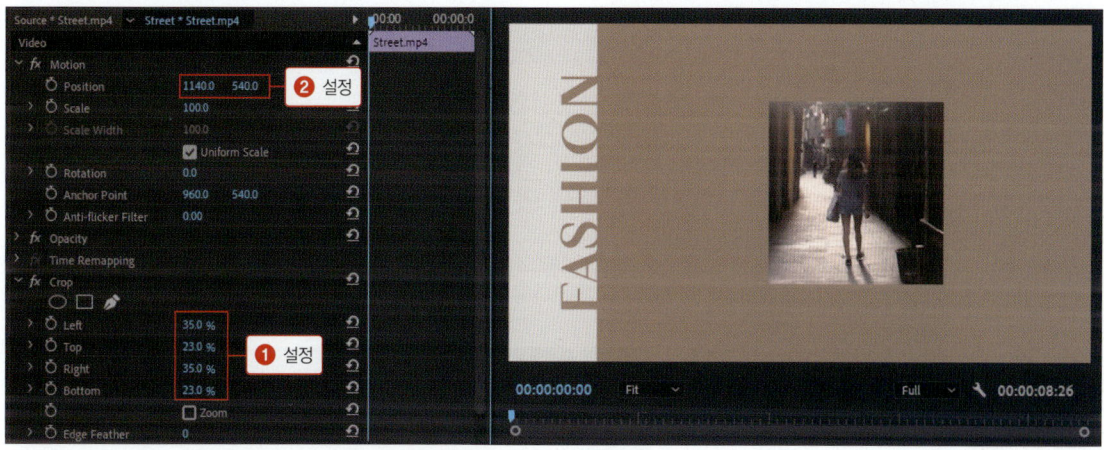

17 그림자 효과를 만들기 위해 ❶ Effects 패널에서 'Drop Shadow' 이펙트를 검색하고 ❷ 'Street.mp4' 클립에 드래그합니다.

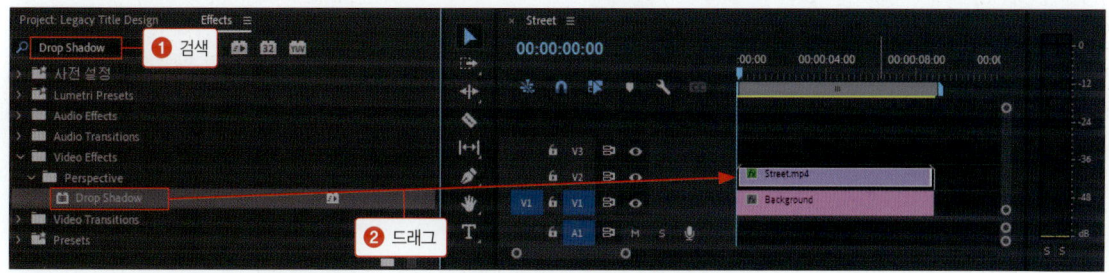

18 Effect Controls 패널의 Drop Shadow 항목에서 Opacity를 '35%', Distance를 '45'로 설정해 그림과 같이 그림자 효과를 완성합니다.

TIP
Drop Shadow의 Direction을 설정하면 그림자의 방향을 변경할 수 있으며, Softness를 설정하면 그림자의 테두리를 부드럽게 처리할 수 있습니다.

19 ❶ 메뉴에서 (File) → Legacy Title을 실행해 New Title 대화상자가 표시되면 ❷ Name에 'Title'을 입력하고 ❸ 〈OK〉 버튼을 클릭합니다.

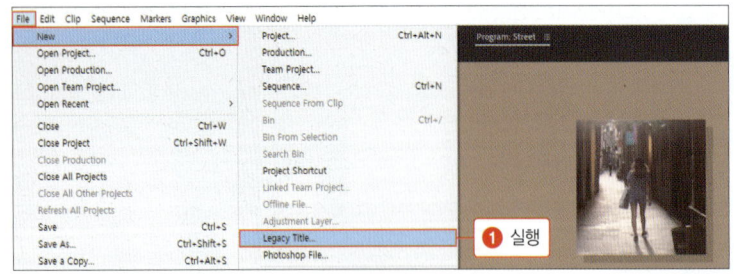
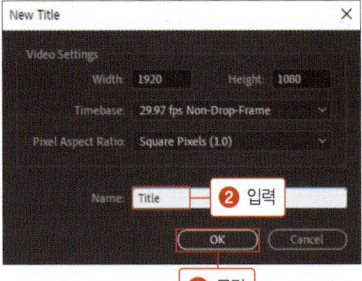

20 ❶ Title Tools 패널에서 타원 도구(◯)를 선택하고 ❷ Shift를 누른 상태로 Title Design 패널에 대각선으로 드래그하여 그림과 같이 원을 만듭니다.

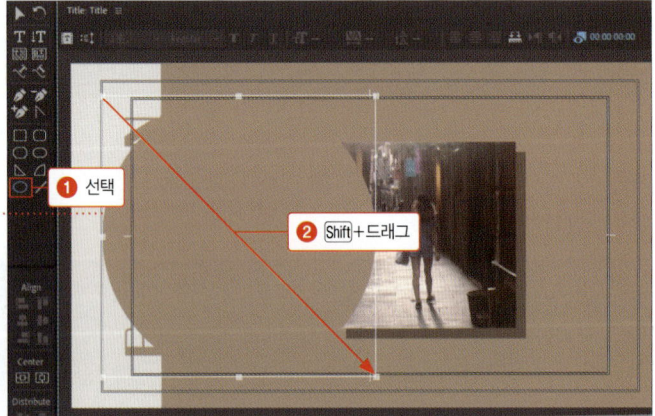

Shift를 누른 상태로 도형을 만들면 가로와 세로가 같은 비율의 도형을 만들 수 있습니다. 도형의 크기를 수정할 때도 Shift를 누른 상태로 도형의 크기를 변형하면 가로와 세로가 같은 비율의 도형으로 변경할 수 있습니다.

TIP
배경색과 같은 색의 원이 만들어져 잘 보이지 않을 수 있습니다.

21 ❶ Legacy Title Properties 패널에서 Fill의 Opacity를 '0%'로 설정하고 테두리를 설정하기 위해 ❷ Outer Strokes의 파란색 글씨 'Add'를 클릭해 ❸ Size를 '5'로 설정합니다. ❹ Color의 색상 상자를 클릭한 다음 Color Picker 대화상자가 표시되면 ❺ #에 'D4B39C'를 입력하고 ❻ 〈OK〉 버튼을 클릭합니다.

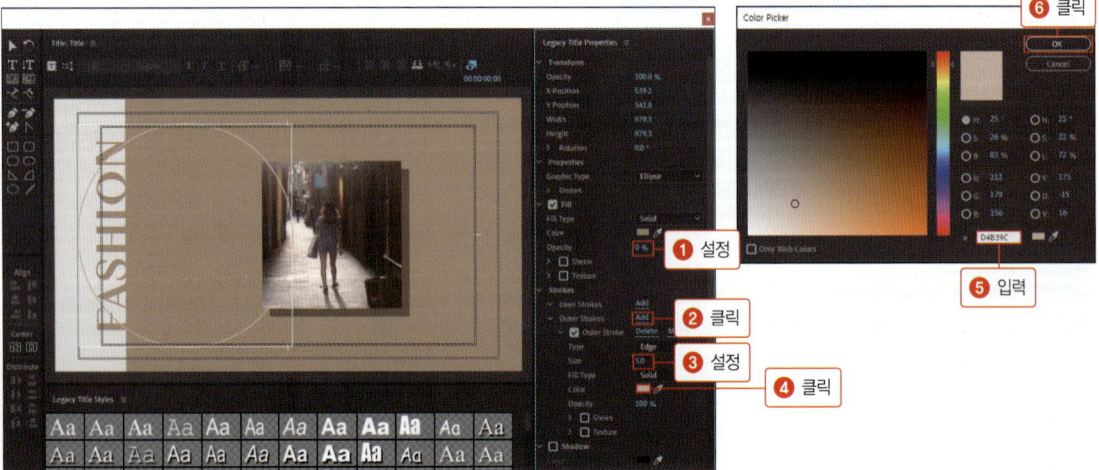

22 ❶ Title Tools 패널에서 선택 도구(▶)를 선택한 다음 ❷ Width를 '830', Height를 '830', ❸ X Position을 '845', Y Position을 '540'으로 설정하여 그림과 같이 원을 배치합니다.

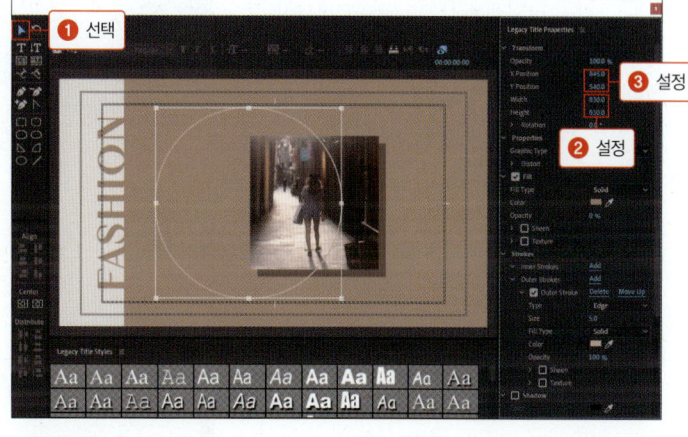

23 Legacy Title Design 패널에서 Alt 를 누른 상태로 앞서 만든 원을 오른쪽으로 드래그하여 그림과 같이 복제합니다.

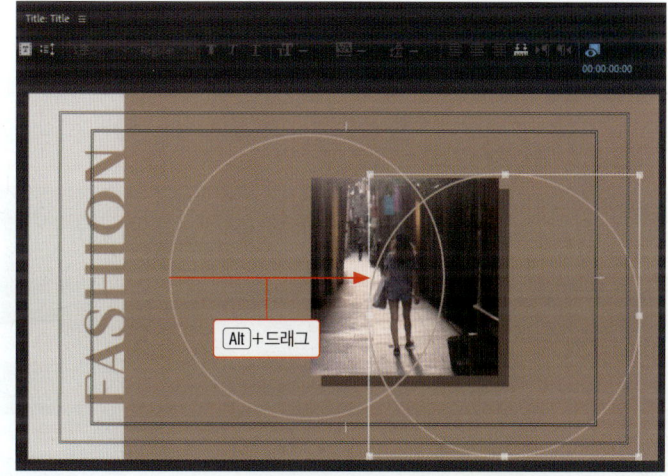

24 ❶ Legacy Title Properties 패널에서 Width를 '300', Height를 '300', ❷ X Position을 '1500', Y Position을 '880'으로 설정해 그림과 같이 작은 원을 배치합니다.

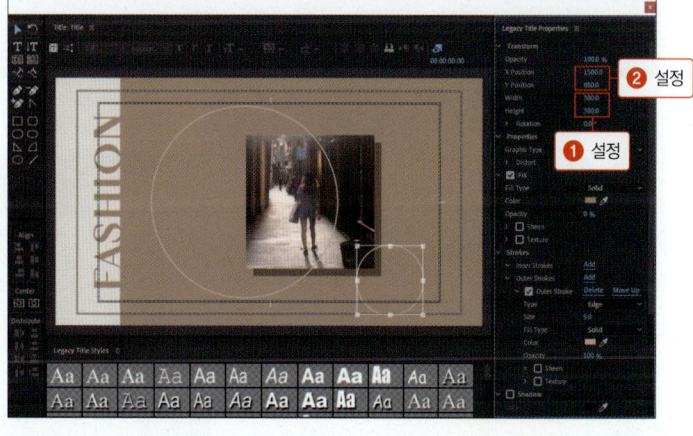

25 다시 Legacy Title Design 패널에서 Alt 를 누른 상태로 원을 드래그하여 복제합니다.

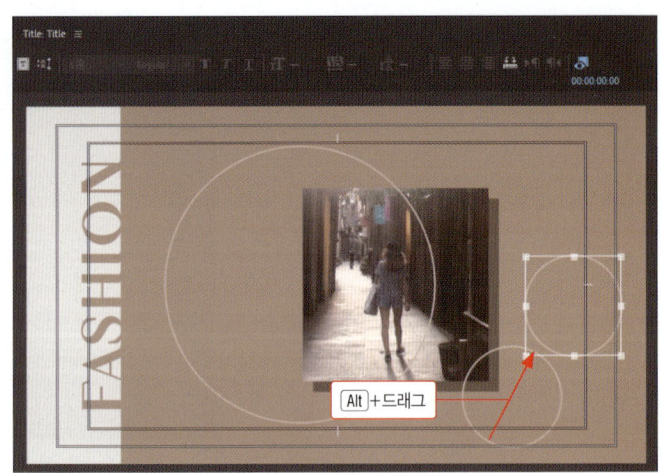

26 ❶ Legacy Title Properties 패널에서 Width를 '120', Height를 '120', ❷ Position을 '1650', Y Position을 '777'로 설정한 다음 ❸ Strokes 항목의 Outer Strokes 체크 표시를 해제합니다. 이어 ❹ Fill의 색상 상자를 클릭해 Color Picker 대화상자가 표시되면 ❺ #에 'D5AB8E'를 입력하고 ❻ 〈OK〉 버튼을 클릭합니다.

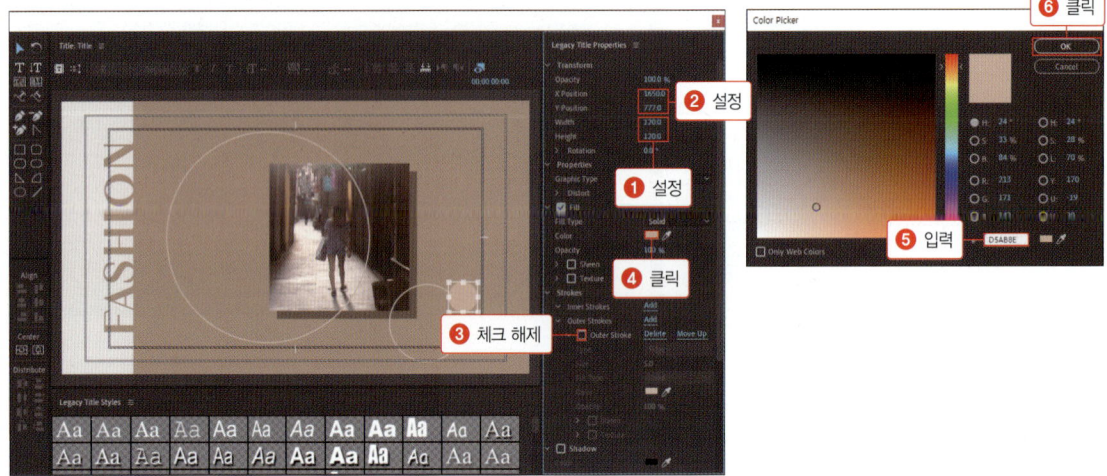

27 ❶ Title Tools 패널에서 문자 도구(T)를 선택한 다음 ❷ Legacy Title Design 패널을 클릭하고 ❸ 'Street Fashion'을 입력합니다.

28 ❶ Title Tools 패널에서 선택 도구(▶)를 선택하고 ❷ Legacy Title Properties 패널에서 Fill의 색상 상자를 클릭해 Color Picker 대화상자가 표시되면 ❸ #에 'E8E1DB'를 입력하고 ❹ 〈OK〉 버튼을 클릭합니다. ❺ Legacy Title Design 패널의 'Center Align Text' 아이콘(▤), (Ctrl + Shift + C)을 클릭해 글자를 중앙 정렬로 배치합니다.

29 Legacy Title Properties 패널에서 Transform 항목과 Properties 항목 옵션을 적절히 조절해 예제의 그림과 유사한 느낌의 Font Size와 디자인을 설정하고 위치를 조절합니다.

TIP
글꼴 크기, 위치, 디자인이 달라도 상관없습니다.

30 ❶ Legacy Title Design 패널의 'New Title Based On Current Title' 아이콘(▤)을 클릭해 New Title 대화상자가 표시되면 ❷ Name에 'Episode'를 입력하고 ❸ 〈OK〉 버튼을 클릭합니다.

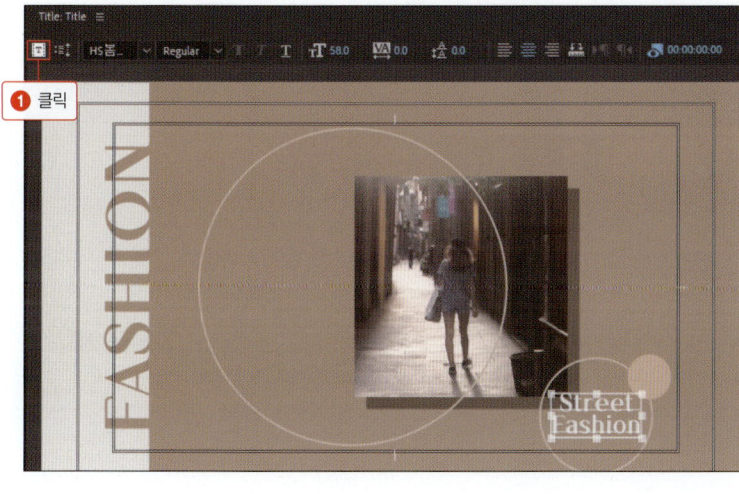

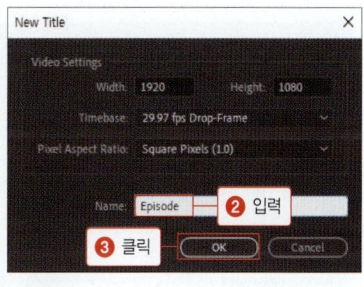

TIP
New Title Based On Current Title은 현재 작업 된 내용을 유지하면서 새로운 아이템으로 타이틀 작업을 이어갈 수 있는 기능입니다.

31 ❶ Title Tools 패널에서 문자 도구(T)를 선택하고 ❷ Legacy Title Design 패널을 클릭해 ❸ '#01'을 입력합니다.

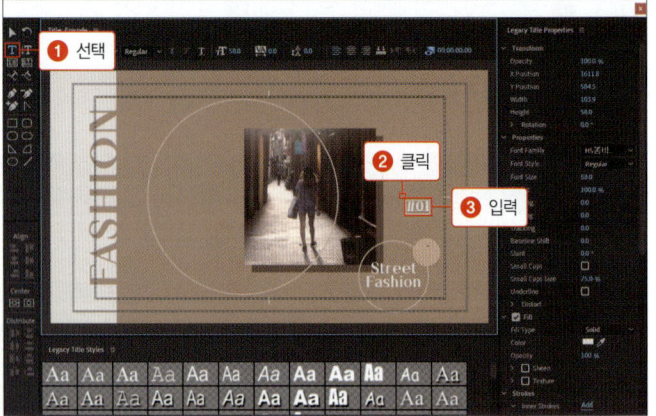

32 ❶ Title Tools 패널에서 선택 도구(▶)를 선택하고 ❷ Legacy Title Properties 패널에서 Transform, Properties, Fill 항목의 옵션을 조절해 그림과 같이 작은 원 안에 글자가 안정적으로 배치되도록 설정합니다.

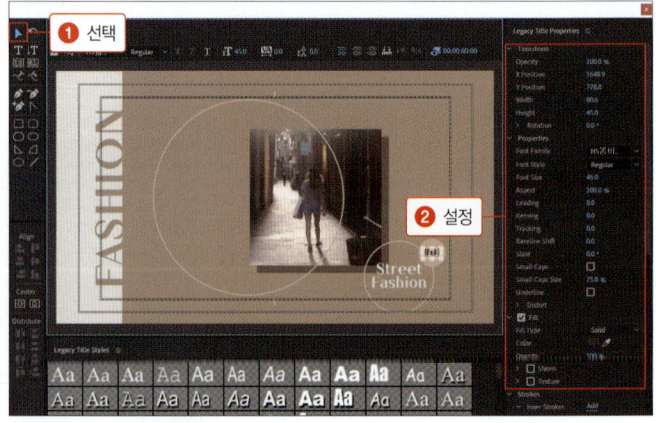

33 앞서 제작한 오브젝트를 삭제하기 위해 ❶ Ctrl + A 를 눌러 Legacy Title Design 패널의 모든 오브젝트를 선택합니다. ❷ Shift 를 누른 상태로 '#01' 오브젝트를 클릭해 하나의 오브젝트만 선택 해제합니다. ❸ Delete 를 눌러 '#01' 문자를 제외한 다른 오브젝트를 모두 삭제하고 ❹ '닫기' 아이콘(×)을 클릭해 Legacy Title 창을 닫습니다.

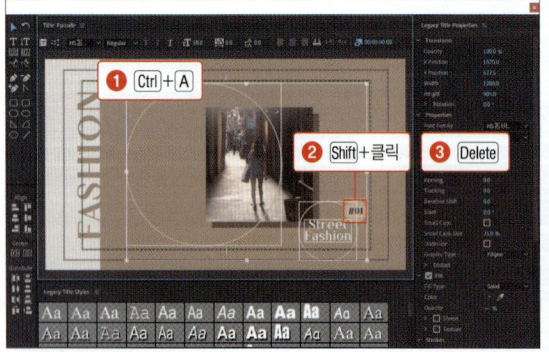 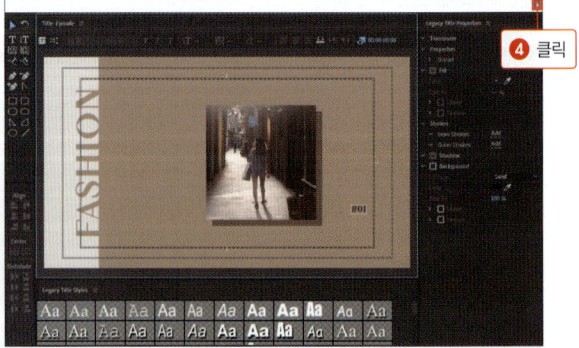

▲ '#01' 문자를 제외한 다른 오브젝트를 모두 삭제한 모습

34 ❶ Project 패널에서 Title 아이템을 Timeline 패널 V3 트랙으로 드래그한 다음 ❷ 'Title' 클립의 끝 점을 드래그하여 V1, V2 트랙의 클립과 길이를 같게 만듭니다.

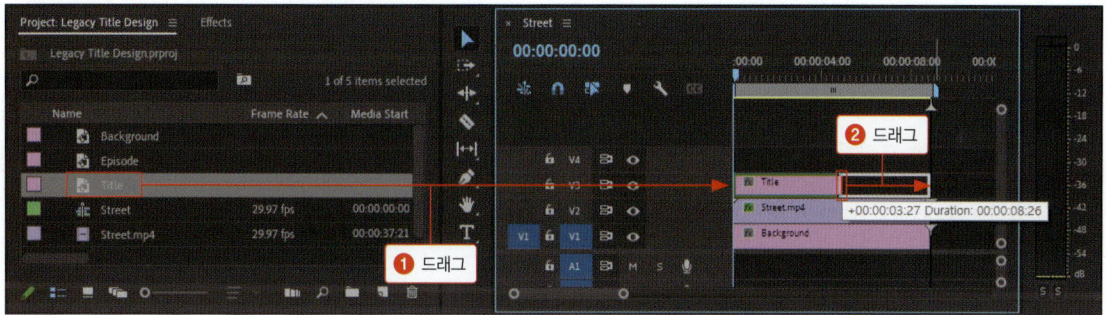

35 ❶ Project 패널에서 'Episode' 아이템을 Timeline 패널 V4 트랙으로 드래그한 다음 ❷ 'Episode' 클립의 끝 점을 드래그하여 V1, V2, V3 트랙의 클립과 길이를 같게 만듭니다.

36 여러 도형으로 디자인된 타이틀 화면을 확인합니다.

▲ Legacy Title로 디자인 전

▲ Legacy Title로 디자인 후

> **TIP**
> 완성된 타이틀 디자인 요소에 클립별로 애니메이션과 특수 효과를 적용해 움직이는 영상을 만들 수 있습니다. 각종 애니메이션과 특수 효과와 관련된 내용은 Part 6, Part 7 내용을 확인하시기 바랍니다.

Chapter 02 · 레거시 타이틀로 자막 스타일 만들기   **215**

실습예제 03 스크롤 자막 만들기

영상에서 영화의 엔딩 크레딧처럼 수직으로 자막이 올라가는 효과는 스크롤(Scroll)이라고 표현하며, 수평으로 자막이 흘러가는 효과는 크롤(Crawl)이라고 합니다. 프리미어 프로에서는 레거시 타이틀 기능을 이용해 이 두 가지 효과를 연출할 수 있습니다. 이번 예제에서는 수직으로 자막이 올라가는 스크롤 효과를 이용해 엔딩 크레딧 자막 효과를 표현해 봅니다.

◉ 예제파일 : 03\Scroll Back.png, Credit.txt ◉ 완성파일 : 03\Scroll_완성.mp4, Scroll_완성.prproj

01 프리미어 프로의 프로젝트를 실행한 다음 Ctrl + I 를 눌러 ❶ 03 폴더에서 ❷ 'Scroll Back.png' 파일을 선택하고 ❸ 〈열기〉 버튼을 클릭합니다.

02 Project 패널에서 'Scroll Back.png' 아이템을 'New Item' 아이콘(▦)으로 드래그하여 소스 파일과 같은 시퀀스를 만듭니다.

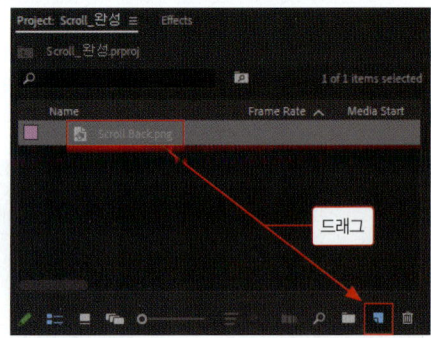

03 ❶ 메뉴에서 (File) → New → Legacy Title을 실행해 New Title 대화상자가 표시되면 ❷ Name에 'Scroll'을 입력하고 ❸ 〈OK〉 버튼을 클릭합니다.

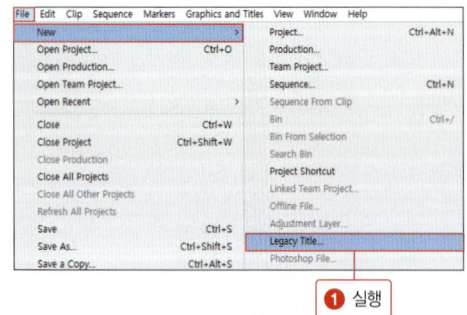
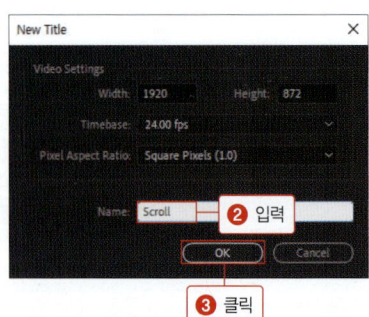

04 ❶ Legacy Title 창의 Legacy Title Design 패널에서 'Roll/Crawl' 아이콘(⬚)을 클릭해 Roll/Crawl Options 대화상자가 표시되면 ❷ 'Roll'을 선택하고 ❸ 'Start Off Screen', 'End Off Screen'을 체크 표시한 다음 ❹ 〈OK〉 버튼을 클릭합니다.

> **TIP**
> 'Crawl Left' 또는 'Crawl Right'를 선택하면 수평으로 흘러가는 자막 효과를 만들 수 있습니다. 또한, 'Start Off Screen'를 체크 표시하면 시작할 때 자막이 보이지 않는 상태에서 프레임 인(Frame In) 되도록 설정되며, 'End Off Screen'을 체크 표시하면 끝날 때 자막이 프레임 아웃(Frame Out)된 상태로 설정됩니다.

05 미리 만들어 놓은 크레딧의 텍스트를 복사하기 위해 ❶ 03 폴더에서 ❷ 'Credit.txt' 파일을 더블클릭합니다.

06 ❶ 메모장이 표시되면 Ctrl + A 를 눌러 모든 글자를 선택한 다음 ❷ Ctrl + C 를 눌러 복사하고 Legacy Title 창으로 돌아갑니다.

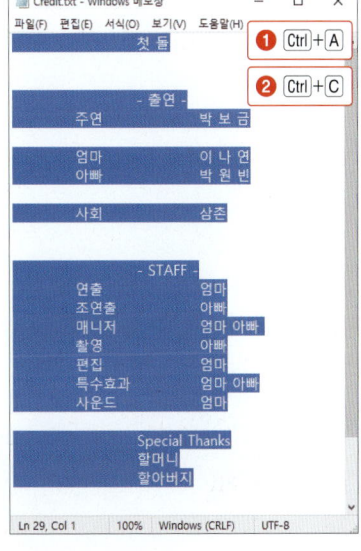

07
❶ Title Tools 패널에서 문자 도구(T)를 선택한 다음 ❷ Legacy Title Design 패널을 클릭하고 ❸ Ctrl + V 를 눌러 앞서 복사한 내용을 붙여넣습니다.

> **TIP**
> 자막의 한글 내용이 보이지 않고 '□□'와 같이 사각형으로 표시될 때가 있습니다. 이 이유는 해당 글꼴이 한글을 지원하지 않는 글꼴이기 때문입니다. Properties 항목의 Font Family에서 한글 글꼴을 지정해 주면 글자가 나타납니다.

08
❶ Title Tools 패널에서 선택 도구(▶)를 선택하고 ❷ 'Show Background Video' 아이콘(👁)을 클릭하여 배경 화면이 보이지 않도록 합니다.

> 밝은 배경에 밝은색 글자는 잘 보이지 않기 때문에 'Show Background Video' 아이콘(👁)을 클릭해 비활성화하여 Legacy Title Design 패널에 배경 화면이 보이지 않게 하면 작업 과정이 수월해집니다.

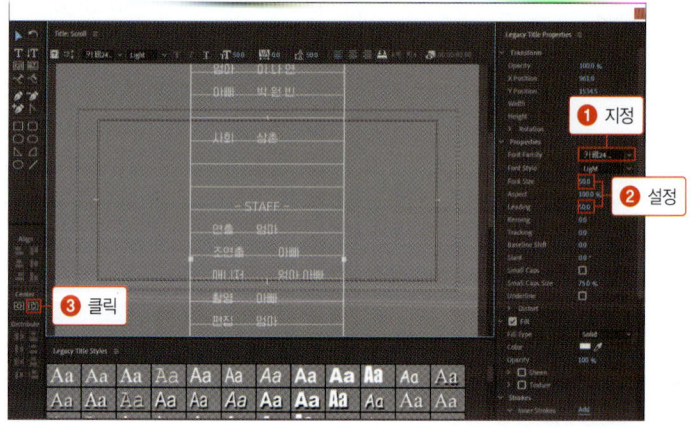

09
❶ Legacy Title Properties 패널에서 Font Family를 원하는 글꼴로 지정하고 ❷ Font Size, Leading을 그림과 같이 적절하게 설정합니다. ❸ Title Action 패널에서 'Horizontal Center' 아이콘(◉)을 클릭하여 텍스트 상자를 화면의 중앙에 정렬합니다.

> **TIP**
> 글꼴이 다른 색일 경우 Fill 항목의 색상 상자를 클릭해 흰색(#FFFFFF)으로 지정합니다.

10 Legacy Title Design 패널에서 'Tab Stops' 아이콘( )을 클릭합니다.

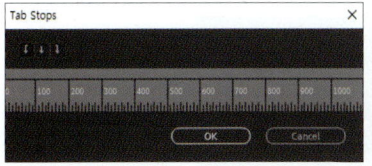
▲ Tab Stops 대화상자

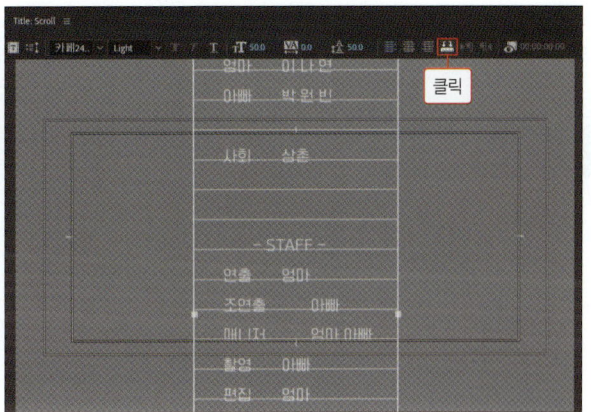

> **TIP**
> Tab Stops 기능은 탭 마커를 설정한 다음, 텍스트 상자의 글자 앞 또는 뒤에 Tab 을 눌렀을 때 문자를 탭 마커 위치까지 이동하도록 지원합니다.

11 ❶ Tab Stops 대화상자에서 'Right Tab Marker' 아이콘( )을 클릭하고 ❷ 눈금자의 '360'을 클릭해 설정합니다. Legacy Title Design 패널을 확인하면 왼쪽에 배열된 글자들이 노란색 라인을 기준으로 오른쪽으로 맞춰 정렬된 모습을 볼 수 있습니다.

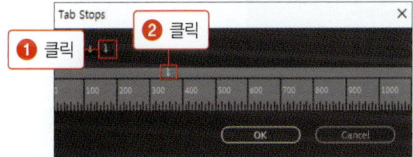

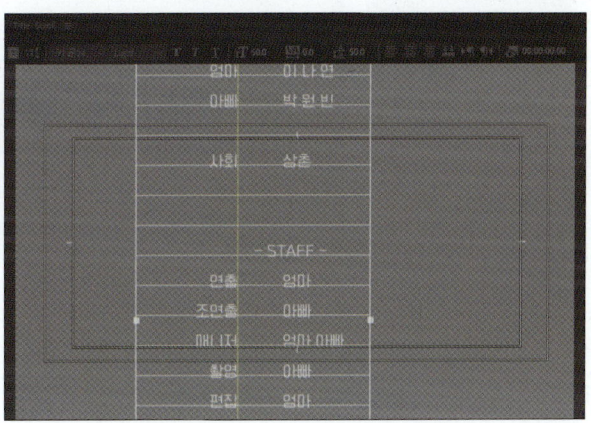
▲ 왼쪽 배열의 글자들이 노란색 라인을 기준으로 우측 정렬된 모습

> **TIP**
> Tab Stops 대화상자의 오른쪽 끝을 드래그하여 눈금자를 확장할 수 있습니다. 또한, 눈금자에 만들어진 마커는 좌우로 드래그하여 이동할 수 있으며 위로 드래그하여 삭제할 수 있습니다. 마커를 클릭해 팝업되는 마커 상자에서 다른 마커를 선택해 교체할 수도 있습니다.

12
❶ 'Center Tab Marker' 아이콘(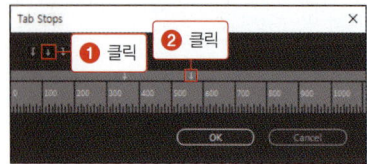)을 클릭하고 ❷ 눈금자의 '560'을 클릭해 설정합니다. Legacy Title Design 패널을 확인하면 중앙에 배열된 글자들이 두 번째 노란색 라인을 기준으로 가운데로 맞춰 정렬된 모습을 볼 수 있습니다.

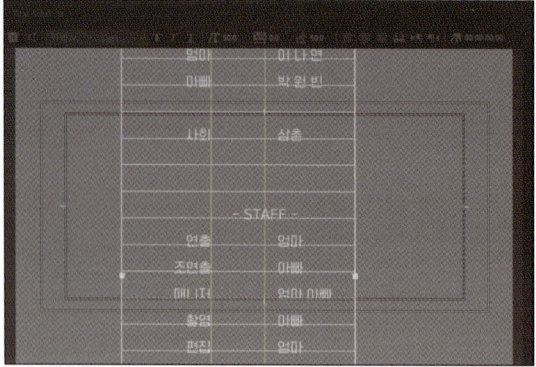

13
❶ 'Left Tab Marker' 아이콘()을 클릭하고 ❷ 눈금자의 '760'을 클릭해 설정합니다. Legacy Title Design 패널을 확인하면 오른쪽에 배열된 글자들이 세 번째 노란색 라인을 기준으로 왼쪽으로 맞춰 정렬된 모습을 볼 수 있습니다. Tab Stops 대화상자의 ❸ 〈OK〉 버튼을 클릭해 마커 작업을 완료합니다.

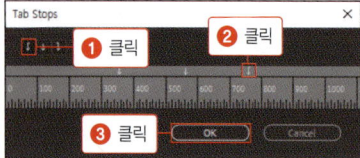

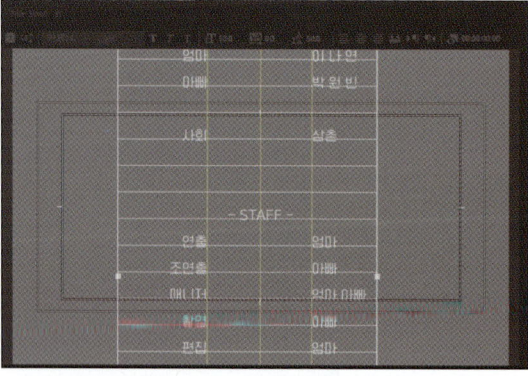

> **TIP**
> Tab Stops 마커로 인해 만들어진 노란색 라인을 따라 글자들이 가지런히 정렬된 것은 메모장에서 복사한 문장에 이미 `Tab` 정보가 적용되어 있기 때문입니다. 한 줄에 적용된 글자는 `Tab`이 적용된 횟수에 따라 노란색 라인을 기준으로 적용됩니다. 예를 들어 `Tab`연출`Tab``Tab`엄마'라는 문장이 입력되면 '연출'을 첫 번째 줄을 기준으로 정렬되고 '엄마'는 세 번째 줄을 기준으로 정렬됩니다.

14
❶ Legacy Title Design 패널 오른쪽의 슬라이더를 위, 아래로 드래그하여 완성된 스크롤 크레딧을 확인한 다음 ❷ '닫기' 아이콘()을 클릭해 Legacy Title 창을 닫습니다.

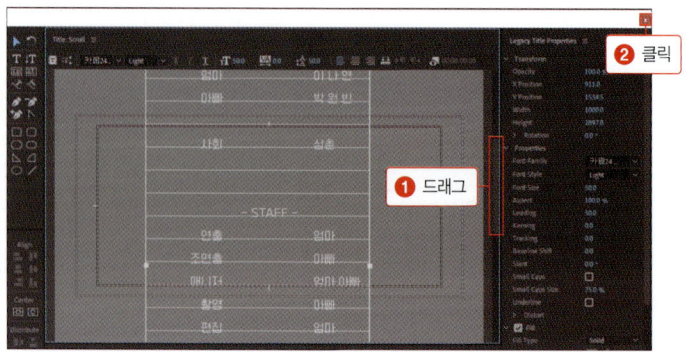

15 Project 패널에 만들어진 'Scroll' 아이템을 Timeline 패널의 V2 트랙으로 드래그합니다.

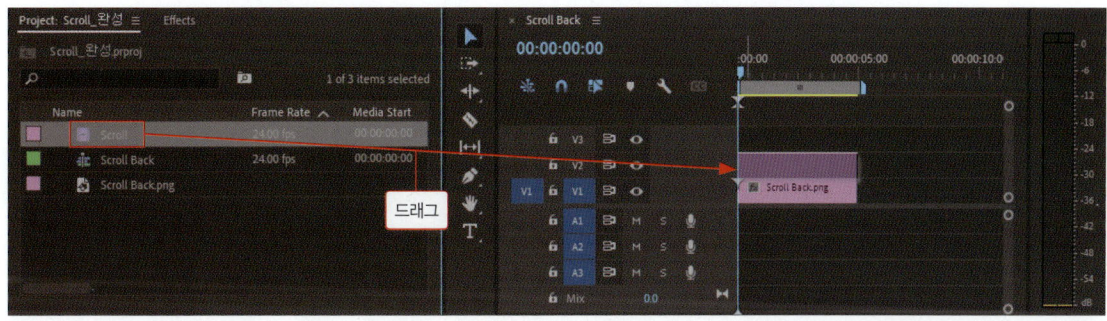

16 재생했을 때 스크롤의 애니메이션 속도가 빨라 느리게 설정하기 위해 ❶ 드래그하여 V1과 V2 트랙의 두 클립을 모두 선택한 다음 ❷ 메뉴에서 (Clip) → Speed/Duration을 실행합니다.

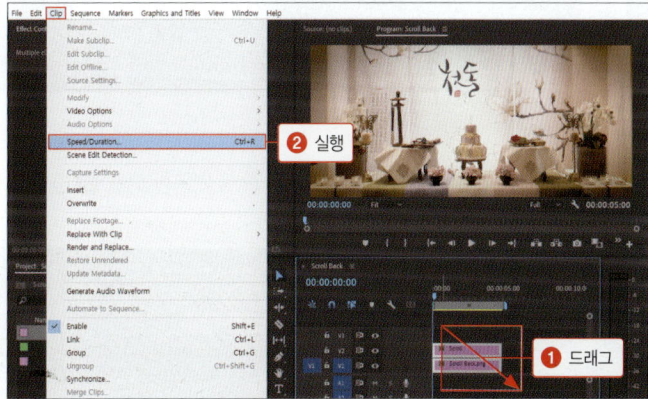

17 Clip Speed/Duration 대화상자가 표시되면 ❶ Duration을 '1000'으로 설정하고 ❷ 〈OK〉 버튼을 클릭합니다. 두 클립의 길이가 '10초'로 늘어납니다.

18 배경 화면이 밝아 글자가 잘 보이지 않는 현상을 해결하기 위해 Timeline 패널에서 V1 트랙의 'Scroll Back.png' 클립을 선택합니다.

> **TIP**
> 이미 여러 개의 클립이 선택된 상태에서 다시 하나의 클립을 선택하기 위해서는 Timeline 패널의 빈 곳을 클릭했다가 다시 원하는 클립을 클릭하면 됩니다. 또는, 드래그를 이용해 원하는 클립을 선택할 수도 있습니다.

Chapter 02 • 레거시 타이틀로 자막 스타일 만들기   **221**

19 Effect Controls 패널에서 Opacity의 'Toggle animation' 아이콘( )을 클릭해 키프레임을 만듭니다.

20 ❶ 현재 시간 표시기를 '00:00:02:00'으로 이동한 다음 ❷ Opacity를 '25%'로 설정해 배경을 어둡게 설정합니다.

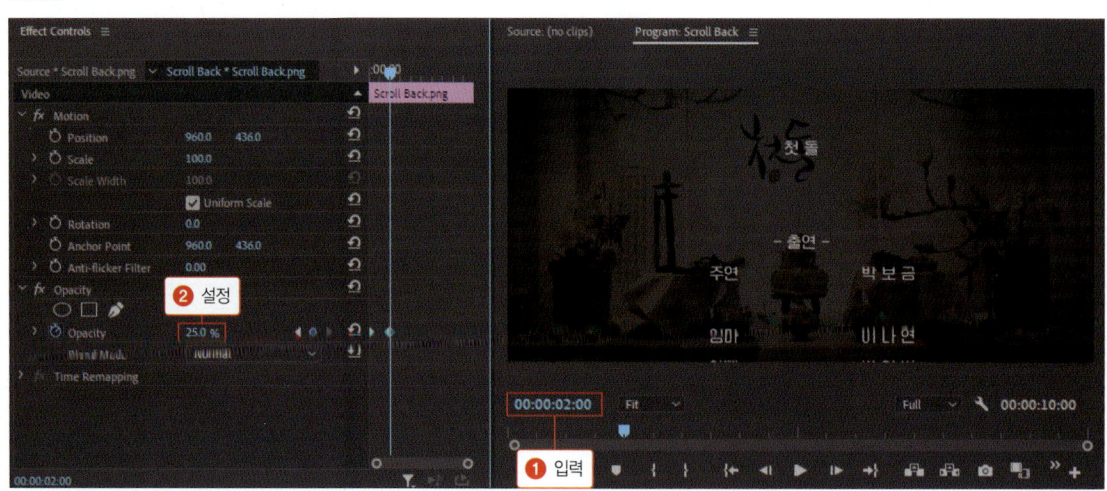

21 영상을 재생해 화면이 어두워지며 스크롤 되는 타이틀 애니메이션을 확인합니다.

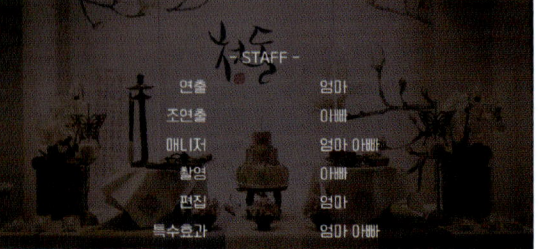

• Text 패널

Caption 기능으로 자막 만들기

레거시 타이틀이나 문자 도구를 사용해서 장시간 편집을 진행하다 보면 영상, 소스, 자막 클립이 뒤엉켜 타임라인이 매우 복잡해지는 상황이 자주 발생합니다. 그로 인해 자막 트랙만 따로 출력하기도 어려웠습니다. CC 2021 업데이트를 통해 새롭게 등장한 자막 기능 캡션(Caption)은 앞서 말한 문제점들을 모두 해결할 수 있습니다. 캡션(Caption) 기능을 사용할 수 있는 Text 패널을 살펴보고, 다양한 편의성 기능을 배워 봅니다.

필수기능 01 Text 패널 살펴보기

Text 패널은 오로지 자막만을 위한 패널입니다. 예를 들면 '자막 합치기', '자막 나누기', 'Srt 파일로 내보내기' 등 다양한 기능이 있습니다. 최근 새롭게 업데이트된 '음성 받아쓰기' 기능은 사용자 편의성을 극대화한 기능이라고 할 수 있습니다. 이번 예제에서는 Text 패널에 대해서 자세히 알아봅니다.

메뉴에서 (Window) → Text를 실행하면 캡션 작업을 진행할 수 있는 Text 패널을 표시할 수 있습니다.

(Captions) 탭 살펴보기

❶ **Transcribe sequence** : Adobe의 Ai를 이용하여 영상의 음성을 텍스트 자막으로 만듭니다. 영상의 음성이 명확할수록 인식이 정확하게 잘 되며, 보편적으로 사용되지 않는 사람 이름이나 물건 이름 등은 인식이 되지 않을 수도 있습니다. '한국어'로 지정한 다음 텍스트 자막을 만들 경우 영어 단어도 음성 그대로 한글로 받아 적어집니다.

❷ **Create new caption track** : Timeline 패널에 비디오 트랙, 오디오 트랙과는 별개로 자막만을 위한 트랙인 '캡션 트랙'을 만듭니다.

❸ **Import captions from file** : 이미 만들어진 자막 파일을 불러와 캡션 트랙에 삽입합니다.
❹ **Add new captions segment(⊕)** : 새로운 캡션 클립을 만듭니다. Timeline 패널에서 현재 시간 표시기가 캡션 트랙의 빈 공간에 위치할 때 활성화됩니다.

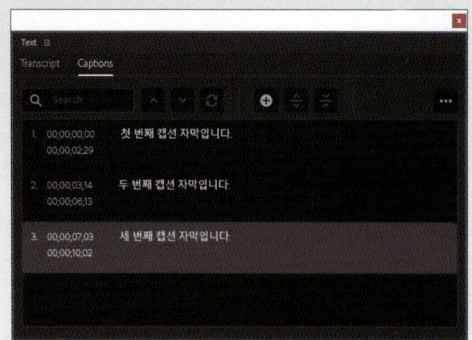

❺ **Split caption(⇅)** : 선택한 캡션을 나누어 캡션 하나를 더 추가합니다. Timeline 패널의 캡션 클립 기준으로 정중앙이 잘려 2개로 나누어지며, 나누어진 두 캡션의 텍스트 내용은 복제됩니다.

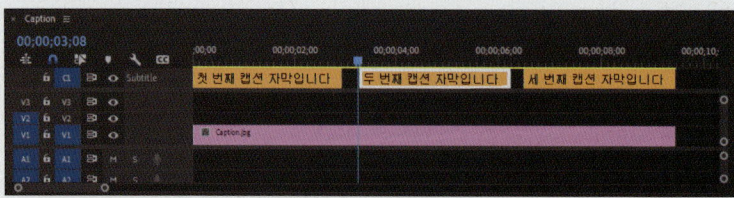

▲ 두 번째 캡션에 'Split caption' 아이콘(⇅) 클릭 전 Timeline 패널

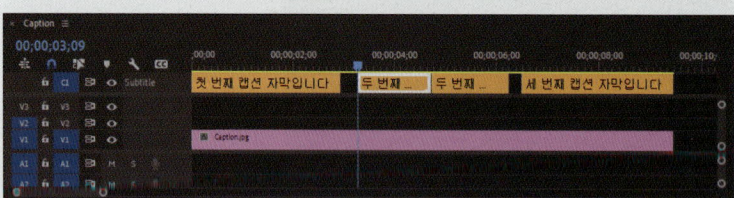

▲ 두 번째 캡션에 'Split caption' 아이콘(⇅) 클릭 후 Timeline 패널 – 캡션 클립의 정중앙이 나뉜 모습

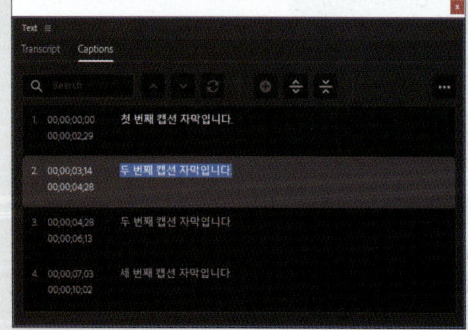

▲ 두 번째 캡션에 'Split caption' 아이콘(⇅) 클릭 후 두 번째 캡션이 복제되어 기존 세 번째 캡션 위에 만들어진 모습

❻ **Merge captions(아이콘)** : 2개 이상의 캡션을 선택한 다음 'Merge captions' 아이콘(아이콘)을 클릭하면 선택한 모든 클립이 합쳐집니다. 선택된 캡션의 모든 텍스트가 누락 없이 하나의 캡션으로 합쳐집니다.

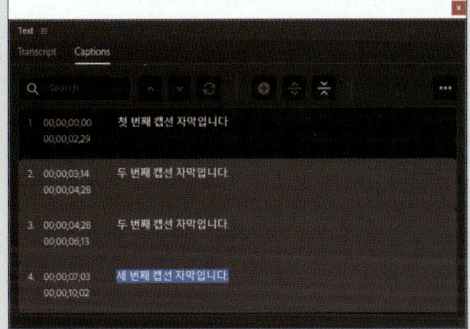 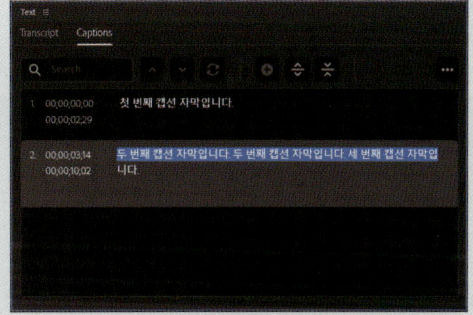

▲ Shift 를 누른 상태로 합칠 캡션들을 선택한 모습   ▲ 'Merge captions' 아이콘(아이콘)을 클릭한 모습

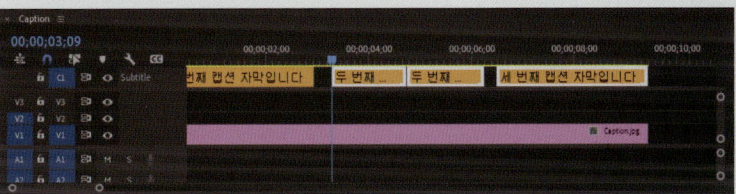

▲ 'Merge captions' 아이콘(아이콘) 클릭 전 Timeline 패널

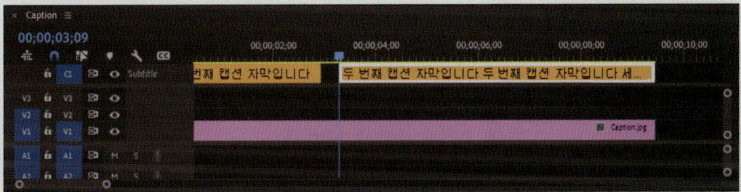

▲ 'Merge captions' 아이콘(아이콘) 클릭 후 Timeline 패널 – 선택된 클립이 모두 합쳐진 모습

❼ **기타(...)** : 완성된 캡션을 출력합니다.

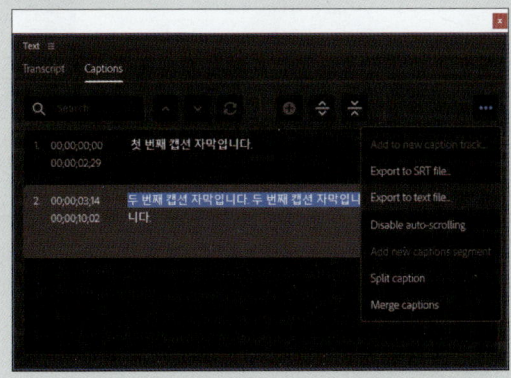

> **TIP**
> 기타 기능에는 ①~⑥번의 기능들도 함께 배치되어 있습니다.

Chapter 03 • Caption 기능으로 자막 만들기   **225**

실습예제 02 | 음성 인식으로 자동 자막 만들기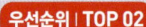

정보성 콘텐츠나 지식 콘텐츠의 경우는 시청자들이 내용을 이해하기 쉽도록 말 자막을 영상 전체에 노출하곤 합니다. 음성을 받아 적는 것은 단순한 작업이지만 영상 길이가 늘어날수록 작업 시간도 오래 걸리고 지루함을 느끼기 쉽습니다. 프리미어 프로에서는 2021년 업데이트를 통해 Adobe의 AI를 활용한 자동 자막 기능을 추가하였습니다. 전 세계 작업자의 찬사를 받은 '받아쓰기' 기능에 대해 알아보도록 합니다.

◎ 예제파일 : 03\Transcript.mp4   ◎ 완성파일 : 03\Transcript_완성.mp4, Transcript_완성.prproj

01 프리미어 프로의 프로젝트를 실행한 다음 Ctrl + I 를 눌러 ❶ 03 폴더에서 ❷ 'Transcript.mp4' 파일을 선택하고 ❸ 〈열기〉 버튼을 클릭합니다.

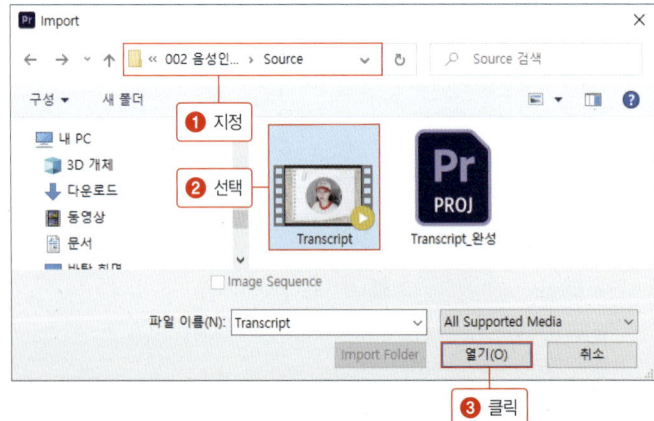

02 Project 패널의 'Transcript.mp4' 아이템을 'New Item' 아이콘(🔲)으로 드래그하여 소스 파일과 같은 시퀀스를 만듭니다.

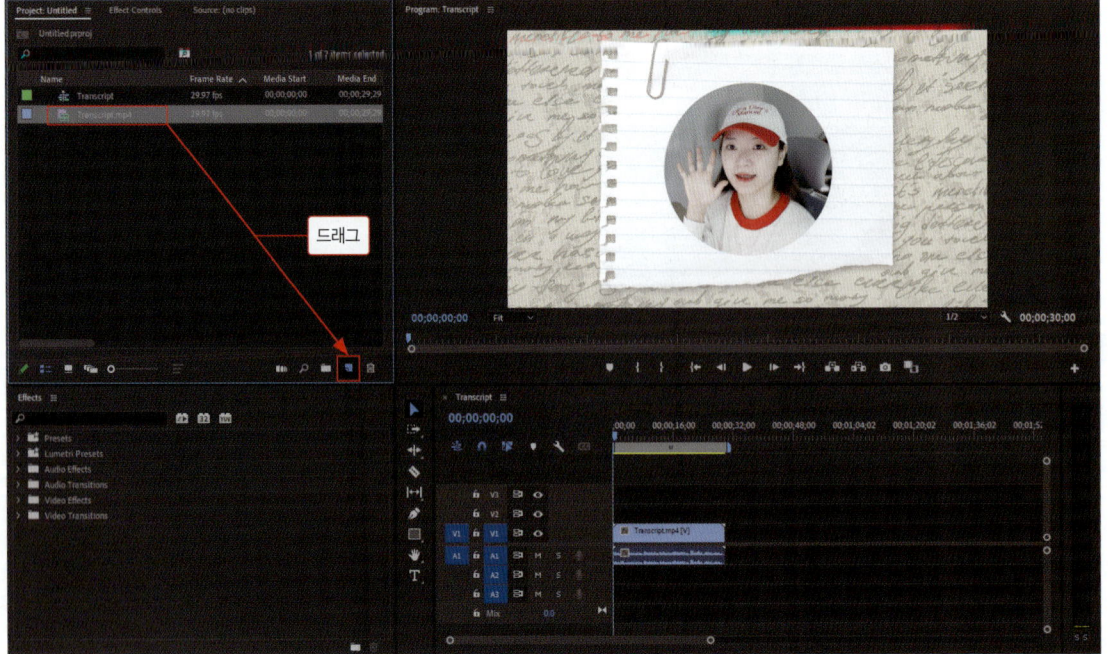

226 Part 3 · 영상 자막 만들기

03 메뉴에서 (Window) → Text를 실행합니다.

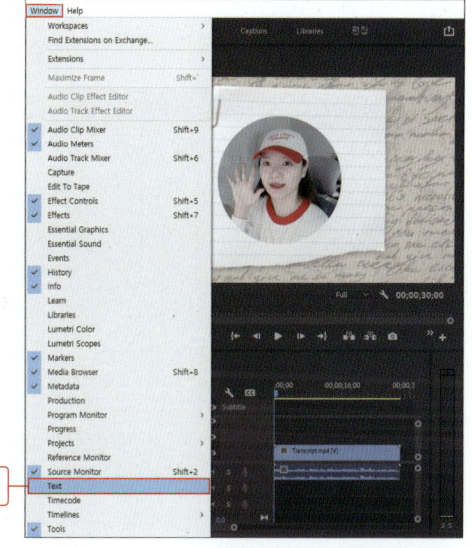

04 Text 패널이 표시되면 〈Transcribe sequence〉 버튼을 클릭합니다.

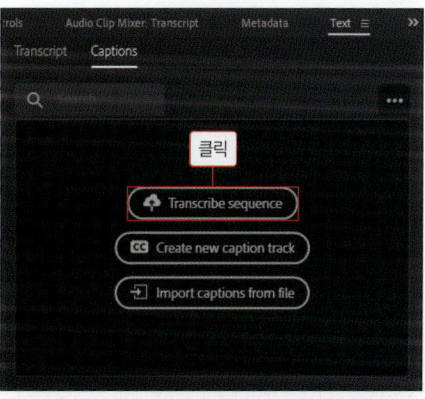

05 Create Transcript 대화상자가 표시되면 ❶ Audio analysis의 Audio on track을 'Audio 1'로, Language를 'Korean'으로 지정합니다. ❷ 〈Transcribe〉 버튼을 클릭하여 받아쓰기 시퀀스를 만듭니다.

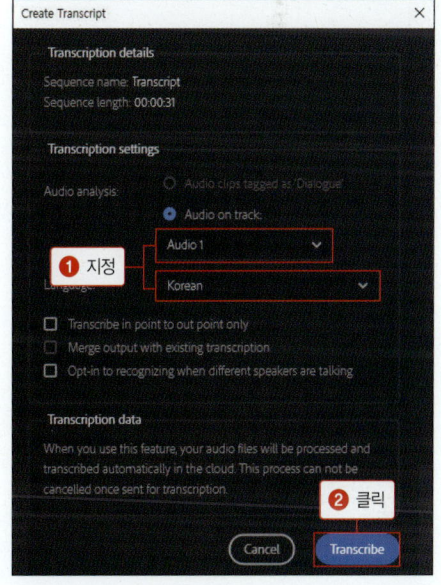

TIP

Audio analysis의 Audio on track에서 받아쓰기하고자 하는 오디오 트랙을 선택할 수 있습니다. 예제에서는 오디오 트랙이 한 개밖에 없지만, 인터뷰 영상 등에서는 여러 개의 오디오 트랙을 사용하는 경우가 많아 받아쓰기 기능을 제대로 활용하기 위해서는 오디오 트랙 선택을 꼭 해야 합니다. 오디오마다 개별로 캡션 트랙 만드는 것을 추천합니다. Mix를 지정할 경우 전체 오디오 트랙을 받아쓰기합니다.

Chapter 03 • Caption 기능으로 자막 만들기   227

06 받아쓰기 기능이 실행되는 동안 잠시 기다립니다. 영상의 길이에 비례하여 실행 시간이 늘거나 줄어들 수 있습니다. 받아쓰기 기능이 완료되면 Text 패널에 받아쓰기한 대본이 만들어집니다.

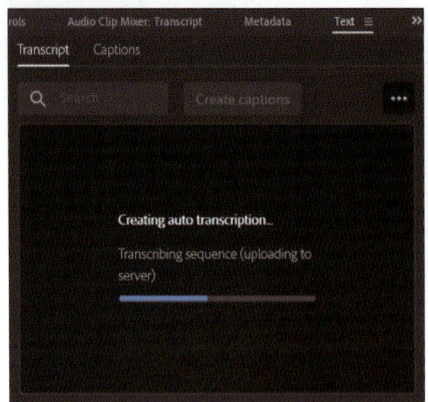
▲ 받아쓰기 실행 중

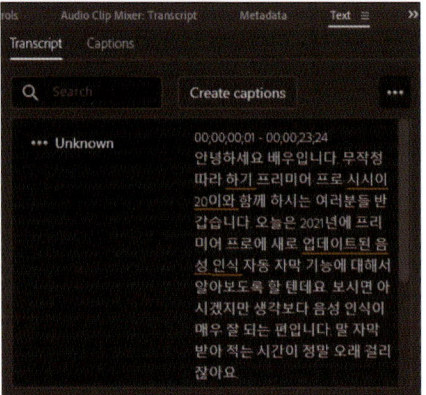
▲ 받아쓰기 완료

07 영상을 재생해 영상의 음성에 맞춰 Text 패널의 대본이 음영으로 표시되는 것을 확인하며 잘못 적어진 내용을 확인합니다.

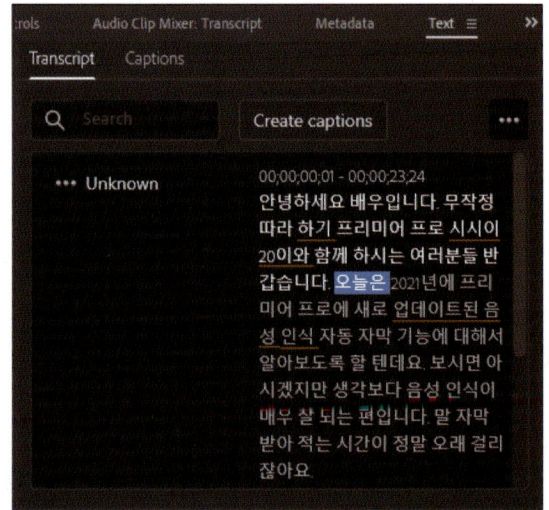

08 예제에서는 '안녕하세요 배우입니다.' → '안녕하세요 배희입니다.', '프리미어 프로 시시이20이와 함께' → '프리미어 프로 CC2022와 함께' 두 개의 오타를 Text 패널에서 직접 입력하여 수정합니다.

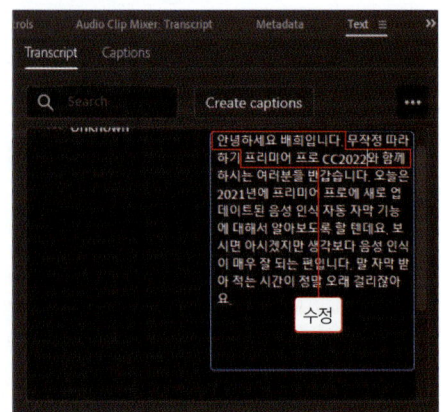

 TIP
예제처럼 실제 사전 등에 존재하지 않는 사람의 이름, 물건 이름 등은 특히 오타가 자주 발생할 수 있습니다. 받아쓰기 언어를 'Korea'로 지정하면 영어로 말하는 것도 음성 그대로 한글로 받아쓰기 되기 때문에 영어 단어를 자주 말했다면 해당 부분도 꼭 살펴야 합니다.

09 모든 오타를 수정했다면 Text 패널의 〈Create captions〉 버튼을 클릭합니다.

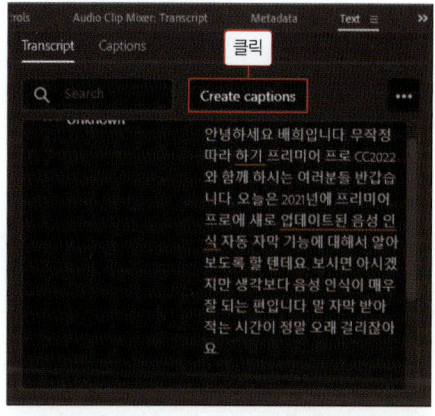

10 Create Captions 대화상자가 표시되면 ❶ Lines 항목의 'Single'을 선택한 다음 ❷ 〈Create〉 버튼을 클릭하여 캡션 트랙을 만듭니다.

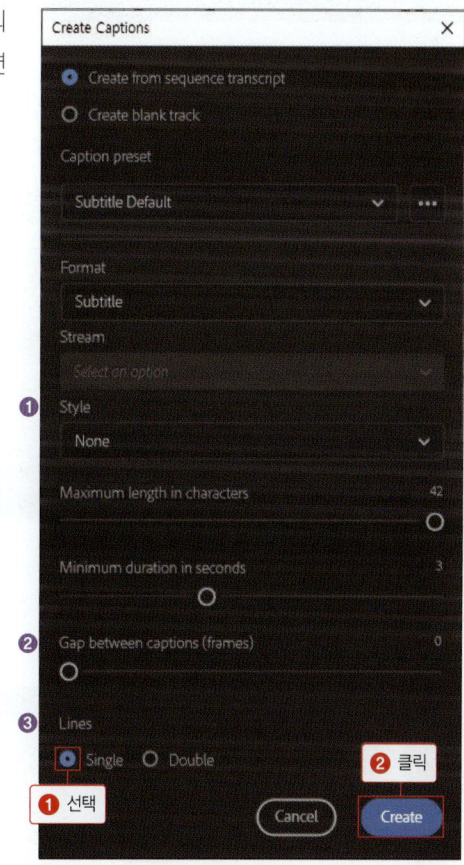

> **TIP**
> 해당 이미지는 프리미어 프로 CC 2022 버전의 Create Captions 대화상자 이미지로, 최신 버전의 Create Captions 대화상자 화면과 차이가 있을 수 있습니다.

> **TIP**
> Create Captions의 필수 기능을 간단하게 알아봅니다.
>
> ❶ **Style** : 만들어진 캡션의 스타일을 지정하여 전체 트랙에 적용합니다.
> ❷ **Gap between captions(frames)** : 자막 클립 사이사이에 공백을 몇 프레임 넣을지 설정합니다. 특별한 연출이 필요한 경우가 아니라면 '0'으로 설정합니다.
> ❸ **Lines** : 자막을 한 줄(Single), 혹은 두 줄(Double)로 만듭니다.

11 ① Text 패널에서 오디오의 음성에 맞춰 분리된 대본을 확인합니다. ② Timeline 패널의 C1 트랙에 자동 자막이 만들어진 것을 확인한 다음 영상을 재생하여 알맞은 타이밍에 자막이 삽입되었는지 다시 한번 확인합니다.

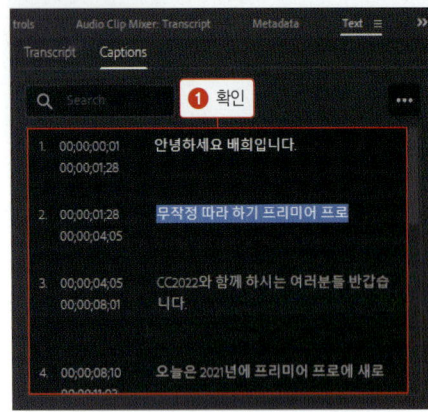 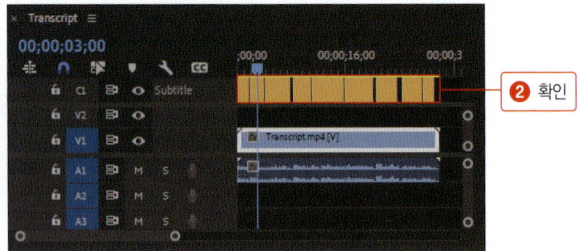

12 ① Text 패널에서 Shift 를 누른 상태로 2번과 3번 스크립트를 클릭해 선택한 다음 ② 'Merge captions' 아이콘(⇲)을 클릭합니다. ③ 2번과 3번 스크립트가 합쳐진 것을 확인합니다.

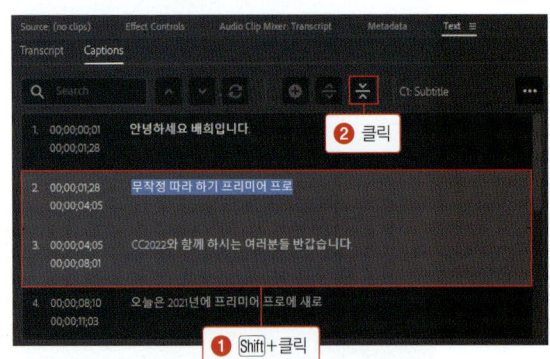 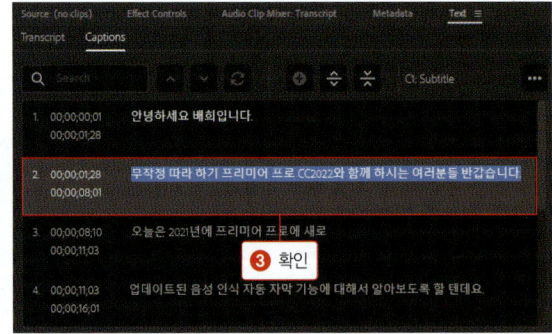

13 ① Program Monitor 패널에서 자막을 선택한 다음 ② Text 영역의 'CC2022와'와 '함께 하시는' 사이의 여백을 클릭하고 ③ Enter 를 눌러 줄을 바꿔 줍니다.

14 ❶ Text 패널에서 4번 스크립트를 더블클릭한 다음 ❷ '대해서'와 '알아보도록' 사이의 여백을 클릭합니다. ❸ Enter 를 눌러 줄을 바꿔 줍니다.

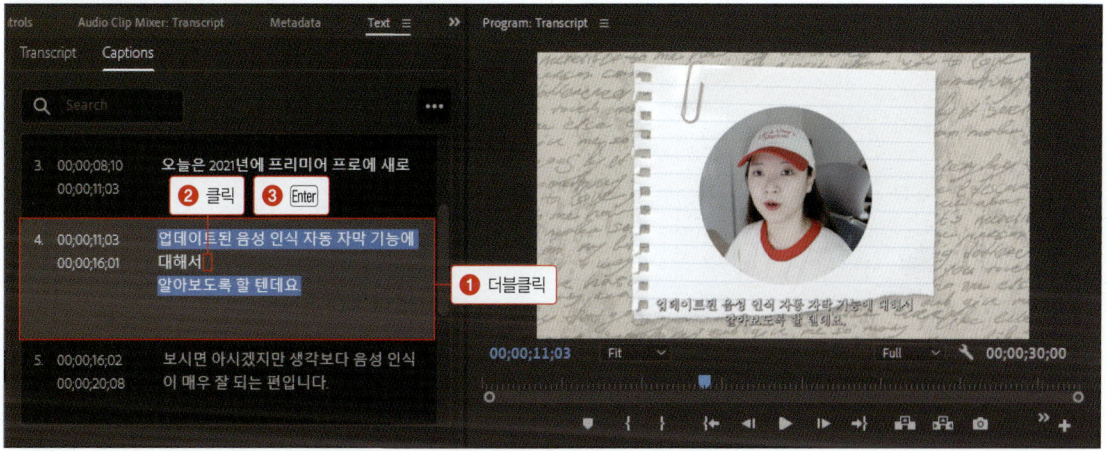

> **TIP**
> 13번과 14번의 과정을 통해 만든 자막을 수정하기 위해 Text 패널과 Program Monitor 패널 모두 활용할 수 있는 것을 알 수 있습니다.

15 메뉴에서 (Window) → Essential Graphics를 실행합니다.

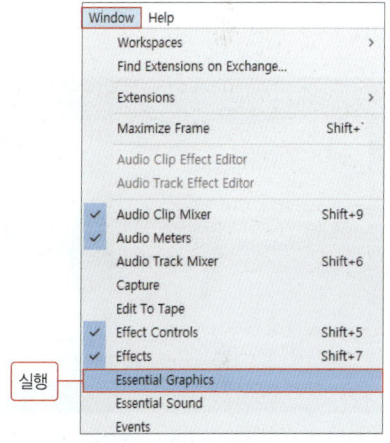

16 ❶ Timeline 패널에서 현재 시간 표시기를 '00:00:00:01'로 이동하고 ❷ C1 트랙의 가장 첫 번째 자막 클립을 선택합니다.

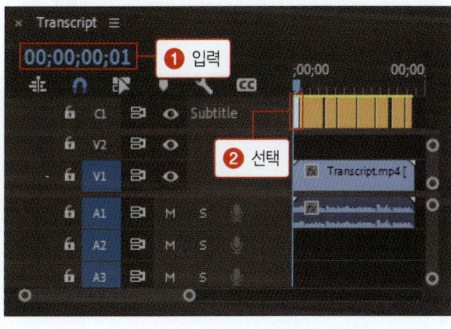

17 Essential Graphics 패널 (Edit) 탭의 ❶ Text 항목에서 원하는 글꼴을 찾아 지정한 다음 ❷ Font Size를 '65'로 설정합니다.

> **TIP**
> 예제에는 'G마켓 산스 TTF'라는 상업적으로 사용 가능한 무료 글꼴로, Font style을 'Medium'으로 지정했습니다.

18 Appearance 항목에서 Fill의 색상 상자를 클릭하여 '민트색(#B6E0E0)'으로 지정합니다.

> **TIP**
> 해당 이미지는 프리미어 프로 CC 2022 버전의 Appearance 항목 이미지로, 최신 버전의 Appearance 항목과 아이콘 위치가 차이가 있을 수 있습니다.

19 Shadow의 색상 상자를 클릭하여 ❶ '짙은 갈색(#523F35)'으로 지정한 다음 ❷ Distance를 '4', Blur를 '0'으로 설정합니다.

20 ① Track Style 항목의 'None'을 클릭한 다음 ② 'Create Style...'로 지정합니다. New Text Style 대화상자가 표시되면 ③ Name에 '말자막 스타일'을 입력한 다음 ④ 〈OK〉 버튼을 클릭합니다.

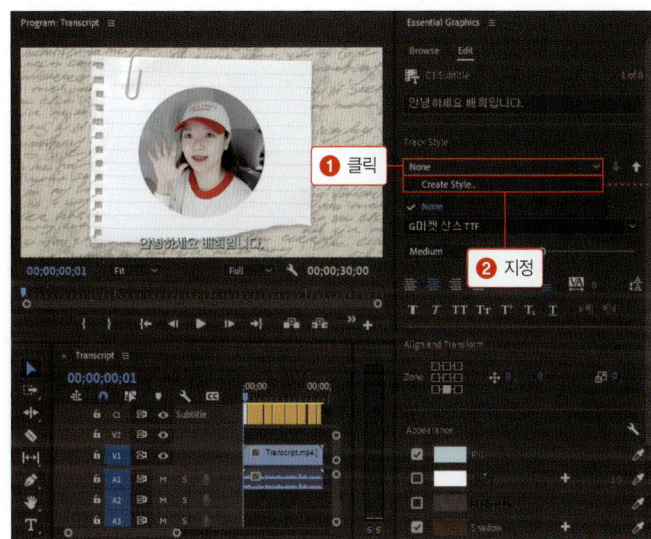

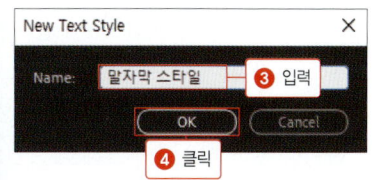

Track style 트랙 스타일은 이전에 배웠던 클립 자체의 스타일을 저장했던 Styles과는 다르게 '트랙'의 스타일을 저장하는 기능이기 때문에 저장된 스타일을 따로 Timeline 패널의 자막 클립에 드래그하여 적용하지 않고도 C1 트랙의 전체 자막에 디자인이 적용됩니다.

21 Timeline 패널에서 영상을 재생하여 전체 자막의 디자인이 바뀐 것을 확인합니다.

실 습 예 제 03 SRT 파일 출력하기

SRT 파일은 확장자가 '.SRT'인 SubRip 자막 파일입니다. 타임 코드와 해당 타임 코드에 노출되는 자막 텍스트가 함께 저장되는 형식으로 최근에는 유튜브 자체 기능으로 자막을 넣을 때 주로 사용합니다. 유튜브에 영상을 업로드할 때 자막 메뉴에서 STR 자막 파일을 삽입하면 프리미어 프로에서 작업한 자막 텍스트가 그대로 삽입되는 것을 확인할 수 있습니다. 유튜브 자체 기능의 자막을 삽입하면 해당 텍스트 데이터로 영상 노출 알고리즘에 도움을 줄 수 있어 많은 사용자가 애용하는 기능입니다.

● 예제파일 : 03\SRT export.mp4   ● 완성파일 : 03\SRT export_완성.mp4, SRT export_완성.prproj, 차 우려내기.srt

01 프리미어 프로의 프로젝트를 실행한 다음 Ctrl + I 를 눌러 ❶ 03 폴더에서 ❷ 'SRT export.mp4' 파일을 선택하고 ❸ 〈열기〉 버튼을 클릭합니다.

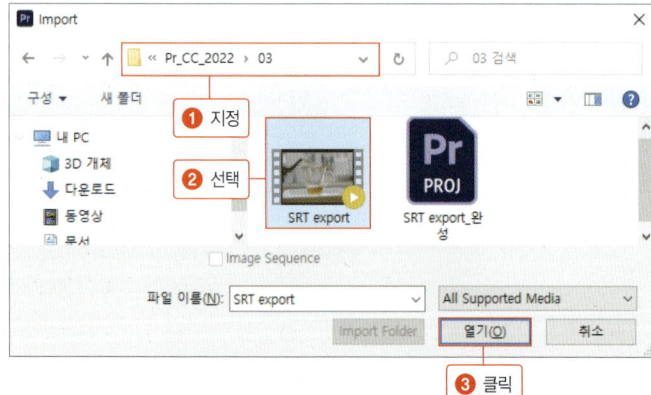

02 Project 패널의 'SRT export.mp4' 아이템을 'New Item' 아이콘(■)으로 드래그하여 소스 파일과 같은 시퀀스를 만든 다음 메뉴에서 Window → Text를 실행합니다.

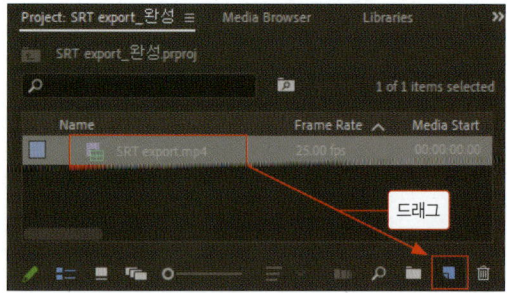

03 Text 패널에서 〈Create new caption track〉 버튼을 클릭합니다.

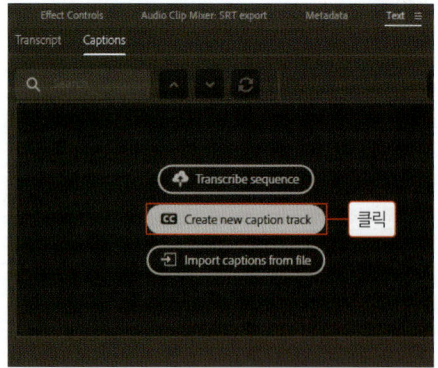

04 New caption track 대화상자가 표시되면 ❶ Format을 'Subtitle'로 지정한 다음 ❷ 〈OK〉 버튼을 실행합니다.

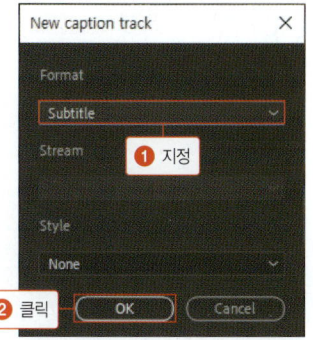

05 ❶ Text 패널에서 'Add new caption segment' 아이콘( )을 클릭합니다. ❷ Text 패널에 만들어진 1번 캡션에 '물의 맛이 좋을수록 차의 맛이 좋아집니다.'를 입력합니다.

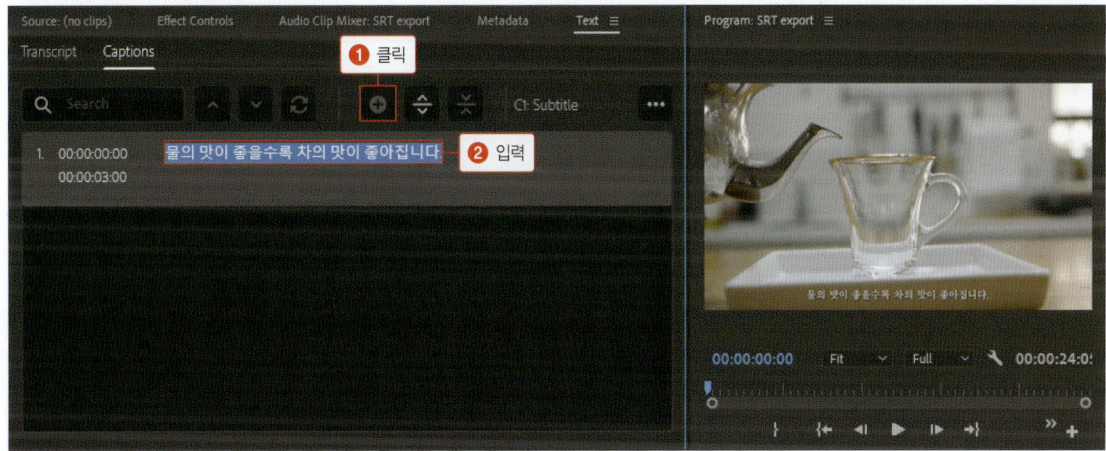

06 ❶ 현재 시간 표시기를 '00:00:03:00'으로 이동한 다음 ❷ Text 패널에서 'Add new caption segment' 아이콘( )을 클릭합니다. ❸ Text 패널에 만들어진 2번 캡션에 '수돗물은 10초 이상 물을 흘려보내고 사용하세요'를 입력합니다.

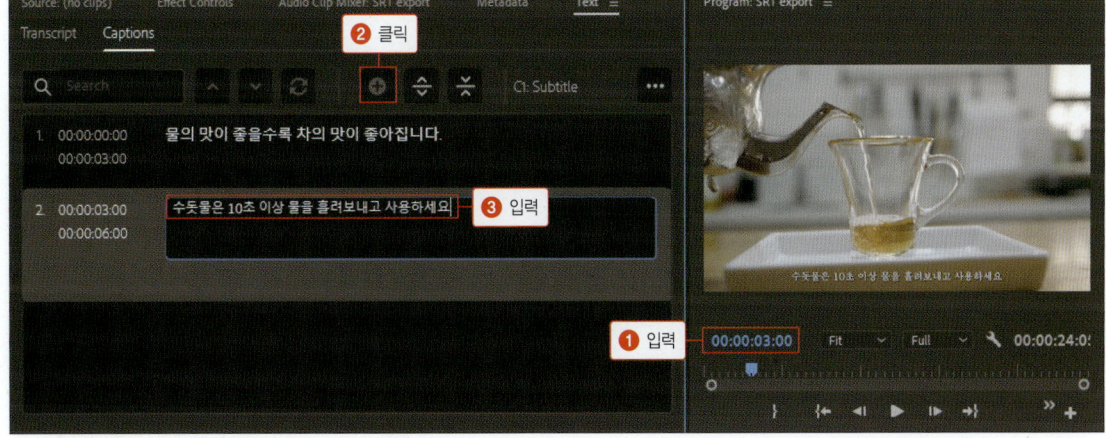

07 ❶ 현재 시간 표시기를 '00:00:07:05'로 이동한 다음 ❷ Text 패널에서 'Add new caption segment' 아이콘(➕)을 클릭합니다. ❸ Text 패널에 만들어진 3번 캡션에 '찻잔이 따듯하면 차의 온도가 오랫동안 유지됩니다'를 입력합니다.

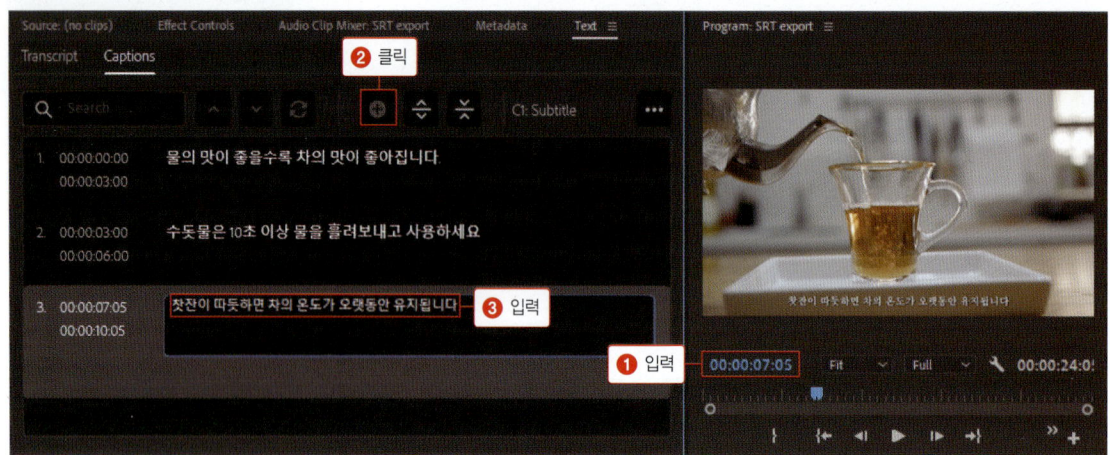

08 ❶ Text 패널에서 '기타' 아이콘(⋯)을 클릭한 다음 ❷ Export to SRT file을 실행합니다.

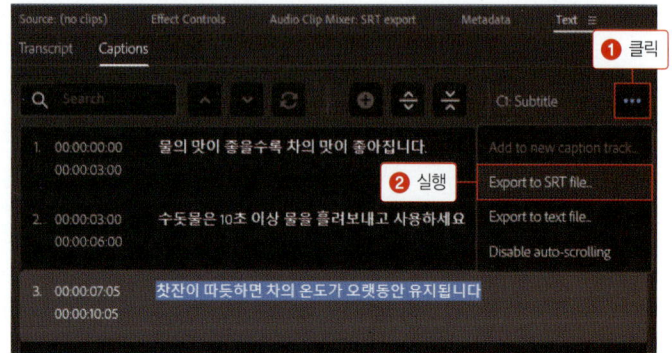

09 다른 이름으로 저장 대화상자가 표시되면 ❶ 파일 이름에 '차 우려내기'를 입력한 다음 ❷ 〈저장〉 버튼을 클릭합니다. ❸ 저장한 경로를 찾아 '차 우려내기.srt' 파일을 확인합니다.

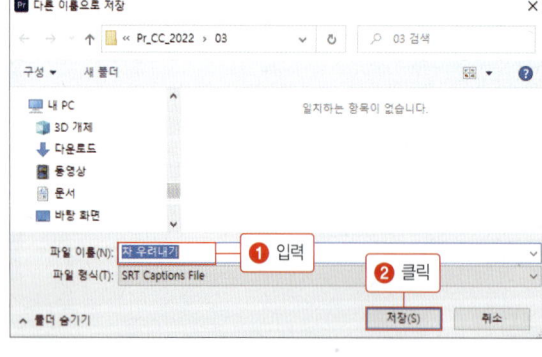
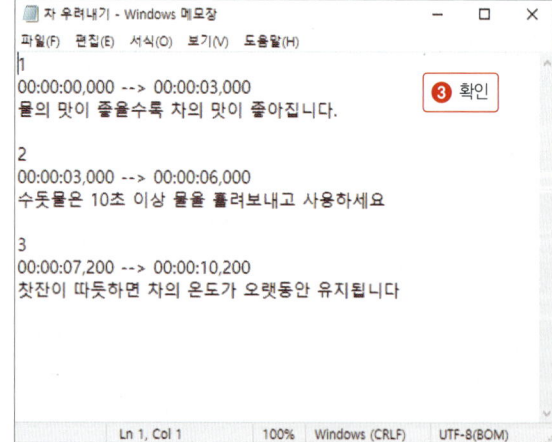

문자 도구로 기본 자막과 테두리만 있는 투명 자막 만들기

1 169쪽 참고

문자 도구를 이용해 화면에 'THE FLOWER' 글자를 입력한 후 글자색을 주황색으로 바꿔 보세요.

예제파일 03\Basic Text_BG.mp4   완성파일 03\Basic Text_완성.prproj
해설 동영상 03\3-1.mp4

Hint 소스 클립과 같은 포맷의 시퀀스 만들기 → 문자 도구로 화면에 'THE FLOWER' 입력하기 → Effect Controls 패널에서 Fill 지정하기

---

2 176쪽 참고

문자 도구를 이용해 화면에 'THE SKY'를 입력한 후 주황색 테두리만 있는 글씨를 만들어 보세요.

예제파일 03\Stroke Text_BG.mp4   완성파일 03\Stroke Text_완성.prproj
해설 동영상 03\3-2.mp4

Hint 소스 클립과 같은 포맷의 시퀀스 만들기 → 문자 도구로 화면에 'THE SKY' 입력하기 → Essential Graphics 패널에서 'Fill'을 체크 표시 해제하고 Stroke 지정하기

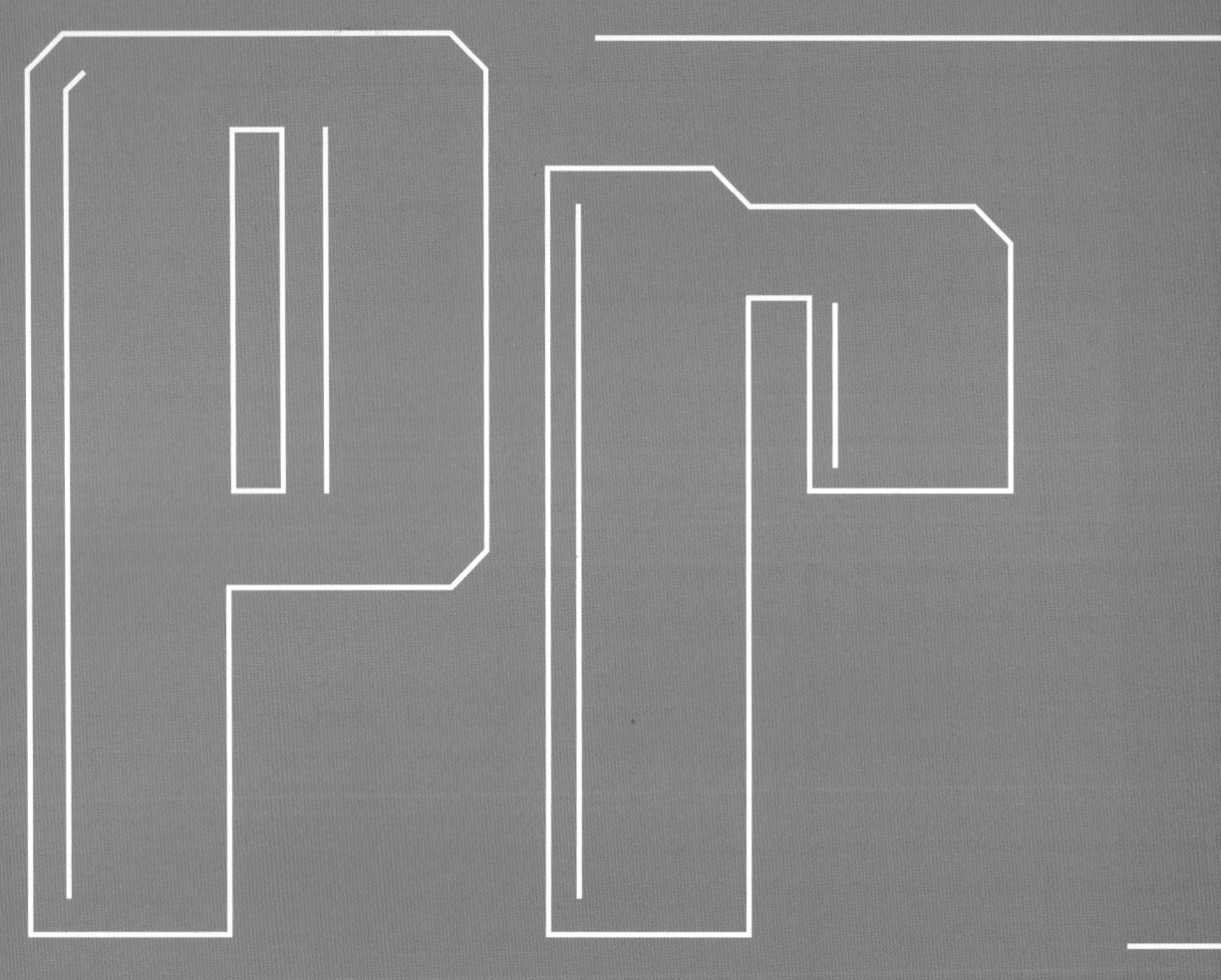

영상 작업에서 사운드는 매우 중요한 역할을 합니다. 사운드 편집 방법에 따라 영상의 연출 방향과 분위기가 크게 달라지며 잘못된 사운드 작업은 영상을 질적으로 낮게 보일 수 있습니다. 이번 파트에서 정확한 오디오 편집 방법과 기술들을 알아봅니다.

PART 4.

사운드 편집하기

01 | 사운드 레벨 조절하기
02 | 사운드 효과 적용하기
03 | 사운드 설정 이해하기

• Volume

사운드 레벨 조절하기

오디오 편집에서 가장 중요한 것은 볼륨의 크기입니다. 메인이 되는 사운드와 배경이 되는 사운드를 적절한 볼륨으로 조절해야 시청 시 문제가 없습니다. 연출 의도에 따라 적절한 사운드 레벨과 스테레오 효과를 적용해야 합니다.

필수기능 01 클립 볼륨 조절하기

촬영된 영상의 오디오 소스는 장면마다 다른 크기의 소리로 녹음되는 경우가 많습니다. 이때는 각 장면의 소리 크기를 각각 조절해야 합니다. 프리미어 프로에서는 Audio Gain을 이용해 클립의 볼륨을 쉽게 조절할 수 있습니다.

클립 볼륨 크기 조절 Audio Gain 실행하기

클립의 사운드 볼륨을 조절하기 위해 먼저 ❶ Timeline 패널에서 적용할 클립을 선택한 다음 ❷ 메뉴에서 (Clip) → Audio Options → Audio Gain(G)을 실행합니다.

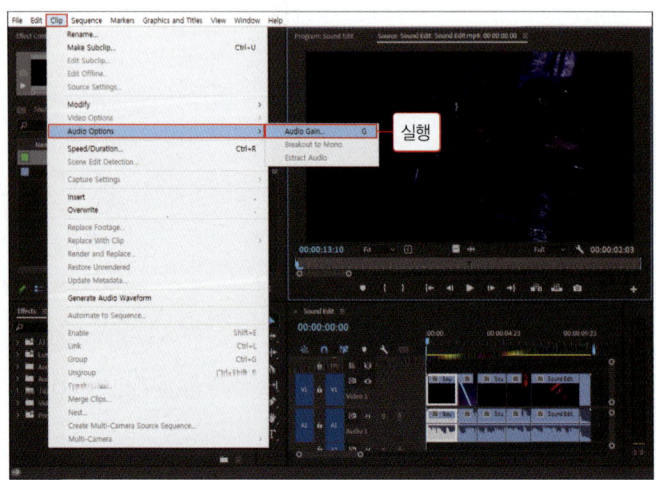

Audio Gain은 ❶ Timeline 패널에서 적용할 클립에서 ❷ 마우스 오른쪽 버튼을 클릭하여 실행할 수도 있습니다.

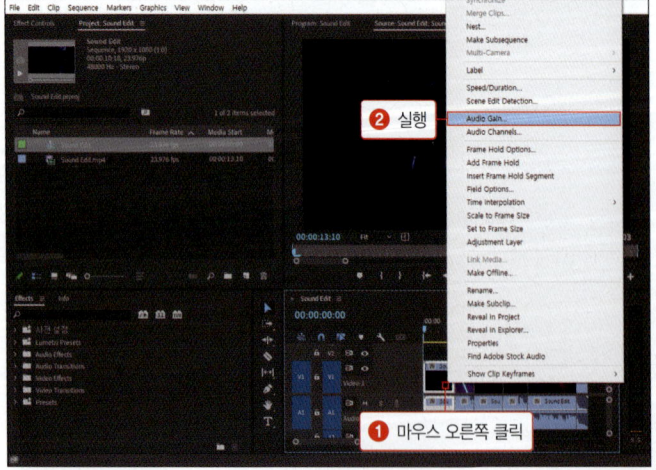

Audio Gain 대화상자가 표시되면 옵션을 활용해 오디오 볼륨을 낮추거나 높일 수 있습니다. 보통 Adjust Gain by을 조절하여 클립의 오디오 볼륨을 조절하며 재생했을 때 오디오 레벨은 -8dB에서 -3dB이 적절합니다.

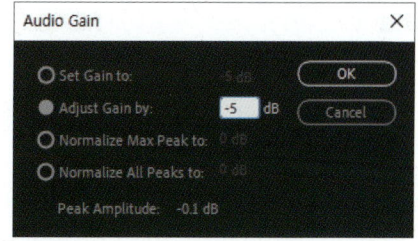

클립 볼륨 크기 조절 Audio Gain 알아보기

클립의 오디오 크기는 Audio Gain 대화상자의 Adjust Gain by에서 주로 설정하며 중복하여 설정 시 속성이 누적되어 설정되기 때문에 Set Gain to를 확인해야 합니다. 또한, Adjust Gain by를 설정할 때 Peak Amplitude의 값과 더했을 때 '0dB'를 넘지 않도록 주의해야 합니다.

디지털 오디오의 경우 -∞dB를 가장 작은 소리로, 0dB를 가장 큰 소리로 측정합니다. 따라서 0dB이 넘어 Peak를 치는 소리의 경우 오디오가 깨지고 큰 소리에 불편할 수 있어 Audio Meters 패널에서 볼륨 크기를 측정하며 정확한 오디오 편집을 진행해야 합니다.

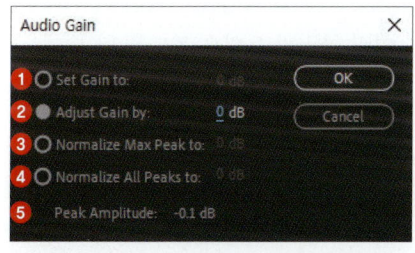

❶ **Set Gain to** : 클립의 오디오 개인(Audio Gain)을 데시벨(dB) 단위의 절댓값으로 설정합니다. '-' 또는 '+'를 설정 값의 앞에 붙여 소리의 크기를 조절합니다.
❷ **Adjust Gain by** : 클립의 오디오 개인(Audio Gain)을 데시벨(dB) 단위로 합산하여 설정합니다.
❸ **Normalize Max Peak to** : 최대 오디오 피크(Audio Peak) 레벨을 기준으로 Gain을 설정합니다.
❹ **Normalize All Peaks to** : 모든 오디오 피크(Audio Peak) 레벨을 기준으로 Gain을 설정합니다.
❺ **Peak Amplitude** : 오디오 피크(Audio Peak) 레벨과의 차이를 보여 줍니다.

Effect Controls 패널에서 클립 볼륨 조절하기

클립의 오디오 볼륨은 Effect Controls 패널에서도 설정할 수 있습니다. Timeline 패널에서 오디의 클립을 선택하면 Effect Controls 패널에서 Audio → Volume 항목이 나타나고 Level을 설정해 소리 크기를 변경할 수 있습니다.

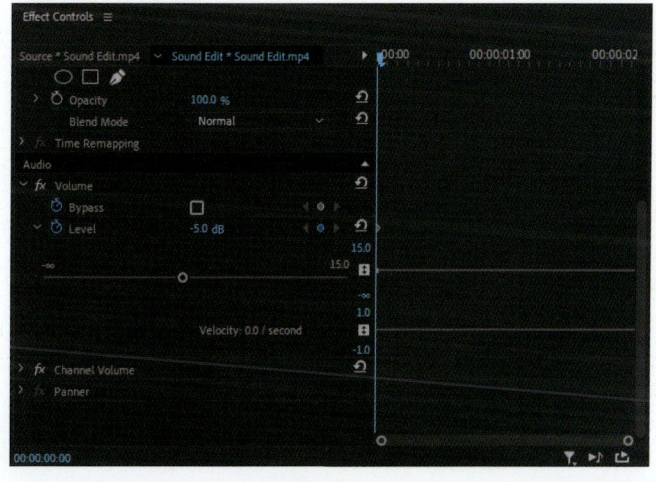

Audio Clip Mixer 패널에서 클립 볼륨 조절하기

메뉴에서 (Window) → Audio Clip → Mixer(Shift + 9)를 실행하면 Audio Clip Mixer 패널이 표시됩니다. Volume 슬라이더를 위, 아래로 드래그하며 선택된 오디오 클립의 소리 크기를 조절할 수 있습니다.

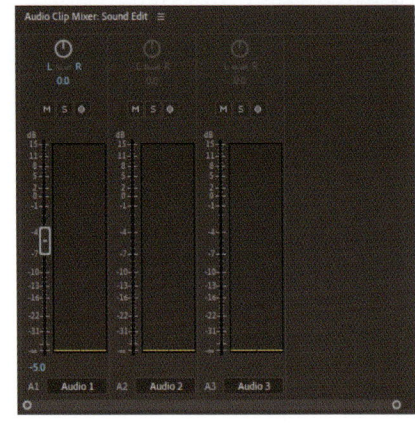

한 번에 여러 클립의 볼륨 조절하기

트랙 볼륨 컨트롤을 통해 트랙 전체의 볼륨 크기를 한 번에 조절할 수 있지만 적용할 클립을 선택해 한 번에 볼륨을 조절하는 방법은 다릅니다. Audio Gain(G)을 이용하면 선택된 여러 클립의 오디오 볼륨을 한 번에 조절할 수 있습니다.

❶ Timeline 패널에서 볼륨 조절을 적용할 클립들을 Ctrl을 누른 상태로 클릭하여 선택합니다.

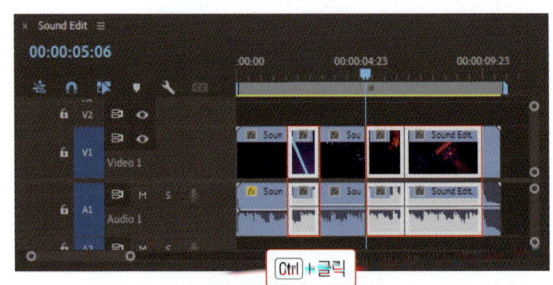

❷ 메뉴에서 (Clip) → Audio Option → Audio Gain(G)을 실행합니다.

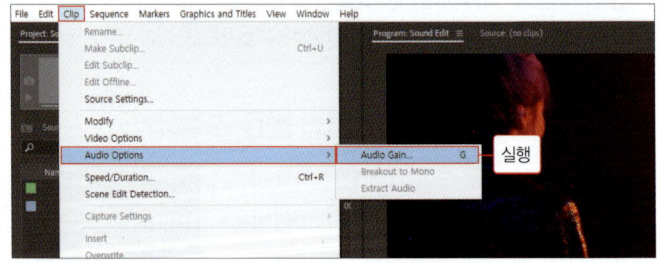

❸ Audio Gain 대화상자가 표시되면 ❶ 원하는 볼륨 조절 값을 설정하고 ❷ 〈OK〉 버튼을 클릭합니다.

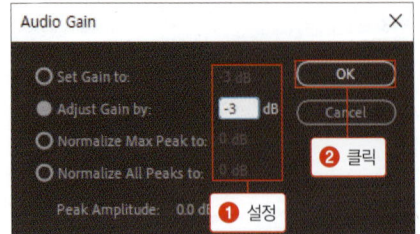

필수기능 02 트랙 볼륨 조절하기

프리미어 프로에서는 클립 외에 트랙 단위로 클립 전체의 볼륨 크기를 조절할 수 있습니다. 이러한 특성을 이용하여 클립들의 볼륨 크기를 모두 같은 값으로 조절할 때, 하나의 트랙에 오디오 클립들을 배치하여 작업하는 것이 좋습니다.

Audio Track Mixer 패널 열기

메뉴에서 [Window] → Audio Track Mixer([Shift] + [6])를 실행하면 트랙 전체의 볼륨과 Pan을 조절할 수 있는 패널이 표시됩니다.

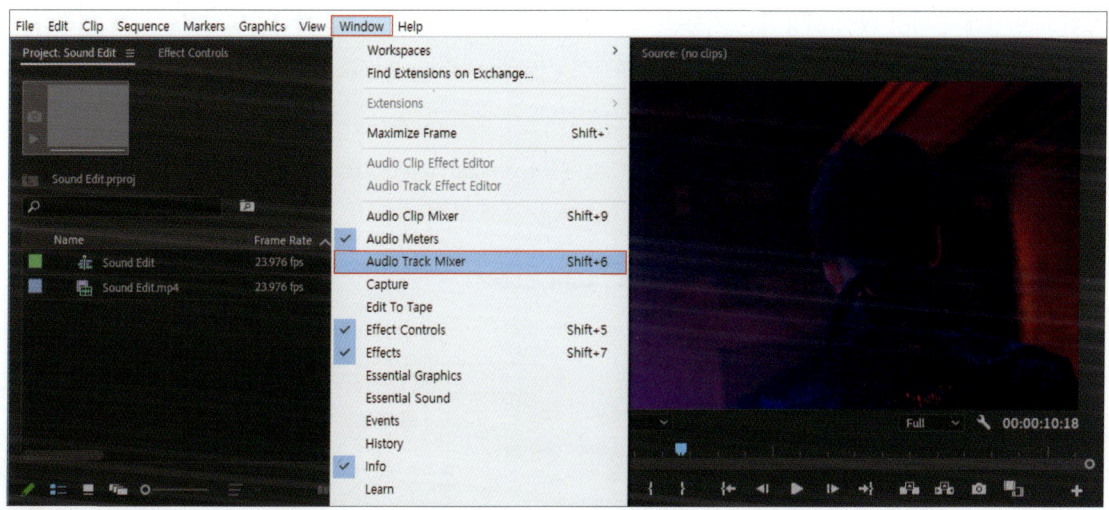

트랙 볼륨 및 시퀀스 볼륨 조절하기

Audio Track Mixer 패널의 Volume 슬라이더를 위 또는 아래로 드래그하면 트랙 전체의 오디오 볼륨을 조절할 수 있습니다.

Audio Track Mixer 패널에서 Mix의 Volume 슬라이더를 조절해 시퀀스 전체의 오디오 크기를 조절할 수 있습니다. 이 밖에도 Audio Track Mixer 패널에서는 트랙 스테레오 Pan과 오디오 재생, 녹음 등을 제어할 수 있는 기능을 제공합니다.

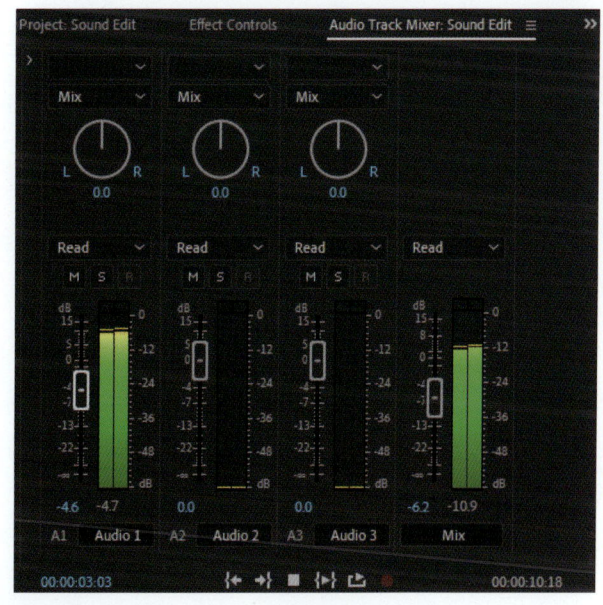

우선순위 | TOP 06 • Audio Effects

사운드 효과 적용하기

영상에서 사운드는 연출적으로 매우 중요한 역할을 담당합니다. 이중 특정 사운드에 적절한 효과를 적용하면 분위기 또는 감정적으로 큰 연출 효과를 얻을 수 있어 적절히 사용할 것을 추천합니다. 다만 과도한 사운드 효과는 오히려 몰입을 방해할 수 있으므로 꼭 필요한 사운드 효과만 활용하시기 바랍니다.

실습예제 01 오디오 페이드 인/아웃 효과 만들기

오디오 편집에서 가장 많이 사용하는 기능은 소리를 점점 커지거나(Fade In) 작아지도록(Fade Out) 하는 것입니다. 프리미어 프로에서는 트랜지션 기능과 이펙트 효과를 이용하여 간편하게 페이드 인 또는 페이드 아웃 효과를 연출할 수 있습니다.

◉ 예제파일 : 04\Audio FX_01.mp4   ◉ 완성파일 : 04\Audio Fade_완성.mp4, Audio Fade_완성.prproj

Audio Transition 기능으로 페이드 인/아웃 효과 만들기

01 파일을 불러오기 위해 메뉴에서 (File) → Import((Ctrl) + (I))를 실행합니다.
❶ 04 폴더에서 ❷ 'Audio FX_01.mp4' 파일을 선택하고 ❸ 〈열기〉 버튼을 클릭합니다.

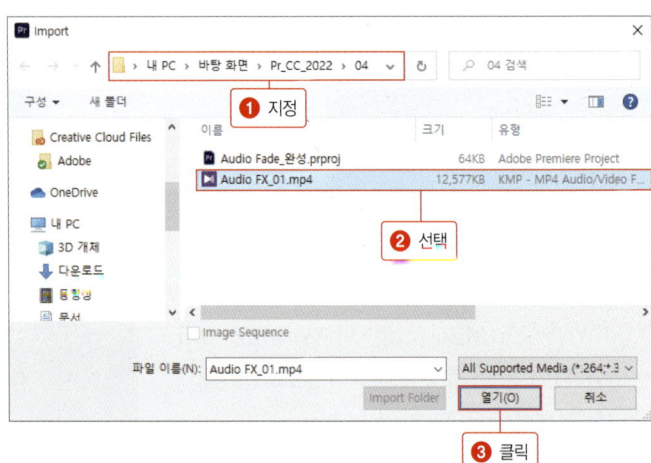

02 Project 패널에서 'Audio FX_01.mp4' 아이템을 'New Item' 아이콘(■)으로 드래그하여 소스 파일과 같은 시퀀스를 만듭니다.

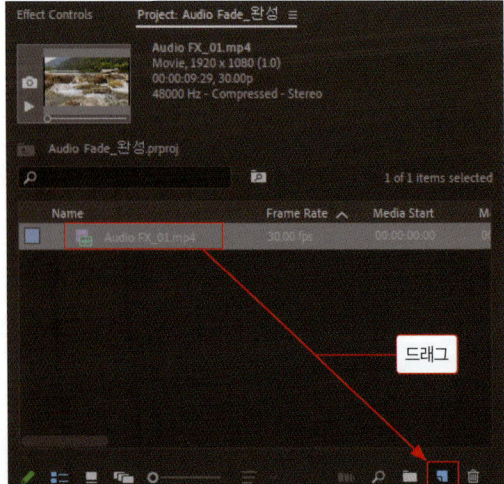

03 Effects 패널에서 'Constant Power' 이펙트를 검색합니다.

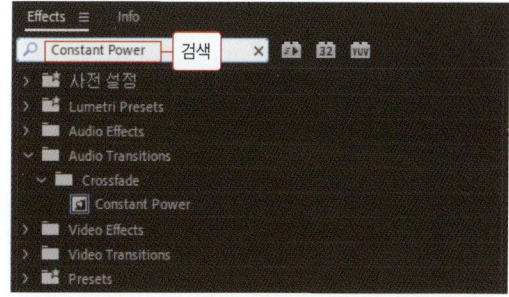

TIP
Effects 패널이 표시되어 있지 않다면 Shift + 7을 누르거나 메뉴에서 (Window) → Effects를 실행합니다.

04 Audio Transitions의 'Constant Power' 이펙트를 Timeline 패널의 A1 트랙에서 'Audio Fx_01.mp4' 클립의 시작 점에 드래그하여 소리가 점점 커지는 페이드 인 효과를 만듭니다.

05 다시 Effect Controls 패널에서 'Constant Power' 이펙트를 Timeline 패널의 A1 트랙에서 'Audio Fx_01.mp4' 클립의 끝 점에 드래그하여 소리가 점점 작아지는 페이드 아웃 효과를 만듭니다.

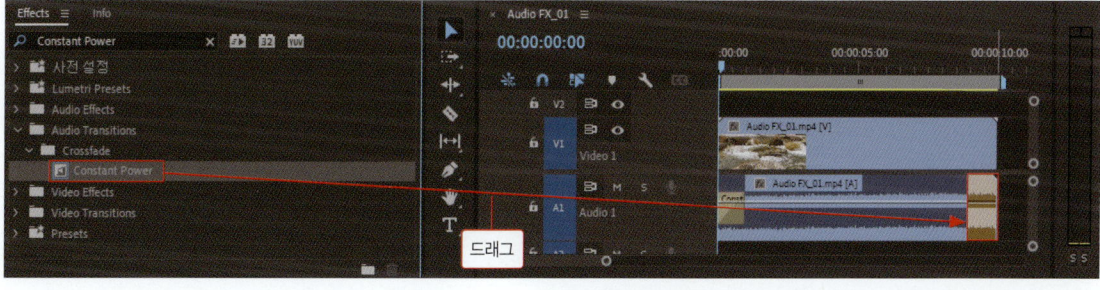

06 'Audio Fx_01.mp4' 클립의 시작 점에 적용된 'Constant Power' 이펙트의 오른쪽 끝 점을 드래그하여 길게 늘립니다. 더 천천히 페이드 인되는 사운드 효과가 적용됩니다.

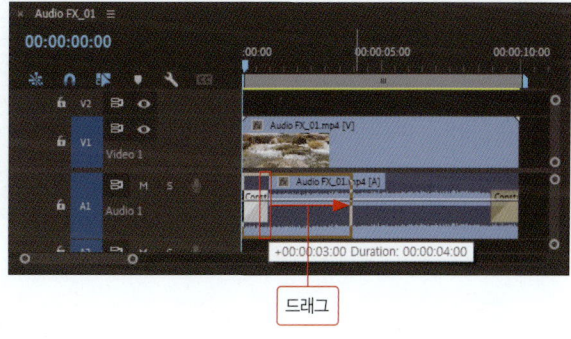

07 ❶ 'Audio Fx_01.mp4' 클립의 끝 점에 적용된 'Constant Power' 이펙트를 더블클릭합니다. Set Transition Duration 대화상자가 표시되면 ❷ Duration을 '90'으로 입력하고 ❸ 〈OK〉 버튼을 클릭합니다.

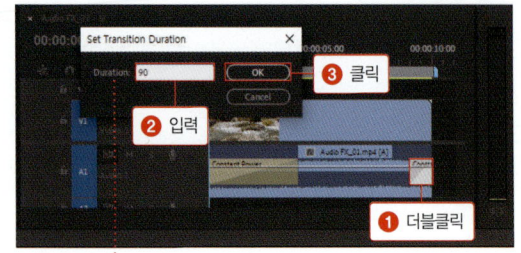

 Transition을 더블클릭하면 효과가 지속되는 시간을 프레임 단위로 정확하게 설정할 수 있습니다. 여기서 '90'을 입력했을 때 '3초' 동안 효과가 적용되는 이유는 현재 작업 중인 시퀀스 설정이 30fps로 되어 있기 때문입니다. 30fps(Frames per Second)는 1초에 30개의 프레임을 사용하도록 하기에 90을 입력했을 때 3초의 지속 시간이 자동으로 설정됩니다.

08 Spacebar 를 눌러 재생된 오디오를 들어 보면 3초 동안 더 천천히 페이드 아웃되는 효과를 확인합니다.

Effect Controls 패널에서 페이드 인/아웃 효과 만들기

01 앞서 작업한 프로젝트를 실행해 Timeline 패널에서 A1 트랙의 시작 점과 끝 점에 적용한 'Constant Power' 이펙트를 모두 선택한 다음 Delete 를 눌러 삭제합니다.

02 ❶ Timeline 패널에서 파란색 타임코드를 클릭해 '300'을 입력합니다. 현재 시간 표시기가 '00:00:03:00'으로 이동하면 ❷ 'Audio Fx_01.mp4' 클립을 클릭하여 선택합니다.

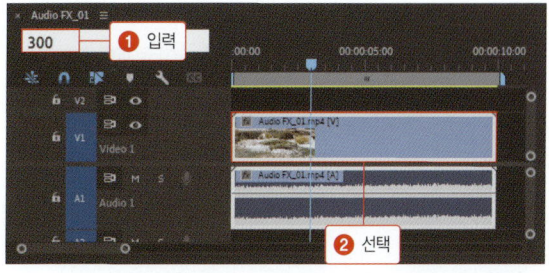

03 Effect Controls 패널에서 Volume 항목의 Level의 'Add Keyframe' 아이콘( )을 클릭하여 키프레임을 만듭니다.

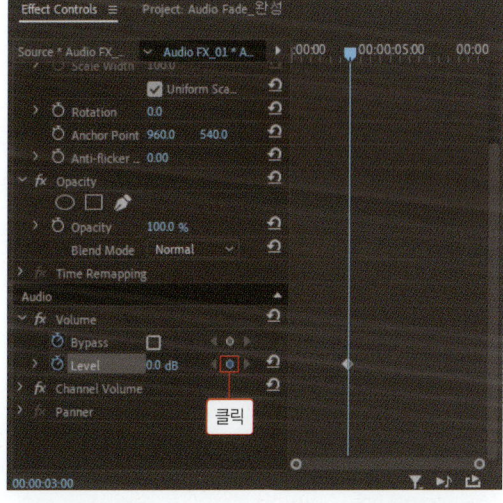

04 ❶ 현재 시간 표시기를 클립의 시작 점으로 이동한 다음 ❷ Volume 항목의 Level 왼쪽의 >를 클릭해 속성을 활성화합니다. ❸ Level의 슬라이더를 왼쪽 끝으로 드래그하여 '-∞'로 설정합니다. 3초 동안 지속되는 오디오 페이드 인 효과가 만들어집니다.

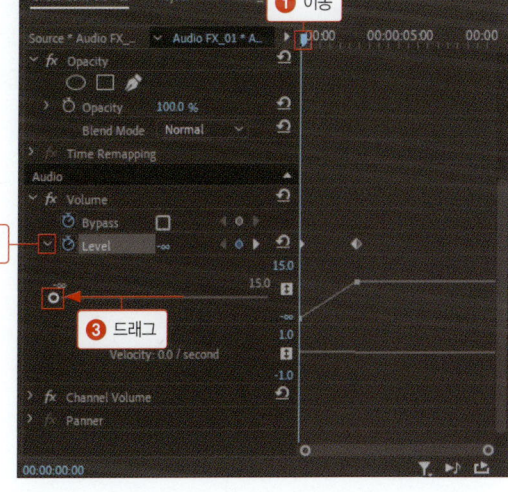

Chapter 02 · 사운드 효과 적용하기   247

05 ❶ 현재 시간 표시기를 '00:00:07:00'으로 이동하고
❷ Level의 'Add Keyframe' 아이콘(■)을 클릭해 키프레임을 만듭니다.

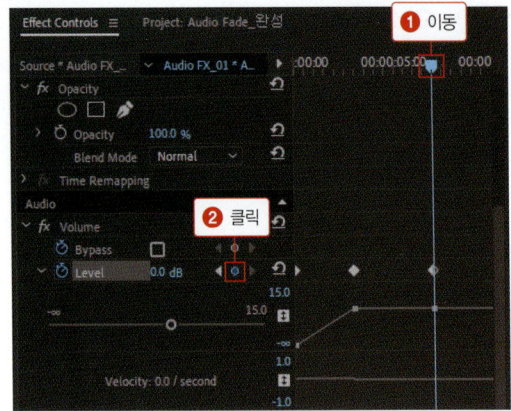

06 ❶ 현재 시간 표시기를 클립의 끝 점으로 이동한 다음
❷ Level의 슬라이더를 왼쪽 끝으로 드래그하여 '−∞'로 설정합니다. 3초 동안 지속되는 오디오 페이드 아웃 효과가 만들어집니다.

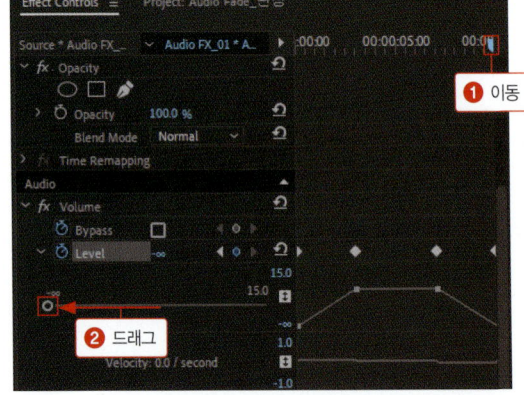

TIP
Effect Controls 패널의 Volume Level 그래프를 활용하면 오디오 페이드 인/아웃 효과 외에도 오디오 볼륨을 자유자재로 제어하며 사운드 애니메이션을 만들 수 있습니다.

07 Spacebar를 눌러 시작할 때 점점 소리가 커지고 끝날 때 점점 소리가 작아지는 오디오 페이드 인/아웃 효과를 확인합니다.

실습예제 02 좌우 볼륨이 다른 스테레오 사운드 만들기 - Audio Panner

스테레오 사운드는 오른쪽과 왼쪽의 소리 크기를 조절하며 방향과 거리감 등을 입체적으로 표현할 수 있습니다. 프리미어 프로에서는 Audio Panner를 이용하여 쉽고 빠르게 각 상황에 맞는 스테레오 사운드를 연출할 수 있습니다.

◉ 예제파일 : 04\Audio FX_02.mp4 ◉ 완성파일 : 04\Audio Pan_완성.mp4, Audio Pan_완성.prproj

01 파일을 불러오기 위해 메뉴에서 (File) → Import([Ctrl]+[I])를 실행합니다. ❶ 04 폴더에서 ❷ 'Audio FX_02.mp4' 파일을 선택하고 ❸ 〈열기〉 버튼을 클릭합니다.

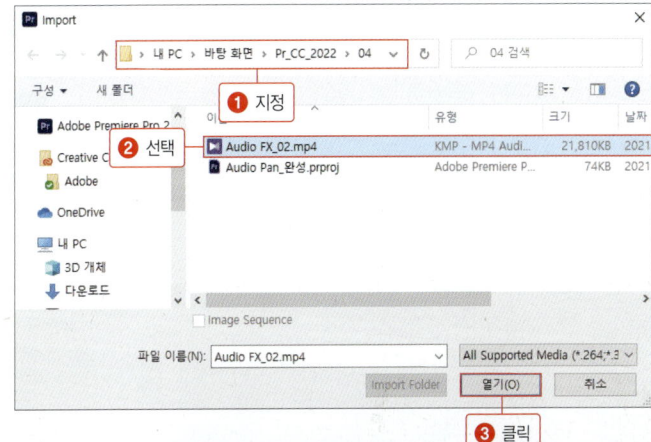

02 Project 패널의 'Audio FX_02.mp4' 아이템을 'New Item' 아이콘(🖿)으로 드래그하여 소스 파일과 같은 시퀀스를 만듭니다.

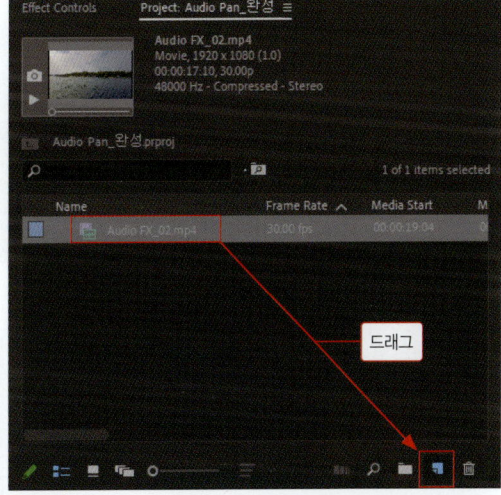

03 ❶ Timeline 패널에서 현재 시간 표시기를 카메라가 패닝 하기 전인 '00:00:08:03'으로 이동하고 ❷ 'Audio Fx_02.mp4' 클립을 선택합니다.

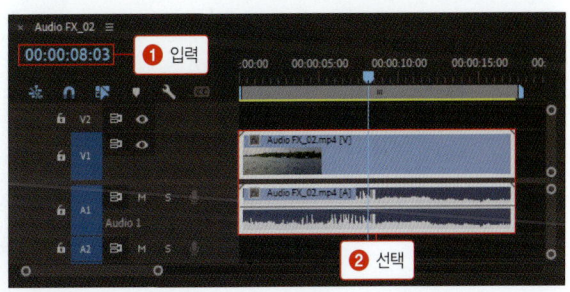

Chapter 02 • 사운드 효과 적용하기 249

04 ❶ Effect Controls 패널에서 Audio 항목의 Panner 왼쪽의 >를 클릭해 속성을 활성화한 다음 ❷ Balance를 '-80'으로 설정하면 자동으로 키프레임이 만들어집니다.

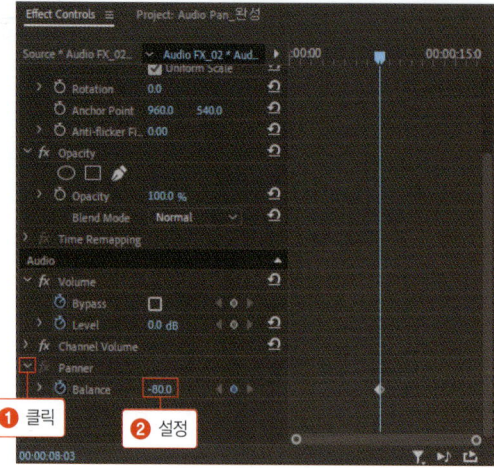

TIP

Audio Panner는 스테레오 사운드의 좌우 볼륨의 밸런스를 조절하는 기능으로 -100부터 100까지 설정할 수 있습니다. Panner Balance가 0보다 작아지면 오른쪽 볼륨이 작아지며 0보다 커지면 왼쪽 볼륨이 작아져 입체적인 사운드 애니메이션을 설정할 수 있습니다. Panner Balance는 절댓값을 입력하는 방법 외에도 >를 클릭해 속성 항목을 활성화해 슬라이더를 좌우로 드래그하여 조절할 수 있습니다.

05 ❶ 현재 시간 표시기를 카메라가 패닝 직후인 '00:00:09:09'로 이동합니다. ❷ Panner의 Balance를 '80'으로 설정합니다.

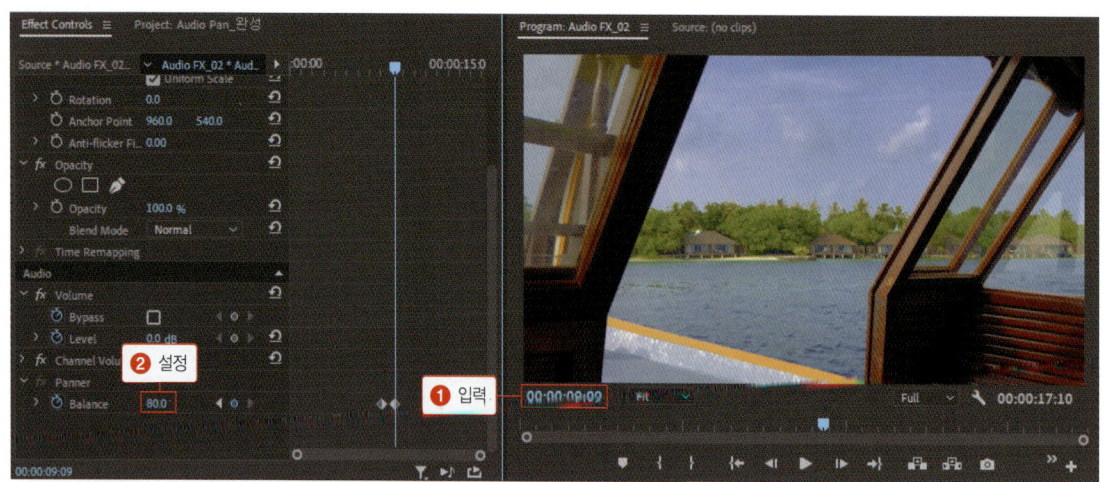

06 영상을 재생해 카메라 패닝에 맞춰 소리가 왼쪽에서 오른쪽으로 이동하는 효과를 확인합니다.

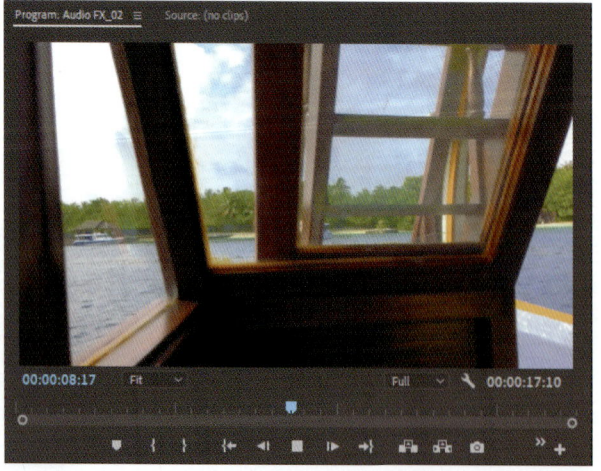

실습예제 03 리버브 효과 적용하기 - Studio Reverb

인물의 생각 속에서 들리는 목소리, 강당에서 연설하는 목소리 등을 표현하기 위해서는 리버브 효과를 이용합니다. 마치 사방이 막힌 텅 빈 공간이나 마이크를 통하여 음성이 출력될 때의 오디오 울림을 표현하는 것과 같습니다. 리버브 효과는 다양한 방법으로 표현할 수 있지만, 이번 예제에서는 Studio Reverb 이펙트를 이용해 표현해 보도록 하겠습니다.

◉ 예제파일 : 04\Sound effect.mp4   ◉ 완성파일 : 04\Sound effect Reverb_완성.mp4, Sound effect Reverb_완성.prproj

01 파일을 불러오기 위해 메뉴에서 (File) → Import((Ctrl)+(I))를 실행합니다. ❶ 04 폴더에서 ❷ 'Sound effect.mp4' 파일을 선택하고 ❸ 〈열기〉 버튼을 클릭합니다.

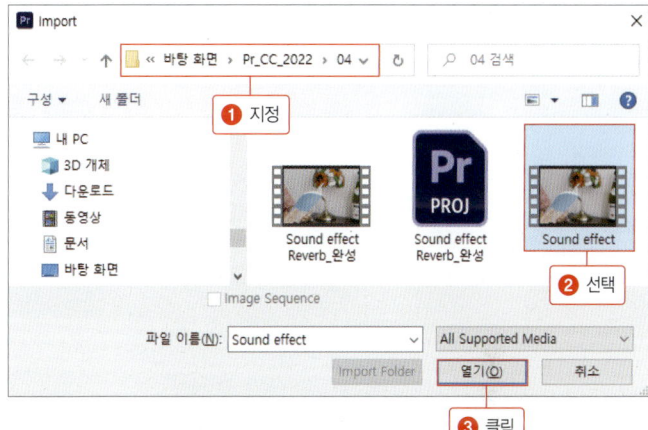

02 Project 패널에서 'Sound effect.mp4' 아이템을 선택하고 'New Item' 아이콘(■)으로 드래그하여 소스 파일과 같은 시퀀스를 만듭니다.

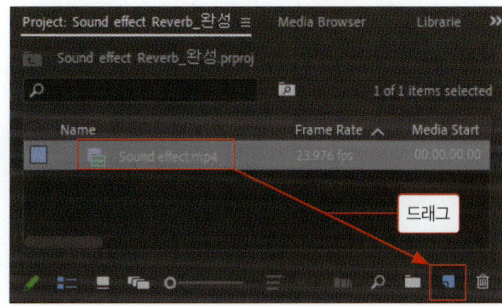

03 ❶ Effects 패널에서 'Studio Reverb' 이펙트를 검색하고 ❷ Timeline 패널에서 A1 트랙의 'Sound effect.mp4' 클립에 드래그해 효과를 적용합니다.

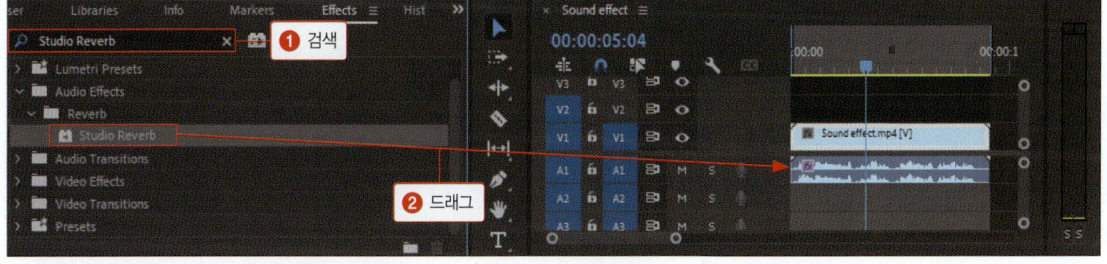

04 Effect Controls 패널의 Studio Reverb 항목에서 Custom Setup의 〈Edit〉 버튼을 클릭합니다.

05 Clip Fx Editor 대화상자가 표시되면 Presets를 'Great Hall'로 지정합니다.

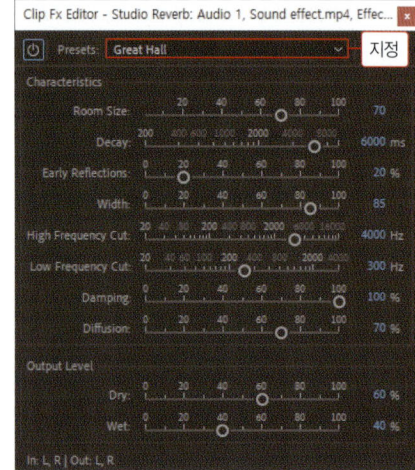

> **TIP**
> 만약 원하는 스타일의 리버브 효과를 찾기 어렵다면, Characteristics 항목에서 다양한 설정 슬라이더를 조절하여 원하는 스타일을 적용할 수 있습니다.

06 영상을 재생해 리버브 효과가 적용된 것을 확인합니다.

실습예제 04 음성 변조하기 - Pitch Shifter

종종 시사 프로그램이나 예능 프로그램에서 인물이 말을 할 때, 목소리가 엄청 높거나 낮게 조절되어 송출되는 것을 볼 수 있습니다. 이는 인물의 음성으로 특정인을 식별하지 못하도록 음성 변조 효과를 사용한 것입니다. 프리미어 프로에서는 다른 오디오 프로그램을 사용하지 않고 Pitch Shifter 이펙트를 이용해 쉽게 음성을 변조할 수 있습니다.

◎ 예제파일 : 04\Sound effect.mp4　◎ 완성파일 : 04\Pitch Shifter_완성.mp4, Pitch Shifter_완성.prproj

01 파일을 불러오기 위해 메뉴에서 (File) → Import(Ctrl+I)를 실행합니다. ❶ 04 폴더에서 ❷ 'Sound effect.mp4'를 선택하고 ❸ 〈열기〉 버튼을 클릭합니다.

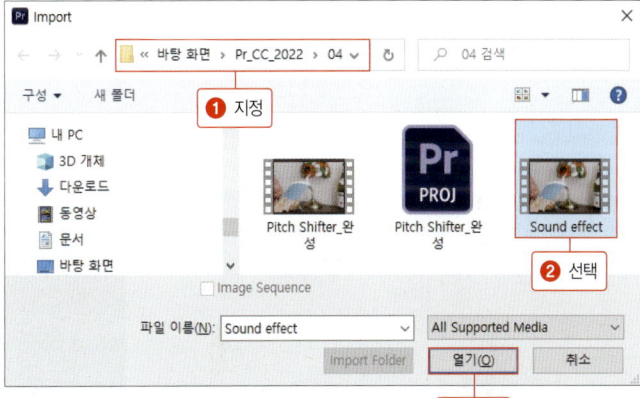

02 Project 패널에서 'Sound effect.mp4'를 하단의 'New Item' 아이콘(▭)으로 드래그하여 소스 파일과 같은 시퀀스를 만듭니다.

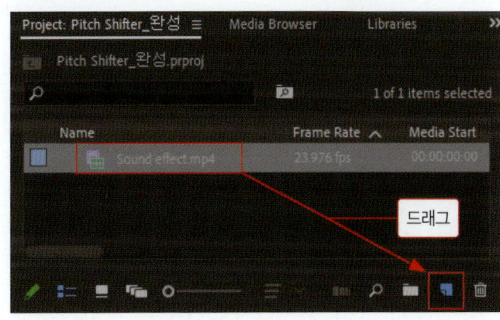

03 ❶ Effects 패널에서 'Pitch Shifter' 이펙트를 검색하고 ❷ Timeline 패널의 A1 트랙의 'Sound effect.mp4' 클립에 드래그해 효과를 적용합니다.

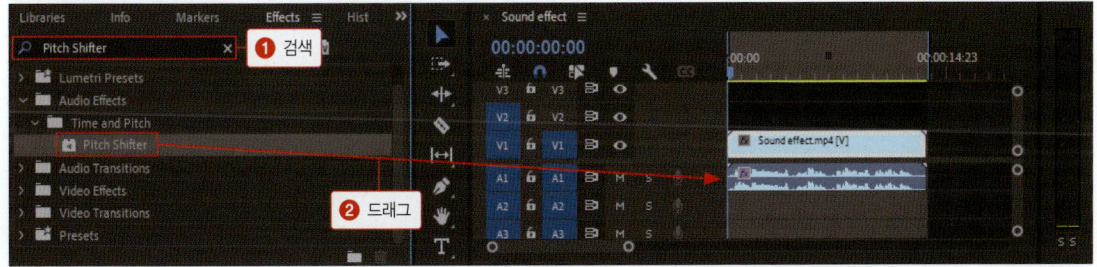

Chapter 02 • 사운드 효과 적용하기　**253**

04 Effect Controls 패널에서 Pitch Shifter 항목의 Custom Setup 의 〈Edit〉 버튼을 클릭합니다.

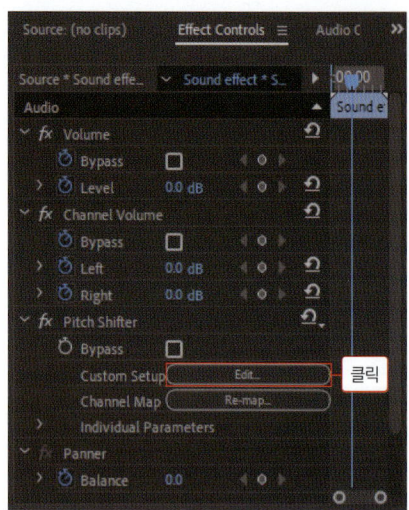

05 Clip Fx Editor 대화상자가 표시되면 Presets 를 클릭해 원하는 설정을 지정하여 다양한 음성 변조 효과를 적용합니다.

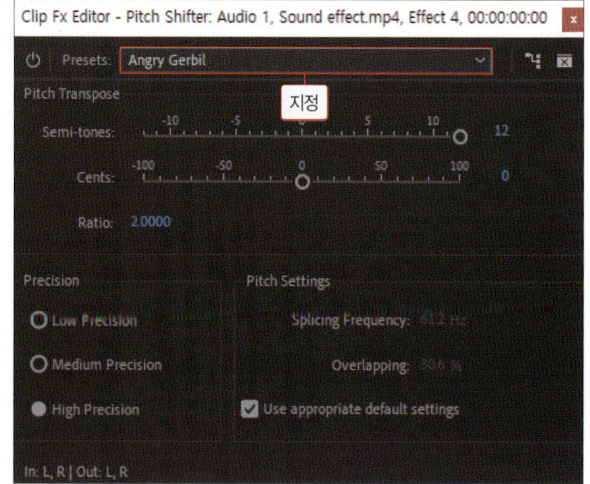

06 만약 원하는 스타일의 음성 변조 효과를 찾기 어렵다면, Semi-tones 슬라이더를 좌우로 드래그하여 원하는 스타일의 음성 변조를 적용합니다.

TIP
슬라이더를 왼쪽으로 드래그하여 '-12'로 설정하면 가장 낮은 톤의 음성으로 변조할 수 있고, 슬라이더를 오른쪽으로 드래그하여 '12'로 설정하면 가장 높은 톤의 음성으로 변조할 수 있습니다.

실습예제 05 라디오 음성 만들기 - From the Radio

라디오나 전화 통화를 할 때 음성을 들어 보면 평소와는 다르게 먹먹하고 잡음이 섞인 듯한 느낌이 듭니다. 프리미어 프로에서는 Essential Sound 패널에서 다양한 프리셋을 적용하여 라디오 음성 효과를 적용할 수 있습니다.

● 예제파일 : 04\Sound effect.mp4   ● 완성파일 : 04\Radio_완성.mp4, Radio_완성.prproj

01 파일을 불러오기 위해 메뉴에서 (File) → Import((Ctrl)+(I))를 실행합니다.
❶ 04 폴더에서 ❷ 'Sound effect.mp4' 파일을 선택하고 ❸ 〈열기〉 버튼을 클릭합니다.

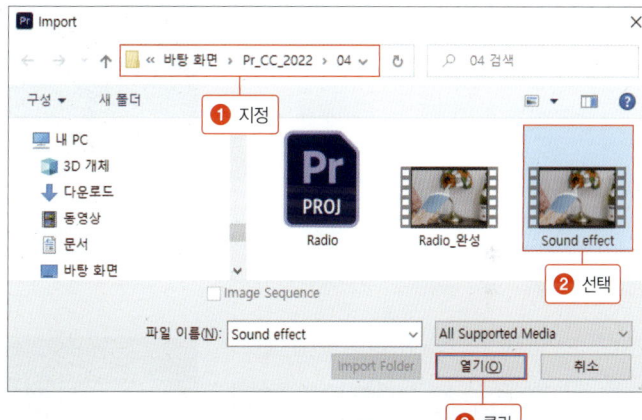

02 Project 패널에서 'Sound effect.mp4' 아이템을 'New Item' 아이콘(■)으로 드래그하여 소스 파일과 같은 시퀀스를 만듭니다.

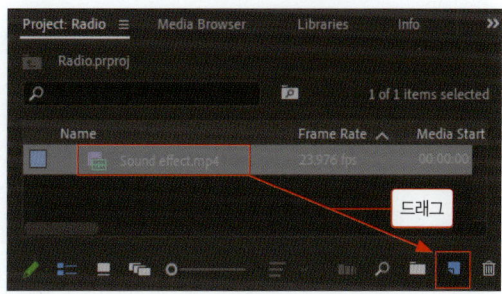

03 메뉴에서 (Window) → Essential Sound를 실행합니다.

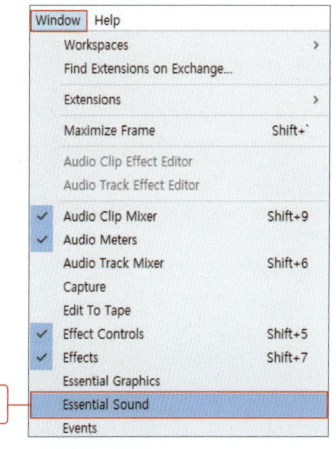

04 ❶ Timeline 패널에서 A1 트랙의 'Sound effect.mp4' 클립을 선택한 다음 ❷ Essential Sound 패널에서 〈Dialogue〉 버튼을 클릭합니다.

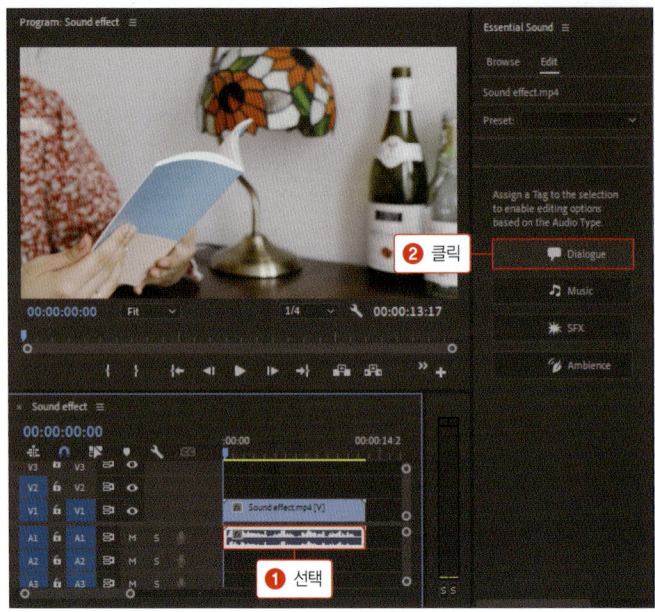

05 Essential Sound 패널 (Edit) 탭의 Preset을 'From the Radio'로 지정합니다.

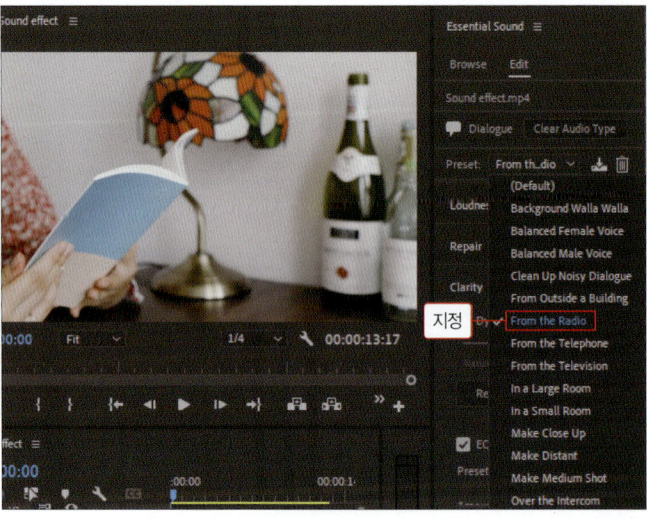

> **TIP**
>
> Preset 항목에서 다양한 사전 설정을 선택하여 '전화 통화 음성(From the Telephone)', 'TV속 음성(From the Television)' 그리고 앞서 설명한 '리버브가 적용된 음성(In a Large Room)' 등의 다양한 효과를 적용할 수 있습니다.

06 영상을 재생해 라디오에서 흘러나오는 듯한 효과가 적용된 것을 확인합니다.

실습예제 06 사운드 노이즈 제거하기 - DeNoise

촬영 중 의도치 않은 주변 환경의 잡음이 함께 녹음되거나, 인물의 목소리가 너무 작게 녹음되어 볼륨을 키웠을 경우 등 다양한 상황에서 사운드 노이즈가 발생할 수 있습니다. 이럴 때 프리미어 프로에서는 DeNoise 효과를 이용하여 간단하게 사운드 노이즈를 제거할 수 있습니다.

◉ 예제파일 : 04\Audio Noise.mp4   ◉ 완성파일 : 04\Audio DeNoise_완성.mp4, Audio DeNoise_완성.prproj

01 파일을 불러오기 위해 메뉴에서 (File) → Import((Ctrl) + (I))를 실행합니다. ❶ 04 폴더에서 ❷ 'Audio Noise.mp4' 파일을 선택하고 ❸ 〈열기〉 버튼을 클릭합니다.

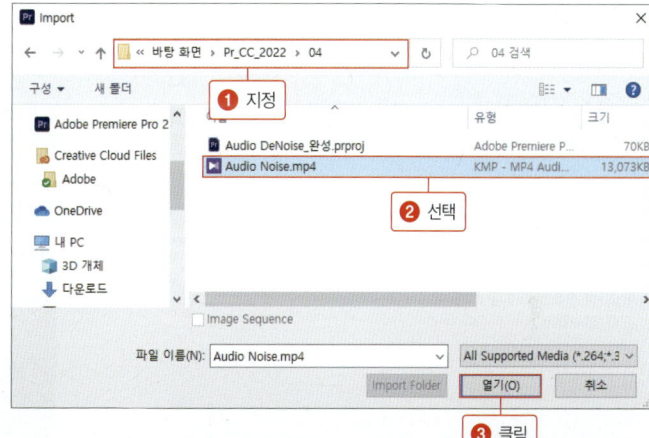

02 Project 패널에서 'Audio Noise.mp4' 아이템을 'New Item' 아이콘(■)으로 드래그하여 소스 파일과 같은 시퀀스를 만듭니다.

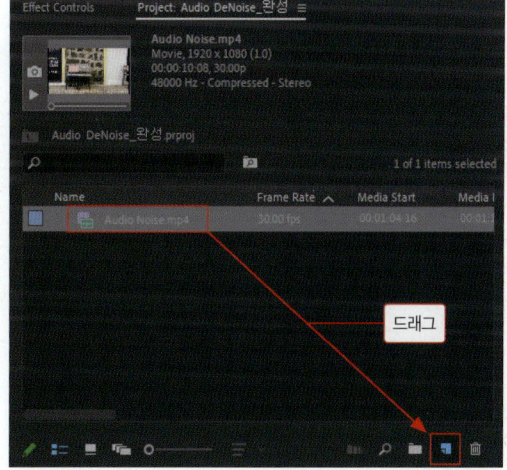

03 Timeline 패널에서 (Spacebar)를 눌러 영상을 재생합니다. 오디오에 사람 목소리와 함께 잡음이 심하게 섞여 있는 것을 확인합니다.

 TIP
이어폰 또는 헤드폰을 착용하고 들으면 더욱 정확하게 확인 가능합니다.

04 ❶ Effects 패널에서 'DeNoise' 이펙트를 검색하고 ❷ Timeline 패널의 A1 트랙의 'Audio Noise.mp4' 클립에 드래그합니다.

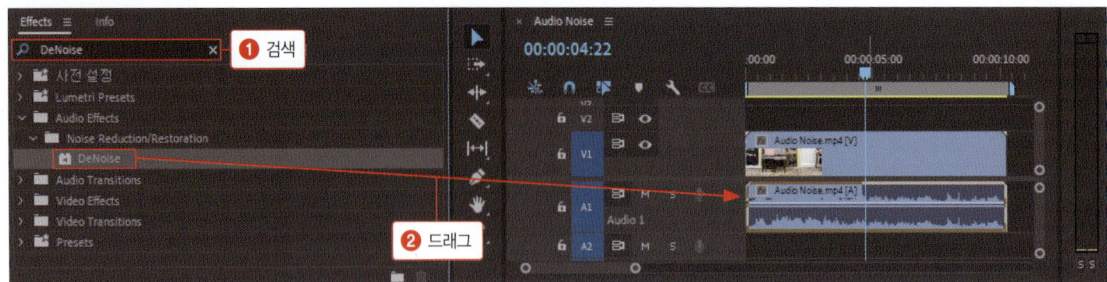

05 Effect Controls 패널의 Audio → DeNoise 항목에서 Custom Setup의 〈Edit〉 버튼을 클릭합니다.

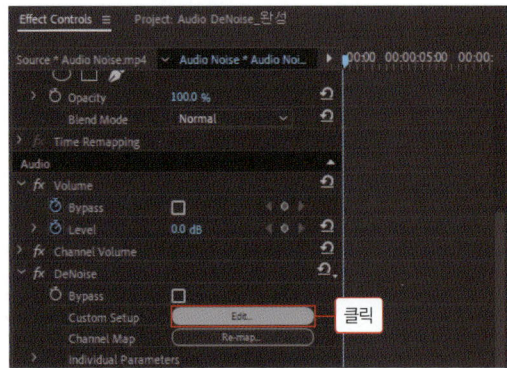

06 Clip FX Editor 대화상자가 표시되면 Timeline 패널의 영상을 재생합니다. 실시간으로 재생되는 오디오를 들으며 ❶ Amount 슬라이더를 좌우로 드래그해 노이즈를 최소화하고 동시에 목소리가 깨지지 않고 안정적으로 들리는 값을 찾아 설정합니다. 설정이 완료되면 ❷ '닫기' 아이콘( )을 클릭합니다.

07 Timeline 패널에서 영상을 재생해 노이즈가 제거된 것을 확인합니다.

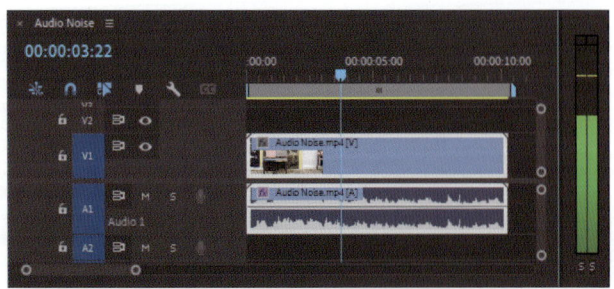

필수기능 07 프리미어 프로에서 녹음하기

영상의 특성 또는 제작 방식에 따라 후반에서 녹음된 사운드를 적용하는 경우도 있습니다. 사운드 녹음의 경우 전문 스튜디오에서 녹음하는 것이 정석이지만 필요에 따라 작은 오디오 장비나 PC에서 프리미어 프로를 통해 녹음을 진행할 수 있습니다.

마이크 입력 설정하기

먼저 녹음하기 위한 영상 편집을 완료합니다. 편집이 완료되면 마이크 설정을 위해 메뉴에서 (Edit) → Preferences → Audio Hardware를 실행합니다.

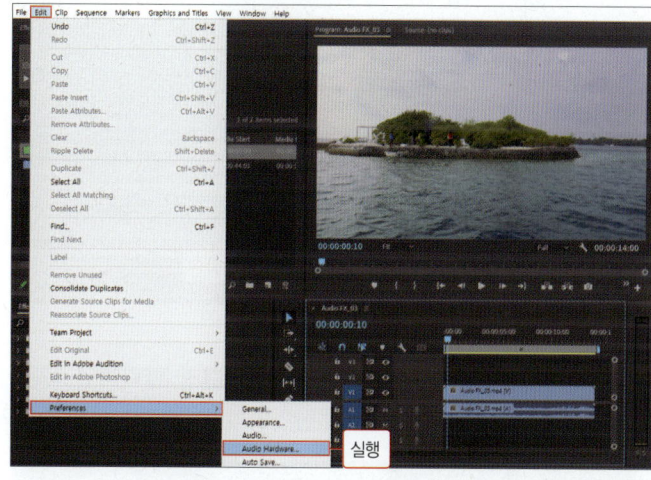

TIP

일반 데스크톱에 스마트폰용 이어 마이크를 연결하면 마이크 시스템이 제대로 작동하지 않을 확률이 높습니다. 반드시 정확한 마이크 셋을 데스크톱에 연결하고 성능 테스트가 완벽히 이루어진 다음 프리미어 프로를 실행하시기 바랍니다.

대화상자가 표시되면 ❶ Default Input을 'PC에 설정된 마이크'로 지정하고 ❷ 〈OK〉 버튼을 클릭합니다.

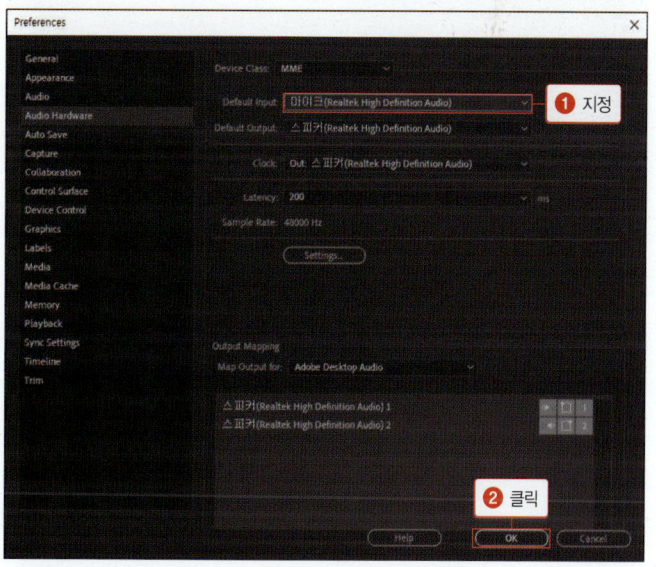

내레이션 녹음하기

Timeline 패널에서 녹음할 위치에 현재 시간 표시기를 이동하고 녹음할 트랙의 'Voice-Over Record' 아이콘(🎤)을 클릭합니다. Program Monitor 패널에서 표시되는 카운트가 끝나면 실시간으로 재생되는 화면을 따라 녹음을 진행합니다.

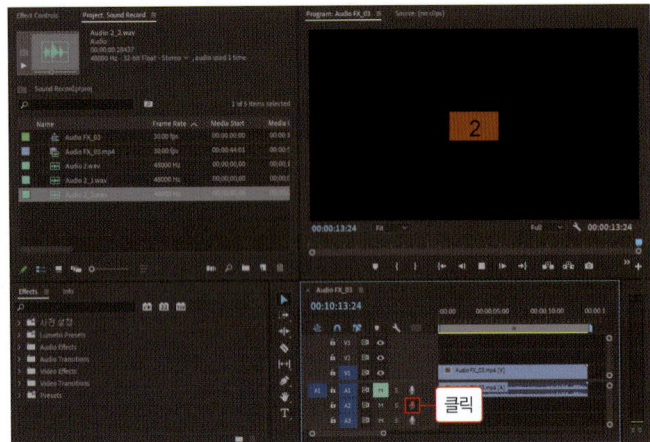

Program Monitor 패널의 '정지' 아이콘(■)을 클릭하면 녹음이 정지되고 녹음된 파일이 자동으로 Project 패널과 Timeline 패널의 트랙에 삽입됩니다. 녹음된 파일을 실시간으로 편집하며 녹음을 진행합니다.

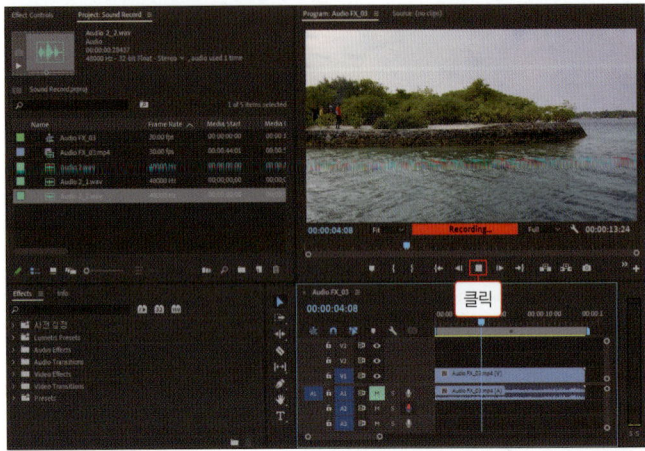

> **TIP**
> 녹음 시에는 반드시 헤드폰이나 이어폰을 끼고 녹음해야 마이크로 입력된 소리 또는 다른 트랙의 소리가 마이크로 재입력되는 현상을 방지할 수 있습니다. 만일 녹음 시 방해가 되거나 필요 없는 사운드의 경우 해당 클립 또는 트랙을 Mute 시킨 다음 녹음을 진행합니다.

CHAPTER 03

5.1 채널 • Audio Meters • AMono/Streo

사운드 설정 이해하기

오디오 소스는 제작 또는 가공 방식에 따라 다양한 옵션을 포함합니다. 그중 코덱이나 샘플링 비율(Hz), 비트레이트(kbps)는 음질과 음색을 좌우하지만, 채널 옵션은 성격이 다릅니다. 채널은 소리의 방향과 음역을 구분해 여러 개로 분리할 수 있으며 이는 입체적인 사운드를 만들 때 효율적입니다.

필수기능 01 5.1 채널 오디오 설정하기

영화나 특수 영상 작업 시 종종 5.1 채널 사운드를 적용할 경우가 있습니다. 프리미어 프로에서 5.1 채널 사운드를 정확히 구현하기 위해서는 두 가지 조건을 만족시켜야 합니다. 첫 번째는 프로젝트 시퀀스의 사운드 설정을 5.1 채널로 지정해야 하며, 두 번째는 소스 파일의 오디오 설정을 5.1로 지정해야 합니다. 이렇게 작업한 5.1 채널 사운드를 출력 옵션에서도 같은 채널 옵션을 설정해야 올바르게 사용할 수 있습니다.

5.1 채널 시퀀스 설정하기

5.1 채널 사운드는 기존 2개 채널의 스테레오 사운드에서 제공하지 못했던 측면과 후면의 사운드 등을 구현하여 360° 모든 방향에서 입체적으로 들을 수 있도록 하는 방식으로 중앙, 전면 왼쪽, 전면 오른쪽, 후면 왼쪽, 후면 오른쪽의 가청주파수대 5개 채널과 저음역 대 주파수 채널인 LFE(Low Frequencey Effects)가 합쳐서 형성됩니다.

프리미어 프로에서 New Sequence(Ctrl + N)의 (Tracks) 탭에서 5.1 채널 시퀀스를 설정할 수 있습니다. Audio 항목의 Mix를 '5.1'로 지정한 다음 각 오디오 트랙의 Track Type을 '5.1'로 지정하면 5.1 오디오로 작업할 수 있는 환경이 설정됩니다. 이때 'Add a Track' 아이콘( )을 클릭하면 오디오 트랙을 원하는 만큼 늘릴 수 있으며 Track Name을 입력할 수 있습니다.

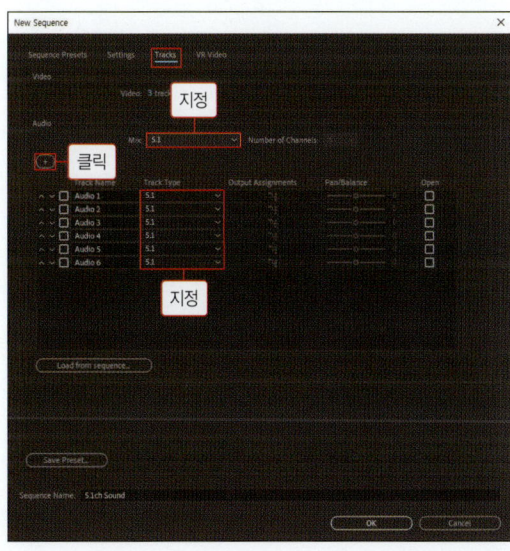

시퀀스가 5.1 채널로 설정되면 자동으로 Audio Meters 패널도 6개의 채널로 변경됩니다. 또한, Timeline 패널의 오디오 트랙에도 5.1 채널 표시가 만들어집니다.

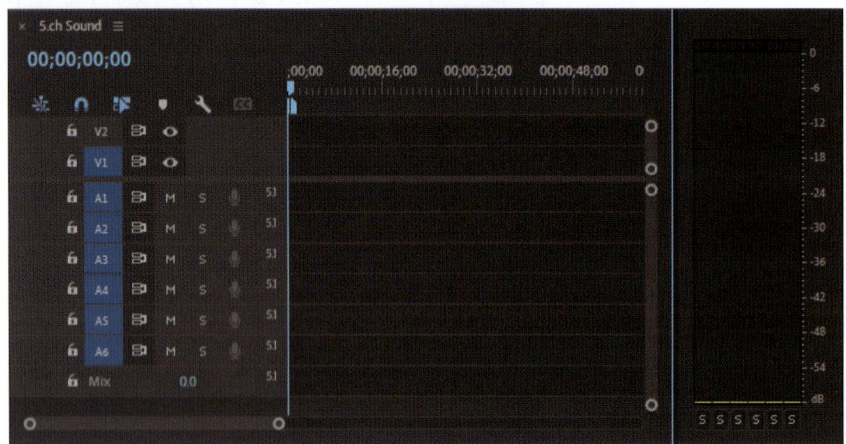

▲ Audio Meters 패널과 오디오 트랙이 5.1 채널로 변경된 모습

Audio Meters 패널 자세히 살펴보기

Audio Meters 패널은 Timeline 패널에서 재생되는 오디오의 음량을 확인할 수 있는 패널로 재생되는 오디오의 전체 음량(Audio Level)을 최고 0db에서 최하 −∞까지 표시합니다.

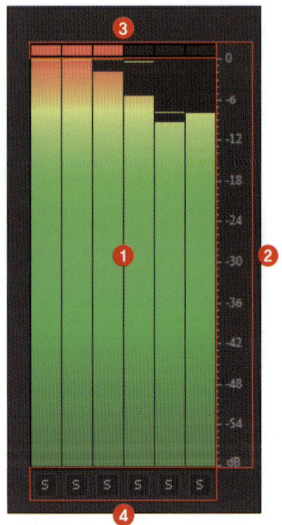

❶ **Audio Power Meters** : 오디오의 레벨을 막대기 형태로 표시합니다.
❷ **Audio Level Meters** : 오디오 레벨을 db 단위의 숫자로 표시합니다.
❸ **Peak Checker** : 오디오가 최대 허용 레벨을 넘었을 때 빨간색 마커가 표시됩니다.
❹ **Solo Channel** : 체크 된 채널의 오디오만 재생합니다.

5.1 채널 오디오 클립 설정하기

오디오 또는 영상 소스의 사운드 채널은 크게 Mono, Stereo, 5.1로 나뉩니다. 기본적으로 하나의 소스 클립에 5.1 채널 오디오가 모두 들어 있을 수 있지만 6개의 채널을 모노(mono) 소스로 각각 따로 분리하여 사용되는 경우도 있습니다. 이때 Mono 소스를 5.1 소스로 변경하고 각 소스에 해당하는 채널을 하나씩 설정합니다. Project 패널에서 채널 변경을 원하는 ❶ 오디오 소스 파일에서 마우스 오른쪽 버튼을 클릭하고 ❷ Modify → Audio Channels(Shift + G)를 실행하면 Mono 채널의 사운드 소스를 5.1 채널 사운드로 변경할 수 있는 대화상자가 표시됩니다.

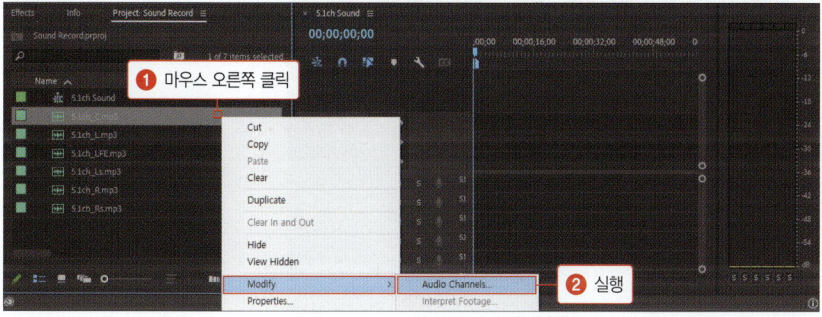

> **TIP**
> Audio Channels는 메뉴에서 (Clip) → Modify → Audio Channels(Shift + G)에서도 실행 가능합니다.

Modify Clip 대화상자의 [Audio Channels] 탭에서 ❶ Clip Channel Format을 '5.1'로 지정합니다. 이후 ❷ Media Source Channel에서 클립의 속성을 5.1 채널 중 해당이 되는 위치로 체크 표시합니다.

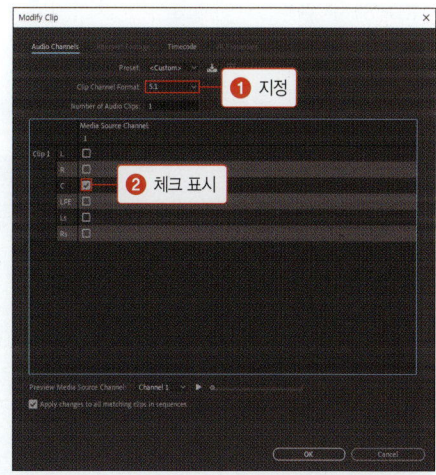

이렇게 각 채널에 해당하는 Center, Right, Left, Surround Right, Surround Left, LFE 파일의 설정을 마치고 Timeline 패널에 오디오 소스를 이동해 6개의 채널 사운드가 각각 분리되어 Audio Meters 패널에 재생되는 것을 확인합니다.

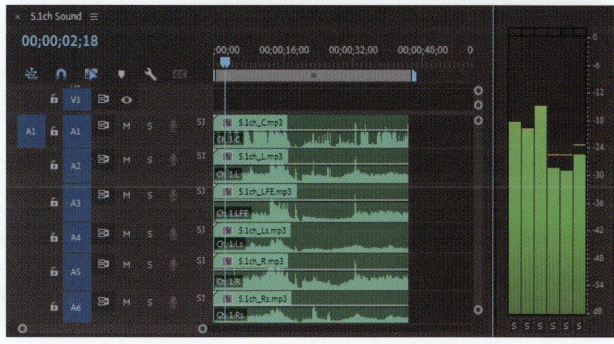

5.1 채널 오디오 출력하기

5.1 채널 사운드로 환경에서 작업한 영상을 제대로 5.1 채널로 출력하기 위해서는 내보내기 설정에서 별도의 옵션을 설정해야 합니다. 출력하기 위해 메뉴에서 (File) → Export → Media(Ctrl + M)를 실행합니다.

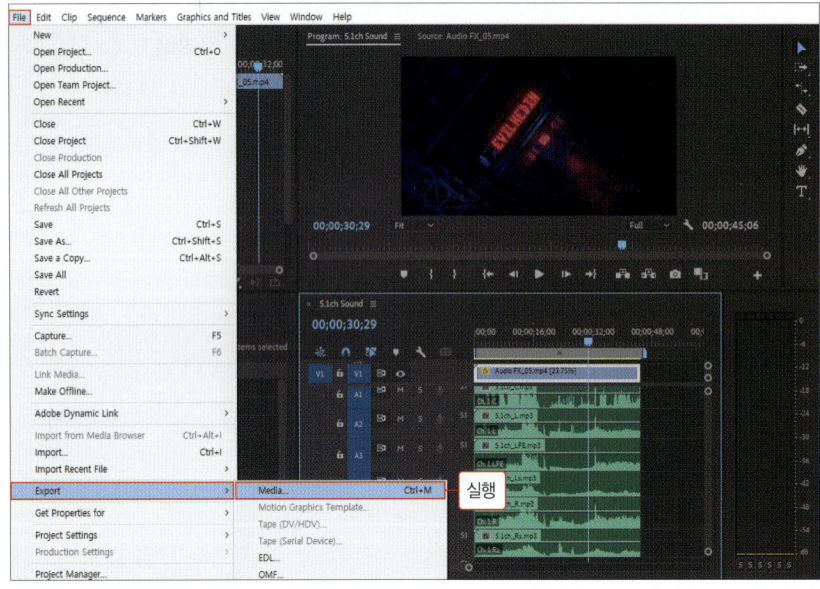

Export Settings 대화상자가 표시되면 ❶ Format에서 원하는 출력 옵션을 지정하고 ❷ (Audio) 탭에서 Basic Audio Settings 항목의 Channels 옵션을 '5.1'로 지정합니다. ❸ 〈Export〉 버튼을 클릭하여 출력된 5.1 채널 사운드 미디어 파일을 확인합니다.

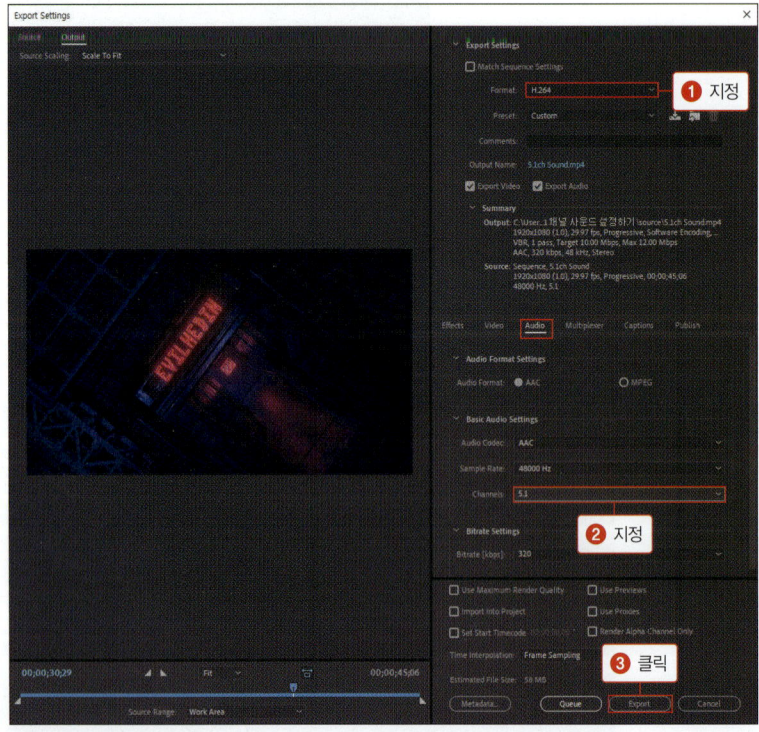

실습예제 02 모노 사운드 스테레오 사운드로 변경하기

Mono 사운드는 Left, Right 두 개의 채널을 가지고 있는 Stereo 사운드와 다르게 한 개의 채널로 이루어진 오디오 파일입니다. 이런 경우 영상 편집 시 입체적인 사운드 연출이 어려워 스테레오 사운드로 변경하여 채널 사운드 연출을 적용합니다.

◎ 예제파일 : 04\Mono Sound.mp4

01 파일을 불러오기 위해 메뉴에서 (File) → Import(Ctrl + I)를 실행합니다. ❶ 04 폴더에서 ❷ 'Mono Sound.mp4' 파일을 선택하고 ❸ 〈열기〉 버튼을 클릭합니다.

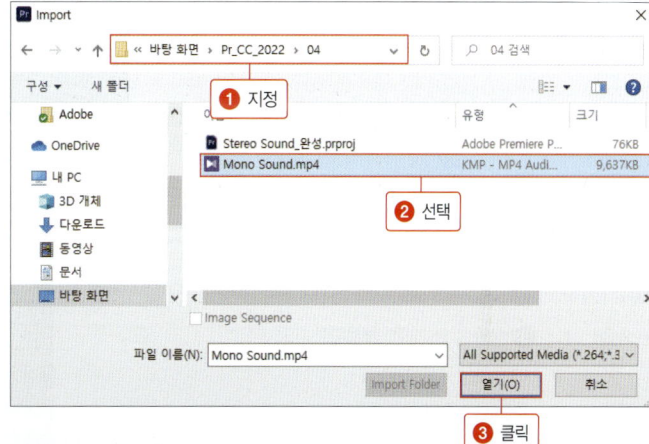

02 ❶ Project 패널의 '패널 메뉴' 아이콘 (≡)을 클릭해 ❷ Preview Area를 실행합니다.

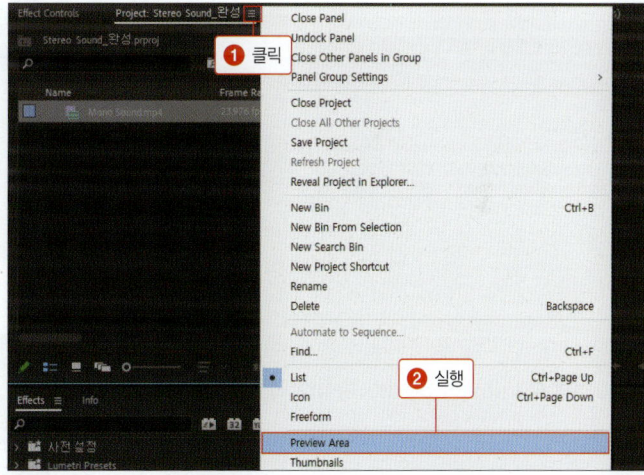

03 Project 패널의 Preview Area에서 'Mono Sound.mp4' 아이템이 Mono 형식의 사운드 파일이라는 것을 확인합니다.

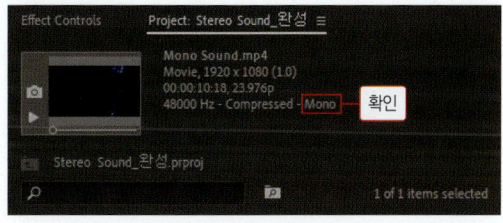

04

❶ Project 패널에서 'Mono Sound.mp4' 아이템에 마우스 오른쪽 버튼을 클릭해 ❷ Modify → Audio Channels(Shift + G)를 실행합니다.

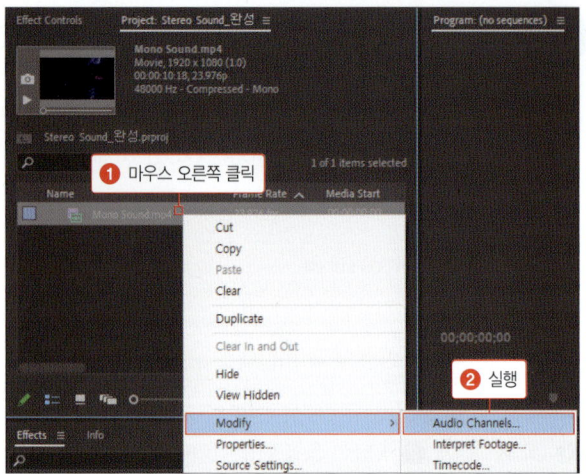

05

Modify Clip 대화상자가 표시되면 ❶ (Audio Channels) 탭의 Clip Channel Format을 'Stereo'로 지정하고 ❷ Media Source Channel의 'L', 'R'을 체크 표시한 다음 ❸ 〈OK〉 버튼을 클릭합니다.

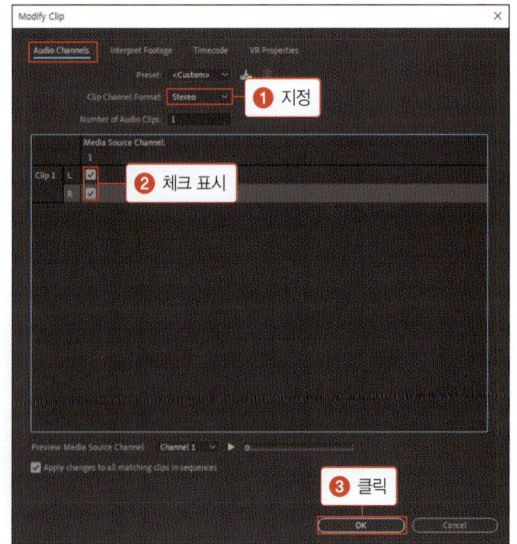

06

Project 패널의 Preview Area에서 'Mono Sound.mp4' 아이템이 Stereo 형식의 사운드 파일로 변경된 것을 확인합니다.

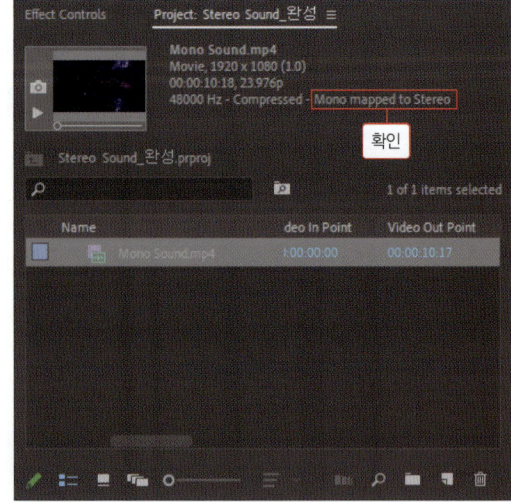

사운드 볼륨 낮추고 피치(Pitch) 조절하기

1 240쪽 참고

소스 파일의 사운드 볼륨을 5dB 낮춰 보세요.

- 예제파일 04\Sound Volume.mp4
- 완성파일 04\Sound Volume_완성.prproj
- 해설 동영상 04\4-1.mp4

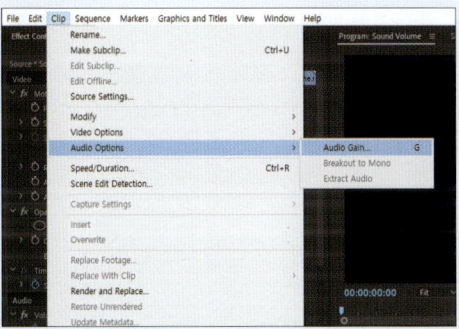 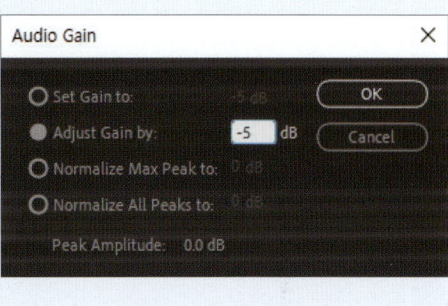

> **Hint** 소스 클립과 같은 포맷의 시퀀스 만들기 → 클립을 선택하고 Audio Gain 명령 실행하기 → Adjust Gain by를 '-5dB'로 설정하기

---

2 253쪽 참고

오디오 파일의 피치(Pitch)를 높여 높은 톤의 음성으로 변조해 보세요.

- 예제파일 04\Sound Pitch.mp4
- 완성파일 04\Sound Pitch_완성.prproj
- 해설 동영상 04\4-2.mp4

 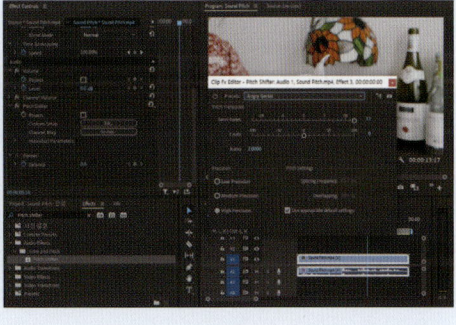

> **Hint** 소스 클립과 같은 포맷의 시퀀스 만들기 → 'Pitch Shifter' 이펙트 검색해 오디오 클립에 적용하기 → Effect Controls 패널의 Pitch Shifter에서 〈Edit〉 버튼 클릭하기 → Presets를 Angry Gerbil로 지정하기

영상에서 색은 장면에 맞는 연출적 분위기 만들고 인물의 감정을 드러내기도 하며, 때론 특정 촬영 장비를 묘사하기도 합니다. 그 외에도 영상의 색상 톤을 활용해 연출자의 시그니처 룩(Signature Look)을 보여 주는 등 후반 작업에 있어 매우 중요한 요소가 아닐 수 없습니다. 프리미어 프로의 다양한 색상 효과와 기술을 통해 다양한 색상 보정 방법을 알아두도록 합니다.

PART 5.

영상 색상 보정하기

01 | 기본 효과로 색상 보정하기
02 | Lumetri Color 활용해서 이미지 보정하기

Adjustment Layer • Color Effects

기본 효과로 색상 보정하기

영상 편집 작업은 컷 편집, 편집 다듬기, 자막 작업, 사운드 작업, 색 보정 순서로 진행됩니다. 그중 색상 보정은 전체 영상의 톤을 하나로 통일하고 원하는 연출 Look을 완성하여 품질 높은 영상을 완성하는 큰 역할을 합니다. 색상 보정이 진행되면 클립의 용량이 늘어나 재생되지 않는 경우가 있어 편집과 효과 작업이 끝난 다음 필요한 장면에 적용하는 것이 효율적입니다.

필수기능 01 Adjustment Layer 이해하기

색상 보정은 클립별로 일일이 색상 설정을 다르게 할 수 있지만 한 장소에서 촬영했을 경우 같은 색상 설정을 동시에 여러 클립에 적용할 수 있습니다. 이러한 특성 때문에 색상 보정 작업을 할 때는 Adjustment Layer(조정 레이어)를 통해 작업하는 것이 매우 효율적입니다.

Adjustment Layer는 하위 트랙의 모든 클립에 일괄적으로 효과를 적용하는 기능입니다. 따라서 여러 클립에 같은 효과를 동시에 적용하거나, 적용과 해제를 반복적으로 작업할 때 유용하게 사용할 수 있습니다.

Adjustment Layer 만들기

Project 패널에서 ① 'New Item' 아이콘( )을 클릭해 ② Adjustment Layer를 실행한 다음 Adjustment Layer 대화상자에서 ③ Width, Height를 설정하고 ④ Timebase를 지정한 다음 ⑤ 〈OK〉 버튼을 클릭합니다.

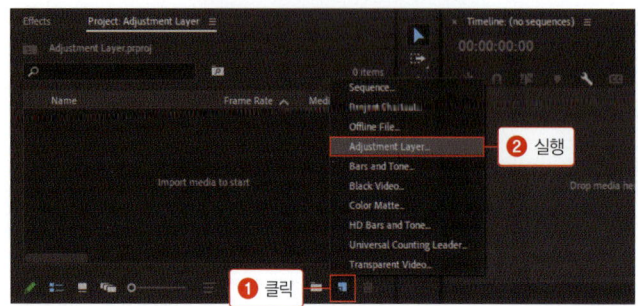
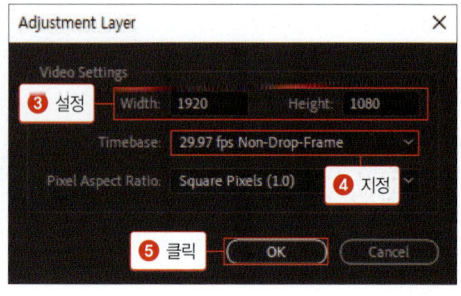

> **TIP**
> Adjustment Layer는 메뉴에서 (File) → New → Adjustment Layer를 실행해 만들 수도 있습니다. 단, 이때 Project 패널이 선택된 상태에서만 실행 가능합니다.

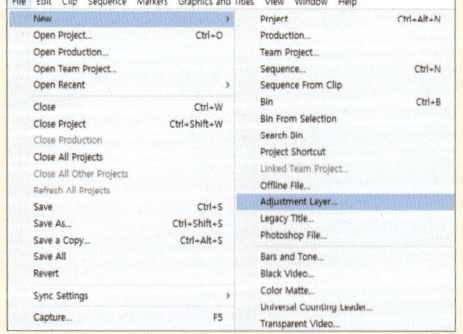

Adjustment Layer 적용하기

Project 패널에 만들어진 Adjustment Layer를 Timeline 패널에서 효과를 적용할 클립의 상단 트랙에 드래그하여 배치합니다.

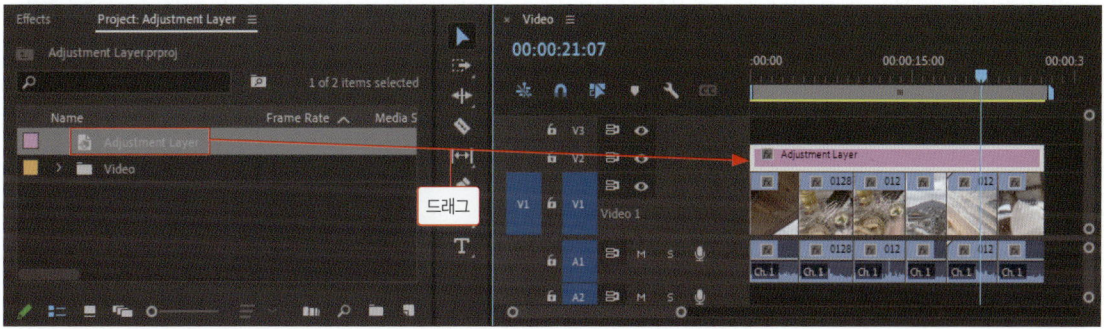

Adjustment Layer 활용하기

Effects 패널의 각종 이펙트를 Timeline 패널의 Adjustment Layer에 적용하면 하단 트랙에 있는 모든 클립들에게 일괄적으로 적용됩니다.

실습예제 02 Auto Color로 색상과 명암 자동 보정하기

Auto Color는 말 그대로 영상의 색상을 자동으로 보정 해주는 기능입니다. 한 번의 드래그로 컬러, 밝기를 표준 설정에 맞춰 간단하게 설정할 수 있습니다. 그러나 세밀한 보정이 어렵기 때문에 간단한 영상 편집 시에만 활용하시기 바랍니다.

● 예제파일 : 05\Color Collection.mp4   ● 완성파일 : 05\Auto Color_완성.mp4, Auto Color_완성.prproj

01 파일을 불러오기 위해 메뉴에서 (File) → Import(Ctrl+I)를 실행합니다. ❶ 05 폴더에서 ❷ 'Color Collection.mp4' 파일을 선택하고 ❸ 〈열기〉 버튼을 클릭합니다.

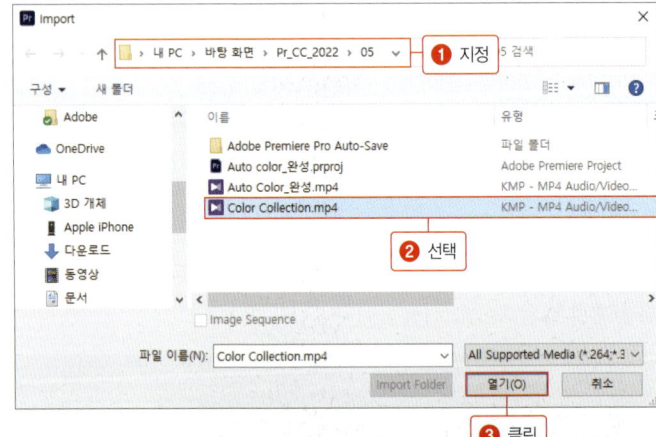

02 Project 패널의 'Color Collection.mp4' 아이템을 'New Item' 아이콘(■)에 드래그하여 소스 파일과 같은 시퀀스를 만듭니다.

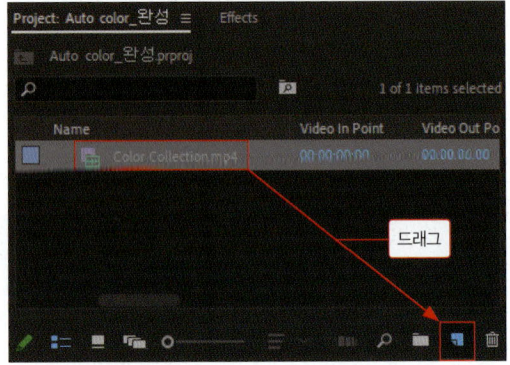

03 ❶ Project 패널에서 'New Item' 아이콘(■)을 클릭해 ❷ Adjustment Layer를 실행합니다. Adjustment Layer 대화상자가 표시되면 ❸ 〈OK〉 버튼을 클릭합니다.

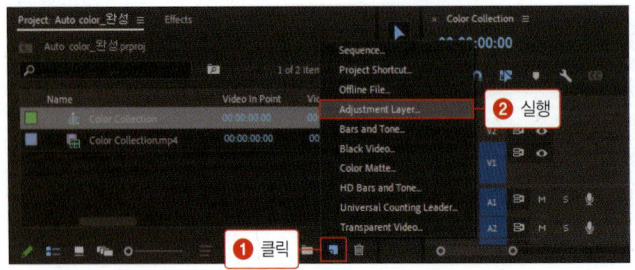
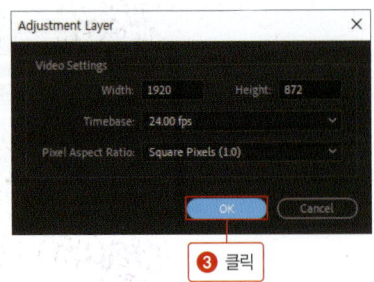

04

❶ Project 패널에 만들어진 'Adjustment Layer' 아이템을 Timeline 패널의 V2 트랙에 드래그한 다음 ❷ 끝 점을 드래그하여 클립의 길이를 'Color Collection.mp4' 클립과 길이를 같게 만듭니다.

Adjustment Layer는 하위 트랙의 비디오에 효과를 일괄적으로 적용할 수 있는 투명 레이어로 여러 클립에 동일한 효과를 적용하는 색상 보정 작업에 매우 유용하게 사용됩니다. 예제에서는 한 개의 클립에 효과를 적용하지만, 실제 편집 작업 시에는 필요에 따라 여러 클립에 동시 적용하여 색상 보정 작업을 진행하시기 바랍니다.

05

❶ Effects 패널에서 'Auto Color' 이펙트를 검색하고 ❷ Timeline 패널의 'Adjustment Layer' 클립에 드래그합니다.

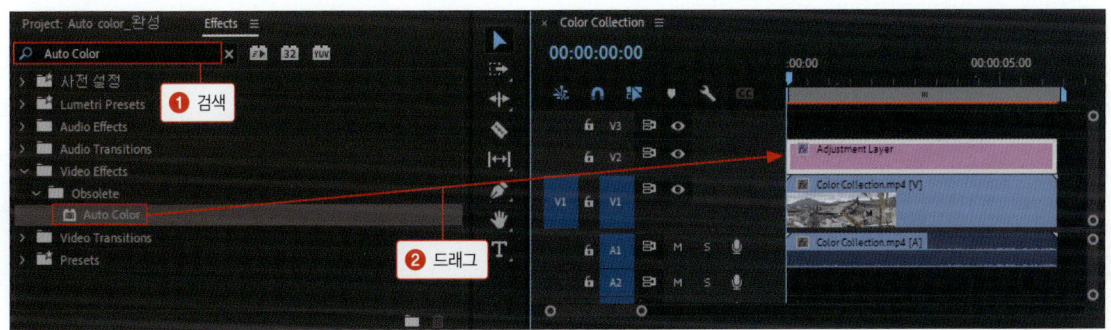

06

Program Monitor 패널에서 영상의 색과 명암이 자동으로 안정적인 화면으로 보정된 것을 확인합니다. 이때 Effect Controls 패널에서 Auto Color의 어두운 영역(Black Clip)과 밝은 영역(White Clip) 밝기를 원하는 옵션으로 조절할 수 있습니다.

▲ Auto Color 적용 전 화면

▲ Auto Color 적용 후 화면

> **TIP**
> Auto Color 이펙트 이외에 Auto Level, Auto Contrast를 사용하면 한 번의 드래그로 간단하게 명암과 대비를 빠르게 보정할 수 있습니다.

필수기능 03 Levles Settings 자세히 알아보기

Levels 이펙트에서 RGB 채널 옵션을 지정해 입력 레벨(Input Levels)과 출력 레벨(Output Levels)로 영상의 명암 레벨을 조절할 수 있습니다.

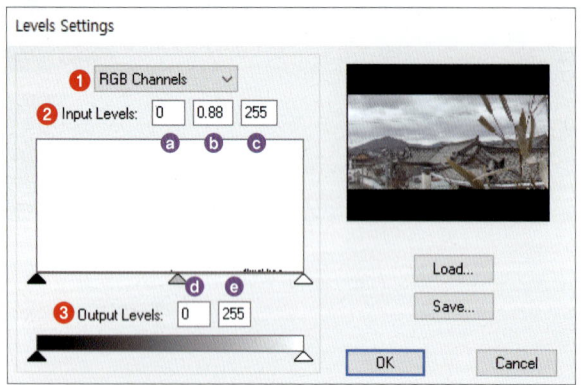

① **채널 옵션** : 전체 컬러 채널 영역 및 빨강, 초록, 파랑 3가지 컬러 채널을 구분하여 명암 레벨을 조절할 수 있습니다. RGB Channels로 지정하면 영상 전체의 명암을 조절할 수 있으며 각각의 Red, Green, Blue 채널을 지정해 컬러 레벨을 조절할 수 있습니다.

② **Input Levels** : 어두운 영역을 더 어둡게 또는 밝은 영역을 더 밝게 할 수 있는 입력 레벨 옵션을 제공합니다.
  ⓐ **Black Input Level** : 레벨 값이 '0'보다 높아질수록 어두운 영역 어둡게 설정됩니다.
  ⓑ **Gamma** : 영상 전체의 명암 대비를 조절하며 기본 값 '1'을 기준으로 높아질수록 밝아지며 낮아질수록 어둡게 설정됩니다.
  ⓒ **White Input Level** : 레벨 값이 '255'보다 낮아질수록 밝은 영역이 더 밝게 설정됩니다.

③ **Output Levels** : 어두운 영역을 더 밝게 또는 밝은 영역을 더 어둡게 할 수 있는 출력 레벨 옵션을 제공합니다.
  ⓓ **Black Input Level** : 레벨 값이 '0'보다 높아질수록 어두운 영역이 밝게 설정됩니다.
  ⓔ **White Input Level** : 레벨 값이 '255'보다 낮아질수록 밝은 영역이 어둡게 설정됩니다.

> **TIP**
> 프리미어 프로에서 지원하는 Levels는 영상의 전체 명암과 Red, Green, Blue 채널의 명암을 조절할 수 있는 매우 편리한 색상 보정 효과로 포토샵, 애프터 이펙트 등 다른 프로그램에서도 똑같이 사용되는 매우 중요한 기능입니다. Levels 이펙트의 옵션과 항목별 특성을 꼭 익혀두시기 바랍니다.

실습예제 04 Levels로 명암 조절하기 ⭐중요

영상의 밝기는 크게 어두운 영역(Black Level)과 밝은 영역(White Level)으로 나뉘며, 이 둘을 한 번에 조절할 수 있는 작업이 Gamma를 설정하는 것입니다. Levels 이펙트를 이용해 영상의 밝기 영역을 세밀하게 조절하며 적절한 명암 대비를 완성해 봅니다.

◉ 예제파일 : 05\Color Collection.mp4 ◉ 완성파일 : 05\Levels_완성.mp4, Levels_완성.prproj

01 파일을 불러오기 위해 메뉴에서 **(File) → Import**(Ctrl + I)를 실행합니다.
❶ 05 폴더에서 ❷ 'Color Collection.mp4' 파일을 선택하고 ❸ 〈열기〉 버튼을 클릭합니다.

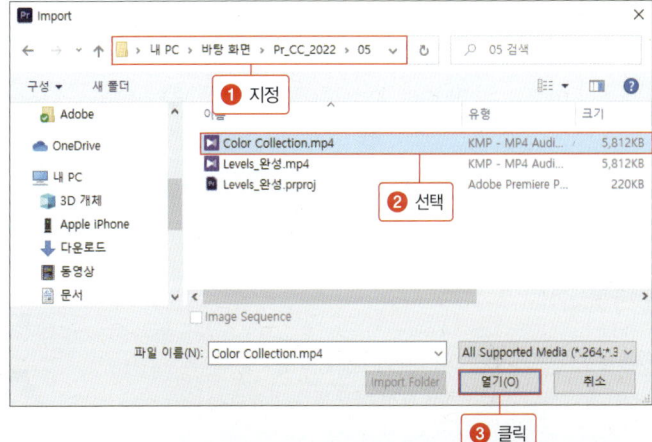

02 Project 패널의 'Color Collection.mp4' 아이템을 'New Item' 아이콘(🗐)으로 드래그하여 소스 파일과 같은 시퀀스를 만듭니다.

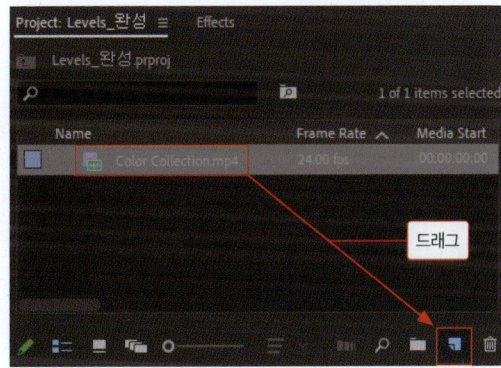

03 ❶ Effects 패널에서 'Levels' 이펙트를 검색하고 ❷ Timeline 패널의 'ColorCollection.mp4' 클립에 드래그합니다.

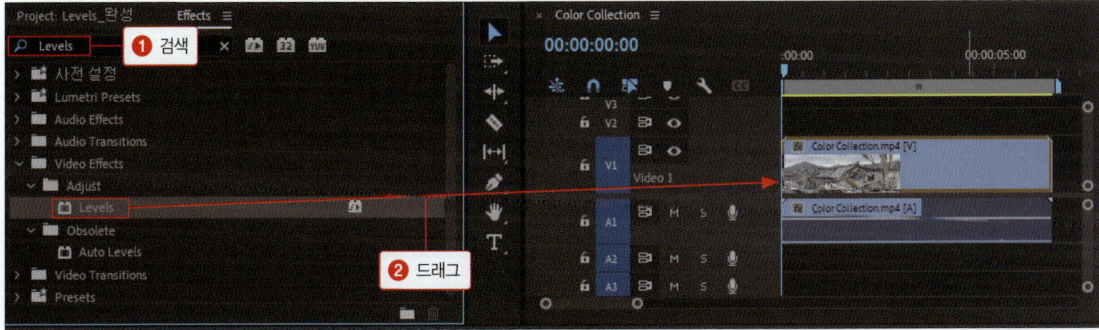

04 Effect Controls 패널에서 Levels 항목의 'Setup' 아이콘(⬚)을 클릭합니다.

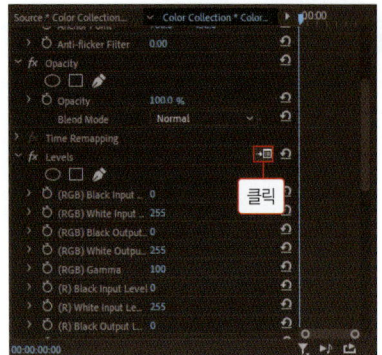

05 Levels Settings 대화상자가 표시되면 ❶ Input Levels를 '5/0.6/255', ❷ Output Levels를 '0/220'으로 설정합니다. Preview 창에서 전체 영상의 대비가 높아지고 구름의 형태가 더 진하게 나타난 것을 확인할 수 있습니다.

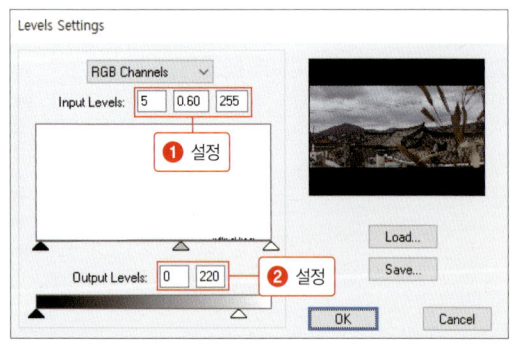

TIP
Input Levels와 Output Levels 그래프에서 삼각형 모양의 슬라이더를 좌우로 움직여 레벨 값을 빠르게 조절할 수 있으며 오른쪽 Preview 창을 통해 실시간으로 보정된 화면을 확인할 수 있습니다.

06 영상을 차가운 톤으로 보정 하기 위해 ❶ 채널 옵션을 'Blue Channels'로 지정하고 ❷ Input Levels의 가운데 Gamma를 '1.25'로 설정합니다. ❸ 〈OK〉 버튼을 클릭해 Levels 이펙트를 통한 색상 보정 작업을 마무리합니다.

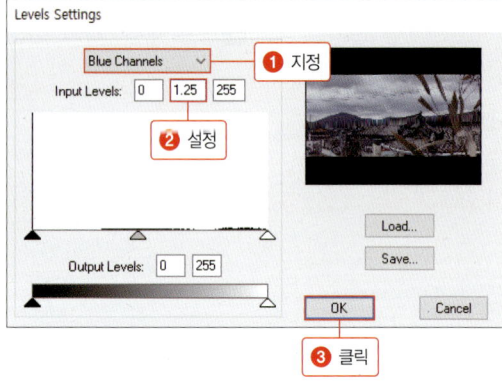

07 Program Monitor 패널에서 강한 명암 대비 효과로 구름과 건물의 형태가 더 진해지고 차가운 톤으로 보정된 영상을 확인합니다.

▲ Levels 설정 전 화면

▲ Levels 설정 후 화면

실습예제 05 Black & White로 흑백 영상 만들기

프리미어 프로에서 흑백 영상을 만드는 방법은 여러 가지입니다. 그중 Black & White 이펙트는 한 번의 드래그로 가장 빠르고 손쉽게 흑백 영상으로 전환할 수 있는 기능입니다.

● 예제파일 : 05\Color Collection.mp4   ● 완성파일 : 05\Black&White_완성.mp4, Black&White_완성.prproj

01 파일을 불러오기 위해 메뉴에서 (File) → Import (Ctrl + I)를 실행합니다. ❶ 05 폴더에서 ❷ 'Color Collection.mp4' 파일을 선택하고 ❸ 〈열기〉 버튼을 클릭합니다.

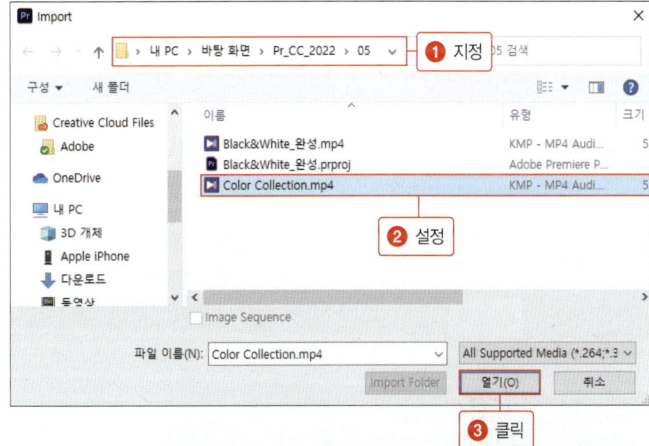

02 Project 패널의 'Color Collection.mp4' 아이템을 'New Item' 아이콘(▣)으로 드래그하여 소스 파일과 같은 시퀀스를 만듭니다.

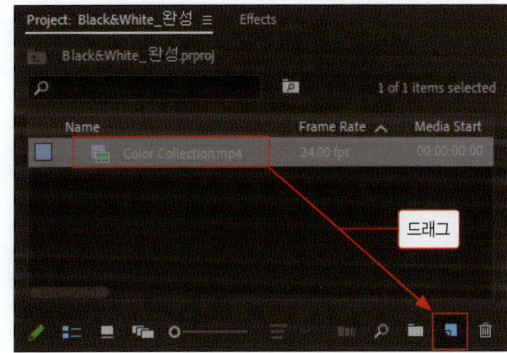

03 ❶ Effects 패널에서 'Black & White' 이펙트를 검색하고 ❷ Timeline 패널의 'ColorCollection.mp4' 클립에 드래그합니다.

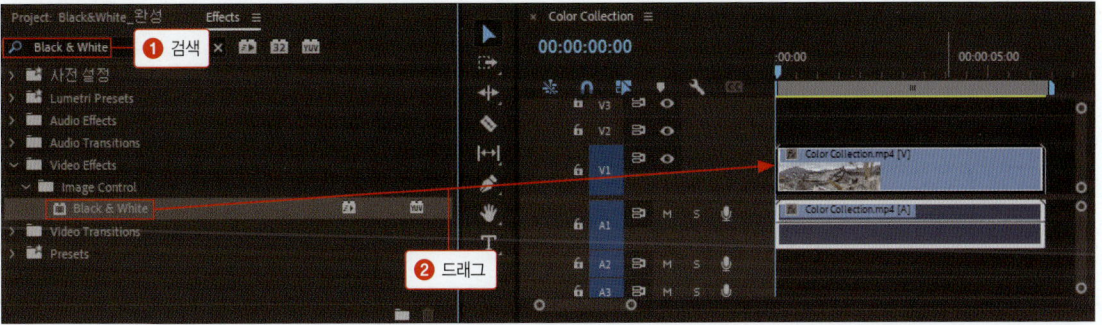

Chapter 01 • 기본 효과로 색상 보정하기　277

04 Program Monitor 패널에서 영상이 흑백으로 바뀐 것을 확인합니다.

▲ Black & White 적용 전 화면　　　　　　　　　　　▲ Black & White 적용 후 화면

05 화면이 너무 밝고 흐린 것을 보정하기 위해 ❶ Effects 패널에서 'Brightness & Contrast' 이펙트를 검색하고 ❷ Timeline 패널의 'ColorCollection.mp4' 클립에 드래그합니다.

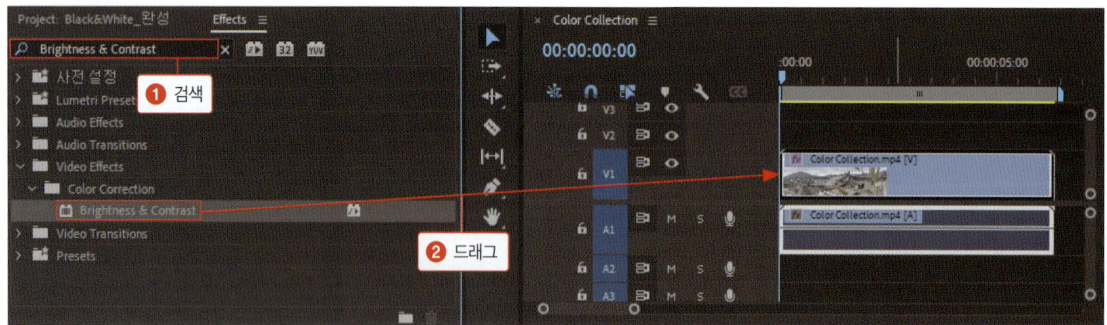

06 Effect Controls 패널에서 Brightness & Contrast 항목의 Brightness를 '-30', Contrast를 '30'으로 설정하면 대비가 더 강하고 진한 흑백 영상으로 보정됩니다.

실습예제 06 Change to Color로 하나의 색상만 변경하기

영상에서 하나의 컬러를 변경해 연출적으로 재미를 주거나 다른 컬러로 변경해 새로운 컬러를 적용해야 할 경우가 있습니다. 이럴 때 Change to Color 이펙트를 통해 한 가지 색을 다른 컬러로 변경할 수 있습니다. 예제를 통해 노란색 고무신을 보라색 고무신으로 색 변경하는 방법을 알아봅니다.

● 예제파일 : 05\Change to Color.mp4   ● 완성파일 : 05\Change to Color_완성.mp4, Change to Color_완성.prproj

01 파일을 불러오기 위해 메뉴에서 (File) → Import(Ctrl + I)를 실행합니다.
❶ 05 폴더에서 ❷ 'Change to Color.mp4' 파일을 선택하고 ❸ 〈열기〉 버튼을 클릭합니다.

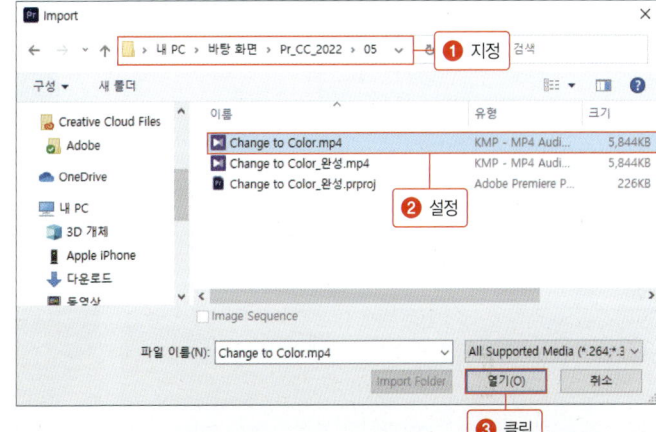

02 Project 패널의 'Change to Color.mp4' 아이템을 'New Item' 아이콘(■)으로 드래그하여 소스 파일과 같은 시퀀스를 만듭니다.

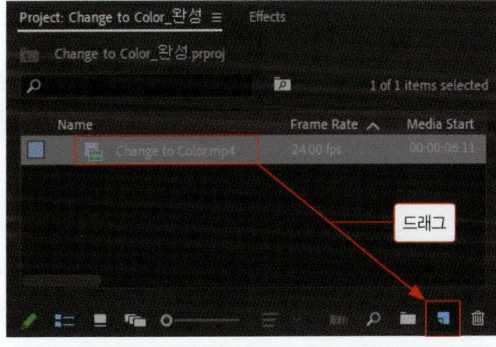

03 먼저 영상의 톤과 채도를 보정하기 위해 ❶ Effects 패널에서 'Color Balance (HLS)' 이펙트를 검색하고 ❷ Timeline 패널의 'Change to Color.mp4' 클립에 드래그합니다.

Chapter 01 • 기본 효과로 색상 보정하기   279

04 ① Effect Controls 패널에서 Color Balance (HLS) 항목의 Hue를 '−5"로 설정해 색조를 약간 붉게 만들고 ② Saturation를 '15'로 설정해 채도를 높여 줍니다.

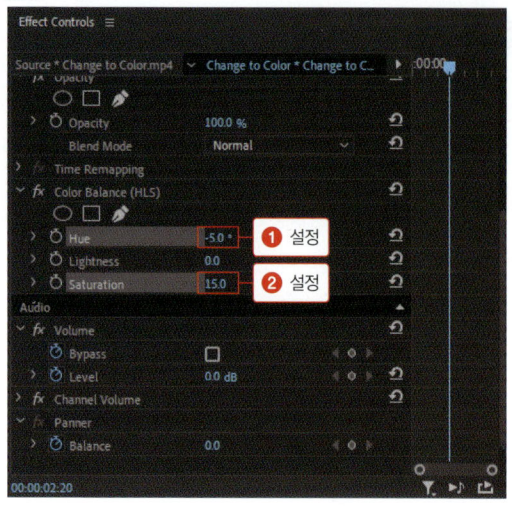

05 Program Monitor 패널의 영상에서 색조와 채도 변화를 통해 노란색 고무신의 색상이 더 선명해진 것을 확인합니다.

▲ Color Balance (HLS) 설정 전 화면

▲ Color Balance (HLS) 설정 후 화면

06 노란색 고무신을 다른 색상으로 변경하기 위해 ① Effects 패널에서 'Change to Color' 이펙트를 검색하고 ② Timeline 패널의 'Change to Color.mp4' 클립에 드래그합니다.

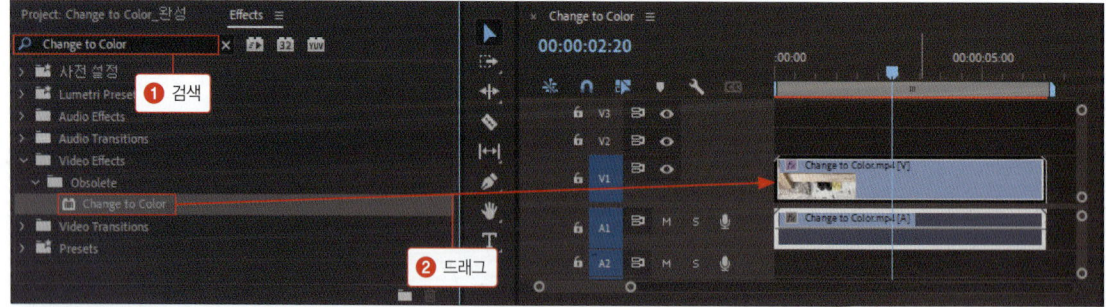

07 ❶ Effect Controls 패널에서 Change to Color 항목의 From의 '스포이트' 아이콘(🖉)을 클릭합니다. ❷ 마우스 포인터가 스포이트 모양으로 변경되면 Program Monitor 패널의 노란색 고무신을 클릭합니다.

08 ❶ Effect Controls 패널에서 Change to Color 항목의 To의 색상 상자를 클릭하여 Color Picker 대화상자를 표시합니다. ❷ #에 '6800DC'를 입력하고 ❸ 〈OK〉 버튼을 클릭하면 노란색 고무신의 색이 보라색으로 바뀝니다.

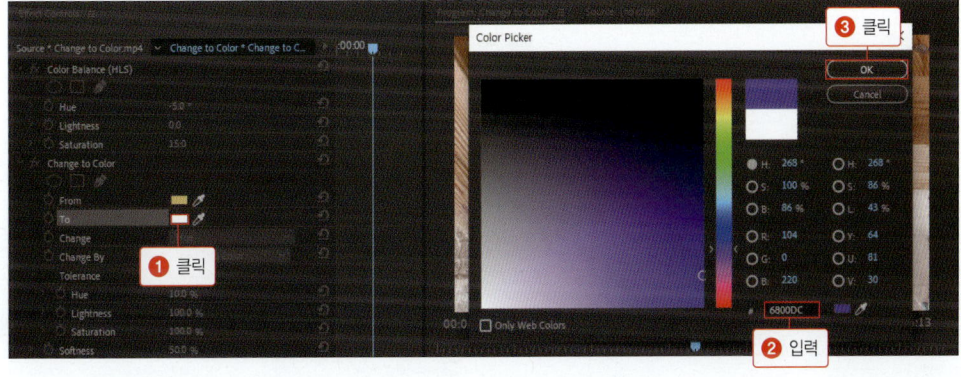

09 고무신 밖의 영역에 남아있는 보라색을 없애기 위해 ❶ Effect Controls 패널에서 Change to Color 항목의 'Create ellipse mask' 아이콘(⬭)을 클릭해 원형 마스크를 만들고 ❷ Program Monitor 패널에서 마스크 패스의 포인터를 이동해 그림과 같이 색상이 변경된 고무신에 맞춰 마스크 크기를 설정합니다. ❸ Effect Controls 패널에서 Change to Color → Mask(1)의 Mask Feather를 '30'으로 설정해 마스크 경계를 부드럽게 설정합니다.

> **TIP**
> 움직이는 영상의 경우 피사체가 마스크 영역을 벗어날 수 있습니다. 이때는 Mask Path에 키프레임과 애니메이션을 설정해 피사체를 따라 마스크가 이동하는 트래킹 작업을 따로 해야 합니다.

10 영상을 재생해 보라색으로 바뀐 고무신이 처음부터 끝까지 잘 적용이 되었는지 확인합니다.

▶ Change to Color 설정 후 화면

실습예제 07 Tint로 세피아 톤 영상 만들기

세피아(Sepia)는 흑백 필름에 적갈색의 색상 톤을 적용한 것으로, 오래된 느낌의 영상 효과를 연출할 수 있는 기법입니다. 프리미어 프로에서는 Tint 이펙트를 이용해 간단히 세피아 톤 영상을 만들 수 있습니다.

◉ 예제파일 : 05\Change to Color.mp4   ◉ 완성파일 : 05\Sepia_완성.mp4, Sepia_완성.prproj

01 파일을 불러오기 위해 메뉴에서 (File) → Import(Ctrl+I)를 실행합니다. ❶ 05 폴더에서 ❷ 'Change to Color.mp4' 파일을 선택하고 ❸ 〈열기〉 버튼을 클릭합니다.

02 Project 패널의 'Change to Color.mp4' 아이템을 'New Item' 아이콘()으로 드래그하여 소스 파일과 같은 시퀀스를 만듭니다.

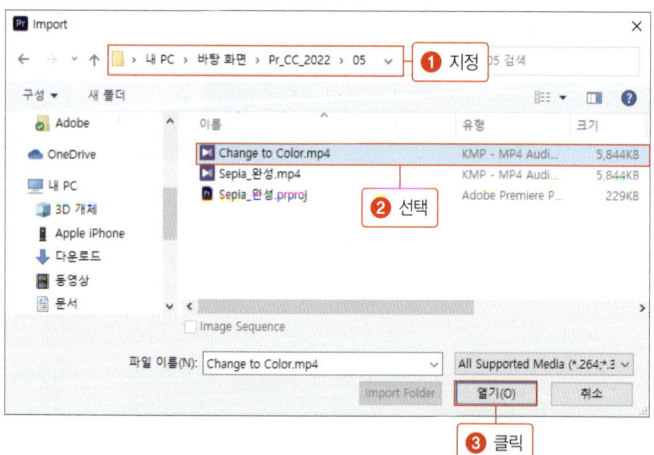

03 ❶ Effects 패널에서 'Tint' 이펙트를 검색하고 ❷ Timeline 패널의 'Change to Color.mp4' 클립에 드래그하면 영상이 흑백으로 바뀝니다.

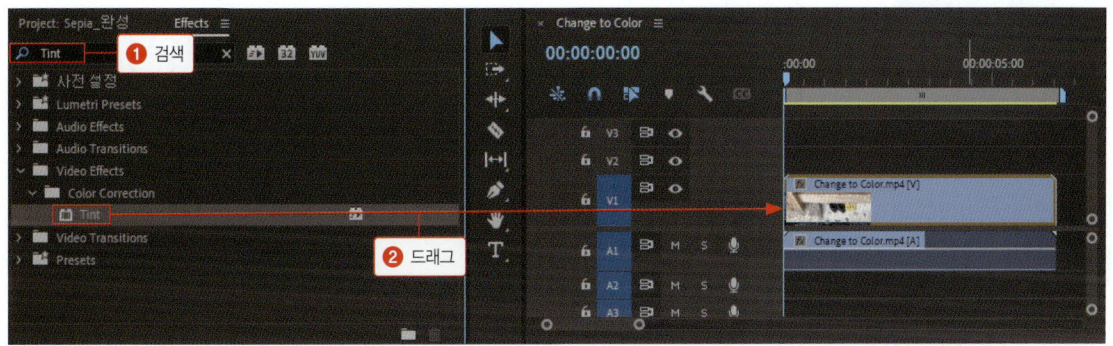

04 ❶ Effect Controls 패널에서 Tint 항목의 Map White To의 색상 상자를 클릭합니다. Color Picker 대화상자가 표시되면 그림과 같이 ❷ #에 'C49465'를 입력하고 ❸ 〈OK〉 버튼을 클릭합니다.

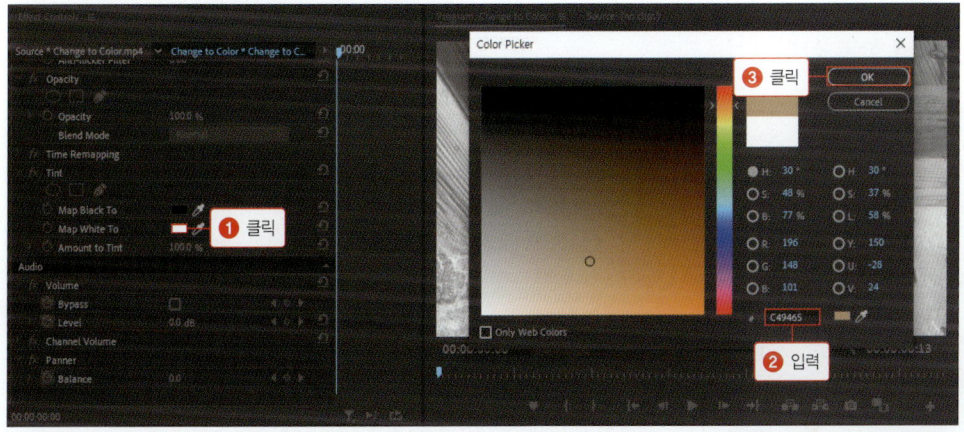

05 영상 톤이 갈색의 세피아 톤으로 변경된 것을 확인합니다.

▲ Tint 적용 전 화면

▲ Tint 적용 후 화면

CHAPTER 02

우선순위 | TOP 15 • Lumetri Color 패널

Lumetri Color 활용해서 이미지 보정하기

프리미어 프로의 Lumetri Color 패널은 계속해서 업데이트되며 전문 보정 프로그램만큼 세밀한 색상 보정이 가능하게 되었습니다. 이번 챕터에서는 Lumetri Color 패널의 다양한 기능들을 자세히 살펴봅니다.

필수기능 01 Lumetri Color 살펴보기 ★중요

이전 프리미어 프로 사용자들은 색상 보정을 위해 일일이 효과를 찾아 넣거나 세밀한 색 보정을 위해서 애프터 이펙트 혹은 외부 색상 보정 프로그램을 사용했습니다. 프리미어 프로 CC 2015 버전부터 Lumetri Color 패널이 업데이트되어 각종 색상 보정 도구를 한곳에 모아 더욱 간편하고 전문적인 색감 후보정이 가능하게 되었습니다.

Basic Correction 항목 살펴보기

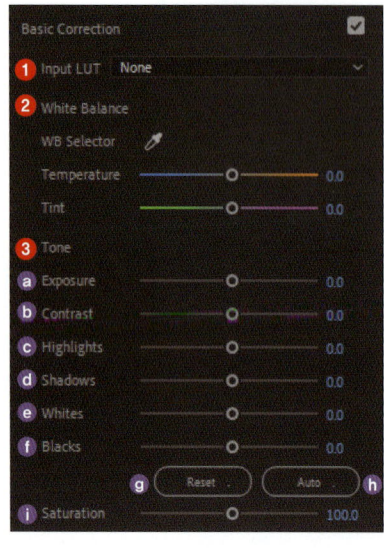

❶ **Input LUT** : 다운로드한 색상 보정 프리셋을 불러오거나, 프리미어에서 제공하는 기본적인 색상 보정 프리셋을 적용할 수 있습니다.

❷ **White Balance** : 노랗거나 푸른 영상 또는 이미지의 색상 온도를 평균 값으로 맞출 수 있습니다. Temperature와 Tint의 슬라이드를 수동으로 조절하여 색감을 맞추거나 WB Selector의 '스포이트' 아이콘( )을 활성화한 다음 영상 속 흰색 영역을 찾아 클릭하여 화이트 밸런스를 자동으로 맞출 수 있습니다.

❸ **Tone** : 영상 또는 이미지의 밝기와 명도, 채도 등을 세밀하게 설정합니다.
   ⓐ **Exposure** : 전체 영역의 밝기와 어둡기를 설정합니다.
   ⓑ **Contrast** : 밝은 영역과 어두운 영역의 밝기를 조절하여 영상의 대비 값을 설정합니다.
   ⓒ **Highlights** : 평균보다 밝은 영역의 밝기를 더 어둡거나 밝게 설정합니다.
   ⓓ **Shadows** : 평균보다 어두운 영역의 밝기를 더 어둡거나 밝게 설정합니다.
   ⓔ **Whites** : 흰색의 밝기를 더 어둡거나 밝게 설정합니다.
   ⓕ **Blacks** : 검은색의 밝기를 더 어둡거나 밝게 설정합니다.
   ⓖ **Reset** : 모든 효과의 수치를 처음의 상태로 되돌립니다.
   ⓗ **Auto** : 프리미어 프로에서 자동으로 영상 또는 이미지를 분석하여 색상 보정을 해 줍니다.
   ⓘ **Saturation** : 전체 영역 색상의 탁하고 맑은 정도를 설정합니다.

Creative 항목 살펴보기

1. **Look** : 다운로드한 LUT을 불러오거나, 프리미어 프로에서 기본적으로 제공하는 LUT을 지정하여 적용할 수 있습니다.
   - **a Intensity** : LUT이 적용되는 강도를 조절할 수 있습니다.
2. **Adjustments** : 영상 또는 이미지의 기본적인 색감 이외에 독창적인 색상 보정을 적용할 수 있습니다.
   - **b Faded Film** : 색바랜 느낌을 더해 필름 영화 같은 느낌으로 보정할 수 있습니다.
   - **c Sharpen** : 선예도를 조절하여 영상이나 이미지를 조금 더 선명하거나 흐리게 만들 수 있습니다.
   - **d Vibrance** : 검은색과 흰색을 제외하고 피부톤의 채도를 조절할 수 있습니다.
   - **e Saturation** : 전체 영역 색의 탁하고 맑은 정도를 조절합니다.
   - **f Tint Balance** : Shadow Tint와 Highlight Tint 상단의 컬러 휠을 이용하여 Shadow 영역과 Highlight 영역에 원하는 색상을 입힐 수 있습니다.

Curves 항목 살펴보기

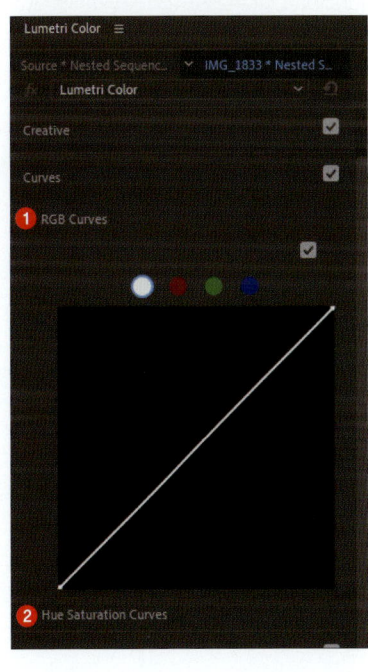

1. **RGB Curves** : 전체 채널(Luma) 혹은 RGB(Red, Green, Blue) 색상 중 선택하여 그래프를 조절하여 밝기를 보정할 수 있습니다. 그래프의 아래쪽부터 Shadows – Midtones – Highlights 영역을 조절할 수 있습니다.
2. **Hue Saturation Curves** : 채도를 조율하는 원형 곡선으로 특정 채도를 줄이거나 늘릴 수 있습니다.

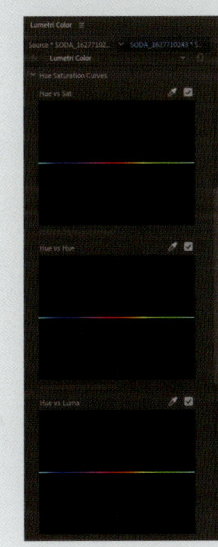 

Color Wheels & Match 항목 살펴보기

❶ **Color match** : 컬러 휠을 이용하여 Shadows, Midtones, Highlights 영역의 색상과 밝기를 조절할 수 있습니다.
  ⓐ **Comparison View** : 〈Comparison View〉 버튼을 클릭한 다음 〈Apply Match〉 버튼을 클릭하면 앞 클립 기준으로 뒤 클립의 톤을 맞춰 줍니다.
  ⓑ **Face Detection** : 영상에 나오는 얼굴 톤을 최대한 비슷하게 잡는 기능으로 서로 다른 환경이나 카메라로 촬영해 색감이 맞지 않을 때 유용하게 사용할 수 있습니다.

HSL Secondary 항목 살펴보기

❶ **Key** : 전체가 아닌, 특정 부분만 보정하기 위해 영역을 선택할 수 있는 도구입니다. Set color 항목의 스포이트를 이용하여 영상 혹은 이미지의 특정 영역을 선택(　), 추가(　) 삭제(　)할 수 있습니다. 스포이트 아래에 있는 원형 컬러 버튼을 클릭하여 해당 컬러 영역을 설정할 수 있습니다. 조금 더 세밀한 조절이 필요하다면, H, S, L(Hue/Saturation/Lightness) 옆의 슬라이더를 조절합니다.

▲ 체크 표시를 활성화했을 때

  ⓐ **Color/Gray** : 선택 영역을 컬러로, 선택되지 않은 영역을 회색으로 표시합니다.
  ⓑ **Color/Black** : 선택 영역을 컬러로, 선택되지 않은 영역을 검은색으로 표시합니다.
  ⓒ **White/Black** : 선택 영역을 흰색으로, 선택되지 않은 영역을 검은색으로 표시합니다.

❷ **Refine**
  ⓓ **Denoise** : 슬라이더를 조절하여 선택 영역의 노이즈를 제거할 수 있습니다.
  ⓔ **Blur** : 슬라이더를 조절하여 선택 영역의 흐리기를 조절할 수 있습니다.

❸ **Correction** : 컬러 휠과 슬라이더를 이용해 선택 영역의 세부적인 색상 조정이 가능합니다.

Vignette 항목 살펴보기

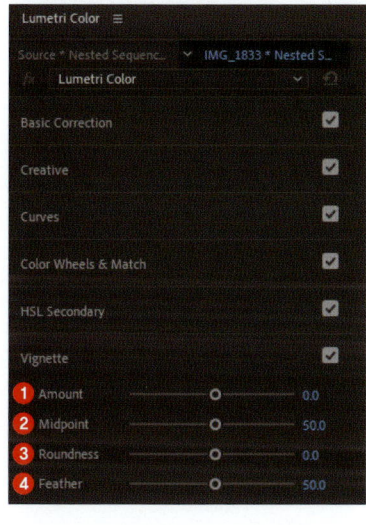

① **Amount** : 영상 또는 이미지의 가장자리를 밝고 어둡게 조절할 수 있습니다.
② **Midpoint** : Vignette 효과의 영역 크기를 조절합니다.
③ **Roundness** : Vignette 효과의 둥근 정도를 조절합니다.
④ **Feather** : 가장자리와 화면 중앙부의 경계의 부드러운 정도를 조절합니다.

실습예제 02 기본적인 색감 보정하기

항상 일정한 조명을 비추는 스튜디오가 아니라 자연광, 야외 등에서 영상 촬영을 하게 되면 주변 환경에 따라 색감이나 밝기 등이 균일하지 못하게 촬영되는 경우가 많습니다. 이번에는 Lumetri Color 패널을 활용하여 너무 노랗거나 푸르게 촬영된 영상 원본을 간편하게 평균 색감으로 보정하는 방법을 알아봅니다.

● 예제파일 : 05\basic color effect.mp4   ● 완성파일 : 05\basic color effect_완성.mp4, basic color effect_완성.prproj

01 파일을 불러오기 위해 메뉴에서 (File) → Import (Ctrl + I)를 실행합니다.
❶ 05 폴더에서 ❷ 'basic color effect.mp4' 파일을 선택하고 ❸ 〈열기〉 버튼을 클릭합니다.

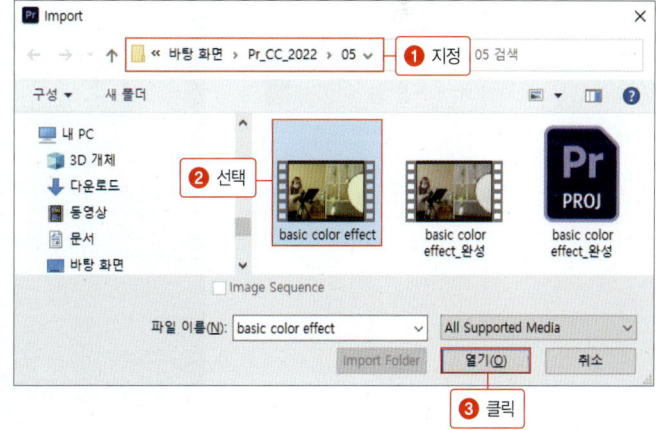

02 Project 패널에서 'basic color effect.mp4' 아이템을 하단의 'New Item' 아이콘( )으로 드래그하여 소스 파일과 같은 시퀀스를 만듭니다.

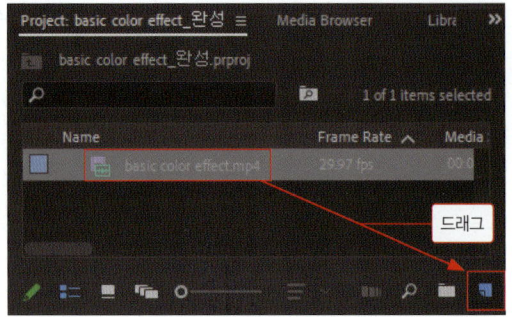

03 메뉴에서 (Window) → Lumetri Color를 실행합니다.

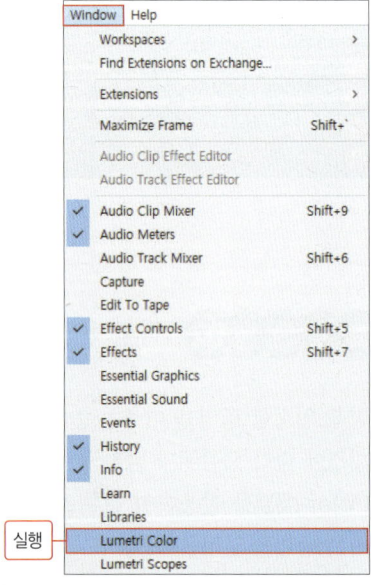

04 ❶ Timeline 패널에서 'basic color effect.mp4' 클립을 선택한 다음 ❷ Lumetri Color 패널에서 Basic Correction 항목의 WB Selector '스포이트' 아이콘( )을 클릭합니다.

05 마우스 포인터가 스포이트 모양으로 변경된 상태로 영상 속에서 가장 흰색에 가까운 부분을 클릭합니다.

06 Lumetri Color 패널의 Basic Correction 항목에서 White Balance의 Temperature와 Tint의 슬라이더가 자동으로 조절되어 영상의 색감이 균일하게 보정된 것을 확인합니다.

07 Lumetri Color 패널에서 Basic Correction의 체크 표시를 활성화, 비활성화하여 색상 보정 전후를 확인할 수 있습니다.

▲ 색상 보정 전

▲ 색상 보정 후

실습예제 03 필름 카메라 느낌의 색감 보정하기

뉴트로가 유행하며 아날로그 감성을 그리워하는 문화가 생겨나 각종 매체 속에서 필름 카메라 느낌의 색감 보정을 많이 볼 수 있게 되었습니다. 필름 카메라는 어떤 필름을 사용하느냐에 따라 색감이 다르지만 주로 사진 전반에 노이즈가 가득 나타나고, 색이 푸르게 혹은 노랗게 바랜 것처럼 보이는 특징을 갖고 있습니다. 이번 예제에서는 Lumetri Color 패널의 Creative 항목과 Effects 패널의 Noise 이펙트를 이용하여 필름 카메라 느낌의 색감 보정을 배워 봅니다.

● 예제파일 : 05\Film camera.mp4   ● 완성파일 : 05\Film camera_완성.mp4, Film camera_완성.prproj

01 파일을 불러오기 위해 메뉴에서 (File) → Import(Ctrl + I)를 실행합니다. ❶ 05 폴더에서 ❷ 'Film camera.mp4' 파일을 선택하고 ❸ 〈열기〉 버튼을 클릭합니다.

02 Project 패널의 'Film camera.mp4' 아이템을 하단의 'New Item' 아이콘(▣)으로 드래그하여 소스 파일과 같은 시퀀스를 만듭니다.

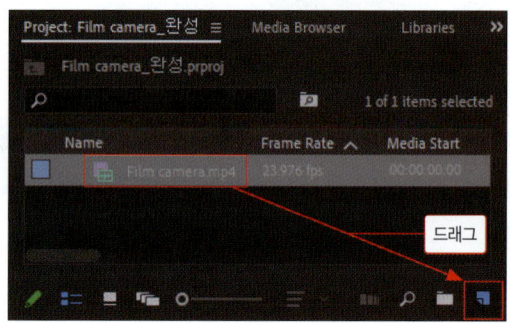

03 메뉴에서 (Window) → Lumetri Color를 실행합니다.

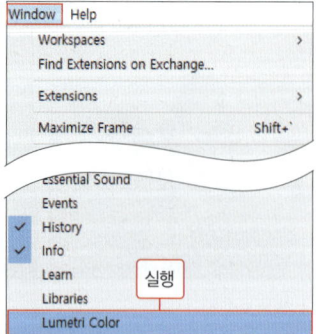

04 ❶ Timeline 패널에서 'Film camera.mp4' 클립을 선택한 다음 ❷ Lumetri Color 패널에서 Creative 항목의 Look을 클릭합니다.

05 프리미어 프로에서 기본으로 제공하는 다양한 프리셋을 중 ❶ 'Kodak 5218 kodak 2395(by Adobe)'로 지정한 다음 ❷ Creative 항목의 Intensity를 '80'으로 설정합니다.

06 Lumetri Color 패널의 Adjustments 항목에서 Faded Film을 '20', Vibrance를 '-6.5', Saturation을 '95'로 설정합니다.

07 ❶ Lumetri Color 패널의 Curves 항목에서 RGB Curve의 'Luma' 아이콘(◻)을 클릭합니다. ❷ 그래프의 중간을 클릭한 다음 아래쪽으로 드래그하여 중간 영역의 밝기를 낮추고 ❸ 그래프 오른쪽 끝 점을 선택한 다음 아래쪽으로 드래그하여 밝은 영역의 밝기를 낮춰 그림과 같은 그래프 모양을 만듭니다.

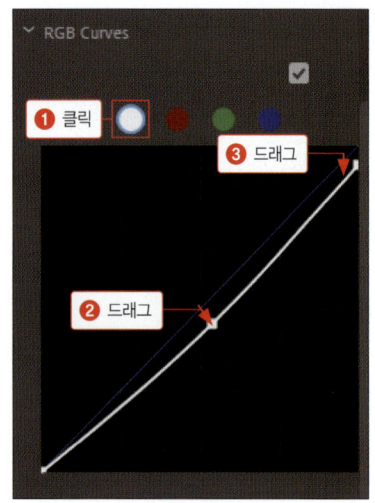

08 ❶ Lumetri Color 패널의 Curves 항목에서 RGB Curve의 'Red' 아이콘(◼)을 클릭하고 ❷ Red 그래프의 중앙을 클릭합니다. ❸ 그래프 아래 1/4 지점을 클릭한 다음 아래로 살짝 드래그하여 그림과 같은 그래프 모양을 만듭니다.

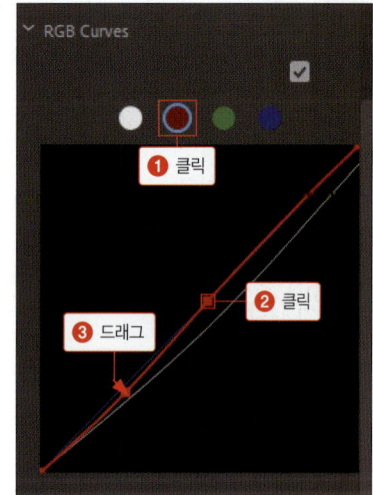

> **TIP**
> 어두운 영역에 붉은 계열 색감을 없애주는 과정입니다. 따듯한 색감을 원하신다면 08번 과정은 생략해도 좋습니다.

09 Lumetri Color 패널의 Vignette 항목에서 Amount를 '-0.3', Midpoint를 '48.9'로 설정합니다.

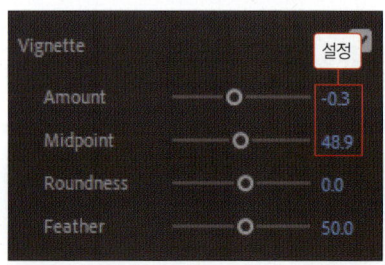

10 ① Effects 패널에서 'Noise' 이펙트를 검색하고 ② Noise&Grain 항목의 'Noise' 이펙트를 선택한 다음 ③ Timeline 패널의 'Film camera.mp4' 클립에 드래그합니다.

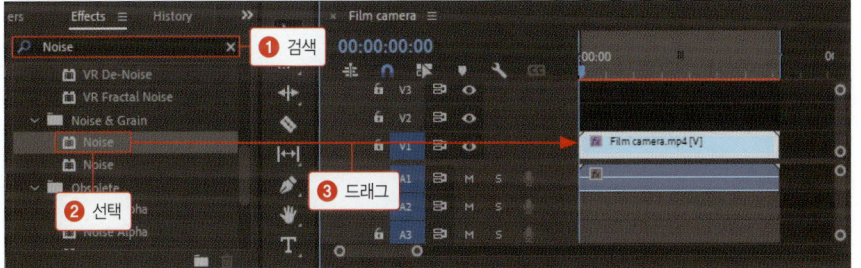

11 Effect Controls 패널에서 Noise 항목의 Amount of Noise를 '12%'로 설정합니다.

12 ① 현재 시간 표시기를 '00:00:00:00'으로 이동한 다음 ② Program Monitor 패널에서 'Mark In' 아이콘( )을 클릭합니다.

Chapter 02 • Lumetri Color 활용해서 이미지 보정하기   293

13 ❶ 현재 시간 표시기를 '00:00:03:14'로 이동합니다.
❷ Program Monitor 패널에서 'Mark Out' 아이콘( )을 클릭합니다.

14 ❶ Timeline 패널에서 Enter 를 눌러 렌더링합니다. ❷ 상단 붉은 선이 녹색으로 변경된 것을 확인합니다.

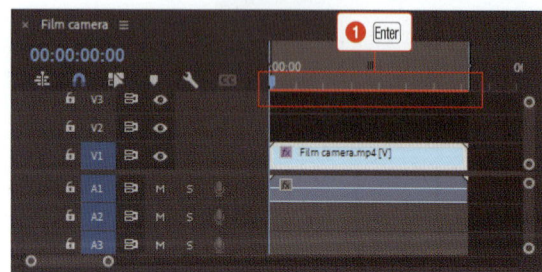 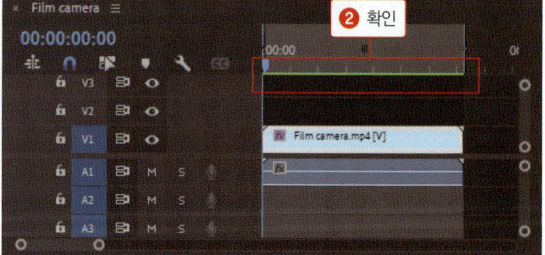

15 영상을 재생해 Program Monitor 패널에서 색상 보정이 적용된 것을 확인합니다.

▲ 필름 카메라 색감 보정 전 ▲ 필름 카메라 색감 보정 후

실습예제 04 자연의 색을 살리는 색감 보정하기

산이나 바다는 실제로 보이는 색감보다 조금 더 극적인 느낌의 색감으로 보정을 했을 때 더 청량하고 보기 좋은 결과물을 얻을 수 있습니다. 이번에는 실제 색감보다 흐리고 밝게 촬영된 예제 영상을 보다 더 생기있는 영상으로 만들어 주는 보정 방법을 알아봅니다. Lumetri Color 패널의 Curves 항목과 HSL Secondary 항목을 활용하여 푸른색과 녹색을 조금 더 생동감 있게 만들어 봅니다.

◉ 예제파일 : 05\Nature color.mp4　　◉ 완성파일 : 05\Nature color_완성.mp4, Nature color_완성.prproj

01 파일을 불러오기 위해 메뉴에서 (File) → Import(Ctrl + I)를 실행합니다.
❶ 05 폴더에서 ❷ 'Nature color.mp4' 파일을 선택하고 ❸ 〈열기〉 버튼을 클릭합니다.

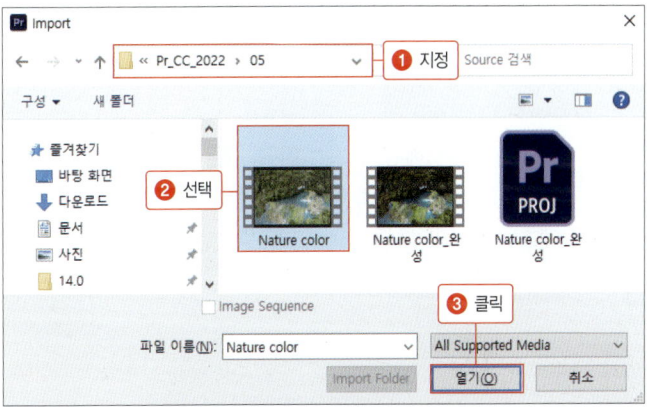

02 Project 패널의 'Nature color.mp4' 아이템을 'New Item' 아이콘(■)으로 드래그하여 소스 파일과 같은 시퀀스를 만듭니다.

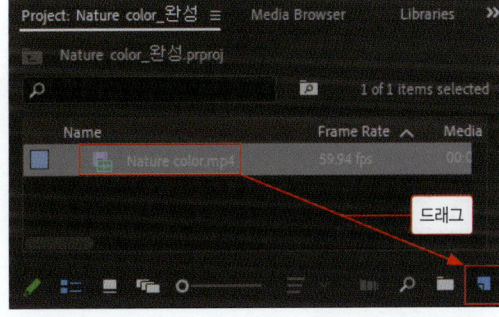

03 ❶ 메뉴에서 (Window) → Lumetri Color를 실행한 다음 ❷ Timeline 패널에서 'Nature Color.mp4' 클립을 선택합니다.

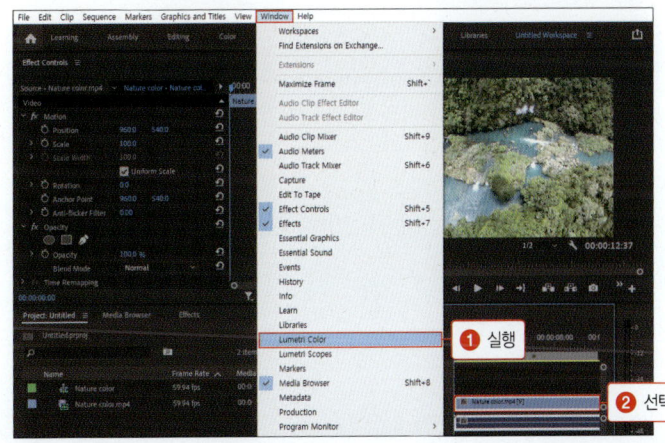

04 ❶ Lumetri Color 패널의 Curves 항목에서 RGB Curve의 'Luma' 아이콘(◯)을 클릭합니다. ❷ 그래프의 중앙을 선택한 다음 아래쪽으로 드래그하여 아래쪽으로 둥근 그래프 모양을 만듭니다.

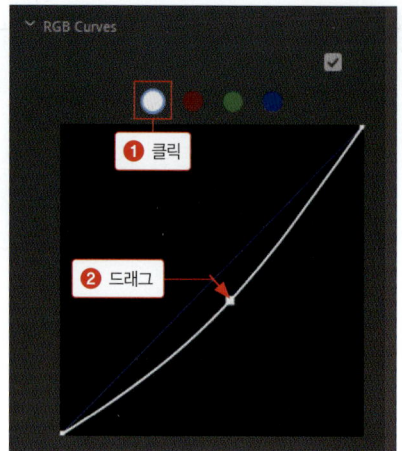

05 ❶ Curves 항목에서 'Green' 아이콘(■)을 클릭합니다. ❷ 만들어진 녹색 그래프의 중앙과 아래에서 1/4 지점을 클릭하고 ❸ 각각 위아래로 드래그하여 그림과 같은 그래프 모양을 만듭니다.

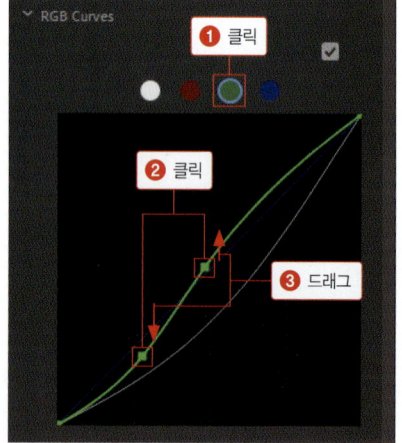

06 Lumetri Color 패널의 HSL Secondary 항목에서 Set color의 '스포이트' 아이콘(🖉)을 클릭합니다.

07 마우스 포인터가 스포이트 모양으로 변경된 상태로 Program Monitor 패널에서 가장 푸른색에 가까운 강 영역을 클릭합니다.

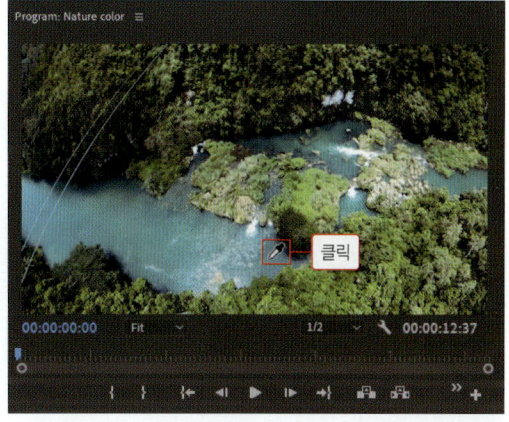

08 Lumetri Color 패널의 HSL Secondary 항목의 'Color/Gray'를 체크 표시하여 활성화합니다.

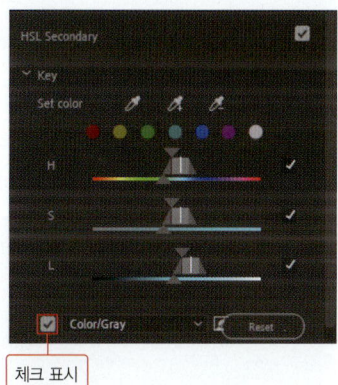

09 Lumetri Color 패널의 HSL Secondary 항목에서 Key의 'S', 'L' 슬라이더 위, 아래에 있는 '삼각형' 아이콘(▲)을 클릭한 상태로 좌우로 드래그하여 Program Monitor 패널에 그림과 같이 푸른색 강 영역이 노출되도록 설정합니다.

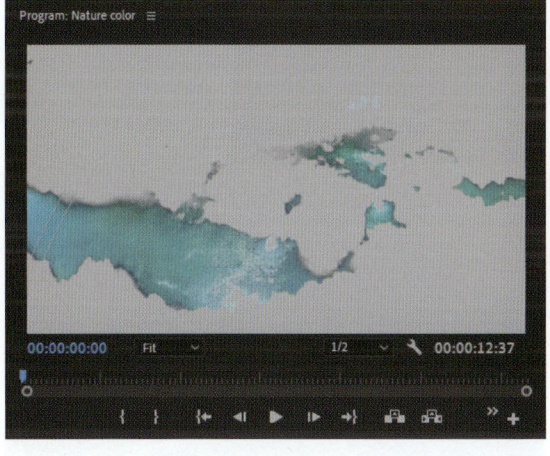
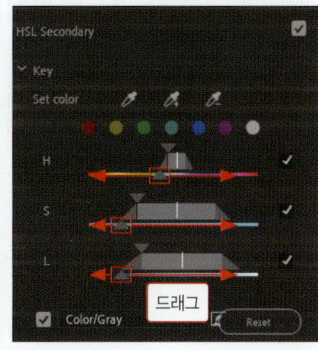

Chapter 02 • Lumetri Color 활용해서 이미지 보정하기 **297**

10 어느 정도 강 영역이 선택되면 Lumetri Color 패널의 HSL Secondary 항목에서 'Coloy/Gray'를 체크 표시 해제하여 비활성화합니다. Program Monitor 패널의 회색 영역이 사라지고 기존 영상의 모습으로 돌아옵니다.

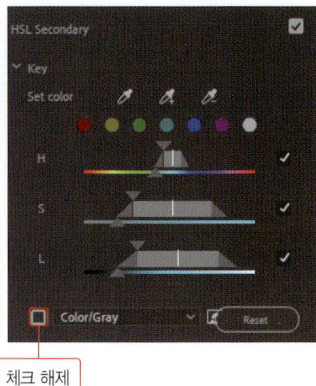

11 Lumetri Color 패널의 Correction 항목에서 Temperature를 '-30', Tint를 '-8', Contrast를 '25', Saturation을 '110'으로 설정합니다. Program Monitor 패널에서 강의 색이 조금 더 푸른색이 된 것을 확인합니다.

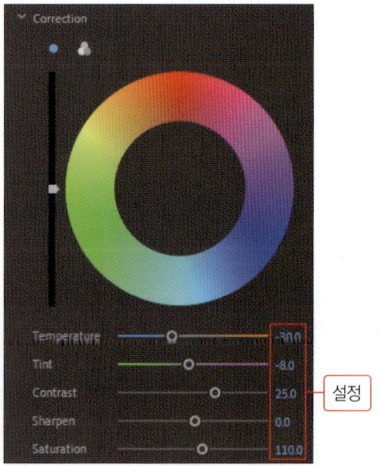

12 영상을 재생해 Program Monitor 패널에서 색 보정이 적용된 것을 확인합니다.

▲ 색 보정 전

▲ 색 보정 후

Adjustment Layer 만들고 흑백 영상으로 변경하기

1

270쪽 참고

소스 파일 위에 Adjustment Layer를 만들어 보세요.

예제파일 05\Color Correction.mp4   완성파일 05\Adjustment Layer_완성.prproj
해설 동영상 05\5-1.mp4

Hint 소스 클립과 같은 포맷의 시퀀스 만들기 → Adjustment Layer 만들기 → Timeline 패널 V2 트랙으로 이동하기

2

277쪽 참고

Adjustment Layer 위에 Black & White 효과를 적용해 흑백 영상을 만들어 보세요.

예제파일 05\Color Correction.mp4   완성파일 05\B&W_완성.prproj
해설 동영상 05\5-2.mp4

Hint 'Black & White' 이펙트 검색해 'Adjustment Layer' 클립에 적용하기 → 흑백 영상 확인하기

영상에서 효과 작업은 독특하고 재미있는 연출을 적용하여 흥미로운 작품을 만드는데 큰 도움을 줍니다. 프리미어 프로에서는 움직이는 애니메이션 효과부터 장면 전환 효과, 마스크 효과, 시각 효과 등 다양한 효과를 적용할 수 있습니다.

PART 6.

영상 효과 적용하기

01 | 모션 효과 적용하기
02 | 자막에 기본 효과 적용하기
03 | 장면 전환 효과 적용하기
04 | 마스크 효과 활용하기
05 | 블렌드 모드 활용하기
06 | 비디오 이펙트 활용하기

• Motion

모션 효과 적용하기

화면 속에서 오브젝트의 움직임이 적용된 영상을 애니메이션이라고 합니다. 영상 편집에서 애니메이션 효과는 위치, 크기, 회전, 투명도, 장면 전환, 시각 효과로 분류할 수 있습니다. 기본적인 애니메이션 효과를 적용하는 방법을 예제를 통해 알아봅니다.

실습예제 01 움직이는 동영상 만들기 - Position 우선순위 | TOP 09 중요

프리미어 프로에서는 화면 속에 적용된 동영상, 이미지, 문자 등을 움직여 모션 애니메이션을 만들 수 있습니다. 애니메이션 효과를 적용하기 위해서는 움직임의 시작과 끝에 키프레임을 만들어야 합니다. 예제를 통해 Position에 키프레임을 만들고 어떤 움직임이 적용되는지 알아봅니다.

◉ 예제파일 : 06\Background_001.jpg, Run Cycle_00~17.png ◉ 완성파일 : 06\Position_완성.mp4, Position_완성.prproj

01 파일을 불러오기 위해 메뉴에서 (File) → Import(Ctrl + I)를 실행합니다. ❶ 06 폴더에서 ❷ 'Background_001.jpg' 파일을 선택하고 ❸ 〈열기〉 버튼을 클릭합니다.

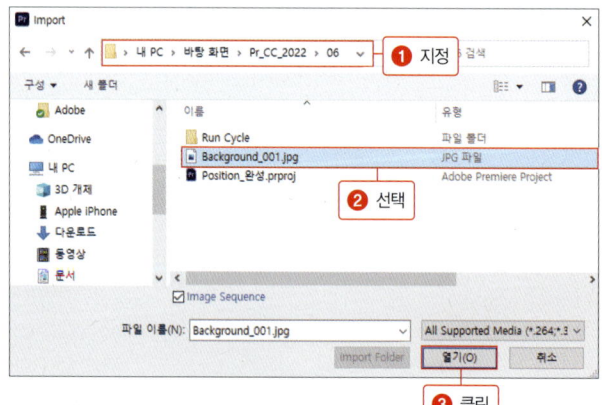

02 이미지 시퀀스 형태의 파일을 가져오기 위해 메뉴에서 (File) → Import(Ctrl + I)를 실행합니다. Import 대화상자가 표시되면 ❶ 06 → Run Cycle 폴더에서 ❷ 'Run Cycle_00.png' 파일을 선택하고 ❸ 'Image Sequence'를 체크 표시한 다음 ❹ 〈열기〉 버튼을 클릭합니다.

> Image Sequence는 연속되는 여러 장의 이미지를 하나의 동영상처럼 활용할 수 있는 미디어 데이터 형식입니다. Import 대화상자에서 'Image Sequence'를 체크 표시하지 않으면 선택된 파일을 낱개의 이미지로 불러들입니다. 연속되는 이미지를 하나의 동영상으로 불러오기 위해 'Image Sequence'를 체크 표시합니다.

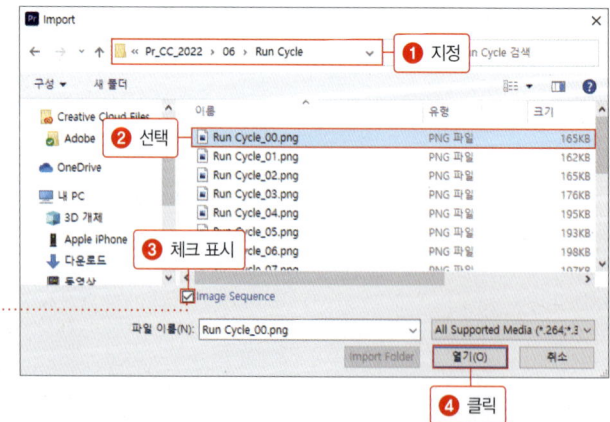

03 Project 패널에서 'Background_001.jpg' 아이템을 'New Item' 아이콘( )으로 드래그하여 시퀀스와 같은 포맷의 시퀀스를 만듭니다.

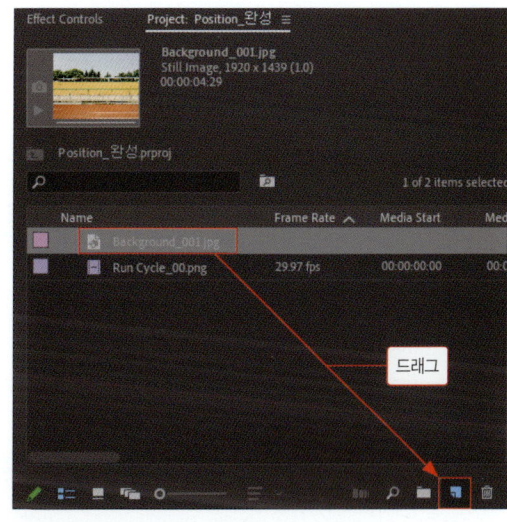

04 Project 패널에 동영상 파일 형태의 클립이 만들어집니다. ❶ 'Run Cycle_00.png' 아이템에서 마우스 오른쪽 버튼을 클릭한 다음 ❷ Modify → Interpret Footage를 실행합니다.

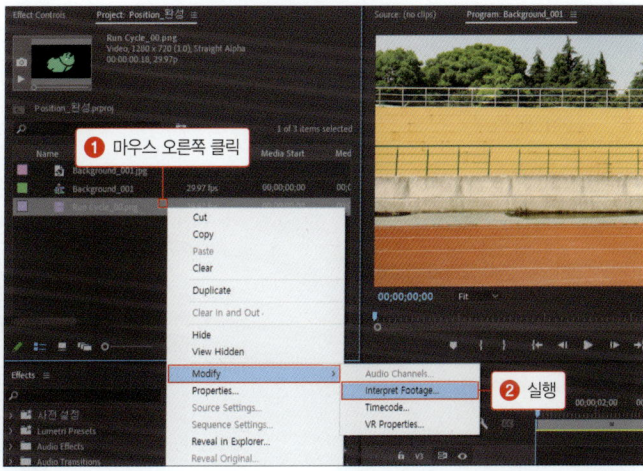

05 Modify Clip 대화상자가 표시되면 Frame Rate 항목의 ❶ 'Assume this frame rate'를 선택한 다음 ❷ '24fps'로 설정하고 ❸ 〈OK〉 버튼을 클릭합니다.

이미지 시퀀스는 동영상 파일과 달리 설정된 고유의 프레임 레이트를 가지고 있지 않습니다. 따라서 프리미어 프로에서 파일을 불러오면 환경 설정에서 정해진 설정 값에 따라 프레임 레이트가 결정되어 Import 됩니다. 설정을 변경하기 위해서는 메뉴에서 (Edit) → Preferences → Media를 실행하고 indeterminate Media Timebase에서 원하는 값을 지정합니다.

Chapter 01 • 모션 효과 적용하기   303

06 ❶ Project 패널에서 'Background_001' 아이템에서 마우스 오른쪽 버튼을 클릭한 다음 ❷ Sequence Settings를 실행합니다.

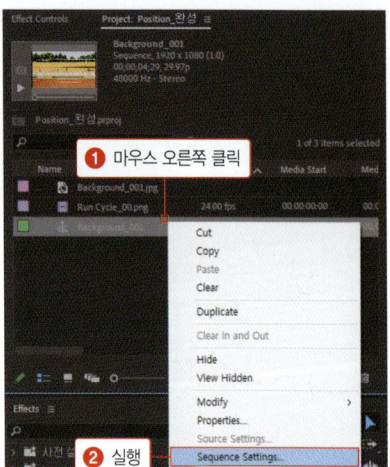

07 Sequence Settings 대화상자가 표시되면 ❶ '24.00 frames/second'로 지정한 다음 ❷ 〈OK〉 버튼을 클릭합니다.

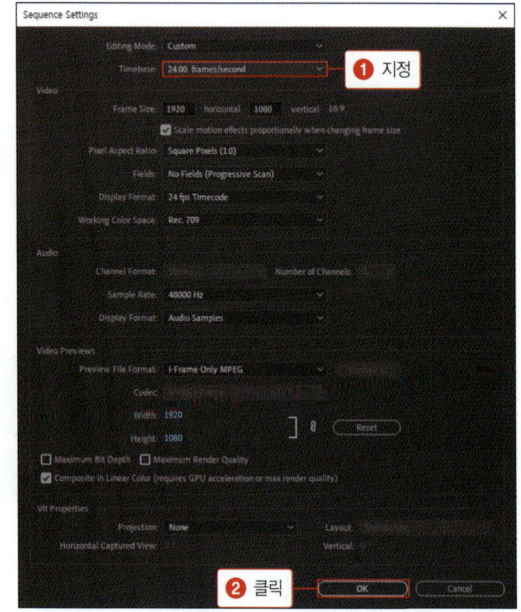

08 Project 패널의 'Run Cycle_00.png' 아이템을 Timeline 패널의 V2 트랙으로 드래그합니다.

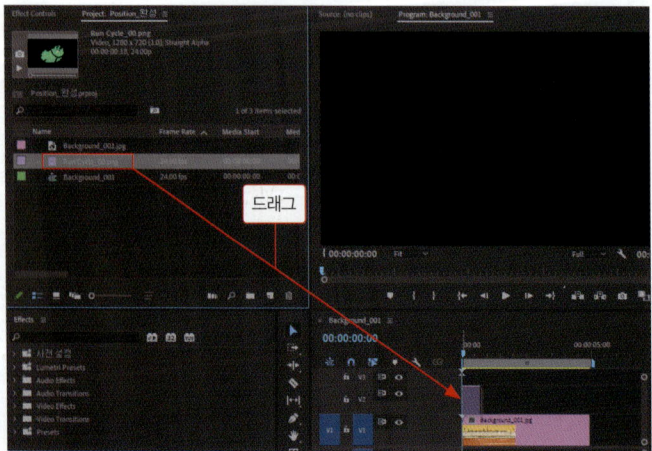

09 ❶ Timeline 패널에서 V1 트랙을 클릭해 선택을 해제하고 ❷ V2 트랙을 클릭해 선택합니다. ❸ V2 트랙의 'Run Cycle_00.png' 클립을 선택한 다음 ❹ Ctrl + C 를 눌러 복사합니다.

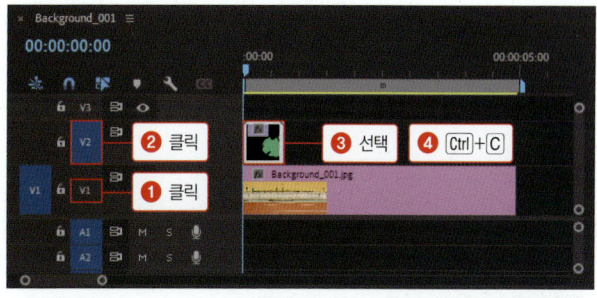

10 ❶ 현재 시간 표시기를 'Run Cycle_00.png' 클립의 끝 점 '00:00:00:18'로 이동합니다. ❷ Ctrl + V 를 6번 눌러 'Run Cycle_00.png' 클립이 7개가 되도록 복제합니다.

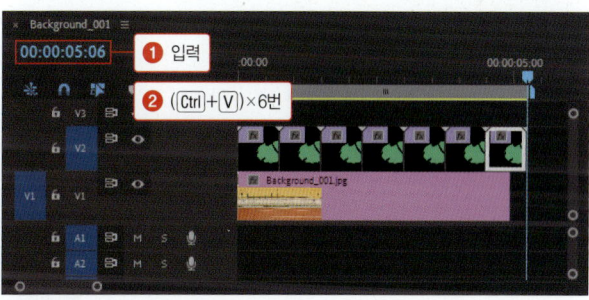

11 드래그하여 V2 트랙의 모든 클립을 선택합니다.

12 ❶ 선택된 클립에서 마우스 오른쪽 버튼을 클릭한 다음 ❷ Nest를 실행합니다.

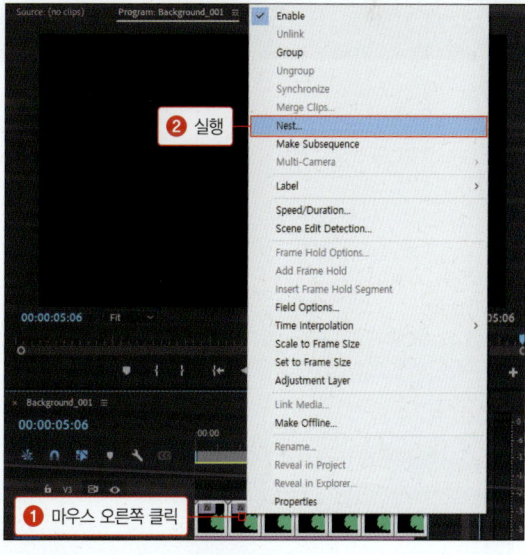

13 Nested Sequence Name 대화상자가 표시되면 ❶ Name에 'Dog Run Cycle'을 입력하고 ❷ 〈OK〉 버튼을 클릭합니다.

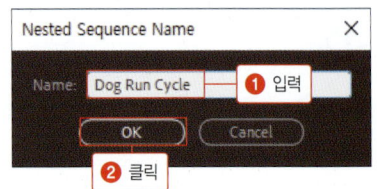

> **TIP**
> Nest는 여러 클립을 하나의 시퀀스 형태로 묶어주는 기능입니다. 실행하면 Project 패널에 자동으로 시퀀스가 만들어지고 더블클릭하여 Timeline 패널에서 클립을 편집할 수 있습니다.

14 Timeline 패널에서 'Background_001.jpg' 클립의 끝 점을 드래그하여 'Dog Run Cycle' 클립과 길이를 같게 만듭니다.

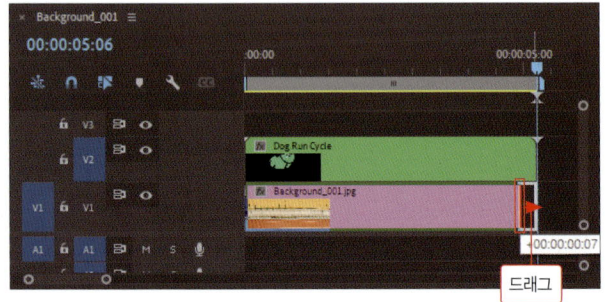

15 ❶ Timeline 패널에서 'Dog Run Cycle' 클립을 선택하고 ❷ Effect Controls 패널에서 Motion 항목의 Position을 '960/800', Scale을 '50'으로 설정합니다.

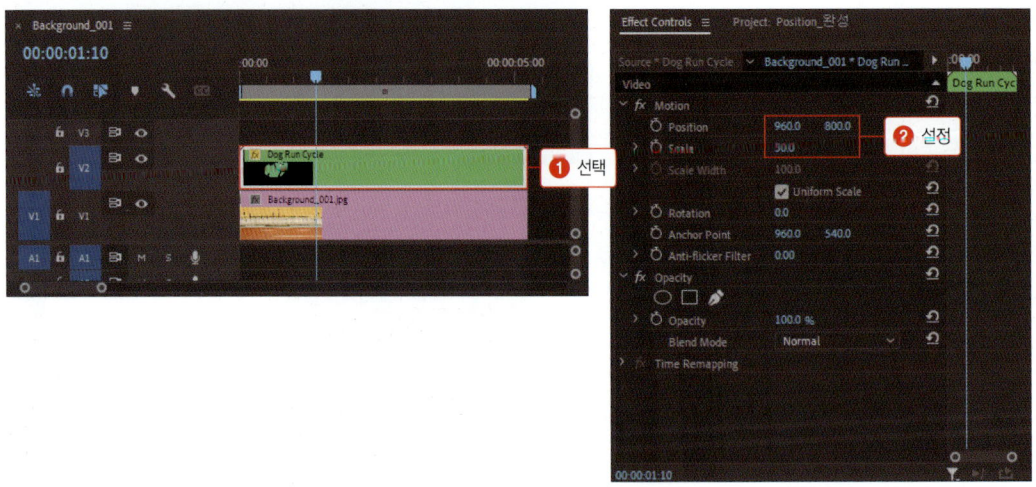

> **TIP**
> Effect Controls 패널이 표시되지 않으면 메뉴에서 (Window) → Effect Controls(Shift+5)를 실행합니다.

> **TIP**
> Position은 수평으로 이동하는 x축 값과 수직으로 이동하는 y축 값으로 오브젝트의 움직임을 제어할 수 있습니다. 따라서 Effect Controls 패널의 Position 설정은 전체 해상도의 Pixels를 기준으로 x축/y축에 대한 절대 값을 가진 숫자로 설정합니다.

16 강아지가 왼쪽에서 달려오는 상황을 연출하기 위해 ❶ 현재 시간 표시기를 '00:00:00:00'으로 이동합니다. ❷ Effect Controls 패널의 Motion 항목에서 Position의 'Toggle animation' 아이콘(■)을 클릭해 키프레임을 만들고 ❸ '-200/800'으로 설정하여 강아지가 왼쪽 화면 밖으로 벗어나게 합니다.

> **왜 그럴까?** Toggle animation은 애니메이션의 키프레임을 만들 수 있는 옵션입니다. 만일 'Toggle animation' 아이콘이 활성화되어 있지 않다면 효과에 키프레임을 적용할 수 없어 애니메이션을 만들 수 없습니다. 키프레임이란 애니메이션의 가장 중심이 되는 동작과 위치를 설정하는 것으로 시작과 끝에 키프레임을 설정해 두었을 때 두 키프레임 사이의 움직임은 자연스럽게 자동으로 만들어집니다.

17 ❶ 현재 시간 표시기를 '00:00:02:00'으로 이동합니다. ❷ Effect Controls 패널에서 Motion 항목의 Position을 '1450/800'으로 설정해 강아지가 오른쪽으로 달려가는 장면을 만듭니다.

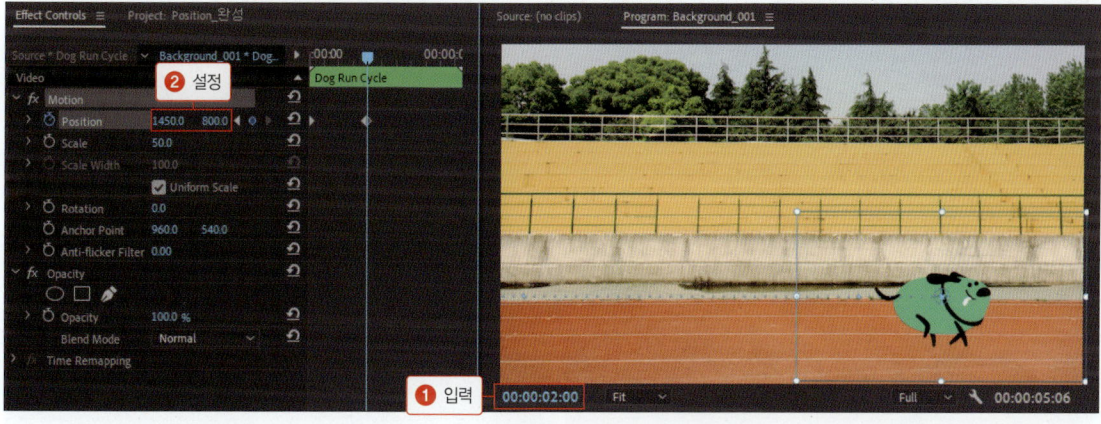

18 ❶ Tools 패널에서 자르기 도구(✂)를 선택하고 ❷ 현재 시간 표시기 위치에서 'Dog Run Cycle' 클립을 클릭하여 자릅니다. 총 두 개의 클립으로 분리됩니다.

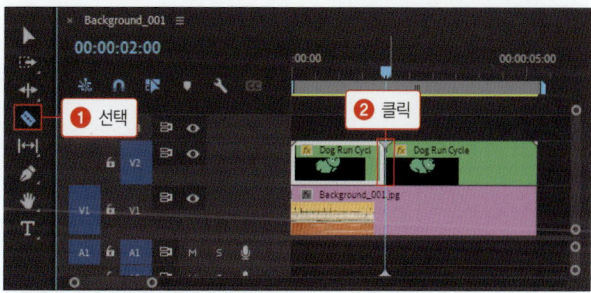

Chapter 01 · 모션 효과 적용하기   **307**

19 ❶ Tools 패널에서 선택 도구(▶)를 선택합니다. ❷ Effects 패널에서 'Horizontal Flip' 이펙트를 검색하고 ❸ 두 번째 'Dog Run Cycle' 클립에 드래그합니다. 이펙트를 적용하면 강아지가 반대 방향을 바라보게 됩니다.

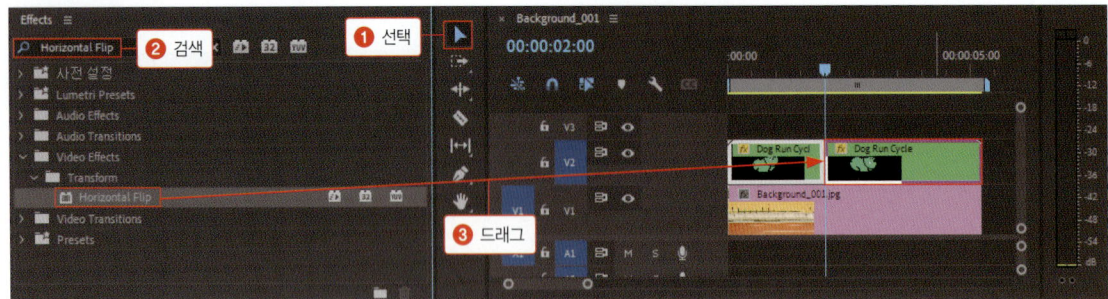

20 ❶ 현재 시간 표시기를 '00:00:04:00'로 이동합니다. ❷ Effect Controls 패널에서 Motion 항목의 Position을 '-200/800'으로 설정합니다. 강아지가 다시 왼쪽 화면 밖으로 사라집니다.

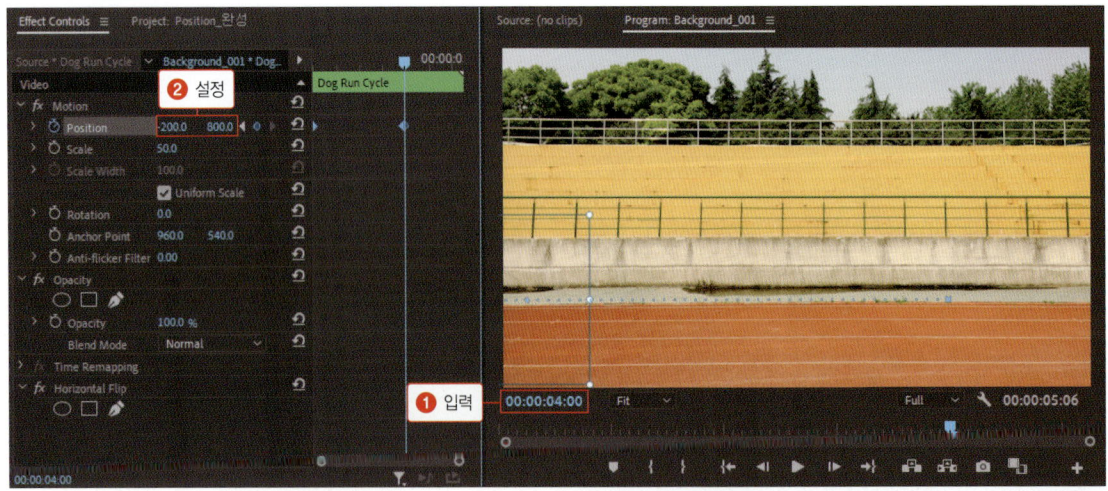

21 영상을 재생해 왼쪽에서 달려와 방향을 바꾼 다음 다시 왼쪽 화면 밖으로 사라지는 애니메이션 영상을 확인합니다.

실습예제 02 | 크기가 변하는 동영상 만들기 - Scale 우선순위 TOP 09

프리미어 프로에서 크기의 움직임은 Motion 항목의 Scale을 설정하여 만듭니다. 영상 편집에서 Scale의 변화는 여러가지 연출 효과로 사용할 수 있지만, 촬영 단계에서 완벽하지 못한 샷(Shot) 크기를 조절하여 보완하기 위해 사용할 때도 많습니다. 예제를 통해 화면 크기에 애니메이션을 적용해 디지털 줌(Digital Zoom) 효과를 만들어 봅니다.

● 예제파일 : 06\Scale.mp4   ● 완성파일 : 06\Scale_완성.mp4, Scale_완성.prproj

01 파일을 불러오기 위해 메뉴에서 (File) → Import(Ctrl + I)를 실행합니다. ❶ 06 폴더에서 ❷ 'Scale.mp4' 파일을 선택하고 ❸ 〈열기〉 버튼을 클릭합니다.

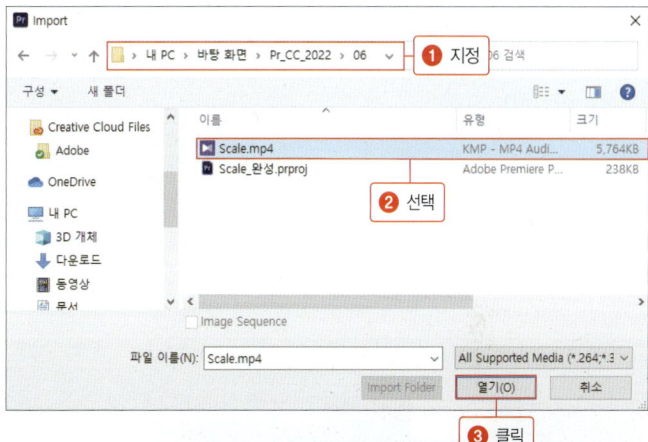

02 Project 패널의 'Scale.mp4' 아이템을 'New Item' 아이콘(■)으로 드래그하여 소스 파일과 같은 시퀀스를 만듭니다.

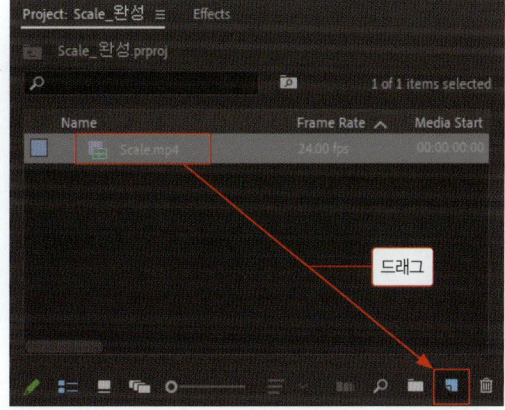

03 ❶ 현재 시간 표시기를 '00:00:00:00'으로 이동한 다음 ❷ 'Scale.mp4' 클립을 선택합니다.

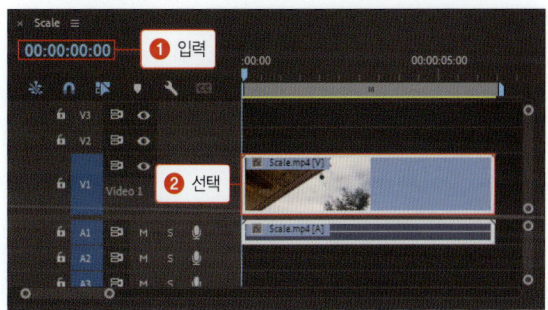

04 Effect Controls 패널에서 Motion 항목의 Position과 Scale의 'Toggle animation' 아이콘( )을 클릭합니다.

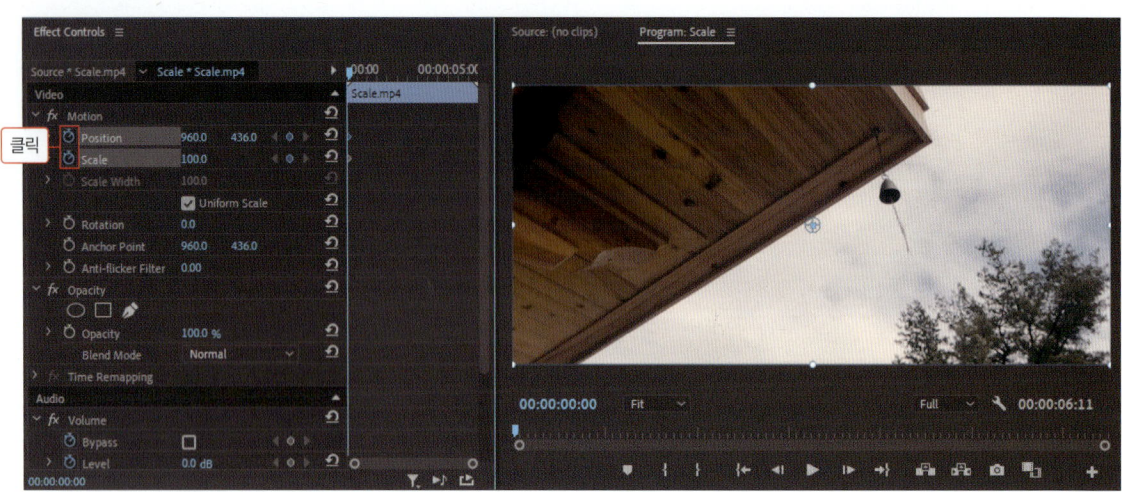

05 확대되는 효과를 만들기 위해 ❶ 현재 시간 표시기를 '00:00:04:00'으로 이동합니다. ❷ Motion 항목의 Scale을 '150', Position을 '830/650'으로 설정해 확대되었을 때 구도가 안정적으로 배치되도록 합니다.

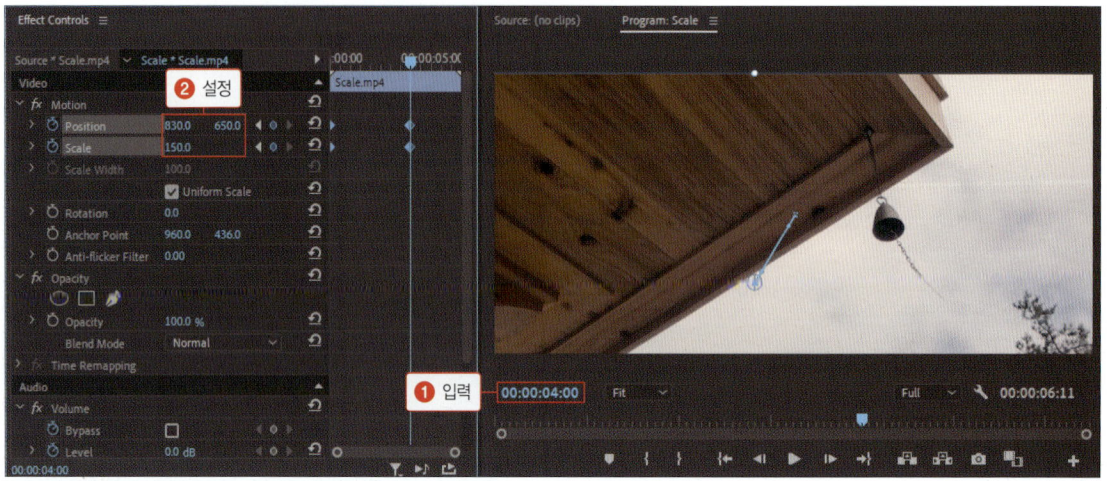

06 영상을 재생해 화면 크기의 움직임을 통하여 천천히 확대되는 디지털 줌 효과를 확인합니다.

실습예제 03 회전하는 동영상 만들기 - Rotation 우선순위 | TOP 09

프리미어 프로에서 오브젝트 또는 화면을 회전시키는 방법은 간단하지만, 기준점을 설정하고 애니메이션 설정에 대한 방법을 이해해야 합니다. 천천히 회전하며 줌 아웃되는 간단한 예제를 통해 화면을 회전시키는 방법을 알아봅니다.

◉ 예제파일 : 06\Rotation.mp4   ◉ 완성파일 : 06\Rotation_완성.mp4, Rotation_완성.prproj

01 파일을 불러오기 위해 메뉴에서 (File) → Import((Ctrl) + (I))를 실행합니다.
❶ 06 폴더에서 ❷ 'Rotation.mp4' 파일을 선택하고 ❸ 〈열기〉 버튼을 클릭합니다.

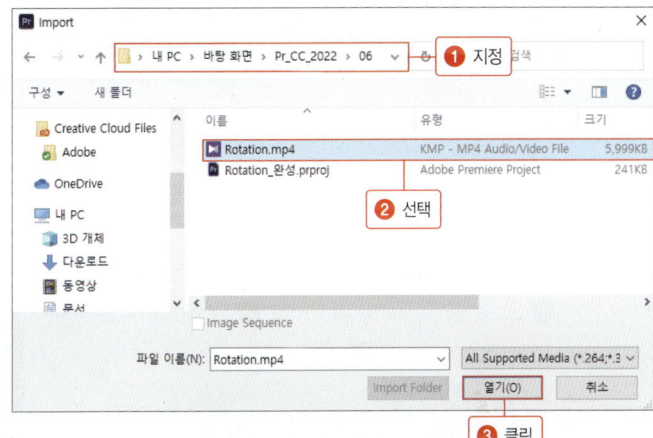

02 Project 패널의 'Rotation.mp4' 아이템을 'New Item' 아이콘(▦)으로 드래그하여 소스 파일과 같은 시퀀스를 만듭니다.

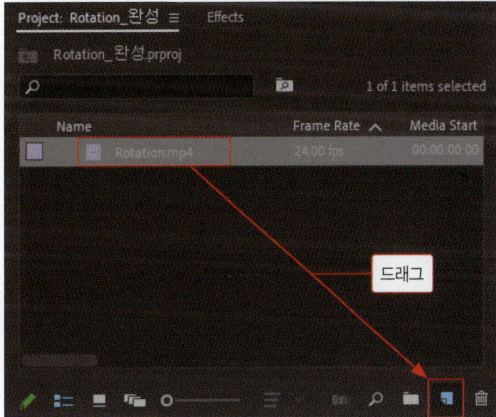

03 ❶ Timeline 패널에서 현재 시간 표시기를 '00:00:05:00'으로 이동한 다음 ❷ 'Rotation.mp4' 클립을 선택합니다.

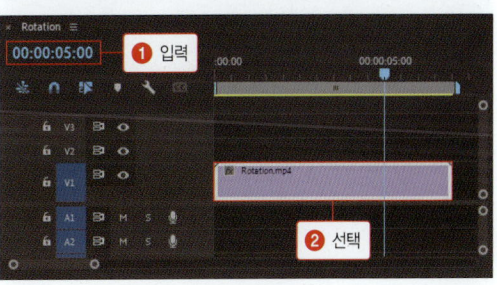

04
❶ Effect Controls 패널에서 Motion 항목의 Anchor Point를 선택하면 Program Monitor 패널에 회전의 기준점이 나타납니다. ❷ Anchor Point를 '960/590'으로 설정해 기준점을 영상의 창문 중앙에 위치합니다.

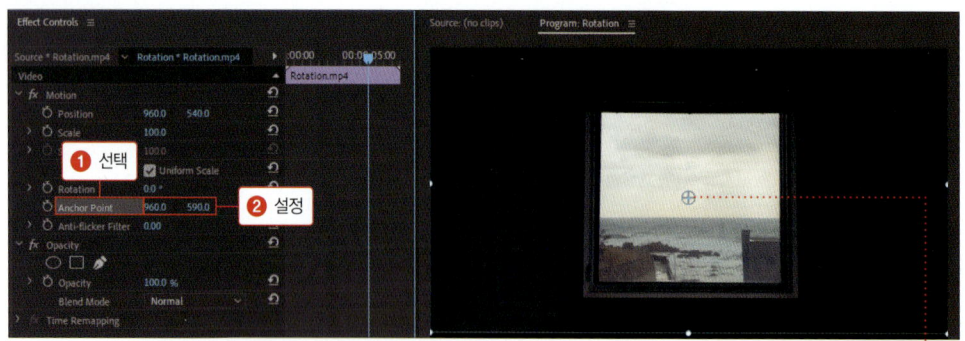

회전축을 중심으로 회전하기 때문에 기준점을 미리 정해야 합니다. Anchor Point는 회전 및 크기에 관한 기준점 역할을 하므로 Rotation과 Scale 애니메이션 과정에서는 정확한 기준점을 미리 설정해야 합니다.

05
Program Monitor 패널에서 잘려 보이는 것을 없애기 위해 ❶ Scale을 '112'로 설정한 다음 ❷ Scale과 Rotation의 'Toggle animation' 아이콘()을 클릭합니다.

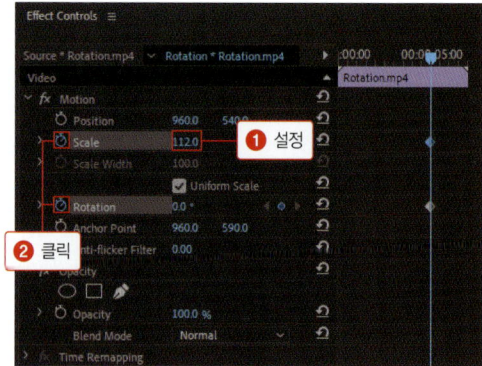

06
❶ 현재 시간 표시기를 '00:00:00:00'으로 이동한 다음 ❷ Effect Controls 패널에서 Rotation을 '45', Scale을 '250'으로 설정합니다.

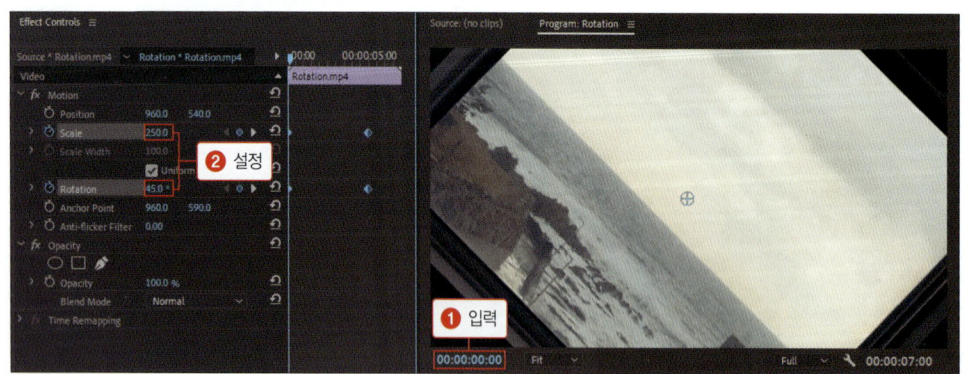

TIP

Rotation은 '0°'부터 '360°'로 한 바퀴를 표현합니다. 각도 앞에 '-'를 붙이면 화면이 반대로 회전하게 됩니다. '회전수×각도'를 설정하여 여러 번 회전하는 애니메이션을 만듭니다. 예를 들어 Rotation에 '2×180'을 입력하면 2바퀴 반을 회전시키는 값이 됩니다. Rotation은 파란색 글씨를 클릭해 값을 입력하는 방법 외에도 좌우로 마우스를 드래그하거나 왼쪽의 >를 클릭해 슬라이더를 이동하여 표현할 수도 있습니다.

07 영상을 재생해 천천히 회전하며 멀어져 가는 것처럼 보이는 화면을 확인합니다.

실습예제 04 투명해지는 동영상 만들기 - Opacity 우선순위 TOP 10

프리미어 프로에서는 Opacity를 조절하여 영상 또는 오브젝트를 투명하게 표현할 수 있습니다. Opacity를 조절해 천천히 밝아졌다 다시 흐려지는 페이드 인/아웃(Fade In/Out) 효과를 적용해 봅니다.

● 예제파일 : 06\Opacity.mp4   ● 완성파일 : 06\Opacity_완성.mp4, Opacity_완성.prproj

01 파일을 불러오기 위해 메뉴에서 (File) → Import(Ctrl+I)를 실행합니다.
❶ 06 폴더에서 ❷ 'Opacity.mp4' 파일을 선택하고 ❸ 〈열기〉 버튼을 클릭합니다.

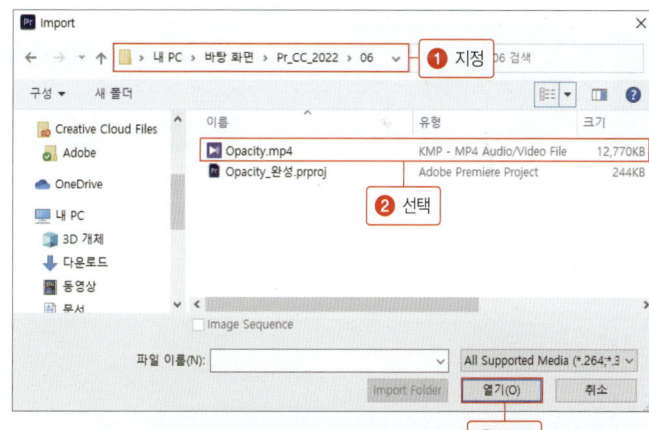

02 Project 패널의 'Opacity.mp4' 아이템을 'New Item' 아이콘(🔳)으로 드래그하여 소스 파일과 같은 시퀀스를 만듭니다.

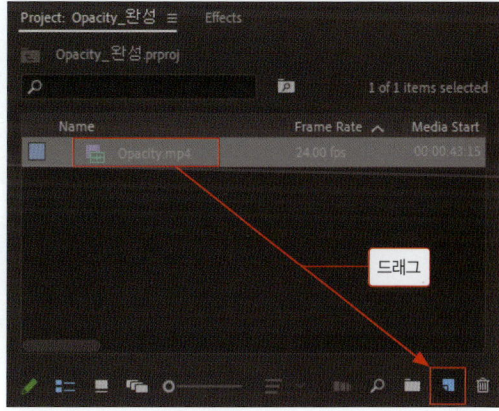

03 ❶ Timeline 패널의 현재 시간 표시기를 '00:00:02:00'으로 이동한 다음 ❷ 'Opacity.mp4' 클립을 선택합니다.

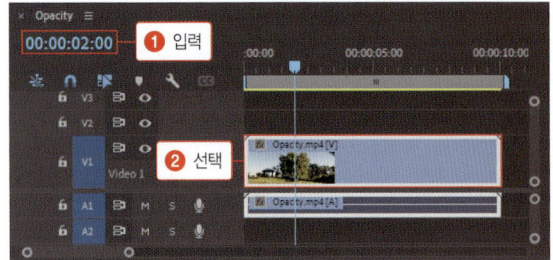

04 Effect Controls 패널에서 Opacity의 'Toggle animation' 아이콘(◎)을 클릭합니다.

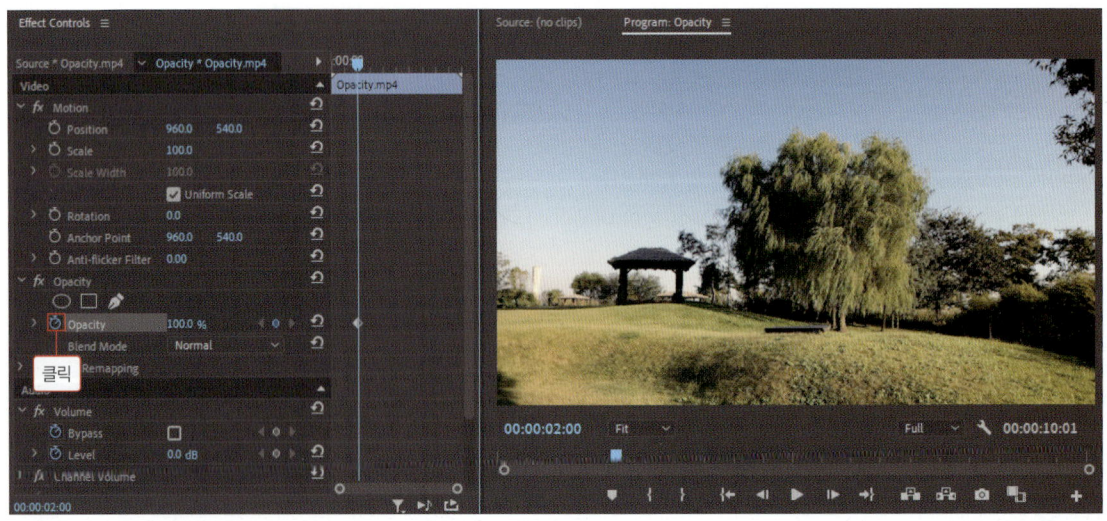

05 ❶ 현재 시간 표시기를 '00:00:00:00'으로 이동한 다음 ❷ Effect Controls 패널에서 Opacity를 '0%'로 설정합니다. 화면이 완전히 투명해져 검은색 화면이 됩니다.

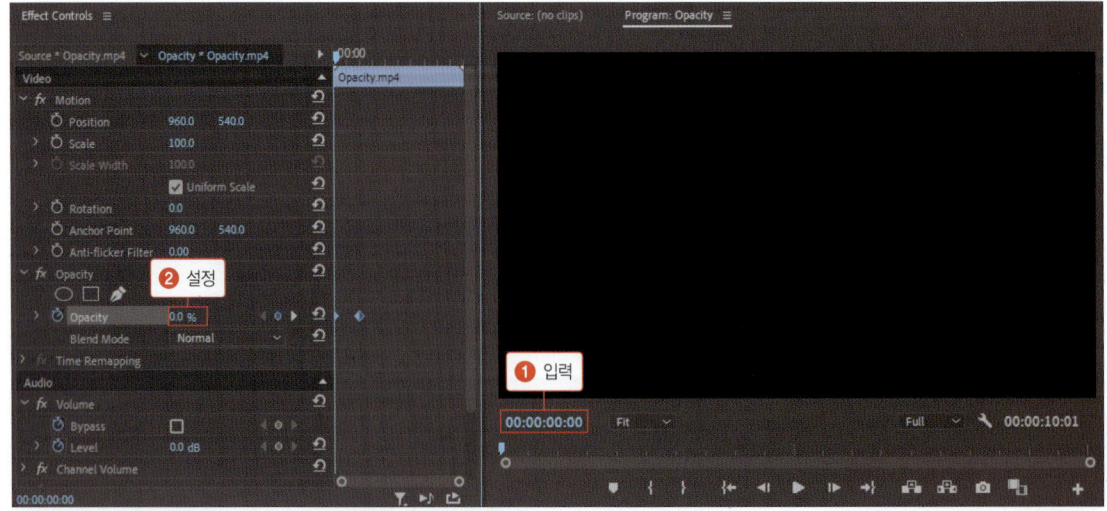

06 ❶ 현재 시간 표시기를 '00:00:08:00'으로 이동하고 ❷ Effect Controls 패널에서 Opacity의 'Add Keyframe' 아이콘( )을 클릭해 키프레임을 만듭니다.

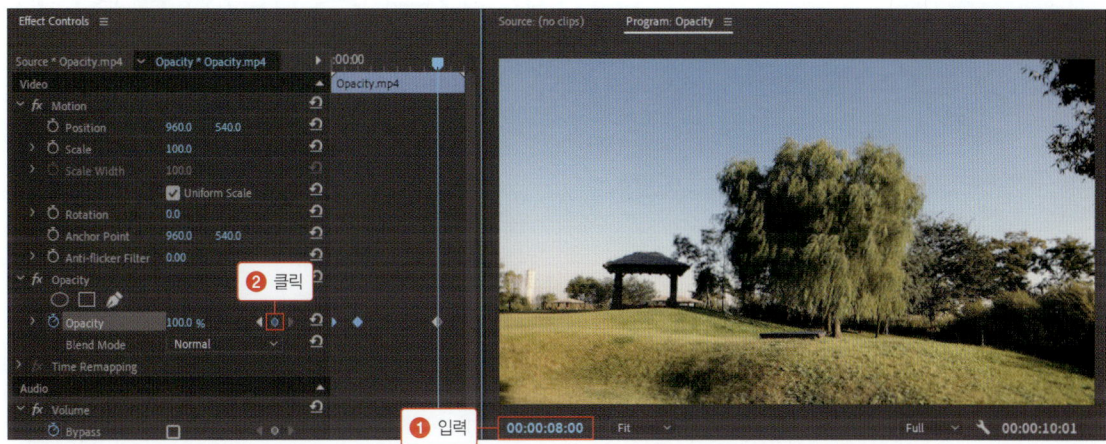

07 ❶ 현재 시간 표시기를 '00:00:10:01'로 이동한 다음 ❷ Effect Controls 패널에서 Opacity을 '0%'로 설정합니다.

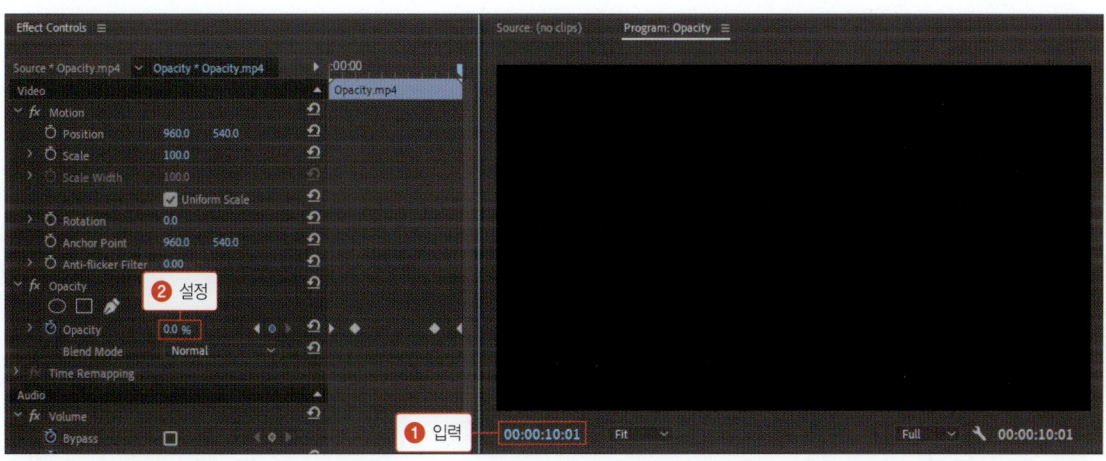

08 영상을 재생해 점점 밝아졌다가 마지막에 다시 흐려지는 페이드 인/아웃 효과가 적용된 것을 확인합니다.

• Text Motion

자막에 기본 효과 적용하기

프리미어 프로에서 자막을 만들고 디자인하는 방법은 여러 가지가 있습니다. 그중 문자 도구를 이용해 자막을 만들고, 만들어진 자막에 움직이는 효과를 적용하여 기초적인 타이틀 애니메이션 제작 방법을 알아봅니다.

실습예제 01 자막 페이드 인/아웃 효과 만들기

Opacity 효과는 영상뿐만 아니라 이미지, 텍스트와 같은 모든 클립에 적용 가능합니다. 자막 작업에서 가장 많이 사용하는 페이드 인/아웃 효과를 디졸브 장면 전환(Cross Dissolve Video Transition) 효과를 적용해 제작해 봅니다.

◉ 예제파일 : 06\Text_BG.png, Text_FX.png   ◉ 완성파일 : 06\Text FX_완성.mp4, Text FX_완성.prproj

01 파일을 불러오기 위해 메뉴에서 (File) → Import((Ctrl)+(I))를 실행합니다.
❶ 06 폴더에서 ❷ 'Text_BG.png', 'Text_FX.png' 파일을 선택하고 ❸ 〈열기〉 버튼을 클릭합니다.

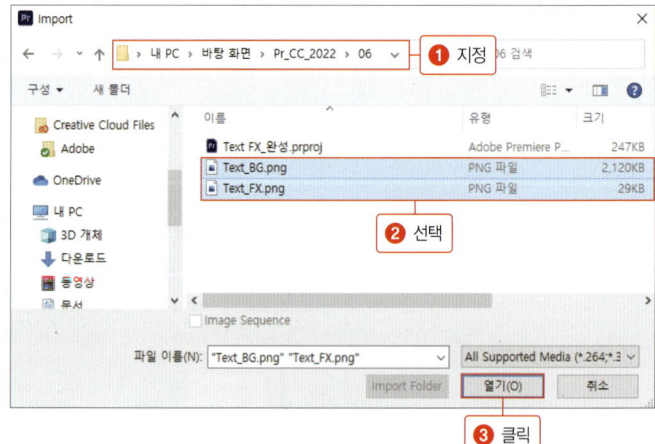

02 Project 패널에서 'Text_BG.png' 아이템을 'New Item' 아이콘()으로 드래그하여 소스 파일과 같은 시퀀스를 만듭니다.

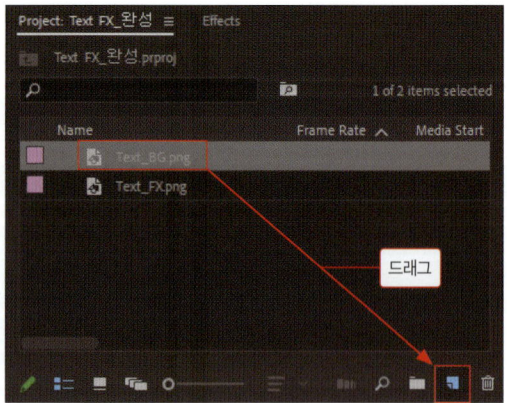

03 클립의 속도와 길이를 조절하기 위해 ① Timeline 패널의 'Text_BG.png' 클립을 선택하고 ② 메뉴에서 (Clip) → Speed/Duration(Ctrl+R)을 실행합니다.

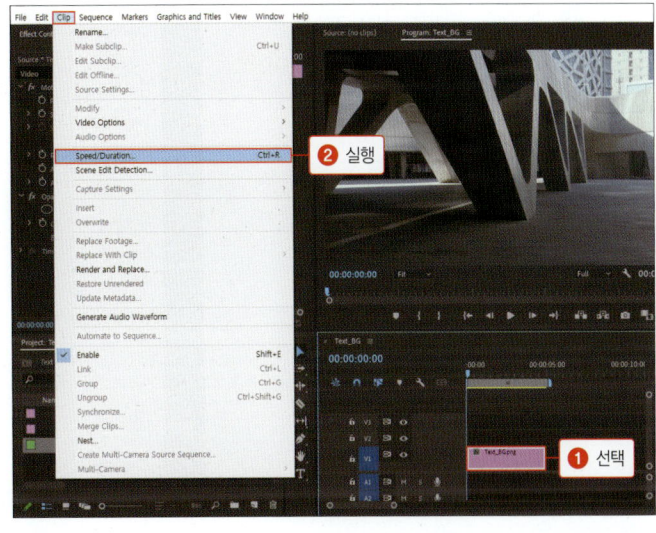

04 Clip Speed/Duration 대화상자가 표시되면 ① Duration에 '1000'을 입력한 다음 ② 〈OK〉 버튼을 클릭합니다. 클립의 길이가 '10초'로 설정됩니다.

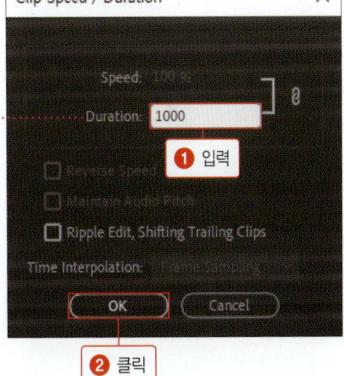

> **왜 그럴까?** Duration의 타임코드는 hh:mm:ss:ff로 시간:분:초:프레임을 나타냅니다. 따라서 1000을 입력했을 경우 '00:00:10:00'으로 인식하여 자동으로 '10초' 길이의 클립으로 설정됩니다.

05 ① 현재 시간 표시기를 '00:00:02:00'로 이동한 다음 Project 패널에서 'Text_FX.png' 아이템을 ② Timeline 패널의 V3 트랙으로 드래그합니다.

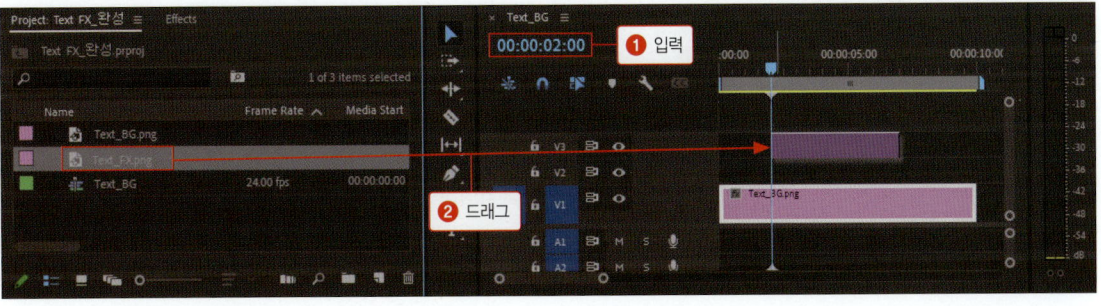

Chapter 02 · 자막에 기본 효과 적용하기 **317**

06
❶ Timeline 패널의 'Text_FX.png' 클립을 선택하고 ❷ 메뉴에서 (Clip) → Speed/Duration(Ctrl+R)을 실행합니다.

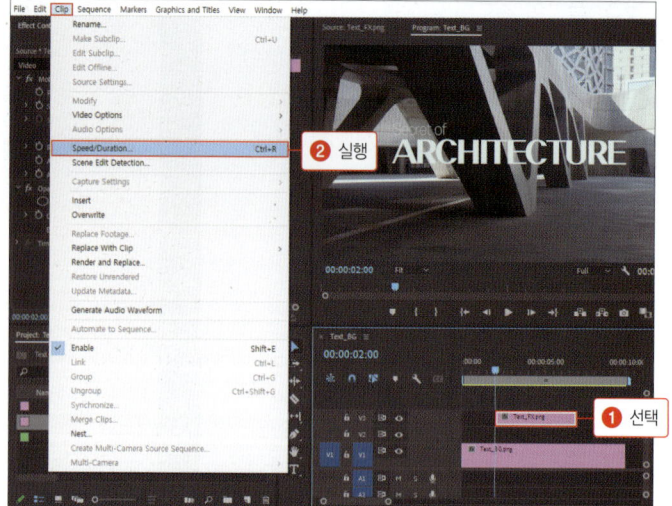

07
Clip Speed/Duration 대화상자가 표시되면 ❶ Duration에 '700'을 입력한 다음 ❷ 〈OK〉 버튼을 클릭합니다. 클립의 길이가 7초로 설정됩니다.

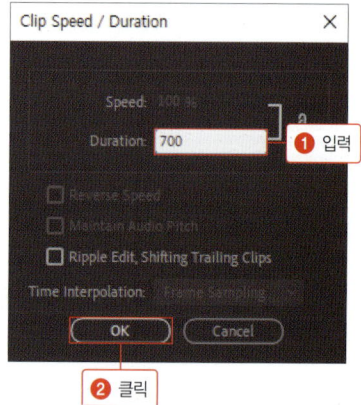

08
❶ Effects 패널에서 'Cross Dissolve' 이펙트를 검색하고 ❷ Timeline 패널의 V3 트랙의 'Text_FX.png' 클립 시작점으로 드래그해 효과를 적용합니다.

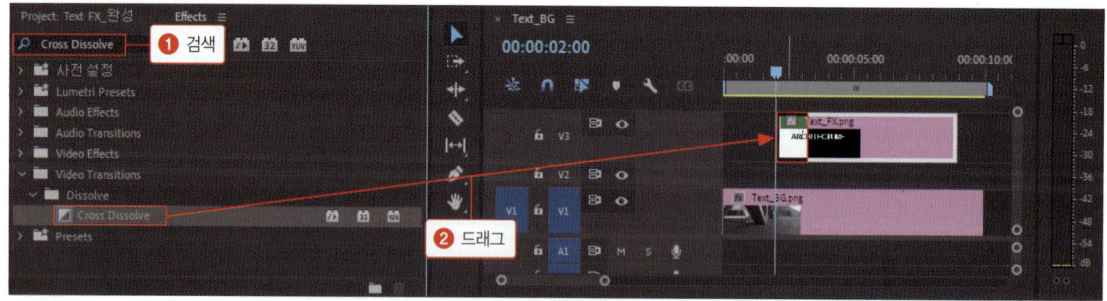

09 ❶ Timeline 패널에서 'Text_FX.png' 클립 시작 점에 적용된 'Cross Dissolve' 이펙트를 더블클릭합니다. Set Transition Duration 대화상자가 표시되면 ❷ Duration에 '200'을 입력하고 ❸ 〈OK〉 버튼을 클릭합니다. 2초 동안 지속되는 페이드 인 효과가 적용됩니다.

10 ❶ Effects 패널에서 'Cross Dissolve' 이펙트를 검색하고 ❷ Timeline 패널에서 V3 트랙의 'Text_FX.png' 클립 끝 점에 드래그해 효과를 적용합니다.

11 ❶ Timeline 패널에서 'Text_FX.png' 클립 끝 점에 적용된 'Cross Dissolve' 이펙트를 더블클릭합니다. Set Transition Duration 대화상자가 표시되면 ❷ Duration에 '10'을 입력하고 ❸ 〈OK〉 버튼을 클릭합니다. 10초 동안 지속되는 페이드 아웃 효과가 적용됩니다.

Chapter 02 • 자막에 기본 효과 적용하기

12 ❶ Project 패널에서 'New Item' 아이콘(　)을 클릭한 다음 ❷ Black Video를 실행합니다.

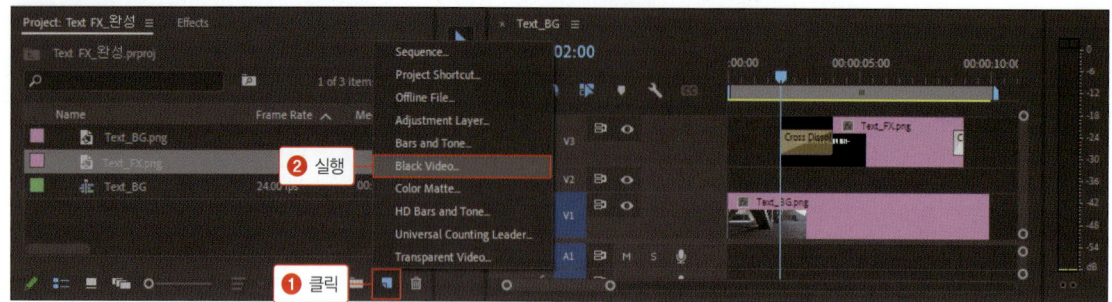

13 New Black Video 대화상자가 표시되면 〈OK〉 버튼을 클릭합니다.

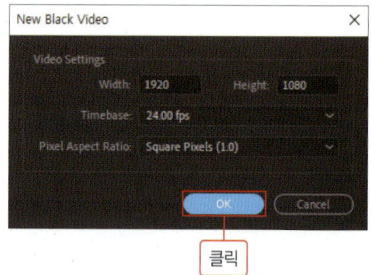

14 ❶ 현재 시간 표시기를 V3 트랙의 시작 점과 같은 '00:00:02:00'으로 이동한 다음 ❷ Project 패널에 만들어진 'Black Video' 아이템을 Timeline 패널의 V2 트랙으로 드래그합니다.

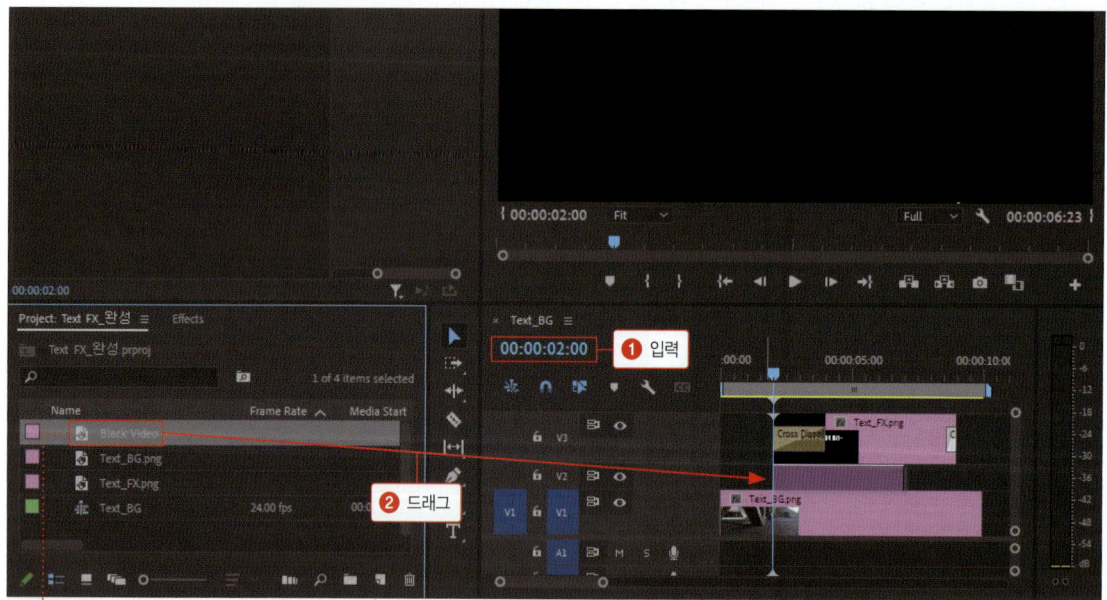

> **왜 그럴까?** Black Video는 화면을 검은색으로 처리하도록 만드는 이미지 클립입니다. 일반적으로 비디오 클립을 투명하게 만들면 화면이 점점 어두워지는 것처럼 보이지만 실제로는 화면이 투명해지며 검은색 배경이 보이게 되는 것입니다. 이럴 때 투명 값을 인식하는 알파(Alpha) 채널이 적용된 비디오 포맷에서는 어두운 화면이 아닌 반투명한 밝은 화면으로 보이게 됩니다. 따라서 이번 예제에서는 Black Video를 활용해 화면을 어둡게 처리해주는 매트 역할로 사용하도록 합니다.

15 'Black Video' 클립의 끝 점을 드래그하여 V3 트랙의 'Text_FX.png' 클립 길이를 같게 만듭니다.

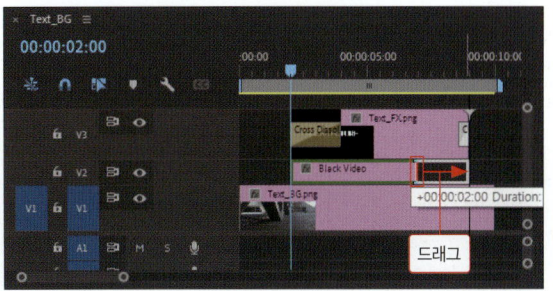

16 ❶ 현재 시간 표시기를 '00:00:02:00'으로 이동합니다. ❷ Timeline 패널에서 'Black Video' 클립을 선택한 다음 ❸ Effect Controls 패널의 Motion 항목에서 Opacity의 'Toggle animation' 아이콘( )을 클릭해 키프레임을 만들고 ❹ '0%'로 설정합니다.

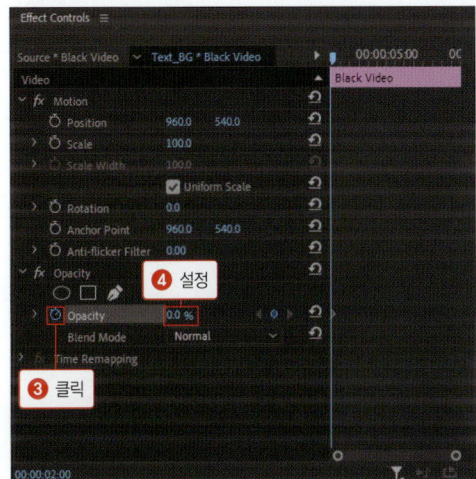

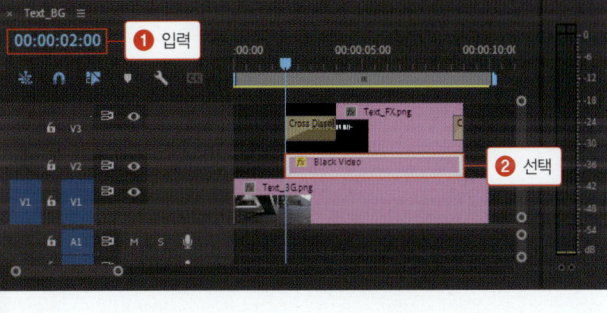

17 ❶ 현재 시간 표시기를 '00:00:04:00'으로 이동합니다. ❷ Effect Controls 패널에서 Motion 항목의 Opacity를 '90%'로 설정합니다. 배경이 어두워지며 글자가 잘 보이도록 설정됩니다.

18 ① 현재 시간 표시기를 '00:00:08:00'으로 이동합니다. ② Effect Controls 패널에서 Opacity의 'Add Keyframe' 아이콘( )을 클릭해 키프레임을 만듭니다.

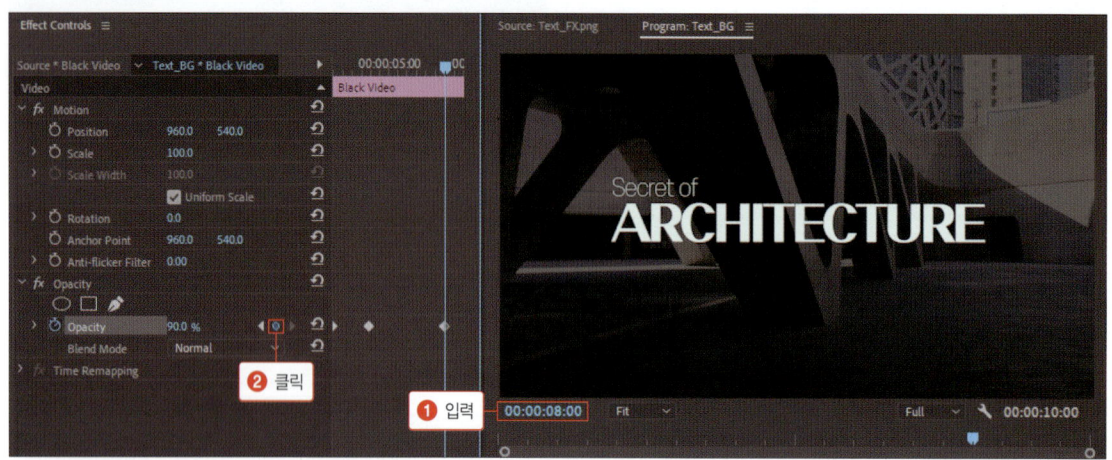

19 ① 현재 시간 표시기를 '00:00:09:00'으로 이동합니다. ② Effect Controls 패널에서 Opacity을 '0%'로 설정합니다.

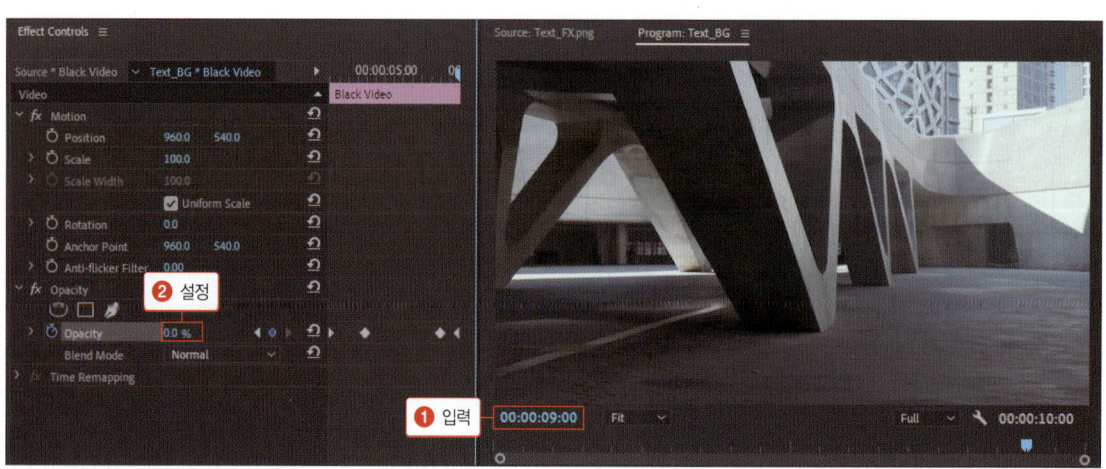

20 영상을 재생해 화면이 어두워지며 천천히 페이드 인되었다 다시 사라지는 자막 효과를 확인합니다.

실습예제 02 움직이는 자막 만들기

오브젝트의 움직임을 활용하면 다양한 장면을 연출할 수 있습니다. 그중 자막을 활용한 움직임은 타이틀 또는 각종 장면 연출에 다양하게 적용할 수 있습니다. 이번 예제에서는 Scale, Position, Opacity 애니메이션을 이용하여 임팩트 있는 타이틀 애니메이션을 만들어 봅니다.

◉ 예제파일 : 06\Motion Text BG.mp4, Motion Text.png, Symbol_02.png ◉ 완성파일 : 06\Motion Text_완성.mp4, Motion Text_완성.prproj

01 파일을 불러오기 위해 메뉴에서 (File) → Import(Ctrl + I)를 실행합니다. ❶ 06 폴더에서 ❷ 'Motion Text BG.mp4', 'Motion Text.png', 'Symbol_02.png' 파일을 선택하고 ❸ 〈열기〉 버튼을 클릭합니다.

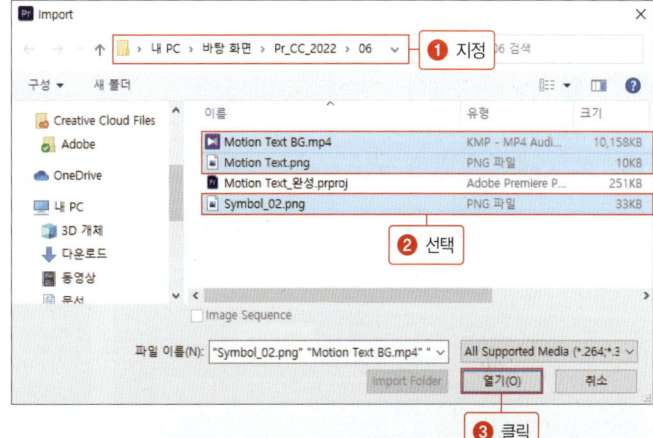

02 Project 패널에서 배경 그림으로 사용할 'Motion Text BG.mp4' 아이템을 'New Item' 아이콘(🗔)으로 드래그하여 소스 파일과 같은 시퀀스를 만듭니다.

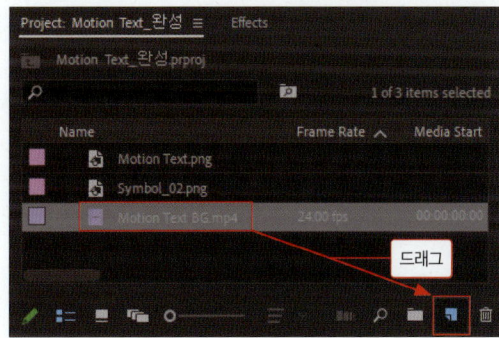

03 ❶ 현재 시간 표시기를 '00:00:01:00'으로 이동한 다음 ❷ Project 패널에 있는 'Symbol_02.png' 아이템을 Timeline 패널의 V2 트랙으로 드래그합니다.

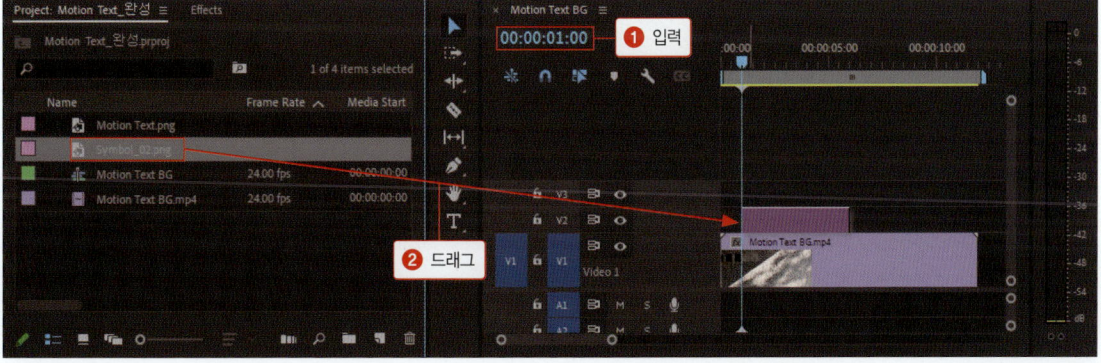

Chapter 02 • 자막에 기본 효과 적용하기   323

04 Timeline 패널에서 'Symbol_02.png'클립의 끝 점을 드래그하여 'Motion Text BG.mp4' 클립의 끝점과 길이를 같게 만듭니다.

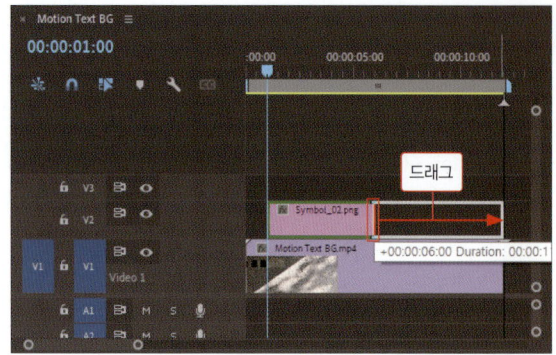

05 ❶ Timeline 패널에서 'Symbol_02.png' 클립을 선택한 다음 ❷ 현재 시간 표시기를 '00:00:02:00'으로 이동합니다. ❸ Effect Controls 패널에서 Motion 항목의 Scale과 Opacity의 'Toggle animation' 아이콘( )을 클릭해 키프레임을 만들고 ❹ Scale을 '75'로 설정합니다.

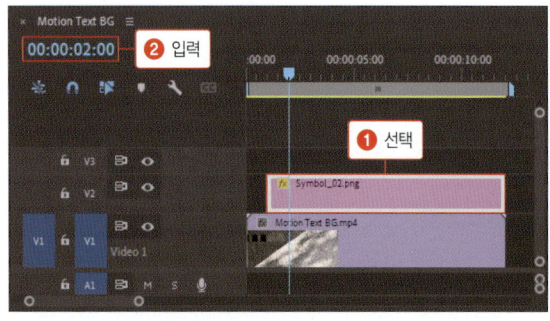
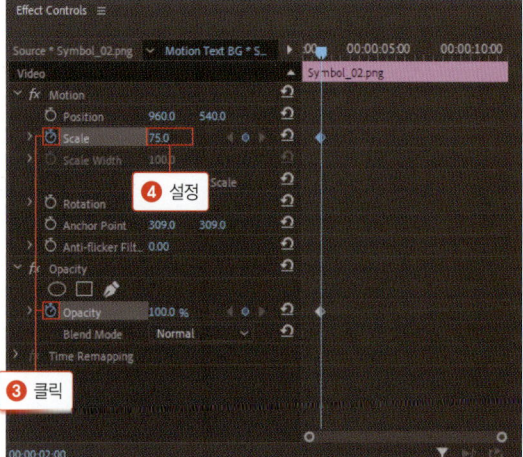

06 ❶ 현재 시간 표시기를 '00:00:01:00'으로 이동합니다. ❷ Effect Controls 패널에서 Scale을 '3500', Opacity을 '0%'로 설정합니다.

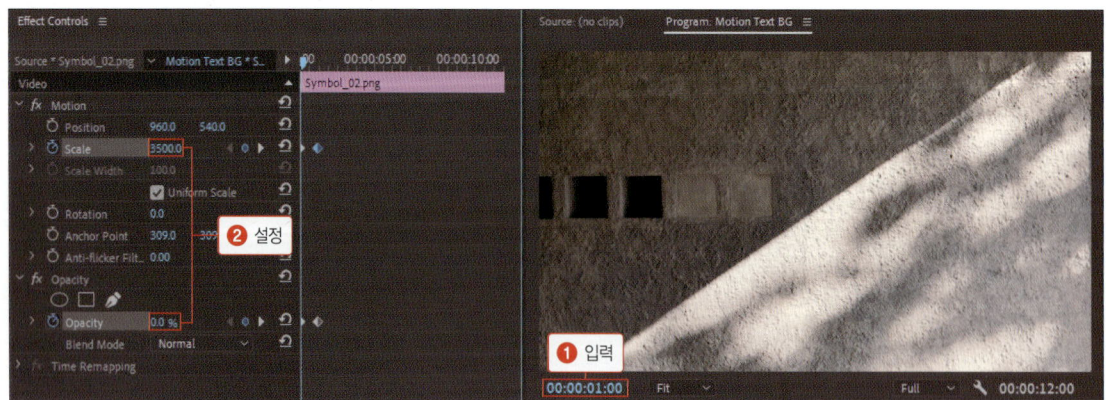

07 ① 현재 시간 표시기를 '00:00:02:00'으로 이동합니다. ② Tools 패널에서 자르기 도구(　)를 선택하고 ③ Timeline 패널에서 'Symbol_02.png' 클립을 클릭하여 자릅니다.

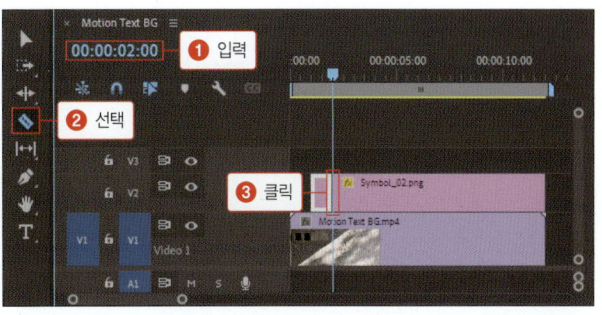

08 ① Tools 패널에서 선택 도구(　)를 선택하고 ② Timeline 패널에서 [Alt]를 누른 상태로 두 번째 'Symbol_02.png' 클립을 위로 드래그해 V3 트랙에 복제합니다.

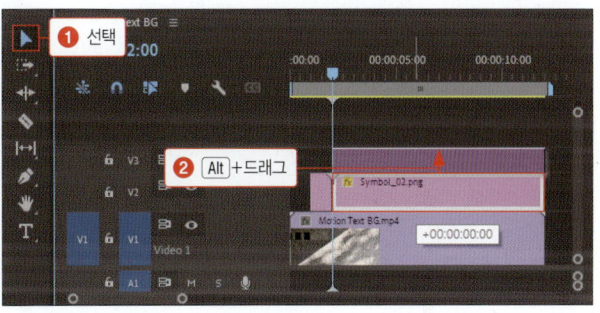

09 ① 현재 시간 표시기를 '00:00:02:08'로 이동하고 ② V3 트랙에 복제된 'Symbol_02.png' 클립을 선택합니다. ③ Effect Controls 패널에서 Motion 항목의 Scale을 '150', Opacity를 '0%'로 설정합니다.

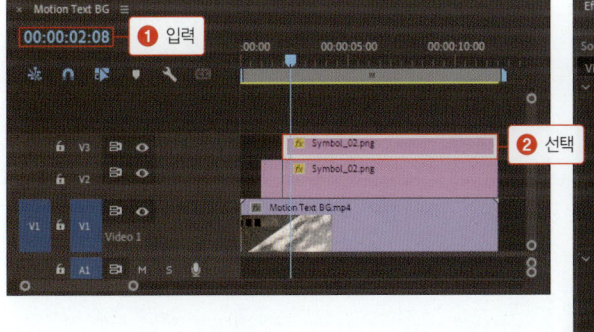
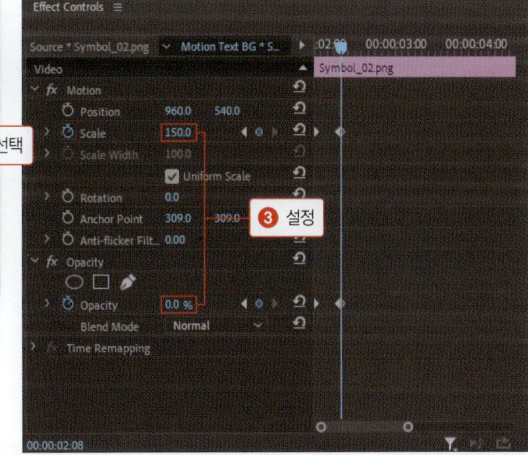

10 Timeline 패널에서 [Alt]를 누른 상태로 V3 트랙의 'Symbol_02.png' 클립을 위로 드래그하여 V4 트랙에 복제합니다.

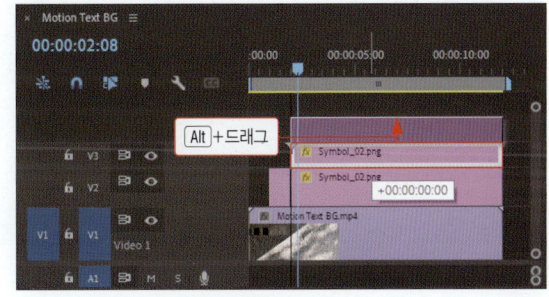

Chapter 02 · 자막에 기본 효과 적용하기 325

11 ① V4 트랙의 'Symbol_02.png' 클립을 선택하고 ② Alt 를 누른 상태로 키보드 → 를 두 번 눌러 클립을 2프레임 뒤로 이동합니다.

> **TIP**
> Alt 를 누른 상태로 키보드 ←, → 를 누르면 선택된 클립이 한 프레임 단위로 이동합니다. 또한, Shift + Alt 를 누른 상태로 ←, → 를 누르면 5프레임 단위로 클립이 이동합니다.

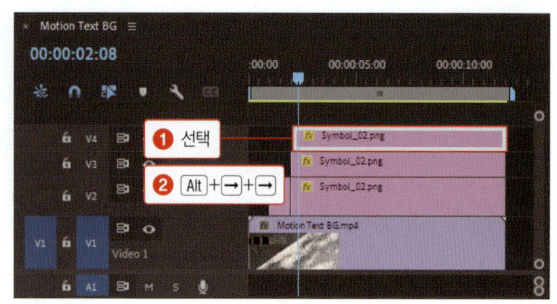

12 또 하나의 잔상을 만들기 위해 Alt 를 누른 상태로 V4 트랙의 'Symbol_02.png' 클립을 위로 드래그 하여 V5 트랙에 복제합니다.

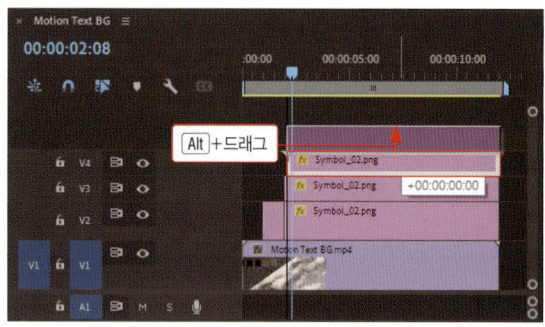

13 ① V5 트랙의 'Symbol_02.png' 클립을 선택하고 ② Alt 를 누른 상태로 키보드 → 를 두 번 눌러 클립을 2프레임 뒤로 이동합니다. ③ 빠르게 튀어 오르는 3개의 잔상 효과를 확인합니다.

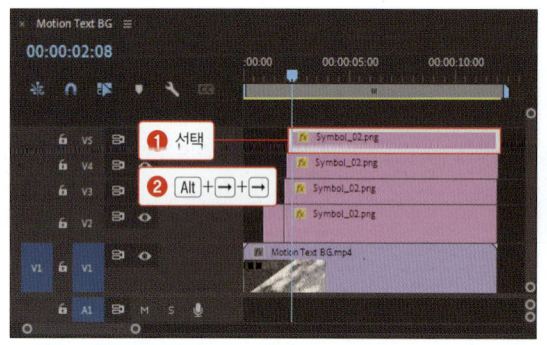
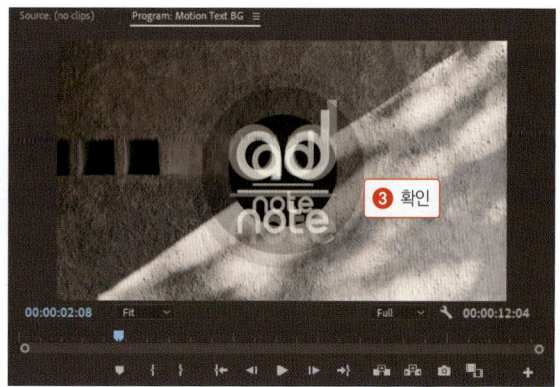

14 ① 현재 시간 표시기를 '00:00:03:00'으로 이동한 다음 ② Tools 패널에서 자르기 도구(✂)를 선택합니다. ③ Timeline 패널에서 V3, V4, V5 트랙의 'Symbol_02.png' 클립을 클릭하여 자릅니다.

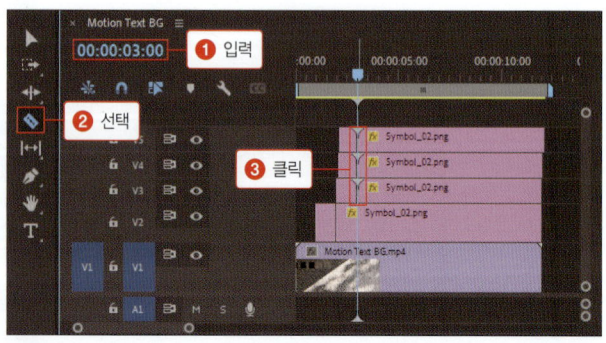

15 ❶ Tools 패널에서 선택 도구(▶)를 선택한 다음 ❷ Timeline 패널에서 V3, V4, V5 트랙의 두 번째 'Symbol_02.png' 클립들을 모두 선택하고 ❸ Delete를 눌러 삭제합니다.

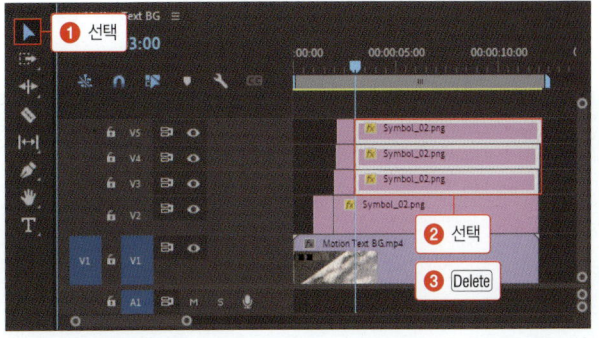

16 클립 구분이 편리하도록 ❶ Project 패널의 'Motion Text.png' 아이템에서 마우스 오른쪽 버튼을 클릭한 다음 ❷ Label → Yellow를 실행합니다.

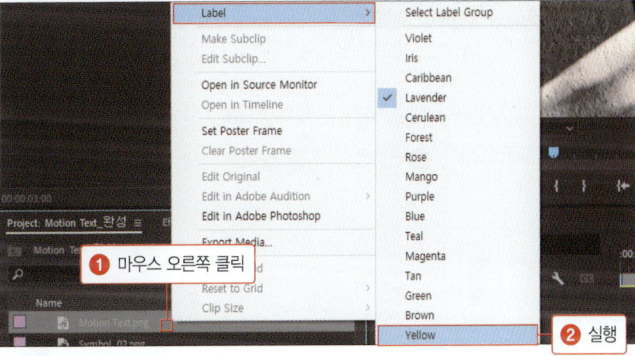

17 Project 패널의 'Motion Text.png' 아이템을 Timeline 패널 V4 트랙의 현재 시간 표시기가 있는 '00:00:03:00'으로 드래그합니다.

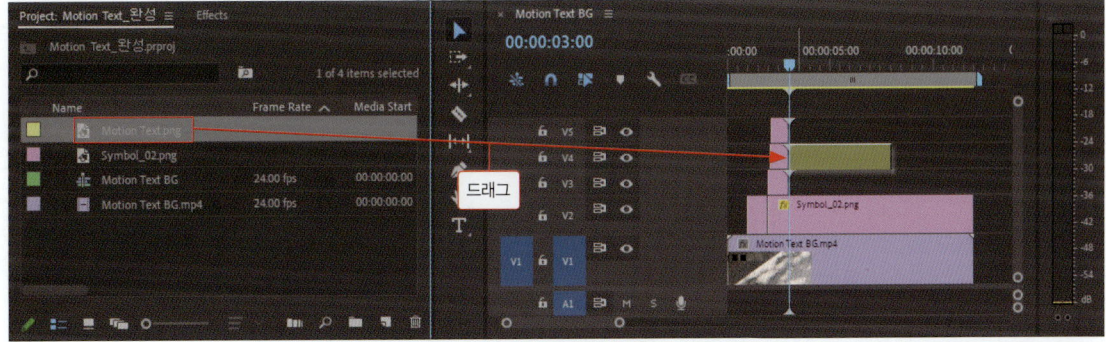

18 Timeline 패널에서 'Motion Text.png' 클립의 오른쪽 끝 점을 드래그하여 V1, V2 트랙의 클립과 길이를 같게 만듭니다.

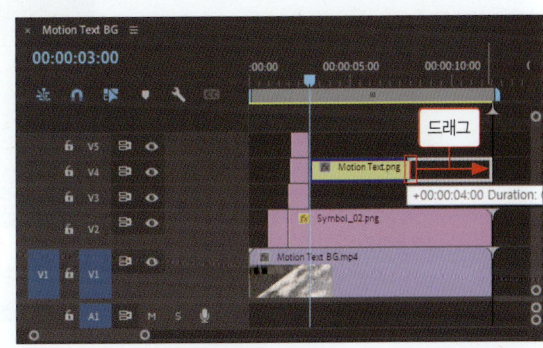

Chapter 02 • 자막에 기본 효과 적용하기 **327**

19 ❶ Project 패널의 'New Item' 아이콘(■)을 클릭하고 ❷ Color Matte를 실행합니다. New Color Matte 대화상자가 표시되면 ❸ 〈OK〉 버튼을 클릭합니다.

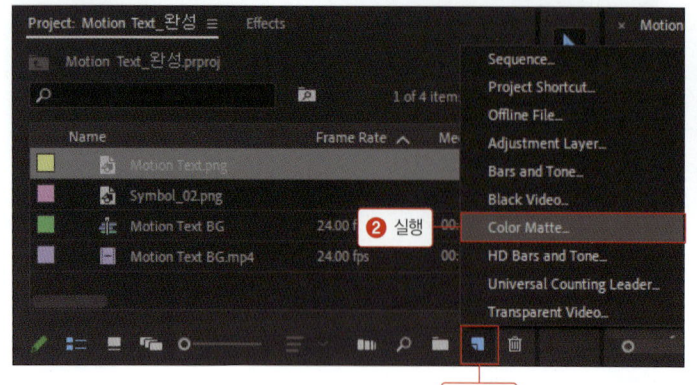
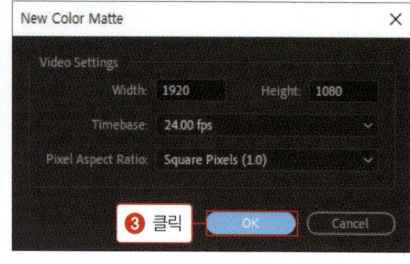

20 Color Picker 대화상자가 표시되면 ❶ #에 'FFF8E6'을 입력한 다음 ❷ 〈OK〉 버튼을 클릭합니다.

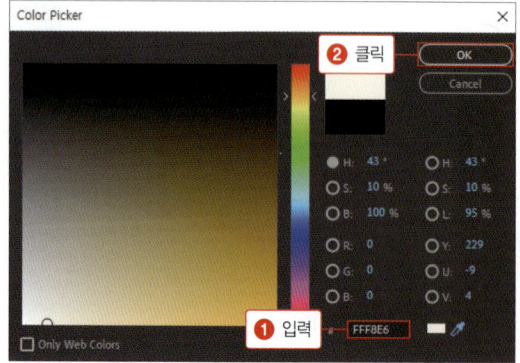

21 Choose Name 대화상자가 표시되면 ❶ 'Color Box'를 입력하고 ❷ 〈OK〉 버튼을 클릭합니다.

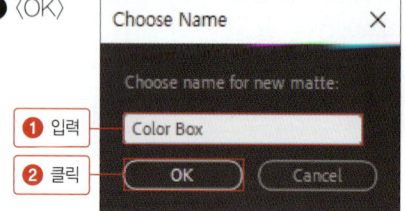

22 ❶ Project 패널의 만들어진 'Color Box' 아이템에 마우스 오른쪽 버튼을 클릭한 다음 ❷ Label → Mango를 실행합니다.

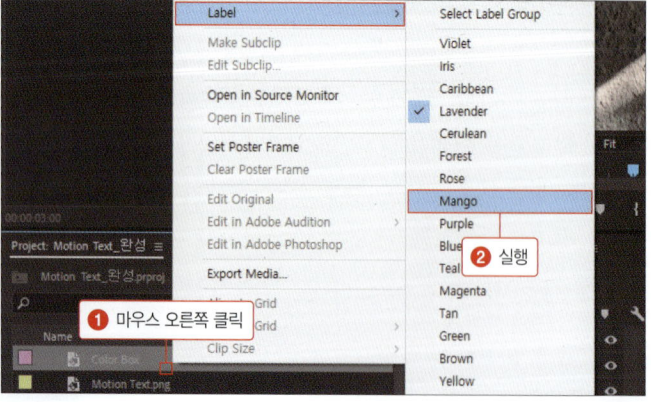

23 ❶ Project 패널에서 'Color Box' 아이템을 Timeline 패널에서 V3 트랙의 'Symbol_02.png' 클립과 이어지게 드래그한 다음 ❷ 끝 점을 드래그하여 V1, V2, V4 트랙의 클립과 길이를 같게 만듭니다.

24 ❶ Timeline 패널에서 'Motion Text.png' 클립을 선택하고 ❷ Effect Controls 패널에서 Motion 항목의 Position을 '1600/950', Scale을 '75'로 설정합니다. 화면 하단에 적절한 크기로 배치됩니다.

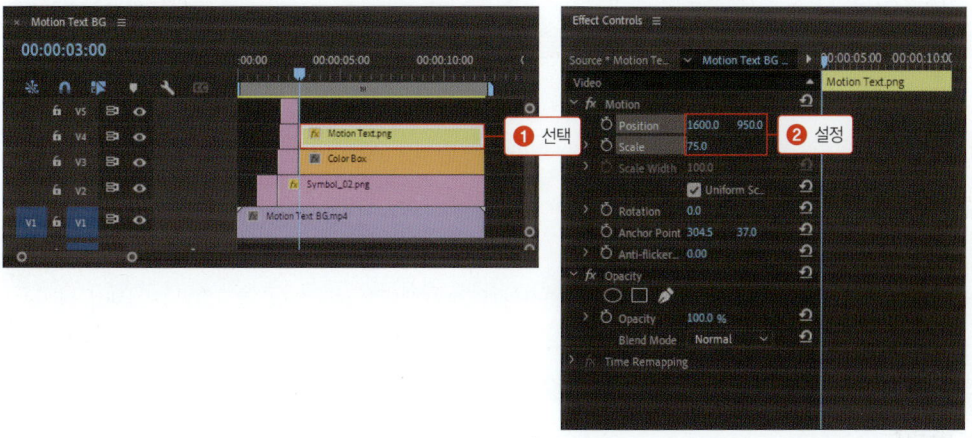

25 ❶ Timeline 패널에서 'Color Box' 클립을 선택하고 ❷ Effect Controls 패널에서 Opacity의 'Create 4-point polygon mask' 아이콘(■)을 클릭합니다.

26
❶ Mask Feather를 '0', Mask Expansion을 '20'으로 설정하여 마스크 경계를 둥글고 반듯한 형태로 설정합니다.
❷ Program Monitor 패널에서 4개 포인터를 이동하여 글자 아래 직사각형 형태로 배치합니다.

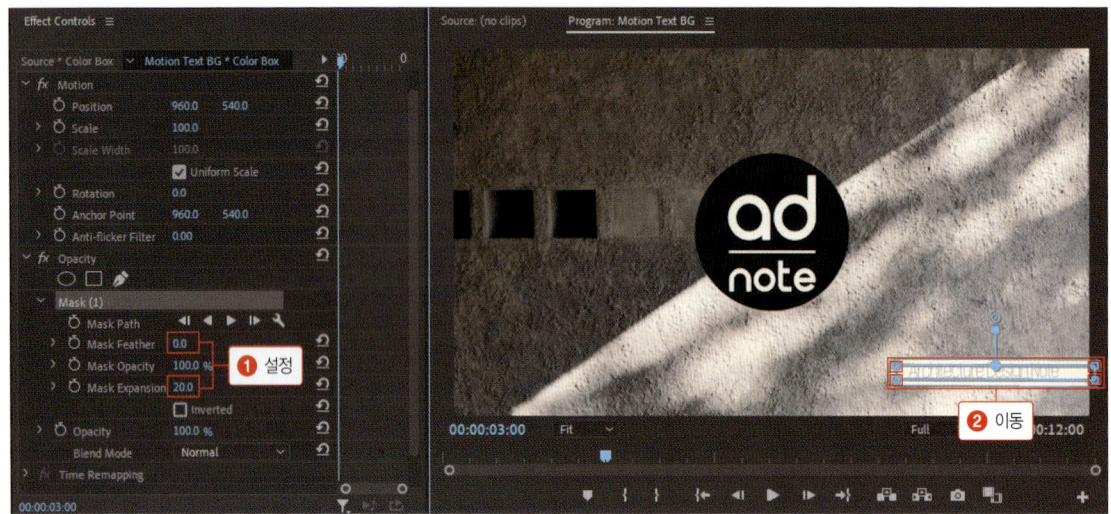

> **TIP**
> 마스크 패스를 이동할 때 마스크 포인터를 클릭한 다음 키보드의 방향키를 이용하면 한 픽셀 단위로 이동합니다. Shift 를 누른 상태로 여러 포인터를 클릭하면 동시에 여러 포인터가 선택됩니다.

27
❶ Timeline 패널에서 V4 트랙의 'Motion Text.png' 클립과 V3 트랙의 'Color Box' 클립을 드래그하여 선택합니다. ❷ 메뉴에서 (Clip) → Nest를 실행한 다음 Nested Sequence Name 대화상자가 표시되면 ❸ Name에 'Text Box'를 입력하고 ❹ 〈OK〉 버튼을 클릭합니다. Timeline 패널에서 두 개의 클립이 하나의 클립으로 묶인 것을 확인합니다.

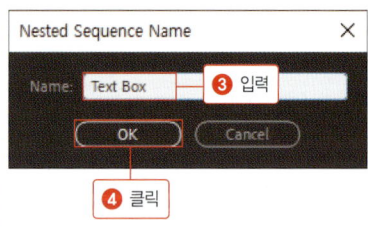

> **TIP**
> Timeline 패널에서 마우스를 드래그하거나 Shift 를 누른 상태로 여러 클립을 클릭하면 동시에 여러 클립을 선택할 수 있습니다.

28 ❶ 현재 시간 표시기를 '00:00:03:08'로 이동한 다음 ❷ 'Text Box' 클립을 선택합니다. ❸ Effect Controls 패널의 Motion 항목에서 Position의 'Toggle animation' 아이콘( )을 클릭합니다.

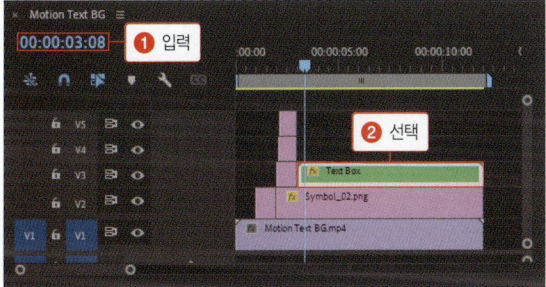
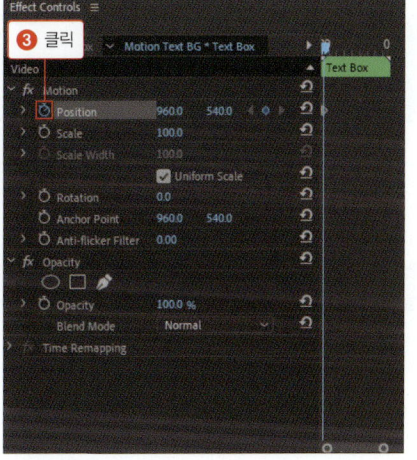

29 ❶ 현재 시간 표시기를 'Text Box' 클립 시작 점인 '00:00:03:00'으로 이동합니다. ❷ Effect Controls 패널에서 Position의 x축을 '1580'으로 설정하여 자막 상자가 오른쪽 화면 밖으로 벗어나게 합니다.

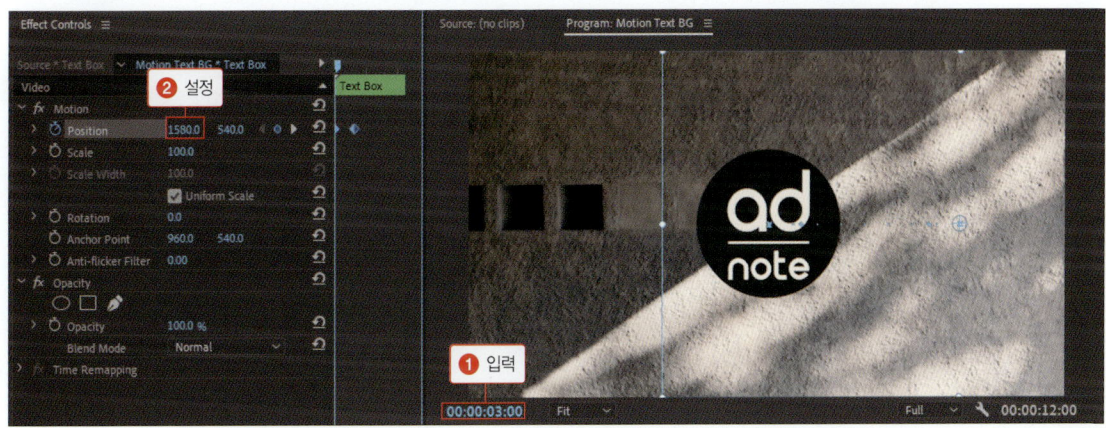

30 영상을 재생해 심볼이 화면에 들어와 움직인 다음 텍스트 상자가 프레임인 되는 애니메이션을 확인합니다.

• Transition

장면 전환 효과 적용하기

영상의 장면이 바뀔 때 특정한 연출을 위해 장면과 장면 사이에 효과를 넣어주는 것을 장면 전환(Transition)이라고 합니다. 장면 전환을 잘 사용하면 영상의 분위기 전반을 구축할 수 있으며, 영상 중간중간 단조로움을 덜어 완성도 높은 영상을 제작할 수 있습니다. 프리미어 프로의 기본 효과를 활용하여 영상에 장면 전환을 넣는 방법을 배워 봅니다.

실습예제 01 Cross Dissolve로 장면 전환하기

영상이 다음 장면으로 바뀔 때 이전 장면의 투명도가 서서히 조절되어 자연스럽게 다음 화면이 교차 되어 전환되는 효과입니다. 영상 자체의 분위기가 부드러워져서 감성적인 영상이나 브이로그, 자연 다큐멘터리 등에서 많이 사용하는 효과입니다. 사진과 사진 사이에 효과를 적용하여 부드럽게 넘어가는 슬라이드 쇼를 만들 수도 있습니다.

◉ 예제파일 : 06\Cross_01.mp4, Cross_02.mp4, Cross_03.mp4   ◉ 완성파일 : 06\Cross_완성.mp4, Cross_완성.prproj

01 파일을 불러오기 위해 메뉴에서 (File) → Import(Ctrl + I)를 실행합니다. ❶ 06 폴더에서 ❷ 'Cross_01.mp4', 'Cross_02.mp4', 'Cross_03.mp4' 파일을 선택하고 ❸ 〈열기〉 버튼을 클릭합니다.

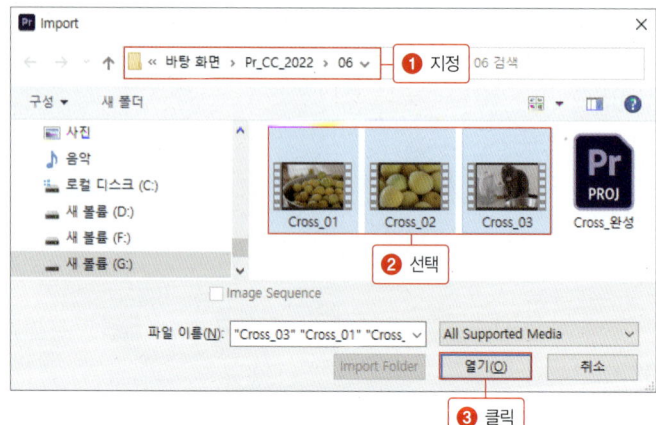

02 Project 패널에서 'Cross_01.mp4' 아이템을 'New Item' 아이콘()으로 드래그하여 소스 파일과 같은 시퀀스를 만듭니다.

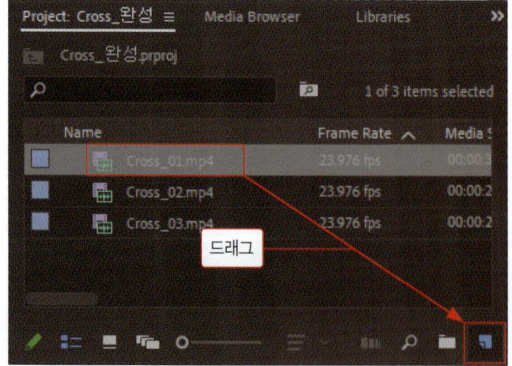

03 Project 패널에서 'Cross_02.mp4' 아이템을 Timeline 패널의 V1 트랙의 'Cross_01.mp4' 클립 끝 점에 맞춰 드래그 합니다.

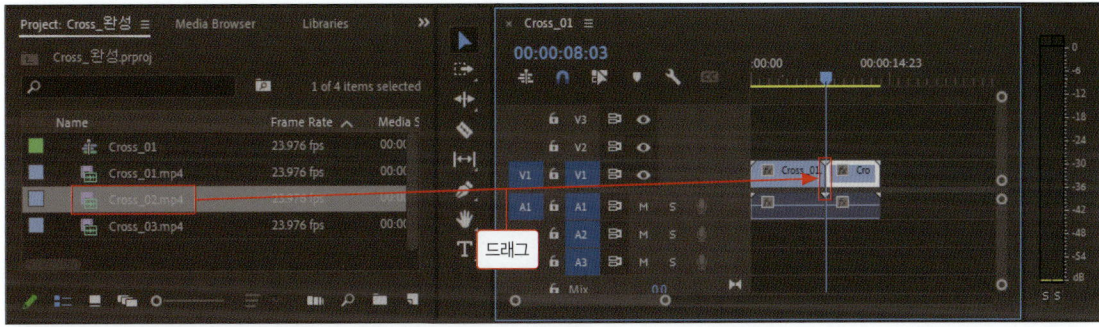

04 Project 패널에서 'Cross_03.jpg' 아이템을 Timeline 패널의 V1 트랙의 'Cross_02.mp4' 클립 끝 점에 맞춰 드래그 합니다.

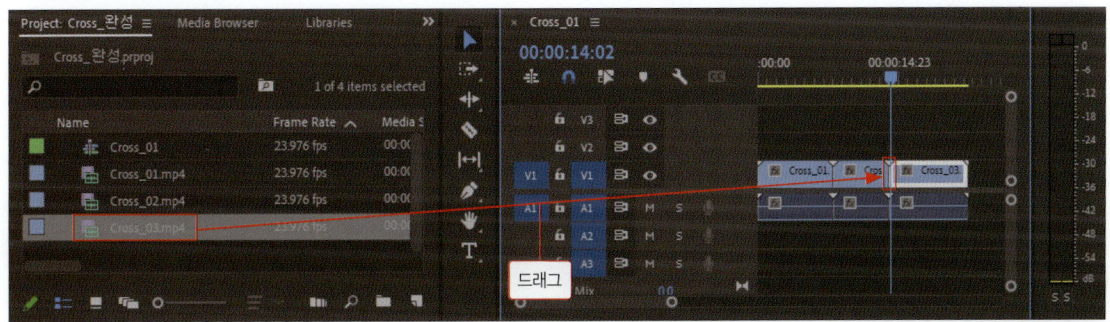

05 Timeline 패널에서 Shift를 누른 상태로 'Cross_01.jpg', 'Cross_02.jpg' 클립과 'Cross_02.jpg', 'Cross_03.jpg' 클립이 맞닿은 지점을 클릭합니다.

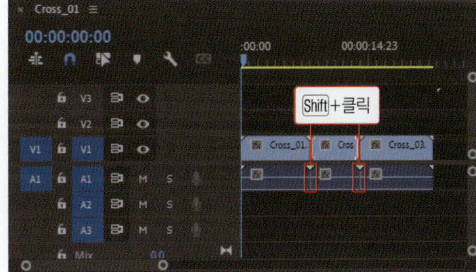

TIP
Shift를 누른 상태로 여러 개의 클립을 클릭하면 다중 선택이 가능합니다.

06 ❶ Timeline 패널에서 'Cross_01.jpg', 'Cross_02.jpg' 클립이 맞닿은 지점에 표시된 붉은색 선 위에서 마우스 오른쪽 버튼을 클릭한 다음 ❷ Apply Default Transition을 실행합니다.

Chapter 03 • 장면 전환 효과 적용하기   333

07 ① Transition 대화상자가 표시되면 〈OK〉 버튼을 클릭합니다. 클립에 따라 Transition 대화상자가 표시되지 않을 수도 있습니다. ② Timeline 패널의 클립과 클립 사이에 장면 전환 효과가 적용된 것을 확인합니다.

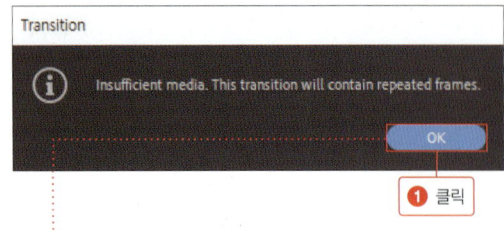
① 클릭

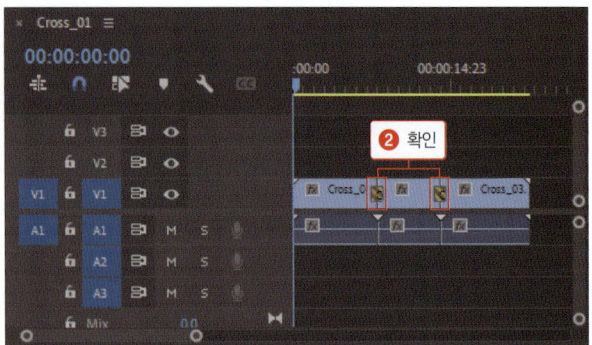
② 확인

> **왜 그럴까?** 프리미어 프로의 기본 기능으로 적용하는 'Cross Dissolve' 이펙트는 이전 클립에서 다음 클립으로 전환될 때 효과가 적용된 영역만큼의 원본 소스를 노출하는 원리입니다. 원본 소스의 끝이나 시작에 해당 효과를 적용할 경우, 교차로 보여 줄 원본 소스 영역이 존재하지 않아 Transition 대화상자가 표시될 수 있습니다. 〈OK〉 버튼을 클릭하여 효과를 실행하면 클립의 끝에 해당하는 소스의 장면이 정지된 상태로 교차 됩니다.

08 영상을 재생해 Cross Dissolve가 적용된 것을 확인합니다.

▲ Cross Dissolve 적용 전 : 클립과 클립 사이가 효과 없이 뚝뚝 끊기며 전환되는 모습

▲ Cross Dissolve 적용 후 : 클립과 클립이 사이가 겹쳐지며 서서히 전환되는 모습

실습예제 02 Fade In/Out으로 장면 전환하기 ★★중요

장면이 끝날 때 검은색 또는 흰색으로 서서히 바뀌는 효과를 페이드 아웃(Fade out), 장면이 시작될 때 검은색이나 흰색에서 서서히 영상이 표시되는 효과를 페이드 인(Fade in)이라고 합니다. 앞뒤 영상이 분위기나 장소가 변경되어 환기를 시키는 용도로 사용하거나 영상의 인트로와 엔딩에 사용됩니다.

◉ 예제파일 : 06\Fade_01.mp4, Fade_02.mp4 ◉ 완성파일 : 06\Fade_완성.mp4, Fade_완성.prproj

01 파일을 불러오기 위해 메뉴에서 (File) → Import(Ctrl+I)를 실행합니다. ❶ 06 폴더에서 ❷ 'Fade_01.mp4', 'Fade_02.mp4' 파일을 선택하고 ❸ 〈열기〉 버튼을 클릭합니다.

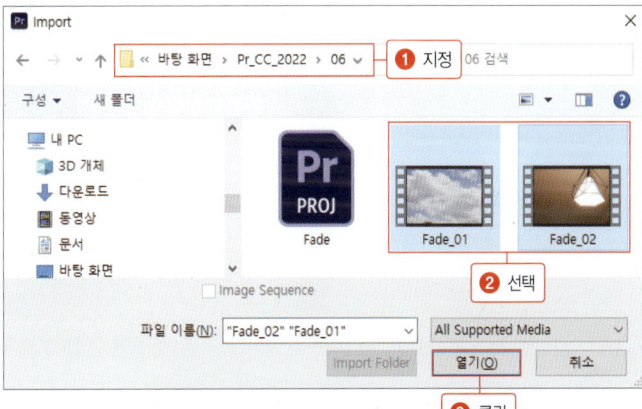

02 Project 패널에서 'Fade_01.mp4' 아이템을 'New Item' 아이콘(🗒)으로 드래그하여 소스 파일과 같은 시퀀스를 만듭니다.

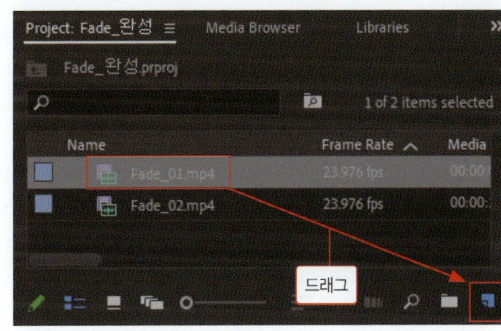

03 ❶ Timeline 패널에서 현재 시간 표시기를 '00:00:09:17'로 이동합니다. ❷ Project 패널에서 'Fade_02.mp4' 아이템을 현재 시간 표시기에 맞춰 Timeline 패널의 V1 트랙으로 드래그합니다.

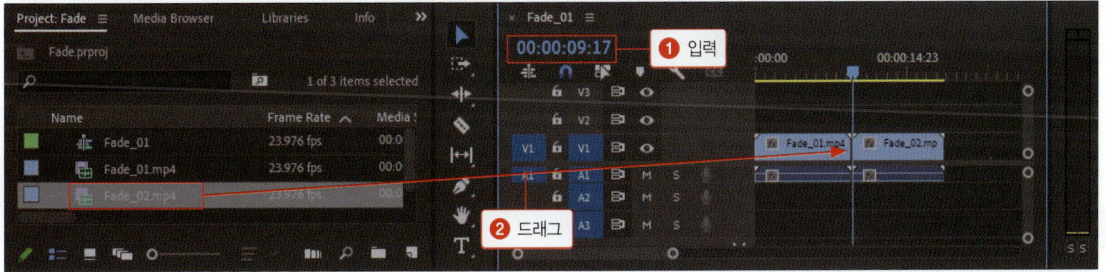

Chapter 03 • 장면 전환 효과 적용하기   335

04 Timeline 패널에서 Shift 를 누른 상태로 'Fade_01. mp4', 'Fade_02.mp4' 클립의 시작과 끝을 모두 클릭합니다.

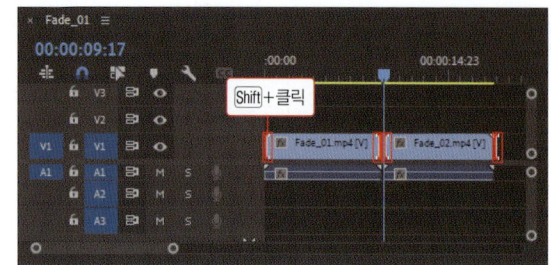

05 ① Timeline 패널에서 'Fade_01.mp4' 클립의 시작 부분에 표시된 붉은색 선에서 마우스 오른쪽 버튼을 클릭한 다음 ② Apply Default Transition 을 실행합니다. 'Fade_01.mp4', 'Fade_02.mp4' 클립의 시작과 끝에 효과가 적용된 것을 확인합니다.

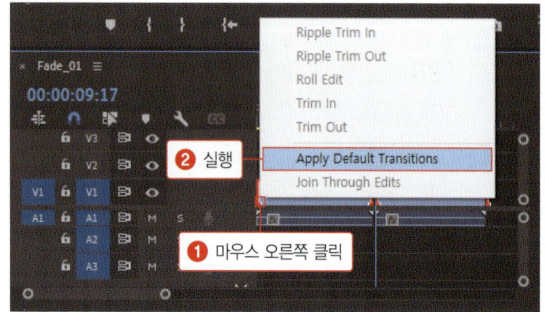

06 영상을 재생해 페이드 인 아웃 효과가 적용된 것을 확인합니다.

▲ 페이드 인 아웃 적용 전 : 클립과 클립 사이가 효과 없이 뚝뚝 끊기며 전환되는 모습

▲ 페이드 인 아웃 적용 후 : 검은색 화면에서 점점 장면이 표시되고 사라지는 모습

실습예제 03 Push로 장면 전환하기

기존의 장면을 밀어내며 다음 장면이 들어오는 장면 전환을 푸시(Push) 효과라고 합니다. 한 가지의 장면이 몇 분 이상 길게 나와 영상 전체 러닝 타임을 줄여야 할 때, 시간의 흐름을 요약해서 나타내기 위해 이 효과를 사용합니다. 푸시 효과를 사용하면 영상에 생동감이 생겨서 좋은 장점이 있으나 너무 빈번하게 사용하면 정돈되지 못한 느낌을 줄 수 있어 필요시에 적절히 사용해 주어야 합니다. 푸시 효과는 프리미어 프로의 기본 효과 중 하나로 쉽게 적용할 수 있습니다.

◉ 예제파일 : 06\Push_01.mp4, Push_02.mp4   ◉ 완성파일 : 06\Push_완성.mp4, Push_완성.prproj

01 파일을 불러오기 위해 메뉴에서 (File) → Import((Ctrl)+(I))를 실행합니다. ❶ 06 폴더에서 ❷ 'Push_01.mp4', 'Push_02.mp4' 파일을 선택하고 ❸ 〈열기〉 버튼을 클릭합니다.

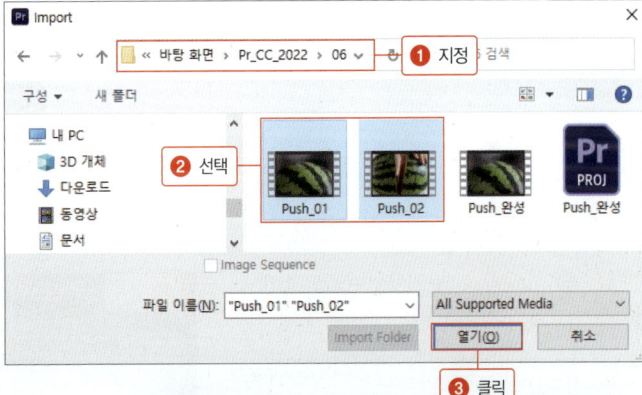

02 Project 패널에서 'Push_01.mp4' 아이템을 'New Item' 아이콘으로 드래그하여 소스 파일과 같은 시퀀스를 만듭니다.

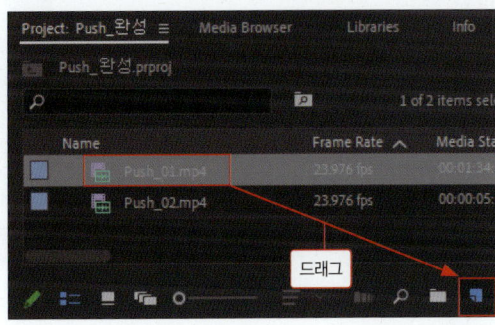

03 Project 패널에서 'Push_02.mp4' 아이템을 Timeline 패널에서 V1 트랙의 'Push_01.mp4' 클립 끝 점에 맞춰 드래그합니다.

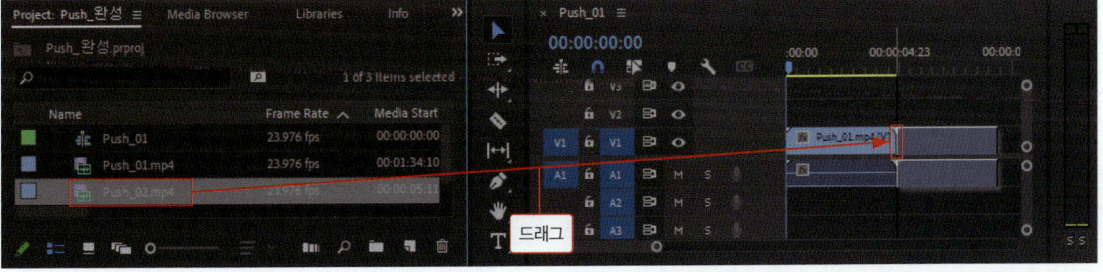

Chapter 03 • 장면 전환 효과 적용하기   337

04 ❶ Effects 패널에서 'Push' 이펙트를 검색하고 ❷ Timeline 패널의 'Push_01.mp4', 'Push_02.mp4' 클립의 중간에 드래그합니다.

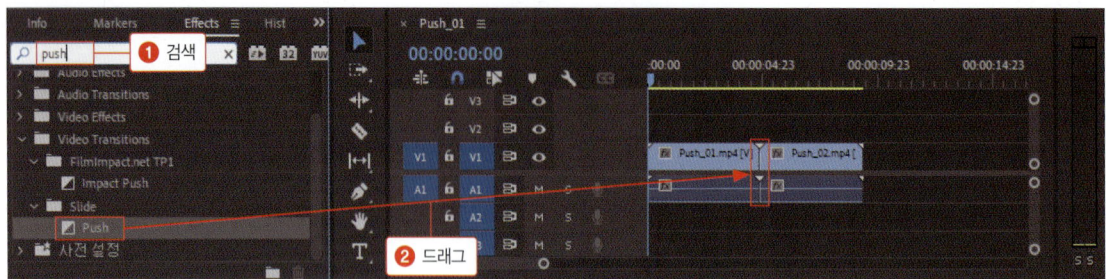

05 Transitions 대화상자가 표시되면 〈OK〉 버튼을 클릭합니다.

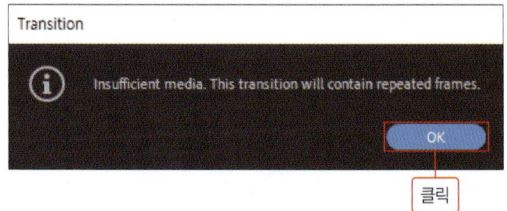

06 ❶ Timeline 패널에서 'Push_01.mp4', 'Push_02.mp4' 클립 사이에 적용된 이펙트를 클릭합니다. ❷ Effect Controls 패널에서 Push 항목의 'East to West' 아이콘(◀)을 클릭합니다.

07 영상을 재생해 푸시 효과가 적용되었는지 확인합니다.

▲ 푸시 효과 적용 전 : 효과 없이 뚝뚝 끊겨 장면 전환 되는 모습　　▲ 푸시 효과 적용 후 : 다음 클립이 이전 클립을 밀고 들어오며 장면 전환 되는 모습

• Mask

마스크 효과 활용하기

마스크(Mask) 효과는 이미지 일부분을 보여 주거나 일부분을 가릴 수 있는 기능입니다. 영상 편집에서 이러한 기능은 원하는 그림 일부분을 배경 화면에 합성하거나 화면 속에 필요 없는 부분을 가리는 연출을 만들어 냅니다.

필수기능 01 마스크 기능 살펴보기

마스크(Mask)는 화면의 특정 부분을 보이지 않게 가리거나 일부의 화면을 보이도록 바깥 영역을 가리는 기능으로 다양한 이미지, 영상 프로그램에서 활용되는 개념입니다. 프리미어 프로에서는 타원형, 사각형 모양의 마스크를 쉽게 만들 수 있으며, Free draw bezier를 이용하여 원하는 모양의 마스크를 자유자재로 만들 수 있습니다. 한번 완성된 마스크는 Program Monitor 패널의 포인터와 베지어 곡선, 컨트롤러를 통해 변형시킬 수 있습니다. Alt 를 누른 상태로 이미 만든 포인터를 드래그하면 곡선 처리가 가능하며, Ctrl 을 누른 상태로 포인터를 클릭하면 만든 포인터를 삭제할 수 있습니다. 또한 마스크 라인을 클릭하면 추가로 포인터를 만들 수 있습니다.

❶ **Create ellipse mask** : 타원형 모양의 마스크를 만듭니다. Program Monitor 패널에서 포인터를 이동해 도형의 모양과 크기를 수정할 수 있습니다.

❷ **Create 4-point polygon mask** : 사각형 모양의 마스크를 만듭니다.

❸ **Free draw bezier** : Program Monitor 패널에 포인터를 클릭하여 원하는 모양의 마스크를 만듭니다. 포인터를 만든 다음 마우스 버튼을 놓지 않은 상태로 드래그하면 곡선이 만들어지며 베지어(Bezier) 커브를 이용해 원하는 곡률을 설정할 수 있습니다. 포인터를 클릭해가며 마지막 포인터를 클릭한 다음 다시 처음 포인터를 클릭하면 닫힌 모양의 마스크가 완성됩니다.

❹ **Mask Path** : 키프레임으로 만들어 마스크 모양, 위치, 크기 등의 변화를 애니메이션으로 만들 수 있습니다.

❺ **Mask Feather** : 값이 높을수록 마스크 테두리를 부드럽게 처리합니다.

❻ **Mask Opacity** : 마스크의 투명도를 조절합니다.

❼ **Mask Expansion** : 마스크 영역의 범위를 축소 또는 확장합니다. 값이 0보다 낮으면 마스크 범위가 축소되며, 0보다 높을수록 마스크 범위가 확장됩니다.

❽ **Inverted** : 마스크 영역을 반전시킵니다.

Chapter 04 • 마스크 효과 활용하기

실습예제 02 원형 마스크로 두 이미지 합성하기 우선순위 | TOP 08

마스크 기능은 여러 효과에 적용할 수 있습니다. 그중 가장 많이 활용되는 것은 Effect Controls 패널의 Opacity 마스크이며 이 기능을 이용하면 배경 화면에 원하는 영상의 일부분을 합성할 수 있습니다. 이때 합성된 영상은 사각 프레임이 아닌 모양의 도형으로도 만들 수 있으며 테두리의 부드럽기도 함께 조절할 수 있습니다.

◉ 예제파일 : 06\Mask_01.mp4, Mask_02.mp4   ◉ 완성파일 : 06\Mask_01_완성.mp4, Mask_01_완성.prproj

01 파일을 불러오기 위해 메뉴에서 (File) → Import(Ctrl + I)를 실행합니다. ❶ 06 폴더에서 ❷ 'Mask_01.mp4', 'Mask_02.mp4' 파일을 선택하고 ❸ 〈열기〉 버튼을 클릭합니다.

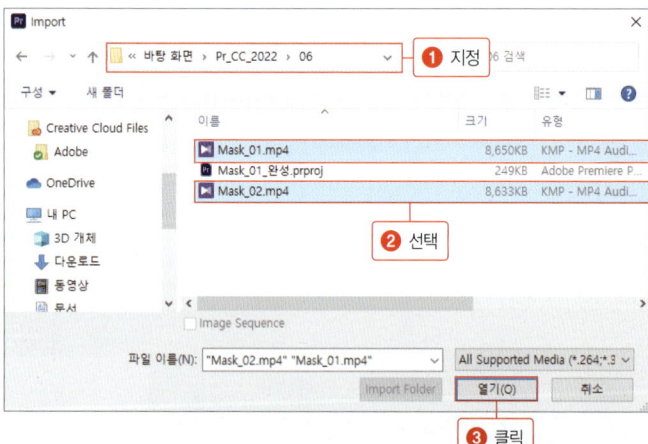

02 Project 패널에서 배경으로 사용할 'Mask_01.mp4' 아이템을 'New Item' 아이콘( )으로 드래그하여 소스 파일과 같은 시퀀스를 만듭니다.

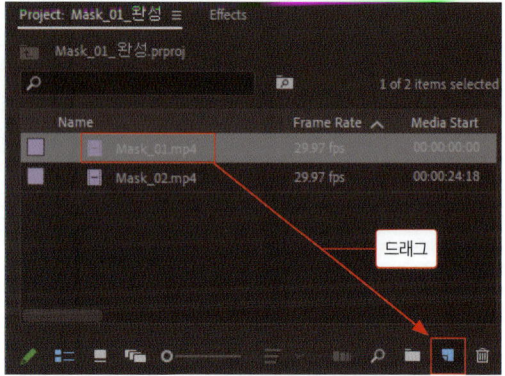

03 Porject 패널의 'Mask_02.mp4' 아이템을 Timeline 패널의 V2 트랙으로 드래그합니다.

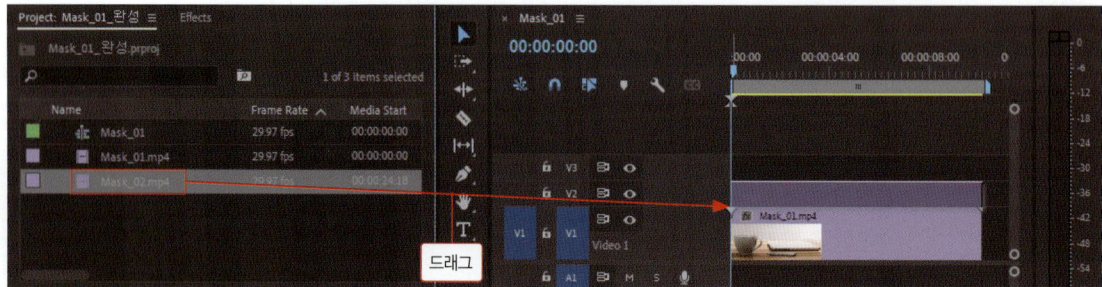

04 ❶ Timeline 패널에서 'Mask_02.mp4' 클립을 선택하고 ❷ Effect Controls 패널에서 Opacity 항목의 'Create ellipse mask' 아이콘(◯)을 클릭해 타원 마스크를 만듭니다.

05 ❶ Program Monitor 패널에서 마스크 포인터를 이동하여 그림과 같이 고양이 얼굴이 잘 보이도록 타원 마스크를 만듭니다. 마스크의 테두리를 부드럽게 처리하기 위해 ❷ Effect Controls 패널에서 Mask(1)의 Mask Feather를 '100'으로 설정합니다.

TIP
Program Monitor 패널에 마스크의 모양을 제어할 수 있는 포인터와 가이드 라인이 보이도록 하려면 Effect Controls 패널에서 Mask 항목이 선택되어 있어야 합니다.

06 Motion 항목에서 Position X를 '1220'으로 설정하여 그림과 같이 고양이 얼굴이 노트북 위에 위치하도록 합니다.

07 ❶ 현재 시간 표시기를 '00:00:01:00'으로 이동합니다. ❷ Effect Controls 패널에서 Mask(1)의 Mask Expansion을 '-300'으로 설정해 고양이가 보이지 않게 하고 ❸ 'Toggle animation' 아이콘(⏱)을 클릭해 키프레임을 만듭니다.

08 ❶ 현재 시간 표시기를 '00:00:02:00'으로 이동한 다음 ❷ Effect Controls 패널에서 Mask(1)의 Mask Expansion을 '0'으로 설정합니다.

> **TIP**
> Mask Expansion은 마스크 영역의 범위를 확장 또는 축소할 수 있는 기능으로 0보다 낮으면 마스크의 범위를 축소하고 0보다 높을수록 마스크의 범위를 확장합니다.

09 영상을 재생해 마스크로 합성된 고양이 얼굴이 등장하는 애니메이션을 확인합니다.

실습예제 03 글자가 나타나는 마스크 애니메이션 만들기 〔우선순위 | TOP 08〕

마스크는 다양한 모양으로 만들 수 있습니다. 그중 Free Draw Bezior를 이용하면 원하는 다각형을 만들 수 있습니다. 화면 속 포스트잇에 메모 된 영역을 마스크로 지운 후 글자가 나타나는 애니메이션을 만들어 보도록 합니다.

◉ 예제파일 : 06\Post-It.png　◉ 완성파일 : 06\Mask_02_완성.mp4, Mask_02_완성.prproj

01 파일을 불러오기 위해 메뉴에서 (File) → Import(Ctrl + I)를 실행합니다. ❶ 06 폴더에서 ❷ 'Post-It.png' 파일을 선택한 다음 ❸ 〈열기〉 버튼을 클릭합니다.

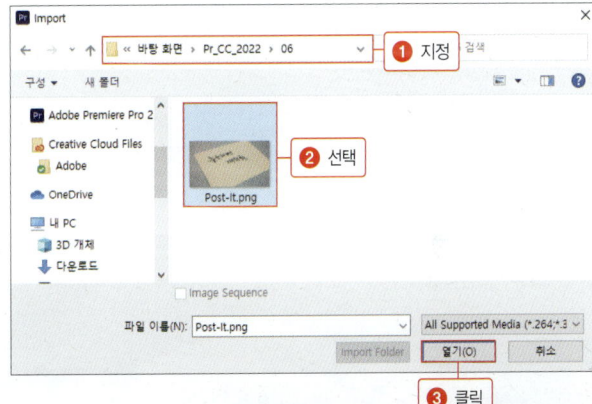

02 Project 패널에서 'Post-It.png' 아이템을 'New Item' 아이콘(　)으로 드래그하여 소스 파일과 같은 시퀀스를 만듭니다.

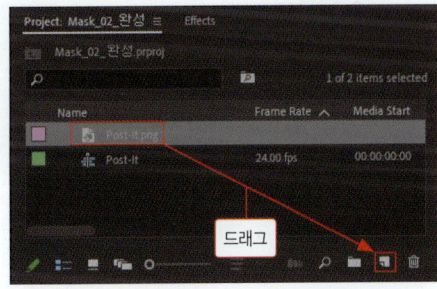

03 Timeline 패널에서 V1 트랙의 'Post-It.png' 클립을 위로 드래그하여 V2 트랙으로 이동합니다.

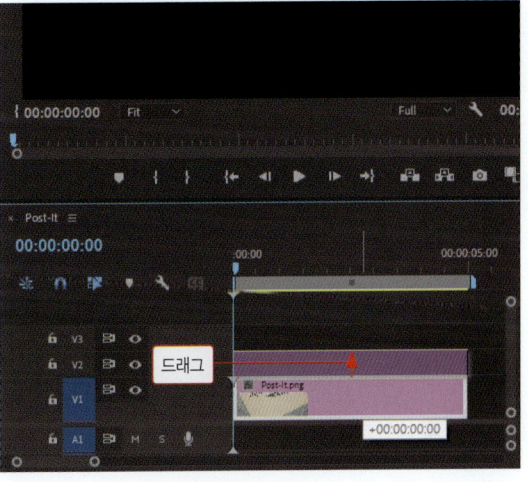

Chapter 04 • 마스크 효과 활용하기　343

04 ❶ Effect Controls 패널의 Opacity 항목에서 'Free draw bezier' 아이콘( )을 클릭하고 ❷ Program Monitor 패널에서 그림과 같이 글자 주변을 클릭하여 포인터를 찍고 시작 위치를 다시 클릭하여 마스크를 만듭니다.

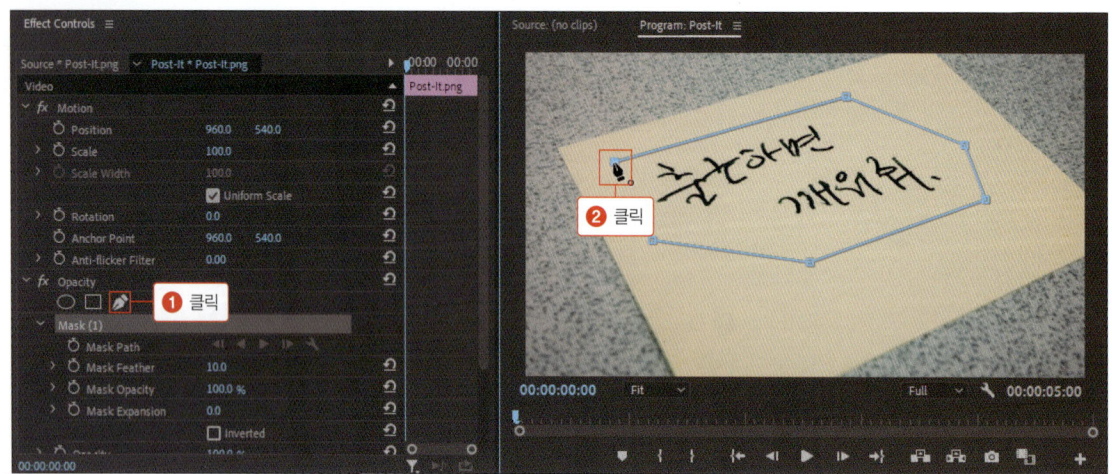

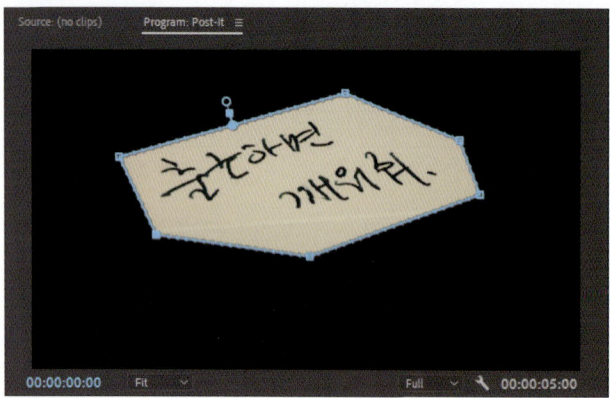

▲ 완성된 마스크 형태

05 Effect Controls 패널에서 Mask(1)의 'Inverted'를 체크 표시해 마스크 영역을 반전시킵니다.

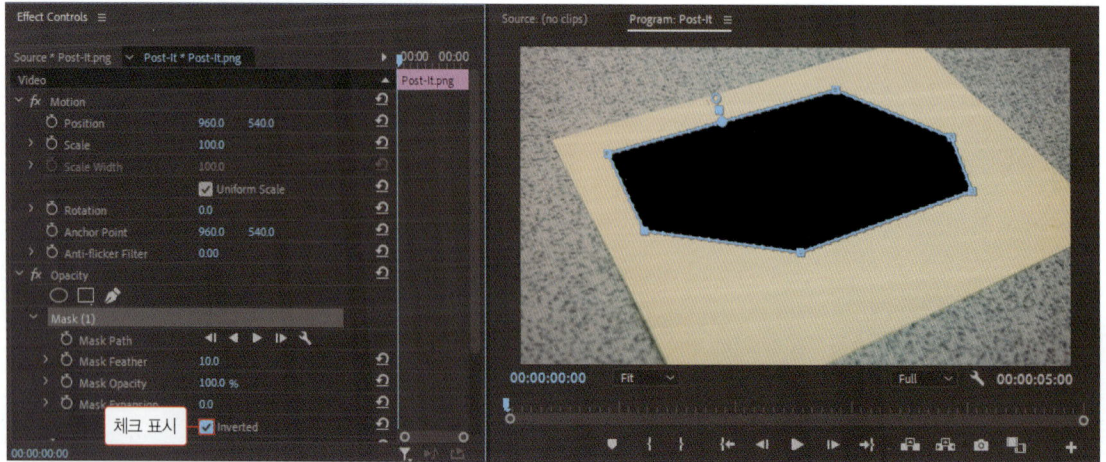

06

❶ Project 패널에서 'New Item' 아이콘(　)을 클릭해 ❷ Color Matte를 실행합니다. New Color Matte 대화상자가 표시되면 ❸ 〈OK〉 버튼을 클릭합니다.

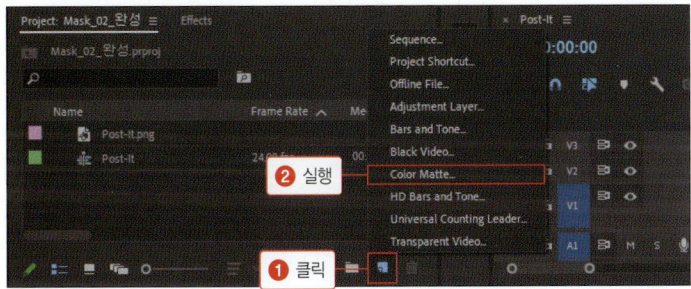
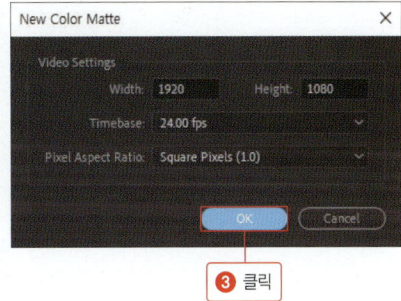

07

Color Picker 대화상자가 표시되면 ❶ '스포이트' 아이콘(　)을 클릭하고 ❷ Program Monitor 패널에서 마스크 영역 주변을 클릭해 포스트잇의 색상을 추출한 다음 ❸ 〈OK〉 버튼을 클릭합니다.

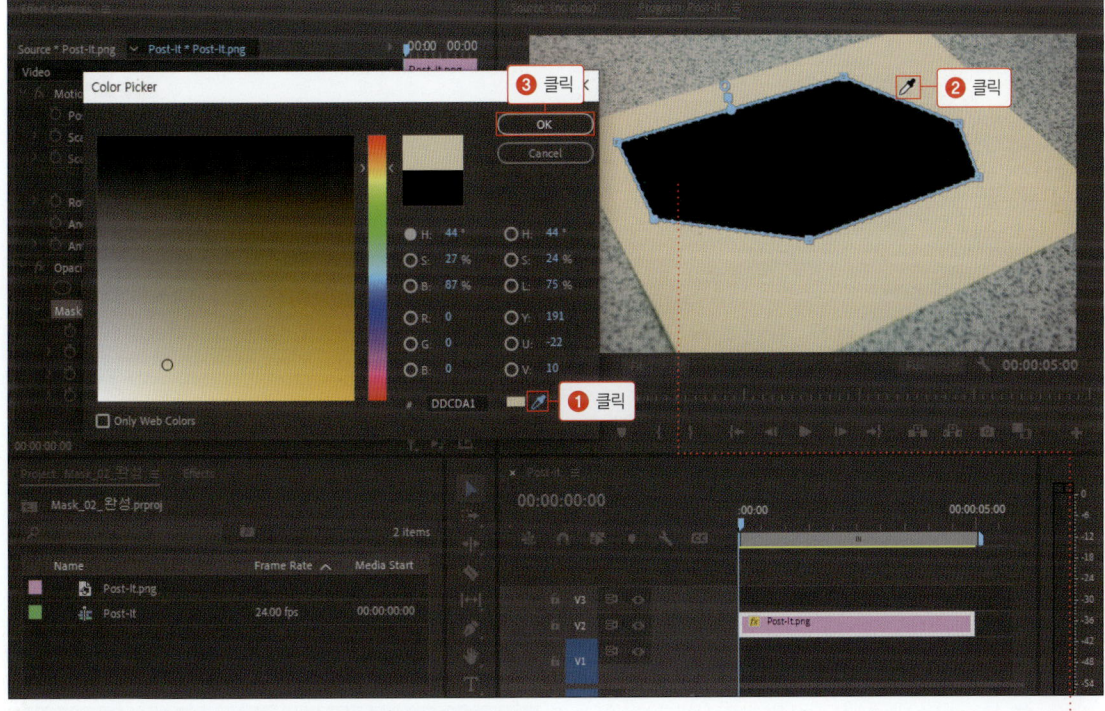

색상을 추출할 때 마스크 주변이 아닌 포스트잇의 가장자리 색상을 추출하면 합성할 때 색상이 매칭되지 않아 원하는 결과물을 얻지 못할 수 있어 최대한 마스크 영역 가까이에서 색상을 추출합니다.

08

Choose Name 대화상자가 표시되면 〈OK〉 버튼을 클릭합니다.

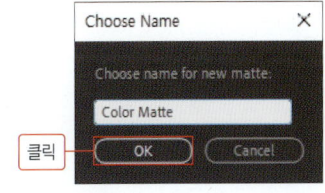

09 Project 패널에서 앞서 만든 ① 'Color Matte' 아이템을 Timeline 패널의 V1 트랙에 드래그한 다음 ② 'Post-It.png' 클립을 선택합니다.

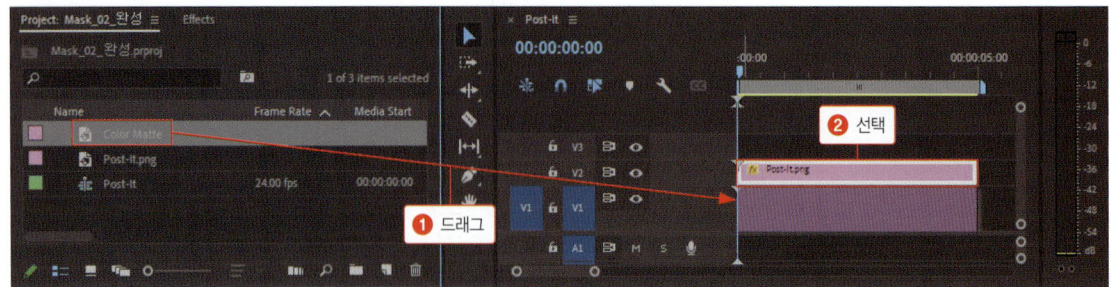

10 ① Effect Controls 패널의 Mask Feather를 '50'으로 설정해 마스크 영역을 부드럽게 합니다. ② Program Monitor 패널에서 포스트잇의 글씨가 깔끔하게 메워진 것을 확인합니다.

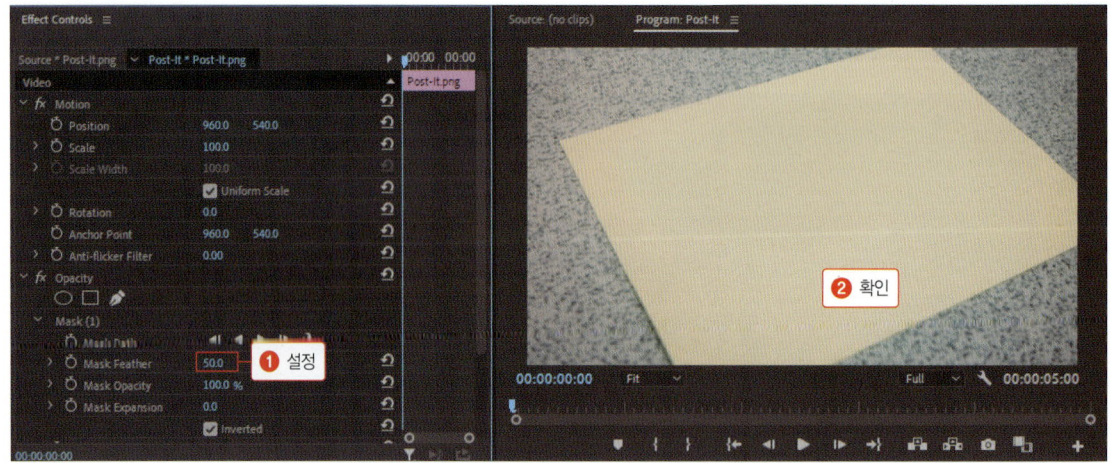

> **TIP**
> 만일 Mask Feather를 설정했을 때 포스트잇에 있던 글자가 보이면 Program Monitor 패널에서 마스크의 포인터를 이동하여 글자가 보이지 않도록 수정합니다.

11 ① Timeline 패널에서 Alt 를 누른 상태로 V2 트랙의 'Post-It.png' 클립을 위로 드래그하여 V3 트랙으로 복제합니다. ② 복제된 V3 트랙의 'Post-It.png' 클립을 클릭해 선택합니다.

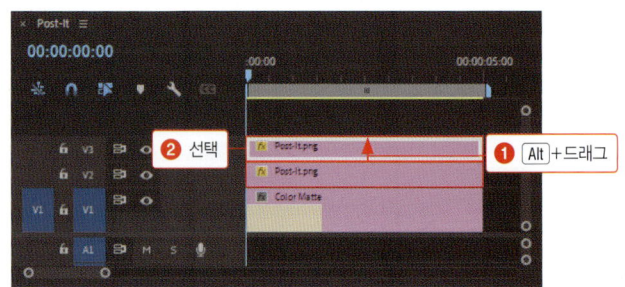

12
❶ Effect Controls 패널에서 Mask(1)의 'Inverted'를 체크 표시 해제합니다. ❷ Program Monitor 패널에서 글자가 나타나는 것을 확인합니다.

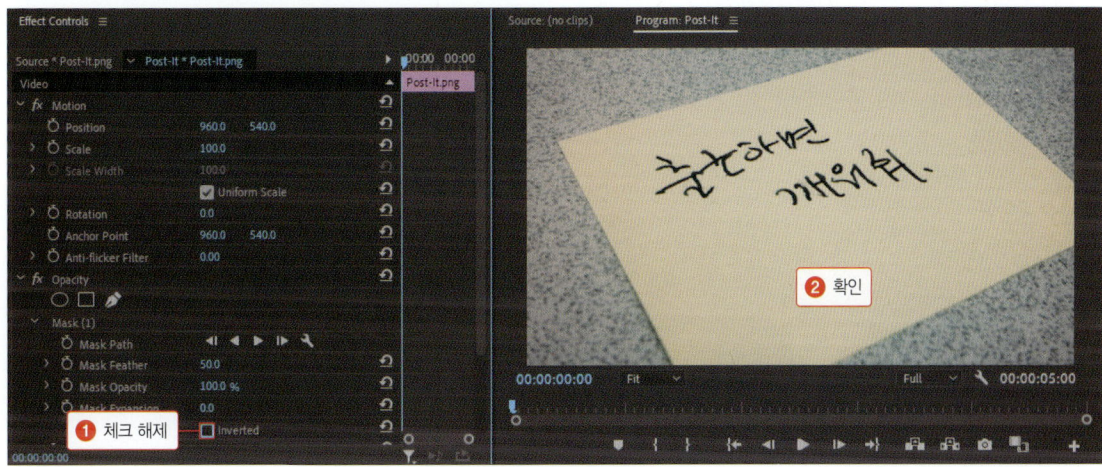

13
❶ Effects 패널에서 'Linear Wipe' 이펙트를 검색한 다음 ❷ Timeline 패널의 V3 트랙에 있는 'Post-It.png' 클립에 드래그해 적용합니다.

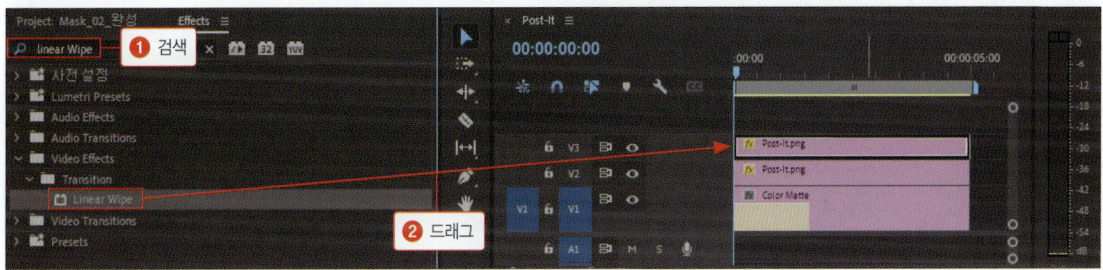

> **TIP**
> Linear Wipe는 선형 마스크의 일종으로 원하는 각도로 이미지의 한 부분이 보이지 않도록 잘라내는 효과입니다. 예제에서는 한쪽에서 글자가 부드럽게 등장하는 애니메이션을 만들기 위해 이용합니다.

14
Effect Controls 패널에서 Linear Wipe 항목의 Wipe Angle을 '-125°', Feather를 '200'으로 설정합니다.

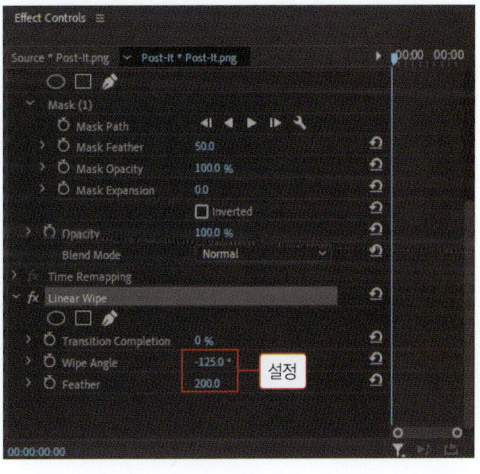

Chapter 04 · 마스크 효과 활용하기   **347**

15 ❶ 현재 시간 표시기를 '00:00:01:00'으로 이동합니다. ❷ Effect Controls 패널에서 Linear Wipe 항목의 Transition Completion을 '90%'로 설정한 다음 ❸ 'Toggle animation' 아이콘( )을 클릭해 키프레임을 만듭니다.

16 ❶ 현재 시간 표시기를 '00:00:03:00'으로 이동합니다. ❷ Effect Controls 패널에서 Linear Wipe 항목의 Transition Completion을 '10%'로 설정합니다.

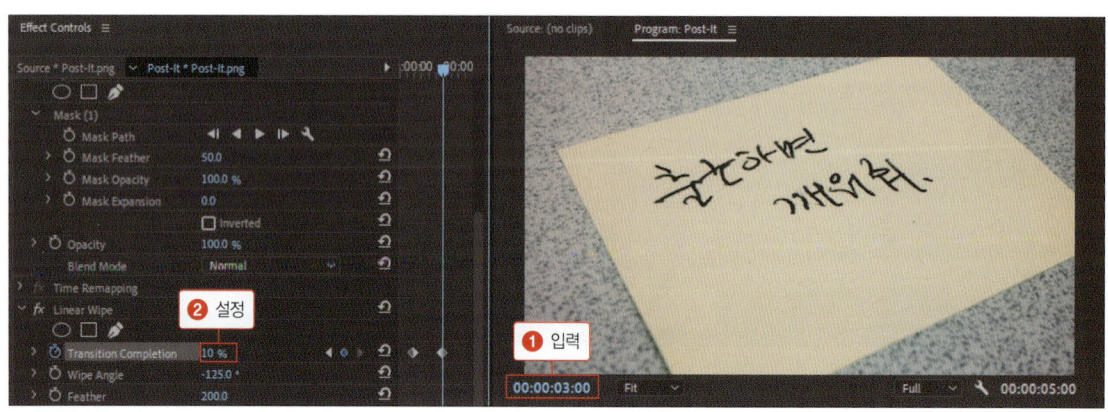

17 영상을 재생해 포스트잇에 오른쪽으로 마스킹 되어 나타나는 글자 애니메이션을 확인합니다.

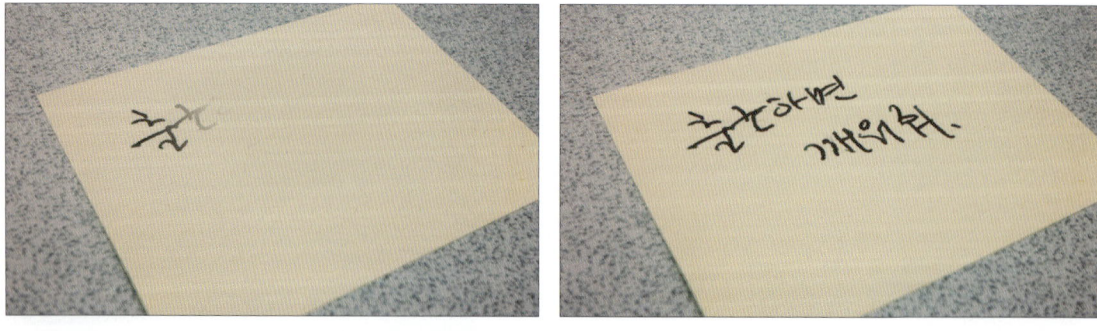

> **TIP**
> 포스트잇 글자의 두 줄에 따로 마스크를 적용하여 순차적으로 애니메이션을 적용하면 조금 더 부드럽고 완성도 있는 애니메이션을 만들 수 있습니다.

• Blend Mode

블렌드 모드 활용하기

블렌드 모드는 두 가지 이상의 소스들을 겹쳐 다채로운 분위기를 연출할 수 있는 기능입니다. 정지된 이미지에 많이 사용하지만, 영상에도 사용하여 해당 모드와 투명도를 적절하게 조절하여 다양한 연출을 만듭니다. 예능에서 많이 보는 둥근 빛망울 효과(bokeh)나 빛줄기를 합성할 때 주로 이 효과를 사용하며, 특별한 색상 보정을 원할 때 블렌드 모드를 사용하기도 합니다. 이번 챕터에서는 블렌드 모드를 활용한 다양한 예제들을 배워 봅니다.

필수기능 01 블렌드 모드 이해하기

블렌드 모드는 이미지 또는 영상을 중첩시켜 다양한 효과를 연출합니다. 프리미어 프로에서는 총 27가지의 블렌드 모드를 제공하고 있습니다. 채널별 속성에 따라 아래 트랙의 비디오와 합성합니다. 사진 클립 1과 사진 클립 2를 Timeline 패널에 겹쳐서 위아래 트랙에 배치한 다음 Effect Controls 패널에서 두 클립의 블렌드 모드를 바꿔가며 블렌드 모드를 이해해 보도록 합니다.

◉ **예제파일** : 06\사진 클립 1.jpg, 사진 클립 2.jpg

▲ 사진 클립 1

▲ 사진 클립 2

❶ Dissolve : 소스 클립 색상 그대로 보여 소스 클립의 Opacity를 100% 이하로 낮추면 일부 픽셀이 불규칙하게 투명해지면서 기본 클립과 섞입니다.

Chapter 05 • 블렌드 모드 활용하기 **349**

❷ **Darken** : 두 개의 클립 중 어두운 값이 결과 색상으로 보입니다.

❸ **Multiply** : 두 개의 클립에서 색상 채널 값을 곱하고 픽셀의 최댓값으로 나눈 값의 색상이 표현됩니다. 전체 장면의 색상이 어두워집니다.

❹ **Color Burn** : 겹치는 클립의 색상, 채도가 강하게 표현됩니다. 흰색은 투명해집니다.

❺ **Linear Burn** : 밝고 어두운 색 구분 없이 색상의 명도를 낮춰 전체적으로 어둡게 표현됩니다.

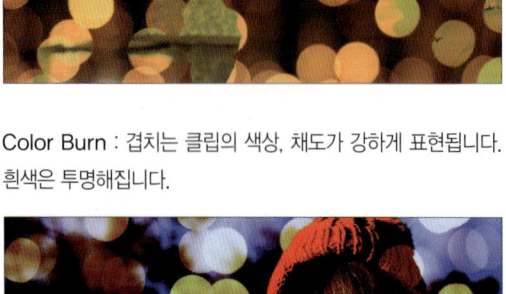

❻ **Darker Color** : 두 개의 클립 중 어두운 클립의 색상만 나타냅니다.

❼ **Lighten** : 두 개의 클립 중 밝은 클립의 색상만 나타냅니다.

❽ **Screen** : 밝은 색이 혼합되어 클립의 겹친 부분이 더 밝게 표현됩니다. 검은색은 투명하게 인식되어 겹쳐지는 색이 그대로 보입니다.

❾ **Color Dodge** : 클립의 겹친 이미지 색상은 밝게, 채도는 약하게 표현됩니다.

❿ **Linear Dodge(Add)** : 밝고 어두운 색상의 구분 없이 검은색을 제외한 모든 색의 밝기를 높입니다.

⓫ **Lighter Color** : 두 개의 클립 중 밝은 클립의 색상만 표현됩니다.

⓬ **Overlay** : 가장 밝거나 가장 어두운 부분의 색상은 거의 나타나지 않고 중간색으로 혼합됩니다.

⓭ **Soft Light** : 화면 색상이 밝으면 더 밝아지고 어두운 색은 더 어둡게 보이며, 전체적으로 색상이 부드럽게 섞입니다.

⓮ **Hard Light** : Soft Light와 같지만 더욱 강하게 섞이며 검은색과 흰색에는 변화가 없습니다.

⓯ **Vivid Light** : 50% Gray보다 밝으면 대비가 감소되어 밝아지고, 어두우면 대비가 증가되어 어두워집니다. 전체적으로 변색되는 느낌이 듭니다.

⑯ **Linear Light** : 화면이 밝게 표현되며, 배경색과 상관없이 일률적으로 적용됩니다.

⑰ **Pin Light** : Darken과 lighten 모드가 합쳐진 효과입니다. 밝기를 약하게 적용하며 검은색과 흰색은 변화가 없습니다.

⑱ **Hard Mix** : 클립 색상이 거칠게 혼합되어 색 대비가 커집니다.

⑲ **Difference** : 클립의 밝고 어두운 단계에 따라 보색으로 적용되는 부분이 달라지며, 검은색은 변화가 없습니다.

⑳ **Exclusion** : Difference 모드와 비슷하지만 좀 더 부드럽고 약하게 표현됩니다.

㉑ **Subtract** : 기본 색상에서 혼합 색상을 제거하여 어둡게 표현됩니다.

㉒ **Divide** : 기본 색에서 혼합 색상을 나눠 밝게 표현됩니다.

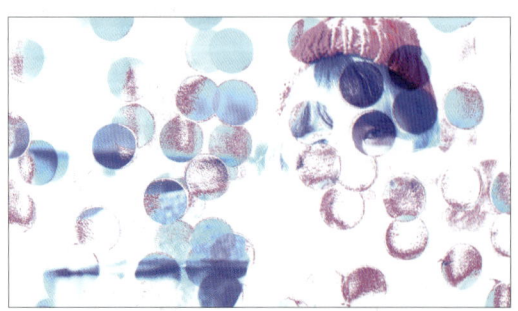

㉓ **Hue** : 적용하려는 색이 가진 채도와 명도를 제외하고 오직 색상만을 대치시켜 적용합니다.

㉔ **Saturation** : 위 클립의 채도가 아래 클립에 영향을 줍니다. 아래 클립의 명도와 색상이 위 클립의 채도에 더해져서 나타납니다.

㉕ **Color** : 아래 클립의 명도가 위 클립에 영향을 줍니다. 위 클립 채도와 색이 아래 클립 명도에 더해져서 표현됩니다.

㉖ **Luminosity** : 위 클립 명도가 아래 클립에 영향을 줍니다. 아래 클립의 채도와 색상이 위 클립의 명도에 더해져서 표현됩니다.

실습예제 02 Linear Dodge(Add)로 번쩍이는 장면 전환 만들기

블렌드 모드는 활용하면 다양한 효과를 연출할 수 있습니다. 이번 예제에서는 밝은 이미지 매트를 Linear Dodge(Add) 모드로 영상에 적용해 번개와 같은 플래시 효과로 장면 전환이 자연스럽게 이뤄지는 효과를 만들어 봅니다.

◉ 예제파일 : 06\Flash_BG01.mp4, Flash_BG02.mp4   ◉ 완성파일 : 06\Flash FX_완성.mp4, Flash FX_완성.prproj

01 파일을 불러오기 위해 메뉴에서 (File) → Import(Ctrl + I)를 실행합니다. ❶ 06 폴더에서 ❷ 'Flash_BG01.mp4', 'Flash_BG02.mp4' 파일을 선택하고 ❸ 〈열기〉 버튼을 클릭합니다.

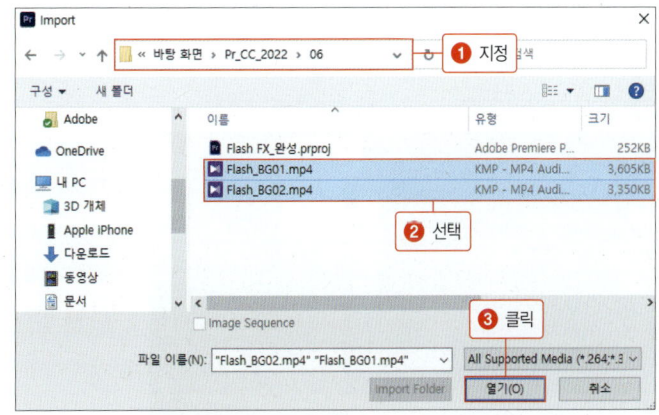

Chapter 05 • 블렌드 모드 활용하기   **353**

02 Project 패널에서 'Flash_BG01.mp4' 아이템을 'New Item' 아이콘(■)으로 드래그하여 소스 파일과 같은 시퀀스를 만듭니다.

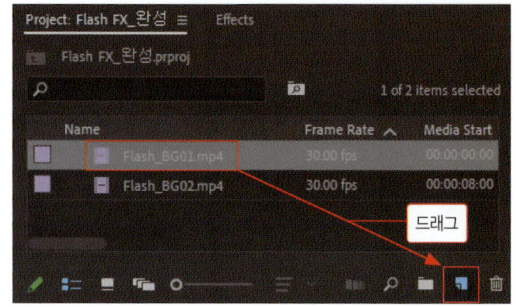

03 Project 패널에서 'Flash_BG02.mp4' 아이템을 Timeline 패널에서 V1 트랙의 'Flash_BG01.mp4' 클립 끝 점에 맞춰 드래그합니다.

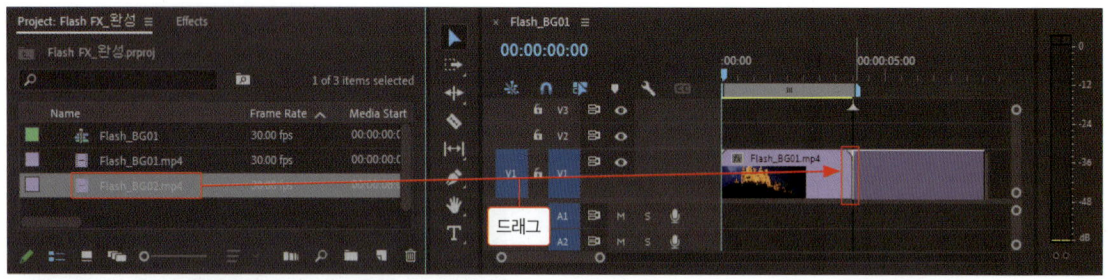

04 ❶ Project 패널의 'New Item' 아이콘(■)을 클릭하고 ❷ Color Matte를 실행합니다. New Color Matte 대화상자가 표시되면 ❸ 〈OK〉 버튼을 클릭합니다.

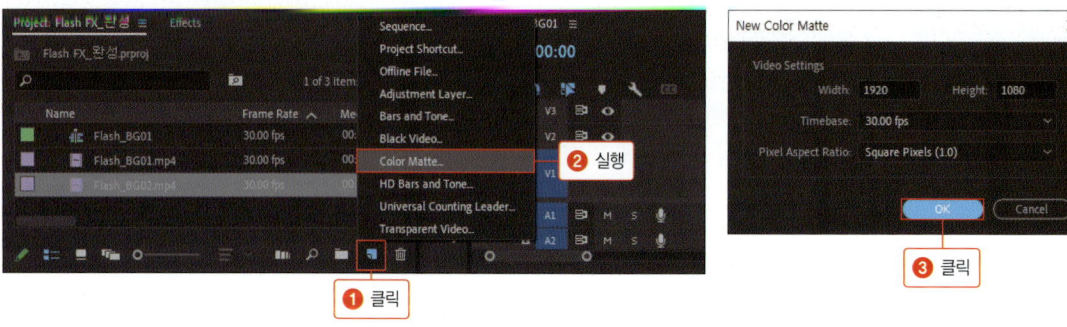

05 Color Picker 대화상자가 표시되면 ❶ #에 'D7DDEF'를 입력한 다음 ❷ 〈OK〉 버튼을 클릭합니다. Choose Name 대화상자가 표시되면 ❸ 〈OK〉 버튼을 클릭합니다.

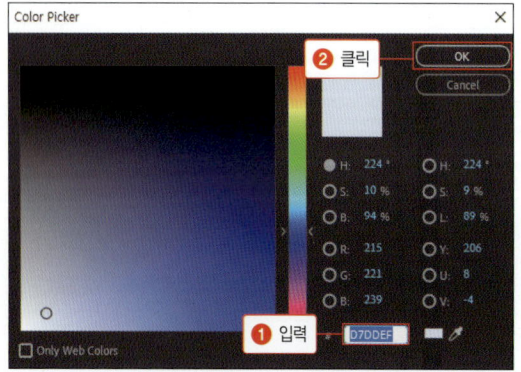

06

❶ 현재 시간 표시기를 '00:00:00:20'으로 이동하고 ❷ Project 패널에서 'Color Matte' 아이템을 Timeline 패널의 V2 트랙으로 드래그한 다음 ❸ 선택합니다.

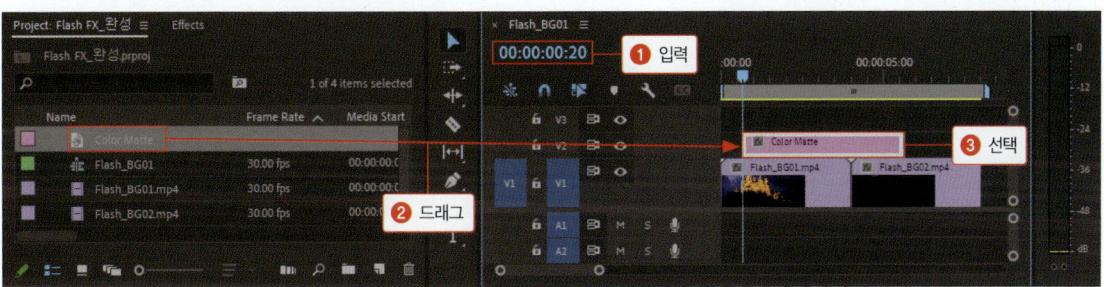

07

❶ Effect Controls 패널에서 Opacity의 'Toggle animation' 아이콘( )을 클릭해 키프레임을 만든 다음 ❷ Opacity를 '0%'로 설정하고 ❸ Blend Mode를 'Linear Dodge(Add)'로 지정합니다.

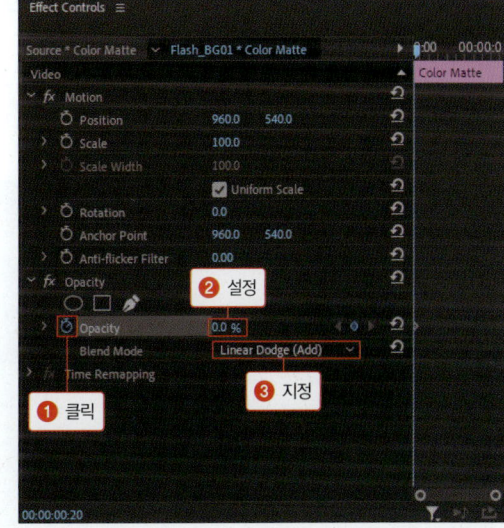

TIP
Linear dodge(Add) 블렌드 모드는 두 개 이상의 이미지를 중첩 시켜 밝은 영역의 Level을 더하는 중첩 모드입니다.

08

❶ 키보드의 →를 두 번 눌러 '2프레임' 뒤로 이동한 다음 ❷ Opacity를 '50%'로 설정합니다.

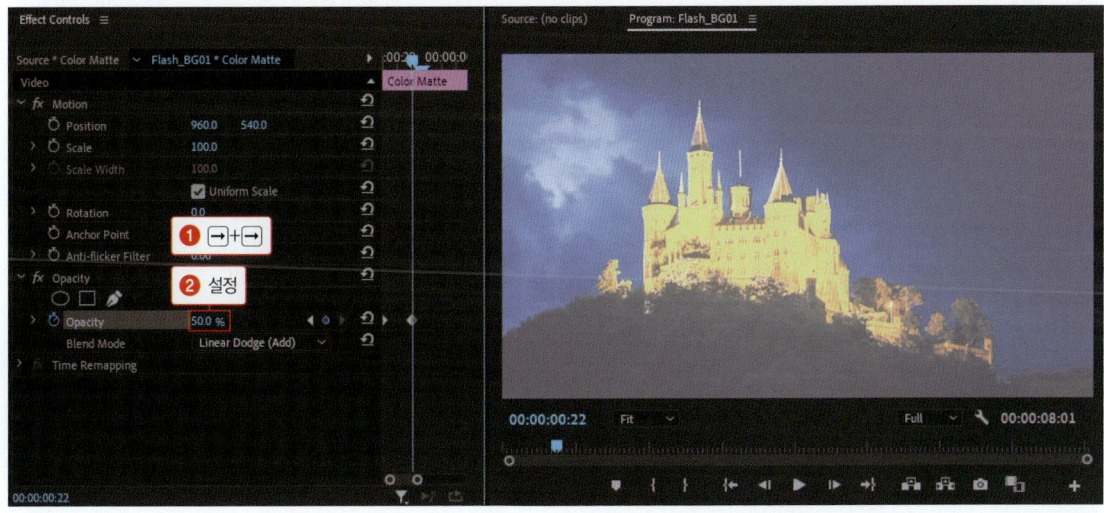

Chapter 05 · 블렌드 모드 활용하기　355

09

❶ 다시 키보드 →를 한 번 눌러 '1프레임' 뒤로 이동한 다음 ❷ Opacity를 '0%'로 설정합니다.

10

❶ 현재 시간 표시기를 '00:00:02:20'으로 이동한 다음 ❷ Effect Controls 패널에서 Opacity의 'Add Keyframe' 아이콘( )을 클릭해 키프레임을 만듭니다.

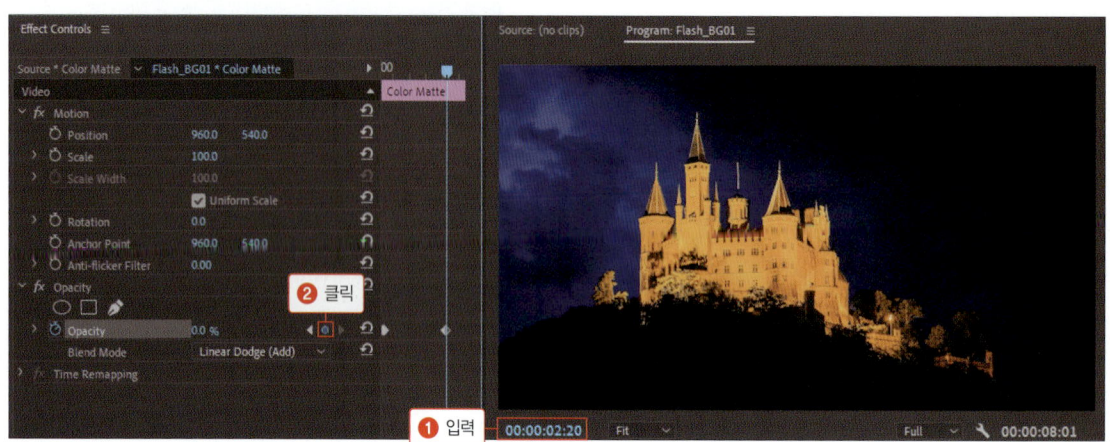

11

❶ 현재 시간 표시기를 '00:00:03:18'로 이동한 다음 ❷ Effect Controls 패널에서 Opacity를 '40%'로 설정합니다.

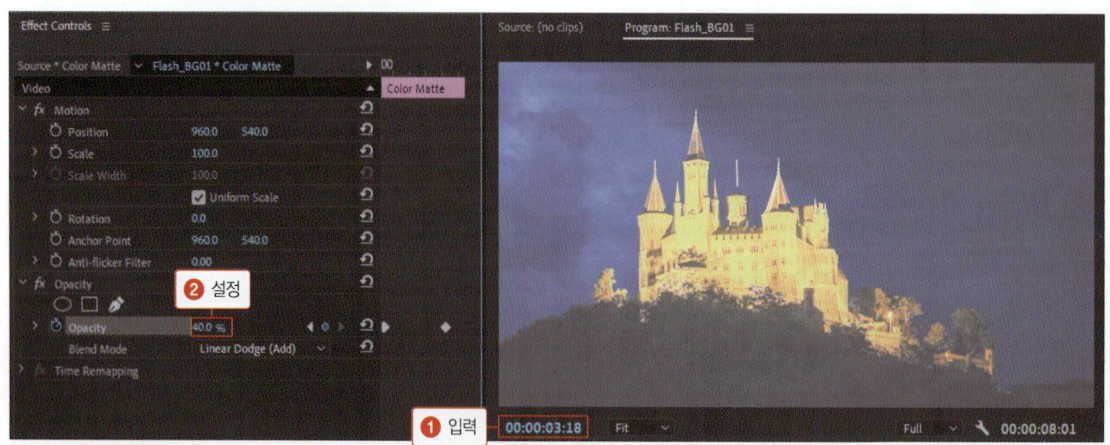

12 ❶ 현재 시간 표시기를 '00:00:03:29'로 이동한 다음 ❷ Effect Controls 패널에서 Opacity를 '100%'로 설정합니다.

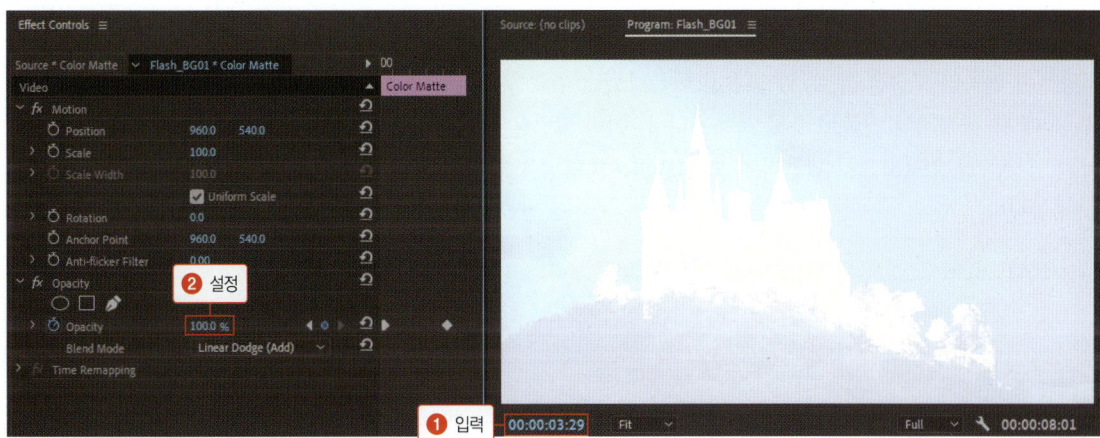

13 ❶ 현재 시간 표시기를 '00:00:04:04'로 이동한 다음 ❷ Effect Controls 패널에서 Opacity를 '0%'로 설정합니다.

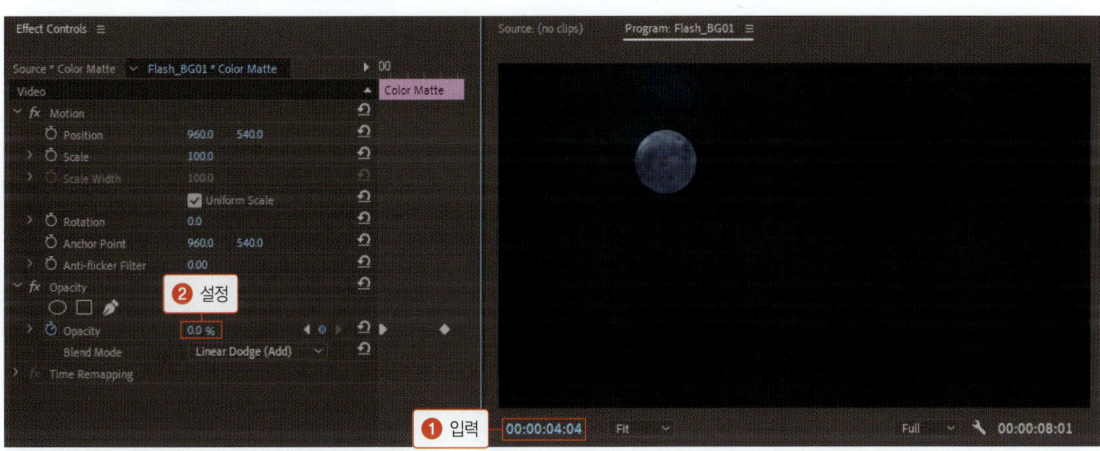

14 영상을 재생해 번개 치는 분위기 속에서 번쩍이며 자연스럽게 장면이 전환되는 영상을 확인합니다.

실습예제 03 Screen 모드로 빛망울 합성하기

예능 프로그램을 보면 누군가에게 영상 편지를 보내는 연출을 할 때 인물 주변에 은은하게 둥근 빛망울이 연출된 모습을 볼 수 있습니다. 아름다웠던 추억을 회상하거나 단조로운 영상에 생동감을 줄 때 등 긍정적인 연출로 주로 사용됩니다. 이런 빛망울 이미지를 보케(Bokeh)라고 합니다. 이번 영상은 블렌드 모드를 활용하여 보케(Bokeh) 영상을 합성하고 몽환적인 느낌의 영상을 만들어 봅니다.

● 예제파일 : 06\Screen_01.mp4, Screen_02.mp4   ● 완성파일 : 06\Screen_완성.mp4, Screen_완성.prproj

01 파일을 불러오기 위해 메뉴에서 (File) → Import(Ctrl+I)를 실행합니다. ❶ 06 폴더에서 ❷ 'Screen_01.mp4', 'Screen_02.mp4' 파일을 선택하고 ❸ 〈열기〉 버튼을 클릭합니다.

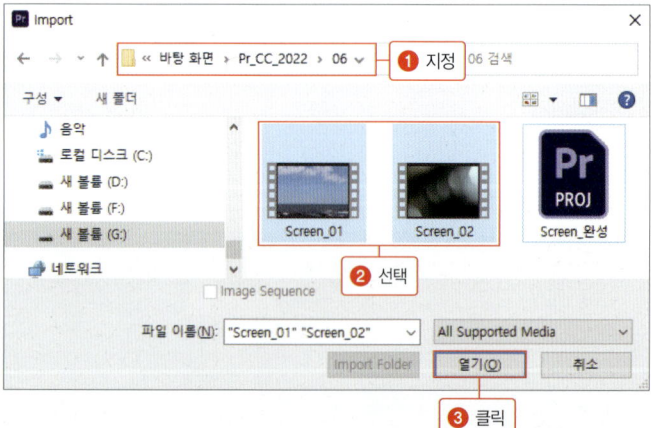

02 Project 패널에서 'Screen_01.mp4' 아이템을 'New Item' 아이콘(■)으로 드래그하여 소스 파일과 같은 시퀀스를 만듭니다.

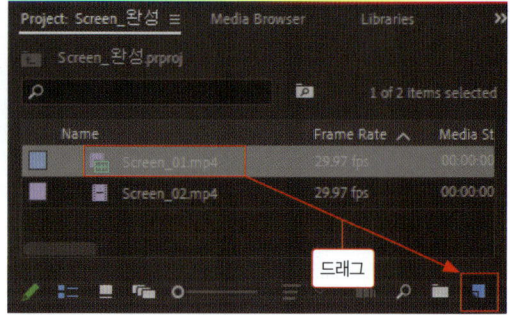

03 Project 패널의 'Screen_02.mp4' 아이템을 Timeline 패널의 V2 트랙으로 드래그합니다.

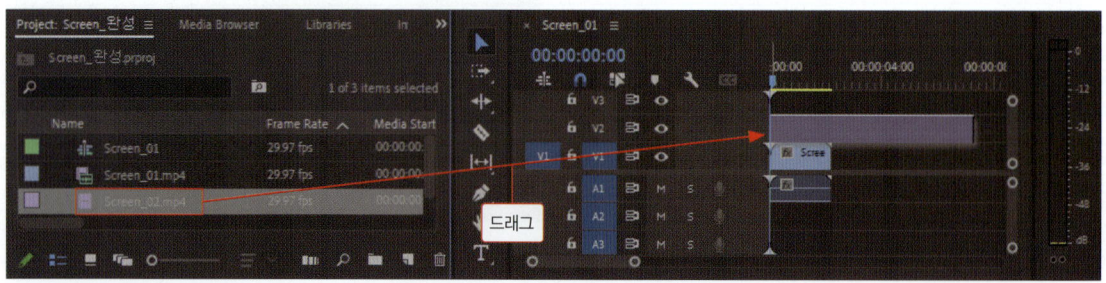

04 Timeline 패널에서 'Screen_02.mp4' 클립의 끝 점을 드래그하여 V1 트랙의 'Screen_01.mp4' 클립과 길이를 같게 만듭니다.

05 ❶ Timeline 패널에서 'Screen_02.mp4' 클립을 선택합니다. ❷ Effect Controls 패널에서 Opacity 항목의 Blend Mode를 'Screen'으로 지정합니다.

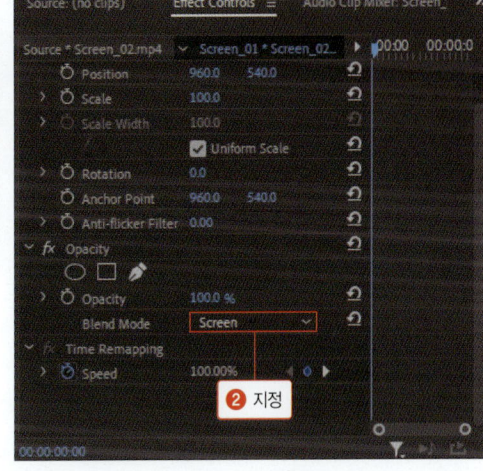

06 영상을 재생해 블렌드 모드가 적용된 모습을 확인합니다.

▲ 적용 전   ▲ 적용 후

Chapter 05 · 블렌드 모드 활용하기 359

실습예제 04 Darken으로 이미지 합성하기

흰색에 가까운 배경의 이미지들은 따로 번거로운 배경 제거 작업 없이 블렌드 모드를 이용하여 합성이 가능합니다. 정보성 영상에 텍스트를 캡처해서 합성한다거나, 자료 이미지를 합성할 때 아주 유용한 기능입니다. 특히 일반적으로 포토샵에서 펜 도구를 활용하여 배경을 제거하는 이미지와는 달리 그림자가 자연스럽게 합성되어 보다 자연스럽게 이미지 연출이 가능합니다. 이번 예제에서는 블렌드 모드의 'Darken'을 이용하여 이미지를 합성하는 방법을 알아봅니다.

● 예제파일 : 06\blend_mode_01.mp4, blend_mode_02.jpg   ● 완성파일 : 06\blend_mode_완성.mp4, blend_mode_완성.prproj

01 파일을 불러오기 위해 메뉴에서 (File) → Import(Ctrl + I)를 실행합니다. ❶ 06 폴더에서 ❷ 'blend_mode_01.mp4', 'blend_mode_02.jpg' 파일을 선택하고 ❸ 〈열기〉 버튼을 클릭합니다.

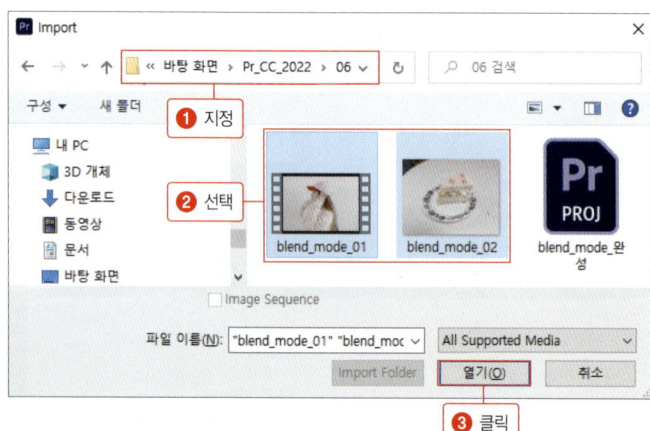

02 Project 패널에서 'blend_mode_01.mp4' 아이템을 'New Item' 아이콘(■)으로 드래그하여 소스 파일과 같은 시퀀스를 만듭니다.

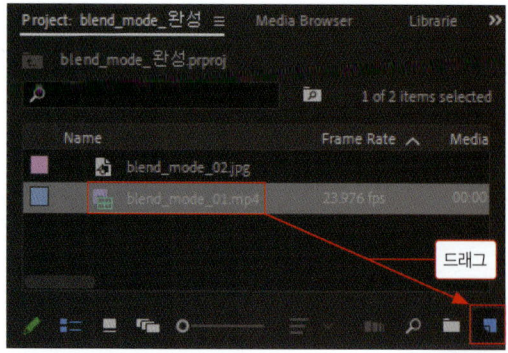

03 ❶ Project 패널의 'blend_mode_02.jpg' 아이템을 Timeline 패널의 V2 트랙으로 드래그한 다음 ❷ 끝 점을 드래그하여 V1 트랙의 'blend_mode_01.mp4' 클립과 길이를 같게 만듭니다.

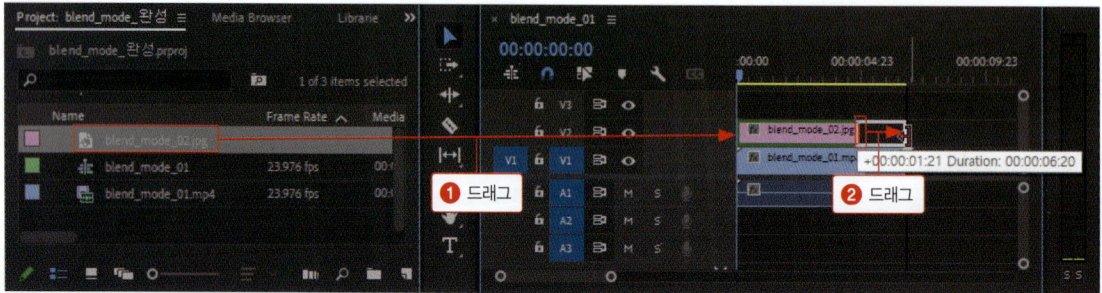

04 ① Timeline 패널에서 'blend_mode_02.jpg' 클립을 선택한 다음 ② Effect Controls 패널에서 Motion 항목의 Position을 '1520/377', Scale을 '140'으로 설정합니다.

05 ① Timeline 패널에서 'blend_mode_02.jpg' 클립을 선택한 다음 ② Effect Controls 패널에서 Opacity 항목의 Blend Mode를 'Darken'으로 지정합니다.

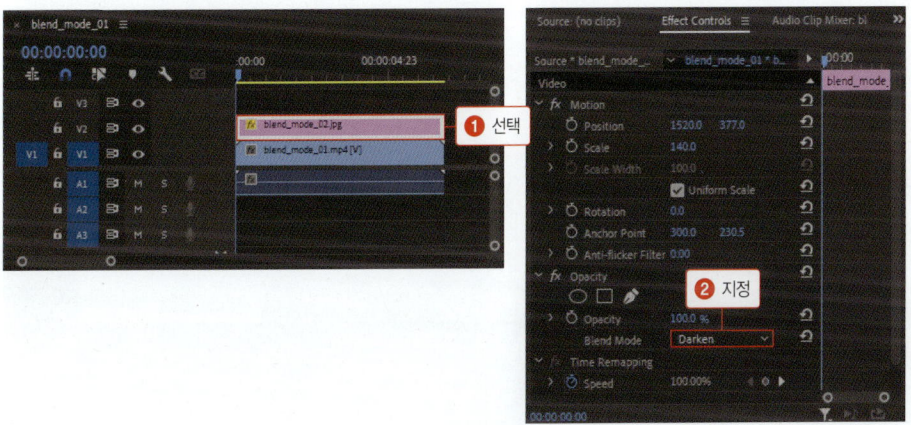

06 ① Timeline 패널에서 'blend_mode_02.jpg' 클립을 선택한 다음 ② Effect Controls 패널에서 Opacity 항목의 'Create ellipse mask' 아이콘(◯)을 클릭합니다.

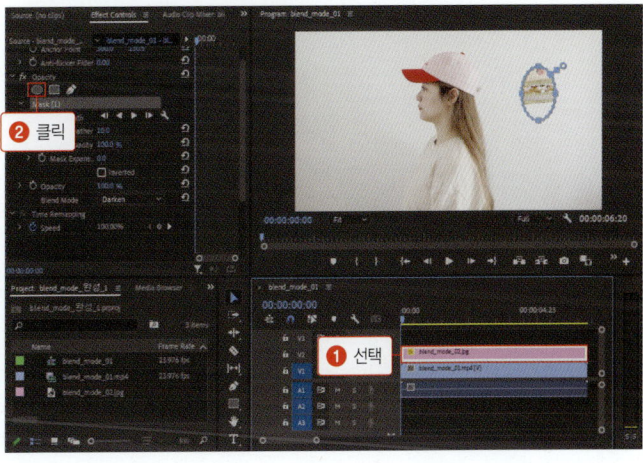

Chapter 05 · 블렌드 모드 활용하기 361

07 케이크와 접시의 이미지가 Program Monitor 패널에 표시되게 마스크 포인터를 이동하여 마스크의 크기를 케이크와 접시 이미지에 맞게 설정합니다.

08 Effect Controls 패널에서 Mask(1)의 Mask Feather를 '80'으로 설정합니다.

09 영상을 재생해 이미지가 합성된 것을 확인합니다.

▲ 블렌드 모드 적용 전

▲ 블렌드 모드 적용 후 마스크 기능을 활용한 모습

• Video Effect

비디오 이펙트 활용하기

프리미어 프로에는 색, 왜곡, 변형, 키잉, 노이즈, 스타일 등의 다양한 비디오 효과를 Effects 패널을 활용해 적용하고 Effect Controls 패널을 통해 조정하여 다양한 특수 효과를 연출할 수 있습니다. 그중 대표적인 비디오 효과를 활용해 재미있는 화면 연출을 해보도록 합니다.

실습예제 01 화면 자르기 - Crop 우선순위 | TOP 16 중요

Crop은 화면의 위, 아래, 오른쪽, 왼쪽을 잘라내어 원하지 않는 부분을 보이지 않게 하거나 다른 장면과 겹치게 하여 몽타주 화면을 연출할 수 있습니다. Crop에 애니메이션을 적용하여 화면이 수평으로 확장되고 두 장면이 조화를 이루어 연결되는 몽타주 효과를 만들어 봅니다.

◉ 예제파일 : 06\Crop A.mp4, Crop B.mp4   ◉ 완성파일 : 06\Crop_완성.mp4, Crop_완성.prproj

01 프리미어 프로의 프로젝트를 실행한 다음 Ctrl + I 를 누르고 Import 대화상자가 표시되면 ❶ 06 폴더에서 ❷ 'Crop A.mp4', 'Crop B.mp4' 파일을 선택하고 ❸ 〈열기〉 버튼을 클릭합니다.

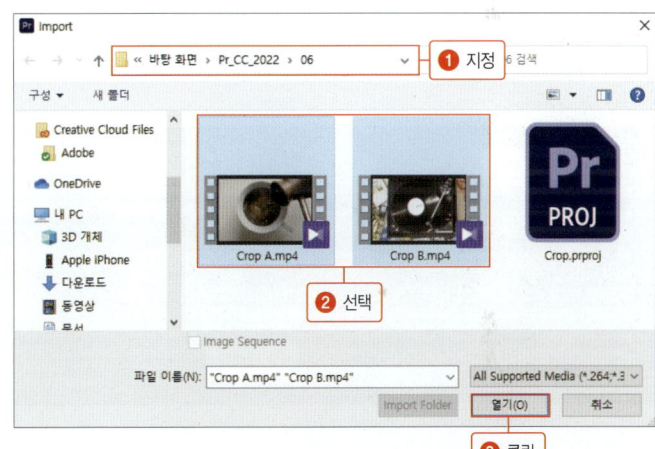

02 Project 패널에서 'Crop A.mp4' 아이템을 'New Item' 아이콘(■)으로 드래그하여 소스 파일과 같은 시퀀스를 만듭니다.

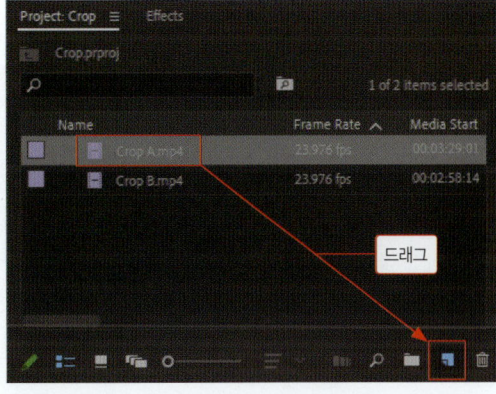

Chapter 06 • 비디오 이펙트 활용하기   **363**

03 Timeline 패널 V1 트랙의 'Crop A.mp4' 클립을 위로 드래그하여 V2 트랙으로 이동합니다.

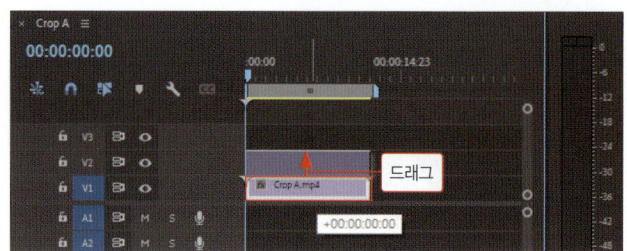

04 ❶ 현재 시간 표시기를 '00:00:05:00'으로 이동한 다음 ❷ Project 패널의 'Crop B.mp4' 클립을 V1 트랙으로 드래그하여 이동합니다.

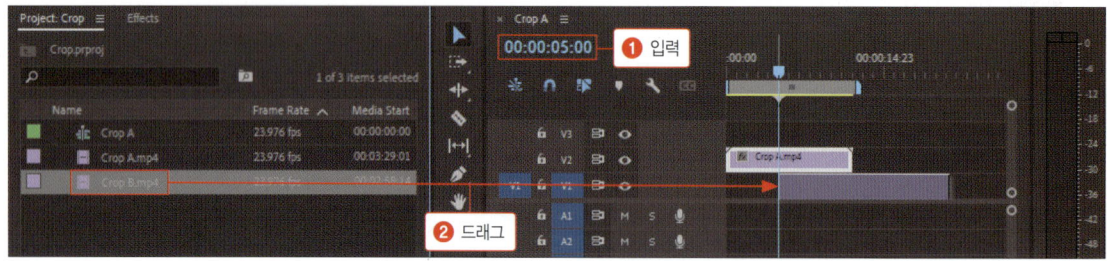

05 ❶ Effects 패널에서 'Crop' 이펙트를 검색한 다음 ❷ Timeline 패널 V2 트랙의 'Crop A.mp4' 클립에 드래그합니다.

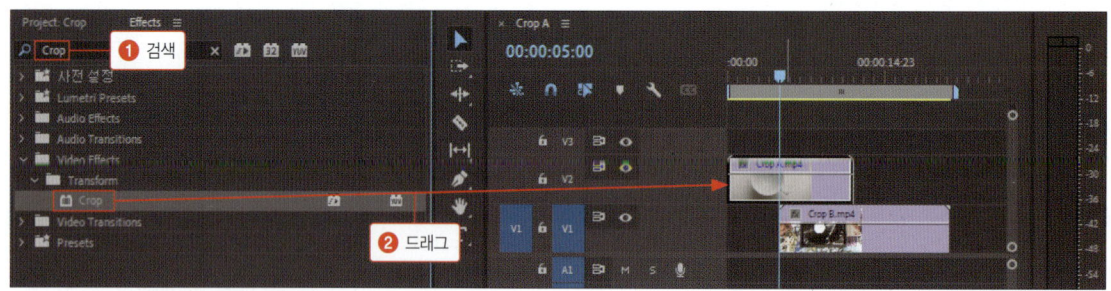

06 ❶ 현재 시간 표시기를 '00:00:04:00'으로 이동한 다음 ❷ Effect Controls 패널의 Crop 항목에서 Top과 Bottom의 'Toggle animation' 아이콘( )을 클릭해 키프레임을 만듭니다.

07 ① 현재 시간 표시기를 '00:00:00:00'으로 이동한 다음 ② Effect Controls 패널에서 Crop 항목의 Top을 '50%', Bottom을 '50%'로 설정하여 화면 전체를 위아래로 잘라 보이지 않게 만듭니다. 수평으로 화면이 열리는 애니메이션 효과가 적용됩니다.

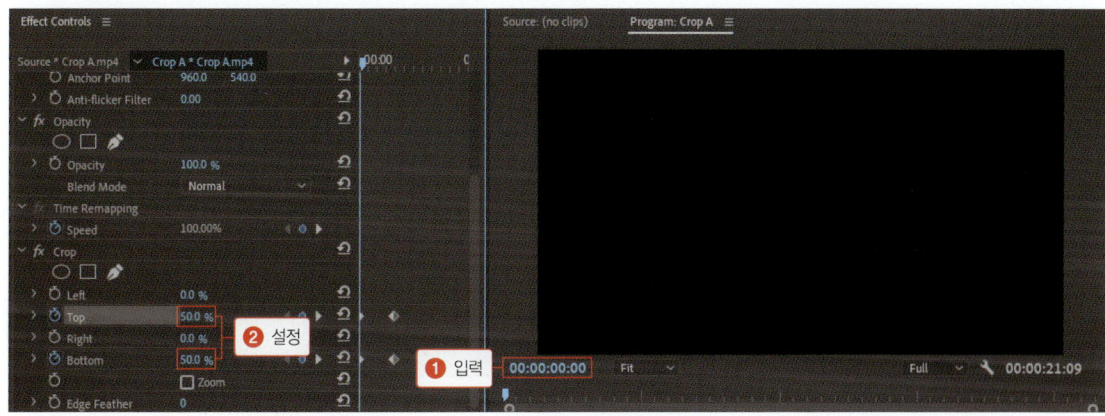

08 ① 현재 시간 표시기를 '00:00:05:00'으로 이동한 다음 ② Effect Controls 패널의 Crop 항목에서 Right의 'Toggle animation' 아이콘( )을 클릭해 키프레임을 만듭니다.

09 ① 현재 시간 표시기를 '00:00:06:00'으로 이동한 다음 ② Effect Controls 패널의 Crop 항목에서 Right를 '51%'로 설정해 화면의 동그란 오브젝트를 중심으로 좌우로 분할되는 몽타주를 만듭니다.

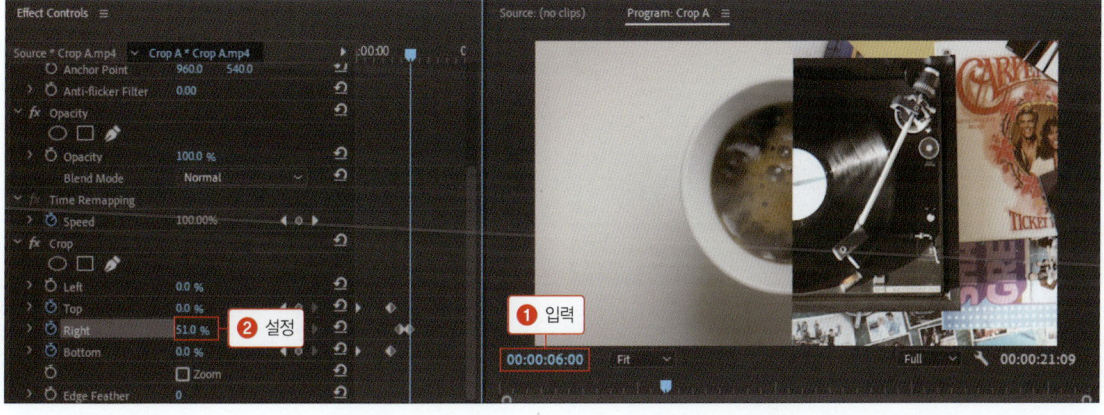

Chapter 06 • 비디오 이펙트 활용하기   **365**

10 ❶ 현재 시간 표시기를 '00:00:11:00'으로 이동한 다음 ❷ Effect Controls 패널의 Crop 항목에서 Right의 'Add Keyframe' 아이콘(◎)을 클릭해 키프레임을 만듭니다.

11 ❶ 현재 시간 표시기를 '00:00:12:01'로 이동한 다음 ❷ Effect Controls 패널의 Crop 항목에서 Right를 '100%'로 설정해 첫 장면을 모두 잘라내 다음 장면이 드러나도록 합니다.

12 영상을 재생해 수평으로 확장된 화면이 다시 Crop 되면서 다음 장면과 매칭되는 몽타주 애니메이션을 확인합니다.

실습예제 02 화면 뒤집기 - Horizontal Flip 중요

촬영된 장면의 좌우가 반전되어 있을 때 또는 영상의 180° 법칙을 지키기 위해 화면의 좌우를 반전해야 하는 경우가 있습니다. 프리미어 프로에서는 Horizontal Flip을 이용해 간단히 화면의 좌우를 뒤집을 수 있습니다.

● 예제파일 : 06\Flip.mp4   ● 완성파일 : 06\Flip_완성.mp4, Flip_완성.prproj

01 프리미어 프로의 프로젝트를 실행한 다음 Ctrl + I 를 누르고 Import 대화상자가 표시되면 ❶ 06 폴더에서 ❷ 'Flip.mp4' 파일을 선택하고 ❸ 〈열기〉 버튼을 클릭합니다.

02 Project 패널에서 'Flip.mp4' 아이템을 'New Item' 아이콘(■)으로 드래그하여 소스 파일과 같은 시퀀스를 만듭니다.

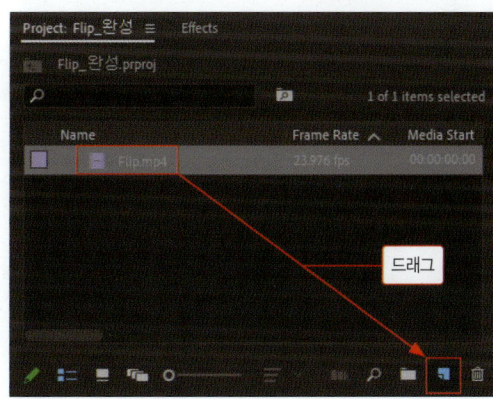

03 강아지가 바라보고 있는 시점을 반대로 뒤집기 위해 ❶ Effects 패널에서 'Horizontal Flip' 이펙트를 검색하고 ❷ Timeline 패널의 'Flip.mp4' 클립에 드래그합니다.

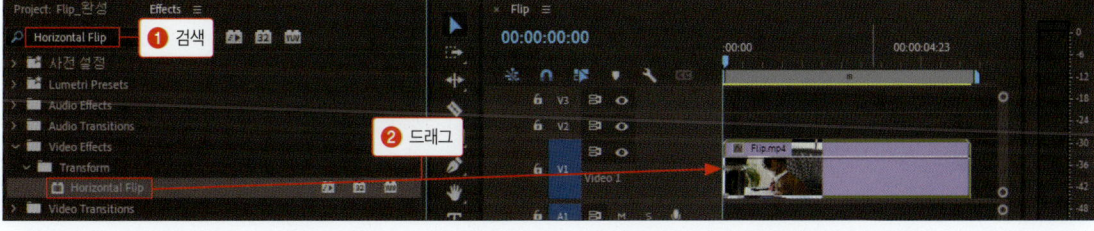

Chapter 06 • 비디오 이펙트 활용하기   367

04 영상의 화면이 수평으로 뒤집힌 것을 확인합니다.

▲ Horizontal Flip 적용 전 화면

▲ Horizontal Flip 적용 후 화면

실습예제 03 거울 효과 화면 만들기 - Mirror

Mirror를 영상에 적용하면 화면 일부를 반전시켜 데칼코마니와 같이 몽환적인 장면을 연출할 수 있습니다. 간단한 비디오 이펙트를 활용해 거울 효과 영상을 만들어 봅니다.

◉ 예제파일 : 06\Mirror.mp4 ◉ 완성파일 : 06\Mirror_완성.mp4

01 프리미어 프로의 프로젝트를 실행한 다음 Ctrl + I 를 눌러 ❶ 06 폴더에서 ❷ 'Mirror.mp4' 파일을 선택하고 ❸ 〈열기〉 버튼을 클릭합니다.

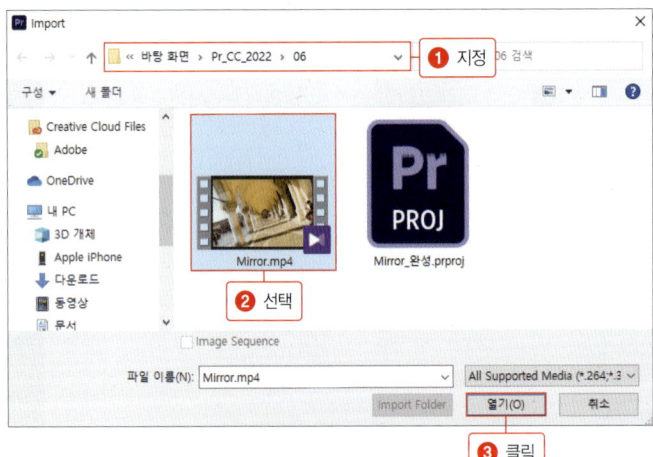

02 Project 패널에서 'Mirror.mp4' 아이템을 'New Item' 아이콘()으로 드래그하여 소스 파일과 같은 시퀀스를 만듭니다.

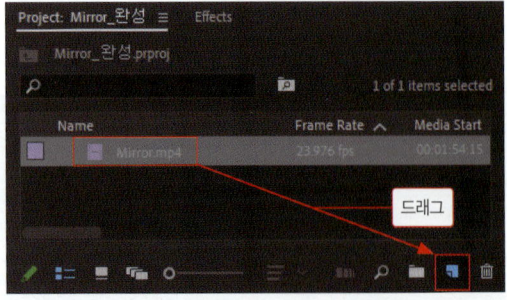

03 ❶ Effects 패널에서 'Mirror' 이펙트를 검색하고 ❷ Timeline 패널의 'Mirror.mp4' 클립에 드래그합니다.

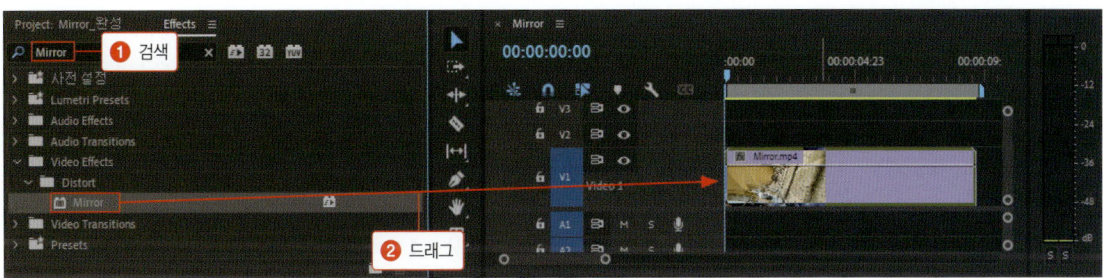

04 ❶ Effect Controls 패널에서 Mirror 항목의 Reflection Center를 '960/540'으로 설정해 반사의 중심축을 화면 중앙으로 이동하고 ❷ Reflection Angle을 '180°'로 설정해 반사각을 반전시킵니다.

05 영상을 재생해 화면 중심을 기준으로 반전된 두 화면이 몽환적으로 흘러가는 영상을 확인합니다.

Chapter 06 • 비디오 이펙트 활용하기   369

실습예제 04 화면에 타임코드와 클립 이름 표시하기 - Timecode

가편집 영상과 같이 확인용 데모 영상을 만들 때 또는 화면 연출을 위해 영상에 타임코드(Timecode)를 오버레이 시켜야 할 경우가 있습니다. 이때 여러 클립이 적용된 편집 라인 전체에 타임코드를 적용하는 방법을 알아봅니다.

● 예제파일 : 06\C#001~C#004.mp4   ● 완성파일 : 06\Timecode_완성.mp4, Timecode_완성.prproj

01 프리미어 프로를 실행한 다음 새로운 프로젝트를 만든 다음 ❶ 메뉴에서 (File) → Import (Ctrl + I)를 실행합니다. Import 대화상자가 표시되면 ❷ 06 폴더에서 ❸ 'C#001.mp4'부터 'C#004.mp4'까지 연속되는 4개 파일을 선택하고 ❹ 〈열기〉 버튼을 클릭합니다.

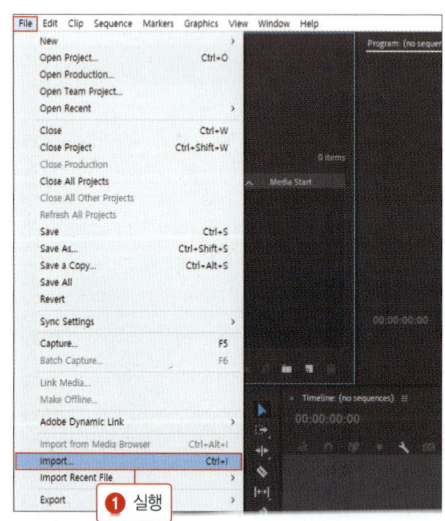
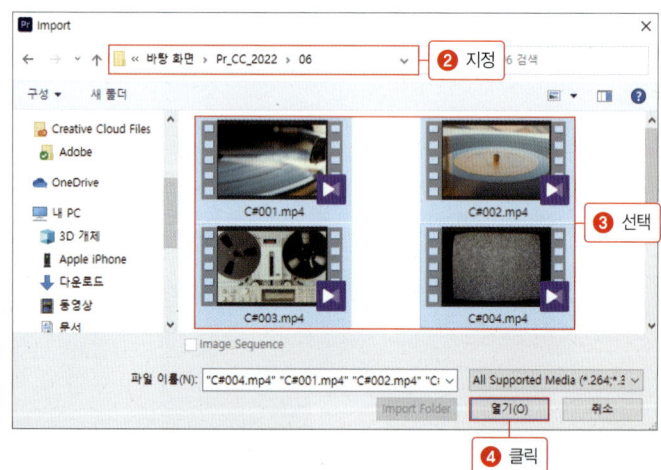

02 ❶ Project 패널에서 'C#001.mp4'부터 'C#004.mp4'까지 연속되는 4개 아이템을 모두 선택하고 ❷ 'New Item' 아이콘(■)으로 드래그하여 소스 파일과 같은 시퀀스를 만듭니다.

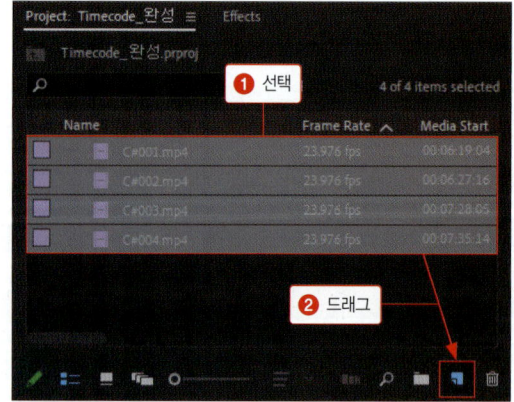

> **TIP**
> Project 패널에서 동시에 여러 개의 소스를 선택하기 위해서는 Ctrl을 누른 상태로 원하는 소스를 연속하여 클릭하면 추가적으로 선택할 수 있습니다. 또한, 첫 번째 소스를 선택하고 Shift를 누른 상태로 마지막 소스를 클릭하면 중간의 소스들이 자동으로 선택됩니다.

03 ❶ Project 패널의 'New Item' 아이콘( )을 클릭해 ❷ Transparent Video를 실행합니다. New Transparent Video 대화상자가 표시되면 ❸ 〈OK〉 버튼을 클릭합니다.

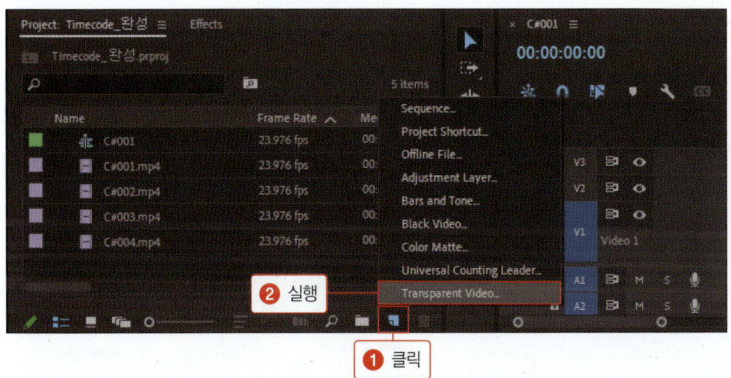

04 ❶ Project 패널에 만들어진 'Transparent Video' 아이템을 Timeline 패널 V2 트랙에 드래그한 다음 ❷ 오른쪽 끝 점을 드래그하여 V1 트랙 전체 클립 길이를 같게 만듭니다.

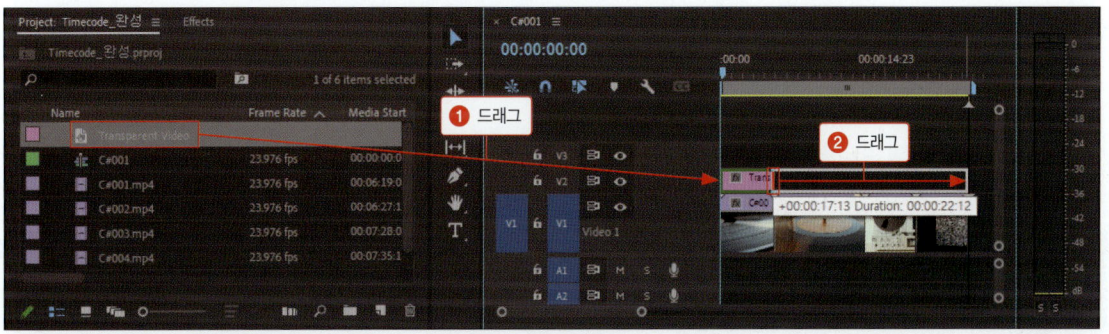

05 ❶ Effects 패널에서 'Timecode' 이펙트를 검색하고 ❷ Timeline 패널 V2 트랙의 'Transparent Video' 클립에 드래그합니다.

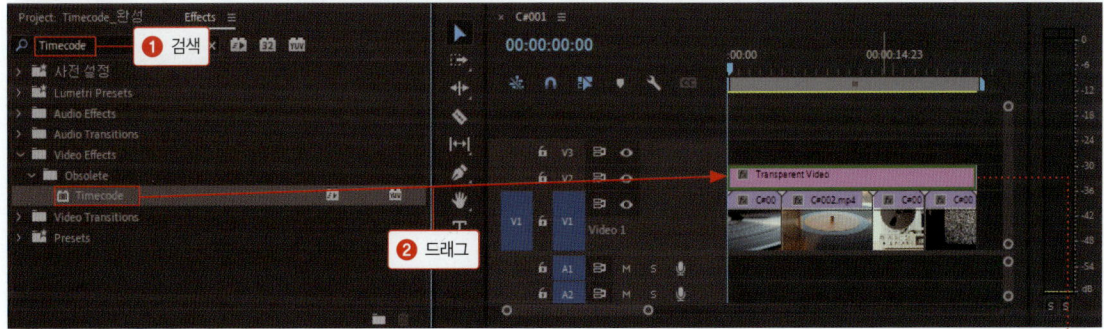

> Timecode를 Transparent Video에 적용하는 이유는 0초부터 클립의 길이에 맞춰 전체 Duration을 표시하기 위해서입니다. 이렇게 하면 여러 클립으로 편집된 영상 시퀀스의 길이를 하나의 대체 클립에 적용해 매우 편리하고 효율적으로 타임코드를 적용할 수 있습니다.

06
Effect Controls 패널에서 Timecode 항목의 Timecode Source를 'Clip', Time Display를 '24'로 지정합니다.

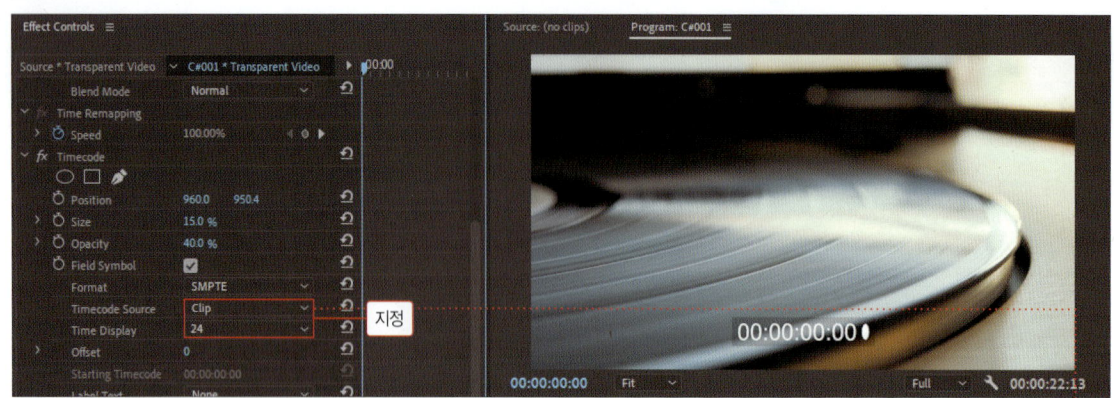

Timecode Source를 'Clip'으로 지정하는 이유는 Transparent Video 클립의 길이에 맞춰 전체 시퀀스 Duration을 표시하기 위함이며, Time Display를 '24'로 설정하는 이유는 현재 시퀀스의 프레임 레이트가 '23.975fps'로 지정되어 있기 때문입니다. 만일 시퀀스의 프레임 레이트가 30fps일 경우 '30'으로 지정해야 합니다. 이 밖에 Format을 'Frames'로 지정하면 프레임 단위로 시간 코드를 화면에 표시할 수 있으며 Offset 값을 변경해 시간 코드가 시작되는 타이밍을 변경할 수 있습니다.

07
❶ Timecode의 Size를 '12%'로 설정해 축소한 다음 ❷ Position을 '1650/980'으로 설정하여 오른쪽으로 이동합니다. ❸ Opacity를 '75%'로 설정해 Background를 어둡게 만듭니다.

08
❶ Effects 패널에서 'Clip Name' 이펙트를 검색하고 ❷ Timeline 패널 V2 트랙의 'Transparent Video' 클립에 드래그합니다.

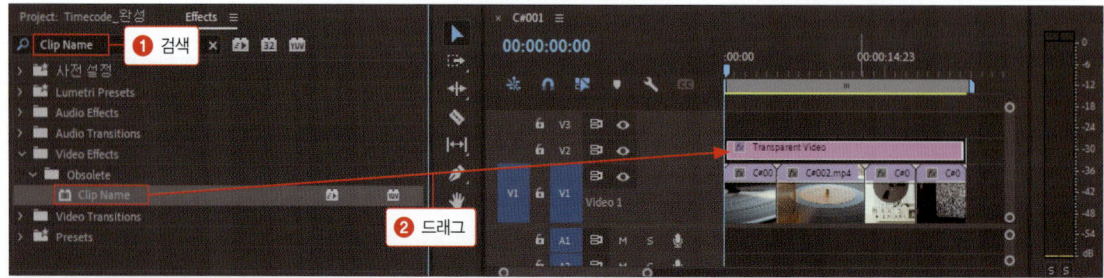

09 Effect Controls 패널에서 Clip Name 항목의 Display를 'File Name', Source Track을 'Video 1'로 지정하여 Timeline 패널 V1 트랙의 클립 이름들이 화면에 표시되도록 합니다.

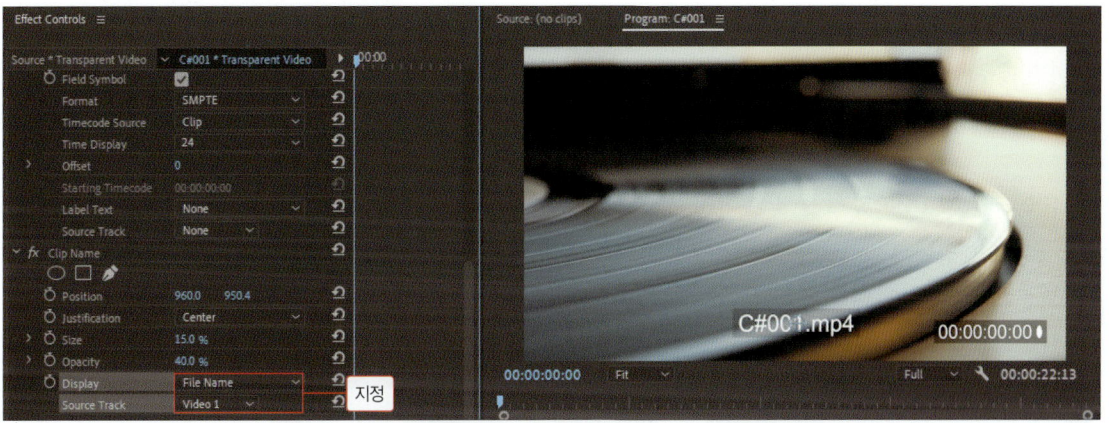

TIP
Display를 'Sequence Clip Name'으로 지정하면 시퀀스 이름이 화면에 표시됩니다. 또한, Source Track은 한 개의 트랙만 선택되어 여러 트랙에 클립이 배치되어 있으면 각 클립에 'Clip Name' 이펙트를 적용해야 합니다.

10 ❶ Clip Name 항목에서 Position을 '70/980', Size를 '12%', Opacity를 '75%'로 설정하고 ❷ Justification을 'Left'로 지정해 그림과 같이 클립의 이름이 왼쪽 아래에 적절하게 배치되도록 합니다.

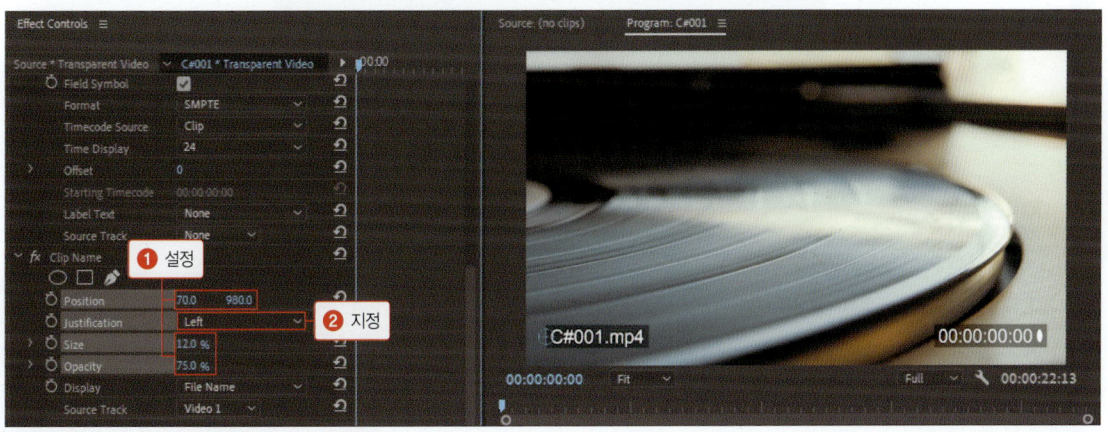

11 영상을 재생해 실시간으로 변하는 타임코드와 클립 이름이 화면에 적용된 것을 확인합니다.

Chapter 06 • 비디오 이펙트 활용하기 373

필수기능 05 한 번에 여러 클립에 적용된 효과 제거하기 - Remove Attributes

비디오 또는 오디오 효과 등 여러 클립에 적용된 다양한 효과를 모두 제거할 경우 각 클립을 각자 선택하여 제거하면 매우 번거로운 작업이 될 수 있습니다. 이때 Remove Attributes를 이용하면 한 번에 여러 클립의 효과를 제거해 빠르고 간편하게 작업을 진행할 수 있습니다.

Remove Attributes 기능 실행하기

Timeline 패널에서 이펙트를 제거할 클립을 모두 선택한 다음 메뉴에서 (Edit) → Remove Attributes를 실행하면 여러 클립에 적용된 이펙트를 설정할 수 있는 Remove Attributes 대화상자가 표시됩니다.

Remove Attributes 대화상자 설정하기

Remove Attributes 대화상자에서 제거하고자 하는 이펙트를 체크 표시한 다음 〈OK〉 버튼을 클릭하면 선택된 클립에 적용된 이펙트 중 체크 표시된 옵션의 효과만 모두 삭제됩니다.

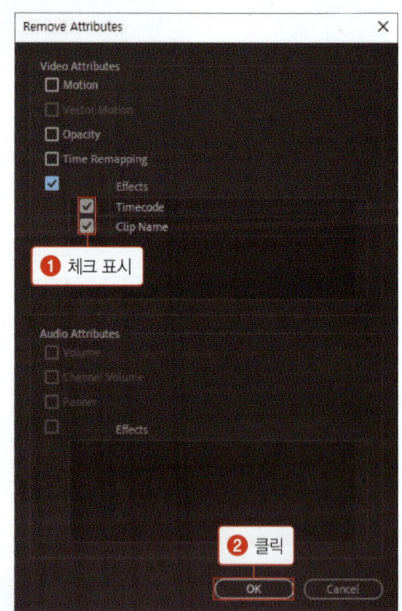

혼자 해 보기

크기가 작아지는 화면과 타원형 마스크 만들기

1
309쪽 참고

3초 동안 50% 크기로 점점 작아지는 애니메이션 영상을 만들어 보세요.

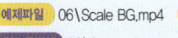 06\Scale BG.mp4 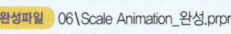 06\Scale Animation_완성.prproj
해설 동영상 06\6-1.mp4

> **Hint** 소스 클립과 같은 포맷의 시퀀스 만들기 → 클립의 '0초'에서 Scale의 'Toggle Animation' 아이콘을 클릭하여 키프레임 만들기 → '3초'에서 Scale을 '50'으로 설정하기

2
340쪽 참고

화면에 타원형 마스크를 만들어 보세요.

예제파일 06\Mask BG.mp4 완성파일 06\Mask Animation_완성.prproj
해설 동영상 06\6-2.mp4

> **Hint** 소스 클립과 같은 포맷의 시퀀스 만들기 → 클립 선택하고 Effect Controls 패널 Opacity 항목에서 'Create ellipse mask' 아이콘 클릭하기 → Program Monitor 패널에서 마스크 모양 다듬기

과거에는 프리미어 프로를 주로 1차 편집의 용도로만 활용했지만, 시간이 지나며 다양한 효과들이 생겨 현재는 프리미어 프로만으로도 전문적인 영상 제작이 가능하게 되었습니다. 아무런 효과 없이 컷 편집만 된 영상은 담백한 감성이 있지만, 시청자의 눈을 사로잡기 위한 연출을 위해선 다양한 특수 효과는 꼭 필요합니다. 이번 파트에서는 크로마키, 트래킹, 블러 및 다양한 자막 효과들을 프리미어 프로 안에서 적용하는 방법을 알아보겠습니다.

PART 7.

특수 시각 효과 적용하기

01 | 영상 특수 효과 적용하기
02 | 자막 특수 효과

• Effects

영상 특수 효과 적용하기

크로마키 영상 합성, 블러 등은 잘 익혀두면 다양한 예능 편집뿐만 아니라 브이로그, 교육 영상 등 다양한 분야에서 활용 가능합니다. 특히 자막 효과는 몇 가지 효과만 배워두면 다양하게 응용하여 활용 가능해 여러 번 반복 학습하여 완벽하게 숙지하는 것이 좋습니다.

실습예제 01 크로마키 영상 합성하기 - Ultra Key 우선순위 | TOP 19

영상 제작 시 특정 물체나 인물을 마치 스티커처럼 배경 영상 위에 합성해야 하는 상황들이 발생하며, 주로 교육 영상을 제작할 때 이런 합성 편집을 자주 하게 됩니다. 크로마키는 남기고자 하는 인물이나 물체에는 없는 색상을 배경지로 두고 촬영한 다음 해당 색상만 지정하여 투명색으로 바꾸는 효과입니다. 주로 연두색이나 파란색 배경을 사용하며, 이를 그린 스크린, 블루 스크린이라고 합니다. 이번 예제에서는 Ultra Key를 활용하여 크로마키 합성을 하는 방법을 알아봅니다.

◉ 예제파일 : 07\Ultra Key_01.mp4, Ultra Key_02.mp4   ◉ 완성파일 : 07\Ultra Key_완성.mp4, Ultra Key_완성.prproj

01 파일을 불러오기 위해 메뉴에서 **(File)** → **Import**(Ctrl + I)를 실행합니다. ❶ 07 폴더에서 ❷ 'Ultra Key_01.mp4', 'Ultra Key_02.mp4' 파일을 선택하고 ❸ 〈열기〉 버튼을 클릭합니다.

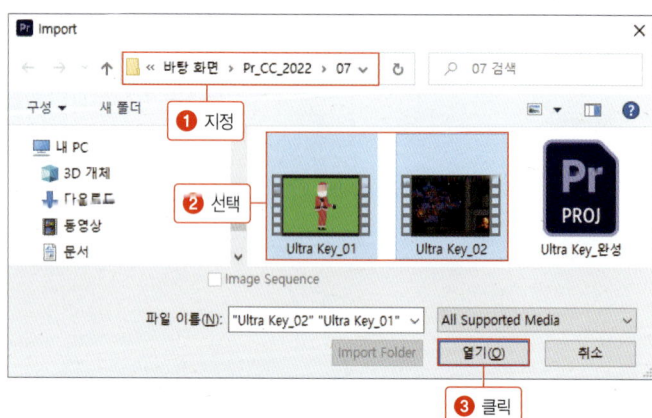

02 Project 패널의 'Ultra Key_01.mp4' 아이템을 'New Item' 아이콘(■)으로 드래그하여 소스 파일과 같은 시퀀스를 만듭니다.

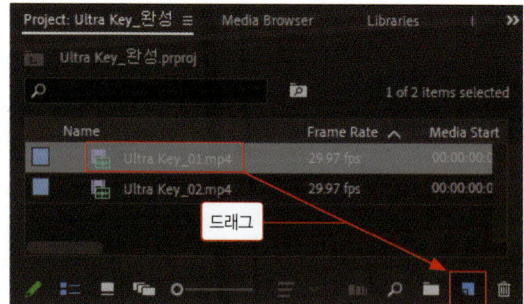

03 ① Effects 패널에서 'Ultra Key' 이펙트를 검색하고 ② Timeline 패널의 'Ultra Key_01.mp4' 클립에 드래그합니다.

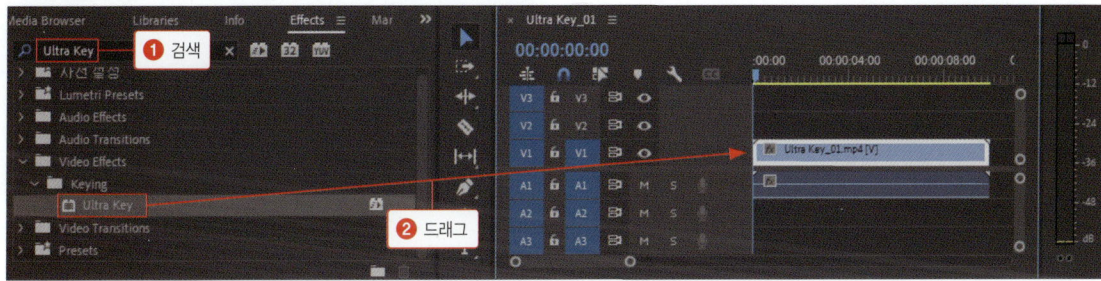

04 Effect Controls 패널에 'Ultra Key' 이펙트가 적용된 것을 확인합니다. ① Effect Controls 패널의 Ultra Key 항목에서 Key Color의 '스포이트' 아이콘(🖋)을 클릭한 다음 ② Program Monitor 패널에서 'Ultra Key_01.mp4' 클립의 바탕색을 클릭합니다.

05 Program Monitor 패널에서 'Ultra Key_01.mp4' 클립의 연두색 배경이 삭제된 것을 확인합니다.

▲ Ultra Key 적용 전

▲ Ultra Key 적용 후

06 Timeline 패널에서 'Ultra Key_01.mp4' 클립을 선택한 다음 V2 트랙으로 드래그하여 이동합니다.

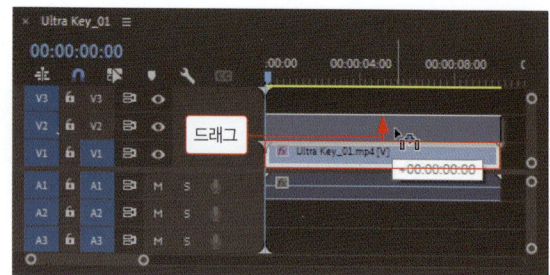

07 Project 패널에서 'Ultra Key_02.mp4' 아이템을 Timeline 패널의 V1 트랙에 드래그하여 배치합니다.

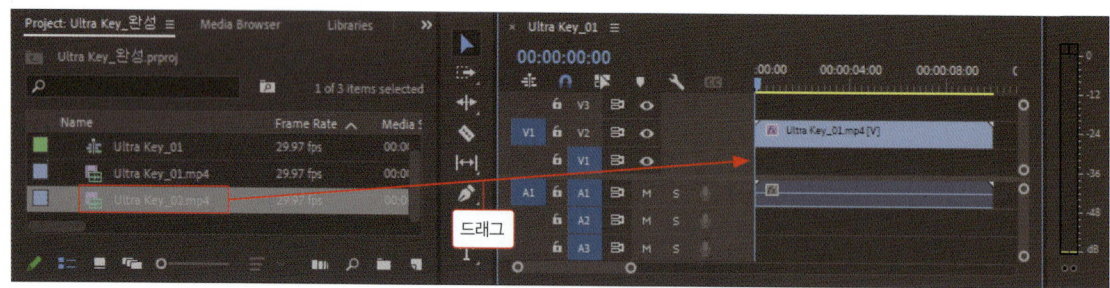

08 Timeline 패널에서 V1 트랙의 'Ultra Key_02.mp4' 클립 끝 점을 드래그하여 V2 트랙의 'Ultra Key_01.mp4' 클립과 길이를 같게 만듭니다.

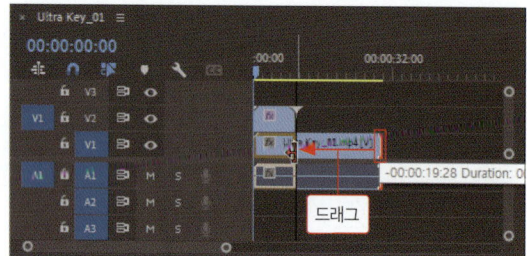

09 영상을 재생해 'Ultra Key_01.mp4' 클립의 배경이 삭제되어 배경이 합성된 모습을 확인합니다.

▲ Ultra Key 적용 전

▲ Ultra Key 적용 후 배경 합성된 모습

실습예제 02 피부 보정하기 - Gaussian Blur 〈중요〉

피부 보정의 경우는 유료 프리셋을 이용한다면 간편하게 적용할 수 있지만, 인물이 화면 내에서 많이 이동하지 않는 클로즈업 샷의 경우라면 Gaussian Blur를 활용하여 모공이 도드라진 부위나 피부 트러블이 있는 부분의 영역을 세밀하게 지정해 피부 보정이 가능합니다. 바로 다음 예제 '실습예제 03'의 트래킹까지 함께 배운다면 움직이는 인물에게도 활용 가능한 특수 효과입니다.

◉ 예제파일 : 07\Gaussian Blur.mp4　　◉ 완성파일 : 07\Gaussian Blur_완성.mp4, Gaussian Blur_완성.prproj

01 파일을 불러오기 위해 메뉴에서 (File) → Import(Ctrl+I)를 실행합니다. ❶ 07 폴더에서 ❷ 'Gaussian Blur.mp4' 파일을 선택하고 ❸ 〈열기〉 버튼을 클릭합니다.

02 Project 패널의 'Gaussian Blur.mp4' 아이템을 'New Item' 아이콘(🗔)으로 드래그하여 소스 파일과 같은 시퀀스를 만듭니다.

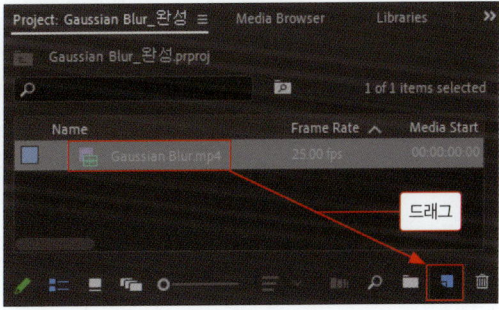

03 ❶ Effects 패널에서 'Gaussian Blur' 이펙트를 검색하고 ❷ Timeline 패널의 'Gaussian Blur.mp4' 클립에 드래그합니다.

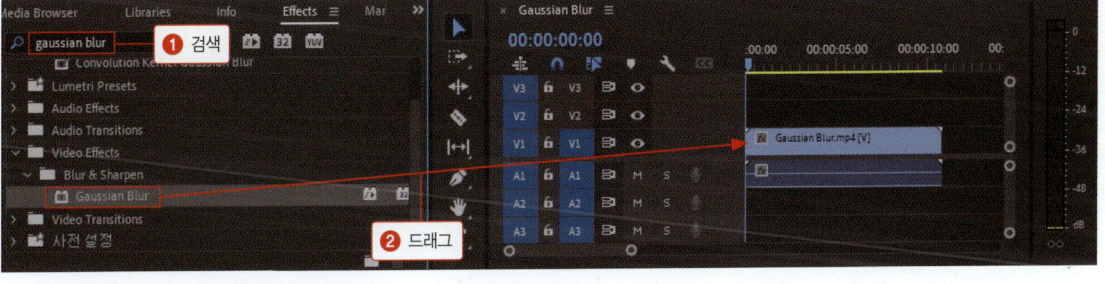

Chapter 01 • 영상 특수 효과 적용하기　**381**

04 Effect Controls 패널의 Gaussian Blur 항목에서 Blurriness를 '20'으로 설정합니다.

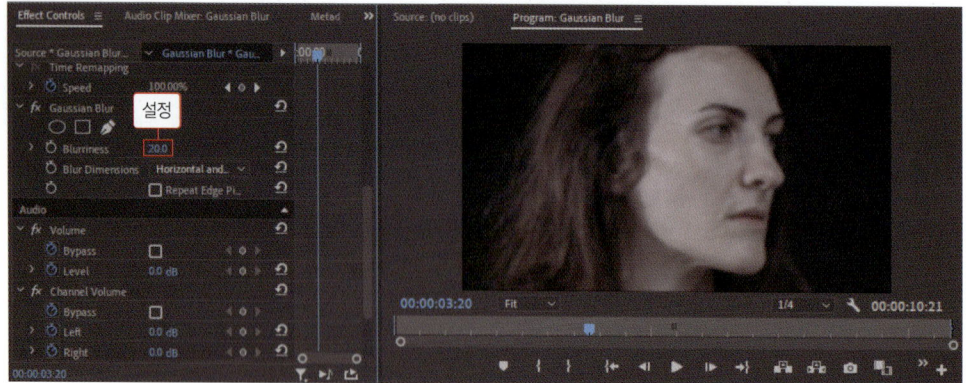

05 ❶ Effect Controls 패널의 Gaussian Blur 항목에서 'Free draw bezier' 아이콘(🖉)을 클릭한 다음 ❷ Program Monitor 패널에서 영상 클립 속 인물의 볼 영역을 클릭하여 다음과 같이 마스크를 만듭니다.

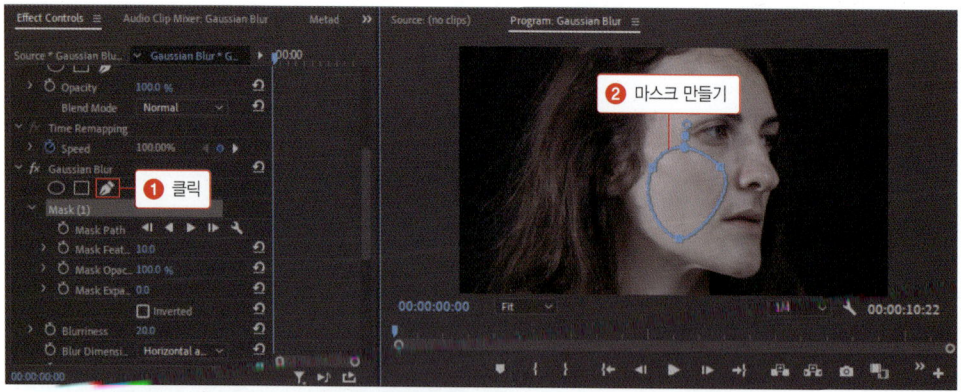

06 Effect Controls 패널의 Gaussian Blur 항목에서 Mask (1)의 Mask Feather를 '60'으로 설정합니다.

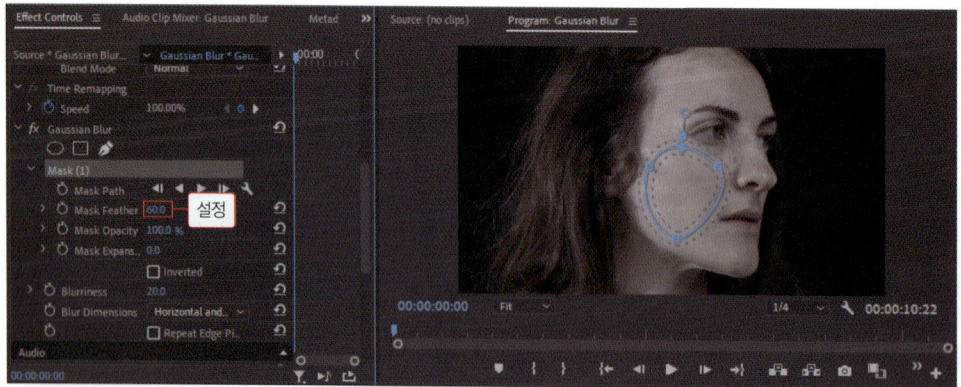

07 영상을 재생해서 피부 보정이 적용된 모습을 확인합니다.

▲ Gaussian Blur 적용 전

▲ Gaussian Blur 적용 후

실습예제 03 따라다니는 모자이크 만들기 - Mosaic

초상권 침해에 대한 관심도가 높아지면서 유튜브 영상이나 방송에서는 사전 협의가 된 인물 외에 등장하는 주변 인물의 얼굴, 자동차 번호판 등을 가리는 경우가 많습니다. 프리미어 프로에서는 모자이크(Mosaic) 또는 블러(Blur) 등의 효과를 통해 피사체의 정체를 가릴 수 있으며, 이 효과들은 움직이는 피사체의 움직임을 분석하여 자동으로 따라다니는 트래킹 모자이크 기술을 지원합니다.

◉ 예제파일 : 07\Mosaic.mp4   ◉ 완성파일 : 07\Mosaic.mp4_완성, Mosaic.mp4_완성.prproj

01 파일을 불러오기 위해 메뉴에서 **(File) → Import**(Ctrl + I)를 실행합니다. ❶ 07 폴더에서 ❷ 'Mosaic.mp4' 파일을 선택하고 ❸ 〈열기〉 버튼을 클릭합니다.

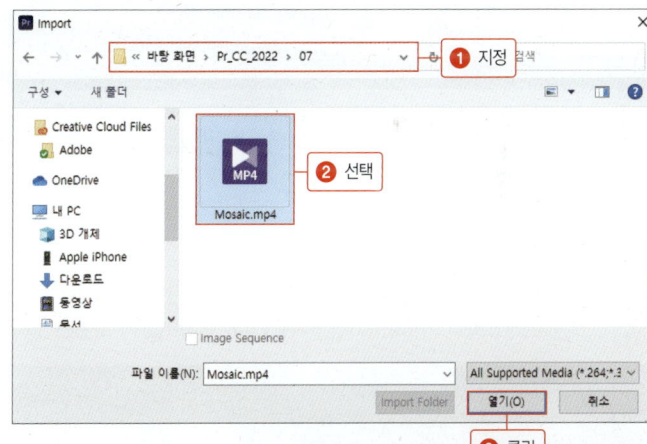

02 Project 패널에서 'Mosaic.mp4' 아이템을 'New Item' 아이콘(■)으로 드래그하여 소스 파일과 같은 시퀀스를 만듭니다.

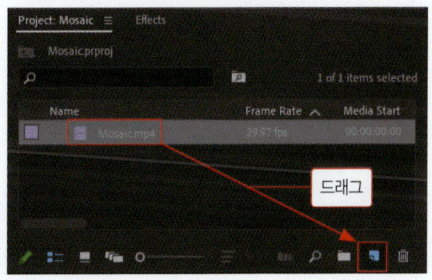

03 ❶ Effects 패널에서 'Mosaic' 이펙트를 검색하고 ❷ Timeline 패널의 'Mosaic.mp4' 클립에 드래그합니다.

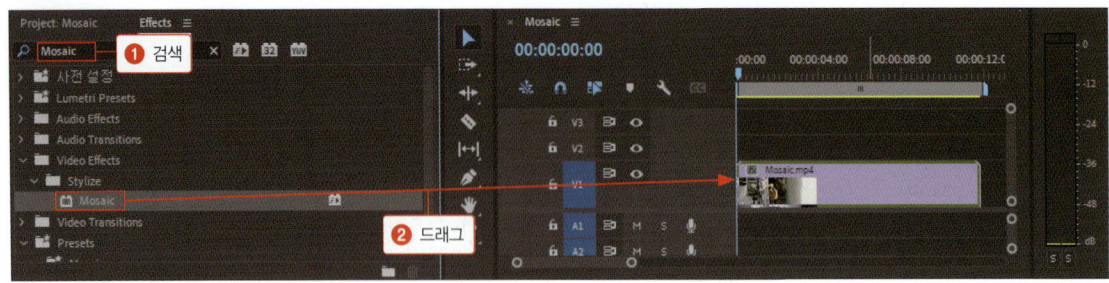

04 Effect Controls 패널의 Mosaic 항목에서 Horizontal Blocks를 '100', Vertical Blocks를 '100'으로 설정해 인물의 얼굴이 보이지 않을 정도의 모자이크 효과를 완성합니다.

> **왜 그럴까?** Horizontal Blocks와 Vertical Blocks는 각각 가로와 세로의 모자이크 블록 수를 정합니다. 값이 낮을수록 화면을 구성하는 모자이크 블록 수가 적어져 형태가 더 보이지 않게 됩니다.

05 ❶ Mosaic 항목의 'Create ellipse mask' 아이콘(◯)을 클릭해 ❷ Program Monitor 패널에 만들어진 원형 마스크를 드래그하여 인물의 얼굴을 가립니다. 모자이크가 마스크 영역에만 적용됩니다.

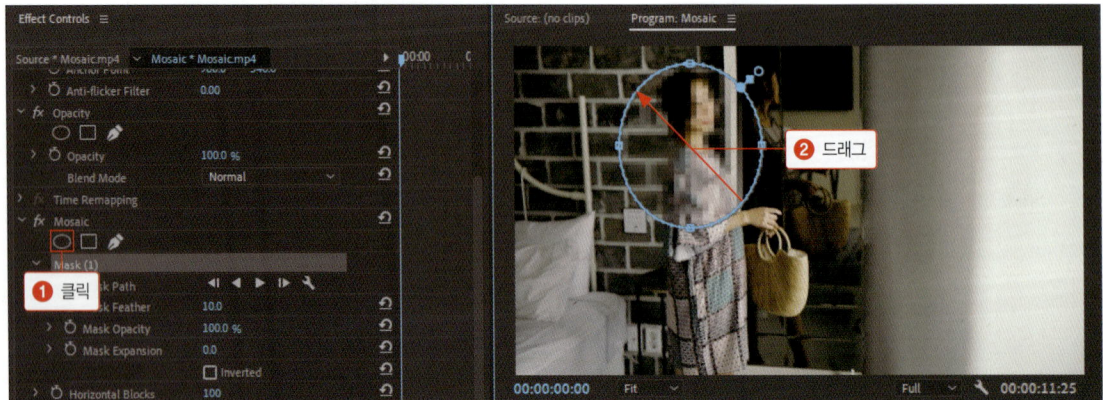

06 타원 마스크의 포인터를 이동하여 인물의 얼굴만 가릴 수 있는 적절한 크기의 마스크 형태를 완성합니다.

07 마스크 형태를 완성한 다음 Effect Controls 패널의 Mosaic → Mask (1) → Mask Path의 '앞으로 추적' 아이콘(▶)을 클릭합니다. 자동으로 인물의 움직임을 분석하여 마스크 움직임에 키프레임이 만들어집니다.

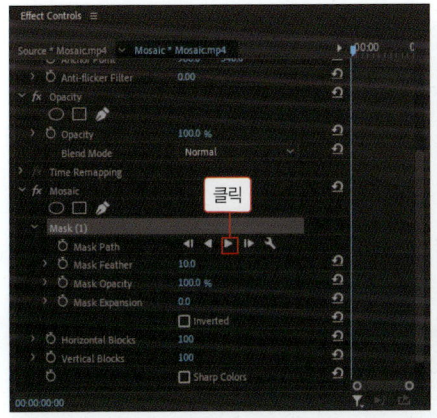

▶ 인물의 움직임을 트래킹하는 과정

> **TIP**
> Mask Path의 '앞으로 추적' 아이콘(▶)을 클릭할 때 현재 시간 표시기가 있는 위치로부터 추적이 적용되어 반드시 시작 점에 현재 시간 표시기를 위치한 다음 예제를 진행합니다.

08 Project Monitor 패널의 현재 시간 표시기를 이동해 인물이 사라졌다 다시 나타나는 순간 마스크 트래킹이 적용되지 않은 지점을 확인합니다.

> **TIP**
> 프리미어 프로의 트래킹(추적) 시스템은 피사체의 움직임을 자동으로 분석하여 빠르게 적용되나 피사체의 움직임이 빠르거나 중간에 화면에서 사라지면 오류가 발생할 수 있습니다. 이때 오류가 발생한 구간에 적용된 키프레임을 삭제하고 수작업으로 애니메이션을 만들거나 재추적을 통해 작업을 완성합니다.

Chapter 01 • 영상 특수 효과 적용하기   **385**

09
8초부터 트래킹을 수정하기 위해 ❶ Effect Controls 패널의 작업 창에서 8초 이후의 모든 Mask Path 키프레임을 드래그하여 선택한 다음 ❷ Delete를 눌러 삭제합니다.

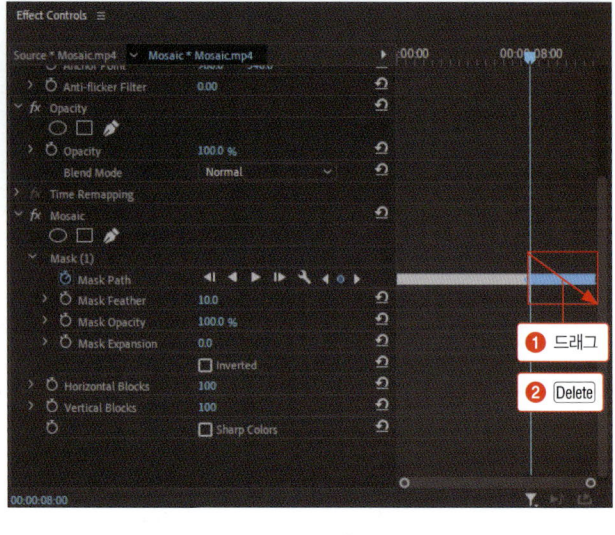

> **TIP**
> 마스크 추적 기능은 마스크가 적용된 범위에 따라 발생하는 추적 오류의 오차 범위가 달라질 수 있습니다. 따라서 예제와 다르게 트래킹 오류가 발생했을 경우 에러가 발생한 범위에서 트래킹을 별도로 수정해야 합니다.

10
❶ 현재 시간 표시기를 '00:00:08:00'으로 이동한 다음 ❷ Program Monitor 패널에서 마스크 패스를 드래그하여 인물의 얼굴이 등장하기 전 위치로 이동합니다.

11
❶ 현재 시간 표시기를 인물이 다시 등장해 자리 잡은 지점 '00:00:08:24'로 이동합니다. ❷ Program Monitor 패널에서 마스크 패스를 드래그로 이동하여 인물의 얼굴을 가립니다.

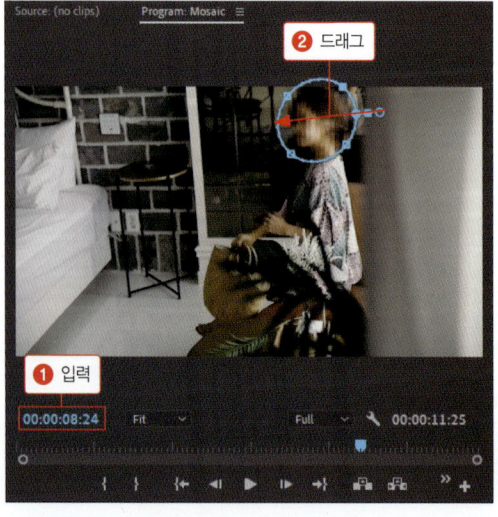

12 인물이 완벽히 등장한 이후 다시 마스크 트래킹을 다시 적용하기 위해 Effect Controls 패널의 Mosaic → Mask (1) → Mask Path의 '앞으로 추적' 아이콘(▶)을 클릭합니다. 자동으로 인물의 움직임을 분석하여 마스크 움직임의 키프레임이 적용됩니다.

13 현재 시간 표시기를 좌우로 이동하며 새롭게 적용된 마스크 패스 추적이 실패한 곳이 없는지 확인합니다. 만일 실패한 트래킹 구역이 있다면 키프레임을 삭제하고 수작업으로 마스크 애니메이션을 적용하시기 바랍니다.

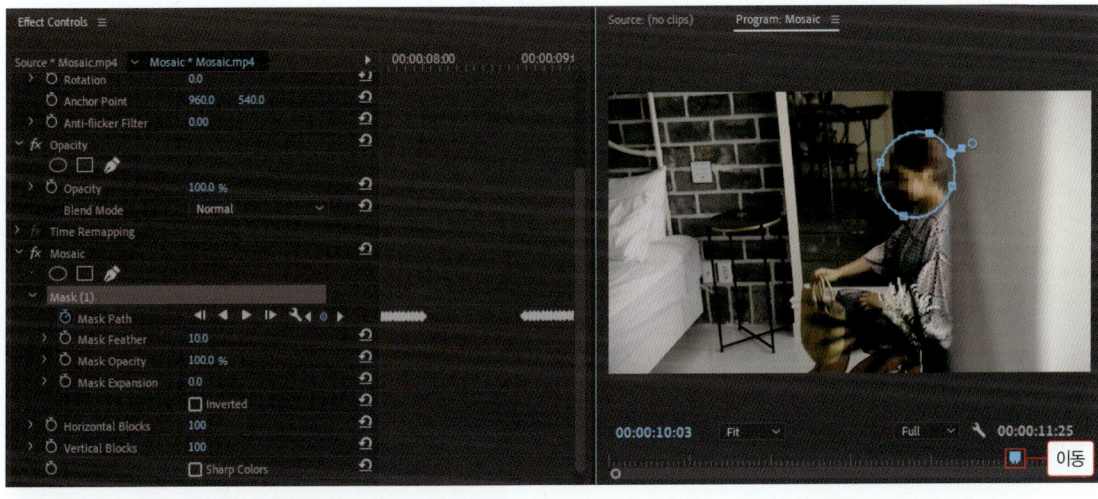

14 영상을 재생해 인물의 얼굴을 따라다니는 모자이크 효과를 확인합니다.

실습예제 04 화면 속에 다른 화면 넣기 - Corner Pin 우선순위 | TOP 16

영상 편집은 대부분 여러 장면을 연결하거나 화면 속에 다른 이미지를 배치하여 몽타주를 구성합니다. 몽타주를 구성하는 방법 중 PIP(Picture in Picture) 방식은 화면 속에 또 다른 화면을 합성하는 방식으로 영상 편집 기법에서 많이 활용됩니다. 이번 예제에서는 마스크로 태블릿 이미지에 구멍을 뚫고 그 안에 다른 화면을 적용해 유튜브 섬네일 화면을 만들어 봅니다.

◉ **예제파일** : 07\PIP_BG.png, PIP_Screen.png, PIP_Title.png ◉ **완성파일** : 07\PIP_완성.mp4, PIP_완성.prproj

01 파일을 불러오기 위해 메뉴에서 (File) → Import((Ctrl)+(I))를 실행합니다. ❶ 07 폴더에서 ❷ 'PIP_BG.png', 'PIP_Screen.png', 'PIP_Title.png' 파일을 선택하고 ❸ 〈열기〉 버튼을 클릭합니다.

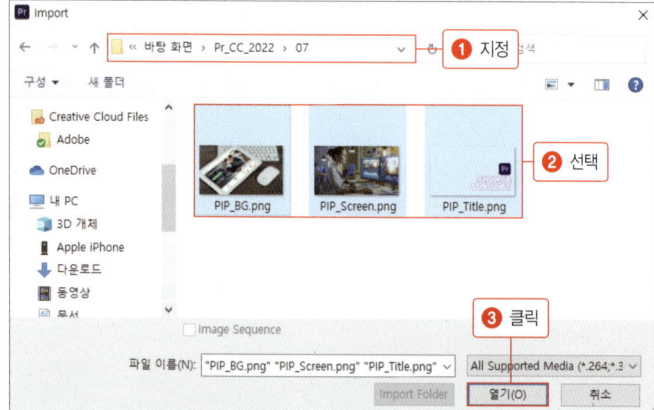

02 Project 패널에서 'PIP_BG.png' 아이템을 'New Item' 아이콘(▦)으로 드래그하여 소스 파일과 같은 시퀀스를 만듭니다.

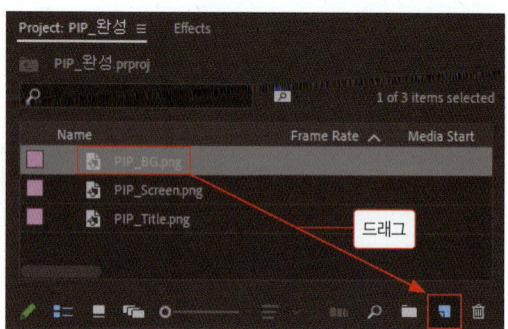

03 ❶ Timeline 패널에서 'PIP_BG.png' 클립을 선택하고 ❷ Effect Controls 패널의 Opacity 항목에서 'Free draw bezier' 아이콘(✎)을 클릭합니다.

04 Program Monitor 패널에서 태블릿 PC의 화면 네 모서리를 차례로 클릭해 마스크를 완성하면 화면이 마스크 형태로 분리됩니다.

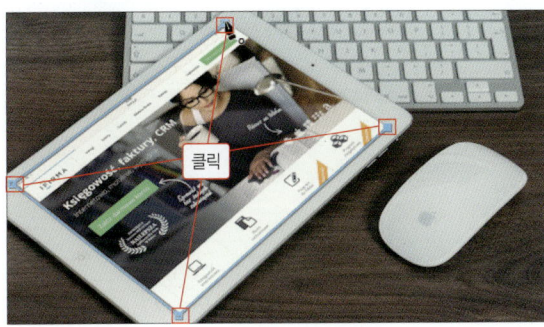 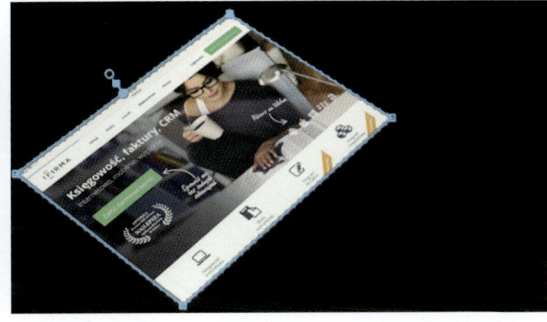

▲ 완성된 마스크 모습

TIP
완성된 마스크는 다시 포인터를 이동시켜 위치와 모양을 수정할 수 있습니다.

05 ❶ Effect Controls 패널에서 Opacity Mask의 Mask Feather를 '3'으로 설정하고 ❷ 'Inverted'를 체크 표시해 마스크 영역을 반전시킵니다.

06 Timeline 패널에서 'PIP_BG.png' 클립을 V2 트랙으로 드래그하여 이동합니다.

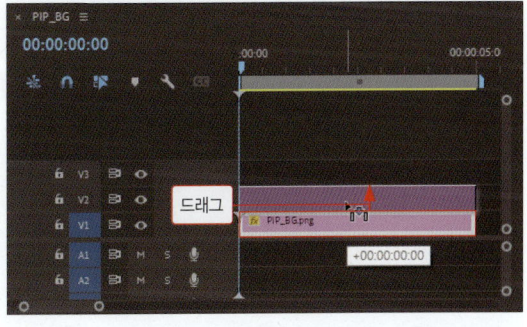

Chapter 01 • 영상 특수 효과 적용하기 389

07 Project 패널의 'PIP_Screen.png' 아이템을 Timeline 패널의 V1 트랙에 드래그합니다.

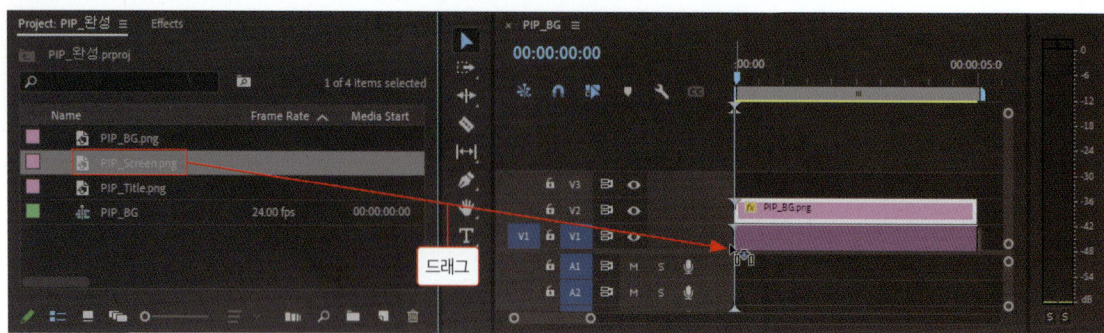

08 ❶ Effects 패널에서 'Corner Pin' 이펙트를 검색하고 ❷ Timeline 패널 V1 트랙의 'PIP_Screen.png' 클립에 드래그합니다.

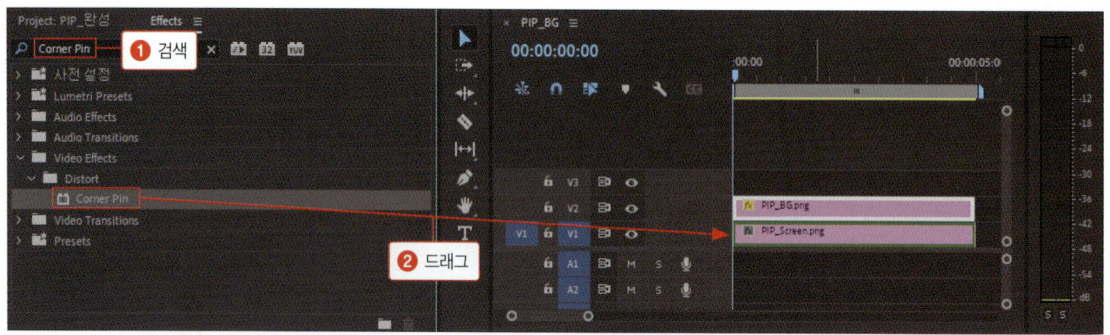

09 ❶ Effect Controls 패널에서 Corner Pin 항목을 클릭하고 ❷ Program Monitor 패널 화면 모서리에 네 개의 핀이 만들어진 것을 확인합니다.

10 Program Monitor 패널에서 네 개의 핀을 그림과 같이 이동하여 태블릿 PC 화면의 모서리에 맞춰 합성합니다.

11 Project 패널에서 미리 제작해 놓은 타이틀 이미지 'PIP_Title.png' 아이템을 Timeline 패널의 V3 트랙으로 드래그합니다.

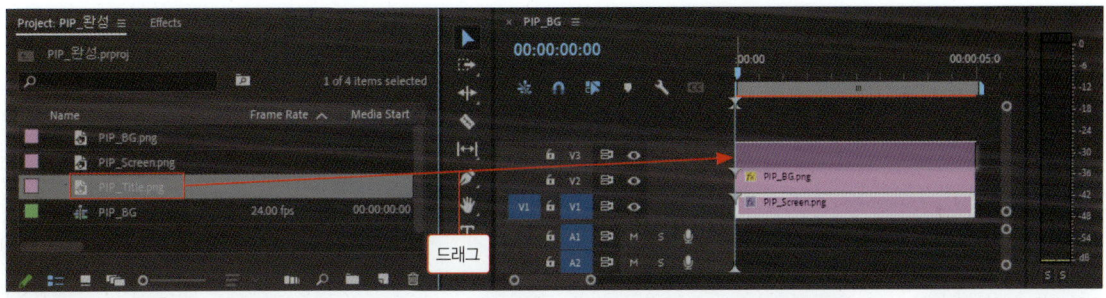

12 ❶ Effects 패널에서 'Cross Dissolve' 이펙트를 검색하고 ❷ Timeline 패널 V1 트랙의 'PIP_Screen.png' 클립의 시작 점으로 드래그합니다.

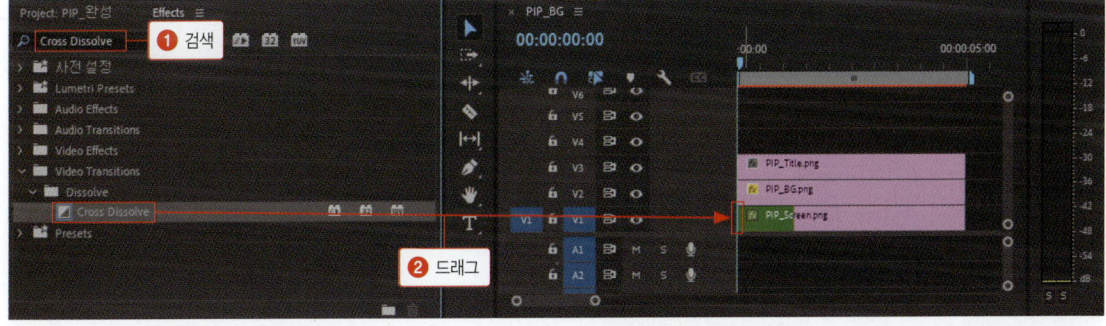

13 앞서 적용한 ❶ Timeline 패널의 'PIP_Screen.png' 클립의 'Cross Dissolve' 이펙트를 더블클릭해 Set Transition Duration 대화상자가 표시되면 ❷ Duration에 '115'를 입력하고 ❸ 〈OK〉 버튼을 클릭합니다.

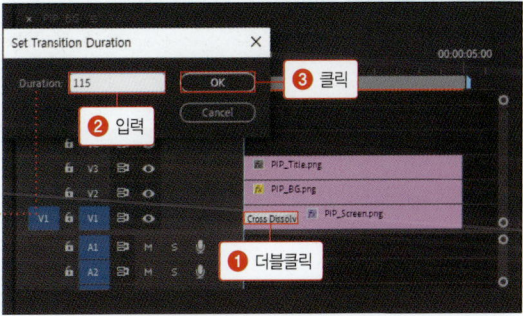

> 트랜지션 효과의 지속 시간은 시간:분:초:프레임 즉 hh:mm:ss:frames로 계산됩니다. 예제에서 Duration을 '115'로 입력해 자동으로 '00:00:01:15'로 저장되어 '1초 15프레임'의 지속 시간을 갖는 장면 전환 효과가 설정됩니다.

14 ❶ 현재 시간 표시기를 '00:00:01:15'로 이동한 다음 ❷ V3 트랙의 'PIP_Title. png' 클립을 선택합니다. ❸ Effect Controls 패널의 Motion 항목에서 Position의 'Toggle animation' 아이콘(⏱)을 클릭해 키프레임을 만듭니다.

15 ❶ 현재 시간 표시기를 '00:00:01:00'으로 이동합니다. ❷ Effect Controls 패널의 Motion 항목의 Position을 '960/1300'으로 설정해 타이틀이 화면 아래로 벗어나도록 합니다.

16 타이틀이 움직일 때 모션 블러 효과를 적용하기 위해 ❶ Effects 패널에서 'Directional Blur' 이펙트를 검색하고 ❷ V3 트랙의 'PIP_Title.png' 클립에 드래그하여 적용합니다.

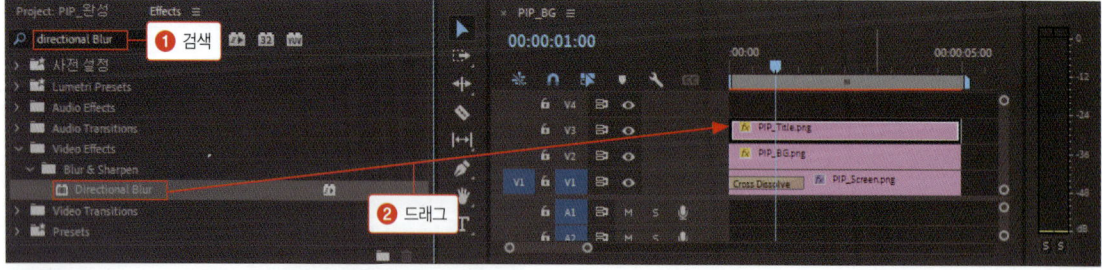

17 ❶ Effect Controls 패널에서 Directional Blur 항목의 Blur Length를 '50'으로 설정하고 ❷ 'Toggle animation' 아이콘( )을 클릭해 키프레임을 만듭니다.

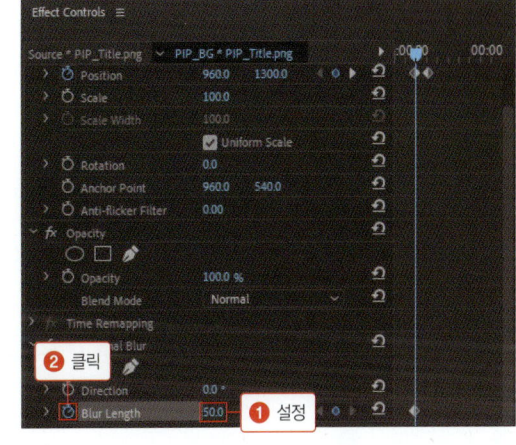

18 ❶ 현재 시간 표시기를 '00:00:01:15'로 이동한 다음 ❷ Blur Length를 '0'으로 설정합니다. 타이틀이 등장할 때 움직임에 따른 모션 블러 효과가 연출됩니다.

▲ 타이틀이 등장할 때 모션 블러 효과가 적용된 모습

19 영상을 재생해 그림 속 태블릿 화면에 다른 이미지 소스가 페이드 인되어 등장하는 섬네일 타이틀 영상을 확인합니다.

Chapter 01 • 영상 특수 효과 적용하기   393

실습예제 05 만화 화면 만들기 - Brush Strokes 우선순위 TOP 07

프리미어 프로는 영상 편집 외에 다양한 효과를 적용해 창의적인 화면을 연출할 수 있습니다. 그 중 영상을 붓으로 그린 것과 같은 그림체로 설정하고 오브젝트에 라인을 적용해 마치 만화 화면 같은 연출하는 방법을 배우고, 말풍선 효과를 적용해 유튜브 영상의 한 장면을 만들어 봅니다.

● 예제파일 : 07\Toon_BG.mp4, Toon_Text.png   ● 완성파일 : 07\Toon FX_완성.mp4, Toon FX_완성.prproj

01 파일을 불러오기 위해 메뉴에서 **(File)** → **Import**(Ctrl+I)를 실행합니다.
❶ 07 폴더에서 ❷ 'Toon_BG.mp4', 'Toon_Text.png' 파일을 선택하고 ❸ 〈열기〉 버튼을 클릭합니다.

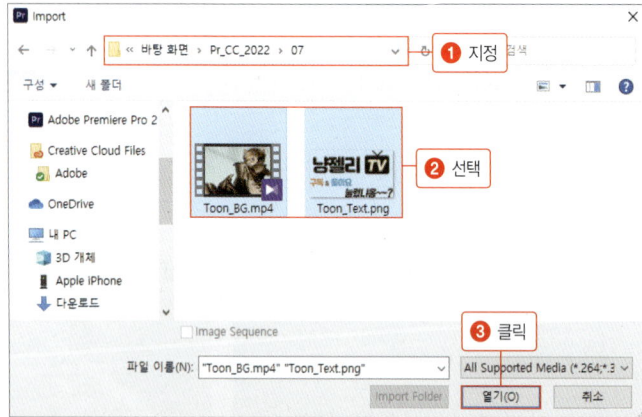

02 Project 패널에서 'Toon_BG.mp4' 아이템을 'New Item' 아이콘(■)으로 드래그하여 소스 파일과 같은 시퀀스를 만듭니다.

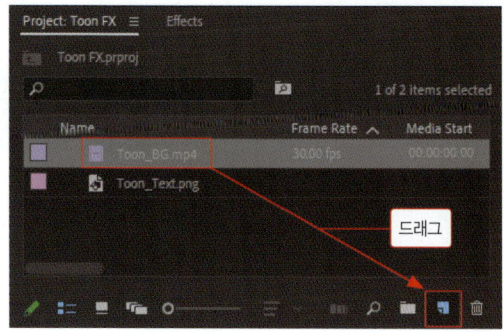

03 ❶ Effects 패널에서 'Brush Strokes' 이펙트를 검색하고 ❷ Timeline 패널의 'Toon_BG.mp4' 클립에 드래그하여 적용합니다.

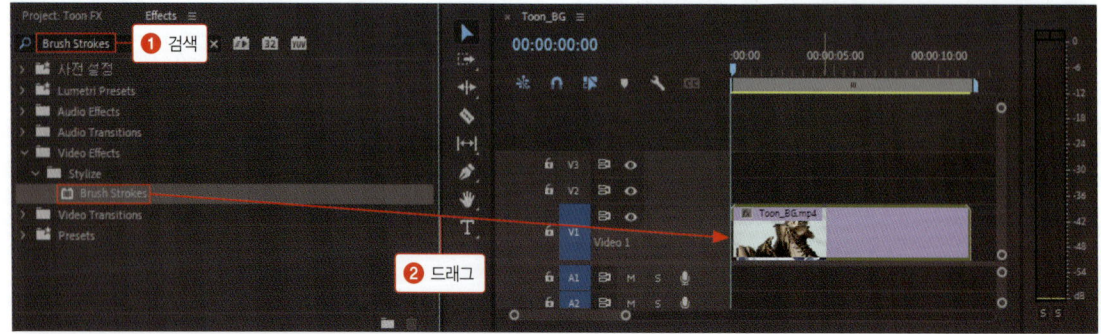

04 ① Effect Controls 패널의 Brush Strokes 항목에서 Stroke Angle을 '230°', Brush Size를 '5', Stroke Density를 '0.5', Stroke Randomness를 '0.2'로 설정해 브러시로 그린 듯한 화면을 완성합니다. ② Motion 항목의 Scale을 '101'로 설정하여 테두리의 노이즈를 없애 줍니다.

05 Project 패널의 'Toon_BG.mp4' 클립을 Timeline 패널의 V2 트랙으로 드래그합니다.

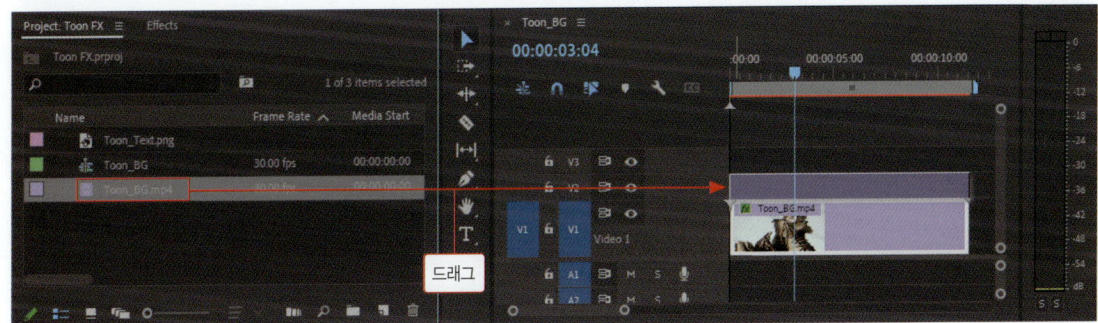

06 ① Effects 패널에서 'Find Edge' 이펙트를 검색하고 ② V2 트랙의 'Toon_BG.mp4' 클립에 드래그합니다. 오브젝트의 윤곽을 따라 라인 드로잉 이펙트가 적용됩니다.

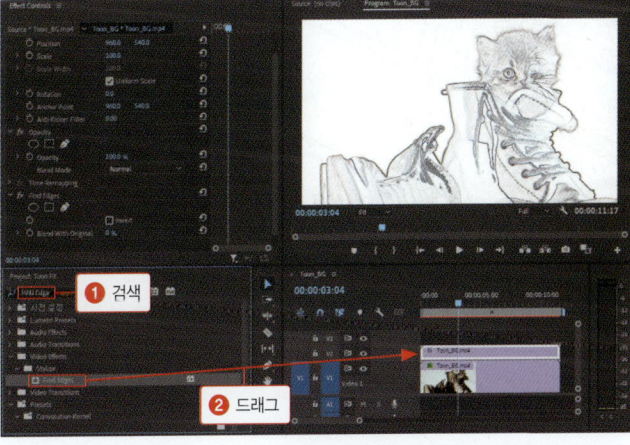

Chapter 01 · 영상 특수 효과 적용하기   395

07 ① Effect Controls 패널에서 Opacity 항목의 Blend Mode를 'Soft Light'로 지정한 다음 ② Opacity을 '50%'로 설정합니다. 라인 드로잉 이미지가 아래 이미지와 중첩되어 부드럽게 처리됩니다.

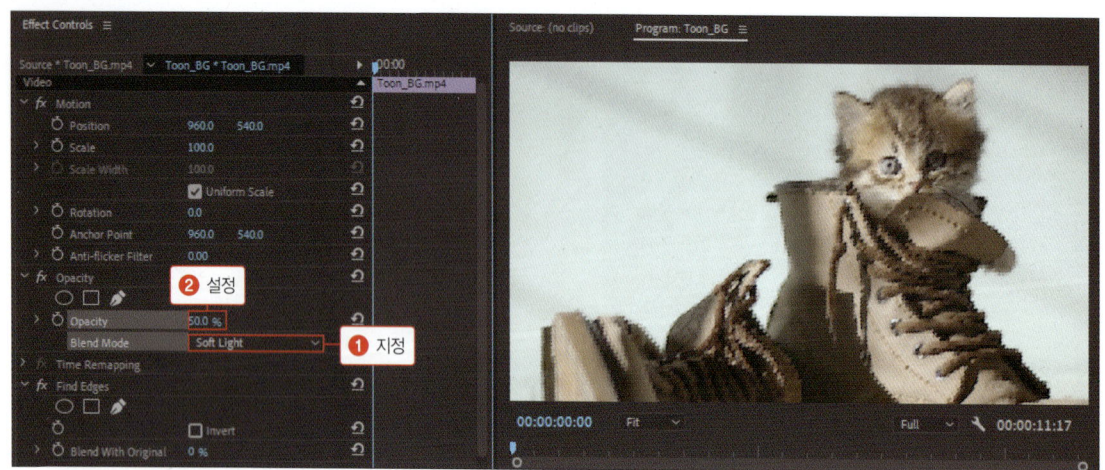

08 Project 패널의 'Toon_BG.mp4' 아이템을 Timeline 패널의 V3 트랙에 드래그합니다.

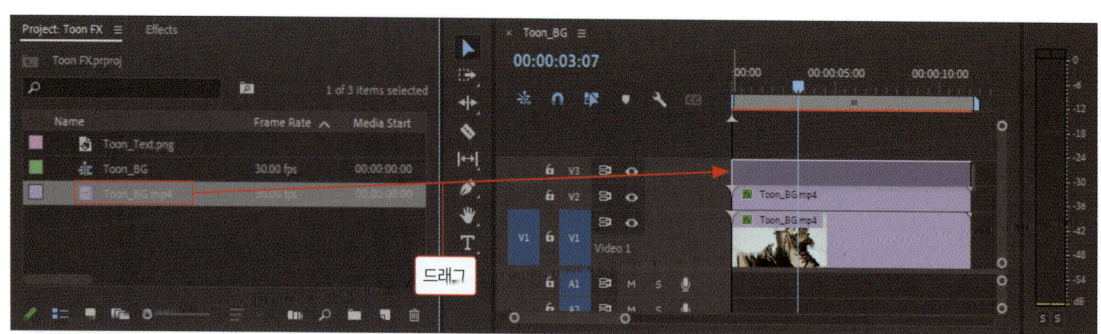

09 ① Effects 패널에서 'Posterize' 이펙트를 검색하고 ② V3 트랙의 'Toon_BG.mp4' 클립에 드래그합니다. 영상이 낮은 해상도의 이미지로 변경됩니다.

10 ❶ Effect Controls 패널에서 Posterize 항목의 Level을 '2'로 설정한 다음 ❷ Opacity 항목의 Blend Mode를 'Soft Light'로 지정하고 ❸ Opacity를 '35%'로 설정합니다. 3개 트랙의 이미지가 중첩되어 만화 그림체 화면이 완성됩니다.

11 ❶ Project 패널 하단의 'New Item' 아이콘(	)을 클릭해 ❷ Color Matte를 실행합니다.

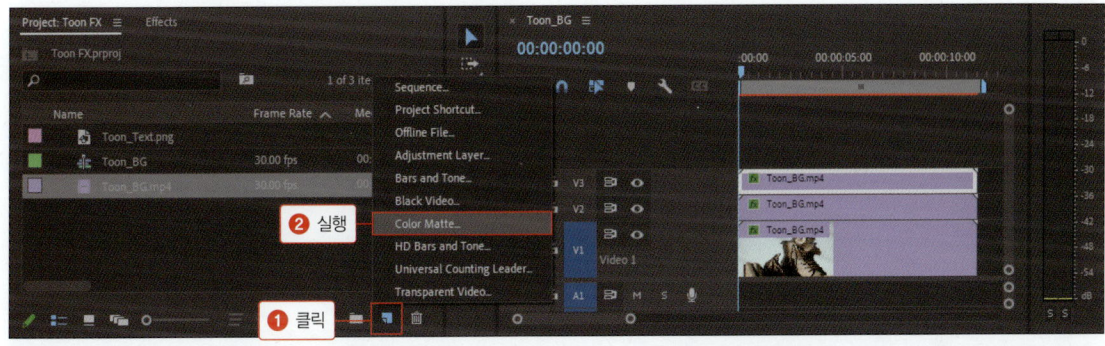

12 New Color Matte 대화상자가 표시되면 〈OK〉 버튼을 클릭합니다.

13 Color Picker 대화상자가 표시되면 ❶ '스포이트' 아이콘(🖋)을 클릭해 ❷ Program Monitor 패널 화면 중 밝은 톤의 베이지 색을 클릭한 다음 ❸ 〈OK〉 버튼을 클릭합니다.

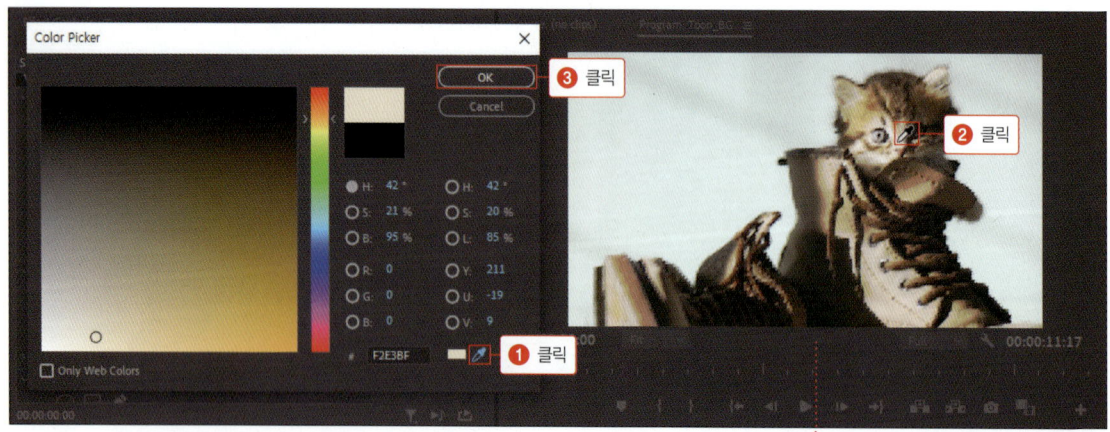

영상에 말풍선, 자막 등 다른 요소를 적용할 때 화면 속에 있는 컬러를 이용하면 자연스럽고 안정적인 분위기의 디자인을 완성할 수 있습니다.

14 Choose Name 대화상자가 표시되면 ❶ 'Text Bubble'을 입력하고 ❷ 〈OK〉 버튼을 클릭합니다.

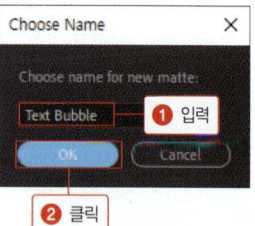

15 ❶ Project 패널에 만들어진 'Text Bubble' 아이템을 Timeline 패널의 V4 트랙에 드래그한 다음 ❷ 끝 점을 드래그하여 V1, V2, V3 트랙의 클립들과 길이를 같게 만듭니다.

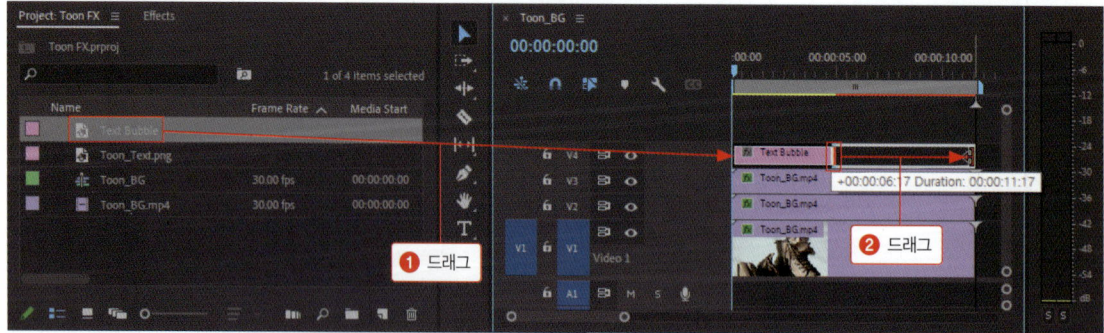

16 ❶ Timeline 패널에서 'Text Bubble' 클립을 선택한 다음 ❷ Effect Controls 패널의 Opacity 항목에서 'Free draw bezier' 아이콘( )을 클릭합니다. ❸ Program Monitor 패널에 포인터를 찍어 그림과 같이 말풍선 모양의 마스크 패스를 만듭니다.

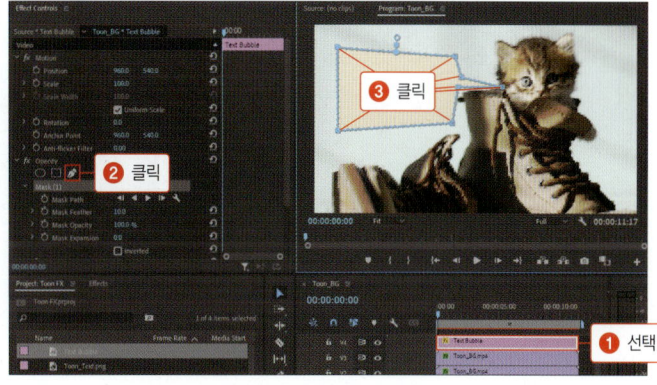

TIP
마스크를 만들 때 여러 개의 점을 찍은 다음 마지막에 처음 찍은 점의 위치를 클릭하면 닫힌 도형을 완성할 수 있습니다. 또한, 완성된 도형의 포인터를 드래그하여 이동할 수 있으며 선을 클릭해 포인터를 추가하거나 Ctrl을 누른 상태로 이미 적용된 포인터를 클릭해 삭제할 수 있습니다. Alt를 누른 상태로 포인터를 드래그하면 Bezier Curve가 만들어져 곡선을 만들 수 있습니다.

17 ❶ Program Monitor 패널에서 Alt를 누른 상태로 마스크 포인터를 드래그해 곡선화한 다음 ❷ 만들어진 베지어 곡선을 제어하거나 포인터를 드래그하여 아래와 같이 곡선형 말풍선을 완성합니다. 이어 ❸ Effect Controls 패널의 Opacity 항목의 Mask (1)의 Mask Feather를 '0'으로 설정해 테두리 경계를 날카롭게 합니다.

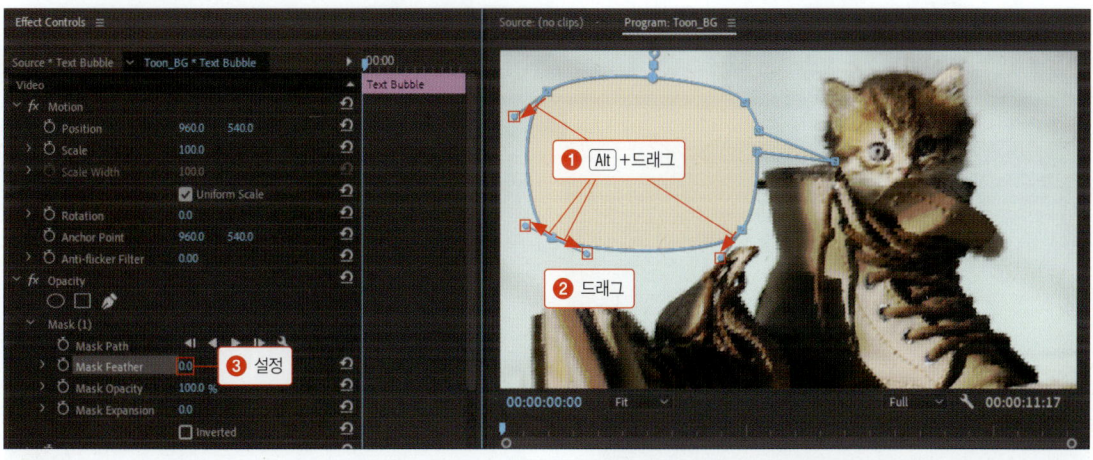

18 Timeline 패널에서 Alt를 누른 상태로 V4 트랙의 'Text Bubble' 클립을 위로 드래그하여 복제합니다.

19 ① Project 패널의 'New Item' 아이콘( )을 클릭해 ② Color Matte를 실행합니다.

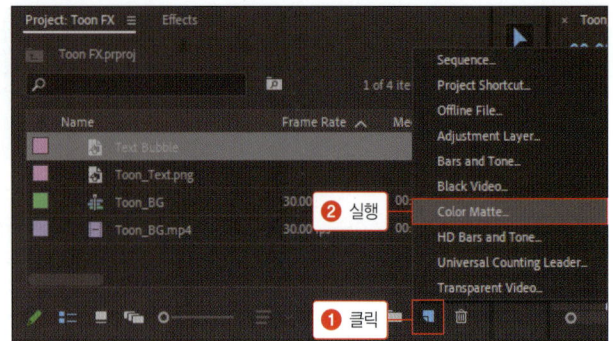

20 New Color Matte 대화상자가 표시되면 〈OK〉 버튼을 클릭합니다.

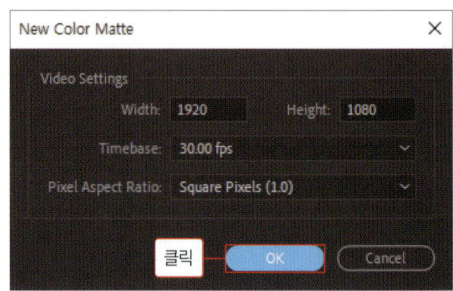

21 Color Picker 대화상자가 표시되면 ① '스포이트' 아이콘( )을 클릭해 ② Program Monitor 패널의 화면에서 중간 밝기의 회색 톤을 클릭하고 ③ 〈OK〉 버튼을 클릭합니다.

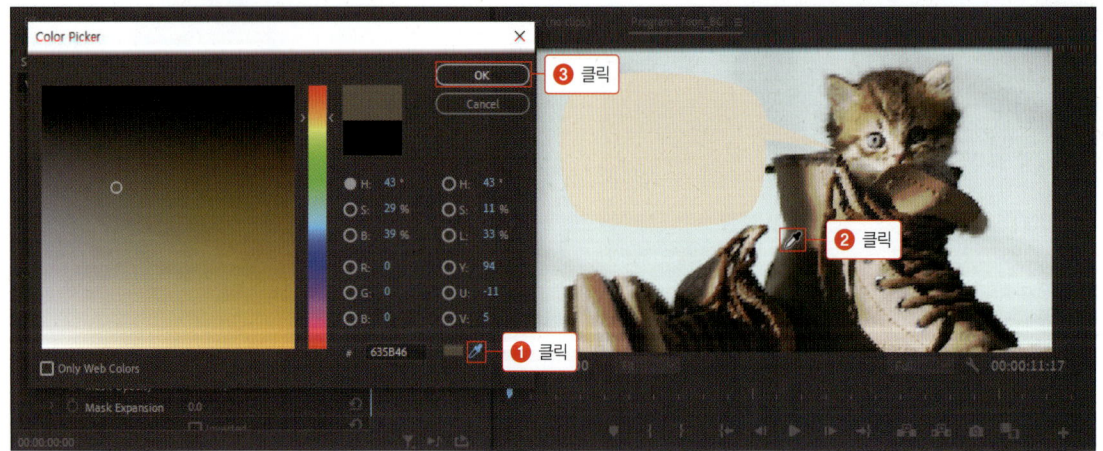

22 Choose Name 대화상자가 표시되면 ① 'Shadow'을 입력하고 ② 〈OK〉 버튼을 클릭합니다.

23 ❶ Project 패널에 'Shadow' 아이템을 Alt 를 누른 상태로 Timeline 패널에서 V4 트랙의 'Text Bubble' 클립에 드래그하면 기존 클립 속성 그대로 새로운 아이템으로 대체 됩니다. ❷ Timeline 패널에서 'Shadow' 클립을 선택합니다.

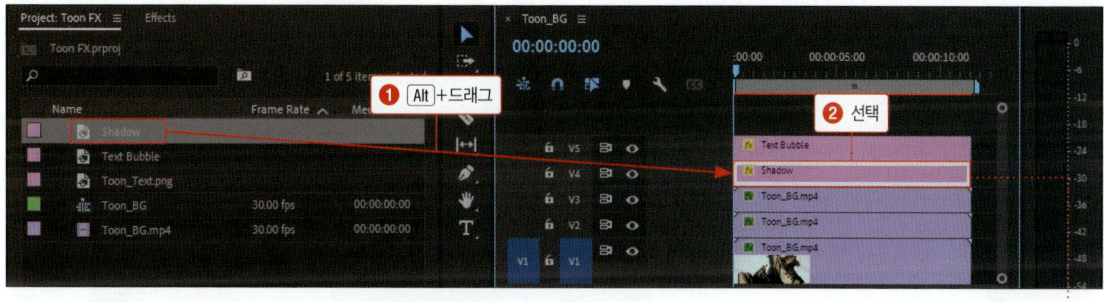

Project 패널에 있는 아이템을 Alt 를 누른 상태로 Timeline 패널의 클립에 드래그하면 기존 클립이 가지고 있는 속성 그대로 새로운 아이템으로 대체됩니다.

24 Effect Controls 패널에서 Motion 항목의 Position을 설정하여 약간 오른쪽 아래로 이동합니다. 그림과 같이 말풍선 패스에 그림자 효과가 적용됩니다.

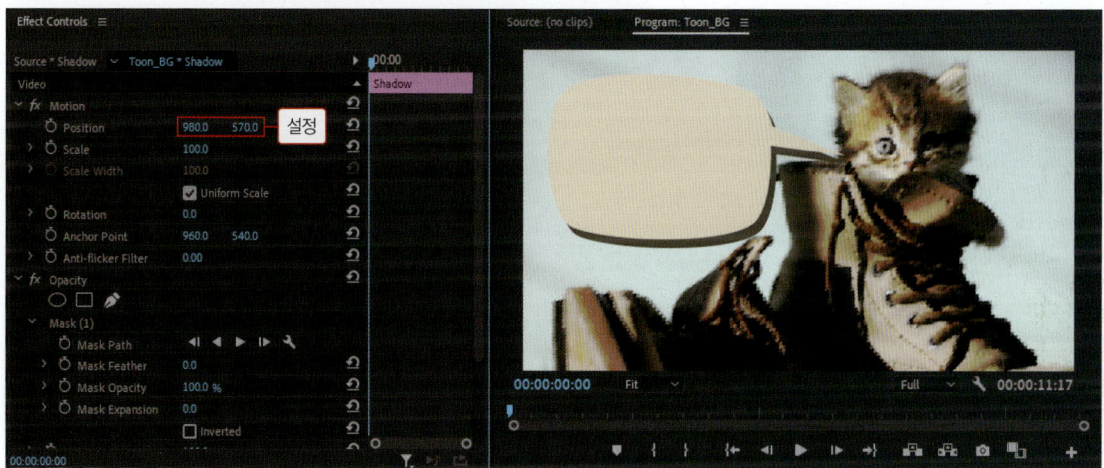

25 ❶ Timeline 패널에서 V4, V5 트랙의 두 클립을 모두 선택한 다음 ❷ 메뉴에서 (Clip) → Nest를 실행합니다.

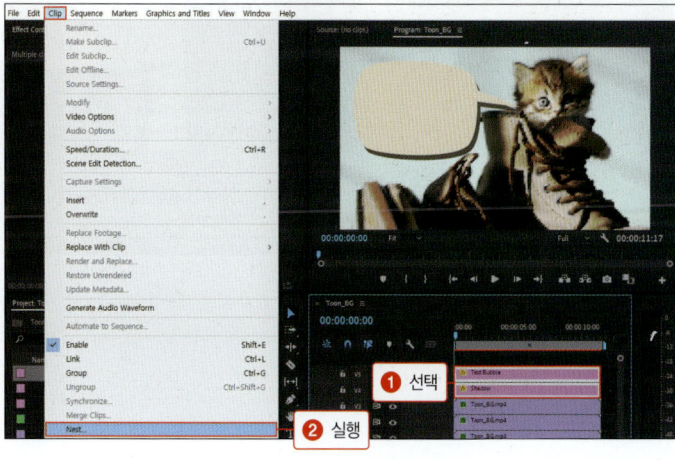

TIP
 Ctrl 을 누른 상태로 여러 클립을 연속해 클릭하면 동시에 여러 클립을 선택할 수 있습니다.

Chapter 01 • 영상 특수 효과 적용하기　401

26 Nested Sequence Name 대화상자가 표시되면 ❶ Name을 'Text Bubble'로 입력하고 ❷ 〈OK〉 버튼을 클릭하면 두 개의 클립이 하나로 묶입니다.

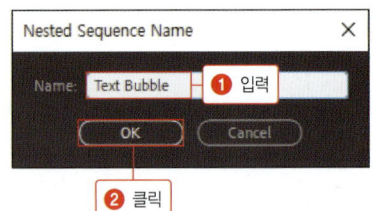

27 ❶ Timeline 패널에서 'Text Bubble' 클립을 선택하고 ❷ Effect Controls 패널에서 Motion 항목의 Anchor Point를 선택합니다. ❸ Program Monitor 패널에 이미지의 Anchor Point가 표시된 것을 확인합니다.

> Anchor Point는 이미지 또는 영상 클립의 기준점으로 회전(Rotation) 및 크기(Scale) 애니메이션을 적용할 때 매우 중요한 요소입니다. 예제에서는 말풍선이 커지는 방향과 위치를 뾰족한 부분으로부터 왼쪽으로 적용하기 위해 Anchor Point 위치를 변경합니다.

28 Anchor Point를 설정하여 그림과 같이 기준점이 말풍선의 뾰족한 끝부분이 위치하도록 합니다.

29 Effect Controls 패널에서 Motion 항목의 Position을 설정하여 그림과 같이 말풍선이 잘리지 않고 화면 왼쪽에 상단에 안정적인 구도로 배치합니다.

30 ❶ 현재 시간 표시기를 '00:00:01:15'로 이동한 다음 ❷ Effect Controls 패널에서 Scale의 'Toggle animation' 아이콘( )을 클릭해 키프레임을 만듭니다.

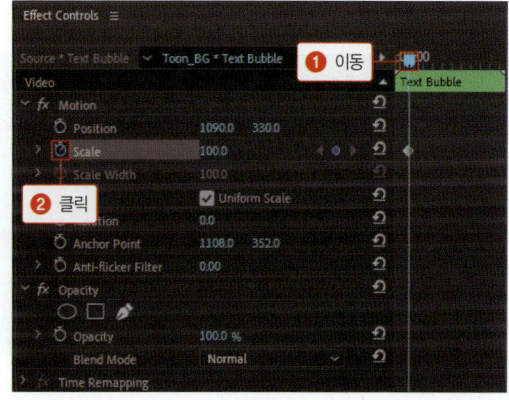

31 ❶ 현재 시간 표시기를 '00:00:01:10'으로 이동한 다음 ❷ Effect Controls 패널에서 Scale을 '110'으로 설정합니다.

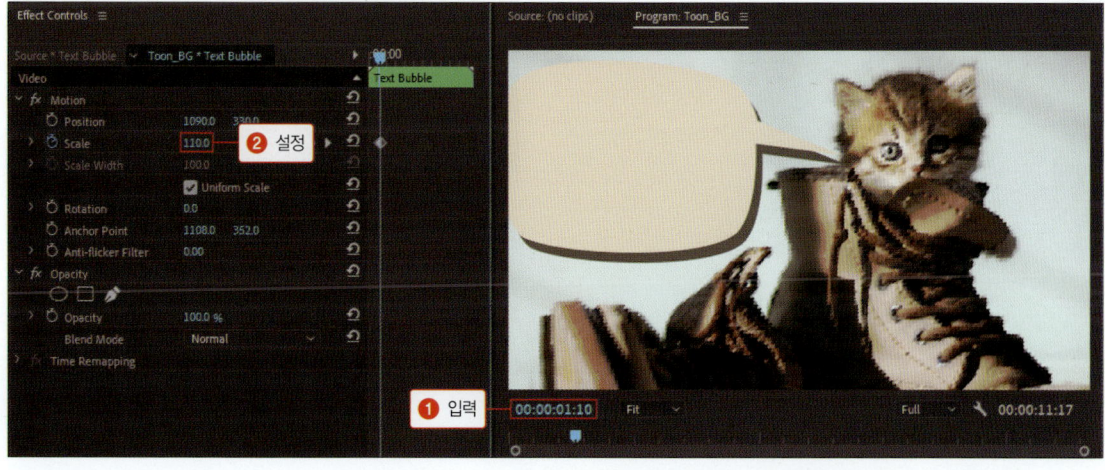

32
❶ 현재 시간 표시기를 '00:00:01:00'으로 이동한 다음 ❷ Effect Controls 패널에서 Scale를 '0'으로 설정하면 크기가 커지는 말풍선 애니메이션이 완성됩니다.

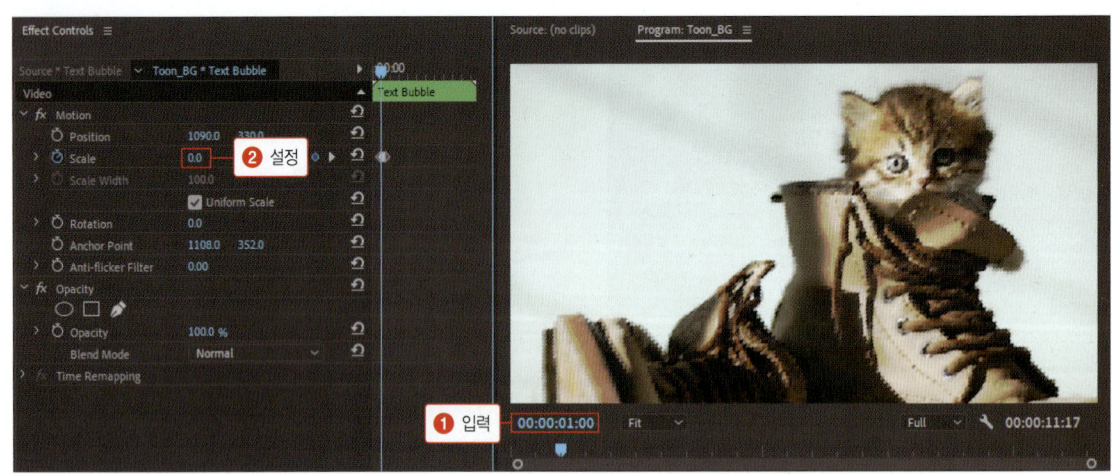

33
❶ Project 패널의 'Toon_Text.png' 아이템을 Timeline 패널의 V5 트랙에 드래그한 다음 ❷ 끝 점을 드래그하여 V1, V2, V3, V4 트랙의 클립들과 길이를 같게 만듭니다.

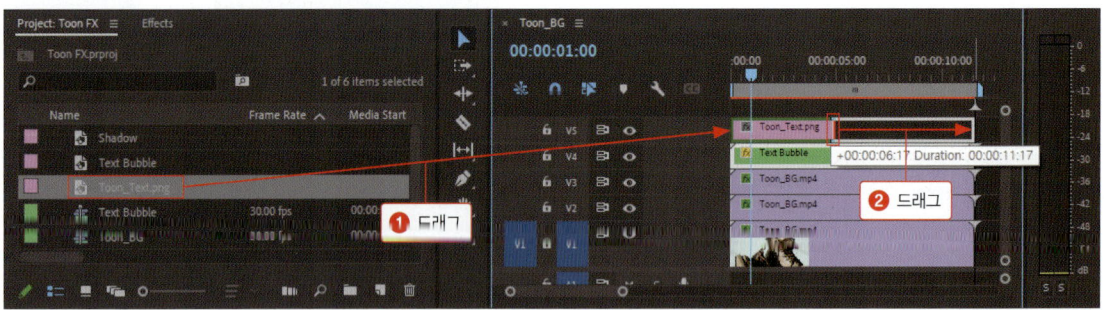

34
❶ Timeline 패널에서 현재 시간 표시기를 '00:00:01:15'로 이동하고 ❷ V5 트랙 'Toon_Text.png' 클립의 시작 점을 오른쪽으로 드래그하여 클립 길이를 줄여준 다음 ❸ 'Toon_Text.png' 클립을 선택합니다.

35 Effect Controls 패널에서 Position과 Scale을 설정하여 그림과 같이 자막 이미지가 말풍선 안에 안정적인 구도로 배치되도록 합니다.

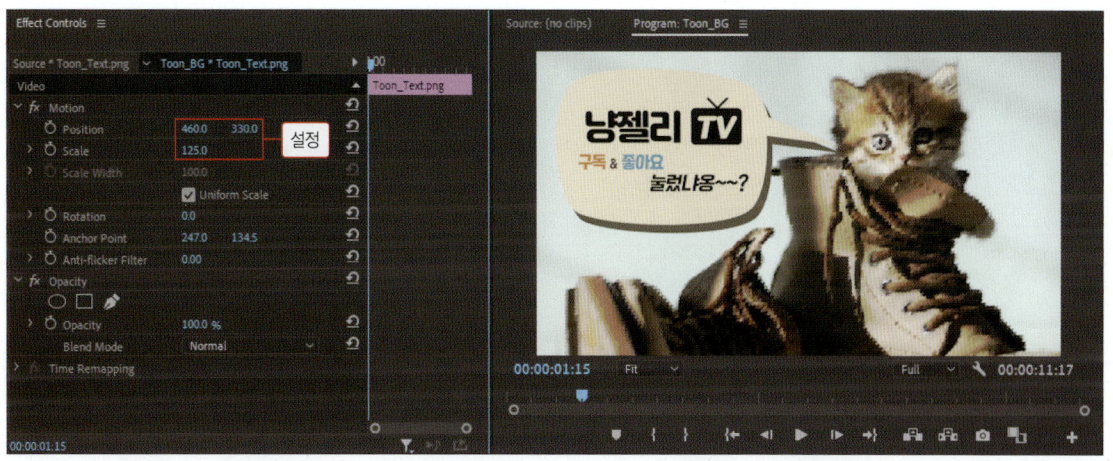

36 ❶ Effects 패널에서 'Iris Round' 이펙트를 검색하고 ❷ Timeline 패널의 'Toon_Text.png' 클립 시작 점에 드래그합니다.

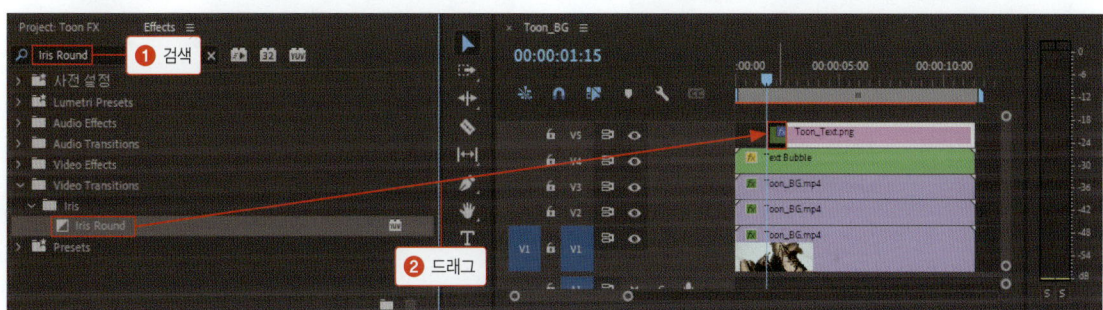

37 ❶ 'Toon_Text.png' 클립에 적용된 'Iris Round' 이펙트를 더블클릭합니다. Set Transition Duration 대화상자가 표시되면 ❷ Duration을 '10'으로 설정하고 ❸ 〈OK〉 버튼을 클릭합니다. 오른쪽 아래에서 마스킹 되어 등장하는 장면 전환 효과가 적용됩니다.

38 영상을 재생해 만화 화면 효과로 변경된 영상과 말풍선 자막 애니메이션을 확인합니다.

실습예제 06 ― 스톱모션 적용하기 - Posterize Time

스톱모션은 정지되어 있는 물체나 인물을 조금씩 이동하며 여러 장의 사진을 촬영해서 이어붙인 다음 움직이는 것처럼 보이게 하는 연출법 중 하나입니다. 프리미어 프로에서는 Posterize Time으로 영상의 프레임을 낮게 고정하여 마치 사진을 여러 장 이어붙인 스톱모션 영상인 것처럼 보이게 연출할 수 있습니다. 프레임이 낮은 옛날 필름 영화 등의 느낌을 내기 위해서도 이 효과를 사용합니다.

◎ 예제파일 : 07\Posterize time.mp4   ◎ 완성파일 : 07\Posterize time_완성.mp4, Posterize time_완성.prproj

01 파일을 불러오기 위해 메뉴에서 (File) → Import ((Ctrl) + (I))를 실행합니다. ❶ 07 폴더에서 ❷ 'Posterize time.mp4' 파일을 선택하고 ❸ 〈열기〉 버튼을 클릭합니다.

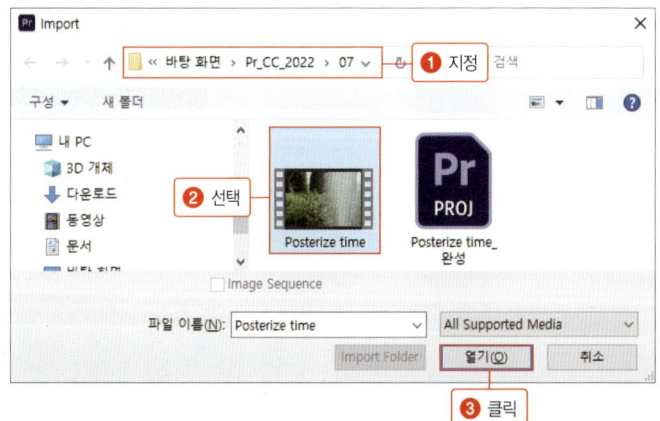

02 Project 패널의 'Posterize time.mp4' 아이템을 'New Item' 아이콘( )으로 드래그하여 소스 파일과 같은 시퀀스를 만듭니다.

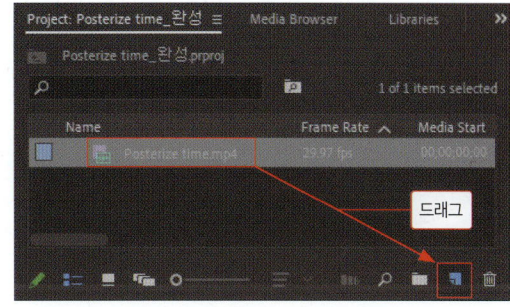

03 ❶ Effects 패널에서 'Posterize Time' 이펙트를 검색하고 ❷ Timeline 패널의 'Posterize time.mp4' 클립에 드래그합니다.

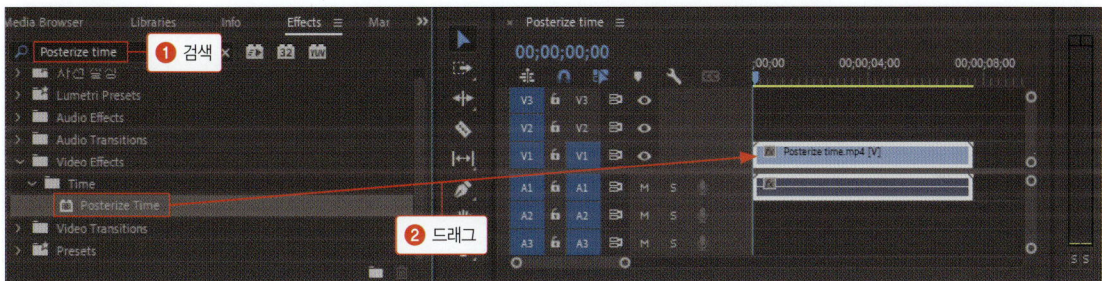

04 효과가 적용된 것을 확인하고 Effect Controls 패널에서 Posterize time 항목의 Frame Rate을 '5'로 설정합니다.

05 영상을 재생해 스톱모션처럼 뚝뚝 끊기는 효과가 적용된 것을 확인합니다.

• Text Effects

자막 특수 효과 적용하기

영상에서 자막은 등장인물들의 대사를 노출하여 전달력을 높이는 용도로 주로 사용되지만, 자막에 디자인을 적용하고, 특수 효과를 더한다면 영상 전반의 완성도를 확실하게 끌어올릴 수 있습니다. 밋밋한 자막에 다양한 특수 효과들을 적용하여 시청자들의 이목을 확 잡아끄는 영상을 만들어 보도록 합니다.

실습예제 01 흐렸다가 선명해지는 타이틀 효과 만들기 - Fast Blur

Blur는 주로 Mosaic와 함께 대상을 흐리게 하여 식별하지 못하는 용도로 활용하지만, 자막에서는 디자인적인 효과로도 사용합니다. 다양한 용도로 사용할 수 있지만, 오프닝 등에서 주요 자막이 서서히 등장해서 긴장감을 형성하거나 맑은 느낌을 표현할 때 주로 사용하는 효과입니다.

◉ 예제파일 : 07\Blur Title.mp4   ◉ 완성파일 : 07\Blur Title_완성.mp4, Blur Title_완성.prproj

01 파일을 불러오기 위해 메뉴에서 **(File)** → **Import**(Ctrl + I)를 실행합니다. ❶ 07 폴더에서 ❷ 'Blur Title.mp4' 파일을 선택하고 ❸ 〈열기〉 버튼을 클릭합니다.

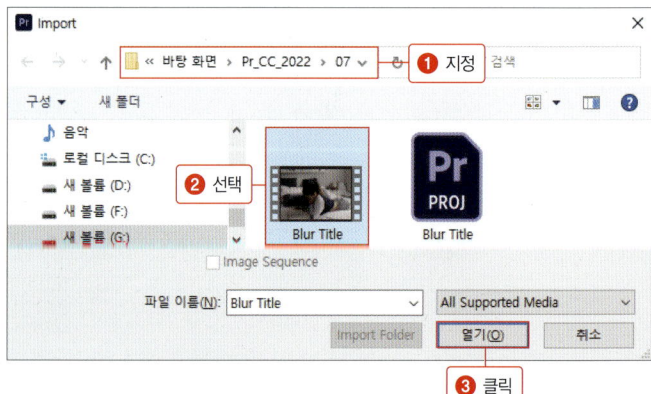

02 Project 패널의 'Blur Title.mp4' 아이템을 'New Item' 아이콘( )으로 드래그하여 소스 파일과 같은 시퀀스를 만듭니다.

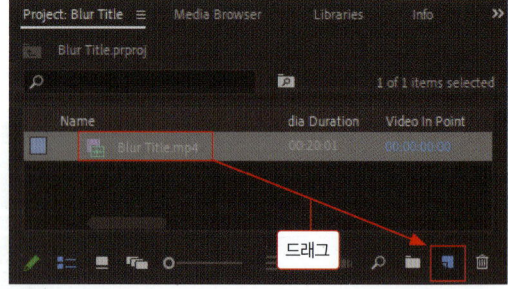

03 ❶ Tools 패널의 문자 도구()를 선택합니다. ❷ Program Monitor 패널에서 화면의 중앙을 클릭한 다음 ❸ 'Morning Routine'을 입력하여 텍스트를 만듭니다.

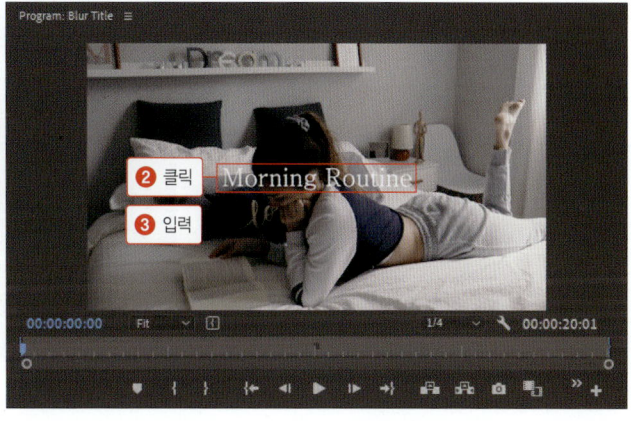

04 메뉴에서 (Window) → Essential Graphics를 실행합니다.

05 ❶ Timeline 패널에서 V2 트랙의 'Morning Routine' 클립을 선택한 다음 Essential Graphics 패널의 (Edit) 탭에서 ❷ 'Center align text' 아이콘(▤), ❸ 'Horizontal Center' 아이콘(▣), ❹ 'Vertical Center' 아이콘(▣)을 순서대로 클릭하여 자막이 영상 소스 정중앙에 위치하도록 정렬합니다.

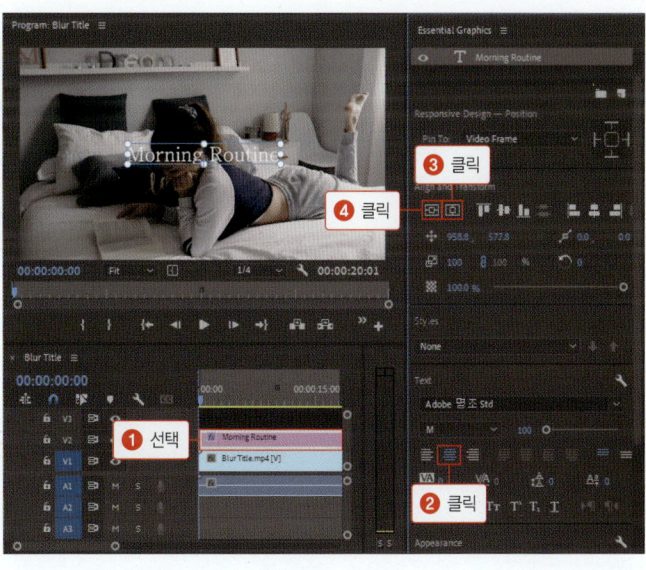

Chapter 02 • 자막 특수 효과 적용하기   409

06 ❶ Essential Graphics 패널 (Edit) 탭의 Text 항목에서 원하는 폰트를 지정합니다. ❷ Font Size를 '140'으로 설정한 다음 ❸ 자간을 '63'으로 설정하고 ❹ 'Faux Italic' 아이콘(*T*)을 클릭합니다.

> **TIP**
> 예제에서는 'G마켓 산스 Bold'라는 상업적으로 사용 가능한 무료 폰트를 사용했습니다.

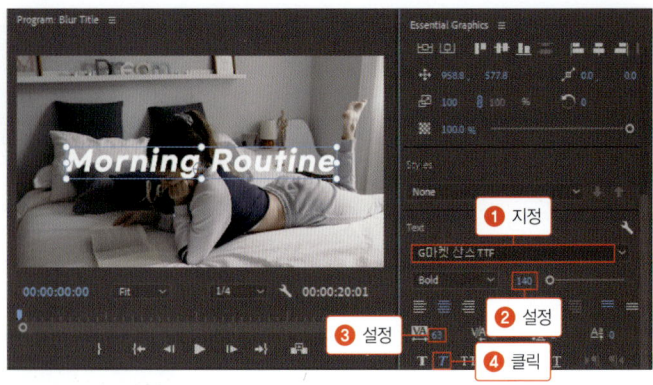

07 Appearance 항목의 Fill의 색상 상자를 클릭해 '형광 연두색(#00FF36)'으로 지정합니다.

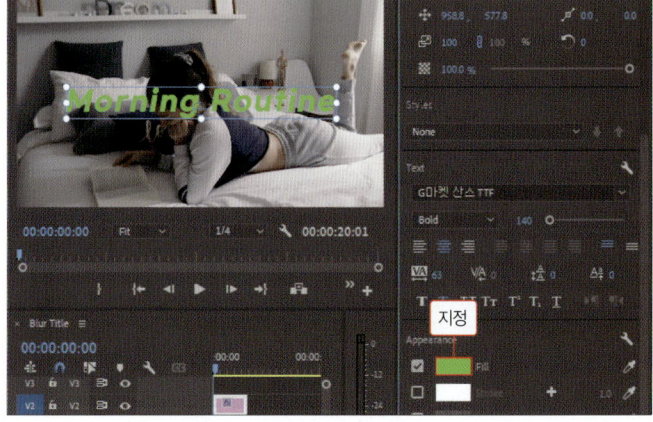

08 Timeline 패널에서 V2 트랙의 지막 클립의 오른쪽 끝 점을 오른쪽으로 드래그하여 'Blur Title.mp4' 영상 클립의 길이와 같게 만듭니다.

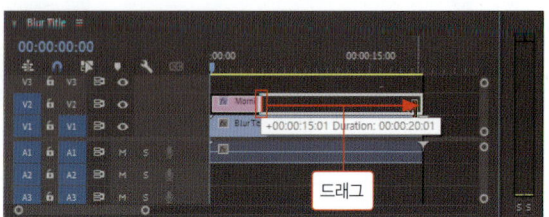

09 ❶ Effects 패널에서 'Fast Blur' 이펙트를 검색하고 ❷ Timeline 패널의 V2 트랙 'Morning Routine' 클립에 드래그하여 효과를 적용합니다.

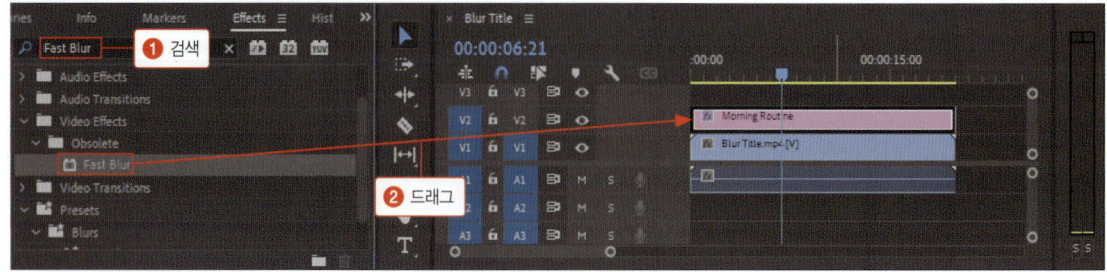

10 ① Timeline 패널에서 현재 시간 표시기를 '00:00:03:00'으로 이동하고 ② 'Morning Routine' 클립을 선택합니다. ③ Effect Controls 패널에서 Fast Blur 항목의 Blurriness의 'Toggle animation' 아이콘( )을 클릭하여 키프레임을 만듭니다.

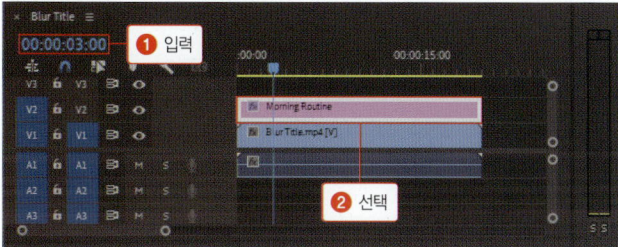
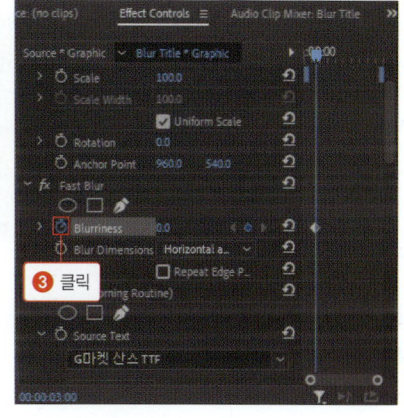

11 ① Timeline 패널에서 현재 시간 표시기를 '00:00:00:00'으로 이동하고 ② 'Morning Routine' 클립을 선택합니다. ③ Effect Controls 패널에서 Fast Blur 항목의 Blurriness를 '250'으로 설정합니다.

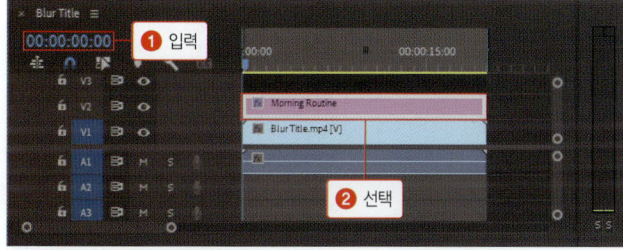
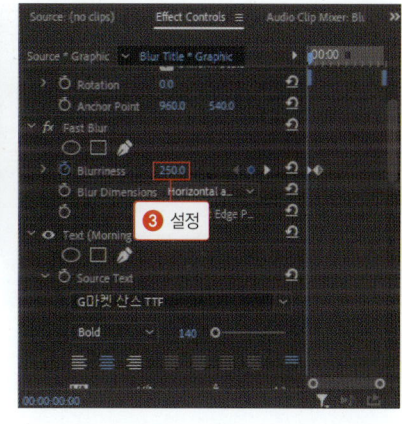

12 영상을 재생해 흐렸다가 선명해지는 자막이 적용된 것을 확인합니다.

▲ 흐려졌다가 서서히 선명해지는 효과가 적용된 자막

Chapter 02 • 자막 특수 효과 적용하기   411

실습예제 02 노래방 자막 효과 만들기 - Crop 우선순위 | TOP 03

노래방의 화면을 보면 노래에 맞춰 가사 자막의 색이 변하는 효과를 볼 수 있습니다. 가사에서 발화되는 단어의 속도가 각자 다르므로 자막이 잘리는 효과를 세밀하게 조절하는 작업이 필요하기에 다소 복잡해 보일 수 있으나, Crop을 활용하면 노래방 자막 효과를 쉽게 적용할 수 있습니다.

● 예제파일 : 07\Sing Title.mp4   ● 완성파일 : 07\Sing Title_완성.mp4, Sing Title_완성.prproj

01 파일을 불러오기 위해 메뉴에서 (File) → Import(Ctrl + I)를 실행합니다.
❶ 07 폴더에서 ❷ 'Sing Title.mp4' 파일을 선택하고 ❸ 〈열기〉 버튼을 클릭합니다.

02 Project 패널의 'Sing Title.mp4' 아이템을 'New Item' 아이콘(■)으로 드래그하여 소스 파일과 같은 시퀀스를 만듭니다.

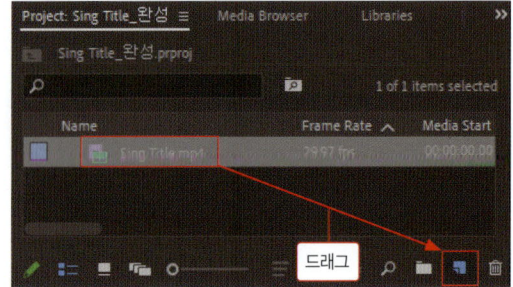

03 ❶ Tools 패널의 문자 도구(T)를 선택합니다.
❷ Program Monitor 패널의 중앙 하단을 클릭한 다음
❸ 'I told you I'd change'를 입력하여 자막을 만듭니다.

04 메뉴에서 (Window) → Essential Graphics를 실행합니다.

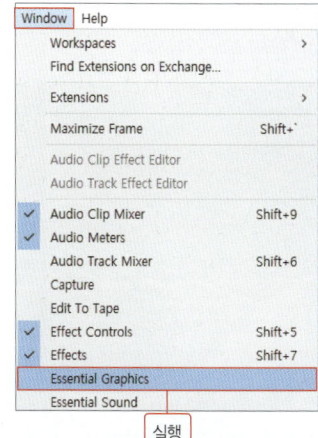

05 ❶ Timeline 패널에서 V2 트랙의 자막 클립을 선택한 다음 ❷ Essential Graphics 패널에서 (Edit) 탭의 'Center align text' 아이콘(▤)과 ❸ 'Horizontal Center' 아이콘(▣)을 순서대로 클릭하여 영상 소스 하단 정중앙에 자막이 위치하도록 정렬합니다.

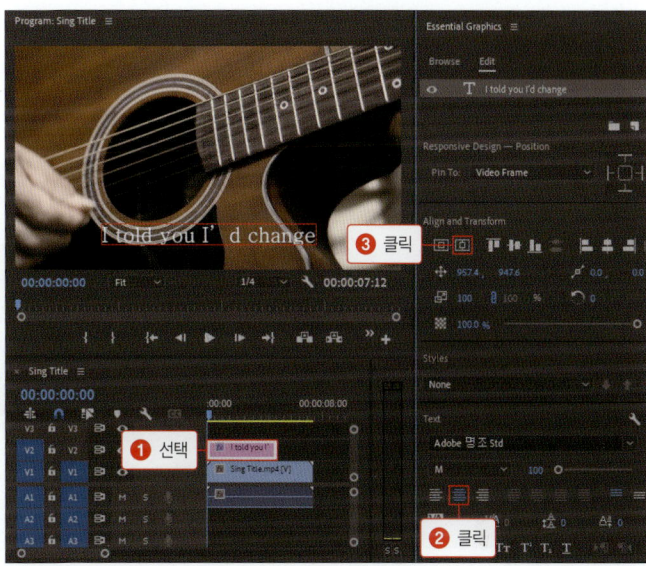

06 ❶ Project Monitor 패널에서 'I told you I'd change' 자막을 더블클릭합니다. ❷ Essential Graphics 패널의 Text 항목에서 원하는 폰트를 지정한 다음 ❸ Font Size를 '100'으로 설정합니다.

TIP
예제에서는 '카페24 단정해'라는 상업적으로 사용 가능한 무료 폰트를 사용했습니다.

07 Appearance 항목의 Fill의 색상 상자를 클릭한 다음 '노란색(#FFF000)'으로 지정합니다.

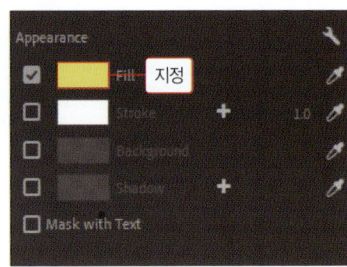

08 ❶ 'Stroke'를 체크 표시한 다음 ❷ 색상 상자를 클릭해 '검은색(#000000)'으로 지정하고 ❸ Stroke를 '10'으로 설정합니다.

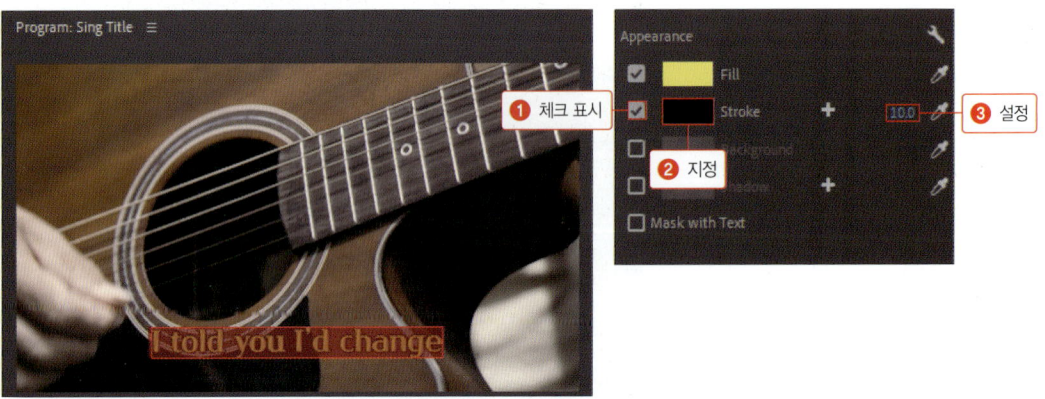

09 Timeline 패널에서 V2 트랙의 자막 클립의 오른쪽 끝 점을 선택한 다음 오른쪽으로 드래그하여 'Sing Title.mp4' 클립의 길이와 같게 만듭니다.

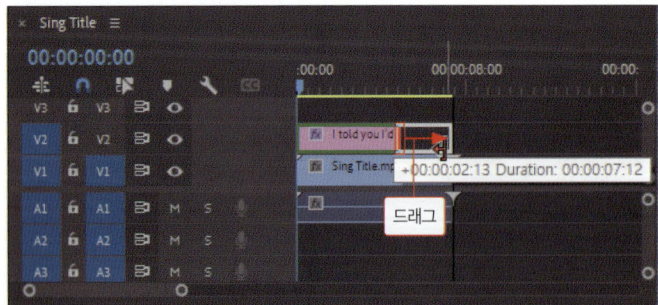

10 Timeline 패널에서 Alt 를 누른 상태로 V2 트랙의 'I told you I'd change' 클립을 V3 트랙으로 드래그해 복제합니다.

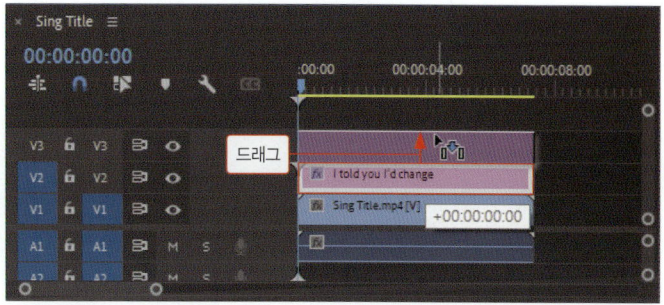

> **TIP**
> Alt 를 누른 상태로 클립을 이동하면 해당 클립이 복제됩니다.

11 ❶ Timeline 패널 V3 트랙의 'I told you I'd change' 클립을 선택하고 ❷ Program Monitor 패널에서 'I told you I'd change' 자막을 더블클릭하여 전체 자막을 선택합니다.

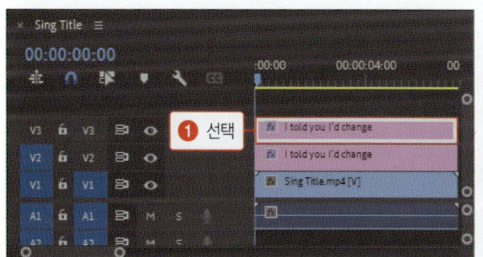

12 ❶ Essential Graphics 패널의 Appearance 항목에서 Fill의 색상 상자를 클릭해 '형광 파란색(#00F0FF)'으로 지정하고 ❷ Stroke의 색상 상자를 클릭한 다음 '흰색(#FFFFFF)'으로 지정합니다.

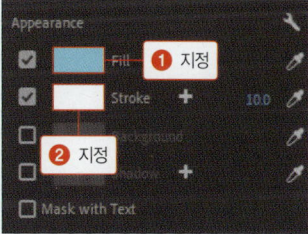

Chapter 02 • 자막 특수 효과 적용하기 415

13 ❶ Effects 패널에서 'Crop' 이펙트를 검색하고 ❷ Timeline 패널 V3 트랙의 'I told you I'd change' 클립에 드래그하여 효과를 적용합니다.

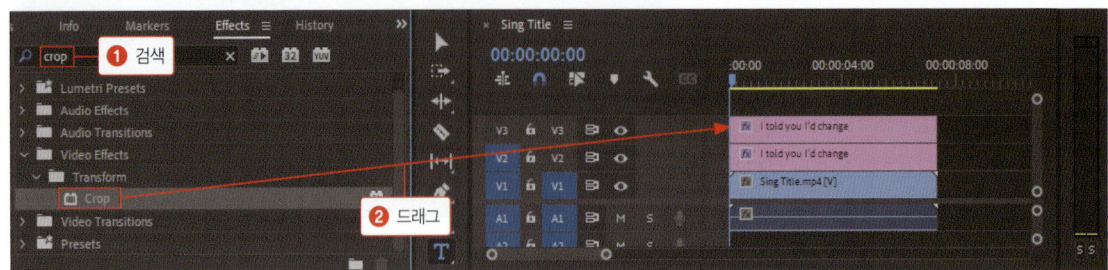

14 ❶ 현재 시간 표시기를 '00:00:00:00'으로 이동합니다. ❷ Effect Controls 패널에서 Crop 항목의 Right를 '100%'로 설정한 다음 ❸ Right의 'Toggle animation' 아이콘(◯)을 클릭해 키프레임을 만듭니다.

15 ❶ 현재 시간 표시기를 '00:00:01:27'로 이동합니다. ❷ Effect Controls 패널에서 Crop 항목의 Right를 '51%'로 설정합니다.

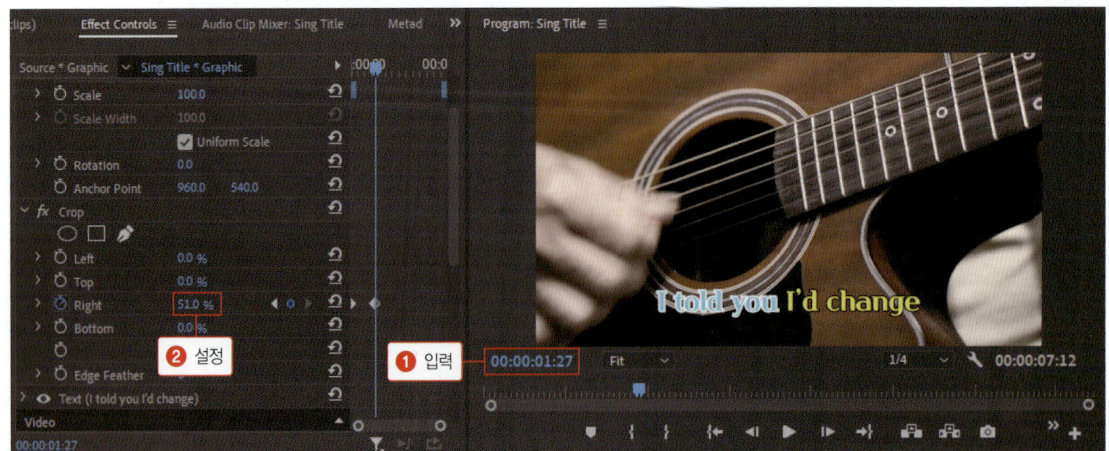

16 ❶ 현재 시간 표시기를 '00:00:03:10'으로 이동합니다. ❷ Effect Controls 패널에서 Crop 항목의 Right를 '43%'로 설정합니다.

17 ❶ 현재 시간 표시기를 '00:00:05:14'로 이동합니다. ❷ Effect Controls 패널에서 Crop 항목의 Right를 '20%'로 설정합니다.

18 영상을 재생해 노래방 자막 효과가 적용된 것을 확인합니다.

▲ 시간의 흐름에 따라 자막의 색이 잘려 변하는 모습

실습예제 03 말 자막에 고정되어 따라다니는 자막 만들기

TV 프로그램이나 유튜브를 보면 말 자막에 맞춰 말하는 인물의 이름 등 정보들이 노출되는 것을 볼 수 있습니다. 영상의 완성도를 높이기 위해 해당 정보가 말 자막의 앞이나 뒤에 고정되어 따라다니는 연출을 하는데, 말 자막의 수가 많을수록 일일이 자막 위치를 이동하여 적용하기 어렵습니다. 프리미어 프로에서는 말 자막의 길이에 맞춰 고정되어 움직이는 정보 자막을 쉽게 만들 수 있습니다.

◉ 예제파일 : 07\Name_Title.mp4   ◉ 완성파일 : 07\Name_Title_완성.mp4, Name_Title_완성.prproj

01 파일을 불러오기 위해 메뉴에서 (File) → Import((Ctrl)+(I))를 실행합니다. ❶ 07 폴더에서 ❷ 'Name_Title.mp4' 파일을 선택하고 ❸ 〈열기〉 버튼을 클릭합니다.

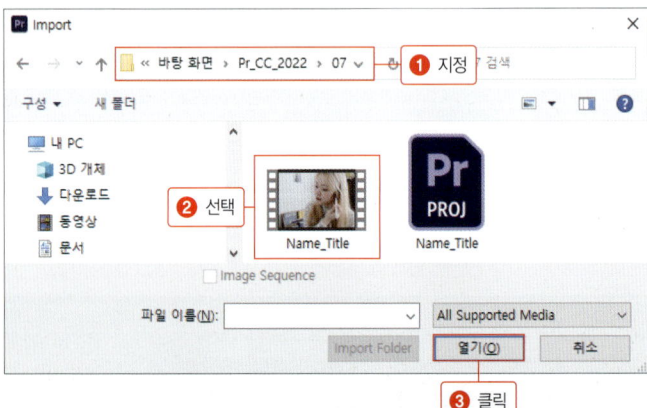

02 Project 패널의 'Name_Title.mp4' 아이템을 'New Item' 아이콘(🗔)으로 드래그하여 소스 파일과 같은 시퀀스를 만듭니다.

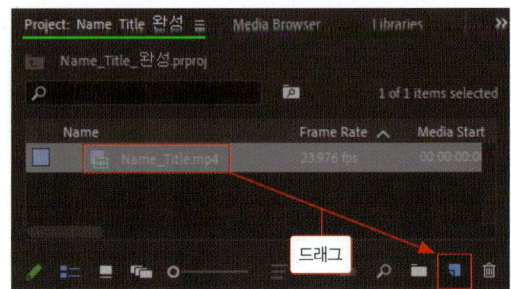

03 ❶ Tools 패널의 문자 도구(T)를 선택합니다. ❷ Program Monitor 패널의 화면에서 하단 중앙 영역을 클릭한 다음 ❸ '지금 막판 되니 아무 말 하는 거예요'를 입력하여 자막을 만듭니다.

04

❶ Timeline 패널에서 V2 트랙의 자막 클립을 선택한 다음 ❷ Essential Graphics 패널의 (Edit) 탭에서 'Center align text' 아이콘(　)과 ❸ 'Horizontal Center' 아이콘(　)을 순서대로 클릭하여 Program Monitor 패널의 화면 하단 정중앙에 자막이 위치하도록 정렬합니다.

TIP
* Essential Graphics 패널이 표시되지 않는다면 메뉴에서 (Window) → Essential Graphics를 실행합니다.

05

❶ Program Monitor 패널에서 '지금 막판 되니 아무 말 하는 거예요' 자막을 더블클릭해 자막을 전체 선택합니다. ❷ Essential Graphics 패널의 Text 항목에서 원하는 글꼴을 지정하고 ❸ Font Size를 너무 크지 않게 설정합니다.

TIP
예제에서는 'G마켓 산스 Medium'이라는 상업적으로 사용 가능한 무료 폰트를 사용하고, Font Size를 '70'으로 설정했습니다.

06

❶ Appearance 항목에서 Fill의 색상 상자를 클릭해 '짙은 회색(#3B3B3B)'으로 지정합니다. ❷ 'Background'를 체크 표시하고 ❸ 색상 상자를 클릭해 '옅은 분홍색(#D5ADA5)'으로 지정한 다음 ❹ Background의 Opacity(　)를 '100%', Size(　)를 '16'으로 설정합니다.

TIP
해당 이미지는 프리미어 프로 CC 2022 버전의 Appearance 항목 이미지로, 최신 버전의 Appearance 항목과 아이콘 위치가 차이가 있을 수 있습니다.

07 ❶ Tools 패널의 문자 도구(T)를 선택합니다. ❷ Timeline 패널에서 V2 트랙의 자막 클립이 선택된 채로 Program Monitor 패널에 만들어진 '하단 말 자막' 위를 클릭한 다음 ❸ '배희'를 입력하여 자막을 만듭니다. 예제의 07번~08번의 과정으로 만들었던 자막 디자인이 그대로 적용되어 자막이 만들어진 것을 확인합니다.

08 Essential Graphics 패널의 (Edit) 탭에서 '배희' 자막 왼쪽의 '문자 도구' 아이콘(T)을 더블클릭합니다.

09 ❶ Appearance 항목의 'Background'를 체크 표시 해제하고 ❷ 'Stroke'를 체크 표시합니다. ❸ Stroke 색상 상자를 클릭해 '흰색(#FFFFFF)'으로 지정하고 ❹ Stroke를 '10'으로 설정합니다.

10 Text 항목의 Font Size를 아래 말 자막의 폰트 크기보다 '10' 정도 낮게 설정합니다.

11 Program Monitor 패널에서 '배희' 자막을 드래그하여 '지금 막판 되니 아무 말 하는 거예요' 자막의 '지금' 글자 위쪽에 두 자막이 겹쳐지지 않게 약간의 거리를 두고 위치시킵니다.

12 ❶ Essential Graphics 패널의 (Edit) 탭에서 '배희' 레이어를 선택한 다음 ❷ Responsive Design – Position 항목의 Pin To를 클릭해 ❸ '지금 막판 되니 아무 말 하는 거예요'로 지정합니다.

13 Essential Graphics 패널에서 Responsive Design – Position 항목의 'pinning' 아이콘(▣)의 왼쪽을 클릭하여 활성화합니다.

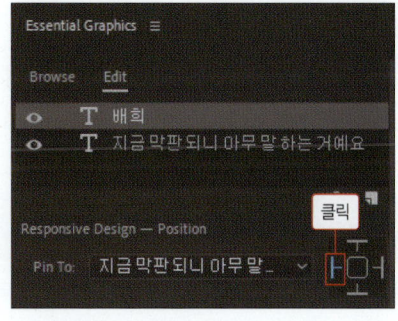

> **TIP**
> Select which edges of the parent layer will be used for pinning은 자막 A를 Pin To에서 선택한 자막 B의 왼쪽, 오른쪽, 위, 아래 가장자리 중 어떤 가장자리에 고정할지 선택하는 기능입니다. 13번과 같이 왼쪽을 활성화하면 자막 A는 자막 B의 왼쪽 끝에 고정되고, 자막 B의 글자의 전체 길이가 변경되어도 항상 왼쪽 끝에 고정되어 움직이게 됩니다.

14 Timeline 패널에서 V2 트랙의 자막 클립의 오른쪽 끝 점을 드래그하여 'Name_Title.mp4' 클립의 길이와 같게 만듭니다.

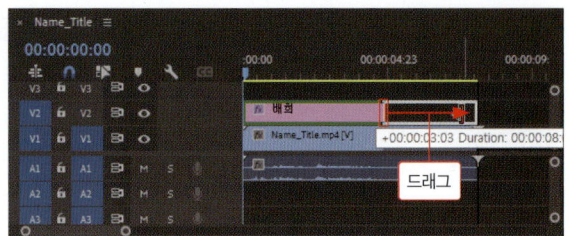

15 ① 현재 시간 표시기를 '00:00:02:09'로 이동하고 ② Tools 패널에서 자르기 도구( )를 선택한 다음 ③ Timeline 패널의 현재 시간 표시기 위치를 클릭하여 '배희' 클립을 자릅니다.

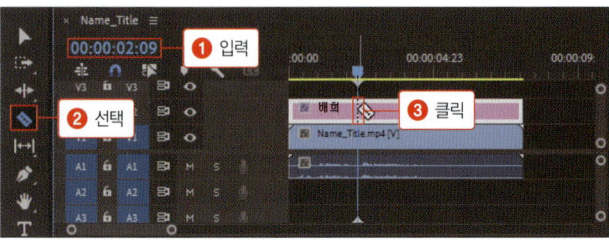

16 ① Program Monitor 패널에서 현재 시간 표시기를 '00:00:03:00'으로 이동하고 ② '지금 막판 되니 아무 말하는 거예요' 자막을 더블클릭합니다. ③ 자막이 전체 선택되어 있는 상태에서 '사실 제가 오늘 준비한 말은 다 한 것 같아요'를 입력합니다.

17 영상을 재생해 하단 말 자막의 길이에 따라 고정되어 이동하는 이름 자막을 확인합니다.

▲ 이름 자막이 말 자막의 왼쪽 끝에 고정되어 움직이는 모습

실습예제 04 자막 길이 따라 반응하는 이미지 자막 배경 만들기

프리미어 프로에서 기본적으로 반응형 자막 배경을 제공하고 있지만, 현재의 기능으론 단색이 아닌 종이, 나뭇결 등 원하는 텍스처나 디자인을 넣을 수 없습니다. 원하는 텍스처나 디자인으로 자막 배경을 만들고 싶다면 포토샵 등에서 직접 자막을 제작한 다음 특수 기능을 적용하여 제작해야 합니다. 이번 예제에서는 색연필로 칠한 듯한 텍스처의 자막 배경으로 반응형 자막을 만들어 봅니다.

● **예제파일** : 07\Image_Title_01.mp4, Image_Title_02.png   ● **완성파일** : 07\Image_Title_완성.mp4, Image_Title_완성.prproj

01 파일을 불러오기 위해 메뉴에서 **(File) → Import**(Ctrl+I)를 실행합니다.
❶ 07 폴더에서 ❷ 'Image_Title_01.mp4' 파일을 선택하고 ❸ 〈열기〉 버튼을 클릭합니다.

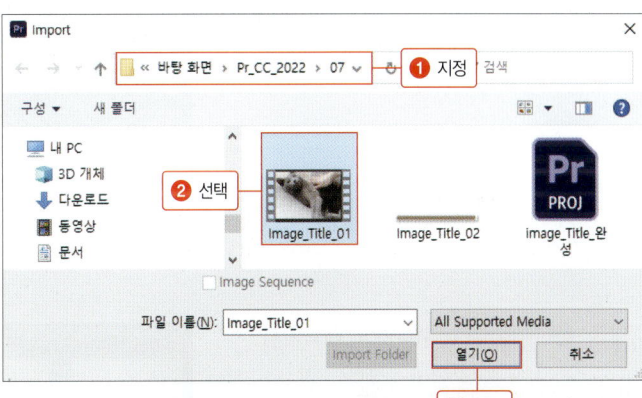

02 Project 패널에서 'Image_Title_01.mp4' 아이템을 'New Item' 아이콘(■)으로 드래그하여 소스 파일과 같은 시퀀스를 만듭니다.

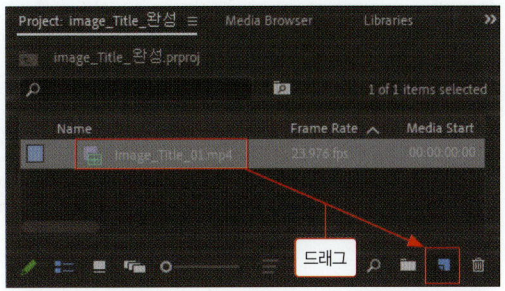

03 ❶ Tools 패널의 문자 도구(T)를 선택합니다. ❷ Program Monitor 패널의 하단 중앙 영역을 클릭한 다음 ❸ '제리는 오늘도 쿨쿨 낮잠을 잡니다'를 입력하여 자막을 만듭니다.

04

❶ Timeline 패널에서 V2 트랙의 자막 클립을 선택한 다음 ❷ Essential Graphics 패널의 (Edit) 탭에서 'Center align text' 아이콘(■), ❸ 'Horizontal Center' 아이콘(■)을 순서대로 클릭해 Program Monitor 패널의 하단 정중앙에 자막이 위치하도록 정렬합니다.

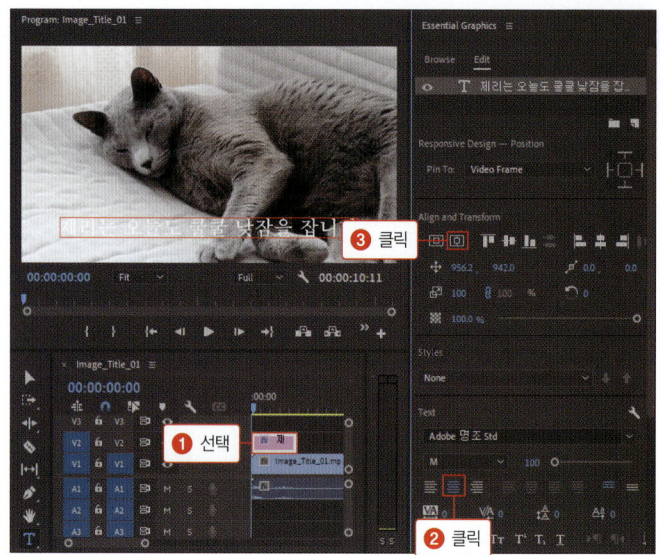

> **TIP**
> Essential Graphics 패널이 표시되지 않는다면 메뉴에서 (Window) → Essential Graphics를 실행합니다.

05

❶ Program Monitor 패널에서 '제리는 오늘도 쿨쿨 낮잠을 잡니다' 자막을 더블클릭해 자막을 전체 선택합니다. ❷ Essential Graphics 패널의 Text 항목에서 원하는 글꼴을 지정하고 ❸ Font Size를 너무 크지 않게 설정합니다.

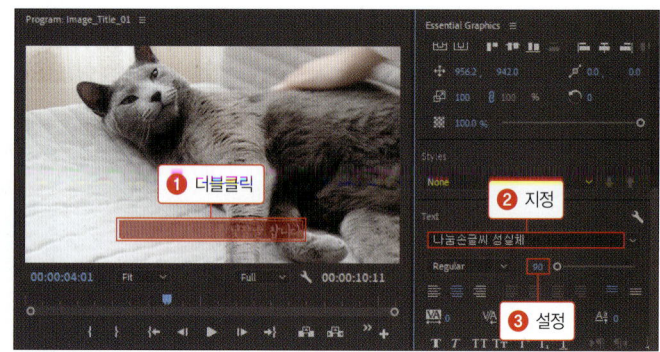

> **TIP**
> 예제에서는 '나눔손글씨 성실체'로 상업적으로 사용 가능한 무료 폰트를 사용하고, Font Size는 '90'으로 설정했습니다.

06

❶ Essential Graphics 패널의 (Edit) 탭에서 'New Layer' 아이콘(■)을 클릭한 다음 ❷ From File을 실행합니다.

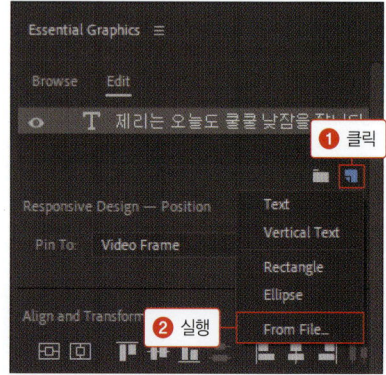

07 Import 대화상자가 표시되면 ❶ 07 폴더에서 ❷ 'Image_Title_02.png' 파일을 선택하고 ❸ 〈열기〉 버튼을 클릭합니다.

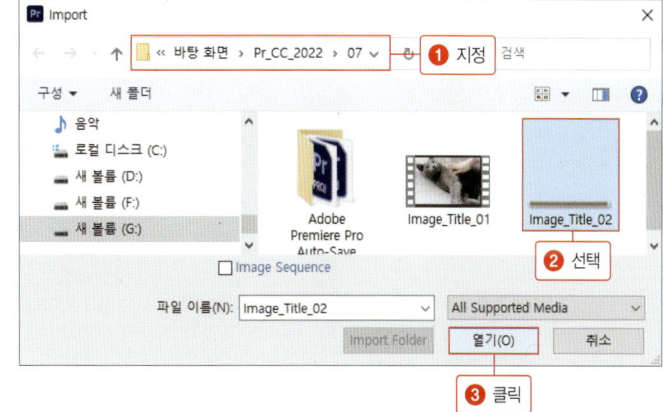

08 ❶ Essential Graphics 패널의 (Edit) 탭에서 만들어진 'Image_Title_02.png' 레이어를 선택한 다음 ❷ '제리는 오늘도 쿨쿨 낮잠을 잡니다' 레이어 아래로 드래그하여 위치를 이동합니다.

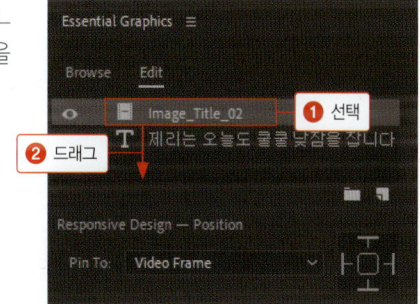

09 Align and Transform 항목에서 Position(⊕)을 설정하여 Program Monitor 패널의 'Image_Title_02.png' 소스가 '제리는 오늘도 쿨쿨 낮잠을 잡니다' 자막의 아래에 겹쳐지도록 이동합니다.

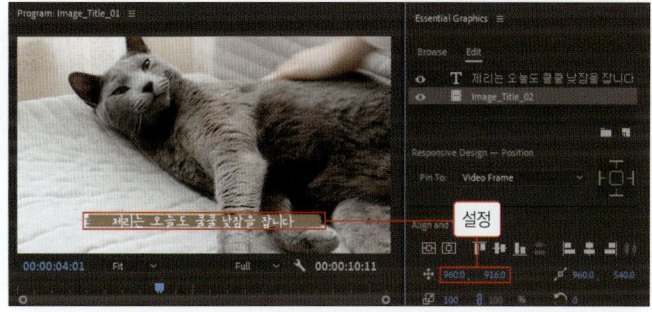

10 ❶ Essential Graphics 패널에서 Scale(▣)의 'Set Scale Lock' 아이콘(🔒)을 클릭해 비활성화(🔓)한 다음 ❷ 가로 세로 크기를 설정하여 '제리는 오늘도 쿨쿨 낮잠을 잡니다' 자막이 'Image_Title_02.png' 소스 영역에 완벽히 들어가도록 크기를 조절합니다.

> **TIP**
> 기본적으로 프리미어 프로에서는 Scale을 조절할 때, 가로 세로가 원본과 같은 비율로 조절되도록 설정되어 있습니다. 'Set Scale Lock' 아이콘(🔒)을 클릭해 비활성화(🔓)하면 소스의 가로세로 길이를 각각 다르게 조절할 수 있습니다.

11 ❶ Essential Graphics 패널의 (Edit) 탭에서 'Image_Title_02.png' 소스를 선택한 다음 ❷ Pin To를 클릭하고 ❸ '제리는 오늘도 쿨쿨 낮잠을 잡니다'로 지정합니다.

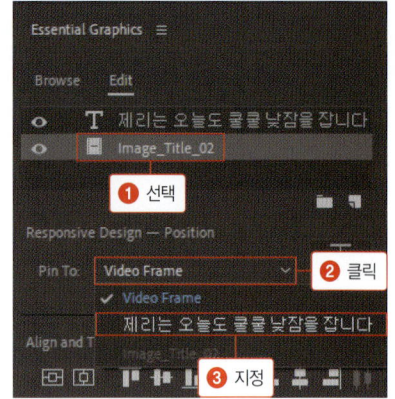

12 Responsive Design – Position 항목의 'pinning' 아이콘(🔲)을 그림과 같이 클릭하여 활성화합니다.

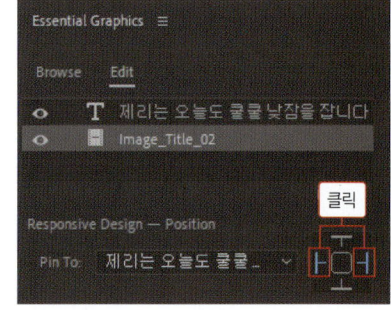

13 Timeline 패널에서 V2 트랙의 자막 클립의 오른쪽 끝 점을 드래그하여 'Image_Title_01.mp4' 클립의 길이와 같게 만듭니다.

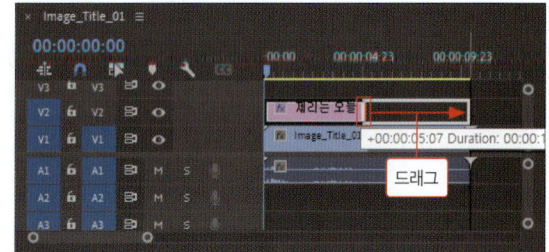

14 ❶ Timeline 패널에서 현재 시간 표시기를 '00:00:03:00'으로 이동합니다. ❷ Tools 패널에서 자르기 도구(🔪)를 선택하고 ❸ Timeline 패널의 현재 시간 표시기 위치를 클릭하여 자막 클립을 자릅니다.

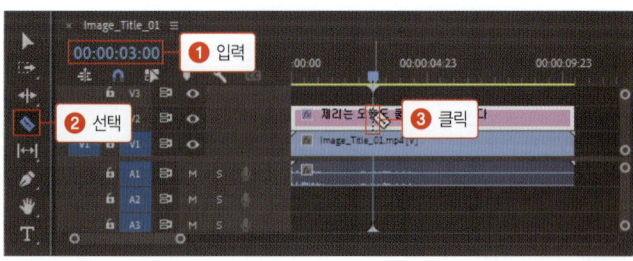

15 ❶ 현재 시간 표시기를 '00:00:06:17'로 이동합니다. ❷ Tools 패널에서 자르기 도구(□)를 선택하고 ❸ Timeline 패널의 현재 시간 표시기 위치를 클릭하여 자막 클립을 잘라 줍니다.

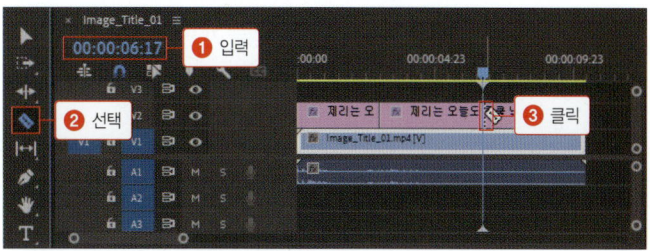

16 ❶ 현재 시간 표시기를 '00:00:03:10'으로 이동한 다음 ❷ Program Monitor 패널의 '제리는 오늘도 쿨쿨 낮잠을 잡니다' 자막을 더블클릭합니다. ❸ 자막이 전체 선택된 채로 '사실은 이미 하루 중 13시간은 잠만 잤는데 말이죠!'를 입력합니다.

17 ❶ 현재 시간 표시기를 '00:00:09:18'로 이동한 다음 ❷ Program Monitor 패널의 '제리는 오늘도 쿨쿨 낮잠을 잡니다' 자막을 더블클릭합니다. ❸ 자막이 전체 선택된 채로 '가끔은 고양이의 삶이 부러워요'를 입력합니다.

18 영상을 재생해 자막의 길이에 따라 배경이 반응하며 변하는 모습을 확인합니다.

▲ 자막의 길이에 따라 배경 이미지가 반응하는 모습

Chapter 02 • 자막 특수 효과 적용하기   **427**

실습예제 05 울렁이는 자막 만들기 - Turbulent Displace

요즘 유튜브에서 마치 일렁이는 수면 위에 얇은 글자가 둥둥 떠 있는 듯한 자막 효과를 자주 볼 수 있습니다. 주로 디자인이 중요한 패션이나 뷰티 관련 영상에서 해당 효과를 많이 사용합니다. 이번 예제에서는 울렁거리는 자막 효과를 만들어 봅니다.

● 예제파일 : 07\Waves_Title.mp4   ● 완성파일 : 07\Waves_Title_완성.mp4, Waves_Title_완성.prproj

01 파일을 불러오기 위해 메뉴에서 **(File) → Import**(Ctrl + I)를 실행합니다. ❶ 07 폴더에서 ❷ 'Waves_Title.mp4' 파일을 선택하고 ❸ 〈열기〉 버튼을 클릭합니다.

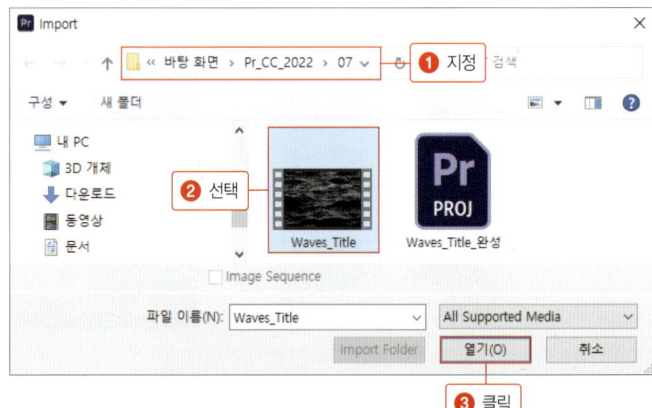

02 Project 패널에서 'Waves_Title.mp4' 아이템을 'New Item' 아이콘(■)으로 드래그하여 소스 파일과 같은 시퀀스를 만듭니다.

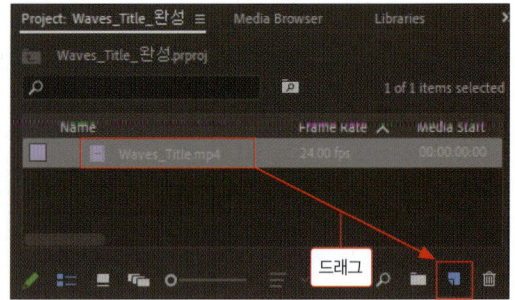

03 ❶ Tools 패널의 문자 도구(T)를 선택하고 ❷ Program Monitor 패널에서 상단 중앙 영역을 클릭한 다음 ❸ '2022 swimwear lookbook'을 입력하여 자막을 만듭니다.

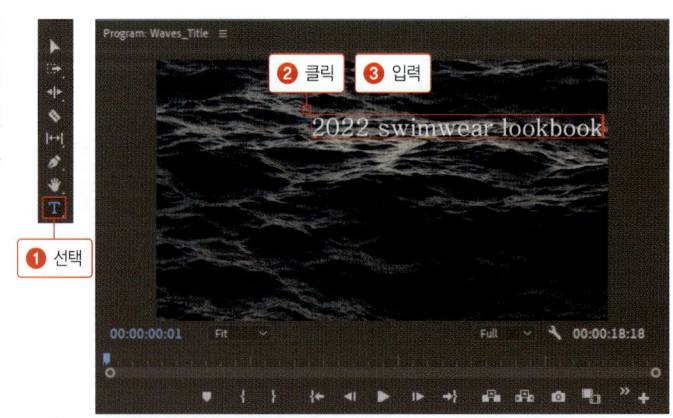

04
❶ 만들어진 자막의 '2022' 끝, 'swimwear' 끝을 클릭하여 각각 Enter를 눌러 줄을 바꾼 다음 ❷ 메뉴에서 (Window) → Essential Graphics를 실행합니다.

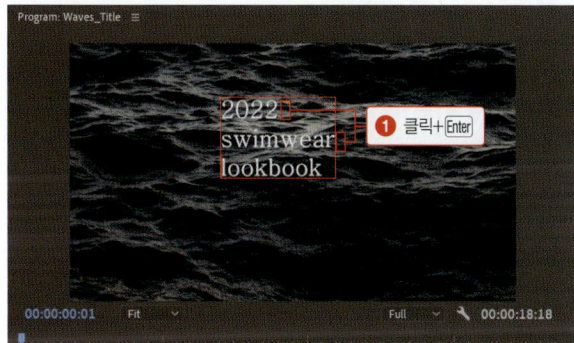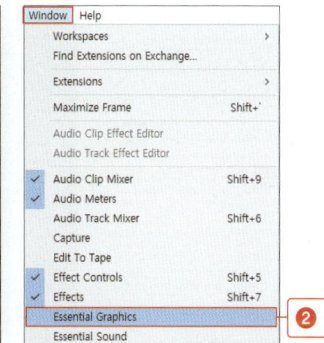

05
❶ Timeline 패널에서 V2 트랙의 자막 클립을 선택한 다음 ❷ Essential Graphics 패널의 (Edit) 탭에서 'Center align text' 아이콘(▤), ❸ 'Horizontal Center' 아이콘(▣), ❹ 'Vertical Center' 아이콘(▣)을 순서대로 클릭하여 Program Monitor 패널의 정중앙에 자막이 위치하도록 정렬합니다.

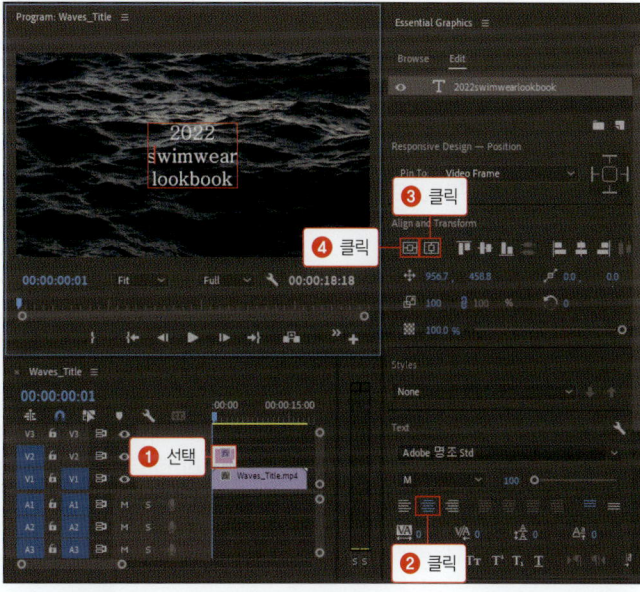

06
Program Monitor 패널에서 '2022 swimwear lookbook' 자막을 더블클릭해 자막을 전체 선택합니다.

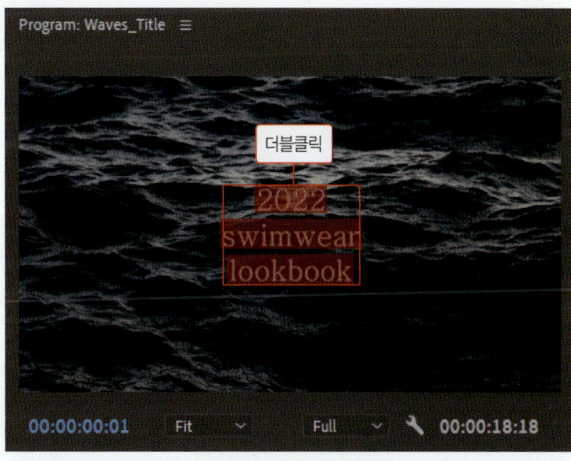

07 ❶ Essential Graphics 패널 (Edit) 탭의 Text 항목에서 원하는 글꼴을 지정하고 ❷ Font Size를 화면에 가득 찰 정도로 크게 설정한 다음 ❸ 행간을 적당한 여백으로 설정해 줍니다. 앞의 과정으로 중앙 정렬이 흐트러지면 ❹ 'Horizontal Center' 아이콘(), ❺ 'Vertical Center' 아이콘()을 다시 순서대로 클릭합니다.

> **TIP**
> 예제에서는 'NewYork'이라는 상업적으로 사용 가능한 영문 무료 폰트를 사용하고, Font Size는 '295'로 설정했습니다.

08 Essential Graphics 패널의 (Edit) 탭에서 Fill의 색상 상자를 클릭하여 '노란색(#FFFC00)'으로 지정합니다.

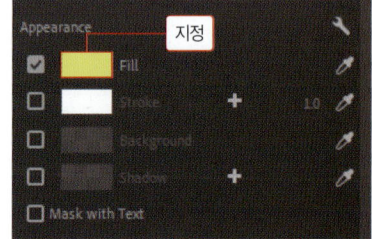

09 Timeline 패널에서 V2 트랙의 자막 클립의 오른쪽 끝 점을 선택한 다음 오른쪽으로 드래그하여 'Waves_Title.mp4' 클립의 길이와 같게 만듭니다.

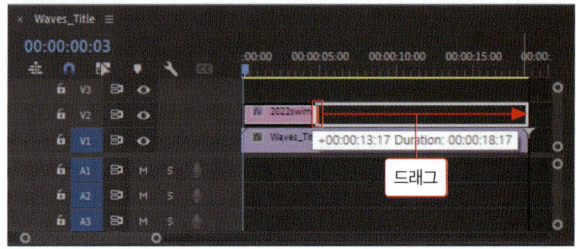

10 ❶ Effects 패널에서 'Turbulent Displace' 이펙트를 검색하고 ❷ Timeline 패널의 V2 트랙에 있는 '2022swimwearlookbook' 클립에 드래그하여 효과를 적용합니다.

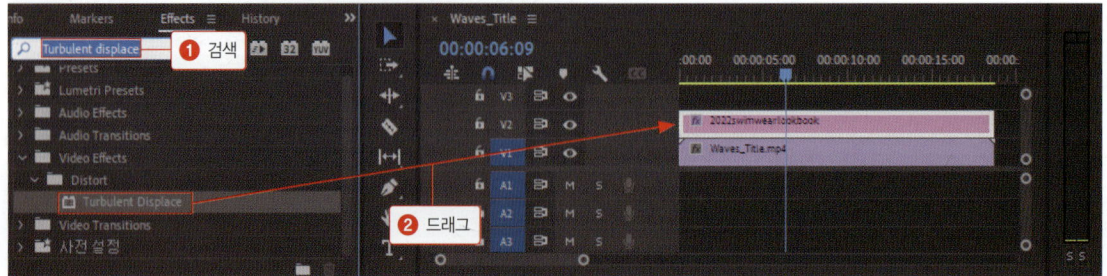

11 ❶ 현재 시간 표시기를 '00:00:00:00'으로 이동합니다. ❷ Effect Controls 패널의 Turbulent Displace 항목에서 Evolution의 'Toggle animation' 아이콘( )을 클릭해 키프레임을 만듭니다.

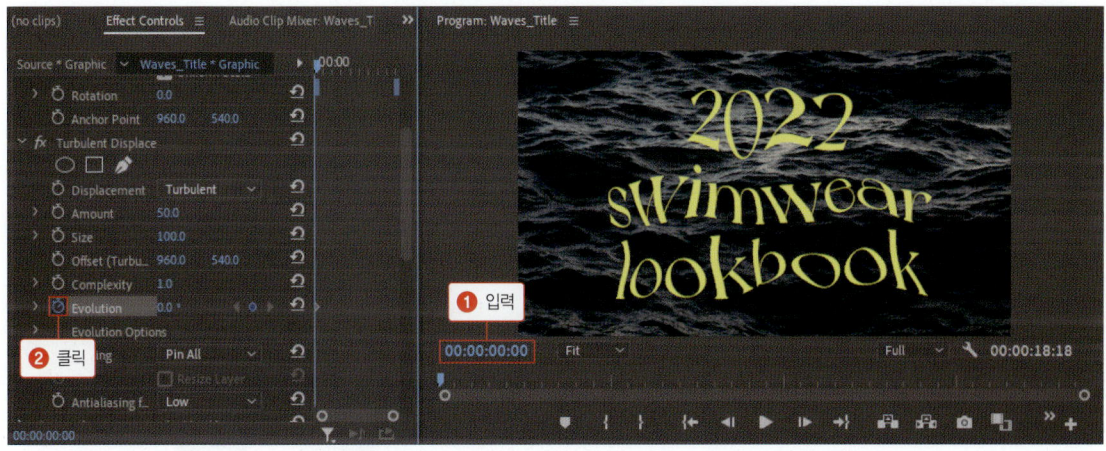

12 ❶ 현재 시간 표시기를 '00:00:18:17'로 이동합니다. ❷ Effect Controls 패널에서 Turbulent Displace 항목의 Evolution을 '2×0'으로 설정합니다.

13 영상을 재생해 울렁이는 자막 효과가 적용된 모습을 확인합니다.

 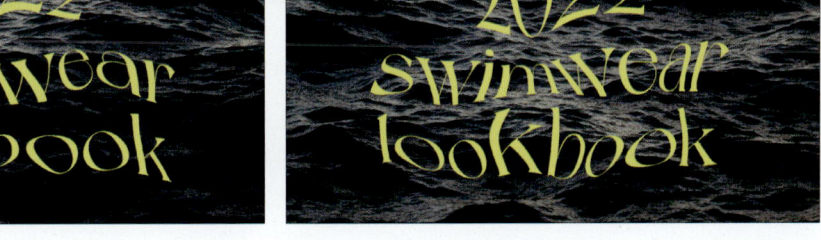

▲ 자막이 물결처럼 울렁거리는 모습

실습예제 06 점점 채워지는 자막 만들기

앞서 배웠던 테두리만 남아있는 투명 자막과 마스크 기능을 이용하면 간단하고 재밌는 애니메이션 효과를 만들 수 있습니다. 이번 시간에는 투명한 자막 가운데에서 색이 원형 모양으로 점점 번져나가듯 채워지는 자막 효과를 만들어 봅니다.

● 예제파일 : 07\Fill title.mp4   ● 완성파일 : 07\Fill title_완성.mp4, Fill title_완성.prproj

01 프리미어 프로의 프로젝트를 실행한 다음 Ctrl + I 를 누르고 Import 대화상자가 표시되면 ❶ 07 폴더에서 ❷ 'Fill title.mp4' 파일을 선택하고 ❸ 〈열기〉 버튼을 클릭합니다.

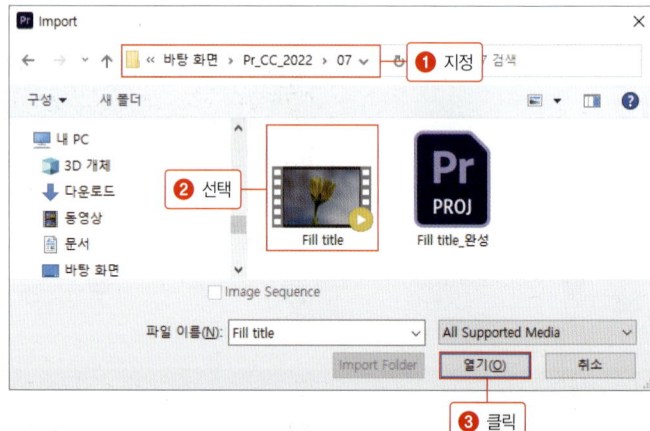

02 Project 패널에서 'Fill title.mp4' 아이템을 'New Item' 아이콘(▣)으로 드래그하여 소스 파일과 같은 시퀀스를 만듭니다.

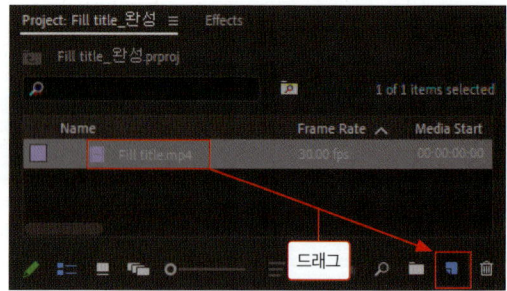

03 ❶ Tools 패널의 문자 도구(T)를 선택합니다. ❷ Program Monitor 패널의 화면 중앙 영역을 클릭한 다음 ❸ '활짝-----피다'를 입력하여 자막을 만들고 다시 ❹ 선택 도구(▶)를 선택합니다.

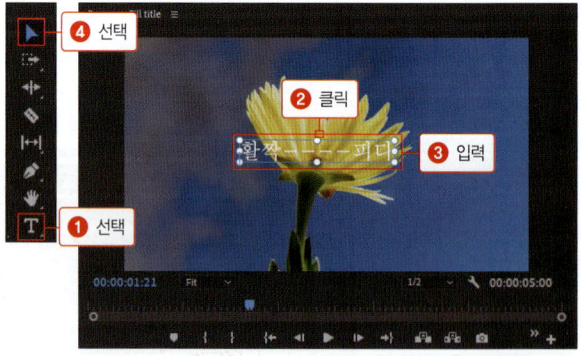

04 ① Timeline 패널에서 V2 트랙의 '활짝----피다' 클립을 선택한 다음 ② Essential Graphics 패널의 (Edit) 탭에서 'Center align text' 아이콘(▤), ③ 'Horizontal Center' 아이콘(▣), ④ 'Vertical Center' 아이콘(▣)을 순서대로 클릭하여 영상 소스 정중앙에 자막이 위치하도록 정렬합니다.

TIP
Essential Graphics 패널이 표시되지 않는다면 메뉴에서 (Window) → Essential Graphics를 실행합니다.

05 Program Monitor 패널에서 '활짝----피다' 자막을 더블클릭해 자막을 전체 선택합니다.

06 ① Essential Graphics 패널의 (Edit) 탭의 Text 항목에서 굵은 굵기의 원하는 글꼴을 지정하고 ② Font Size를 설정합니다. 앞의 과정으로 중앙 정렬이 흐트러졌다면 ③ Align and Transform 항목의 'Horizontal Center' 아이콘(▣), ④ 'Vertical Center' 아이콘(▣)을 순서대로 클릭하여 영상 소스 정중앙에 자막이 위치하도록 정렬합니다.

TIP
예제에서는 '카페24 써라운드'라는 상업적으로 사용 가능한 무료 글꼴을 사용하고, Font Size를 '266'으로 설정했습니다.

Chapter 02 · 자막 특수 효과 적용하기   433

07 Timeline 패널에서 V2 트랙의 '활짝----피다' 클립의 오른쪽 끝 점을 드래그하여 'Fill title.mp4' 클립과 길이를 같게 만듭니다.

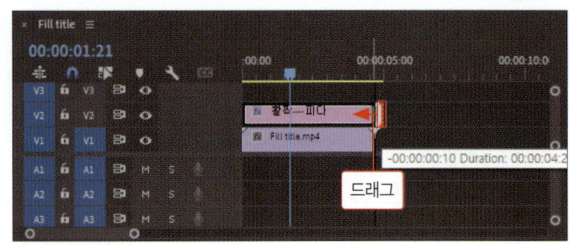

08 Timeline 패널에서 V2 트랙의 '활짝----피다' 클립을 Alt 를 누른 상태로 V3 트랙으로 드래그하여 클립을 복제합니다.

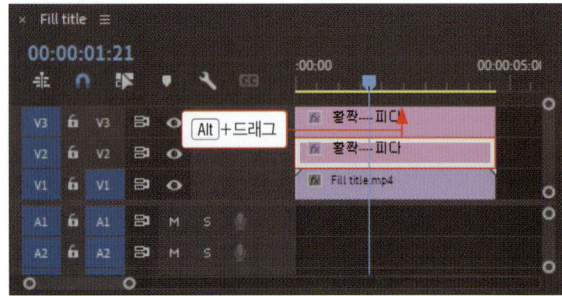

09 ❶ Timeline 패널에서 V3 트랙의 '활짝----피다' 클립을 선택한 다음 ❷ Program Monitor 패널에서 '활짝----피다' 텍스트를 선택합니다.

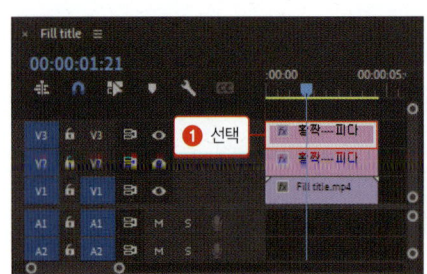

10 Essential Graphics 패널 (Edit) 탭의 ❶ Appearance 항목에서 'Fill'을 체크 표시 해제하고 ❷ 'Stroke'를 체크 표시해 활성화합니다.

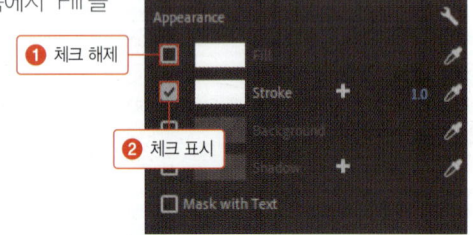

11 ① Timeline 패널에서 V2 트랙의 자막 클립을 선택한 다음 ② Effect Controls 패널에서 Opacity 항목의 'Create ellipse mask' 아이콘(◯)을 클릭합니다.

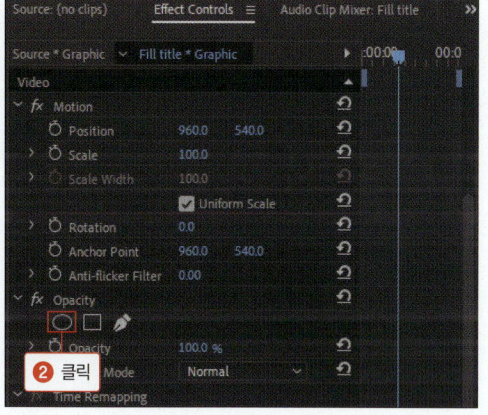

12 Effect Controls 패널의 Opacity 항목의 Mask(1)에서 Mask Feather를 '60'으로 설정합니다.

13 ① 현재 시간 표시기를 '00:00:00:00'으로 이동합니다. ② Effect Controls 패널에서 Opacity 항목의 Mask(1) → Mask Expansion을 '−250'으로 설정하고 ③ 'Toggle animation' 아이콘(◯)을 클릭합니다.

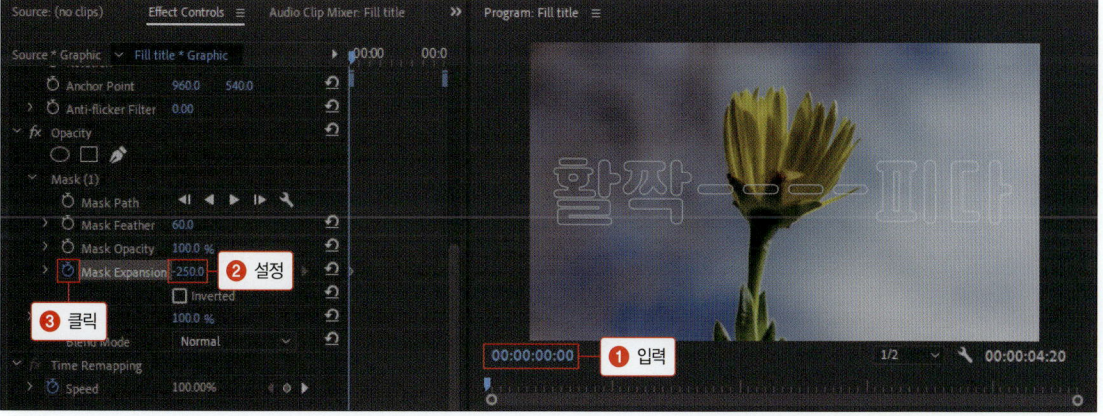

Chapter 02 · 자막 특수 효과 적용하기   435

14 ❶ 현재 시간 표시기를 '00:00:04:19'로 이동합니다. Effect Controls 패널에서 Opacity 항목의 Mask(1) → ❷ Mask Expansion을 '670'으로 설정합니다.

15 영상을 재생하여 중앙에서 점점 채워지는 자막 효과를 확인합니다.

실습예제 07 네온사인 켜지는 자막 만들기

조금 오래된 네온사인 조명을 켜면 처음에 바로 켜지지 않고 몇 번 깜빡이다가 환하게 켜지곤 합니다. 프리미어 프로에서는 이런 네온사인의 모습을 표현하여 재밌는 자막을 만들 수 있습니다. 인트로나 엔딩 화면에서 유용하게 사용할 수 있습니다.

◎ 예제파일 : 07\Neon sign title.jpg   ◎ 완성파일 : 07\Neon sign title_완성.mp4, Neon sign title_완성.prproj

01 프리미어 프로의 프로젝트를 실행한 다음 Ctrl + I 를 누르고 Import 대화상자가 표시되면 ❶ 07 폴더에서 ❷ 'Neon sign title.jpg' 파일을 선택하고 ❸ 〈열기〉 버튼을 클릭합니다.

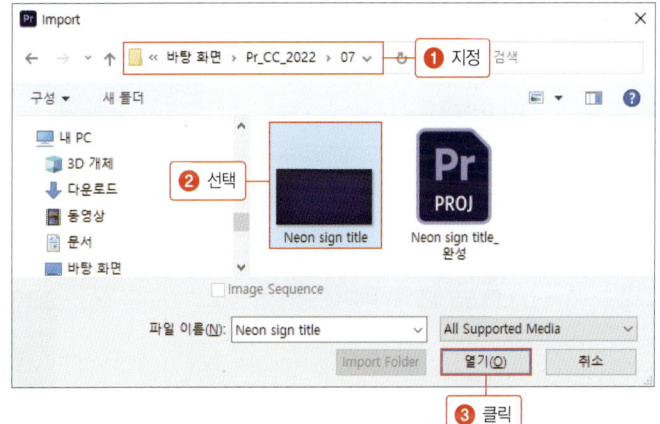

02 Project 패널의 'Neon sign title.jpg' 아이템을 'New Item' 아이콘(■)으로 드래그하여 소스 파일과 같은 시퀀스를 만듭니다.

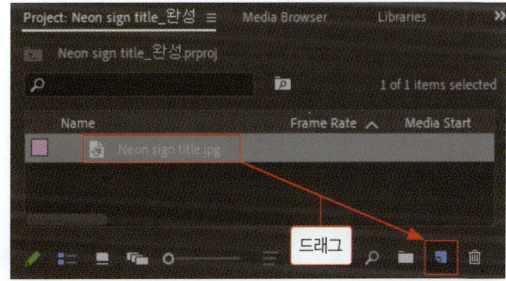

03 ❶ Tools 패널에서 문자 도구(T)를 선택합니다. ❷ Program Monitor 패널에서 화면의 중앙을 클릭하고 ❸ 'Good night'를 입력하여 자막을 만든 다음 다시 ❹ Tools 패널에서 선택 도구(▶)를 선택합니다.

04 ① Timeline 패널에서 V2 트랙의 자막 클립을 선택한 다음 ② Essential Graphics 패널의 (Edit) 탭에서 'Center align text' 아이콘(틀), ③ 'Horizontal Center' 아이콘(回), ④ 'Vertical Center' 아이콘(回)을 순서대로 클릭하여 Program Monitor 패널의 화면 정중앙에 자막이 위치하도록 정렬합니다.

TIP
Essential Graphics 패널이 표시되지 않는다면 메뉴에서 (Window) → Essential Graphics를 실행합니다.

05 Program Monitor 패널에서 'Good night' 자막을 더블클릭해 자막을 전체 선택합니다.

06 ① Essential Graphics 패널 (Edit) 탭의 Text 항목에서 굵은 굵기의 원하는 글꼴을 지정하고 ② Font Size를 '200'으로 설정합니다. 앞의 과정으로 중앙 정렬이 달라졌다면 ③ 'Horizontal Center' 아이콘(回), ④ 'Vertical Center' 아이콘(回)을 순서대로 클릭하여 화면의 정중앙에 자막이 위치하도록 정렬합니다.

TIP
예제에서는 'Black Han Sans'라는 상업적으로 사용 가능한 무료 글꼴을, Font Size는 '200'으로 설정한 다음 기울기를 적용하였습니다.

07 ① Appearance 항목에서 'Fill'을 체크 표시 해제하고 ② 'Stroke'를 체크 표시하여 활성화합니다.

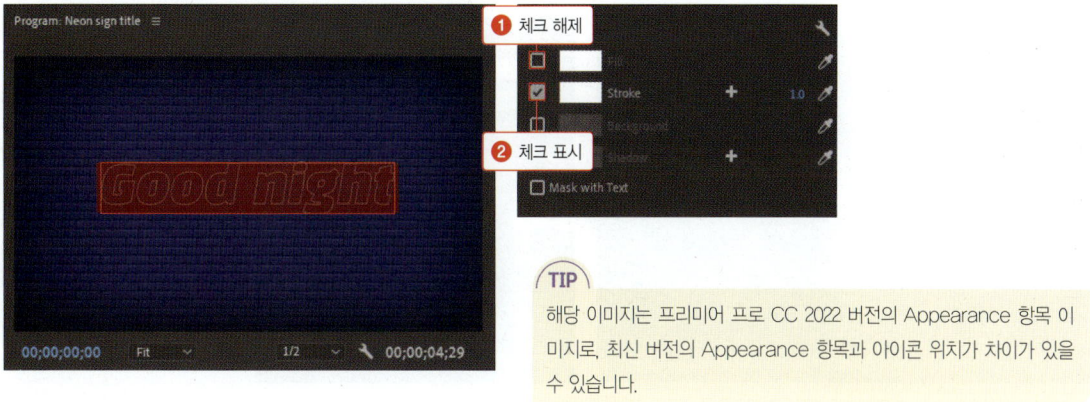

TIP
해당 이미지는 프리미어 프로 CC 2022 버전의 Appearance 항목 이미지로, 최신 버전의 Appearance 항목과 아이콘 위치가 차이가 있을 수 있습니다.

08 ① Stroke의 색상 상자를 클릭하여 자막의 색을 '밝은 연두색(#9DFF8A)'으로 지정하고 ② Stroke를 '7'로 설정합니다.

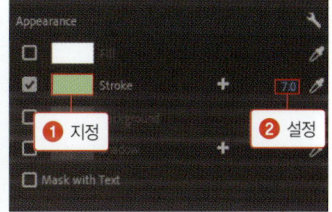

09 ① Appearance 항목에서 'Graphics Properties' 아이콘(🔧)을 클릭합니다. Graphics Properties 대화상자가 표시되면 ② Line Join을 'Round Join'으로 지정하고 ③ 〈OK〉 버튼을 클릭합니다.

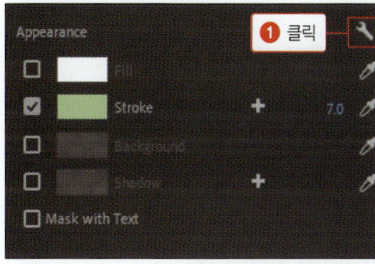
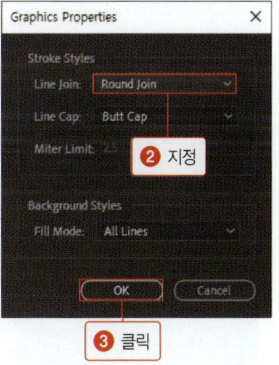

10 Essential Graphics 패널 (Edit) 탭의 Appearance 항목에서 'Shadow'를 체크 표시합니다.

11 ① Shadow의 색상 상자를 클릭하여 자막의 색을 '형광 연두색(#55FF34)'으로 지정하고 ② Opacity를 '60%', Distance를 '0', Blur를 '110'으로 설정합니다.

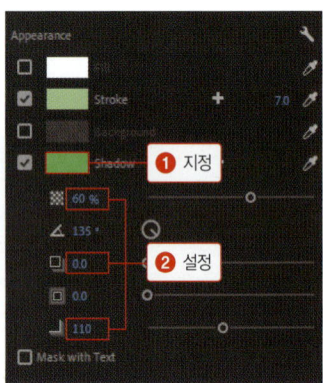

> **TIP**
> Shadow의 색상은 Stroke의 색상보다 조금 어둡게 설정해야 네온사인 효과를 더 효과적으로 낼 수 있습니다.

12 ① Timeline 패널에서 현재 시간 표시기를 '00;00;00;00'으로 이동합니다. ② V2 트랙의 자막 클립을 선택한 다음 ③ Effect Controls 패널에서 Opacity의 'Toggle animation' 아이콘(◯)을 클릭하고 ④ Opacity를 '0%'로 설정합니다.

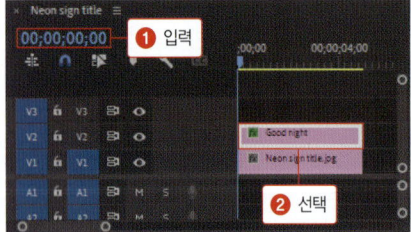
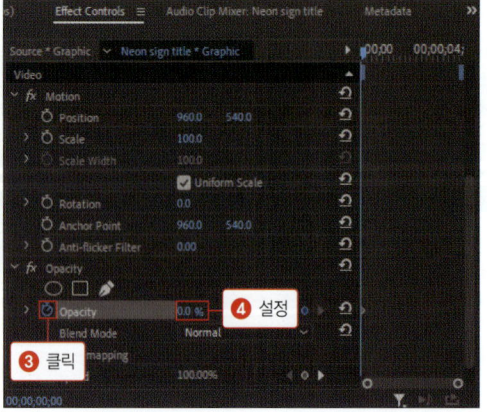

440 Part 7 · 특수 시각 효과 적용하기

13 ❶ 현재 시간 표시기를 '00:00:00:04'로 이동합니다. ❷ Effect Controls 패널에서 Opacity를 '40%'로 설정합니다.

14 ❶ 현재 시간 표시기를 '00:00:00:09'로 이동합니다. ❷ Effect Controls 패널에서 Opacity를 '5%'로 설정합니다.

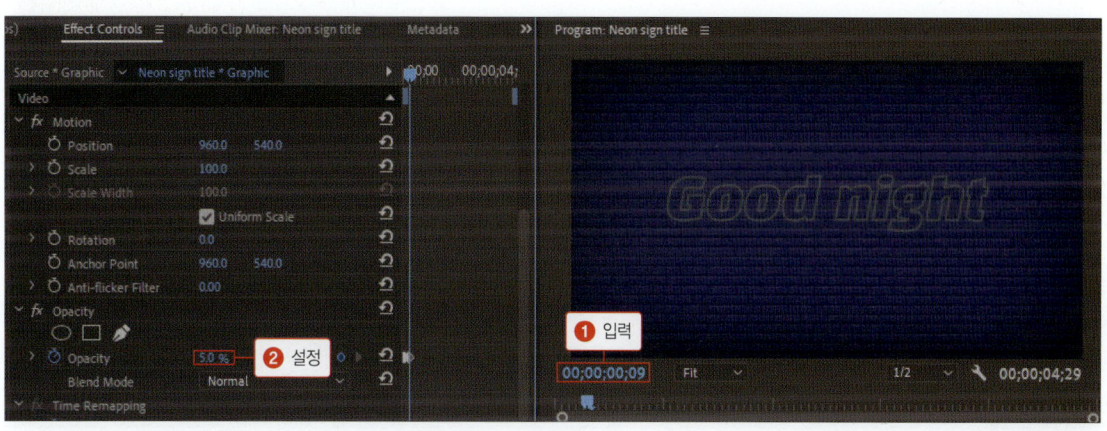

15 ❶ 현재 시간 표시기를 '00:00:00:14'로 이동합니다. ❷ Effect Controls 패널에서 Opacity를 '80%'로 설정합니다.

Chapter 02 • 자막 특수 효과 적용하기   441

16 ❶ 현재 시간 표시기를 '00:00:00:18'로 이동합니다. ❷ Effect Controls 패널에서 Opacity를 '10%'로 설정합니다.

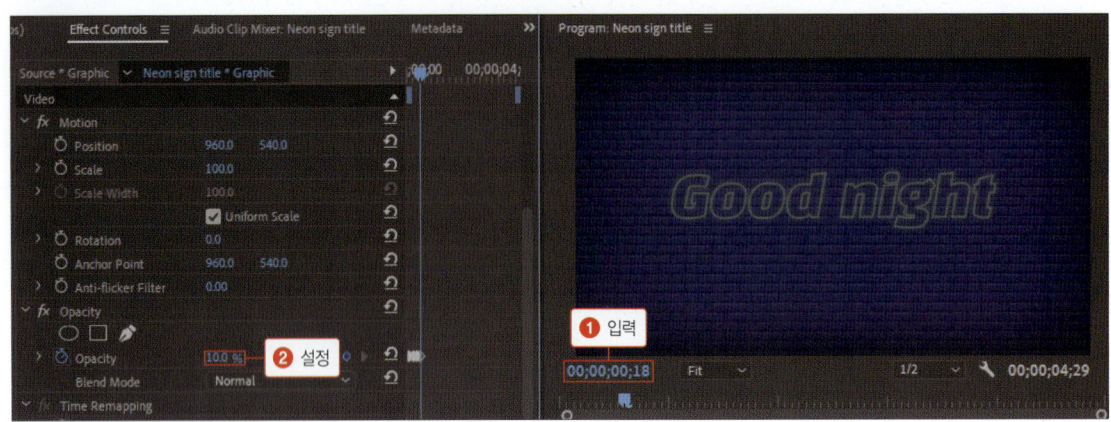

17 ❶ 현재 시간 표시기를 '00:00:01:13'으로 이동합니다. ❷ Effect Controls 패널에서 Opacity를 '100%'로 설정합니다.

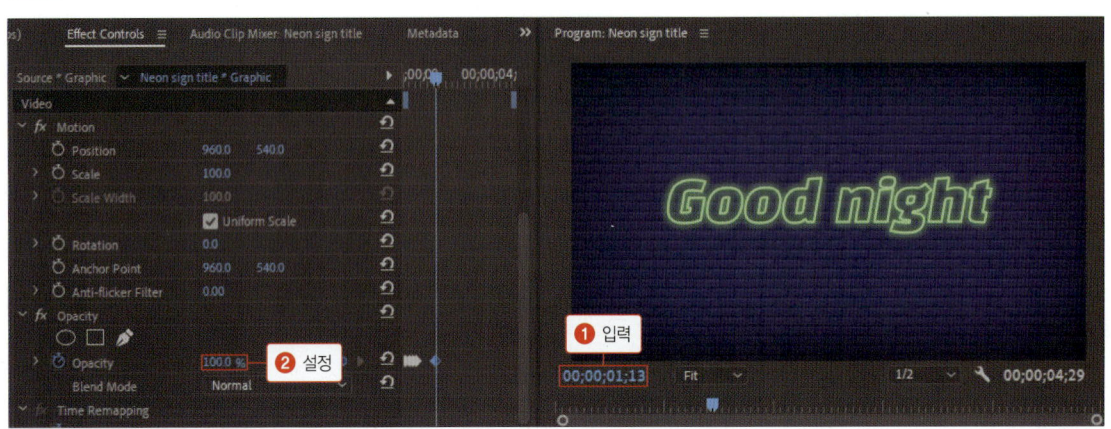

18 영상을 재생하여 네온사인 자막이 깜빡이나가 켜지는 효과를 확인합니다.

크로마키 합성하고 자막에 웨이브 효과 적용하기

1 378쪽 참고

V2 트랙의 초록색 매트를 제거해 V1 트랙 영상과 합성해 보세요.

예제파일 07\Chroma Source.prproj 완성파일 07\Chroma Key_완성.prproj
해설 동영상 07\7-1.mp4

Hint · 'Ultra Key' 이펙트를 검색해 클립에 적용하기 → Key Color '스포이트' 아이콘으로 화면 속 그린 색상 클릭하기 → 합성된 영상 확인하기

2 428쪽 참고

화면에 'THE WAVE' 자막을 입력하고 울렁거리는 웨이브 효과를 적용해 보세요.

예제파일 07\Wave BG.mp4 완성파일 07\Wave FX_완성.prproj
해설 동영상 07\7-2.mp4

Hint · 문자 도구로 화면에 'THE WAVE'를 입력하고 자막을 디자인하기 → 'Turbulent Displace' 이펙트를 검색해 텍스트 클립에 적용하기 → Evolution의 'Toggle animation' 아이콘을 클릭해 키프레임 애니메이션 만들기

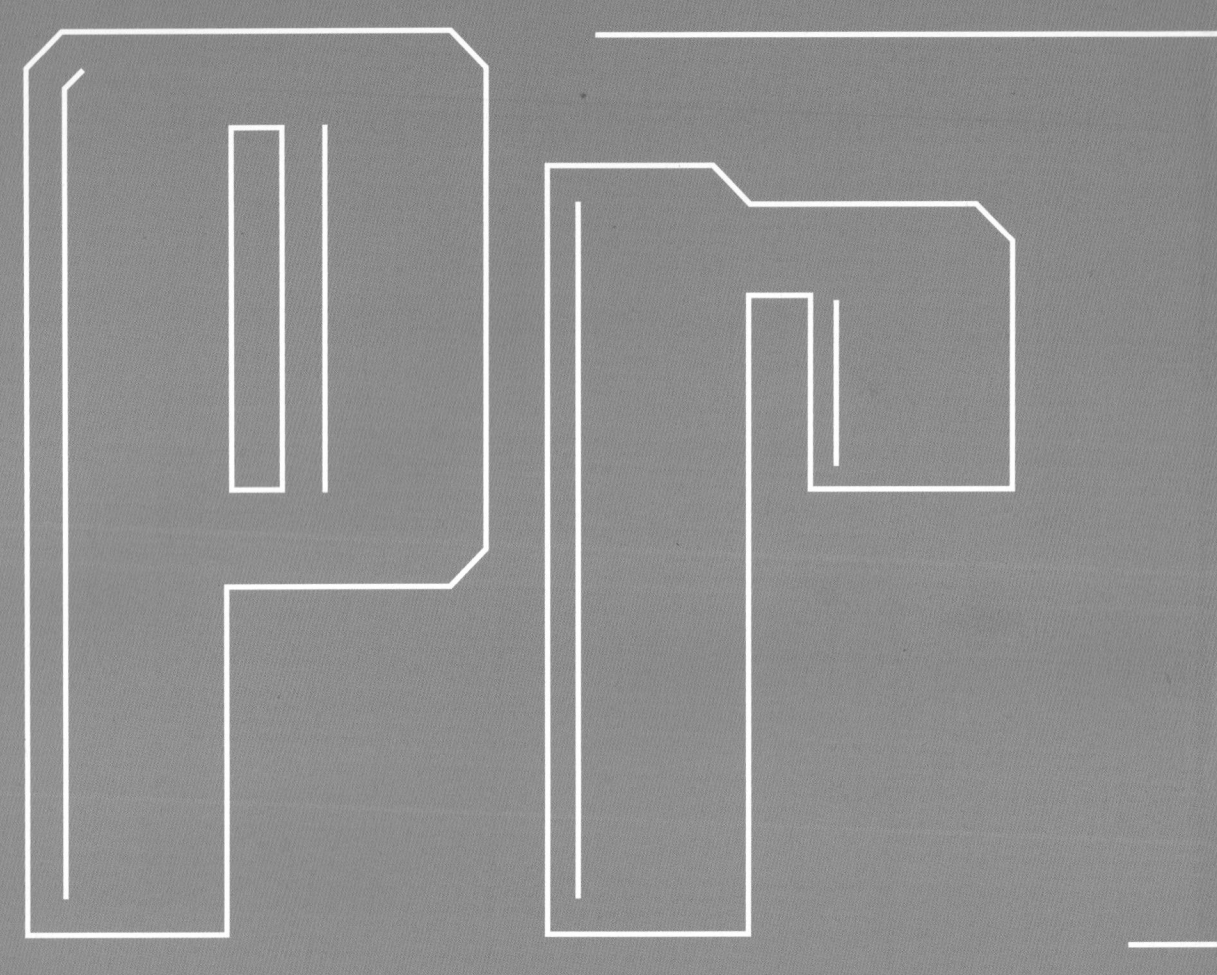

프리미어 프로는 영상의 컷 편집과 1차 편집에 특화되어 있습니다. 작업물의 완성도를 높이고 싶다면 프리미어 프로와 애프터 이펙트를 연동하여 텍스트 모션과 같은 영상 효과를 추가할 수 있습니다. 이번 파트에서는 프리미어 프로와 애프터 이펙트를 연동한 다양한 활용 예제들을 배워 봅니다.

PART 8.

애프터 이펙트 연동하기

01 | 애프터 이펙트 효과 활용하기

우선순위 | TOP 05   • After Effects

애프터 이펙트 효과 활용하기

애프터 이펙트는 파티클, 3D 애니메이션 등 모션 그래픽으로 특화되어 있는 프로그램입니다. 프리미어 프로와는 상호보완하여 함께 사용할 경우 긍정적인 시너지 효과를 얻을 수 있습니다. 이번 챕터에서는 섬세하고 감각적인 편집을 할 수 있도록 프리미어 프로와 애프터 이펙트를 연동하여 편집하는 방법을 배워 봅니다.

실습예제 01 | 부드러운 움직임 만들기 - Motion Blur

모션 블러(Motion Blur)란 움직이는 대상에 잔상 효과를 더해 움직임을 부드럽게 보이게 만드는 기능입니다. 프리미어 프로에서는 다소 복잡한 과정으로 모션 블러 효과를 적용할 수 있지만, 애프터 이펙트에서는 클릭 몇 번으로 아주 손쉽게 모션 블러를 적용할 수 있습니다. 프리미어 프로와 애프터 이펙트를 연동하여 자막에 부드러운 움직임 효과를 적용해 봅니다.

◉ 예제파일 : 08\Motion Blur.jpg, Motion Blur.aep   ◉ 완성파일 : 08\Motion Blur_완성.mp4, Motion Blur_완성.prproj

01 파일을 불러오기 위해 메뉴에서 **(File) → Import**(Ctrl + I)를 실행합니다.
❶ 08 폴더에서 ❷ 'Motion Blur.jpg' 파일을 선택하고 ❸ 〈열기〉 버튼을 클릭합니다.

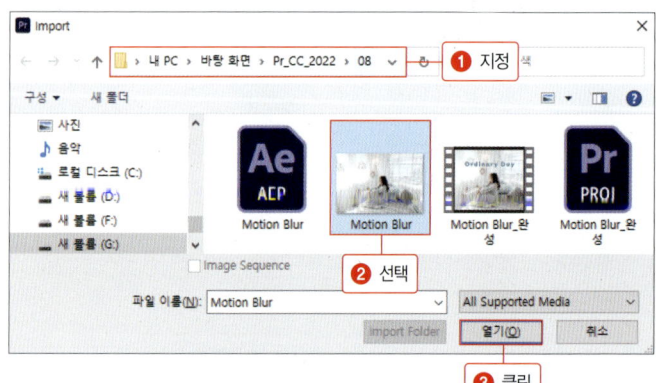

02 Project 패널의 'Motion Blur.jpg' 아이템을 'New Item' 아이콘(■)으로 드래그하여 소스 파일과 같은 시퀀스를 만듭니다.

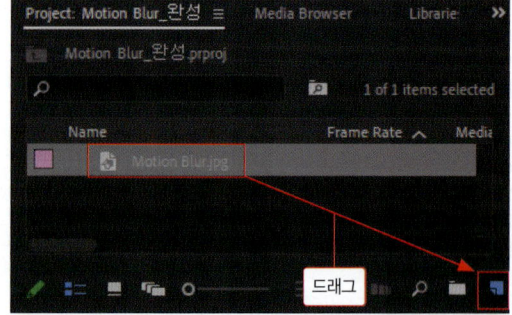

03 ❶ Tools 패널에서 문자 도구(T)를 선택하고 ❷ Program Monitor 패널의 중앙 상단을 클릭합니다. ❸ 텍스트 상자가 만들어지면 'Ordinary Day'를 입력합니다.

04 메뉴에서 (Window) → Essential Graphics를 실행합니다.

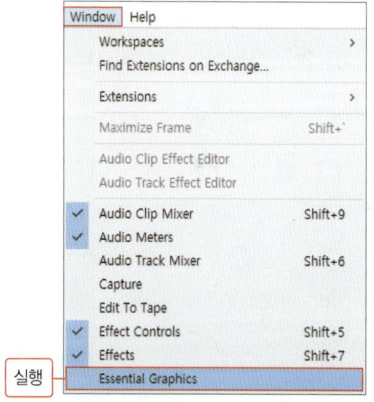

05 ❶ Program Monitor 패널에서 'Ordinary Day' 자막을 선택한 다음 ❷ Essential Graphics 패널에서 (Edit) 탭의 'Horizontal Center' 아이콘(□)을 클릭하여 텍스트 상자를 화면 중앙으로 이동합니다.

Chapter 01 • 애프터 이펙트 효과 활용하기 447

06 ❶ Essential Graphics 패널의 Text 항목에서 글꼴과 글꼴 스타일을 지정하고 ❷ Font Size와 자간을 설정하여 원하는 텍스트 디자인을 만든 다음 ❸ Appearance 항목에서 Fill의 색상 상자를 클릭하여 '파란색(#C5FFC1)'으로 지정합니다.

> **TIP**
> 예제에서는 'G마켓 산스TTF'라는 상업적으로 사용 가능한 무료 글꼴을 사용하고, Font Size를 '284', 자간을 '188'로 설정했습니다.

> **TIP**
> Essential Graphics 패널의 Appearance 항목에 있는 기능 중 'Fill'을 제외한 'Stroke', 'Background', 'Shadow'는 애프터 이펙트에 연동되지 않아 현재 단계에서 설정하지 않습니다.

07 ❶ Timeline 패널에서 'Ordinary Day' 클립에서 마우스 오른쪽 버튼을 클릭한 다음 ❷ **Replace With After Effects Composition**을 실행합니다.

> **TIP**
> 애프터 이펙트가 PC에 설치되어 있어야 해당 메뉴가 활성화됩니다.

08 애프터 이펙트가 자동으로 실행됩니다. Save as 대화상자가 표시되면 ❶ 원하는 파일 경로를 지정한 다음 ❷ 파일 이름을 'Motion Blur'로 입력하고 ❸ 〈저장〉 버튼을 클릭합니다.

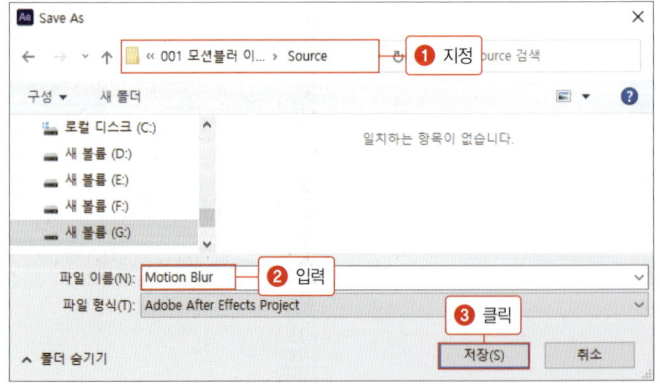

09 애프터 이펙트 작업 화면이 표시되면 Timeline 패널에서 'Ordinary Day' 레이어를 더블클릭합니다.

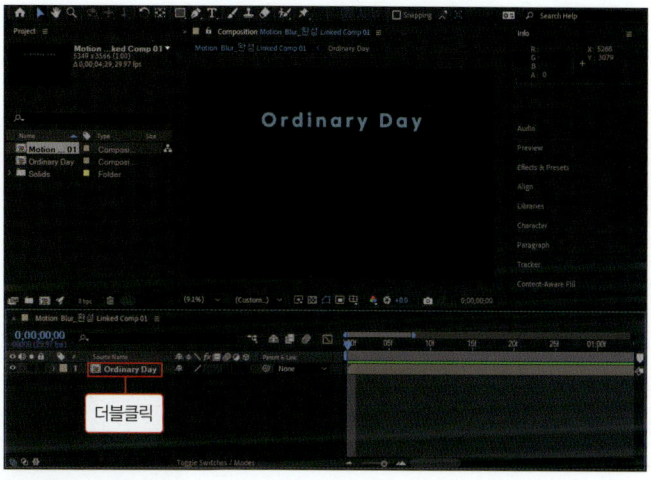

10 ① Timeline 패널에서 현재 시간 표시기를 '0:00:00:15'로 이동한 다음 ② 'Ordinary Day' 레이어의 >를 클릭하여 속성을 활성화합니다. ③ Transform 항목에서 Position 왼쪽의 'Stop Watch' 아이콘(◯)을 클릭해 키프레임을 만듭니다. Timeline 패널의 해당 위치에 '키프레임' 아이콘(◆)이 표시되며 키프레임이 위치한 시간에 Position 값이 기록됩니다.

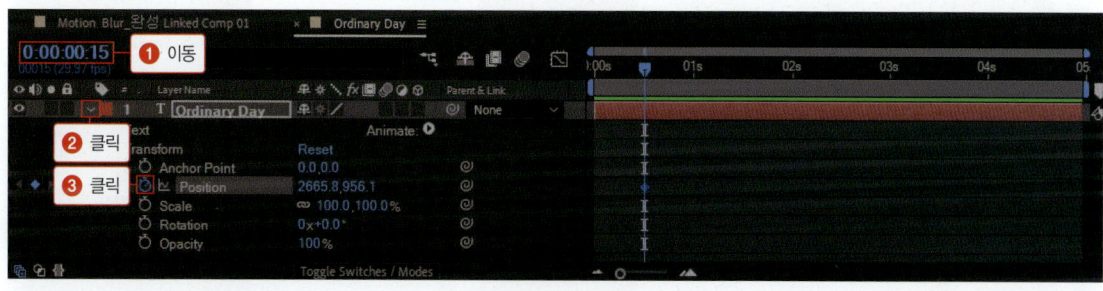

11 Timeline 패널에서 ① 현재 시간 표시기를 '0:00:00:00'으로 이동한 다음 Composition 패널에서 ② 'Ordinary Day' 레이어를 검은 화면 바깥으로 드래그해 이동합니다. ③ Spacebar 를 눌러 화면 하단에서 상단으로 움직이는 텍스트를 확인할 수 있습니다.

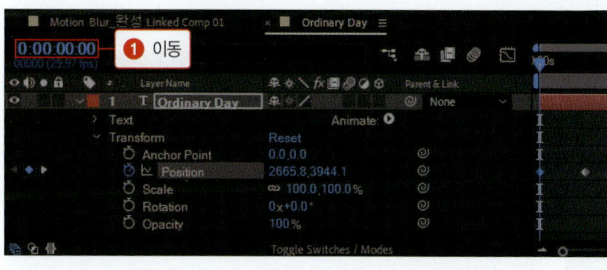
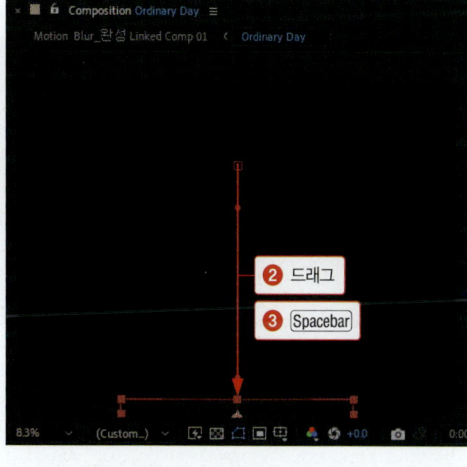

12 ❶ Timeline 패널에서 '0:00:00:15'에 위치한 '키프레임' 아이콘(◆)을 선택한 다음 ❷ 메뉴에서 (Animation) → Keyframe Assistant → Easy Ease In(Shift + F9)을 실행합니다.

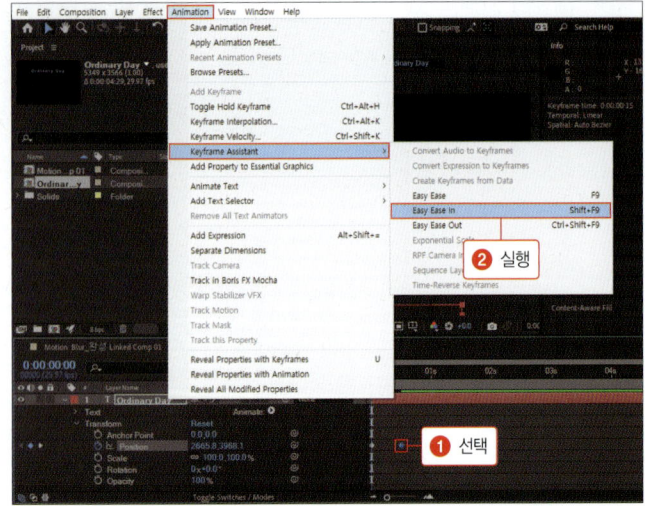

13 ❶ Timeline 패널에서 '0:00:00:00'에 위치한 '키프레임' 아이콘(◆)을 선택한 다음 ❷ 메뉴에서 (Animation) → Keyframe Assistant → Easy Ease Out(Ctrl + Shift + F9)을 실행합니다.

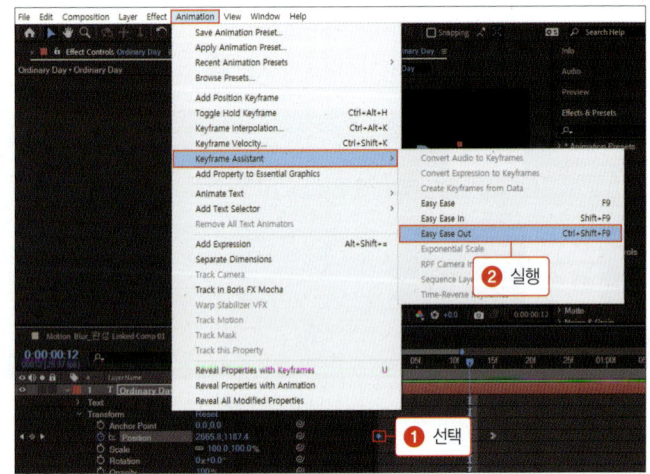

14 Timeline 패널의 키프레임 모양이 변경된 것을 확인합니다.

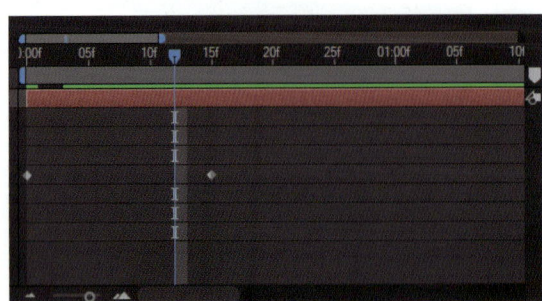
▲ 키프레임 변경 전

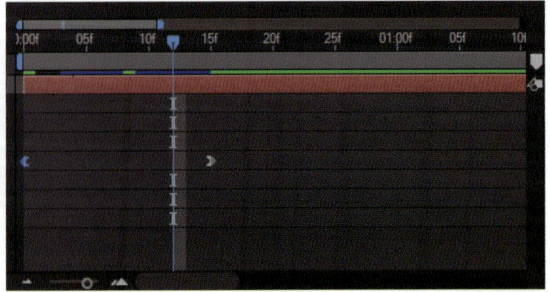
▲ 키프레임 변경 후

> **TIP**
> 일정한 속도로 움직이는 애니메이션 양 끝에 속도 변화를 적용해 '천천히 나가고/들어오게' 변경하는 작업입니다. 속도의 변화가 있으면 모션 블러를 더 확실하게 확인할 수 있습니다.

15 ❶ Timeline 패널에서 'Ordinary Day' 레이어의 'Motion Blur' 아이콘(⊘) 아래의 상자를 클릭하여 활성화하고 ❷ 위의 'Enables Motion Blur' 아이콘(⊘)도 클릭하여 활성화합니다.

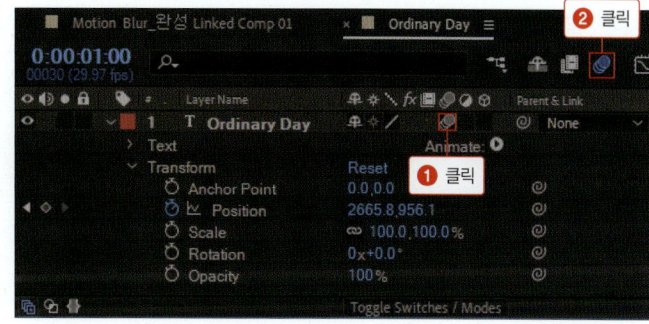

> **TIP**
> 레이어의 'Motion Blur' 아이콘(⊘)과 Timeline 패널의 'Enables Motion Blur' 아이콘(⊘)이 둘 다 활성화되어 있어야 모션 블러가 최종적으로 적용됩니다.

16 ❶ Spacebar를 눌러 모션 블러가 적용된 애니메이션을 확인하고 ❷ Ctrl + S 를 눌러 저장합니다.

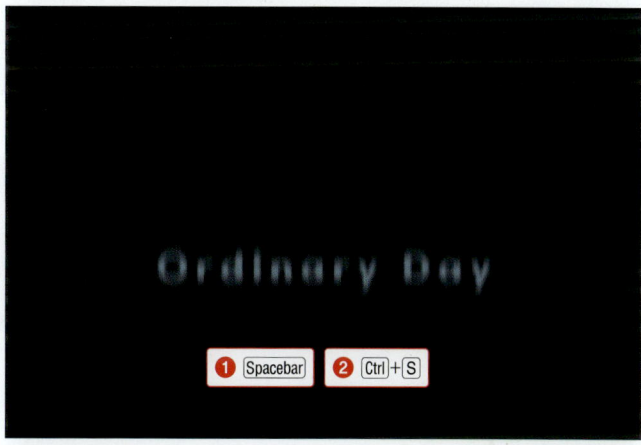

17 프리미어 프로로 돌아옵니다. ❶ 현재 시간 표시기를 '00:00:00:00'으로 이동한 다음 ❷ Program Monitor 패널에서 'Mark In' 아이콘(✦)을 클릭합니다.

18 다시 ❶ 현재 시간 표시기를 '00:00:04:29'로 이동한 다음 ❷ Program Monitor 패널에서 'Mark Out' 아이콘(　)을 클릭합니다.

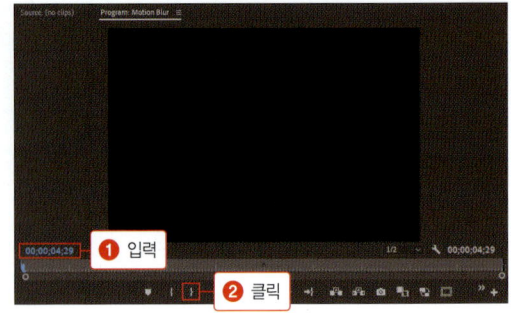

19 Enter를 눌러 렌더링을 실행해 Timeline 패널에서 렌더링 표시 선의 붉은색이 녹색으로 변한 것을 확인합니다.

▲ 렌더링 전

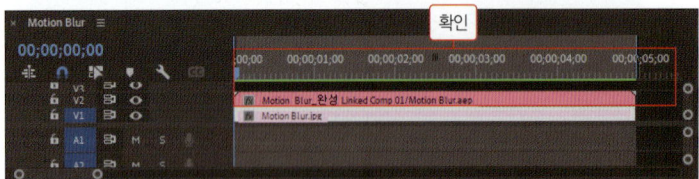

▲ 렌더링 후

20 영상을 재생해 모션 블러가 적용된 것을 확인합니다.

▲ 모션 블러 적용 전

▲ 모션 블러 적용 후

실습예제 02 타자기 효과 만들기 - Typewriter

한 글자씩 나타나는 타자기 효과는 프리미어 프로에서 효과를 적용하려면 굉장히 까다롭고 복잡한 과정을 거쳐야 합니다. 하지만 프리미어 프로와 애프터 이펙트를 연동하면 애프터 이펙트의 기본 효과로 굉장히 쉽고 빠르게 적용할 수 있습니다. 이번 예제에서는 애프터 이펙트의 Typewriter를 활용하여 타자기 효과를 만들어 봅니다.

◎ 예제파일 : 08\Typing.jpg, Typing.aep   ◎ 완성파일 : 08\Typing_완성.mp4, Typing_완성.prproj

01 파일을 불러오기 위해 메뉴에서 (File) → Import(Ctrl+I)를 실행합니다. ❶ 08 폴더에서 ❷ 'Typing.jpg' 파일을 선택하고 ❸ 〈열기〉 버튼을 클릭합니다.

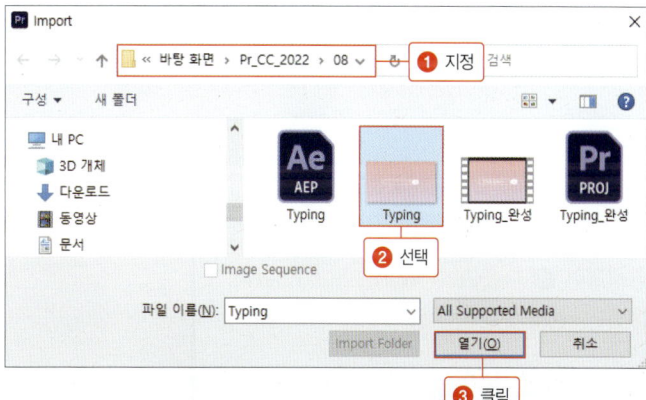

02 Project 패널에서 'Typing.jpg' 아이템을 'New Item' 아이콘(🔲)으로 드래그하여 소스 파일과 같은 시퀀스를 만듭니다.

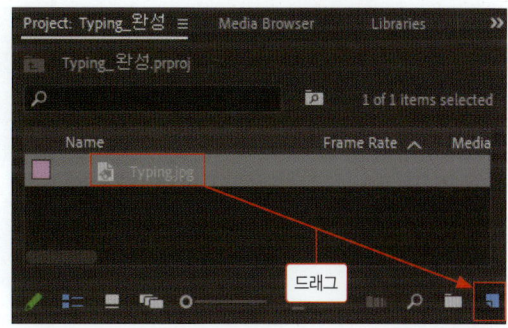

03 ❶ Tools 패널에서 문자 도구(T)를 선택한 다음 ❷ Program Monitor 패널의 중앙을 클릭하고 ❸ '무작정 따라하기'를 입력합니다.

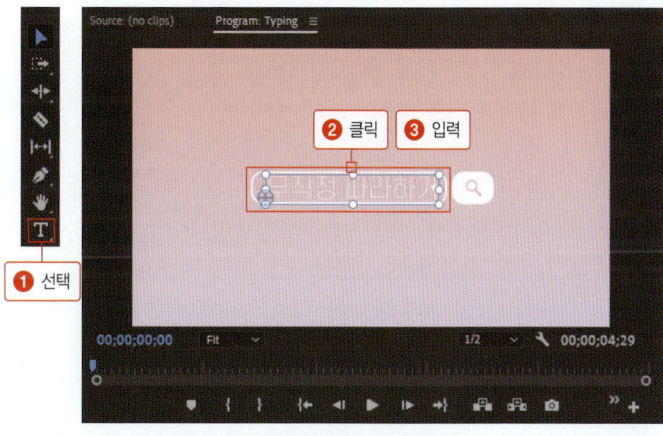

04 ❶ Program Monitor 패널에서 '무작정 따라하기' 텍스트를 선택한 다음 ❷ Essential Graphics 패널에서 (Edit) 탭의 Text 항목에서 글꼴을 지정하고 ❸ Font Size를 설정하여 원하는 디자인을 만듭니다.

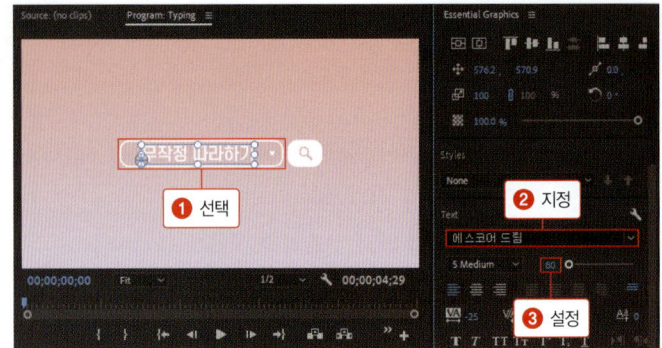

TIP
Essential Graphics 패널이 표시되지 않는다면 메뉴에서 (Window) → Essential Graphics를 실행합니다. 예제에서는 '에스코어 드림'이라는 상업적으로 사용 가능한 무료 글꼴을 사용하고, Font Size를 '80'으로 설정했습니다.

05 ❶ Timeline 패널의 '무작정 따라하기' 클립에서 마우스 오른쪽 버튼을 클릭하여 ❷ Replace With After Effects Composition을 실행합니다.

TIP
애프터 이펙트가 PC에 설치되어 있어야 해당 메뉴가 활성화됩니다.

06 애프터 이펙트가 자동으로 실행됩니다. Save as 대화상자가 표시되면 ❶ 원하는 파일 경로를 지정한 다음 ❷ 파일 이름을 'Typing'으로 입력하고 ❸ 〈저장〉 버튼을 클릭합니다.

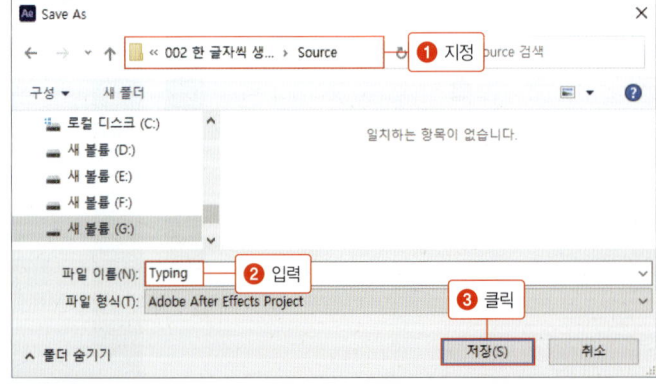

07 애프터 이펙트 작업 화면이 표시되면 Timeline 패널에서 '무작정 따라하기' 레이어를 더블클릭합니다.

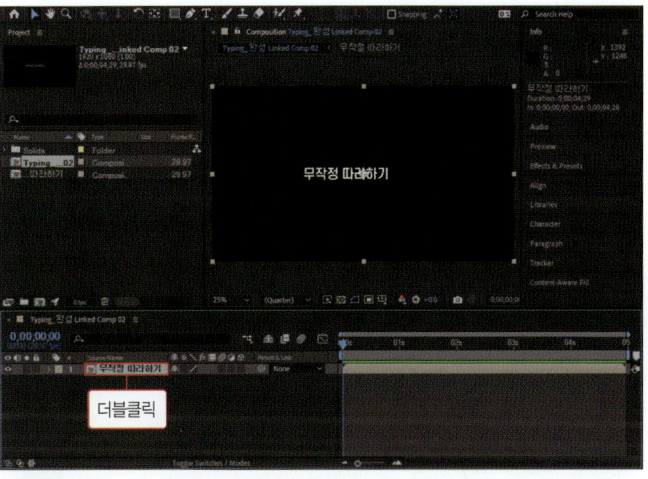

08 ❶ Timeline 패널에서 텍스트 레이어를 선택한 다음 ❷ Effects & Presets 패널에서 'Typewriter' 이펙트를 검색하고 ❸ '무작정 따라하기' 레이어에 드래그합니다. Spacebar를 눌러 'Typewriter' 이펙트가 적용된 것을 확인합니다.

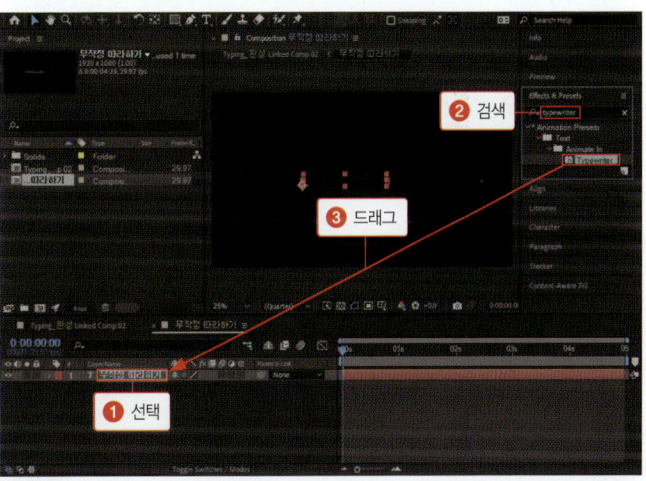

09 ❶ Timeline 패널에서 '무작정 따라하기' 레이어의 >를 클릭하여 하위 항목을 표시합니다. ❷ Text → Animator 1 → Range Selector 1 → Start의 키프레임을 확인하고 ❸ '00:00:02:15'에 위치한 '키프레임' 아이콘(◆)을 '0:00:01:00'으로 드래그하여 이동합니다. ❹ Spacebar를 눌러 'Typewriter' 이펙트가 적용된 애니메이션을 확인하고 ❺ Ctrl + S를 눌러 저장합니다.

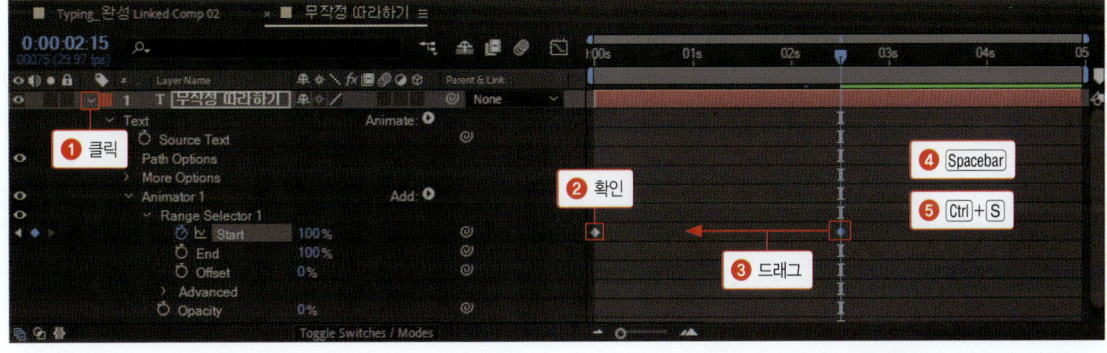

Chapter 01 · 애프터 이펙트 효과 활용하기   455

10 프리미어 프로로 돌아옵니다. ❶ 현재 시간 표시기를 '00:00:00:00'으로 이동한 다음 ❷ Program Monitor 패널에서 'Mark In' 아이콘( )을 클릭합니다.

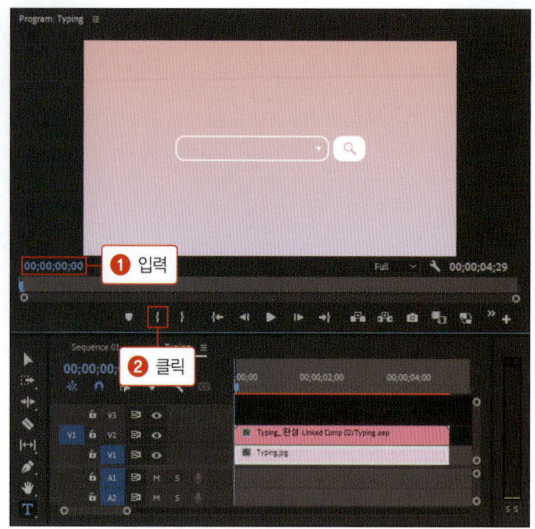

11 다시 ❶ 현재 시간 표시기를 '00:00:04:29'로 이동한 다음 ❷ Program Monitor 패널에서 'Mark Out' 아이콘( )을 클릭합니다. ❸ Enter를 눌러 Rendering을 실행해 Timeline 패널에서 렌더링 표시 선의 붉은색이 녹색으로 변한 것을 확인합니다.

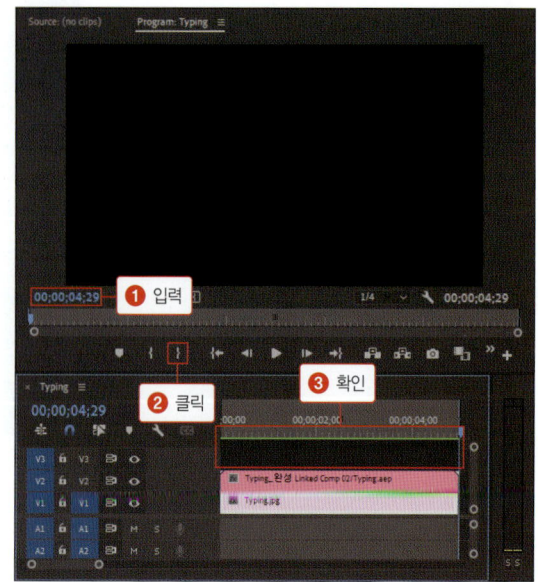

12 영상을 재생해 'Typewriter' 이펙트가 적용된 것을 확인합니다.

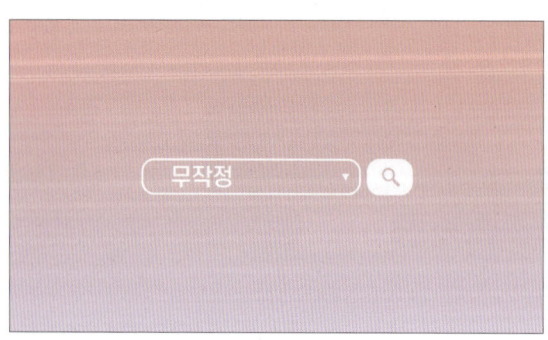
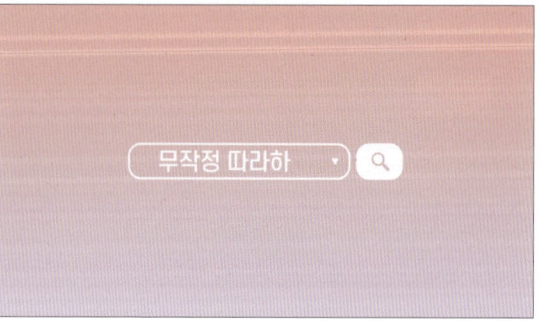

실습예제 03 로토 브러시로 배경 지우기 - Roto Brush

그린 스크린을 이용하여 촬영한 영상은 배경을 삭제하고 인물 혹은 특정 물체만 남기기 정말 쉽지만, 그렇지 못한 영상은 프리미어 프로에서 배경을 삭제하려면 많은 시간을 들여 편집할 수밖에 없습니다. 프리미어 프로와 애프터 이펙트를 연동하면 복잡한 배경의 촬영본을 원하는 인물 혹은 물체만 남기고 깨끗하게 지울 수 있습니다. Roto Brush를 활용하여 배경 지우기 효과를 배워 봅니다.

◉ 예제파일 : 08\Roto Brush.mp4, Roto Brush.aep ◉ 완성파일 : 08\Roto Brush_완성.mp4, Roto Brush_완성.prproj

01 파일을 불러오기 위해 메뉴에서 (File) → Import(Ctrl + I)를 실행합니다. ❶ 08 폴더에서 ❷ 'Roto Brush.mp4' 파일을 선택하고 ❸ 〈열기〉 버튼을 클릭합니다.

02 Project 패널에서 'Roto Brush.mp4' 아이템을 'New Item' 아이콘( )으로 드래그하여 소스 파일과 같은 시퀀스를 만듭니다.

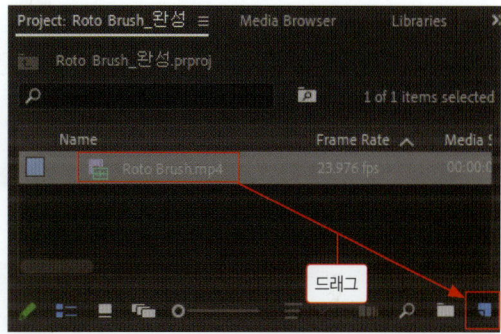

03 ❶ Timeline 패널의 'Roto Brush.mp4' 클립에서 마우스 오른쪽 버튼을 클릭한 다음 ❷ Replace With After Effects Composition을 실행합니다.

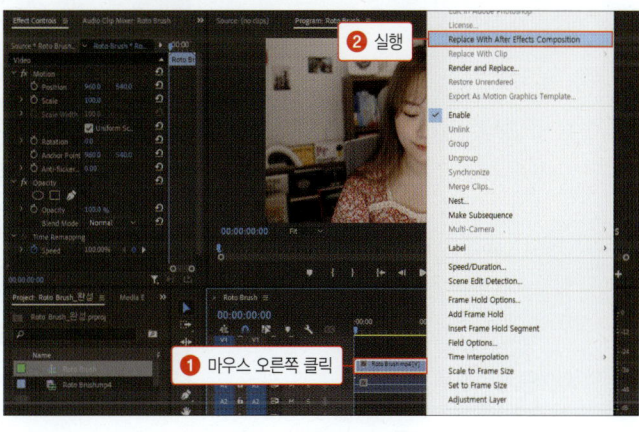

> **TIP**
> 애프터 이펙트가 PC에 설치되어 있어야 해당 메뉴가 활성화됩니다.

04 애프터 이펙트가 자동으로 실행됩니다. 애프터 이펙트가 연동되면 애프터 이펙트 파일의 저장 경로를 지정할 수 있는 Save as 대화상자가 표시됩니다. ❶ 저장 경로를 지정하고 ❷ 파일 이름을 'Roto Brush'로 입력한 다음 ❸ 〈저장〉 버튼을 클릭합니다.

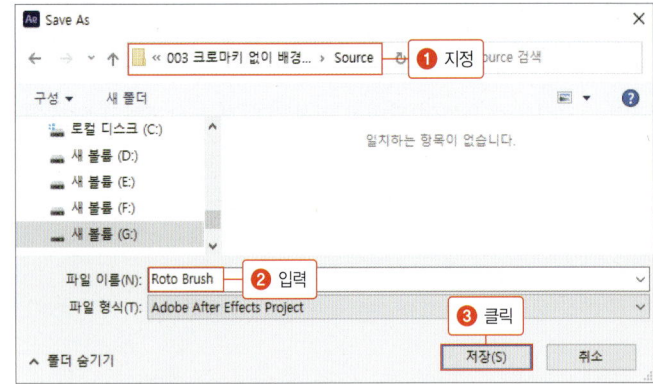

05 애프터 이펙트 작업 화면이 표시되면 ❶ Timeline 패널에서 'Roto Brush.mp4' 레이어를 선택한 다음 ❷ Tools 패널에서 로토 브러시 도구(　)를 선택합니다.

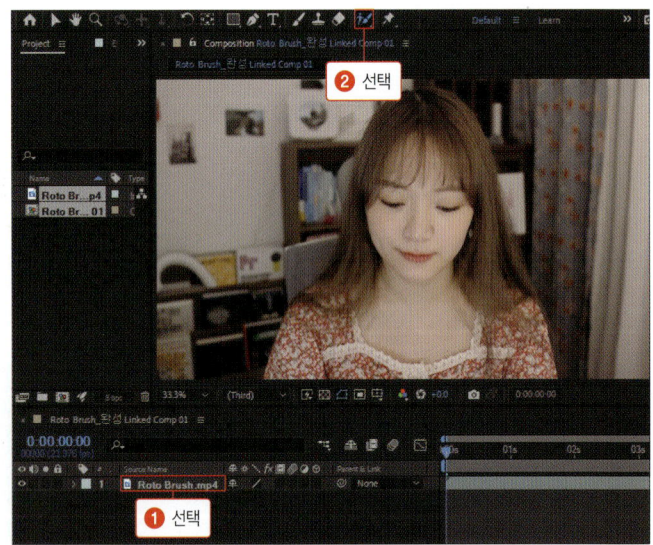

06 Timeline 패널에서 'Roto Brush.mp4' 레이어를 더블클릭해 Layer 패널을 표시합니다.

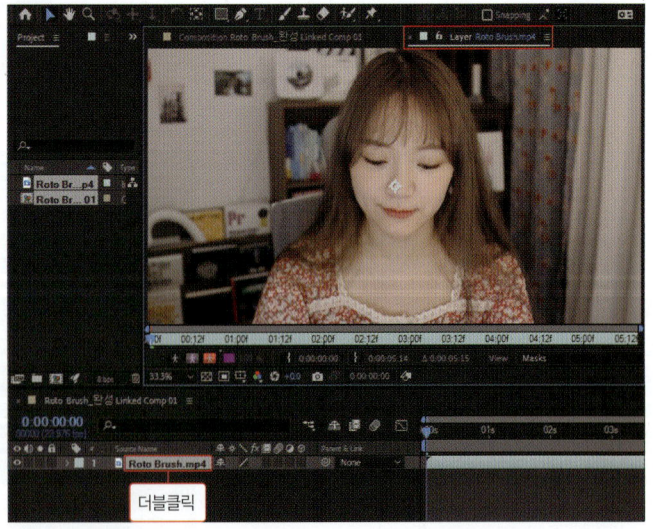

07 로토 브러시 도구()가 활성화되어 있는 상태로 ① Layer 패널의 화면을 클릭하면 녹색의 원 모양으로 마우스 포인터가 변경됩니다. ② 로토 브러시 포인터로 인물의 외곽을 드래그하여 지정합니다.

08 분홍색 실선으로 인물의 외곽 영역 지정되었습니다.

> **TIP**
> 만약 배경 부분까지 분홍색 외곽선 영역이 포함되면 Alt를 누른 상태로 제외할 배경 부분을 정밀하게 칠하여 영역을 정리합니다. Ctrl을 누른 상태로 마우스 포인터를 화면에 클릭해 좌우로 드래그하면 브러시의 크기를 조절할 수 있습니다.

09 Layer 패널 하단에 'Toggle Alpha Boundary' 아이콘()을 클릭하여 선택 영역만 화면에 표시되게 설정합니다.

10 지저분하게 남겨진 외곽선을 정리하기 위해 Effect Controls 패널에서 Roto Brush & Refine Edge 항목의 Roto Brush Matte에서 Feather를 '20', Contrast를 '80%', Shift Edge를 '-20%', Reduce Chatter를 '50%'로 설정합니다.

> **TIP**
> Feather는 외곽선의 흐리기, Shift Edge는 선택 영역을 외곽선을 기준으로 안쪽으로 축소할지 바깥쪽으로 넓힐지를 설정하고 Reduce Chatter는 외곽선의 표면을 부드럽게 설정할 수 있습니다.

11 Spacebar 를 눌러 영상 전체에 선택 영역을 적용합니다. PC 사양에 따라 해당 기능의 실행 속도가 느리거나 빠를 수 있습니다.

> **TIP**
> 선택 영역을 적용하는 과정에서 배경의 일부가 포함되면 Spacebar 를 눌러 잠시 멈추고 해당 영역으로 현재 시간 표시기를 이동하여 다시 한번 로토 브러시를 사용해 외곽을 정리합니다.

12 영상 전체에 로토 브러시가 적용되었다면 ❶ Composition 패널 하단의 'Freeze' 아이콘( )을 클릭하여 로토 브러시를 고정합니다. ❷ Freeze가 100% 완료되면 Ctrl + S 를 눌러 저장합니다.

13 다시 프리미어 프로로 돌아옵니다. Timeline 패널에서 'Roto_Brush_완성' 클립을 위로 드래그하여 V2 트랙으로 이동합니다.

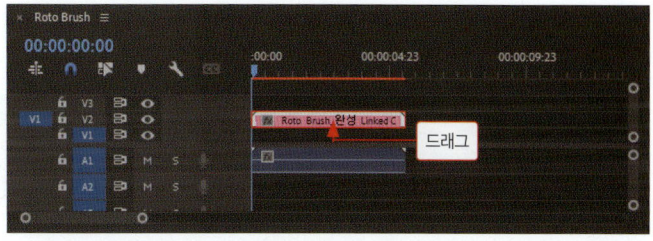

14 메뉴에서 (File) → New → Color Matte를 실행합니다.

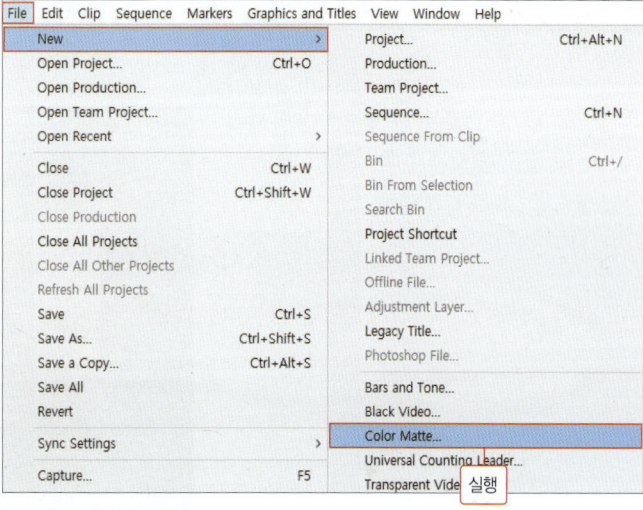

15 New Color Matte 대화상자가 표시되면 ❶ 〈OK〉 버튼을 클릭한 다음 ❷ Color Picker 대화상자가 표시되면 '옅은 갈색(#D5C7AE)'으로 지정하고 ❸ 〈OK〉 버튼을 클릭합니다.

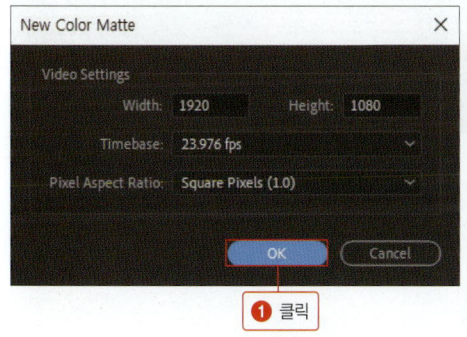

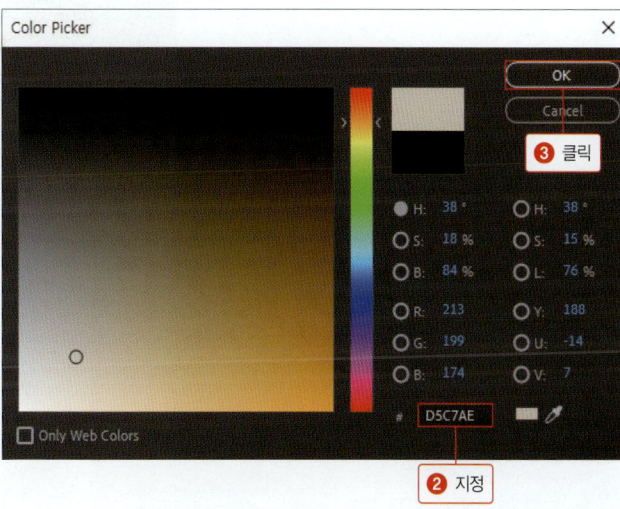

16 Project 패널에서 'Color Matte' 아이템을 Timeline 패널의 V1 트랙으로 드래그합니다.

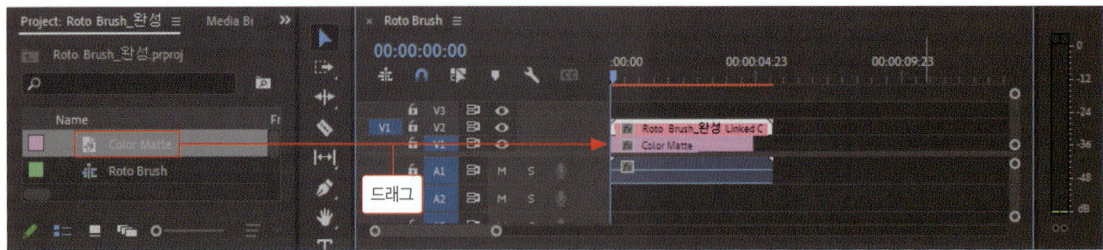

17 Timeline 패널에서 'Color Matte' 클립의 끝 점을 드래그하여 'Roto Brush_완성' 클립과 길이를 같게 만듭니다.

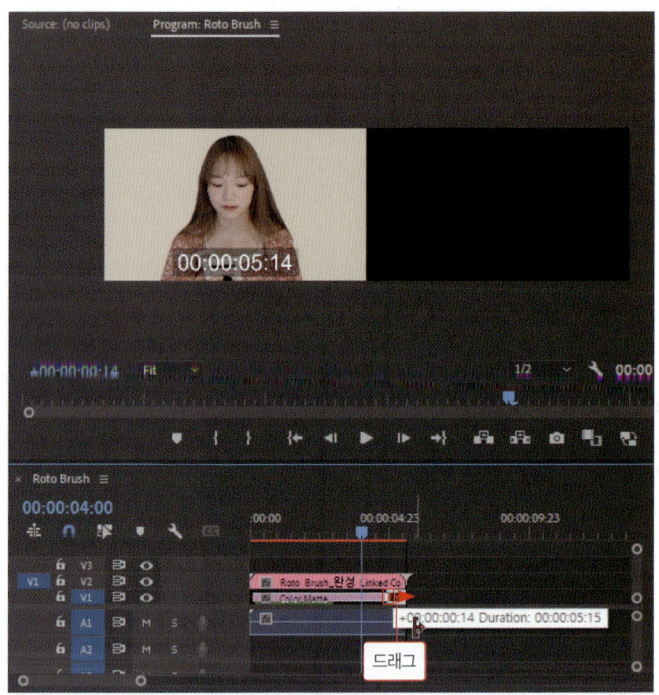

18 영상을 재생해 배경이 사라진 영상을 확인합니다.

▲ 효과 적용 전

▲ 효과 적용 후

실습예제 04 원 모양으로 회전하는 자막 만들기

텍스트들이 원 모양으로 배열되어 빙글빙글 회전하는 애니메이션은 프리미어 프로에서는 제작하기 어렵지만, 애프터 이펙트를 활용하면 아주 쉽게 만들 수 있습니다. 이번 예제를 익히면 원 모양뿐 아니라 원하는 모양의 패스를 만들어 물결 모양, 삼각형 모양 등 다양하게 활용하여 자막을 디자인할 수 있습니다.

◉ 예제파일 : 08\Round Text.mp4, Round Text.aep   ◉ 완성파일 : 08\Round Text_완성.mp4, Round Text_완성.prproj

01 프리미어 프로의 프로젝트를 만들고 메뉴에서 (File) → Import(Ctrl + I)를 실행하고 Import 대화상자가 표시되면 ❶ 08 폴더에서 ❷ 'Round Text.mp4' 파일을 선택한 다음 ❸ 〈열기〉 버튼을 클릭합니다.

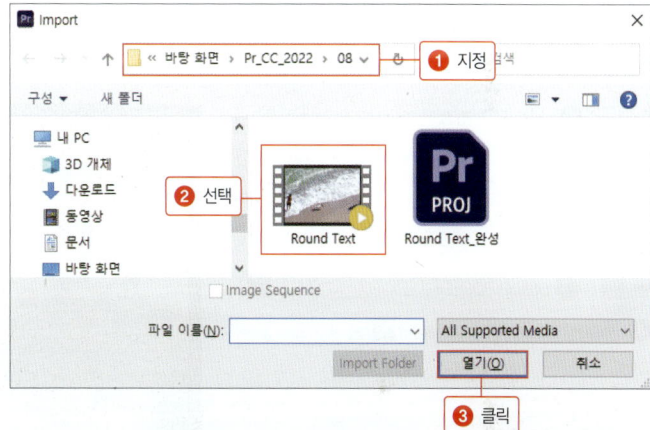

02 Project 패널에서 'Round Text.mp4'를 'New Item' 아이콘(■)으로 드래그하여 소스 파일과 같은 시퀀스를 만듭니다.

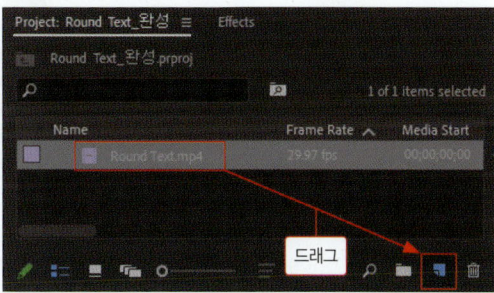

03 ❶ Tools 패널에서 문자 도구(T)를 선택한 다음 ❷ Program Monitor 패널의 화면 중앙을 클릭하고 ❸ 'Summer vacation in Jeju Island'를 입력합니다.

04 메뉴에서 (Window) → Essential Graphics를 실행합니다.

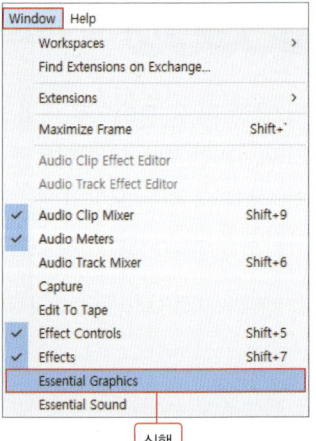

05
❶ Program Monitor 패널에서 'Summer vacation in Jeju Island' 자막을 선택한 다음 ❷ Essential Graphics 패널에서 (Edit) 탭의 'Center align text' 아이콘(틀), ❸ 'Horizontal Center' 아이콘(回), ❹ 'Vertical Center' 아이콘(回)을 차례로 클릭하여 자막을 화면 중앙에 위치합니다.

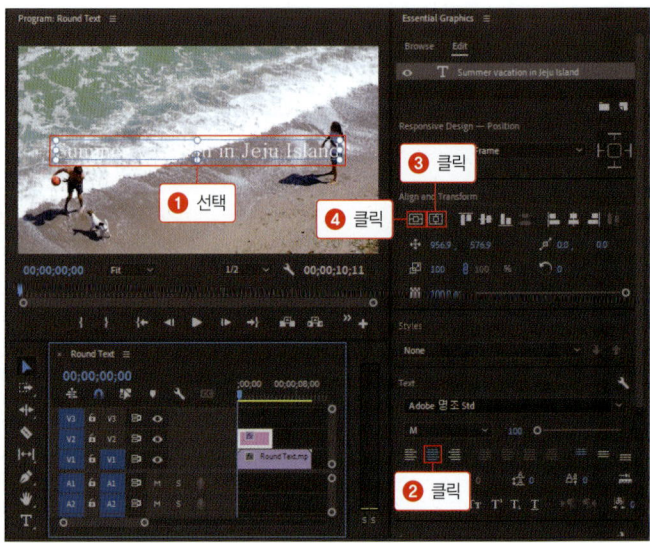

06
❶ Text 항목에서 'All Caps' 아이콘(TT)을 클릭하여 입력한 자막을 알파벳 대문자로 변경합니다. ❷ 글꼴을 지정하고 ❸ Font Size를 설정하여 원하는 디자인을 만듭니다. ❹ 예제에서는 Fill의 색상 상자를 클릭하여 자막 색상을 '파란색(#203FFF)'으로 지정했습니다.

> **TIP**
> Essential Graphics 패널의 Appearance 항목에 있는 기능 중 'Fill'을 제외한 'Stroke', 'Background', 'Shadow'는 애프터 이펙트에 연동되지 않기 때문에 현재 단계에서 설정하지 않습니다.

07 Timeline 패널에서 V2 트랙의 자막 클립의 오른쪽 끝을 선택한 다음 오른쪽으로 드래그하여 'Round Text.mp4' 클립과 길이를 같게 만듭니다.

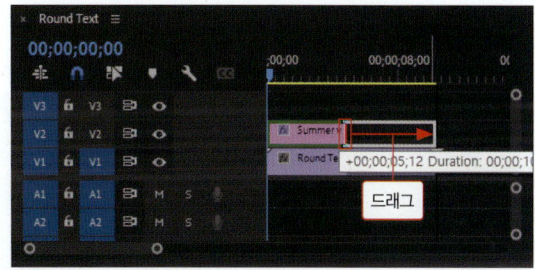

08 Timeline 패널에서 ❶ V2 트랙의 자막 클립에서 마우스 오른쪽 버튼을 클릭하여 ❷ Replace With After Effects Composition을 실행합니다.

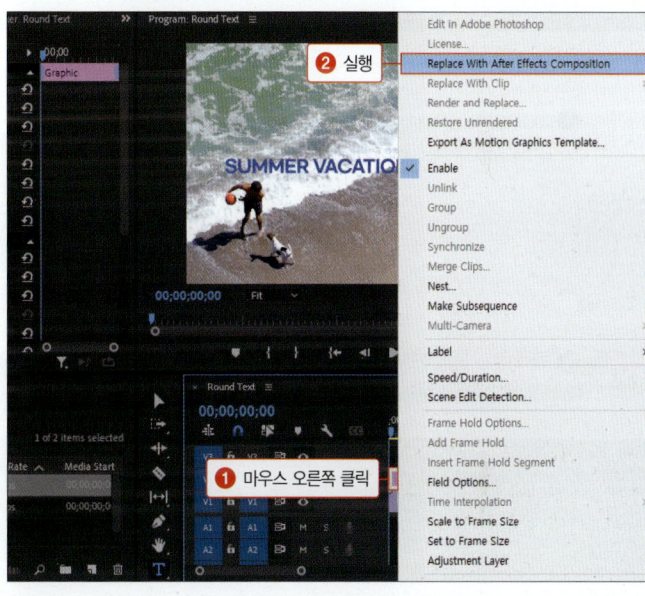

> **TIP**
> 애프터 이펙트가 PC에 설치되어 있어야 해당 메뉴가 활성화됩니다.

09 애프터 이펙트가 자동으로 실행됩니다. Save as 대화상자가 표시되면 ❶ 원하는 파일 경로를 지정한 다음 ❷ 파일 이름을 'Round Text'로 입력하고 ❸ 〈저장〉 버튼을 클릭합니다.

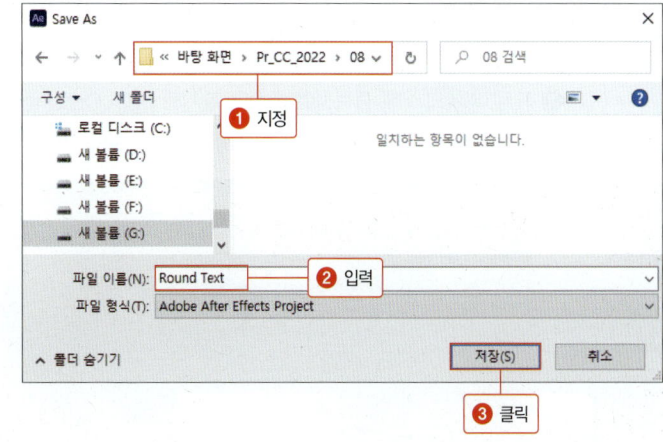

Chapter 01 · 애프터 이펙트 효과 활용하기   465

10 Timeline 패널에 만들어진 'SUMMER VACATION IN JEJU ISLAND' 레이어를 더블클릭합니다.

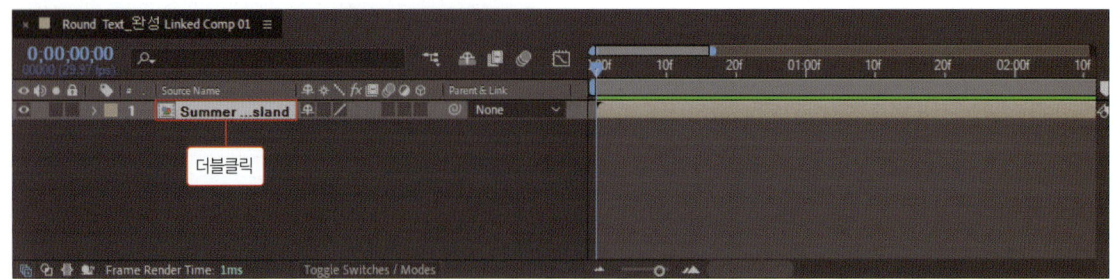

11 ❶ Tools 패널에서 사각형 도구(■)를 길게 클릭한 다음 ❷ 타원 도구(●)를 선택합니다.

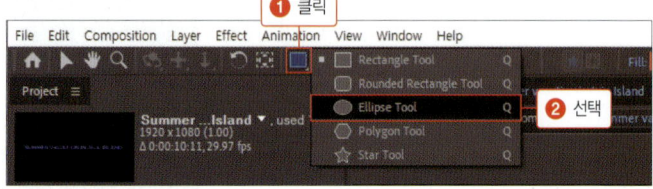

12 ❶ Timeline 패널에서 'SUMMER VACATION IN JEJU ISLAND' 레이어를 선택한 다음 ❷ [Shift] + [Ctrl]를 누른 상태로 마우스 포인터를 Composition 패널 중앙으로 이동해 가장자리 방향으로 드래그하면 원형의 마스크가 만들어집니다.

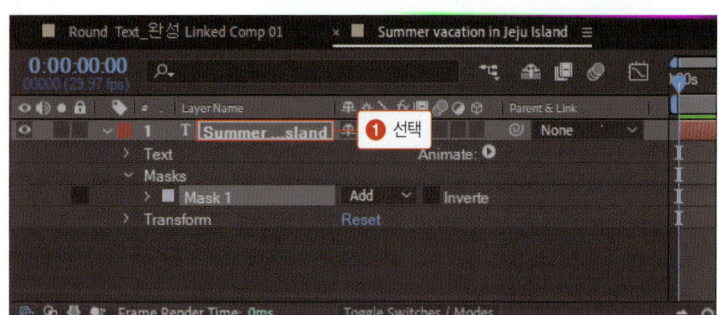 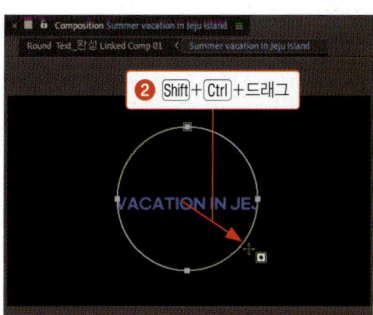

13 ❶ Timeline 패널에서 'SUMMER VACATION IN JEJU ISLAND' 레이어 왼쪽의 >를 클릭하여 속성을 표시합니다. ❷ Text 왼쪽의 >를 클릭하여 속성을 표시해 Path Options의 하위 속성을 표시하고 ❸ Path를 'Mask 1'로 지정합니다. 자막이 'Mask 1'의 모양에 따라 배치되어 원형 모양으로 변경됩니다.

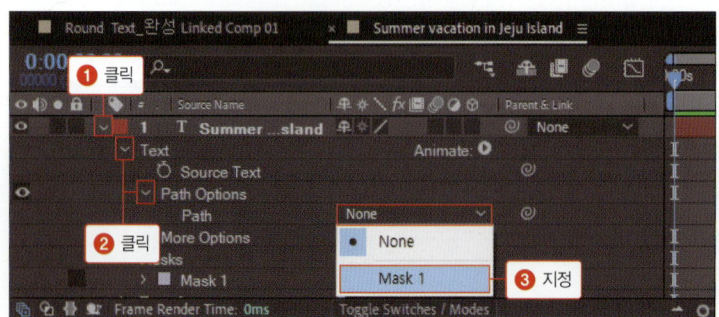 

14 Composition 패널에서 텍스트 레이어를 더블클릭해 전체 자막을 선택합니다.

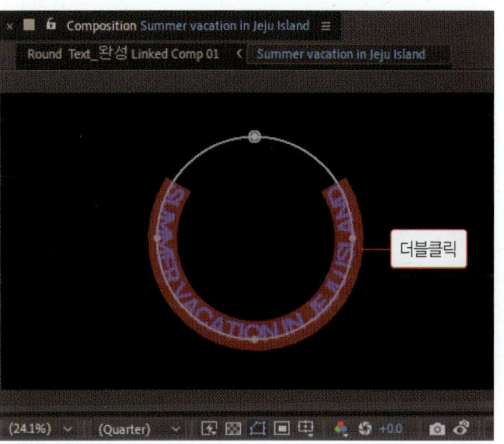

15 Character 패널에서 전체 자막의 자간을 적절하게 설정하여 원형 모양 전체에 텍스트가 고르게 배치되도록 설정합니다.

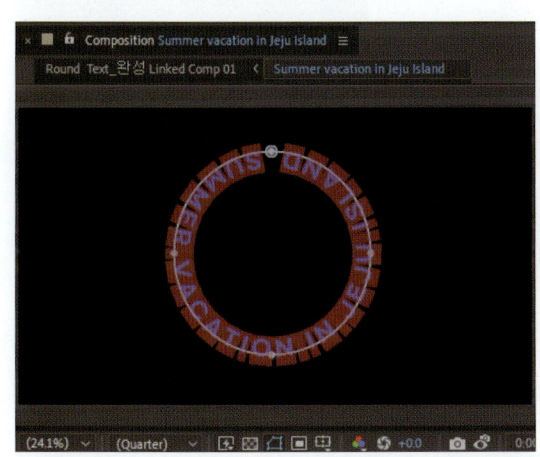 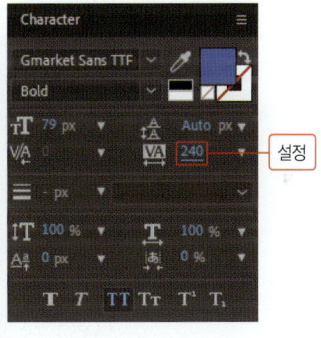

16 Timeline 패널에서 ❶ 현재 시간 표시기를 '0:00:00:00'으로 이동한 다음 ❷ Text → Path Options → First Margin 왼쪽의 'Stop Watch' 아이콘(◯)을 클릭합니다.

Chapter 01 • 애프터 이펙트 효과 활용하기 **467**

17 Timeline 패널에서 ❶ 현재 시간 표시기를 '0:00:10:10'로 이동한 다음 ❷ Path Options의 First Margin을 '450'으로 설정합니다.

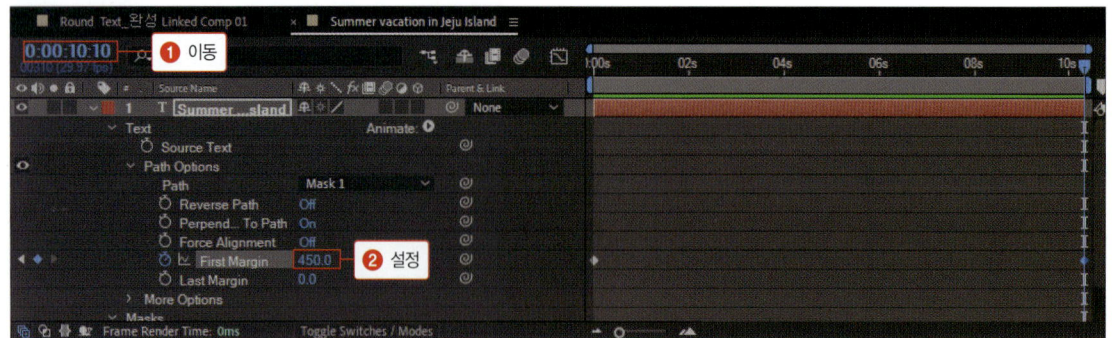

18 메뉴에서 (File) → Save(Ctrl + S)를 실행하여 작업물을 저장한 다음 애프터 이펙트를 종료하고 프리미어 프로 화면으로 돌아옵니다.

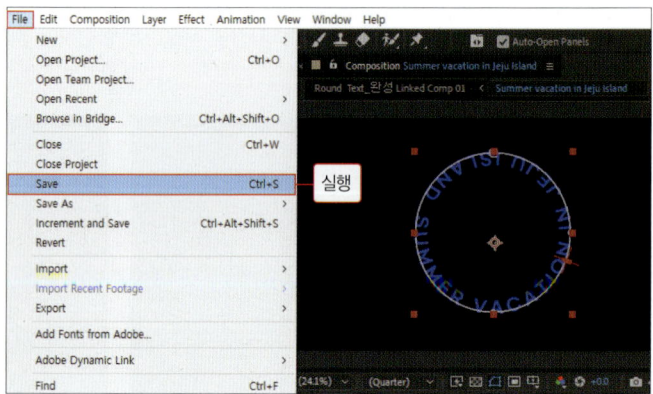

19 영상을 재생해 자막이 원형 모양으로 움직이는 효과가 적용된 것을 확인합니다.

▲ 자막이 원형 모양으로 회전하며 위치가 이동되는 모습

자막을 만들고 애프터 이펙트로 모션 블러와 타자기 효과 적용하기

446쪽 참고

V2 트랙의 자막 클립을 애프터 이펙트와 연동한 후, 위에서 아래로 나타나는 모션을 넣고 모션 블러를 적용해 보세요.

예제파일 08\Motion blur.prproj **완성파일** 08\Motion blur_완성.prproj
해설 동영상 08\8-1.mp4

Hint V2 트랙의 자막 클립에서 Replace With After Effects Composition 명령 실행하기 → 애프터 이펙트가 실행되면 텍스트 레이어 Position의 키프레임 애니메이션 만들기 → 텍스트 레이어의 'Motion Blur' 아이콘과 상단의 'Enable Motion Blur' 아이콘 클릭하기

453쪽 참고

V2 트랙의 자막 클립을 애프터 이펙트와 연동한 후, 타자기 효과를 적용해 보세요.

예제파일 08\Typewriter title.prproj **완성파일** 08\Typewriter title_완성.prproj
해설 동영상 08\8-2.mp4

Hint V2 트랙의 자막 클립에서 Replace With After Effects Composition 명령 실행하기 → 애프터 이펙트가 실행되면 'Typewriter' 이펙트를 검색해 텍스트 레이어에 적용하기 → 저장하고 프리미어 프로에서 적용된 효과 확인하기

VR(Virtual Reality)은 다양한 분야에 활용되는 기술이지만 영상 분야에서도 전통 미디어가 갖는 특성을 뛰어넘고 새로운 경험을 줄 수 있어 다양한 콘텐츠들이 생산되고 있습니다. 프리미어 프로는 VR 영상 편집과 관련된 다양한 솔루션을 적용하여 새로운 방식의 편집 기능들을 제공합니다. 이번 파트에서는 VR이 영상 분야에서 어떤 역할을 하고 프리미어 프로에서 어떤 편집 기능들을 제공하는지 살펴봅니다.

PART 9.

VR 영상 편집 알아보기

01 | VR과 VR 카메라 알아보기
02 | VR 영상 편집하기

VR과 VR 카메라 알아보기

VR(Virtual Reality/가상현실)은 아주 오래전부터 있던 개념이지만 본격적으로 성장하기 시작한 것은 오래되지 않았습니다. 현재는 다양한 분야에서 다양한 기술을 적용해 활용되고 있으며 최근 메타버스(Metaverse)와 함께 성장의 속도는 더 빨라지고 있습니다. 여러 VR 콘텐츠 중 영상 분야 VR이 갖는 의미와 대중적으로 활용되는 VR 카메라의 종류에 대해 알아봅니다.

필수기능 01 VR(Virtual Reality)란 무엇인가?

흔히 VR이라고 말하는 가상현실(Virtual Reality)은 '실제와 유사하지만 실제가 아닌 인공 환경'을 의미합니다. 이는 현실 세계에 3차원의 가상 물체를 겹쳐 보이게 하는 증강현실(AR : Augmented Reality)과 다른 표현방식으로 모든 환경과 오브젝트가 실제가 아닌 가상으로 표현됩니다.

VR 콘텐츠를 체험하기 위해서는 HMD(Head Mounted Display)라는 보조 시각 장치를 착용해야 합니다. HMD는 가상현실 공간의 360° 공간 경험을 위해 필요한 장비이면 크게 3DOF(3 Degrees Of Freedom), 6DOF(6 Degrees Of Freedom) 장치로 구분할 수 있습니다. 3DOF는 세 방향의 자유도를 표현한 방식으로 가상현실 속에서 360° 공간을 사용자가 둘러볼 수 있습니다. 6DOF는 가상현실 공간을 360° 둘러볼 수 있는 동시에 자유롭게 공간을 이동할 수 있습니다.

VR의 가장 큰 장점은 평면적인 모니터를 활용해 공간을 경험하는 것과 달리 360° 가상의 환경이 마치 실제와 같이 느껴질 수 있도록 몰입감(Immersive)을 제공하기 때문입니다. 이러한 시각적인 몰입 이외에 청각, 촉각, 인터랙션, 후각 등의 보조적인 4D 요소를 더하면 더 사실적인 체험이 가능하게 됩니다.

VR 콘텐츠는 제작 또는 체험 방식에 따라 크게 3가지로 분류할 수 있습니다.

첫 번째는 촬영 기반의 포토 리얼 VR 영상입니다. 이는 360°를 촬영할 수 있는 특수 카메라 장비로 촬영된 영상으로 일반적으로 VR 영화나 다큐멘터리에서 많이 활용됩니다. 촬영 기반의 VR 영상은 여러 대의 카메라를 특수 리그(Rig)에 붙여서 360° 방향을 촬영하는 방식으로, 스티칭(Stitching) 작업을 통해 여러 대의 카메라에서 촬영된 영상을 하나의 영상으로 붙이는 작업이 필요합니다. 이후에 편집, VFX, 사운드 작업 등의 과정을 거쳐 포토 리얼 VR 영상이 완성됩니다.

▲ 촬영 방식으로 제작된 VR 영상

두 번째는 프리 렌더링(Pre-Rendering) 방식의 CG 콘텐츠로 이는 컴퓨터 그래픽으로 작업된 이미지를 360° 방식으로 렌더링한 영상입니다. 프리 렌더링 VR 영상은 촬영 기반의 영상과 달리 별도의 스티칭 작업이 필요 없지만 모든 환경과 피사체를 CG로 만들어야 하기에 제작 비용이 많이 들고 제작 기간도 비교적 긴 단점이 있습니다. 하지만 촬영으로 표현할 수 없는 다양한 가상 환경을 표현할 수 있어 현실에서 볼 수 없는 판타지한 공간과 이야기를 체험할 수 있는 장점이 있습니다.

▲ 100% 컴퓨터 그래픽으로 제작한 프리 렌더링 방식의 VR 영상

세 번째는 실시간 렌더링(Real-time Rendering) 방식의 콘텐츠로 3D 게임과 같이 리얼타임 엔진을 활용해 제작하는 방식입니다. 프리 렌더링 방식과 같이 100% 컴퓨터 그래픽으로 만들기 때문에 비용이 많이 들고 제작 기간도 길지만 다양한 FX와 인터랙션을 적용할 수 있는 방식으로 유일하게 6DOF 콘텐츠 제작이 가능합니다. 따라서 영상에서는 경험할 수 없는 다양한 경험과 극한의 몰입감을 즐길 수 있어 VR 콘텐츠 제작 환경에 매우 적합하다고 볼 수 있습니다. 실시간 렌더링 방식의 VR 콘텐츠는 컴퓨터에서 바로 이미지를 렌더링하여 보여 주기 때문에 별도의 편집이 필요 없습니다.

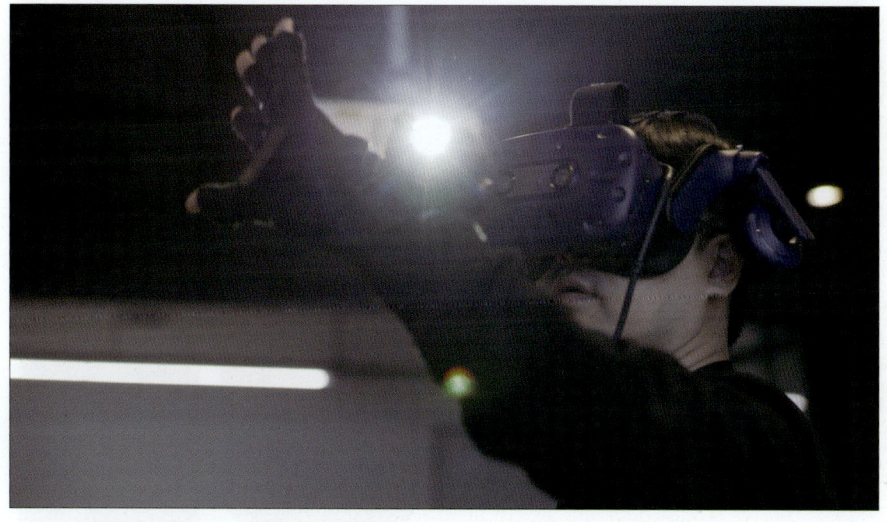

▲ HMD와 햅틱 글로브를 착용하고 실시간 렌더링 방식의 인터랙티브 VR 콘텐츠를 체험하는 모습

프리미어 프로에서 VR 편집은 위 방식 중 첫 번째 360° 촬영 방식과 두 번째 프리 렌더링 방식으로 제작된 영상을 편집할 때 사용하며 기본적인 효과와 사운드 작업을 진행할 수 있습니다. 다만 스티칭 작업은 촬영 장비와 방식에 따라 별도의 프로그램을 활용해야 합니다.

VR 영상은 표현 방식에 따라 두 가지로 분류할 수 있습니다. 첫 번째는 Stereoscopic 방식의 VR 영상으로 사람의 두 눈 사이의 거리를 계산해 다른 카메라 각도의 두 개 영상으로 제작한 영상입니다. 이는 영상을 입체적으로 감상할 수 있어 더 큰 몰입감을 주는 큰 장점이 있습니다. 두 번째는 Monoscopic 방식의 VR 영상으로 하나의 똑같은 영상을 양쪽 눈에 해당하는 디스플레이에 동시에 재생하는 방식입니다. 이는 Stereoscopic 방식과 비교해 입체감을 느낄 수 없다는 단점이 있지만, 제작 프로세스가 간단하고 데이터 크기를 50% 줄일 수 있다는 장점이 있습니다.

VR 영상은 평면 모니터에서 시청하는 일반 영상과 달리 실제로 사람의 눈으로 감상할 수 있는 시야각 이상의 360°를 모두 표현하기 때문에 일반 영상보다 고화질이어야 합니다. 따라서 Full HD 영상 화질보다는 최소 4K 이상의 영상으로 제작되어야 감상하는데 불편하지 않습니다. 또한, 고해상 VR 영상일수록 선명한 화질로 감상할 수 있지만, 데이터 용량이 크고 영상을 재생하는 플레이어의 한계도 있어 너무 큰 이미지로 제작할 수 없다는 단점이 있습니다. 이는 하드웨어와 네트워크의 발전으로 차츰 극복할 문제이기도 합니다.

필수기능 02 VR 카메라 종류 알아보기

VR 360° 파노라마 영상은 360 VR 카메라를 이용해 전문가들뿐만 아니라 일만 사용자들도 쉽게 영상을 제작할 수 있게 되었습니다. 페이스북, 유튜브, 인스타그램 등에 360° 영상을 등록할 수 있는 기능을 지원하고 있으며, 현재는 360° 영상을 찍고 바로 모바일 또는 PC로 연결해 볼 수 있는 360° 카메라가 다양하게 출시되고 있습니다.

Insta 360 One X2

Insta 360 One X2는 듀얼 렌즈를 통해 5.7K 영상을 별도의 설정 없이 편하게 촬영할 수 있는 360 액션 캠입니다. 이는 4개의 마이크를 활용해 360 사운드 환경을 제공하며 6축 자이로 센서를 통해 스테디캠 모드와 흔들림 보정을 지원합니다. 이 외에도 단측 렌즈를 활용된 일반 액션 캠으로 활용 가능하며 방수 기능으로 수중 촬영도 가능합니다. 다이내믹하고 빠르게 촬영하는 영상에 적합하며 가격 또한 부담스럽지 않아 처음으로 VR 영상을 제작할 때 추천할 수 있습니다.

Gopro Max

Gopro Max는 Insta 360 One X2와 비슷한 성능과 기능을 가진 360 액션 캠으로 흔들림에 대한 안정화 기능과 6개의 마이크를 통해 360 사운드를 지원합니다. 이는 360° 카메라를 기본으로 하고 있으나 360° 카메라를 하나의 옵션으로 두어 평상시에는 일반 고프로처럼 사용하고 360° 카메라가 필요할 때는 360° 촬영을 할 수 있습니다. 또한, 촬영 화면을 보는 용도로 사용 가능해 셀카와 브이로그(VLOG) 용 촬영에도 적합합니다.

FITT360

FITT360은 1인칭 웨어러블 360° 카메라로 총 3대의 Full HD 카메라가 내장되어 있어 사용자의 환경을 FPV(First Person View)로 캡처할 수 있는 4K 웨어러블 360 카메라입니다. 목걸이처럼 목에 걸고 촬영할 수 있어 두 손을 자유롭게 사용할 수 있는 장점이 있으며 1인칭 시점의 영상을 현장 그대로 생생한 분위기로 담아낼 수 있어 몰입도가 높은 영상 촬영이 가능합니다.

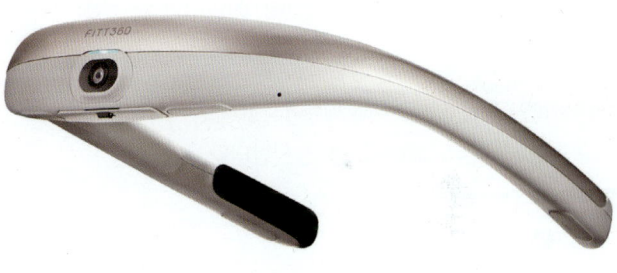

Insta360 Titan

Insta360 Titan은 8개의 렌즈로 촬영하여 11K 이상의 고화질 360 영상을 제작할 수 있는 고성능 VR 카메라입니다. 이는 영화와 다큐멘터리와 같은 전문가 프로젝트에 활용할 수 있는 장비로 360 액션 캠에 비해 높은 가격에 구매하지만, 화질과 성능 면에서 따라올 수 없는 능력을 자랑합니다.

• VR 편집

VR 영상 편집하기

VR 영상을 편집하기 위해서 우선 VR 영상의 콘텐츠 특성을 이해하고 그 특성에 맞춰 편집 환경을 설정해야 합니다. 일반 영상과 달리 360°의 공간적, 입체적인 특성을 가진 VR 영상의 특성에 맞춰 편집 환경을 설정하고 효과를 적용하며 출력하는 방법을 배워 봅니다.

실습예제 01 | VR 편집 환경 설정하기

VR 영상은 크게 입체적으로 볼 수 있는 Stereoscopic 방식과 하나의 영상을 양쪽 눈으로 똑같이 보게 하는 Monoscopic 방식 두 개로 구분합니다. 예제를 따라 Monoscopic VR 영상의 편집 환경을 설정하는 방법을 알아봅니다.

○ 예제파일 : 09\VR Video.mp4   ○ 완성파일 : 09\VR Settings_완성.prproj

01 파일을 불러오기 위해 메뉴에서 **(File) → Import**(Ctrl + I)를 실행합니다. ❶ 09 폴더에서 ❷ 'VR Video.mp4' 파일을 선택하고 ❸ 〈열기〉 버튼을 클릭합니다.

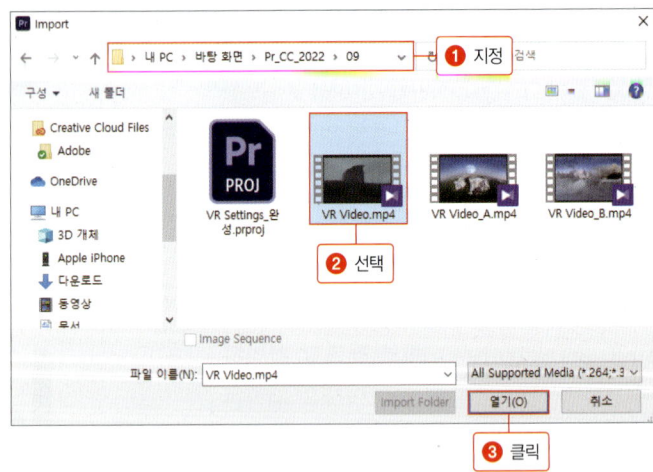

02 Project 패널의 'VR Video.mp4' 아이템을 'New Item' 아이콘(🔲)으로 드래그하여 소스 파일과 같은 시퀀스를 만든 다음 메뉴에서 **(Sequence) → Sequence Settings**를 실행합니다.

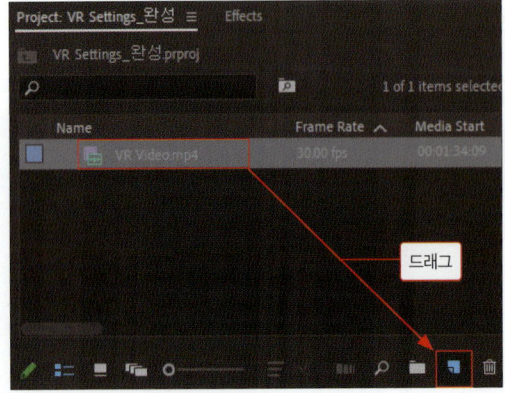
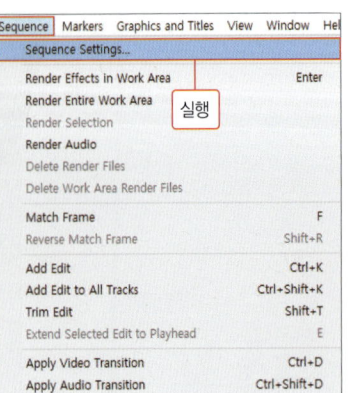

03 Sequence Settings 대화상자가 표시되면 ❶ VR Properties 항목에서 Projection을 'Equirectangular', Layout을 'Monoscopic'으로 지정한 다음 ❷ 〈OK〉 버튼을 클릭합니다.

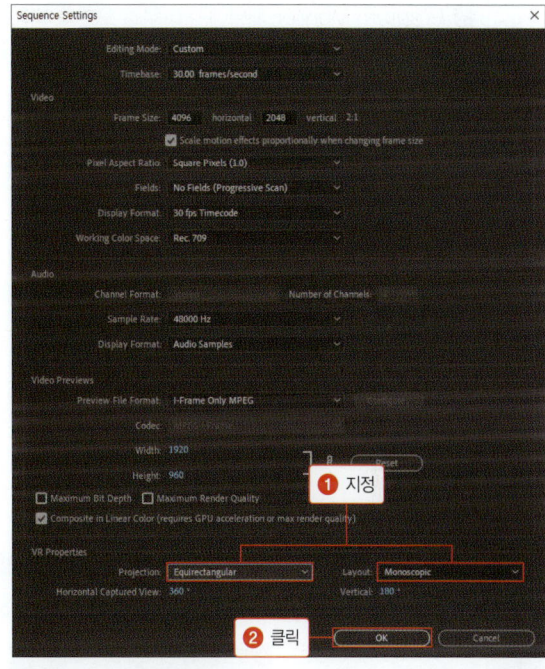

TIP

예제의 소스는 하나의 영상을 HMD의 양안에 동시에 재생시켜 볼 수 있는 Monoscopic 영상입니다. Layout 옵션 중 Stereoscopic은 HMD의 양안 디스플레이에 서로 다른 앵글의 영상을 따로 재생시켜주는 입체 영상을 옵션을 설정합니다. Stereoscopic 영상은 좌우로 분리된 Side by Side 형식과 위아래로 분리된 Over/Under 형식으로 나뉩니다.

04 ❶ Program Monitor 패널에서 마우스 오른쪽 버튼을 클릭해 ❷ VR Video → Enable을 실행합니다.

TIP

VR Video 환경 설정은 Program Monitor 패널의 'Settings' 아이콘(🔧)을 클릭하여 실행할 수도 있습니다. 또한, **Adobe Immersive Environment**를 실행하면 HMD와 같은 VR 디스플레이 장치와 연결하여 모니터링을 할 수 있습니다.

05 Program Monitor 패널의 환경이 VR 비디오 상태로 전환되면 화면에서 마우스 포인터를 상하좌우 및 대각선으로 드래그하여 자유자재로 360° 환경을 둘러볼 수 있습니다.

06 ❶ Program Monitor 패널에서 마우스 오른쪽 버튼을 클릭해 ❷ VR Video → Show Controls를 실행하면 화면의 각도 표시가 비활성화되어 화면을 넓게 사용할 수 있습니다.

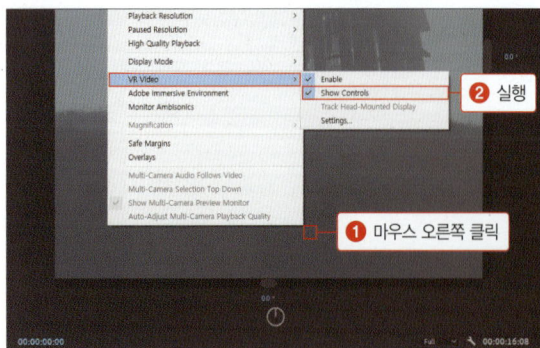 

▲ Show Controls 해제로 각도 표시가 없어진 Program Monitor 패널

07 ❶ Program Monitor 패널에서 마우스 오른쪽 버튼을 클릭해 ❷ VR Video → Settings를 실행합니다. VR Video Settings 대화상자가 표시되면 VR 비디오의 노출되는 범위와 모노/입체 방식을 설정할 수 있습니다.

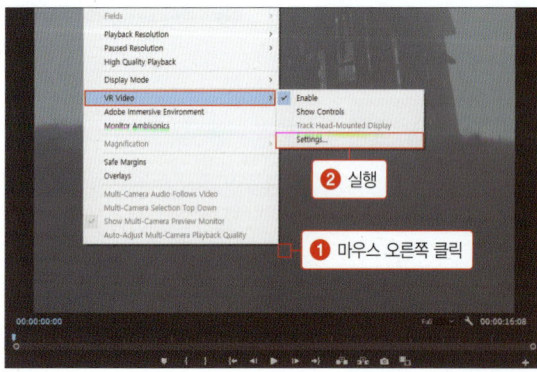 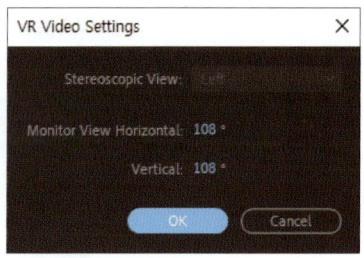

▲ VR Video Settings 대화상자

TIP

Stereoscopic View는 시퀀스 설정이 Stereoscopic으로 설정되어 있을 때 지정할 수 있습니다.

08 재생한 상태에서 Program Monitor 패널을 드래그하면 영상이 재생되는 중에도 360° 환경을 둘러보며 모니터링할 수 있습니다.

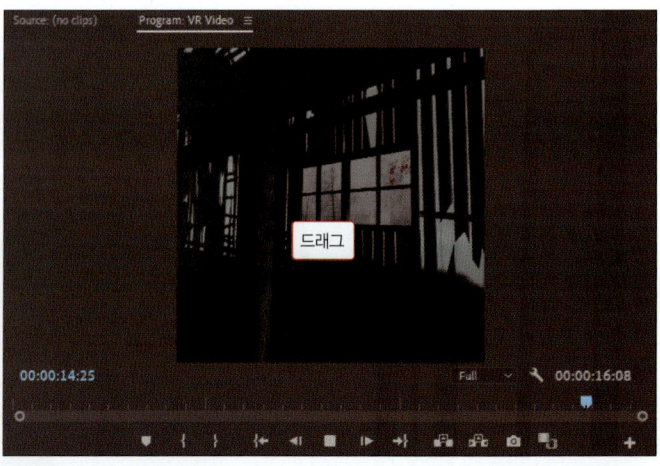

실습예제 02 VR 효과 적용하기

VR 영상 편집 시 효과 적용을 360 영상의 특성과 카메라의 움직임, 체험자의 인지 시점 등을 잘 파악하고 작업합니다. 또한, 멀미를 유발할 수 있는 수평 이동을 최대한 절제하고 구(Sphere) 형태로 적용되었을 때를 잘 계산해야 시청 시 에러가 발생하지 않습니다.

● 예제파일 : 09\VR Video_A.mp4, VR Video_B.mp4　　● 완성파일 : 09\VR FX_완성.mp4, VR FX_완성.prproj

01 파일을 불러오기 위해 메뉴에서 **(File)** → **Import**(**Ctrl** + **I**)를 실행합니다. ❶ 09 폴더에서 ❷ 'VR Video_A.mp4', 'VR Video_B.mp4' 파일을 선택하고 ❸ 〈열기〉 버튼을 클릭합니다.

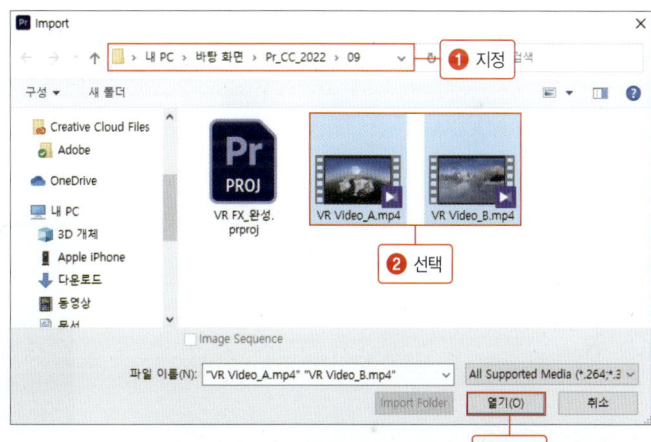

02 Project 패널의 'VR Video_A.mp4', 'VR Video_B.mp4' 아이템을 'New Item' 아이콘(■)으로 드래그하여 소스 파일과 같은 시퀀스를 만듭니다.

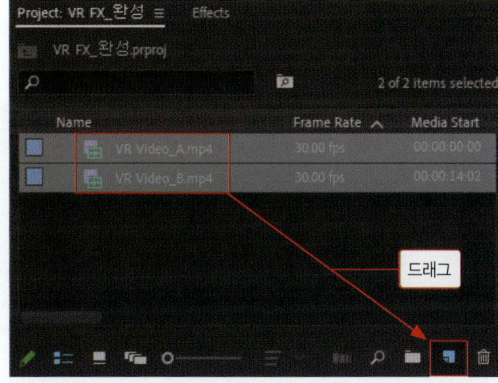

TIP
이때 'VR Video_A.mp4' 아이템이 Timeline 패널의 시작에 배치될 수 있도록 'VR Video_B.mp4' 아이템보다 먼저 선택합니다.

03 Timeline 패널에서 'VR Video_A.mp4' 클립 왼쪽에 'VR Video_B.mp4' 클립이 배치된 것을 확인합니다. 만일 순서가 바뀌어 있다면 클립의 위치를 이동하여 그림과 같이 맞춥니다.

04 ❶ Program Monitor 패널에서 마우스 오른쪽 버튼을 클릭한 다음 ❷ VR Video → Enable을 실행해 VR 화면 모드를 활성화합니다.

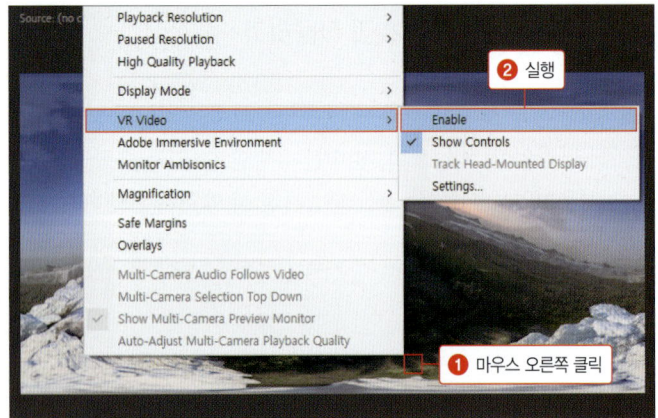

05 ❶ 현재 시간 표시기를 '00:00:12:06'으로 이동한 다음 ❷ 'VR Video_B.mp4' 클립을 왼쪽으로 드래그하여 현재 시간 표시기가 있는 곳으로 끝 점을 맞춥니다.

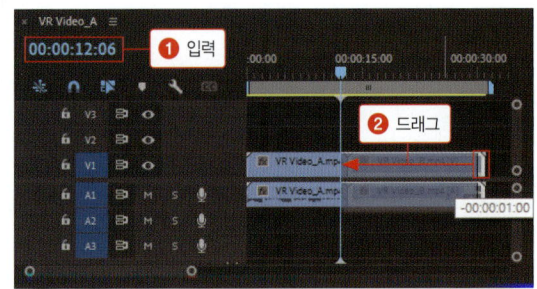

06 ❶ Effect 패널에서 'VR Mobius Zoom' 이펙트를 검색하고 ❷ 그림과 같이 두 클립 사이로 드래그합니다.

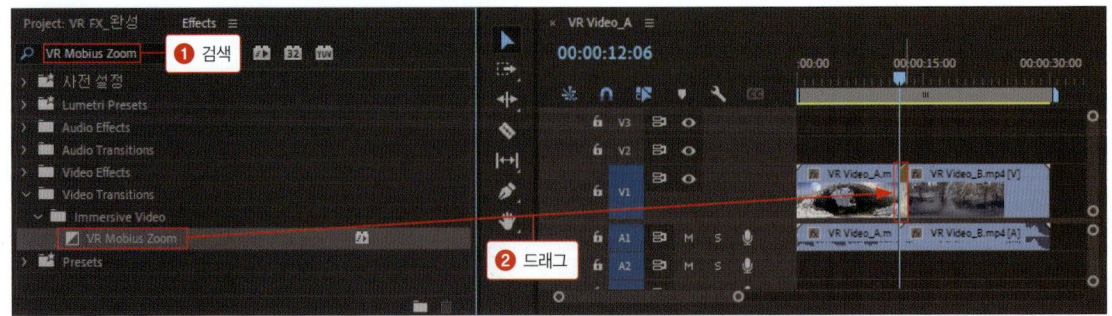

> **TIP**
> VR 편집 시 VR 장면 전환 효과는 Effects 패널의 Video Transition → Immersive Video의 효과들을 적용합니다. 또한, VR 효과는 Video Effects → Immersive Video의 효과를 적용합니다.

07
영상을 재생했을 때 'VR Video_A.mp4' 클립의 카메라 움직임이 옆으로 이동하며 마무리되고 'VR Video_B.mp4' 클립의 카메라 움직임이 Truck In 형태로 움직여 장면 전환이 어색한 것을 확인합니다.

08
'VR Video_A.mp4' 클립의 카메라 움직임이 'VR Video_B.mp4' 클립과 자연스럽게 연결될 수 있도록 ❶ Effects 패널에서 'VR Rotate Sphere' 이펙트를 검색하고 ❷ Timeline 패널의 'VR Video_A.mp4' 클립에 드래그합니다.

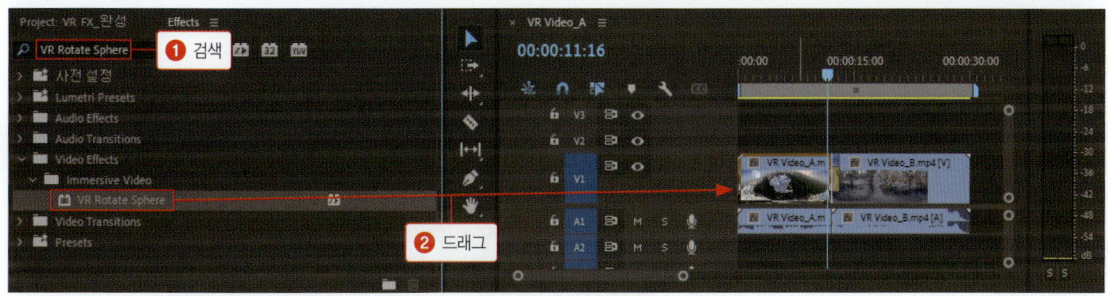

09
❶ 현재 시간 표시기를 '00:00:05:00'으로 이동한 다음 ❷ Effect Controls 패널에서 VR Rotate Sphere 항목의 Pan(Y axis)의 'Toggle animation' 아이콘( )을 클릭해 키프레임을 만듭니다.

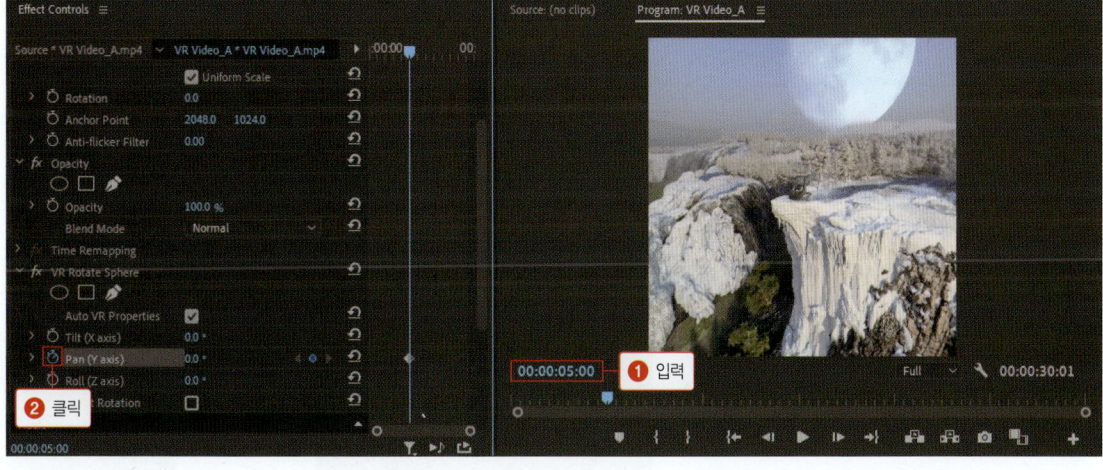

10 ❶ 현재 시간 표시기를 '00:00:10:00'으로 이동한 다음 ❷ Effect Controls 패널에서 VR Rotate Sphere 항목의 Pan(Y axis)을 '-75°'로 설정하여 'VR Video_A.mp4' 클립의 카메라 이동 방향을 끝에서 Truck In 형태가 되도록 변경합니다.

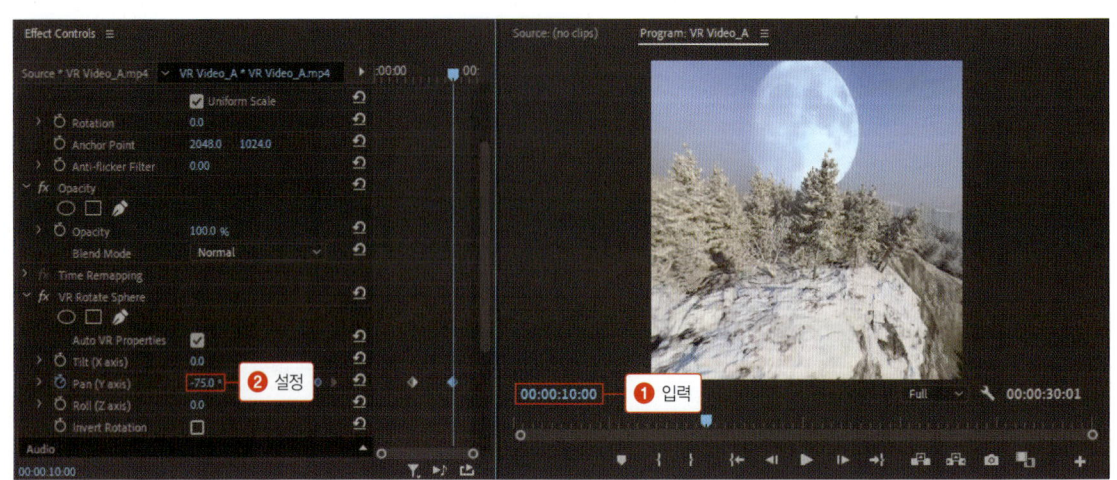

11 Effect Controls 패널에 만들어진 두 개의 키프레임 중 ❶ 첫 번째 키프레임에서 마우스 오른쪽 버튼을 클릭한 다음 ❷ Ease Out을 실행합니다.

키프레임에 Ease Out을 적용하면 움직임의 속도가 자연스럽게 천천히 빨라지는 베지어(Bezier) 형태로 전환됩니다.

12 ❶ 두 번째 키프레임에서 마우스 오른쪽 버튼을 클릭한 다음 ❷ Ease In을 실행하여 구의 회전 속도가 부드럽고 자연스럽게 적용되도록 합니다.

키프레임에 Ease In을 적용하면 움직임의 속도가 자연스럽게 천천히 느려지는 베지어(Bezier) 형태로 전환됩니다.

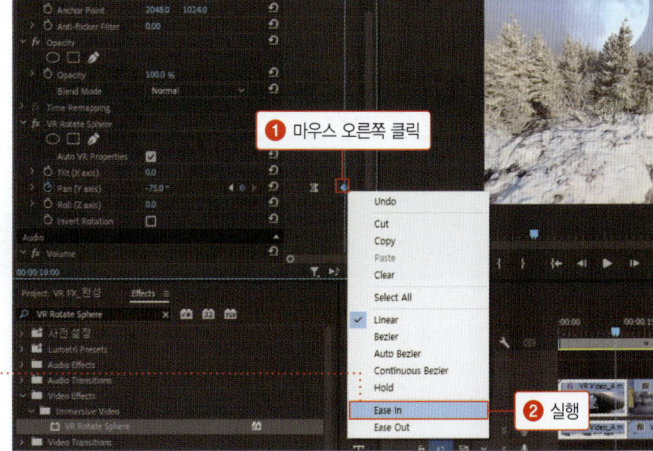

13 영상을 재생해 자연스럽게 두 장면이 연결되는 VR 효과를 확인합니다.

필수기능 03 · VR 영상 출력하기

VR 영상은 360° 영상이라는 특수한 성격을 가지고 있어 플레이어 또는 온라인 플랫폼에서 VR 영상으로 인식할 수 있는 메타데이터를 적용합니다. 프리미어 프로에서 VR 영상을 출력하는 옵션에 대해 알아봅니다.

VR 360° 또는 180° 영상을 유튜브, 페이스북과 같은 온라인 플랫폼에 등록하기 위해서는 반드시 영상 속에 360° 동영상 파일에 대한 메타데이터 스크립트가 적용되어야 합니다. 그렇지 않을 경우, 일반 영상으로 인식하며 VR 영상의 기능을 할 수 없게 됩니다.

프리미어 프로에서 편집이 완료된 VR 시퀀스를 선택한 다음 Ctrl + M 을 눌러 실행하면 Export Settings 대화상자가 표시됩니다. 먼저 Export Settings 항목에서 출력하려는 비디오 형식을 지정하고 파일명을 입력한 다음 [Video] 탭의 여러 옵션도 함께 설정합니다. 그런 다음 [Video] 탭의 여러 옵션 중 가장 하단에 있는 VR Video 항목에서 'Video Is VR'을 체크 표시하면 출력하려는 영상이 VR로 인식되도록 메타데이터 스크립트를 적용합니다. 이때 Frame Layout에서는 모노(Monoscopic)와 입체(Stereoscopic) 영상의 옵션을 선택할 수 있습니다. 하지만 Frame Layout 옵션은 반드시 시퀀스 설정에 적용된 동일한 옵션을 적용하도록 합니다.

VR 시퀀스 만들고 VR 효과 적용하기

1 (476쪽 참고)

시퀀스 설정을 VR 모드로 변경하고 Program Monitor 패널 설정을 VR 편집 환경으로 바꿔 보세요.

- 예제파일: 09\VR.prproj
- 완성파일: 09\VR Sequence_완성.prproj
- 해설 동영상: 09\9-1.mp4

> **Hint** VR 아이템을 선택하고 Sequence Settings 명령 실행하기 → Projection을 'Equirectangular', Layout을 'Monoscopic'으로 지정하기 → 마우스 오른쪽 버튼 클릭해 Enable 명령 실행하기

2 (479쪽 참고)

두 클립 사이에 1초 15프레임 동안 연결되는 VR Mobius Zoom 장면 전환 효과를 적용해 보세요.

- 예제파일: 09\VR FX.prproj
- 완성파일: 09\VR FX02_완성.prproj
- 해설 동영상: 09\9-2.mp4

> **Hint** 'VR Mobius Zoom' 이펙트를 검색해 두 클립 사이에 적용하기 → 'VR Mobius Zoom' 이펙트를 더블클릭해 Duration을 '1.15'로 설정하기 → 장면 전환 효과 확인하기

찾아보기

A

AAC	154
AAF	154
Add a Track	66
Add Chapter Marker	125
Add Marker	113, 124, 127
Add Tracks	119
Adjust Gain by	241
Adjustment Layer	60, 270
Adjustments	285
Adjust the size of icons	59
Adobe Stock	166
AIFF	154
Align	202
Align and Transform	167
Align Bottom	168
Align Horizontally	168
Align Left	168
Align Right	168
Align Text	168
Align Top	167
Align Vertically	167
Alpha	144
Amount	287
Appearance	168
Apply Default Audio Transition	59
Apply Default Video Transition	59
Assembly	53
Attach Proxies	38
Audio	53, 65, 66
Audio Gain	40, 240
Audio Hardware	259
Audio Level Meters	262
Audio Meters	46
Audio Panner	249
Audio Power Meters	262
Audio Track Mixer	243
Auto	284
Auto Color	272
Automate to Sequence	59
Auto Reframe Sequence	67
Auto Save	52

B

Background	168, 203
Bars and Tone	60
Basic Correction	284
Black Input Level	274
Blacks	284
Black Video	60
Black & White	277
Blur	286
Browse	138, 151, 166
Brush Strokes	394
Button Editor	135

C

Captions	150, 223
Captions and Graphics	53
Caption track options	113
Center Position	202
Change to Color	279
Clear	60
Clear All Markers	126
Clear Guides	146
Clear Selected Marker	126
Clip Overlap	59
Codec	65
Color	53
Color/Black	286
Color Burn	350
Color Dodge	351
Color/Gray	286
Color match	286
Color Matte	60
Comparison View	135, 144, 286
Composite Video	144
Configure	65
Contrast	284
Corner Pin	388
Correction	286
Crawl	216
Create ellipse mask	339
Create Group	167
Create new caption track	223
Create New Search Bin	59
Create Proxies	38
Crop	363, 412
Cross Dissolve	332
Current Time	113
Current Time Indicator	113, 135
Curves	285

D

Darken	350, 360
Darker Color	350
Delete selected tracks	66
Delete Tracks	118
Denoise	286
DeNoise	257
Destination Path	162
Disk Space	162
Display Both Field	145
Display First Field	145
Display Format	64, 65
Display Second Field	145
Dissolve	349
Distribute	202
Distribute Horizontally	168
Distribute Vertically	168
Drag Audio Only	143
Drag Video Only	143

E

Edit Cameras	146
Editing Mode	64
Effect Controls	46
Effects	53, 46
Ellipse Tool	83
Enable Transmit	145
Essential Graphics	166
Export	147
Export Frame	135, 138, 151
Export Media	158
Export Settings	150
Exposure	284
Extract	135, 142

F

Face Detection	286
Faded Film	285
Fast Blur	408
Feather	287
Fields	64
Fill	168, 203
Filter	45
Filter Bin Content	59
Find	59
FITT360	475
Font	168
Font Basic Pattern	168, 202
Font Basic Properties	168, 202
Font Family	202
Font Style	168, 202
Format	138, 151
Frame Size	64
Frames Per Still	59
Free draw bezier	339
Freeform View	59
From the Radio	255

G

Gamma	274

Gap between captions	229	Learn	45	New Bin	59
Gaussian Blur	381	Legacy Title	200	New Item	56, 60
Gopro Max	475	Legacy Title Style	203	New Layer	167
Go to In	135	Levels	275	New Project	44, 47
Go to Out	135	Levles Settings	274	New Sequence	63
Group	110	Lift	135, 141	New Team Project	45
		Lighten	350	Normalize All Peaks to	241
		Lighter Color	351	Normalize Max Peak to	241
		Linear Burn	350	Number of Channels	66

H

		Linear Dodge(Add)	351, 353		
		Lines	229	## O	
Hand Tool	83	Link	109		
Hard Light	351	Linked Selection	113	Offline File	60
HD Bars and Tone	60	Link Media	39	OMF	154
Height	65	List View	59	Opacity	313
Hide Suggestions	45	Load from sequence	66	Open Premiere Rush Project	44
Highlights	284	Look	285	Open Project	45, 48
High Quality Playback	145	Loop	145	Open Team Project	45
Home	44	Loop Playback	131	Options	162
Horizontal Captured View	66	Lumetri Color	284	Ordering	59
Horizontal Center	167			Output	150
Horizontal Flip	367			Output Levels	274
HSL Secondary	286	## M		Overlay	351
Hue Saturation Curves	285			Overlays	146
		Main Work Area	202	Overlay Settings	146
		Mark In	135		
		Mark Out	135		

I

		Mask Expansion	339	## P	
		Mask Feather	339		
Icon View	59	Mask Opacity	339		
Ignore Audio	59	Mask Path	339	Panel Menu	113, 202
Ignore Video	59	Mask with Text	168	Path	138
Image Sequence	155	Maximum Bit Depth	65	Paused Resolution	145
Import captions from file	224	Maximum Render Quality	65	Peak Amplitude	241
Import into project	138, 151	Media	147	Peak Checker	262
In/Out Duration	135	Media Cache	49	Pen Tool	83
Input Levels	274	Media Encoder	158	Pin To	167
Input LUT	284	Memory	51	Pitch Shifter	253
Insta 360 One X2	474	Merge captions	225	Pixel Aspect Ratio	64
Insta360 Titan	475	Method	59	Placement	59
Intensity	285	Midpoint	287	Playback Resolution	145
Interlace Scan	64	Mirror	368	Playhead Position	134
Inverted	339	Mix	66	Play-Stop Toggle	58, 135
Item Description	59	Mixer	242	Position	302
		Monitor 패널	144	Poster Frame	58
		Monitor Ambisonics	145	Posterize Time	406

J

		Mono	66, 265	Pre-Rendering	473
Justify Text	168	Mosaic	383	Preview File Format	65
		Motion Blur	446	Preview Thumbnail	58
		MP3	153	Program Monitor	46

K

		Multi-Camera	144	Progressive Scan	64
Key	286	Multichannel	66	Project	46
		Multiplexer	150	Project 패널	58
		Multiply	350	Projection	66
		My Templates	166	Project Manager	39, 162

L

				Project Shortcut	60
		## N		Properties	203
Label	112			Proxy	38
Labels	112			Publish	150
Layout	66	Name	138, 151	Push	337
Leading Text	168	Nest	110		

R

Rate Stretch Tool	82
Razor Tool	82
Real-time Rendering	473
Recent	45
Rectangle Tool	83
Reference Monitor	142
Refine	286
Remove Attributes	374
Rename	111
Reset	65, 284
Resulting Project	162
Reveal	133
Reveal in Explorer	133
RGB Curves	285
Ripple Edit Tool	82
Roll/Crawl Options	202
Rolling Edit Tool	82
Rotation	311
Roto Brush	457
Roundness	287

S

Safe Margins	139, 145
Sample Rate	65
Saturation	284, 285
Save Preset	65, 66
Scale	309
Screen	350, 358
Scroll	216
Selection Tool	82
Select Playback Resolution	135
Select Zoom Level	135, 136
Sequence	56, 60
Sequence From Clip	36
Sequence Name	65, 113, 134
Sequence Presets	63
Set Gain to	241
Settings	63, 135
Shadow	168, 203
Shadows	284
Sharpen	285
Show Audio Time Units	145
Show Guides	146
Show Markers	145
Show Rulers	146
Show Transport Controls	145
Shuttle Left	130
Shuttle Right	130
Shuttle Slow Left	130
Shuttle Slow Right	130
Shuttle Stop	130
Slid Tool	83
Slip Tool	82
Snap	113
Snap in Program Monitor	146
Snap in Timeline	123
Soft Light	351
Solo Channel	262
Sort Icons	59
Source	150
Source Monitor	143
Source Name	143
Source Range	150
Split caption	224
Step Back 1 Frame	135
Step Forward 1 Frame	135
Stereo	66, 265
Still Image	151
Stroke	168
Strokes	203
Studio Reverb	251
Style	229
Synchronize	37

T

Tab Stops	202
Text	168
Text Layer	167
The Project is Writable	59
Timebase	64
Timecode	370
Timeline	46
Timeline Area	113, 135
Time Remapping	41, 106
Time Ruler	113
Time Ruler Numbers	145
Tint	282
Tint Balance	285
Toggle Animation	168
Tone	284
Tools	46
Tools 패널	82
Tracks	65
Transcribe sequence	223
Transform	203
Transparency Grid	146
Transparent Video	60
Turbulent Displace	428
Type Alignment	202
Type Tool	83
Typewriter	453

U

Ultra Key	378
Ungroup	110
Universal Counting Leader	60
Unlink	109
Use In/Out Range	59

V

Vertical	66
Vertical Center	167
Vertical Type Tool	83
Vibrance	285
Video	64, 66
Video Previews	65
Vignette	287
Vivid Light	351
Voice-over Record	41
VR	472
VR Video	66

W

Warermark	156
Warp Stabilizer	37
Waveform Audio	153
White Balance	284
White/Black	286
White Input Level	274
Whites	284
Width	65
Work Area Bar	128
Working Color Space	65
Workspaces 패널	46

Z

Zoom Tool	83

ㄱ

가상현실	472
고속 촬영	103
그레이디언트	190
그룹	110
기본 자막	169
기타	225

ㄴ

내레이션	260
네온사인	437
노래방 자막	412
녹음	259
눈금자	140

ㄷ

대화상자	63
도형 도구	201
동영상 코덱	149

디졸브 장면 전환	316	
디지털 줌	309	

ㄹ

라디오 음성	255
레거시 타이틀	200
로토 브러시	457
롤링 편집 도구	82
리버브	251
링크	109

ㅁ

마스크	339
만화 화면	394
말 자막	418
메뉴	46
모노 사운드	265
모니터 출력	136
모션 블러	446
모자이크	383
무손실 영상 포맷	152
문자 도구	83, 91, 201
미디어 인코더	158
미디어 캐시	49
밀기 도구	83
밀어 넣기 도구	82

ㅂ

반복 재생	131
보케	358
블렌드 모드	349
비트 전송률	149
빛망울	358

ㅅ

선택 도구	82, 83, 201
세로 문자 도구	201
세로 영역 문자 도구	201
세로 패스 문자 도구	201
세피아	282
셔틀 재생	130
속도 조절 도구	82, 87
손 도구	83
솔로 트랙	121
스크롤	216
스테레오 사운드	249, 265
스톱모션	406
시간 표시기	113
시퀀스	56
실시간 렌더링	473

ㅇ

안내선	140
안전 작업 영역	139
애프터 이펙트	446
앵커 포인터 변환 도구	201
앵커 포인터 삭제 도구	201
앵커 포인터 추가 도구	201
영역 문자 도구	201
오디오 코덱	149
워터마크	156
음성 변조	253
음성 인식	226
이미지 시퀀스	155

ㅈ

자동 저장	52
자르기 도구	82, 88
자막 배경	423
작업 영역 확대/축소 슬라이더	113
작업 화면	44, 46
작업 환경	53
잔물결 편집 도구	82
재생 해상도	137

ㅊ

채널 옵션	274

ㅋ

크로마키	378
크롤	216
클립 마커	127
클립 볼륨	240

ㅌ

타임라인 마커	124
타임라인 영역	113
타임코드	122
트랙 볼륨	243
트랙 선택 도구	82, 86
트랙 숨기기	120
트랙 음소거	121
트랙 잠그기	120
트랙 컨트롤 영역	113

ㅍ

패널 메뉴	60, 113
패스 문자 도구	201
페이드 아웃	244
페이드 인	244
펜 도구	83, 89, 201
푸시	337
프레임 속도	149
프로젝트 백업	162
프리 렌더링	473

ㅎ

현재 시간	113
현재 시간 표시기	113
화면 비율	149
회전 도구	201

프리미어 프로 단축키 모음

프리미어 프로의 다양한 기능을 빠르게 실행할 수 있는 단축키 모음입니다. 단축키를 외워 두면 빠르고 효율적으로 작업할 수 있습니다.
※ 프리미어 프로 버전에 따라 차이가 있을 수 있습니다.

PREMIERE PRO CC 2022

도구에 관한 키

기능	단축키
선택 도구	V
앞으로 트랙 선택 도구	A
뒤로 트랙 선택 도구	Shift + A
잔물결 편집 도구	B
롤링 편집 도구	N
속도 조정 도구	R
자르기 도구	C
밀어넣기 도구	Y
밀기 도구	U
펜 도구	P
손 도구	H
확대/축소 도구	Z
문자 도구	T

메뉴에 관한 키

기능	단축키
(File) 탭	Alt + F
(Edit) 탭	Alt + E
(Clip) 탭	Alt + C
(Sequence) 탭	Alt + S
(Markers) 탭	Alt + M
(Graphics) 탭	Alt + G
(Window) 탭	Alt + W
(Help) 탭	Alt + H

파일에 관한 키

기능	단축키
프로젝트 새로 만들기	Ctrl + Alt + N
시퀀스 새로 만들기	Ctrl + N
Bin 새로 만들기	Ctrl + /
프로젝트 열기	Ctrl + O
프로젝트 닫기	Ctrl + Shift + W
닫기	Ctrl + W
저장	Ctrl + S
다른 이름으로 저장	Ctrl + Shift + S
복사본 저장	Ctrl + Alt + S
캡처	F5
일괄 캡처	F6
미디어 브라우저에서 가져오기	Ctrl + Alt + I
가져오기	Ctrl + I
미디어 내보내기	Ctrl + M
선택 영역 속성 가져오기	Ctrl + Shift + H
종료	Ctrl + Q

편집에 관한 키

기능	단축키
실행 취소	Ctrl + Z
다시 실행	Ctrl + Shift + Z
잘라내기	Ctrl + X
복사	Ctrl + C
붙이기	Ctrl + V
삽입하여 붙이기	Ctrl + Shift + V
속성 붙이기	Ctrl + Alt + V
지우기	Backspace
잔물결 삭제	Shift + Delete

복제	Ctrl + Shift + /
모두 선택	Ctrl + A
모두 선택 해제	Ctrl + Shift + A
찾기	Ctrl + F
원본 편집	Ctrl + E
키보드 단축키	Ctrl + Alt + K

클립에 관한 키

하위 클립 만들기	Ctrl + U
오디오 채널 수정	Shift + G
오디오 게인 옵션	G
속도/지속 시간	Ctrl + R
사용	Shift + E
연결	Ctrl + L
그룹화	Ctrl + G
그룹화 해제	Ctrl + Shift + G

시퀀스에 관한 키

작업 영역의 효과 렌더링	Enter
프레임 일치	F
프레임 일치 반전	Shift + R
편집 추가	Ctrl + K
모든 트랙에 편집 추가	Ctrl + Shift + K
편집 트리밍	T
선택한 편집을 재생 헤드로 확장	E
비디오 전환 적용	Ctrl + D
오디오 전환 적용	Ctrl + Shift + D
선택 영역에 기본 전환 적용	Shift + D
제거	;
추출	'
확대	=
축소	-
시퀀스의 다음 간격으로 이동	Shift + ;
시퀀스의 이전 간격으로 이동	Ctrl + Shift + ;
스냅	S
하위 시퀀스 만들기	Shift + U

마커에 관한 키

시작 표시	I
종료 표시	O
클립 표시	X
선택 항목 표시	/
시작 지점으로 이동	Shift + I
종료 지점으로 이동	Shift + O
시작 지우기	Ctrl + Shift + I
종료 지우기	Ctrl + Shift + O
시작 및 종료 지우기	Ctrl + Shift + X
마커 추가	M
다음 클립 마커로 이동	Shift + M
이전 클립 마커로 이동	Ctrl + Shift + M
선택한 마커 지우기	Ctrl + Alt + M
모든 마커 지우기	Ctrl + Alt + Shift + M

패널 또는 창 표시에 관한 키

모든 패널	Alt + Shift + 1
Assembly 작업 영역	Alt + Shift + 2
Audio 작업 영역	Alt + Shift + 3
Color 작업 영역	Alt + Shift + 4
Editing 작업 영역	Alt + Shift + 5
Effects 작업 영역	Alt + Shift + 6
Graphics 작업 영역	Alt + Shift + 7
Libraries 작업 영역	Alt + Shift + 8
Metalogging	Alt + Shift + 9
현재 작업 영역 다시 설정	Alt + Shift + 0

고객센터

책을 읽다가 막히는 부분이 있나요?

책을 읽다가 막히는 부분이 있으면, 길벗출판사 홈페이지의 '1:1 문의' 게시판에 질문을 올려보세요. 길벗출판사 직원들과 〈무작정 따라하기〉 시리즈 저자들이 친절하게 답변해 드립니다.

- **1단계** 길벗출판사 홈페이지(www.gilbut.co.kr)로 찾아오세요.
- **2단계** 내용 문의 요청하기 기능을 이용하려면, 길벗출판사 홈페이지의 회원으로 가입해야 합니다. '회원가입'을 클릭해 무료 회원으로 가입한 후 가입 시 입력한 이메일 주소와 비밀번호를 입력해 로그인하세요.
- **3단계** '고객센터' 메뉴를 클릭한 후 FAQ 게시판에서 자주 묻는 질문에 관한 답변을 확인합니다. 그래도 해결되지 않는 부분이 있다면 '1:1 문의' 메뉴를 클릭하고 질문을 등록하세요. 답변을 얻을 수 있습니다.

베타테스터가 되고 싶어요

여러분도 길벗의 베타테스트에 참여해 보세요!

길벗출판사는 독자의 소리와 평가를 바탕으로 더 나은 책을 만들려고 합니다. 원고를 미리 따라 해보면서 잘못된 부분은 없는지, 더 쉬운 방법은 없는지 길벗과 함께 책을 만들어 보면서 여러분의 소중한 의견을 전달해 주세요.

- **1단계** 길벗출판사 홈페이지(www.gilbut.co.kr)로 찾아오세요.
- **2단계** '고객센터 → 이벤트, 설문, 모집' 게시판을 이용하려면, 길벗출판사 홈페이지의 회원으로 가입해야 합니다. '회원가입'을 클릭해 무료 회원으로 가입한 후 가입 시 입력한 이메일 주소와 비밀번호를 입력해 로그인하세요.
- **3단계** '고객센터 → 이벤트, 설문, 모집' 메뉴를 클릭하여 게시판을 열고, 모집 중인 베타테스터를 선택한 후 신청하세요.

프리미어 프로 CC
새로운 기능

PREMIERE PRO

CC 2022

프리미어 프로 버전이 CC 2022로 업그레이드되면서 고품질 작업물을 위한 새로운 기능을 제공하고 있습니다.
더욱 쉽고 유용하게 이용할 수 있는 새로운 기능을 알아보겠습니다.

New 01 Lumetri 사전 설정의 동적 미리 보기

| CC 2022 |

Timeline 패널에서 현재 시간 표시기가 위치한 프레임을 Effects 패널의 사전 설정 축소판에 미리 보기로 보여 주는 기능입니다. 이전 버전의 프리미어 프로에서는 자체 세팅되어 있는 특정 이미지만 미리 보기로 보여 실제 작업 중인 소스에 효과가 적용됐을 때 모습이 어떨지 판단하기 어려웠습니다. 색상 보정을 위한 LUT 프리셋, 다양한 비디오 특수 효과 등 시각 효과에서 매우 편리하게 사용할 수 있는 기능입니다.

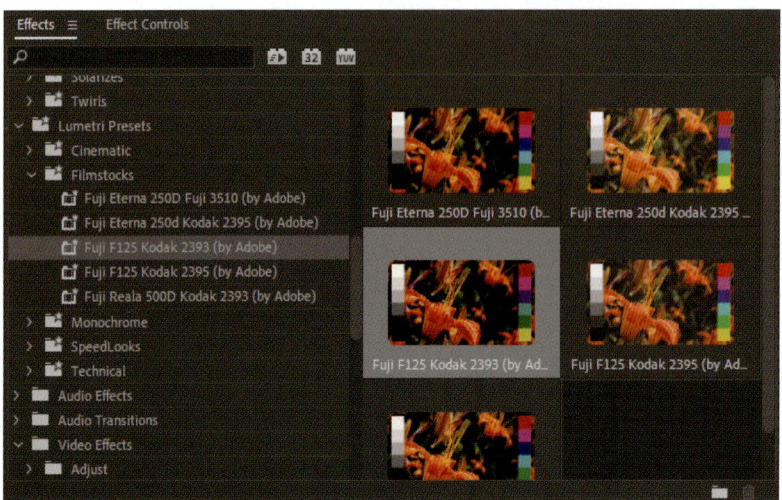

New 02 텍스트 그레이디언트 ▶ 본책 190쪽 참고

| CC 2022 |

이전에는 Legacy Title에서만 사용할 수 있었던 텍스트 그레이디언트가 Essential Graphics 패널의 문자 도구에 포함되었습니다. 그레이디언트를 사용하여 글자에 광택이나 다채로운 효과를 추가할 수 있습니다. Essential Graphics 패널의 모든 텍스트와 마찬가지로, 디자인을 저장하여 다른 텍스트 클립에 재사용하거나 애니메이션과 함께 저장하여 템플릿으로 사용할 수 있습니다. 디자인에 능숙하지 않은 초보자들은 그레이디언트 색상을 지정하는 것에 어려움을 겪을 수 있습니다. 그럴 땐 세련된 그레이디언트 색상 조합을 알려주는 디자인 사이트를 이용하는 것을 추천합니다.

▲ Linear Gradient

▲ Radial Gradient

New 03 Caption 캡션 트리밍 개선 ▶ 본책 223쪽 참고

| CC 2022 |

캡션이 포함되어있는 작업물을 보다 직관적으로 편집할 수 있게 되었습니다. 캡션(자막) 클립, 비디오 클립, 이미지 클립 등이 혼재되어 있어 여러 기능을 넣으면 다소 복잡해졌던 기존의 Timeline 패널과는 달리 캡션은 타임라인에서 고유한 트랙을 가지며, 시퀀스의 다른 클립 또는 미디어와 같은 캡션 항목에 대해 간단한 내용을 편집할 수 있습니다. 또한, 캡션을 .txt 파일 또는, .SRT 파일로 내보낼 수 있습니다. 한 트랙에 있는 자막은 같은 스타일을 공유하여 클립 하나의 자막 크기나 글꼴 스타일 등을 변경했을 때 자동으로 다른 자막의 스타일이 변경되는 등 자막 작업 시 편의성이 매우 높아졌습니다. 캡션 트랙에서 작업 된 자막을 영상 파일에 포함하여 내보내기 위해선 메뉴에서 [File] → Export를 실행하고 [Caption] 탭의 Export Options을 'Burn Captions Into Video'로 지정해야 합니다.

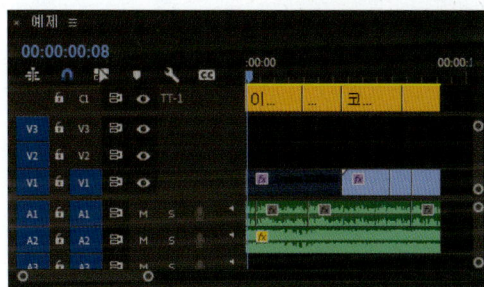
▲ Timeline 패널의 'Caption track option' 아이콘(CC)

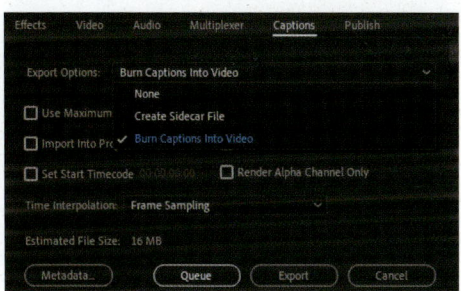
▲ Export Options를 지정하는 모습

New 04 음성 자동 받아쓰기 – Transcribe sequence ▶ 본책 226쪽 참고

| CC 2022 |

외부 프로그램을 사용하지 않고 어도비의 인공지능인 Adobe Sensei를 사용하여 음성을 텍스트로 자동 받아쓰기해 주는 특별한 기능입니다. Adobe Sensei의 강력한 머신러닝 기능으로 실제 음성 속도에 맞춰 캡션을 추가할 수 있습니다. 또한, 음성 오디오 트랙이 따로 나뉘어있다면 화자를 따로 지정하여 캡션 트랙을 나눠 관리할 수 있습니다.

캡션 만들기 대화상자에는 줄 당 최대 글자 수 등 캡션 정렬을 조절하는 슬라이더와 브로드캐스트 표준 캡션 사전 설정을 선택할 수 있는 드롭다운 메뉴가 있습니다. 필요한 경우 사용자 정의 사전 설정도 저장할 수 있습니다. 만들어진 캡션은 Essential Graphics의 디자인 도구를 사용하여 스타일을 지정할 수 있습니다.

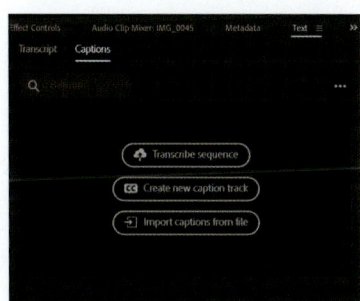
▲ Text 패널의 〈Transcribe sequence〉 버튼

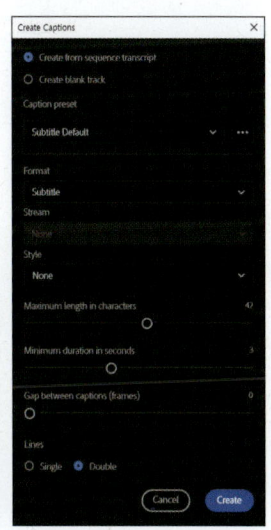
▲ 캡션 만들기 대화상자

New 05 시퀀스 간소화 – Simplify Sequence

| CC 2022 |

다른 편집자와 공유, 보관 또는 EDL, XML, AAF로 내보내기 위해 현재 시퀀스의 깨끗한 복사본을 만듭니다. 불필요한 요소를 제거하고 타임라인을 더 깔끔하고 보기 좋게 만들어 줍니다.

타임라인이 복잡할 때, 시퀀스 단순화를 이용하여 빈 트랙을 제거하고 특정 레이블이 있는 클립을 비활성화하고, 비활성화된 클립을 제거하거나 마커 또는 기타 사용자 지정 요소를 제거할 수 있습니다.

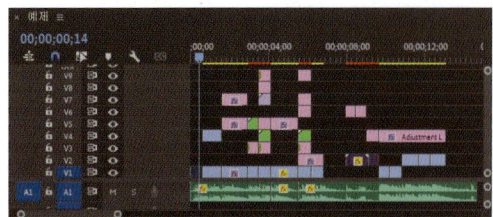
▲ 시퀀스 간소화 전

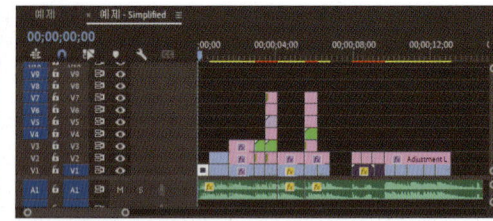
▲ 시퀀스 간소화 후

New 06 텍스트 레이어에 여러 그림자 추가 ▶ 본책 184쪽 참고

| CC 2022 |

텍스트 레이어에 획을 추가하는 방법과 유사하게 개별 텍스트 레이어에 그림자를 여러 개 추가하여 넓은 그림자 위에 좁은 그림자를 하나 더 만들어 텍스트나 모양에 깊이감을 더하는 등 특별한 디자인의 자막을 만들 수 있습니다. 모든 그림자는 불투명도, 각도, 거리, 크기, 흐린 정도를 각각 따로 설정할 수 있습니다.

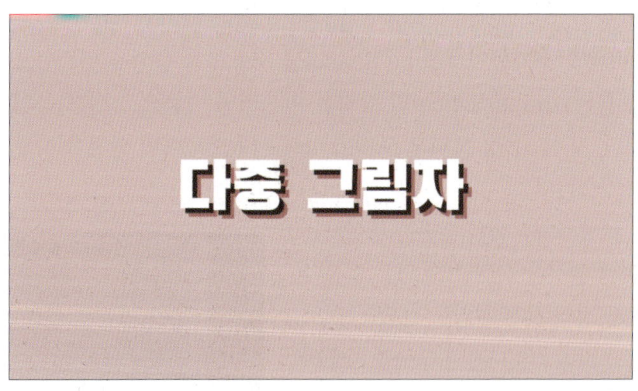

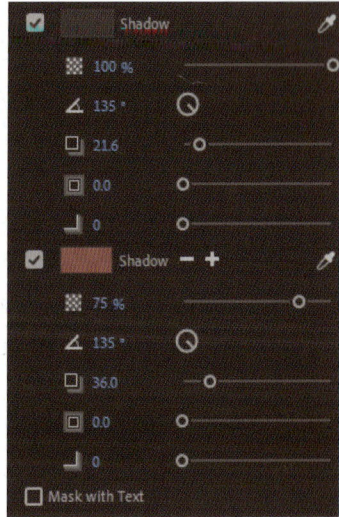

New 07 텍스트 레이어 모서리가 둥근 배경 만들기 ▶ 본책 186쪽 참고

| CC 2022 |

그동안 텍스트에 반응형 배경을 만들면 모서리가 각진 배경만 만들 수 있었습니다. 이젠 둥근 모서리를 만드는 옵션이 추가되어 디자인의 폭이 더 넓어졌습니다.

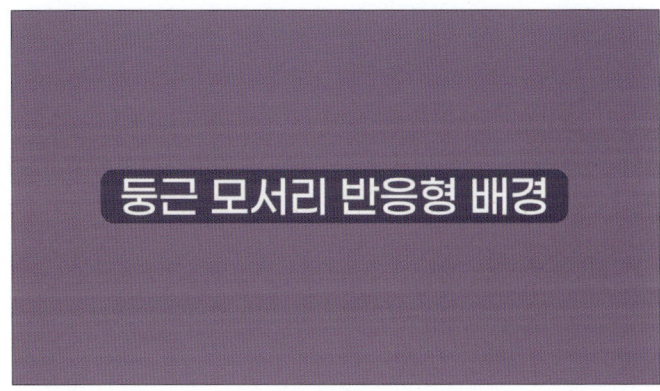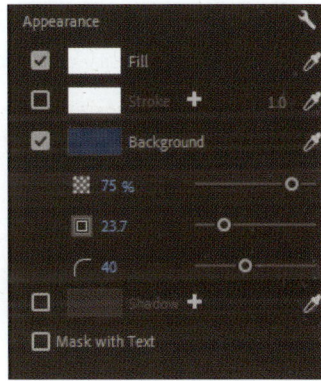

New 08 Lumetri 곡선 미세 조정

| CC 2022 |

Lumetri 곡선 미세 조정은 더 큰 직사각형 창과 Luma 및 RGB 곡선의 더 쉬워진 선택으로 조정 지점을 더 쉽게 선택할 수 있어, 보다 효율적으로 색상 보정을 할 수 있습니다.

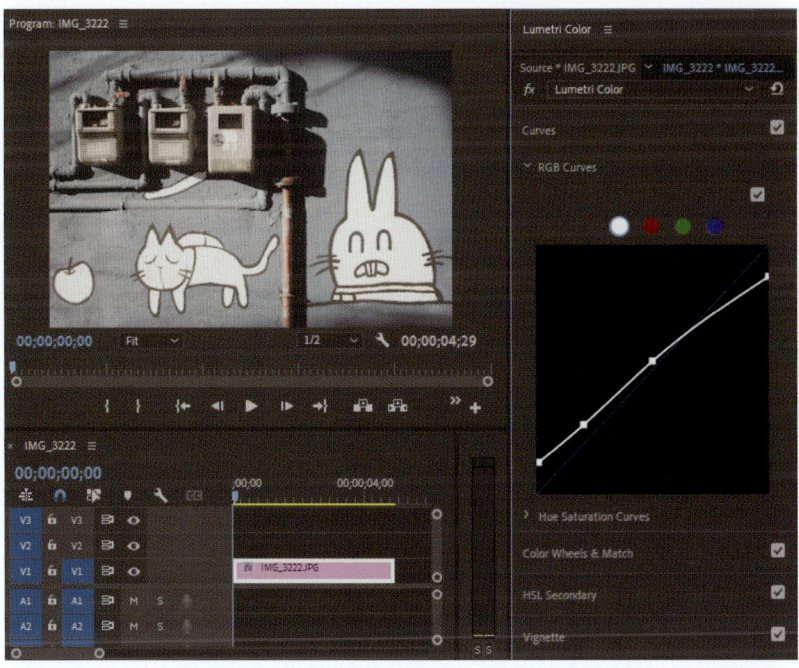

New 09 컬러 벡터스코프

|CC 2022|

벡터스코프는 이미지의 색상 정보를 관찰하는 원형 그래프입니다. 중심에서 바깥쪽 채도를 측정하고 순환 패턴에서 색조를 측정합니다.

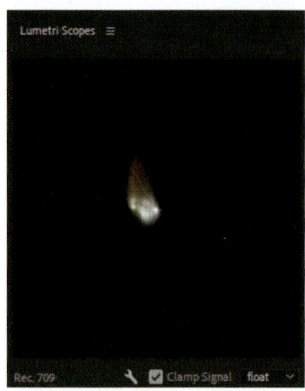

New 10 트림 선택 복원

|CC 2022|

트림 선택 복원은 마지막 편집 트림 선택 세트를 복원하는 기능입니다. 클립을 다듬는 동안 편집하기 전에 여러 편집 점을 선택할 수 있습니다. 실수로 Timeline 패널의 다른 영역을 클릭하거나 선택 항목을 클릭하면 해당 선택 항목이 손실되었고, 이를 다시 되돌리기 위해서는 수동으로 일일이 편집 점을 다시 선택하는 방법 외에는 없었습니다. 이제는 메뉴에서 [Edit] → Keyboard Shortcuts를 실행하여 트림 선택 복원 단축키를 지정하여 실행하면, 선택 항목을 잃어버렸을 때 마지막 선택한 편집 점으로 복원할 수 있습니다.

New 11 10비트 HEVC 재생 개선

|CC 2022|

10비트 4:2:2 HEVC 파일을 위한 새로운 하드웨어 가속 디코딩은 M1 Mac 및 Windows Intel 시스템 등 지원되는 하드웨어에서의 재생을 개선하여 보다 부드럽게 편집할 수 있습니다.

New 12 비디오 빠르게 내보내기 - Quick Export

| CC 2020 |

Workspace 패널의 'Quick Export' 아이콘(　)을 클릭하면 현재 작업 중이거나 Project 패널에서 선택된 소스 아이템을 가장 표준이 되는 H.264 형식의 비디오 소스로 출력할 수 있습니다. 이때 현재 작업 중인 프로젝트를 출력하려면 반드시 Timeline 패널이 선택되어 있어야 합니다. Quick Export의 출력 옵션은 온라인 콘텐츠로 활용하기 용이하며 시퀀스의 기본 설정 또는 비디오의 기본적인 표준(2160p, 1080p, 720p 등) 옵션을 선택할 수 있습니다.

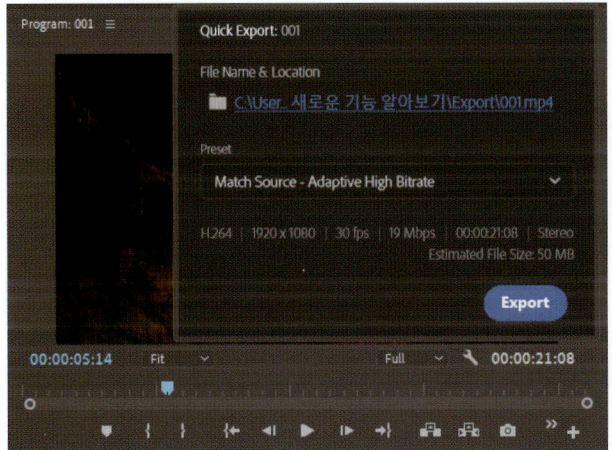
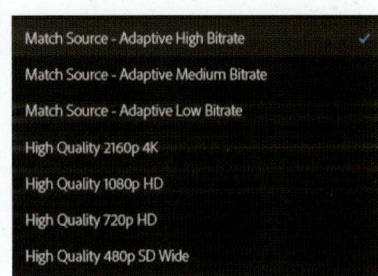

▲ Quick Export의 출력 옵션

New 13 인공 지능 장면 편집 탐지 - Scene Edit Detection

| CC 2020 |

Scene Edit Detection은 편집이 완료된 푸티지를 가져와 기존의 편집 점을 인공 지능적으로 분석하여 자동으로 잘라주는 매우 편리한 기능입니다.

이미 편집이 완료되어 출력된 영상을 가져와 재편집할 경우 다른 작업을 위해 기존의 편집 점을 알면 수정 작업을 매우 편하게 진행할 수 있습니다. 이때 사용할 수 있는 기능이 Scene Edit Detection이며, 여러 옵션 중 Create bin of subclips from each detected cut point와 Create clip marker at each detected cut point를 선택하면 Project 패널에 잘라내기된 소스 클립을 자동으로 생성하거나 잘라내기 위치에 마커를 추가할 수 있습니다. Scene Edit Detection을 실행하려면 Timeline 패널의 클립을 선택한 다음 마우스 오른쪽 버튼 클릭 또는 메뉴에서 [Clip] → Scene Edit Detection을 실행합니다.

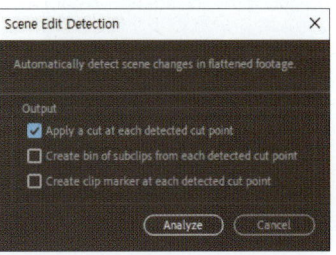

New 14 비표준 프레임 속도에 대한 타임코드 지원

| CC 2020 |

기존 30fps, 60fps와 같은 표준 프레임 속도 이외에 120fps, 240fps 또는 그 외의 다양한 프레임 레이트에 대한 타임코드가 지원됩니다. 다만 60fps 이상의 프레임 레이트는 편집 환경에서 지원되지만 출력 옵션에 따라 대부분의 비디오 형식에서 지원되지 않으므로 출력 설정 시 참고해야 합니다.

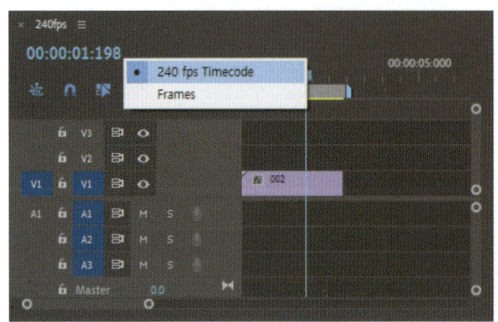

> **TIP**
> fps는 Frames per Second로, 1초당 적용된 프레임 비율을 뜻합니다. 보통 영화나 광고의 경우 1초에 24프레임을 사용하는 24fps를 적용하고, 우리나라 TV의 경우 약 30fps의 영상율을 적용합니다.

New 15 HDR 컬러 지원

| CC 2020 |

HDR은 방송용 컬러 기술의 하나로 밝고 어두운 영역의 색과 조명을 실제 눈으로 보는 것처럼 광범위한 데이터를 제공합니다. 프리미어 프로에서는 Rec. HLG(하이브리드 로그 감마) 옵션을 설정하여 보다 생생하고 다이내믹한 컬러 환경에서 작업이 가능합니다. HDR 작업 컬러 환경은 Sequence Settings 대화상자의 Working Color Space에서 설정할 수 있으며, 출력 환경은 Apple ProRes의 422HQ, 4444 포맷과 Sony XAVC Intra의 Class 100~480 포맷에서 지원합니다.

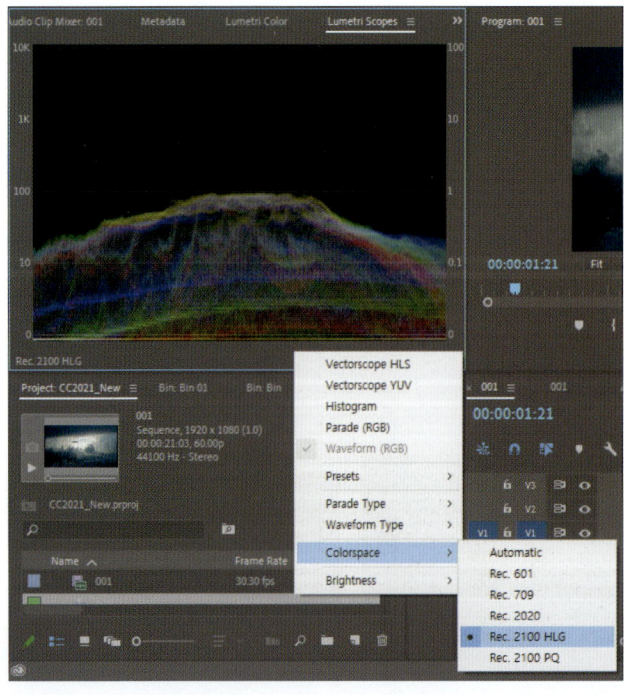

New 16 프록시 내보내기 – Use Proxies

| CC 2020 |

프록시(Proxy) 작업은 4K, 8K 소스와 같은 대용량 고화질의 무거운 데이터를 가벼운 임시 데이터로 변환하여 빠르게 편집할 수 있는 환경을 말합니다. Use Proxies는 편집 작업을 1차적으로 완료한 후 확인용으로 빠르게 출력을 원할 때 사용할 수 있는 기능으로, 완료된 편집 푸티지를 가벼운 프록시 파일을 사용하여 출력하는 시스템입니다. 메뉴에서 [File] → Export → Media([Ctrl]+[M])를 실행한 다음 Export Settings 대화상자가 표시되면 'Use Proxies'를 체크 표시하여 출력할 수 있습니다. 이때 주의해야 할 것은 Use Proxies를 활용하기 위해서는 프로젝트 작업이 프록시 데이터를 활용해 진행되어야 합니다.

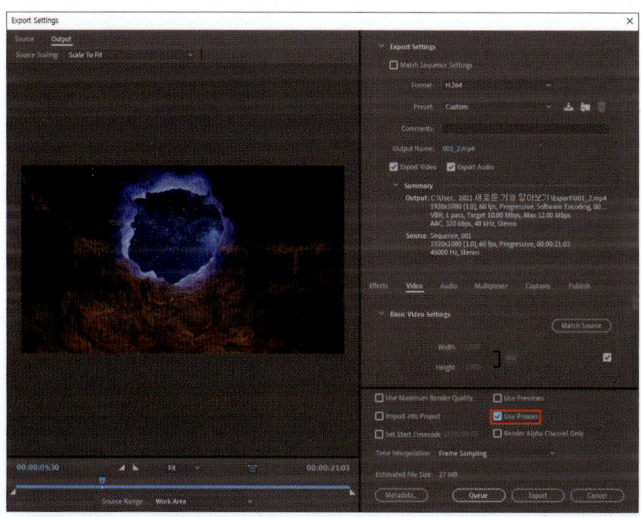

New 17 오디오 게인 범위 증가 – 6dB에서 15dB로 증폭 가능

| CC 2020 |

이전에는 오디오 레벨을 편집할 때 최대 6dB을 추가할 수 있었지만, 프리미어 프로 CC 2020부터는 최대 15dB까지 오디오 레벨을 증폭시킬 수 있습니다.

▲ 프리미어 프로 CC 2019 오디오 환경   ▲ 프리미어 프로 CC 2020 오디오 환경

New 18 Adobe Stock 오디오 액세스

| CC 2020 |

대부분의 영상 콘텐츠에는 음악 또는 효과음 같은 오디오 소스가 적용되기 마련입니다. 프리미어 프로에서는 Adobe Stock 오디오 액세스를 통해 콘텐츠에 맞는 사운드 소스를 쉽게 테스트하고 구매하여 라이선스의 침해 없이 작업을 진행할 수 있는 솔루션을 제공합니다. 메뉴에서 [Window] → Essential Sound를 실행하여 콘텐츠와 어울리는 분위기, 장르, 키워드 검색을 통해 미리 볼 수 있으며, 탐색한 오디오 소스를 Timeline 패널로 드래그하여 바로 편집에 적용할 수 있습니다. 미리 보기용으로 다운로드된 오디오 소스에는 워터마크가 적용되어 있지 않지만 낮은 비트레이트 M4a 포맷으로, Project 패널에 자동으로 저장된 오디오 소스의 카트 아이콘을 클릭해 쉽게 결제 및 구매를 진행하여 라이선스를 부여할 수 있습니다.

New 19 자동으로 시퀀스 프레임 변경하기 ▶ 본책 67쪽 참고

| CC 2020 |

하나의 콘텐츠를 정사각형, 세로형 등 다양한 비율의 미디어 환경에 맞춰 자동으로 프레임 크기와 비율을 정렬합니다. 자동 리프레임 기능을 활용하면 영상의 크기와 위치를 다양한 소셜 미디어 환경에 맞춰 빠르게 푸티지를 최적화할 수 있습니다.

New 20 색조 범위를 선택한 색 보정하기 – Selective Color Grading

| CC 2020 |

Lumetri Color 패널에서 Hue Saturation Curves 항목을 이용하면 색조 범위를 조정하며 자세한 색 보정 작업을 진행할 수 있습니다. 색조 범위는 스포이트 아이콘(🖋)을 클릭한 다음 Monitor 패널에서 추출하거나 컬러 바를 클릭해 지정할 수 있습니다. 설정된 컬러 범위를 삭제하려면 [Ctrl]을 누른 다음 클릭합니다.

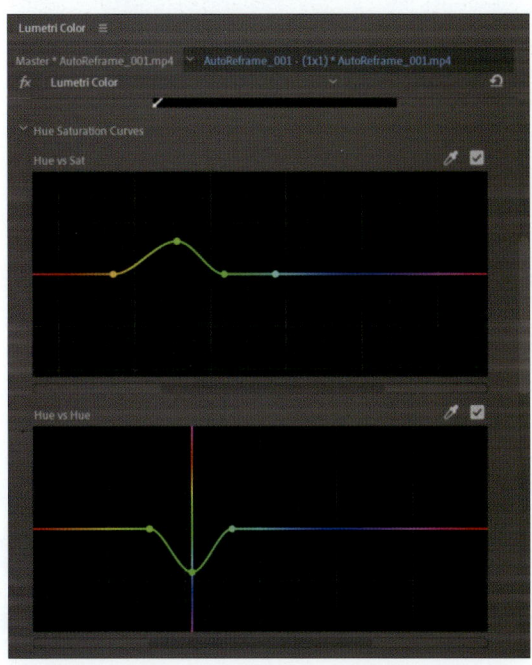

New 21 HDR10 메타데이터를 포함한 HDR 콘텐츠 내보내기

| CC 2020 |

HDR 콘텐츠에 최적화된 환경에서 잘 보이도록 HDR10 메타데이터 정보를 함께 출력할 수 있습니다. 이 메타데이터를 함께 출력하기 위해서는 비디오 출력 옵션의 Profile을 'Hight10(H.264)' 또는 'Main10(HEVC)'으로 선택하고 'Rec.'을 활성화시켜야 합니다.

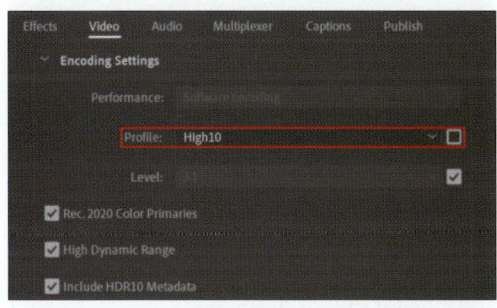

New 22 텍스트 밑줄 추가하기 | CC 2020 |

이전 버전에 없었던 텍스트 기능으로, 텍스트에 밑줄을 그을 수 있는 기능이 추가되었습니다.

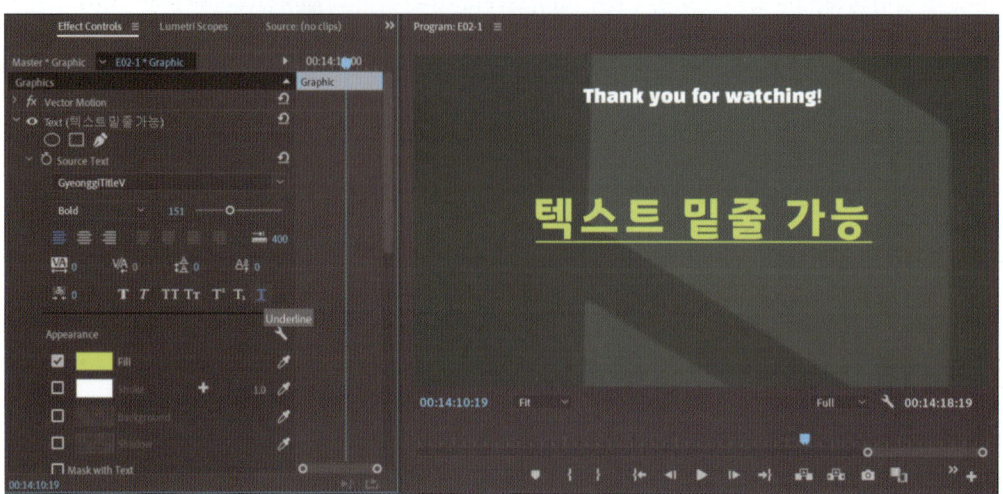

New 23 모션 그래픽 템플릿의 멀티 라인 텍스트 영역 확장하기 | CC 2020 |

애프터 이펙트를 통해 제작한 텍스트 템플릿 환경에서 한 줄밖에 적용되지 않았던 텍스트 필드 옵션이 여러 줄의 텍스트로 추가 및 편집될 수 있도록 환경을 지원합니다.

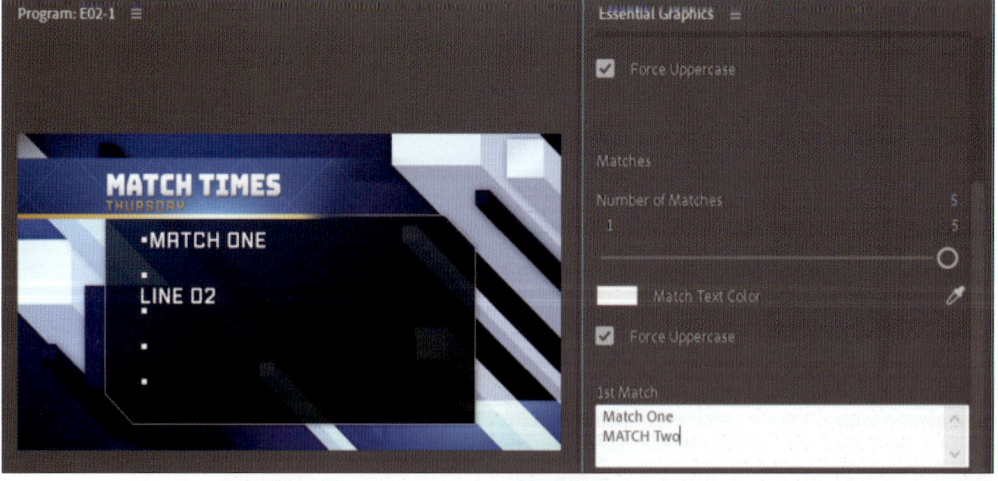

New 24 모바일에서의 손쉬운 영상 편집 – Premiere Rush | CC 2019 |

스마트폰 종류에 관계없이 여러 디바이스에서 사용 가능한 Premiere Rush 앱이 새롭게 출시되어 스마트폰, 아이패드와 같은 모바일 기기에서도 간편하게 동영상을 편집할 수 있습니다. 자막, 장면 전환, 색 보정, 오디오 편집 등 모바일 영상 편집을 위한 다양한 기능을 손쉽게 활용할 수 있으며 바로 SNS에 업로드하거나 정밀한 편집을 위해 프리미어 프로로 내보낼 수 있습니다.

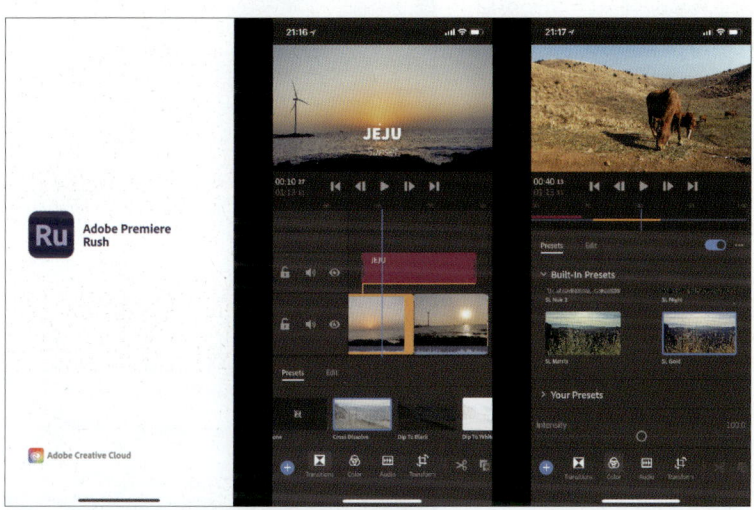

New 25 홈 기능으로 빠르게 시작 화면으로 이동하기 – 홈 아이콘 | CC 2019 |

작업 화면에 새롭게 추가된 홈 아이콘을 클릭하면 빠르게 프리미어 프로의 시작 화면으로 이동할 수 있습니다. 시작 화면에서는 최근에 작업한 프로젝트를 불러오거나 새로운 프로젝트를 불러올 수 있습니다.

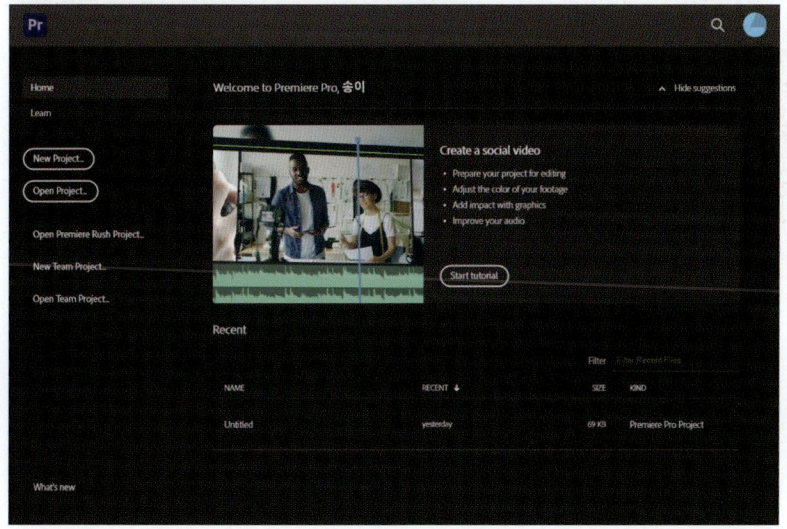

New 26 | Project 패널 아이템 분류 – Sort Icons

| CC 2019 |

Project 패널 아래에 추가된 분류 아이콘을 클릭하여 이름, 미디어 타입, 오디오 타입 등 여러 아이템의 형식과 Scene, Shot, Good 등 스크립트 내용에 따라 쉽고 빠르게 분류할 수 있습니다. Sort Icons 기능은 List View 모드(Ctrl+Page up)에서는 활성화되지 않으며 Icon View 모드(Ctrl+Page Down)에서만 이용할 수 있습니다.

New 27 | 팀원과 에셋 공유하기 – Creative Cloud Libraries

| CC 2019 |

기존 Libraries 기능을 강화하여 자주 활용하는 포토샵, 일러스트레이터 에셋을 Libraries 패널에 드래그해서 등록할 수 있으며, 프리미어 프로 시퀀스로 빠르게 액세스할 수 있습니다. 또한 팀 프로젝트에 공유하거나 프로젝트 내보내기에 함께 출력하여 저장할 수 있습니다.

New 28 특정 색 영역만 보정 – Set Color ▶ 본책 295쪽 참고 | CC 2019 |

Lumetri Color 패널에서 특정 색 영역을 선택하여 원하는 방향으로 색을 보정할 수 있습니다. HSL Secondary 항목의 Set Color 스포이트로 Program Monitor 패널에서 원하는 색 영역을 선택할 수 있으며 색 온도, 콘트라스트, 채도 등 색상 조정을 세밀하며 빠르고 쉽게 적용할 수 있습니다.

New 29 템플릿 이용 – Essential Graphics 패널 ▶ 본책 166쪽 참고 | CC 2019 |

Essential Graphics 패널에서 인포그래픽과 모션 그래픽 템플릿을 Timeline 패널에서도 활용할 수 있으며 스프레드시트를 업데이트하면 자동으로 템플릿에 적용됩니다.

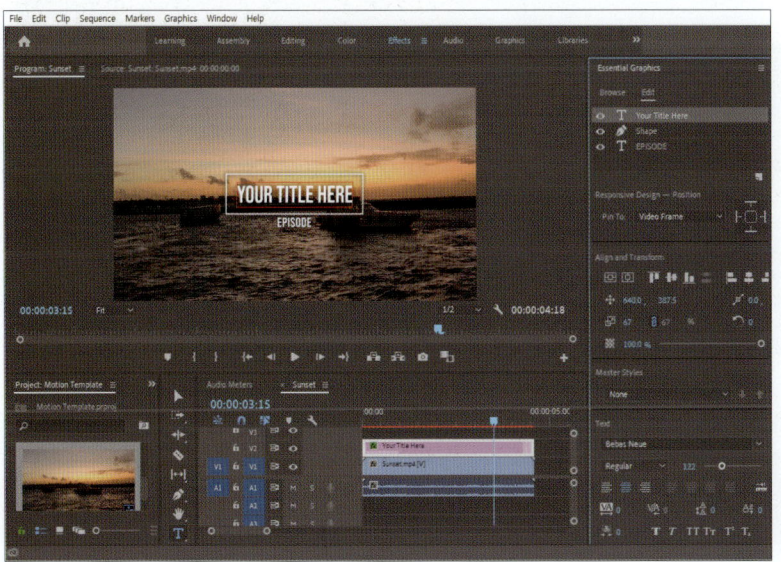

New 30 장면 비교 – Comparison View

| CC 2019 |

Comparison View 기능은 Program Monitor 패널 아래쪽의 아이콘을 클릭하여 실행할 수 있는 기능으로 하나의 시퀀스 안에서 원하는 지점의 화면과 장면을 비교하며 작업할 수 있습니다. 이는 장면의 연결, 색 등을 일치시킬 때 유용하며 전체 화면(Side by Side) 또는 가로(Horizontal Split)와 세로 분할(Vertical Split) 형태로 화면 보기 모드를 설정할 수 있습니다.

New 31 여러 개의 열린 프로젝트 – Projects

| CC 2018 |

여러 프로젝트를 열 수 있습니다. 각각 다른 두 프로젝트를 연 다음 요구 사항에 따라 원하는 요소와 에셋을 프로젝트 사이에 클릭하여 드래그하는 방법으로 복사할 수 있습니다.

한번에 하나 이상의 프리미어 프로 프로젝트를 열면 여러 프로젝트에서 콘텐츠를 손쉽게 편집, 복사 또는 재사용할 수 있으므로 개별 프로젝트 파일을 반복해서 열지 않아도 됩니다. 프로젝트 이름이 프리미어 프로 인터페이스 윗부분에 표시되므로 항상 현재 편집 중인 프로젝트를 알 수 있습니다.

01 Project 패널에서 여백을 더블클릭하거나 Ctrl+O를 누르고 불러올 프로젝트 파일을 선택합니다.

02 두 개의 프로젝트 창이 표시된 것을 확인합니다.

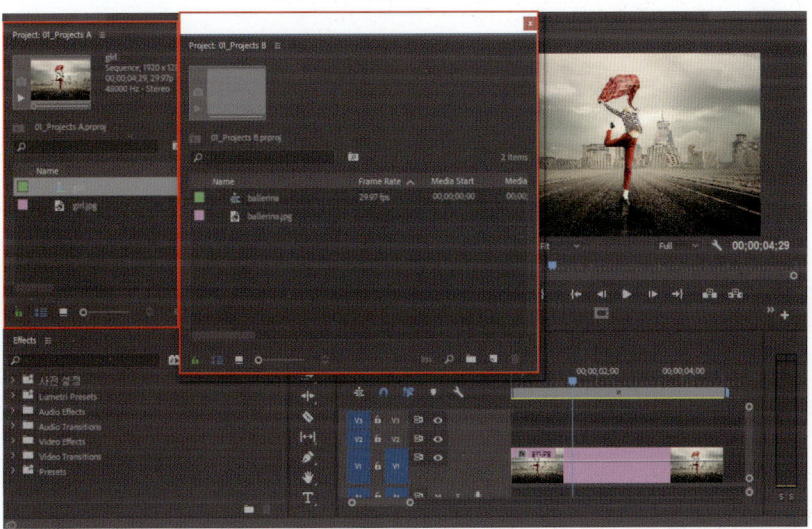

03 메뉴에서 (Window) → Projects를 실행하면 열려 있는 모든 프로젝트의 목록과 모든 Project 패널이 표시됩니다.

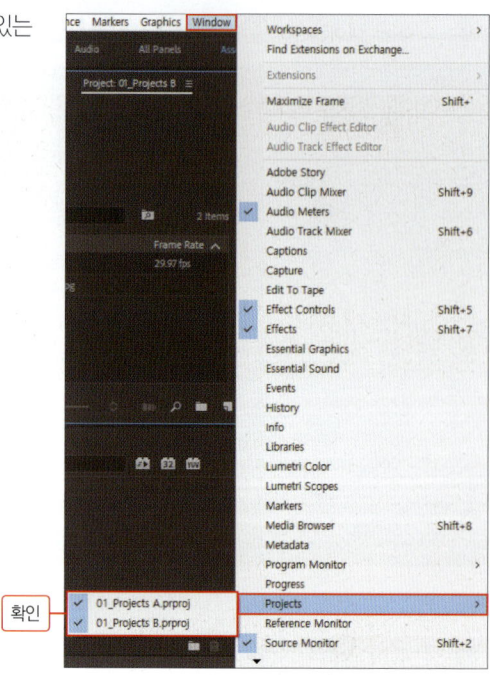

New 32 공유 프로젝트 - Collaboration

| CC 2018 |

공유 프로젝트 기능은 동일한 시설의 편집 팀이 단일 프로젝트에서 동시에 공동 작업하는 데 도움이 됩니다. 프로젝트 전반에 걸친 관리 액세스는 사용자가 활발하게 편집할 때 프로젝트를 잠글 수 있도록 하며 작업 내용을 보고 싶어 하지만 변경을 허용하지 않는 사용자에게 읽기 전용 액세스 권한을 제공합니다.

01 편집 중에 다른 편집자가 자신의 작업을 수정하지 못하도록 하려면 프로젝트 잠금 기능을 활성화해야 합니다. 메뉴에서 (Edit) → Preferences → Collaboration을 실행합니다.
이 설정은 지금부터 만드는 모든 새로운 프로젝트에 적용됩니다.

02 'Enable project locking'에 체크 표시하고 User Name을 입력한 다음 〈OK〉 버튼을 클릭합니다.

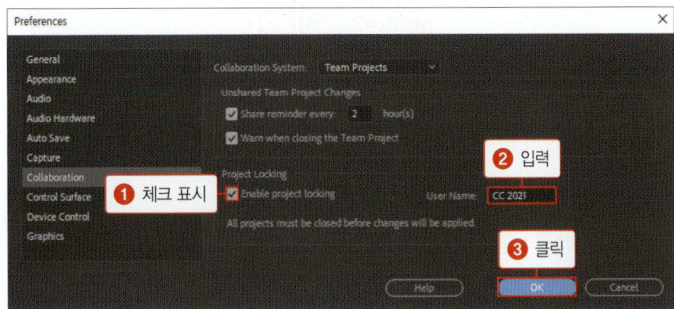

03 Project 패널 왼쪽 아래에 프로젝트의 현재 상태를 표시하는 잠금 아이콘이 있습니다. 아이콘이 빨간색이면 프로젝트는 읽기 전용 모드입니다.

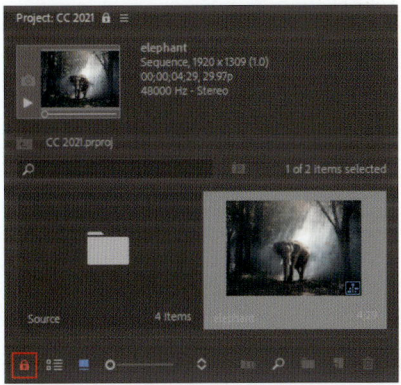

04 빨간색 잠금 아이콘을 클릭하면 프로젝트가 쓰기 가능 상태로 설정되며 녹색으로 변경됩니다. 그러면 다른 협력자들도 프로젝트를 편집할 수 있습니다.

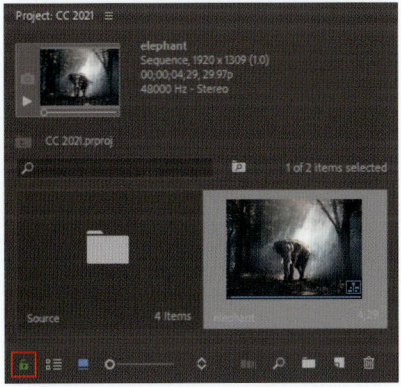

New 33 특정 영역별 닫힌 캡션 표준 지원 – File Format

| CC 2018 |

문자 다중 방송 또는 열린 자막 캡션이 포함된 비디오를 내보내는 경우 메타데이터를 사이드카 STL 파일에 설정하여 생성된 사이드카 파일에 원하는 정보가 포함되도록 할 수 있습니다. 이때 EBU N19 자막을 사용합니다.

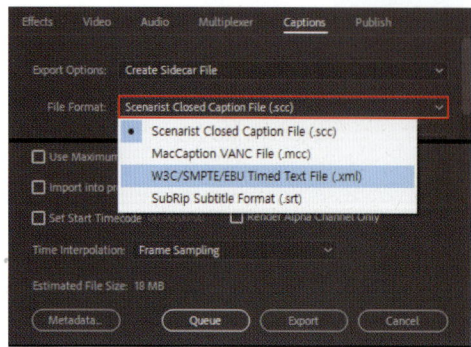

New 34 인트로 및 아웃트로 애니메이션 유지 – Responsive Design – Time

| CC 2018 |

반응형 디자인의 시간 기반 컨트롤을 통해 모션 그래픽 사용자는 그래픽의 전체 지속 시간이 변경되는 경우에도 인트로 및 아웃트로 애니메이션을 유지할 수 있습니다.

01 프리미어 프로에 영상 파일을 가져오고 Project 패널에서 영상 파일을 'New Item' 아이콘( )으로 드래그하여 소스 파일과 같은 시퀀스를 만듭니다.

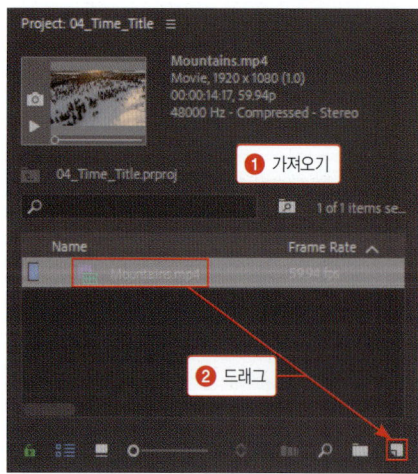

02 문자 도구(T)를 선택한 다음 Program Monitor 패널에서 글자를 배치하려는 위치를 클릭하고 텍스트를 입력합니다.

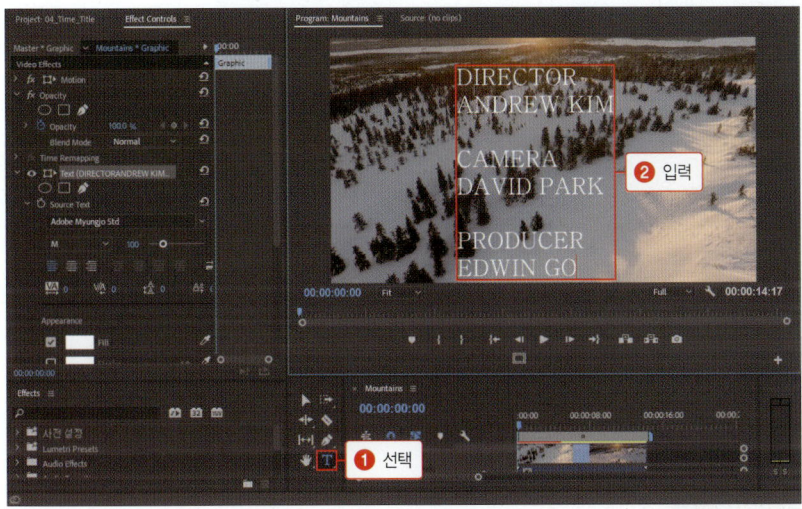

03 메뉴에서 (Window) → Essential Graphics를 실행합니다.

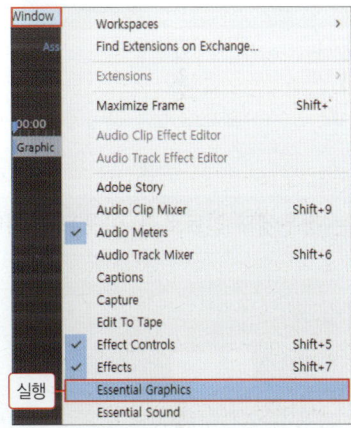

04 Essential Graphics 패널에서 글자 위치와 크기를 설정합니다.

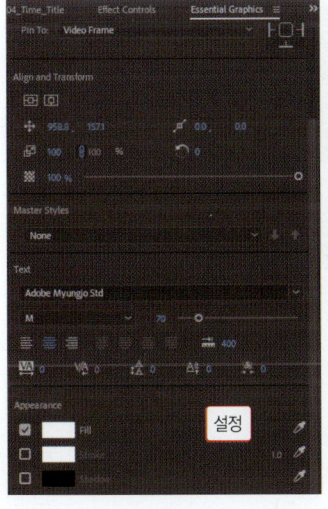
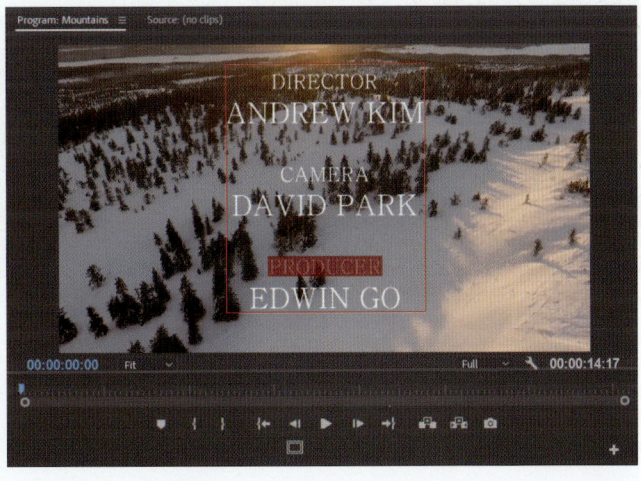

05 Tools 패널에서 선택 도구(▶)를 선택한 다음 텍스트 클립을 클릭합니다.

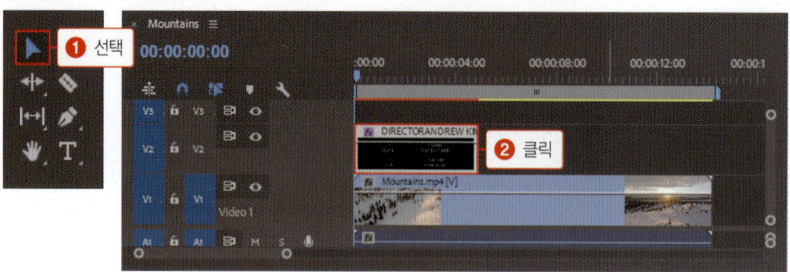

06 Essential Graphics 패널에서 Responsive Design – Time 항목이 활성화된 것을 확인합니다.

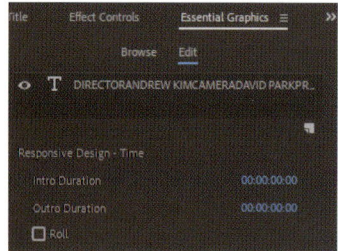

07 Essential Graphics 패널에서 'Roll'에 체크 표시합니다. Start Offscreen과 End Offscreen 항목이 나타나고 시간 설정 항목이 나타납니다. 또한 Program Monitor 패널에 스크롤이 만들어집니다.

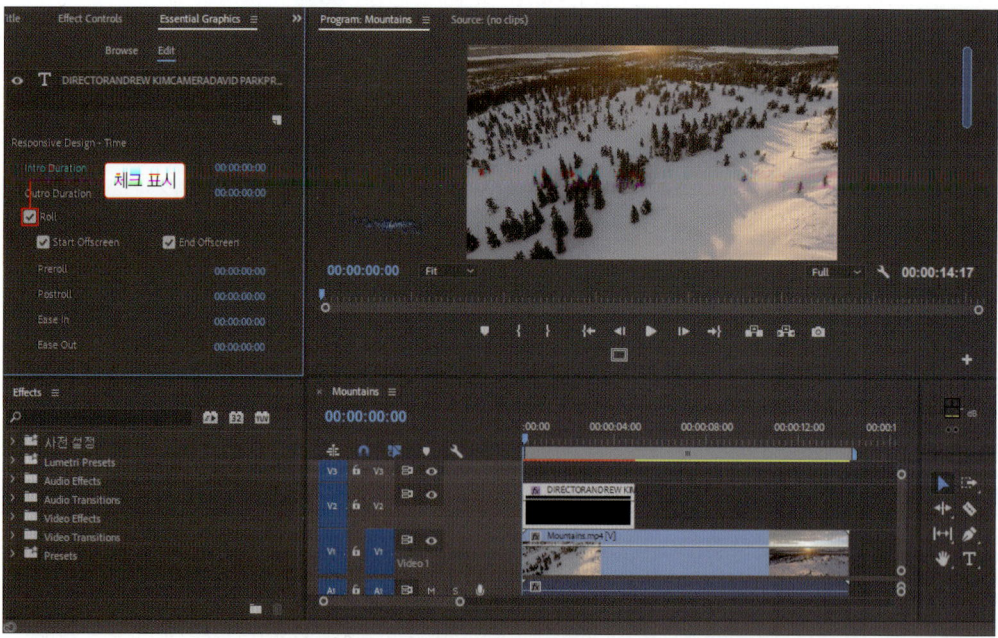

08 Timeline 패널에서 현재 시간 표시기를 00:00:00:00으로 이동한 다음 재생하면 자막이 아래에서 위로 올라(Scroll)가는 모션이 텍스트 클립 길이에 맞게 시작하고 끝나는 것을 확인할 수 있습니다.

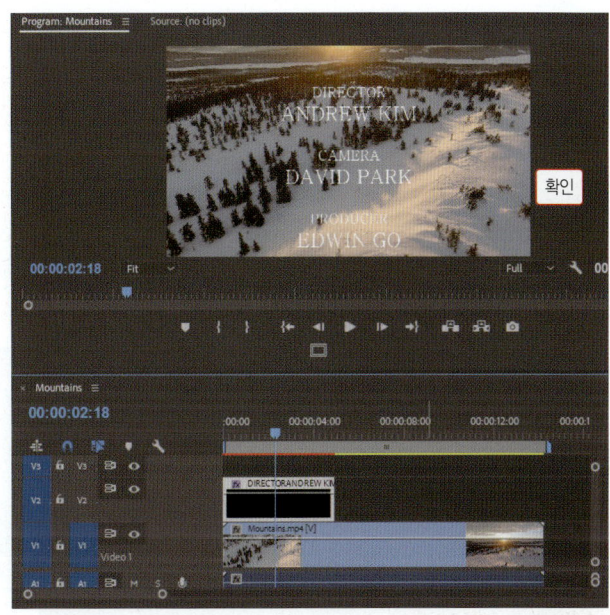

09 Timeline 패널에서 V2 트랙에 있는 텍스트 클립을 V1 트랙의 비디오 클립과 같은 길이로 늘립니다.

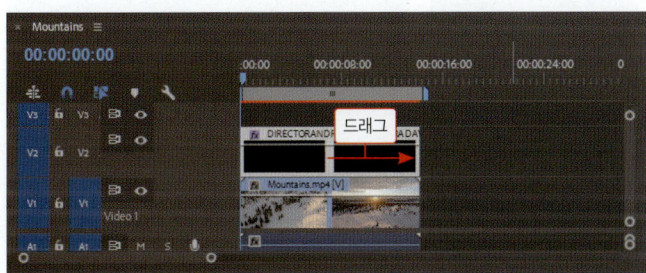

10 Timeline 패널에서 현재 시간 표시기를 00:00:00:00으로 이동한 다음 재생하면 자막이 아래에서 위로 올라가는 모션이 텍스트 클립 길이에 맞게 시작하고 끝나는 것을 확인할 수 있습니다. 텍스트 클립 길이가 늘어난 만큼 텍스트 모션 길이도 늘어나고, 인 아웃의 모션 시간도 클립 길이에 맞게 일정하게 수정된 것을 확인합니다.

New 35 반응형 위치 기반 컨트롤 – Responsive Design–Position

| CC 2018 |

반응형 디자인의 위치 기반 컨트롤을 통해 비디오 프레임 자체와 함께 그래픽의 레이어 사이 관계를 정의할 수 있으므로 변경된 고정 레이어/비디오 프레임의 속성이 자동으로 변경됩니다. 특정한 반응형 디자인을 지정 위치에 적용하면 제목 또는 아래쪽 1/3 길이를 변경할 때 그래픽이 자동으로 변경되므로 프레임에서 아무것도 벗어나지 않습니다.

01 Project 패널에서 영상 파일을 'New Item' 아이콘(▣)으로 드래그하여 소스 파일과 같은 시퀀스를 만듭니다. 영상 파일이 Timeline 패널의 V1 트랙에 삽입됩니다.

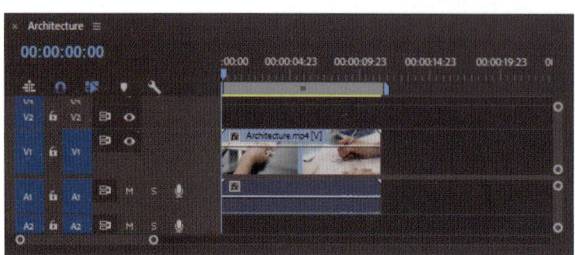
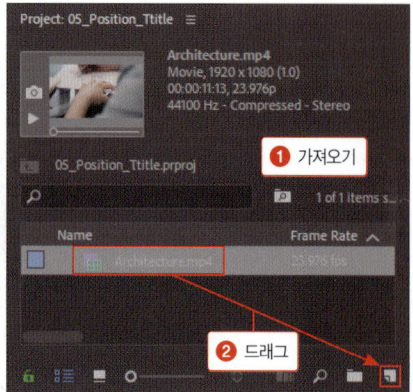

02 문자 도구(T)를 선택한 다음 Program Monitor 패널에 클릭하고 텍스트를 입력합니다.

03 사각형 도구(■)를 선택한 다음 Program Monitor 패널에서 텍스트 위에 드래그하여 사각형을 그립니다.

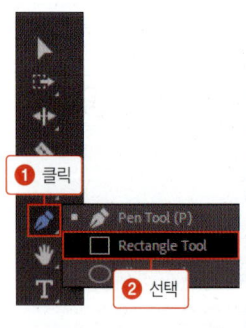
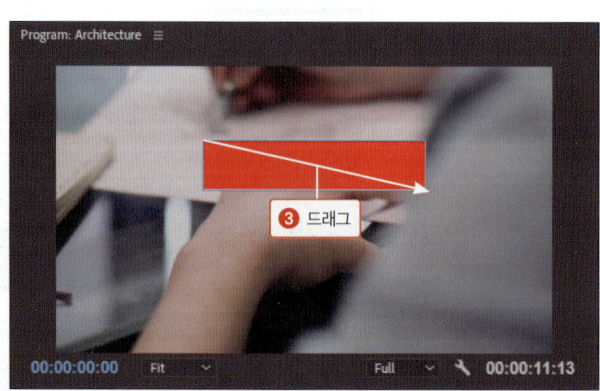

24

04 메뉴에서 (Window) → Essential Graphics를 실행합니다. Essential Graphics 패널에서 도형 레이어를 텍스트 레이어 아래로 배치합니다. Program Monitor 패널에서 도형 위에 텍스트가 올라간 것을 확인합니다.

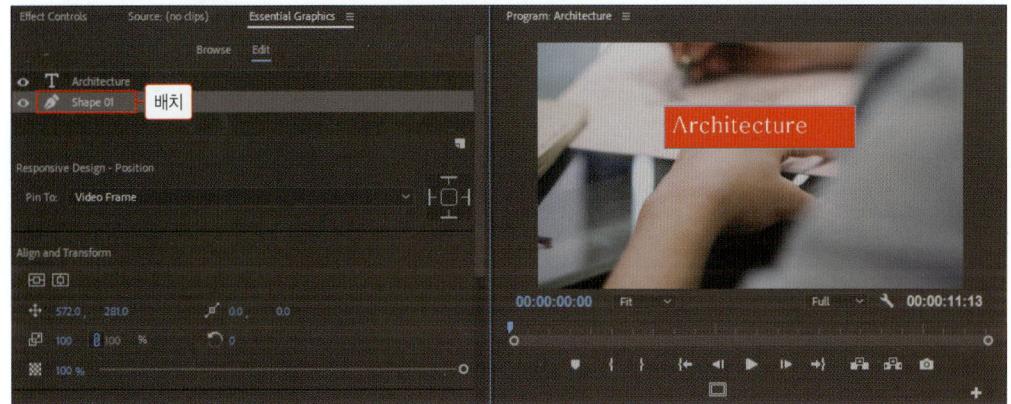

05 도형 레이어를 선택하고 Responsive Design – Position 항목에서 Pin To를 'Architecture'로 지정한 다음 사방이 모두 반응하도록 가운데 사각형을 클릭하여 활성화합니다.

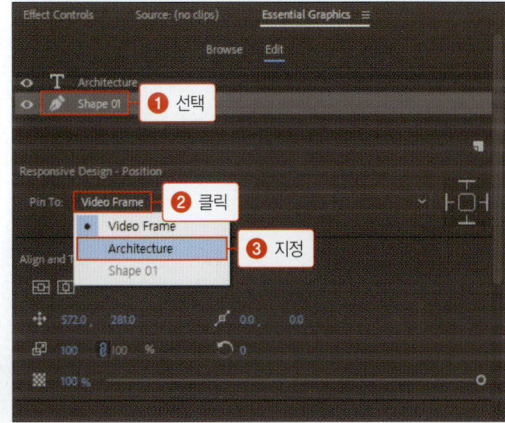

06 Essential Graphics 패널에서 왼쪽으로 드래그하면 빨간색 사각형도 자동으로 함께 움직입니다.

07 Essential Graphics 패널에서 텍스트 레이어를 선택합니다.

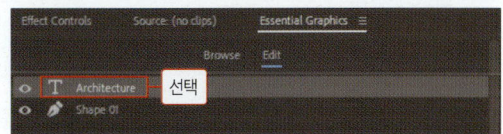

08 왼쪽으로 드래그하면 빨간색 사각형도 자동으로 함께 움직입니다.

09 문자를 추가하면 사각형의 길이도 자동으로 늘어납니다. Essential Graphics 패널에서 도형 레이어를 선택한 다음 Appearance 항목에서 Stroke를 '10'으로 설정하고 Program Monitor 패널에서 확인합니다.

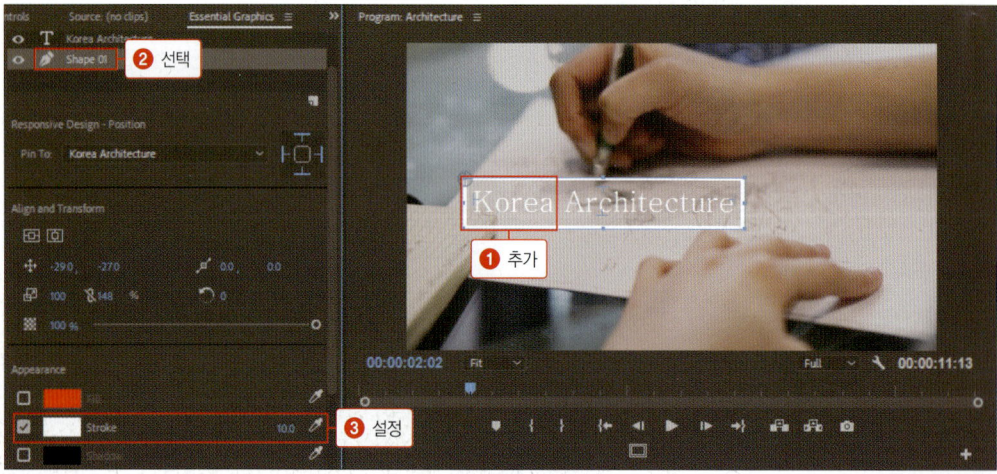

10 Essential Graphics 패널에서 텍스트 레이어를 선택하고 화면의 왼쪽 아래로 드래그하여 이동합니다. Program Monitor 패널에서 사각형도 함께 이동한 것을 확인합니다.

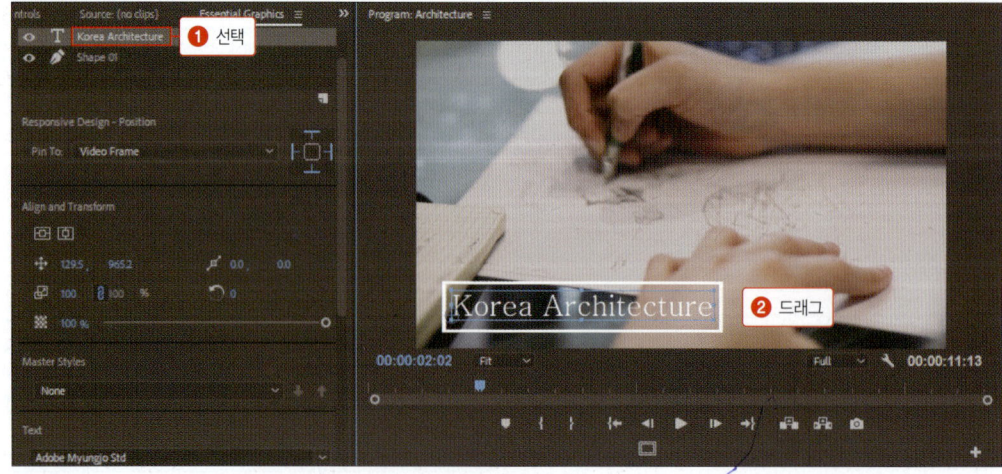

영문 / 한글 명령 비교표

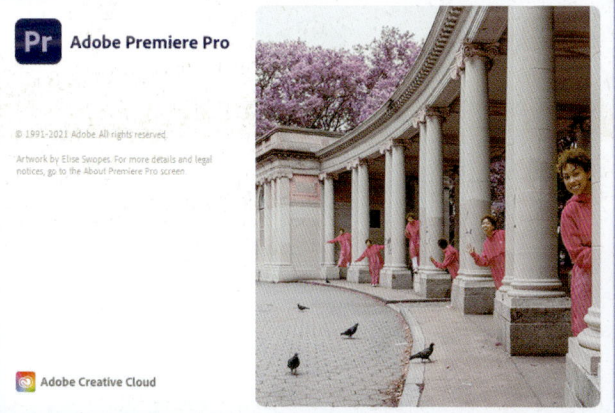

PREMIERE PRO | CC 2022

프리미어 프로 영문판과 한글판의 주요 명령을 비교하여 수록하였습니다.
한글 버전을 설치하였거나, 영문 명령의 의미를 알고 싶을 경우 확인하면 좋습니다.
▶ 표시는 알아두면 좋은 하위 메뉴입니다.
※ 프리미어 프로 버전에 따라 차이가 있을 수 있습니다.

File(파일) 메뉴

New	새로 만들기
▶ Project	프로젝트
▶ Production	프로덕션
▶ Team Project	팀 프로젝트
▶ Sequence	시퀀스
▶ Sequence From Clip	클립에서 시퀀스 만들기
▶ Bin	저장소
▶ Bin From Selection	선택 항목으로 휴지통 만들기
▶ Search Bin	검색 저장소
▶ Project Shortcut	프로젝트 바로 가기
▶ Linked Team Project	연결된 팀 프로젝트
▶ Offline File	오프라인 파일
▶ Adjustment Layer	조정 레이어
▶ Legacy Title	레거시 제목
▶ Photoshop File	Photoshop 파일
▶ Bars and Tone	색상 막대 및 톤
▶ Black Video	검정 비디오
▶ Color Matte	색상 매트
▶ Universal Counting Leader	전역 카운팅 리더
▶ Transparent Video	투명 비디오
Open Project	프로젝트 열기
Open Production	프로덕션 열기
Open Team Project	팀 프로젝트 열기
Open Recent	최근 항목 열기
Close	닫기
Close Project	프로젝트 닫기
Close Production	프로덕션 닫기
Close All Projects	모든 프로젝트 닫기
Refresh All Projects	모든 프로젝트 새로 고침
Save	저장
Save As	다른 이름으로 저장
Save a Copy	복사본 저장
Save All	모두 저장
Revert	되돌리기
Sync Settings	설정 동기화
▶ Sync Settings Now	지금 설정 동기화
▶ Last Sync	마지막 동기화
▶ Use Settings from a Different Account	다른 계정의 설정 사용
▶ Clear Settings	설정 지우기
▶ Manage Sync Settings	동기화 설정 관리
Capture	캡처
Batch Capture	일괄 캡처
Link Media	미디어 연결
Make Offline	오프라인 상태로 만들기
Adobe Dynamic Link	Adobe Dynamic Link
Adobe Story	Adobe Story
Import from Media Browser	미디어 브라우저에서 가져오기
Import	가져오기
Import Recent File	최근 파일 가져오기
Export	내보내기
▶ Media	미디어
▶ Motion Graphics Template	모션 그래픽 템플릿
▶ Captions	캡션
▶ Tape (DV/HDV)	테이프(DV/HDV)
▶ Tape (Serial Device)	테이프(직렬 장치)
▶ EDL	EDL
▶ OMF	OMF
▶ Markers	마커
▶ Selection as Premiere Project	Premiere 프로젝트로 선택
▶ AAF	AAF
▶ Avid Log Exchange	Avid Log Exchange
▶ Final Cut Pro XML	Final Cut Pro XML
Get Properties for	다음 속성 가져오기

▶ File	파일
▶ Selection	선택 영역
Project Settings	프로젝트 설정
Production Settings	프로덕션 설정
Project Manager	프로젝트 관리자
Exit	종료

Edit(편집) 메뉴

Undo	실행 취소
Redo	다시 실행
Cut	잘라내기
Copy	복사
Paste	붙여넣기
Paste Insert	삽입하여 붙여넣기
Paste Attributes	특성 붙여넣기
Remove Attributes	특성 제거
Clear	지우기
Ripple Delete	잔물결 삭제
Duplicate	복제
Select All	모두 선택
Select All Matching	모든 일치 항목 선택
Deselect All	모두 선택 해제
Find	찾기
Find Next	다음 찾기
Spelling	맞춤법
Label	레이블
Remove Unused	사용하지 않는 항목 제거
Consolidate Duplicates	중복 항목 통합
Generatte Source Clips for Media	미디어용 소스 클립 생성
Reassociate Source Clips	소스 클립 다시 연결
Team Project	팀 프로젝트
Edit Original	원본 편집

Edit in Adobe Audition	Adobe Audition에서 편집
Edit in Adobe Photoshop	Adobe Photoshop에서 편집
Keyboard Shortcuts	키보드 단축키
Preferences	환경 설정
▶ General	일반
▶ Appearance	모양
▶ Audio	오디오
▶ Audio Hardware	오디오 하드웨어
▶ Auto Save	자동 저장
▶ Capture	캡처
▶ Collaboration	공동 작업
▶ Control Surface	컨트롤 표면
▶ Device Control	장치 컨트롤
▶ Graphics	그래픽
▶ Labels	레이블
▶ Media	미디어
▶ Media Cache	미디어 캐시
▶ Memory	메모리
▶ Playback	재생
▶ Sync Settings	설정 동기화
▶ Timeline	타임라인
▶ Trim	트림

Clip(클립) 메뉴

Rename	이름 바꾸기
Make Subclip	하위 클립 만들기
Edit Subclip	하위 클립 편집
Edit Offline	오프라인 편집
Source Settings	소스 설정
Modify	수정
▶ Audio Channels	오디오 채널
▶ Interpret Footate	푸티지 해석

▶ Timecode	시간 코드	
Video Options	비디오 옵션	
▶ Frame Hold Options	프레임 고정 옵션	
▶ Add Frame Hold	프레임 고정 추가	
▶ Insert Frame Hold Segment	프레임 고정 선분 삽입	
▶ Field Options	필드 옵션	
▶ Time Interpolation	시간 보간	
▶ Scale to Frame Size	프레임 크기로 비율 조정	
▶ Set to Frame Size	프레임 크기로 설정	
Audio Options	오디오 옵션	
Speed/Duration	속도/지속 시간	
Scene Edit Detection	장면 편집 탐지	
Capture Settings	캡처 설정	
Insert	삽입	
Overwrite	덮어쓰기	
Replace Footage	푸티지 바꾸기	
Replace With Clip	클립으로 바꾸기	
Render and Replace	렌더링 및 바꾸기	
Restore Unrendered	렌더링되지 않은 항목 복원	
Restore Captions from Source Clip	소스 클립에서 캡션 복원	
Update Metadata	메타데이터 업데이트	
Generate Audio Waveform	오디오 파형 생성	
Automate to Sequence	시퀀스 자동화	
Enable	사용	
Link	연결/연결 해제	
Group	그룹화	
Ungroup	그룹 해제	
Synchronize	동기화	
Merge Clips	클립 병합	
Nest	중첩	
Create Multi-Camera Source Sequence	멀티 카메라 소스 시퀀스 만들기	
Multi-Camera	멀티 카메라	

Sequence(시퀀스) 메뉴

Sequence Settings	시퀀스 설정
Render Effects in Work Area	작업 영역의 효과 렌더링
Render Entire Work Area	전체 작업 영역 렌더링
Render Selection	선택 항목 렌더링
Render Audio	오디오 렌더링
Delete Render Files	렌더링 파일 삭제
Delete Work Area Render Files	작업 영역 렌더링 파일 삭제
Match Frame	프레임 일치
Reverse Match Frame	프레임 일치 반전
Add Edit	편집 추가
Add Edit to All Tracks	모든 트랙에 편집 추가
Trim Edit	편집 트리밍
Extend Selected Edit to Playhead	선택한 편집을 재생 헤드로 확장
Apply Video Transition	비디오 전환 적용
Apply Audio Transition	오디오 전환 적용
Apply Default Transitions to Selection	선택 영역에 기본 전환 적용
Lift	제거
Extract	추출
Zoom In	확대
Zoom Out	축소
Close Gap	간격 닫기
Go to Gap	간격으로 이동
Snap in Timeline	타임라인에서 스냅
Linked Selection	연결된 선택
Selection Follows Playhead	재생 헤드를 선택 항목 앞에 배치
Show Through Edits	관통 편집물 표시
Normalize Master Track	마스터 트랙 표준화
Make Subsequence	하위 시퀀스 만들기

Auto Reframe Sequence	시퀀스 자동 리프레임	Install Motion Graphics Template	모션 그래픽 템플릿 설치
Auto Transcribe Sequence	시퀀스 자동 받아쓰기	New Layer	새 레이어
Simplify Sequence	시퀀스 단순화	Align	정렬
Add Tracks	트랙 추가	Arrange	정렬
Delete Tracks	트랙 삭제	Select	선택
Captions	캡션	Upgrade to Source Graphic	소스 그래픽으로 업그레이드
		Reset All Paramaters	매개변수 모두 재설정
		Reset Duration	기간 재설정
		Export As Motion Graphics Template	모션 그래픽 템플릿으로 내보내기
		Replace Fonts in Projects	프로젝트의 글꼴 바꾸기
		Upgrade Legacy Title	레거시 타이틀 업그레이드
		Upgrade All Legacy Titles	레거시 타이틀 모두 업그레이드

Markers(마커) 메뉴

Mark In	시작 표시
Mark Out	종료 표시
Mark Clip	클립 표시
Mark Selection	선택 항목 표시
Mark Split	분할 항목 표시
Go to In	시작 지점으로 이동
Go to Out	종료 지점으로 이동
Go to Split	분할 항목으로 이동
Clear In	시작 지우기
Clear Out	종료 지우기
Clear In and Out	시작 및 종료 지우기
Add Marker	마커 추가
Go to Next Marker	다음 마커로 이동
Go to Previous Marker	이전 마커로 이동
Clear Selected Marker	선택한 마커 지우기
Clear Markers	마커 비우기
Edit Marker	마커 편집
Add Chapter Marker	장 마커 추가
Add Flash Cue Marker	Flash 큐 마커 추가
Ripple Sequence Markers	잔물결 시퀀스 마커
Copy Paste Includes Sequence Markers	복사 붙여넣기에 시퀀스 마커 포함

Graphics and Titles(그래픽 및 타이틀) 메뉴

Add Fonts from Adobe Fonts	Adobe 글꼴에서 글꼴 추가

View(보기) 메뉴

Playback Resolution	재생 해상도
Paused Resolution	일시 정지 해상도
High Quality Playback	고품질 재생
Display Mode	표시 모드
Magnification	확대
Show Rulers	눈금자 표시
Show Guides	안내선 표시
Lock Guides	안내선 잠금
Add Guide	안내선 추가
Clear Guides	안내선 지우기
Snap in Program Monitor	프로그램 모니터에서 스냅
Guide Templates	안내선 템플릿

Window(창) 메뉴

Workspaces	작업 영역
▶ Production	프로덕션
▶ Audio	오디오
▶ Metalogging	메타로그

▶ Learning	학습		Text	텍스트
▶ Libraries	라이브러리		Events	이벤트
▶ All Panels	모든 패널		Metadata	메타데이터
▶ Color	색상		Learn	학습
▶ Assembly	어셈블리		Libraries	라이브러리
▶ Captions and Graphics	캡션 및 그래픽		Tools	도구
▶ Editing	편집		Markers	마커
▶ Effects	효과		Media Browser	미디어 브라우저
▶ Reset to Saved Layout	저장된 레이아웃으로 재설정		Source Monitor	소스 모니터
▶ Save Changes to this Workspace	이 작업 영역의 변경 내용 저장		Timecode	시간 코드
▶ Save as New Workspace	새 작업 영역으로 저장		Workspaces	작업 영역
▶ Edit Workspaces	작업 영역 편집		History	작업 내역
▶ Import Workspace from Projects	프로젝트에서 작업 영역 가져오기		Progress	진행률
Find Extensions on Exchange	Exchange에서 확장 프로그램 찾기		Capture	캡처
Extensions	확장명		Timelines	타임라인
Maximize Frame	프레임 최대화		Effects	효과
Audio Clip Effect Editor	오디오 클립 효과 편집기		Effect Controls	효과 컨트롤
Audio Track Effect Editor	오디오 트랙 효과 편집기			

Help(도움말) 메뉴

Projects	프로젝트
Production	프로덕션
Program Monitor	프로그램 모니터
Info	정보
Audio Clip Mixer	오디오 클립 믹서
Audio Meters	오디오 미터
Audio Track Mixer	오디오 트랙 믹서
Essential Graphics	기본 그래픽
Essential Sound	기본 사운드
Reference Monitor	참조 모니터
Edit To Tape	테이프로 편집
Lumetri Scopes	Lumetri 범위
Lumetri Color	Lumetri 색상

Premiere Pro Help	Premiere Pro 도움말
Premiere Pro In-App Tutorials	Premiere Pro 앱 내 튜토리얼
Premiere Pro Online Tutorials	Premiere Pro 온라인 튜토리얼
Reveal Log Files	로그 파일 표시
Provide Feedback	피드백 제공
System Compatibility Report	시스템 호환성 보고서
Keyboard	키보드
Manage My Account	내 계정 관리
Sign Out	로그아웃
Updates	업데이트
About Premiere Pro	Premiere Pro 정보